Introducción y aplicaciones
contextualizadas
a la lingüística hispánica

Introducción y aplicaciones contextualizadas a la lingüística hispánica

Manuel Díaz-Campos, Kimberly L. Geeslin, y Laura Gurzynski-Weiss

Con aplicaciones y ejercicios de
Gibrán Delgado-Díaz y Avizia Y. Long

Registered Office
John Wiley & Sons, Inc., 111 River Street, Hoboken, NJ 07030, USA

Editorial Office
9600 Garsington Road, Oxford, OX4 2DQ, UK

For details of our global editorial offices, customer services, and more information about Wiley products visit us at www.wiley.com.

Wiley also publishes its books in a variety of electronic formats and by print-on-demand. Some content that appears in standard print versions of this book may not be available in other formats.

Library of Congress Cataloging-in-Publication Data

Names: Díaz-Campos, Manuel, author. | Geeslin, Kimberly L., author. | Gurzynski-Weiss, Laura, author.
Title: Introducción y aplicaciones contextualizadas a la lingüística hispánica / Manuel Díaz-Campos, Kimberly L. Geeslin, Laura Gurzynski-Weiss.
Description: Hoboken, NJ: Wiley-Blackwell, 2017. | Includes bibliographical references and index. |
Identifiers: LCCN 2017022079 (print) | LCCN 2017023780 (ebook) | ISBN 9781118990223 (pdf) |
   ISBN 9781118990230 (epub) | ISBN 9781118990209 (hardback) | ISBN 9781118990216 (paper)
Subjects: LCSH: Spanish language–Study and teaching. | Linguistic analysis (Linguistics) | Applied linguistics. |
   BISAC: LANGUAGE ARTS & DISCIPLINES / Linguistics / General.
Classification: LCC PC4073 (ebook) | LCC PC4073 .D53 2017 (print) | DDC 460–dc23
LC record available at https://lccn.loc.gov/2017022079

Cover image: Peter Coombs / Alamy Stock Photo
Cover design by Wiley

Set in 10/12pt Warnock by SPi Global, Pondicherry, India
Printed in Singapore by C.O.S. Printers Pte Ltd

1   2018

Les quiero dedicar este libro a mi esposa, Maribel, y a mis dos hijos, Anna y Víctor. Su apoyo incondicional, afecto y amor me mantienen enfocado y motivado cada día. Los amo con todo mi corazón. También quiero hacer una dedicatoria de este libro a mi padre, Pedro Díaz Seijas y a mi madre, Gladys Campos, quienes me enseñaron a luchar por conquistar mis sueños y a trabajar con todo mi empeño para alcanzarlos.

I would like to dedicate this book to my wife, Maribel, and to my children, Anna and Victor. Their unconditional support, care, and love keeps me grounded and motivated every day. I love you with all my heart. I would also like to dedicate this book to my father, Pedro Díaz Seijas, and mother, Gladys Campos, who taught me to pursue my dreams and to work hard to achieve them.

Manuel Díaz-Campos

Le quiero dedicar este proyecto a mi familia, cercana y lejana, la cual me ha apoyado en mis actividades de investigación por un largo período. De manera especial le dedico este libro a Sean, Logan y Hayden por hacerme feliz y darle sentido al trabajo que hago todos los días.

I would like to dedicate this project to my family, near and far, all of whom have supported my research over the long-term. Most especially, to Sean, Logan, and Hayden for adding laughter and meaning to the work that I do.

Kimberly L. Geeslin

A mis padres, cuyo apoyo y amor incondicionales han influenciado mi vida de una forma que nunca podría describir.

To my parents, whose unconditional love and support has shaped my life in ways I cannot begin to describe.

Laura Gurzynski-Weiss

Índice

Biografías de los autores/Biographical notes

Manuel Díaz-Campos es profesor catedrático de lingüística hispánica en la Universidad de Indiana. En relación con las actividades de investigación, realiza estudios en las áreas de sociolingüística, variación fonológica y morfosintáctica, adquisición de fonología, fonología experimental y la adquisición del sistema fonológico en estudiantes de segunda lengua. Ha publicado artículos en revistas reconocidas tales como *Language in Society*, *Probus*, *Lingua*, *Studies in Second Language Acquisition*, *Spanish in Context*, *Hispania*, entre otras. Es el editor del *Handbook of Hispanic Sociolinguistics* (Wiley-Blackwell, 2011) y el autor de *Introducción a la Sociolingüística Hispánica* (Wiley-Blackwell, 2014).

Kimberly L. Geeslin es profesora catedrática de lingüística hispánica en el Departamento de Español y Portugués de la Universidad de Indiana. Sus actividades de investigación se centran en el estudio del español como segunda lengua y las relaciones entre la adquisición de una lengua adicional y la competencia sociolingüística. Es coautora del libro *Sociolinguistics and Second Language Acquisition* (Routledge, 2014) y la editora de *The Handbook of Spanish Second Language Acquisition* (Wiley-Blackwell, 2013). Ha publicado artículos de investigación en reconocidas revistas tales como *Studies in Second Language Acquisition*, *Language Learning*, *Hispania*, *Spanish in Context*, *Bilingualism: Language and Cognition*, *Linguistics* y *Studies in Hispanic and Lusophone Linguistics*.

Laura Gurzynski-Weiss es profesora asociada en el Departamento de Español y Portugués de la Universidad de Indiana. Sus investigaciones se centran en tópicos tales como la interacción y la instrucción de una lengua adicional basada en tareas, la retroalimentación y la percepción, la cognición del instructor, la metodología de investigación y el papel de las características individuales del interlocutor y del instructor, así como las diferencias individuales de los aprendices. Es la fundadora y organizadora de la red de investigadores AILA dedicada a las diferencias individuales de cognición y adquisición de una segunda lengua entre interlocutor e instructor (www.individualdifferencesinsla.com). Ha publicado artículos de investigación en reconocidas revistas tales como *Studies in Second Language Acquisition*, *Language Learning*, *Applied Psycholinguistics*, *The Modern Language Journal*, *Language Teaching Research* e *Hispania*, y es la editora del libro *Expanding Individual Difference Research in the Interaction Approach: Investigating Learners, Instructors, and Other Interlocutors* (John Benjamins, 2017).

Manuel Díaz-Campos is Professor of Hispanic Sociolinguistics at Indiana University, Bloomington. He has published on the acquisition of sociolinguistic variables in L1, sociolinguistic variation including phonological and morphosyntactic phenomena, acquisition of second language phonology, and topics in Spanish laboratory phonology. He is especially interested in phonological variation in adult and child language as well as in the acquisition of second language phonology by native speakers of English learning Spanish. His research appears in notable journals such as *Language in Society, Probus, Lingua, Studies in Second Language Acquisition, Spanish in Context, Hispania,* among others. He is the editor of *The Handbook of Hispanic Sociolinguistics* (Wiley-Blackwell, 2011) and the author of *Introducción a la Sociolingüística Hispánica* (Wiley-Blackwell, 2014).

Kimberly L. Geeslin is Professor in the Department of Spanish and Portuguese at Indiana University. Her research focuses on second language Spanish and the intersection of SLA and sociolinguistics. She is co-author of *Sociolinguistics and Second Language Acquisition* (Routledge, 2014) and the editor of *The Handbook of Spanish Second Language Acquisition* (Wiley-Blackwell, 2013). She has published research articles in Studies in *Second Language Acquisition, Language Learning, Hispania, Spanish in Context, Bilingualism: Language and Cognition, Linguistics and Studies in Hispanic and Lusophone Linguistics.*

Laura Gurzynski-Weiss is Associate Professor in the Department of Spanish and Portuguese at Indiana University. She investigates interaction- and task-based classroom instructed second language acquisition, feedback provision and perception, instructor cognition, research methodology, and the role of interlocutor and instructor individual characteristics as well as learner individual differences. She is the founder and convenor of the AILA Research Network on Interlocutor and Instructor Individual Differences in Cognition and Second Language Acquisition (www.individualdifferencesinsla.com). Her research is published in journals including *Studies in Second Language Acquisition, Language Learning, Applied Psycholinguistics, The Modern Language Journal, Language Teaching Research,* and *Hispania,* and she is the editor of *Expanding Individual Difference Research in the Interaction Approach: Investigating Learners, Instructors, and Other Interlocutors* (John Benjamins, 2017).

Prefacio/Preface

Introducción y aplicaciones contextualizadas a la lingüística hispánica provee una introducción al estudio del español mediante una perspectiva que se centra en el uso de la lengua en contexto y en la aplicación del análisis lingüístico para el estudio del lenguaje. El libro está diseñado para ser usado por estudiantes de pregrado que toman cursos avanzados en áreas tales como español, lingüística hispánica, lingüística y educación. La lingüística es una disciplina que examina científicamente las características del lenguaje humano así como los rasgos comunes que comparten las lenguas del mundo. Dentro del campo de la lingüística, ciertas ramas de la investigación se centran en aspectos teóricos (i.e., la descripción de la capacidad humana para usar el lenguaje) y aplicados (i.e., el uso del lenguaje en la sociedad) que dan cuenta de su naturaleza. La división tradicional dentro del campo de la lingüística incluye las siguientes áreas principales: la fonética, la fonología, la morfología, la sintaxis, la semántica y la pragmática. Adoptamos esta tradición mediante la explicación de estas áreas en la lengua española. Presentamos las unidades básicas de análisis para cada sub-campo de la lingüística y las perspectivas teóricas que dan cuenta de las mismas. Adicionalmente, se complementa esta información con aproximaciones recientes basadas en el uso y tareas aplicadas que emplean corpora del español contemporáneo, lo cual permite a los estudiantes emplear las técnicas de análisis del lenguaje aprendidas. El libro también es novedoso en cuanto al tratamiento de la variación en las diferentes regiones dialectales ejemplificadas. Mediante la adopción de un enfoque basado en el uso y la ejemplificación con muestras reales de habla de las diferentes regiones del mundo hispanohablante mostramos la diversidad de la lengua española en el mundo y establecemos conexiones con otros factores sociales que son fundamentales para entender la variación en términos generales.

El libro se beneficia de los nuevos desarrollos en el campo entre los cuales se incluyen contribuciones de la lingüística cognitiva, los modelos basados en el uso y la lingüística de corpus. El estilo de escritura que se emplea es accesible para los estudiantes que aprenden sobre el estudio científico del lenguaje a la vez que dichos estudiantes desarrollan competencias avanzadas en el idioma. Los ejercicios de aplicación que hemos incluido, los cuales contienen muestras de habla en contextos reales de uso, proveen a los lectores la oportunidad de establecer conexiones entre los conceptos teóricos aprendidos y la lengua en situaciones cotidianas. El libro está diseñado para que los estudiantes aprecien el estudio de la lengua en acción y para que desarrollen un conocimiento completo de cómo los diferentes componentes de la lingüística se interrelacionan para expresar contenidos conceptuales y sociales. Este tipo de actividad de aplicación relaciona nuestro enfoque en perspectivas basadas en el uso con nuestro compromiso de fomentar la adquisición de una segunda lengua mediante la exploración de la lingüística hispánica.

Elementos pedagógicos

Cada capítulo provee una lista de los tópicos tratados, una introducción, el desarrollo de los tópicos, preguntas para discutir el material, un resumen, una sección con los términos clave, ejercicios y una bibliografía breve. Uno de los elementos pedagógicos de este libro es la inclusión de investigaciones empíricas recientes sobre el lenguaje. Por esta razón, ejemplos y datos orales son parte integral de los ejercicios. Cada capítulo presenta ejercicios basados en datos que permiten a los estudiantes practicar los conceptos teóricos mediante la elaboración de pequeños proyectos. Los estudiantes aprenderán conceptos fundamentales y su aplicación mediante el empleo de datos provenientes de corpora oral así como de otros materiales disponibles en las redes electrónicas. La música popular así como páginas electrónicas que contienen ejemplos reales son incluidas en las tareas y en los proyectos de investigación. Esta perspectiva pedagógica se diferencia de los libros de texto tradicionales en cuanto a que los estudiantes serán responsables de su propio proceso de aprendizaje a través del uso de bases de datos electrónicas, canciones y material audiovisual disponible sobre variedades dialectales del español de América y de España. De esta forma, los elementos pedagógicos más prominentes de este libro incluyen capítulos accesibles diseñados para facilitar el aprendizaje, las aplicaciones prácticas de la teoría mediante el uso de los ejercicios y las preguntas así como mini proyectos de colección de datos. Al final del libro se incluye un glosario con la definición de los conceptos clave incluidos en el libro. Cada uno de estos elementos se describe en detalle en la **Guía para los lectores**.

Guía para los lectores

El objetivo de *Introducción y aplicaciones contextualizadas a la lingüística hispánica* es proveer una introducción completa y accesible al estudio científico del lenguaje con un énfasis particular en desarrollos recientes de la lingüística cognitiva y en los modelos basados en el uso, así como un enfoque que se fundamenta en ejemplos que se originan de corpora provenientes de una diversidad de dialectos del español. Los estudiantes tendrán oportunidades para aprender a pensar críticamente acerca del análisis lingüístico y aplicar este conocimiento al estudio de datos reales. El libro puede ser empleado para la enseñanza de la lingüística a estudiantes de pregrado que tienen como especialización o sub-especialización español, lingüística hispánica, lingüística y educación.

El libro se organiza en nueve capítulos: 1. Comunicación animal y lenguaje humano, 2. La adquisición del español como segunda lengua, 3. Fonética: Los sonidos del español, 4. Fonología: La estructura de los sonidos del español, 5. Morfosintaxis: La estructura del español, 6. El español en el mundo, 7. La semántica: El estudio del significado, 8. La pragmática: El uso en contexto y 9. El estudio en el extranjero. De manera temprana se introduce el tópico de la adquisición de una segunda lengua como una forma de ejemplificar la investigación en lingüística. Este aspecto permite a los estudiantes que no son hablantes nativos apoyarse en el conocimiento que poseen de una manera que tiene sentido desde su propia experiencia.

Este libro de texto incluye varios elementos pedagógicos que se distribuyen de manera consistente en todos los capítulos. Cada uno de estos elementos se describe a continuación de acuerdo con su función y su lugar dentro del texto.

Elementos dentro del capítulo

Hay tres elementos que se presentan en el mismo orden y se distribuyen de manera consistente en los capítulos. Su ubicación se encuentra al final de cada sección principal y proveen la oportunidad de repasar y estudiar antes de continuar con el siguiente tópico.

Enfoque en la investigación —Este elemento incorpora investigaciones recientes en el libro, las cuales se presentan de manera concisa y accesible de acuerdo con el nivel de principiante que tienen los estudiantes. Los enfoques aparecen destacados en recuadros y describen los hallazgos de un estudio o grupo de estudios que examinan los conceptos discutidos en el capítulo. Cada estudio representa un ejemplo relevante de los conceptos estudiados en la sección inmediatamente anterior.

Aplicación —Se trata de preguntas de compresión que proveen la oportunidad inmediata de repasar un concepto o corroborar si hay dudas. Cada aplicación consiste en ejercicios breves que requieren respuestas concretas para ayudar a los estudiantes e instructores en la identificación de dificultades de manera que los conceptos fundamentales se van cimentando de manera progresiva.

Lingüística en vivo —Esta sección provee a los instructores con materiales para que los estudiantes repasen fuera del salón de clase mediante la exploración de información disponible en las redes electrónicas. Se proveen dos o tres enlaces así como términos clave en el caso de que esos enlaces cambien y con la idea de fomentar que los estudiantes aprendan a investigar. Las instrucciones están diseñadas para llamar la atención de los estudiantes hacia ciertos aspectos de los materiales que se consiguen en línea.

Al final de cada capítulo se encuentran cuatro tipos de materiales:

Lista de términos —Los términos en esta lista son conceptos clave que se introdujeron en cada capítulo y que se encuentran en negritas a lo largo del mismo. Cada término se define en el capítulo donde la palabra aparece en negritas. La lista al final sirve para guiar a los estudiantes para que repasen las ideas fundamentales presentadas en el capítulo.

Ejercicios de práctica —Los primeros ejercicios al final de cada capítulo son prácticas cortas con la misma estructura de las aplicaciones presentadas anteriormente. De manera semejante a los ejercicios de aplicación, estas actividades tienen una respuesta concreta y proveen práctica adicional para repasar los conceptos básicos.

Ejercicios de comprensión —El siguiente tipo de actividad son las preguntas de comprensión. Se trata de preguntas con respuestas concretas que pueden ser completadas mediante la revisión del capítulo.

Ejercicios de aplicación —El tercer grupo de ejercicios requiere que los estudiantes empleen los conceptos del capítulo a la solución de problemas reales o a establecer conexiones con los contenidos de capítulos previos. Algunos de estos ejercicios tienen respuestas abiertas y variables y están diseñados para fomentar el pensamiento crítico sobre los conceptos estudiados.

Mini-proyecto —El elemento final de cada capítulo provee la oportunidad de hacer un proyecto de análisis que relaciona el material en el texto con ejemplos reales de muestras orales. Se ofrecen instrucciones detalladas para explicar el proyecto en cuestión. Se ofrecen también enlaces para acceder a fuentes electrónicas donde se alojan los datos. El objetivo de cada proyecto es usar los diversos conceptos de los capítulos para analizar muestras del español que permitan a los estudiantes desarrollar habilidades de investigación en lingüística.

Introducción y aplicaciones contextualizadas a la lingüística hispánica provides an introduction to the study of Spanish using an approach that focuses on language in context and the applications of linguistic analysis to the study of language. The textbook is designed for undergraduate students who take advanced classes in areas including Spanish, Hispanic Linguistics, Linguistics, and Spanish Education. Linguistics is a discipline that scientifically examines the characteristics of human language as well as the common features shared across languages. Within the field of linguistics, strands of research focus on both theoretical (i.e., the description of the human capacity for language) and applied (i.e., the use of language in society) accounts of language. The traditional division within the field of linguistics includes the following core areas: phonetics, phonology, morphology, syntax, semantics, and pragmatics. We follow this tradition by addressing each of these areas of the Spanish language, presenting the basic units of analysis for each sub-field of linguistics, and providing an account of these more traditional, theoretical accounts. We complement this with recent accounts of language use and application tasks that come from real Spanish corpora, allowing students to analyze language as emerging linguists. This textbook is also novel in its treatment of variation in the Spanish language across dialectal regions. Through an account of language use and the continual provision of samples of language produced by native speakers from a variety of regions, we provide a representative sample of Spanish across geographic regions as well as a contemporary account of geographic variation in connection with the other factors that influence linguistic variation in general.

This text takes advantage of the new developments in the field from cognitive linguistics, usage-based approaches, and corpus linguistics in writing that is accessible to students who are learning about the science of language while at the same time developing their proficiency in the language. The application exercises, which feature larger samples of language in actual contexts of production, provide readers with the opportunity to take theoretical concepts and connect them to daily language use. The text is designed to allow students to see language in action and to develop a better knowledge of how the various components of linguistics interact to convey both conceptual and social meaning. This type of application activity connects our focus on usage-based approaches to our commitment to fostering second language acquisition through the exploration of Hispanic Linguistics.

Pedagogical features

Each chapter provides an outline of topics to be covered therein, an introduction, a review of topics, questions to discuss the material after each topic section, a summary, a section of key terms, exercises, and a selected bibliography. One of the main pedagogical elements of the present book is the inclusion of recent empirical approaches to the study of language. For this purpose, examples and oral corpora data are integrated in the exercises. Each chapter is complemented with data analysis exercises for practicing the theoretical concepts presented by means of small hands-on projects. Students will learn about theoretical concepts and their application using corpora data, as well as materials available electronically through the Internet. Popular music and websites with real examples to be examined are incorporated in homework activities and small research projects. This pedagogical approach departs from the traditional textbook in that students will be actively engaged in their process of learning by using electronic databases, songs, and audiovisual material available to study the Spanish language from varieties spoken in Latin America as well as Spain. Thus, the prominent pedagogical features include accessible chapters designed to facilitate learning, practical applications of theory through exercises and questionnaires, and small projects for data collection. A final section with definitions of key terms is also provided at the end of each chapter. Each of these features is described in detail in the **Guide to the Reader**.

A guide to the reader

The goal of *Introducción y aplicaciones contextualizadas a la lingüística hispánica* is to provide a comprehensive and accessible introduction to the scientific study of language with particular emphasis on recent developments in cognitive linguistics and usage-based approaches, and a focus on examples originating from corpus data across varieties of Spanish. Students have opportunities to learn and to critically think about language analysis and apply these analyses to real-world corpus data. The textbook can be adopted for courses teaching linguistics to undergraduate students who declare minors and majors in Spanish, Hispanic Linguistics, Linguistics, and Spanish Education.

The book is divided into the following nine chapters: 1. Comunicación animal y lenguaje humano, 2. La adquisición del español como segunda lengua, 3. Fonética: Los sonidos del español, 4. Fonología: La estructura de los sonidos del español, 5. Morfosintaxis: La estructura del español, 6. El español en el mundo, 7. La semántica: El estudio del significado, 8. La pragmática: El uso en contexto, and 9. El estudio en el extranjero. We start by providing an account of second language acquisition early on and we use this as a gateway to linguistic analysis. This allows students who are not native speakers of Spanish to build on their existing knowledge in meaningful ways.

This textbook includes several pedagogical features, which are distributed in the same manner across chapters. Each of these features is defined below in terms of its function and its placement within the text.

Within-text features

These three features are always presented in this order and are distributed throughout each chapter. They are found at the end of each main section and provide the opportunity for confirmation checks and review before continuing.

Enfoque en la investigación—This feature brings cutting-edge research into the textbook, presenting this information in a concise, accessible way for the introductory level. These *Enfoques* are highlighted in textboxes and describe the results of a single research study or group of studies that examine the concepts discussed. Each study chosen is an example of research supporting the concepts described in the section immediately prior.

Aplicación—These brief comprehension questions provide an immediate opportunity to review a concept or check understanding. Each *Aplicación* consists of brief exercises with concrete responses to assist learners and instructors in identifying difficulties so that fundamental concepts are established progressively.

Lingüística en vivo—This section provides instructions for out-of-class exploration exercises based on materials that are widely available using the Internet. We provide two or three *enlaces* as well as key search terms in case those links change or move over time, and to foster the development of learners' search skills. The instruction lines are designed to orient the learners' attention to particular features of the materials found online.

At the end of each chapter there are four types of pedagogical materials:

Lista de términos—The terms in these lists are the key concepts that were introduced in each chapter and are found in bold text within the chapter. Each bolded term is defined within the text where first bolded. The list at the end of the chapter simply serves to assist learners with review of essential ideas.

Ejercicios de práctica—The first exercises at the end of the chapter are a set of short practice activities that are the same in structure as the *Aplicación* activities found throughout the chapter. Similar to the *Aplicación* exercises, these exercises have concrete responses and provide additional practice to establish fundamental concepts.

Ejercicios de comprensión—The second set of exercises at the end of the chapter are comprehension questions. The questions have a concrete answer and can be completed by referring directly to material in the text.

Ejercicios de aplicación—The third set of exercises requires learners to apply the concepts from the chapter to real-world problems or to make connections with materials from previous chapters. Some of these exercises have more open-ended answers and are designed to foster critical thinking about the concepts covered in the chapter.

Mini-proyecto—The final pedagogical feature at the end of each chapter is an opportunity for an analysis project that links the materials in the text to real-life examples of language. Detailed instructions introduce the project. Links are provided in the text to access data from electronic sources. The goal of each project is to use several concepts from the chapter to analyze Spanish language samples and to allow students to develop the tools for linguistic analysis.

Agradecimientos/Acknowledgments

El proceso de escribir un libro es una aventura que trae consigo muchas alegrías y, a la vez, angustias. Durante la travesía de escribirlo mis colegas y yo fuimos muy afortunados en la tarea de ayudarnos mutuamente y en la dicha de tener el más valioso recurso con el que se pueda contar: nuestros estudiantes de postgrado y pregrado. Tenemos la fortuna de estar rodeados de un grupo extremadamente talentoso de personas y queremos agradecer a cada uno de ellos por su ayuda y solidaridad durante este período. También queremos agradecer al equipo editorial de Wiley que nos ha prestado su apoyo durante el desarrollo y producción del libro: Danielle Descoteaux, Julia Kirk, Mark Calley, Liz Wingett, Tom Bates, Hazel Bird, y Rosemary Morlin. El equipo editorial de Wiley ha sido entusiasta e instrumental a lo largo del proceso. Es necesario agradecer a los árbitros que leyeron y evaluaron de manera anónima el libro. Sus consejos fueron centrales para dar forma definitiva al producto final. Avizia Y. Long y Gibrán Delgado-Díaz trabajaron de manera incansable en diferentes tareas y en la creación de materiales pedagógicos inigualables durante la elaboración del libro. Estamos muy agradecidos por su trabajo profesional y ejemplar, así como por haber demostrado mística de trabajo y buen humor a lo largo del proyecto. Los dos son profesionales de primera y no tenemos palabras para agradecer todo el apoyo que nos dieron y por toda la energía que invirtieron en el proceso. También queremos agradecer a Patrícia Amaral, Rafael Orozco, Megan Solon y a nuestros estudiantes de postgrado Iraida Galarza, Sean McKinnon, Ángel Milla Muñoz y Beatriz Sedó del Campo por emplear versiones previas para probar el texto en sus cursos y a Tania Leal por sus recomendaciones y retroalimentación acerca de versiones iniciales de este texto. Estamos agradecidos con los estudiantes de Indiana University por habernos motivado a escribir el texto y por la retroalimentación que nos han ofrecido de manera directa e indirecta para mejorar el manuscrito. Este agradecimiento es particularmente relevante para los estudiantes que tomaron S326 Introducción a la lingüística Hispánica durante el período de concepción del texto. Finalmente, queremos agradecer la ayuda de nuestros asistentes de investigación sin quienes este libro no hubiera podido completarse: Colin Arries, Silvina Bongiovanni, Megan DiBartolomeo, Juan Escalona-Torres, Travis Evans-Sago, Daniel Jung, Ángel Milla Muñoz, Laura Merino Hernández, Beatriz Sedó del Campo y Emily Wichern.

The process of writing a book is an adventure that brings many joys and headaches. During this journey we were fortunate to have each other and the most valuable resource ever, our graduate and undergraduate students. We are fortunate to have an excellent group of talented people around us and we want to thank all of them for their help and support throughout this journey. Together we wish to thank the many people at Wiley who have been a part of the development and production of this project: Danielle Descoteaux, Julia Kirk, Mark Calley, Liz Wingett, Tom Bates, Hazel Bird, and Rosemary Morlin. The Wiley team has been enthusiastic and helpful all along the way. We also wish to thank the anonymous reviewers whose feedback was instrumental in shaping the final version of the book. Avizia Y. Long and Gibrán Delgado-Díaz have worked tirelessly on several tasks and created outstanding pedagogical content for this textbook. We are tremendously grateful for their hard work and good humor throughout this project. They are amazing and we have no words that can express how thankful we are for all of their support and limitless energy. We are grateful to Patrícia Amaral, Rafael Orozco, Megan Solon and to our graduate students, Iraida Galarza, Sean McKinnon, Ángel Milla Muñoz, and Beatriz Sedó del Campo, for their help piloting these materials and to Tania Leal for her tremendously helpful feedback on early drafts. We are thankful for the many students at Indiana University who motivated us to write this text and provided feedback, both explicit and implicit as we worked to make the content the best it could be, particularly our students who took S326 Introduction to Hispanic Linguistics during the preparation of the manuscript. Finally, this project could not have happened without the many research assistants who helped with some (or many!) aspects of this project: Colin Arries, Silvina Bongiovanni, Megan DiBartolomeo, Juan Escalona-Torres, Travis Evans-Sago, Daniel Jung, Ángel Milla Muñoz, Laura Merino Hernández, Beatriz Sedó del Campo, and Emily Wichern.

Sobre el sitio web complementario/
About the companion website

Introducción y aplicaciones contextualizadas a la lingüística hispánica está acompañado de un sitio web complementario:

www.wiley.com/go/diaz-campos

El sitio web incluye:

- Aplicaciones y lingüística en vivo
- Ejercicios de práctica
- Ejercicios de comprensión
- Ejercicios de aplicación
- La clave de respuestas

Introducción y aplicaciones contextualizadas a la lingüística hispánica is accompanied by a companion website:

www.wiley.com/go/diaz-campos

The website includes:

- Applications and living language
- Practice exercises
- Comprehension exercises
- Application exercises
- Answer key

Capítulo 1

Comunicación animal y lenguaje humano

1 Introducción

Existe la concepción general de que un lingüista es una persona que sabe hablar muchos idiomas o que es un experto en la enseña de lenguas. Aunque podría ser cierto que los lingüistas sepan varios idiomas y sean profesores de lengua, el trabajo principal del lingüista es la investigación acerca de los patrones generales que comparten las lenguas del mundo. Es decir, la preocupación principal del lingüista es el estudio del lenguaje humano incluyendo la naturaleza de la comunicación humana. Como veremos en este capítulo, los lingüistas estudian lenguas específicas para llegar a un entendimiento más profundo de las propiedades o características compartidas entre las lenguas humanas. El lingüista examina distintos aspectos del lenguaje humano tales como los sonidos (la fonética y la fonología), la estructura de las palabras (la morfología) y las oraciones (la sintaxis), el significado (la semántica) y el uso de la lengua en contexto (la pragmática). El estudio de la naturaleza del lenguaje humano nos permite conceptualizar el papel de la cognición y de los aspectos sociales que caracterizan el lenguaje así como otros asuntos interdisciplinarios.

Considerando el objetivo de la lingüística de manera fundamental (el estudio del lenguaje humano) iniciamos el estudio de la lingüística hispánica con una discusión acerca de las características de la comunicación humana y de las funciones que cumple el lenguaje. En el libro nos enfocamos en **el lenguaje** y lo distinguimos del concepto de **lengua** como una manifestación específica del lenguaje. Veremos que una manera de entender la capacidad humana para la comunicación oral y escrita es contrastar las actividades lingüísticas humanas con las de otros animales. La comprensión de las capacidades lingüísticas de los seres humanos, es decir, las funciones del lenguaje humano, nos permiten entender el sistema de la lengua, o lenguas en el caso de los bilingües y multilingües, así como las implicaciones cognoscitivas y sociales (entre otras). Este capítulo se inicia con una descripción de los tipos de comunicación que se observan entre otras especies de animales. Estudiaremos ejemplos de sistemas muy sencillos y de sistemas más complejos con el propósito de explorar la siguiente pregunta: ¿Cómo se diferencia la comunicación de los animales del lenguaje humano? Continuaremos con una caracterización enfocada en el sistema lingüístico de los humanos. Una descripción detallada del lenguaje humano resulta importante para entender cómo funciona la mente humana y cómo adquirimos y usamos las lenguas. La descripción del sistema lingüístico y la explicación

Introducción y aplicaciones contextualizadas a la lingüística hispánica, First Edition. Manuel Díaz-Campos, Kimberly L. Geeslin, and Laura Gurzynski-Weiss.

de la adquisición y el uso es precisamente el trabajo principal del lingüista. El capítulo se organiza en las siguientes secciones:

- La comunicación animal
  - Los insectos
  - Las aves
  - Los primates
- La comunicación humana
  - La descripción del sistema lingüístico humano
    - Conceptos lingüísticos clave
    - Las reglas del sistema lingüístico
  - La gramática innata
  - El lenguaje como proceso cognoscitivo
  - El uso del lenguaje y conceptos clave
  - El papel de la frecuencia
  - El uso y el sistema lingüístico

Aplicación 1.A: www.wiley.com/go/diaz-campos

2   La comunicación animal

Antes de hablar de los sistemas de comunicación específicos de una especie de animal, se debe definir concretamente el concepto de comunicación. De manera general, se define **la comunicación** como la transmisión de un mensaje de un ser vivo a otro mediante el uso de un sistema común para compartir cualquier tipo de información. De esta forma, no hay restricciones en cuanto al tipo de contenido que se transmite, entre los cuales se incluyen información para la supervivencia (lugar donde se encuentra la fuente de alimentación) o de emoción (apareamiento o cortejo entre parejas), entre otros tipos de información. La transmisión de un mensaje no necesariamente tiene que ser verbal o lingüística sino que puede implicar cualquier mecanismo físico. La **ilustración 1.1** nos da algunos ejemplos de la comunicación no verbal.

Según la definición expuesta anteriormente un aspecto importante del concepto de comunicación es la noción de sistema. **Un sistema** se puede entender como un conjunto de reglas o prácticas que comparte un grupo en común. Por lo tanto, para que haya comunicación entre dos o más seres vivos, éstos tienen que compartir el mismo sistema de comunicación. Sin esta información compartida no se puede interpretar el mensaje del otro. A continuación observaremos ejemplos de distintos tipos de comunicación a través de diferentes mecanismos. Sin embargo, la comparación de sistemas de comunicación muy sencillos nos permitirá entender

Ilustración 1.1   Ejemplos de la comunicación no verbal.

los tipos de información que se pueden transmitir. Estas diferencias sirven para establecer contrastes entre el lenguaje humano y otras formas de comunicación.

Aplicación 1.B: www.wiley.com/go/diaz-campos

Los insectos

Hay muchas especies de insectos, por ejemplo, las que se ven en la **ilustración 1.2**, que transmiten información. Las hormigas trabajan juntas para llevar comida al hormiguero. Estos insectos se comunican mediante el uso de señales químicas (a través de sus antenas) para indicar no sólo la dirección de una fuente de alimentación, sino también rutas (más cortas) entre esa fuente de alimento y el hormiguero, así como información acerca de sus papeles dentro de la colonia. Los insectos como los grillos (generalmente los grillos machos) usan señales sonoras para transmitir cantos que sirven para atraer a las hembras, para repeler a otros machos que están cerca o para anunciar un apareamiento exitoso; y las señales luminosas de las luciérnagas sirven para encontrar pareja. En cada ejemplo se observa que la comunicación entre insectos sirve para transmitir información, tiene una función **informativa**. Asimismo, se indican contenidos sobre la estructura social y el comportamiento entre los miembros del grupo.

Uno de los ejemplos más interesantes de la comunicación entre los insectos es el caso de las abejas. Hay evidencia de un sistema de comunicación entre las abejas que permite la transmisión de información sobre las fuentes de alimentación. Específicamente, las abejas tienen la capacidad de indicar la distancia y la dirección de la fuente de alimento (las flores). Las abejas usan su cuerpo para comunicarse y transmiten estos dos tipos de mensajes por medio de danzas distintas. La primera es circular que se hace para indicar que hay una fuente de alimento ubicada muy cerca de la colmena (hasta 50 metros de distancia). El segundo tipo es la danza de media luna, la cual se realiza para indicar fuentes de alimento que están a una distancia intermedia (de 50 a 150 metros de la colmena). Esta danza representa una etapa intermedia entre la danza circular y la danza en forma de ocho. La tercera se conoce como la danza en forma de ocho. Para esta danza, la orientación vertical dentro de la colmena sirve como punto de referencia en relación con el sol. Por lo tanto el ángulo de la danza nos indica la dirección de la fuente de alimento tomando como base el sol. Por ejemplo, si la danza ocurre hacia arriba en un ángulo de 45 grados a la derecha, la fuente de alimento se ubica en la dirección del sol, aproximadamente 45 grados a la derecha (véase la **ilustración 1.3**). Si la danza ocurre hacia abajo en un ángulo de 60 grados a la izquierda, la fuente de alimento se ubica en la dirección opuesta al sol, aproximadamente 60 grados a la izquierda.

A pesar de que varios aspectos de la danza en forma de ocho se relacionan con la distancia (p. ej., la rapidez o la duración de los zumbidos), la duración de la parte media de la danza en forma de ocho, medida en segundos, es el indicador más simple y confiable para calcular la distancia de la colmena y la fuente de alimento. En la medida que la distancia de la fuente de alimento se incrementa la duración de la danza en forma de ocho también se incrementa

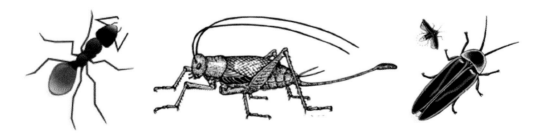

Ilustración 1.2 Ejemplos de otras especies (hormigas, grillos y luciérnagas, respectivamente).

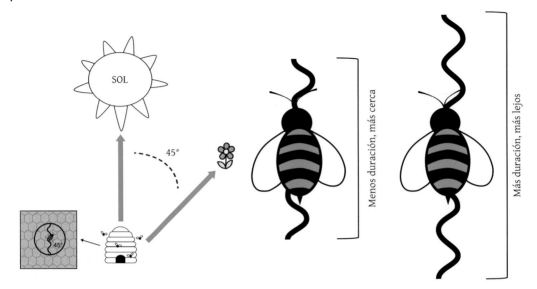

Ilustración 1.3 Componentes del sistema de comunicación entre las abejas.

(véase la **ilustración 1.3**). La relación entre la duración y la distancia que se quiere indicar es relativamente lineal, por ejemplo, una abeja que realiza una danza que dura 2.5 segundos está indicando que la fuente de alimento se encuentra aproximadamente a 2,625 metros de distancia (Tarpy, 2011). Otros aspectos de la danza pueden proveer información sobre la calidad del alimento. En algunas investigaciones recientes (p. ej., Grüter, Sol Balbuena, & Farina, 2008), se menciona que las abejas también usan el olor de otras abejas que regresan de una fuente de alimento. Además, las abejas muestran una preferencia por aquellas fuentes de alimento que han sido identificadas anteriormente. Para resumir, las abejas usan tres señales distintas: la orientación de la danza, la duración de la parte media de la danza en forma de ocho y el olor de la abeja que regresa de una fuente de alimento. Cada señal indica información distinta y los miembros del grupo (las otras abejas de la colmena) comparten el mismo sistema y pueden interpretar el mensaje con precisión.

Enfoque en la investigación: Las abejas austríacas versus las abejas italianas

Lo que hace aún más interesante este sistema de comunicación es que parece que hay variaciones según la geografía. Una variedad de abejas que se puede encontrar en Austria parece tener un sistema equivalente pero diferente al de las abejas en Italia. Recuerda que la danza circular se lleva a cabo para indicar fuentes de alimentos que se encuentran cerca de la colmena, mientras que las danzas en que la abeja realiza la danza en forma de ocho indican fuentes lejanas. Von Frisch (1967) descubrió que las abejas de Italia realizaban la danza circular para indicar fuentes ubicadas hasta 10 metros de distancia y la danza en forma de ocho para fuentes de 40 metros o más de distancia. Por otro lado, las abejas de Austria ejecutan la danza circular para señalar fuentes de hasta 20 metros de distancia, y la danza en forma de ocho para fuentes de 90 metros o más de distancia. De esta forma, las abejas pueden transmitir la misma información usando el mismo tipo de sistema (los mismos mecanismos para la comunicación) aunque al parecer hay un componente social en cuanto a los detalles del sistema. Es decir, el sistema que una abeja adquiere depende no sólo de su desarrollo biológico sino que también depende del ambiente.

Aplicación 1.C: www.wiley.com/go/diaz-campos

Las aves

El sistema de comunicación de las abejas sólo permite transmitir información acerca de la fuente de alimento. En el caso de las aves se puede observar que su sistema de comunicación cumple más funciones. La comunicación muestra por lo menos dos categorías importantes: las llamadas y los cantos (The Cornell Lab of Ornithology, 2007). Estos dos tipos de comunicación cumplen funciones distintas y se distinguen por la calidad de los sonidos asociados con cada uno de ellos. Un **canto** es un tipo de vocalización que se caracteriza por notas más largas y complejas. Se asocian los cantos típicamente con el cortejo durante el período de apareamiento. Adicionalmente, los cantos pueden servir para señalar un espacio territorial. Algo interesante es que algunas especies de aves mantienen separadas estas dos funciones, mientras otras usan el mismo canto.

Una **llamada**, por otro lado, consiste en sonidos más cortos y sencillos. Las llamadas se asocian con alarmas o avisos de peligro, información sobre la comida o conductas relacionadas con el movimiento de los miembros de la bandada. Mucho de lo que se sabe del sistema de comunicación entre las aves viene del trabajo investigativo de William Thorpe, un famoso ornitólogo de Inglaterra. Además de distinguir entre las llamadas y los cantos, Thorpe hizo una distinción entre sub-tipos de llamadas y cantos. Por ejemplo, hay dos tipos de llamadas para avisar acerca del peligro: las que señalan la ubicación de un predador y otras que sirven para indicar a los otros miembros que se agrupen. Incluso hay aves, como el arrendajo, que tienen llamadas distintas para señalar la presencia de predadores en el aire o en la tierra. En cuanto a los cantos, se han documentado variaciones según ciertos períodos del día o eventos meteorológicos. Por ejemplo, el petirrojo americano tiene una variación más rápida del canto cuando se ejecuta durante la mañana en comparación con otros momentos del día.

Enfoque en la investigación: ¿Instinto o aprendizaje?

¿Cómo llegan a adquirir las aves los cantos que hacen? ¿Es algo innato (algo con lo que se nace) o algo aprendido por otros miembros de la misma especie? Esta última pregunta fue investigada por William Thorpe (1958), quien aisló huevos recién puestos de un pinzón común y los crió por su propia cuenta en cuartos separados a prueba de sonido. Se descubrió que las aves en situación de cautiverio pudieron producir cantos muy sencillos, aunque les faltaba producir los detalles más exactos de los cantos que realizan las aves de la misma especie en su ambiente natural. Asimismo, el desarrollo de los cantos fue más lento para los pájaros en cautiverio en comparación con los que se encuentran en su ambiente natural. Además de demostrar que hay un componente innato en el aprendizaje de los cantos, también se documentó que hay un aspecto social: los detalles específicos de los cantos no se pueden aprender sin escuchar el modelo que proviene de los adultos desde que nacen.

 Aplicación 1.D: www.wiley.com/go/diaz-campos

Los primates

Hasta ahora hemos visto que las abejas y las aves poseen sistemas de comunicación. En el caso de las abejas, se observó que las diferencias según la geografía implican cierto aprendizaje del ambiente, lo cual va en contra de la hipótesis que predice que toda la comunicación no humana responde a factores biológicos de supervivencia. En el caso de las aves se ve el contraste entre los dos tipos de aprendizaje de forma más clara. Los cantos parecen compartir características del grupo. Esto significa que un pájaro de cierta especie que se críe con pájaros de otras especies puede aprender el canto de este grupo. En contraste, la llamada no funciona así; la especie de ave parece producir una llamada específica a su especie sin que influya el lugar donde potencialmente se críe. Además, hemos visto que los sistemas de comunicación de las abejas y las aves sirven para cumplir con ciertas funciones comunicativas. En el caso de las aves la función de la comunicación no sólo se limita a la transmisión de información sobre la fuente de alimento, sino que también incluye la transmisión de información sobre el peligro y la indicación de territorio y de atracción. La discusión que presentamos a continuación sobre la comunicación entre los primates nos permitirá entender que estos animales emplean su sistema de comunicación para cumplir otras funciones adicionales.

Además de los humanos, el orden de los primates incluye los monos menores (p. ej., el gibón) y los monos mayores (p. ej., el chimpancé, el gorila y el orangután). Un aspecto de los primates que resulta esencial de comentar al empezar esta discusión tiene que ver con sus **habilidades cognoscitivas** (la habilidad de procesar información con el propósito de entender el entorno que nos rodea como, por ejemplo, categorizar y hacer inferencias). Los primates poseen habilidades cognoscitivas avanzadas en comparación con los insectos y las aves. Este aspecto biológico de los primates hace que cumplan con más eficacia una gran variedad de tareas de supervivencia, por ejemplo, elaborar y emplear herramientas para obtener alimento. De igual forma, sus capacidades cognoscitivas les permiten establecer un sistema social para cumplir ciertas tareas. Por ejemplo, se pueden organizar por rango (estatus) para la caza de alimentos de una forma más eficiente. Las habilidades cognoscitivas que poseen los primates serán importantes al momento de considerar las características del lenguaje humano que estudiaremos a continuación.

Una capacidad cognoscitiva desarrollada, como la de los primates, también permite el uso de otros recursos no orales para la comunicación en comparación con las abejas y las aves. Entre los primates con la mayor capacidad cognoscitiva se observa el uso de gestos manuales y expresiones de la cara además de señales vocálicas y olfativas. La combinación de estas formas de comunicación les permite a los primates aprovecharse de un sistema de comunicación social e interpersonal más complejo y multimodal. Junto con el empleo de este sistema más complejo también se observa una variedad de funciones comunicativas más amplias. Así que además de marcar el territorio, indicar atracción, encontrar una pareja e informar sobre la consecución de comida, los primates pueden emplear varias combinaciones de las formas de comunicación discutidas para expresar, por ejemplo, estados emotivos. Se ha observado que los monos expresan sus estados emotivos mediante el uso de caricias y contacto físico entre ellos. Otra función única de la comunicación de los primates se relaciona con el empleo de gestos y miradas intimidatorios para evitar la confrontación física. Finalmente, y de particular interés para nuestra discusión acerca del lenguaje, hay especies de primates que pueden aprender símbolos y aspectos del lenguaje humano. La capacidad de aprender símbolos y elementos del lenguaje humano ha llevado a muchos científicos a estudiar a los primates. Washoe y Nim Chimpsky (cuyo nombre se inspira en el famoso lingüista norteamericano Noam Chomsky) constituyen ejemplos famosos de primates que fueron estudiados para investigar su capacidad de aprender el lenguaje humano. Las investigaciones sobre estos primates han demostrado que los sistemas de comunicación se caracterizan por la originalidad y la capacidad de enseñar el lenguaje de señas a otros primates. Otras funciones avanzadas que se observan incluyen la habilidad de reflexionar y la capacidad para formar juicios sobre situaciones hipotéticas.

Enfoque en la investigación: La enseñanza del lenguaje de señas a un chimpancé, Washoe

En los años 60, una pareja de investigadores de apellido Gardner adoptó a una chimpancé de 10 meses que se llamaba Washoe. Allen y Beatrix Gardner querían investigar el desarrollo del lenguaje en Washoe, específicamente su aprendizaje de la lengua de señas norteamericana. Los Gardner criaron a Washoe como si fueran padres sordos de un infante humano, así que dependían mayormente de la comunicación por señas. Algunos métodos comunes empleados para entrenar y enseñar a Washoe incluían el uso de juegos e imitación. Después de 22 meses, Washoe había aprendido 34 señas. De hecho, Washoe logró aprender aproximadamente 350 señas a lo largo de su vida. Lo impresionante del aprendizaje observado en Washoe no tan sólo tiene que ver con la cantidad de señas que aprendió, sino también la manera en que combinaba las señas para expresar mensajes originales (p. ej., open food drink *"abrir comida bebida"* = refrigerator *"nevera"*). Además, Washoe pudo generalizar (p. ej., usando un signo como *hat "sombrero"* para referirse a sombreros de varios tipos y no sólo el sombrero específico con el cual aprendió la seña) y usar expresiones de la cara para distinguir entre frases declarativas e interrogativas. Aún más destacable era su comunicación con otros humanos y primates. Washoe les había enseñado a otros chimpancés (otros miembros de su "familia" como Loulis y Tatu) varios signos de la lengua de señas norteamericana. Asimismo, Washoe podía modular la velocidad en la cual empleaba las señas con asistentes de investigación humanos que estaban aprendiendo la lengua de señas norteamericana por primera vez. (Friends of Washoe, 2014; Gardner & Gardner, 1969)

 Aplicación 1.E: www.wiley.com/go/diaz-campos

3 La comunicación humana

Hasta ahora hemos visto muchos ejemplos específicos de la comunicación entre animales. Las abejas pueden indicar la dirección, la distancia, la calidad y la cantidad de una fuente de alimento. Las aves tienen dos maneras de comunicarse. Con las llamadas indican peligro y con los cantos indican relaciones sociales, como el apareamiento y la defensa del territorio. El sistema más sofisticado de comunicación que hemos visto hasta ahora pertenece a los primates. Estos mamíferos pueden expresar mensajes que tienen funciones sociales e interpersonales además de indicar atracción, marcar territorio, indicar amenazas y otros imperativos fisiológicos. Hay también otros casos interesantes que no exploramos aquí. Por ejemplo, los delfines y los loros tienen una capacidad muy sofisticada de imitar los sonidos de los humanos. Sin embargo, aunque parecen poder usar el lenguaje humano, en realidad no representan la comunicación verdadera porque no entienden lo que producen. Recordemos que la definición de comunicación involucra la transmisión de información, pues estos ejemplos de imitación de sonidos no constituyen actos comunicativos porque ni los loros ni los delfines pueden crear mensajes ni interpretarlos como ocurre en la comunicación humana.

A pesar de la capacidad animal de transmitir información, hay ciertos rasgos de la comunicación que son únicos de los seres humanos. En este sentido, son ampliamente conocidas las funciones descritas por Roman Jakobson (1963) en relación con el lenguaje humano. A continuación se presenta una versión adaptada de las funciones descritas por Jakobson con el propósito de proveer un panorama introductorio. Sólo los humanos pueden usar el lenguaje para explorar las propiedades del lenguaje mismo. Esta función se conoce como **metalingüística** y se refiere a la capacidad de reflexionar sobre la lengua misma. Por ejemplo, al aprender el español como lengua segunda, podemos usar el lenguaje mismo para comentar los usos del pretérito y el imperfecto. Como seres humanos, podemos también usar el lenguaje para entretenernos. Empleamos la poesía, los trabalenguas y podemos jugar con el lenguaje con el fin de hacer reír a otras personas. Esta función se denomina **lúdica**. Los humanos pueden transmitir mensajes nuevos que pueden ser verificables, lo cual se considera como la función **informativa**. Asimismo, los humanos son capaces de emplear el lenguaje para comunicar sus emociones, deseos y aspiraciones. Esta función recibe el nombre de **emotiva**. El lenguaje

Cuadro 1.1 Funciones de la comunicación humana.

Función	Ejemplo
Informativa	*No voy a clase todos los días.*
Emotiva	*Maldita sea, si nadie me pregunta qué quiero y qué no quiero (CREA, en línea)*
Apelativa o conativa	*¡Siéntate allí!* (CREA, en línea)
Lúdica	A: *¿Qué le dijo un techo a otro techo?* B: *Te echo de menos.*
Metalingüística	*Bailar es un verbo en infinitivo.*
Fática o de contacto	Hola, buenas tardes (CREA, en línea)

también puede ser empleado para influir en la conducta de nuestros interlocutores. Es decir, podemos utilizar el lenguaje para que el oyente reaccione a nuestros pedidos. Cuando empleamos los recursos lingüísticos con este fin estamos en presencia de la función **apelativa** o **conativa**. Regularmente empleamos el lenguaje simplemente para establecer contacto con el oyente. Por ejemplo, cuando nos encontramos a un extraño en un ascensor y lo saludamos cordialmente lo hacemos para establecer contacto. En muchas ocasiones cuando estamos con personas que no conocemos hablamos acerca del clima. En estos casos no se trata necesariamente de intercambiar información nueva sino de establecer una conexión con el oyente de manera amigable. Esto se conoce como la función **fática**. Se puede apreciar a lo largo de esta discusión que el uso del lenguaje entre los seres humanos cumple funciones distintas. Para poder cumplir con todas estas funciones se supone que el sistema lingüístico que comparten los humanos es bastante complejo y sofisticado. El **cuadro 1.1** nos da un resumen de las varias funciones para las cuales los humanos usan el lenguaje.

Enfoque en la investigación: La comunicación no verbal en los humanos y los primates

Hasta ahora nos hemos enfocado en la comunicación verbal para discutir diferencias entre el sistema comunicacional de los primates y los humanos. Sin embargo, los primates y los humanos también emplean señales no verbales para comunicarse. ¿Son diferentes los primates y los humanos en este aspecto de la comunicación? Un estudio realizado por Goot, Tomasello, y Liszkowski (2014) mostró que había una diferencia sutil entre los monos e infantes de 12 meses en cuanto a su uso del dedo para pedir los objetos. Los infantes se quedaban distantes del objeto y dependían de señalar con el dedo índice, mientras que los monos se acercaban al objeto y extendían las manos hacia el objeto. Los investigadores sugirieron que esta diferencia ofrece evidencia para apoyar la idea de que la comunicación humana es por naturaleza cooperativa. A diferencia de los primates, la comunicación humana muestra una preferencia por la colaboración desde una edad muy temprana.

 Aplicación 1.F: www.wiley.com/go/diaz-campos

La descripción del sistema lingüístico humano

En la sección anterior establecimos que un elemento central en la definición de comunicación es la noción de sistema. Este sistema refiere a un conjunto de reglas o prácticas que comparten los miembros de un grupo. El sistema es el mecanismo que les permite a todos los miembros del grupo transmitir información e interpretar los mensajes de otros miembros.

Vimos que el sistema lingüístico de los humanos es bastante complejo y permite que los seres humanos cumplan funciones únicas por medio de la comunicación tal como el análisis meta-lingüístico, la discusión del futuro y del pasado y los usos lúdicos del lenguaje. En esta sección destacaremos las características del sistema lingüístico de los humanos. De hecho, una de las características más importantes del lenguaje humano es que es sistemático. En otras palabras, el lenguaje humano refleja un conjunto de regularidades que se manifiestan constantemente. Esos patrones reiterados se denominan **sistematicidad** y es precisamente lo que el lingüista espera descubrir y describir. De esta forma, luego de mencionar algunas características centrales del sistema lingüístico de los seres humanos, exploraremos las varias maneras en que este sistema ha sido descrito a lo largo de la historia de los estudios lingüísticos.

Otra característica importante relacionada con el lenguaje humano es su **abstracción**. Esto quiere decir que no se limita a describir entidades concretas sino que incorpora conceptos o elementos que no son tangibles (no se pueden ver ni tocar). Algunos ejemplos de elementos abstractos son el amor, la alegría, y el miedo. Tenemos la capacidad de entender estos conceptos pero no podemos verlos ni tocarlos. La idea importante para el lingüista es que el sistema lingüístico del hablante humano puede ser una representación de conceptos sin referentes concretos. Esta relación entre conceptos abstractos es algo que exploramos a lo largo del libro. El lenguaje humano también permite la **creatividad**. Sabemos que el lenguaje es creativo porque se puede formular una oración original y nueva y todos los hablantes de la misma lengua pueden interpretarla. Cabe destacar que los seres humanos usan un sistema común para crear oraciones originales. Nuestra capacidad de hablar de eventos y personas que no están presentes ni en tiempo ni espacio con nosotros es otra particularidad relacionada con la creatividad. Sin embargo, esa facultad de poder hablar de eventos y relaciones del pasado y futuro, reales e hipotéticas, se llama **desplazamiento**. Los seres humanos usamos nuestro conocimiento del pasado para tomar decisiones informadas acerca de nuestro presente y hacer planes para el futuro. No solamente podemos hablar de eventos que han ocurrido en el pasado o de eventos futuros, sino que también podemos mentir. Esa cuarta característica del lenguaje humano es **la prevaricación**. Por ejemplo, hay investigaciones que muestran que los niños fingen llorar en el primer año de vida (Nakayama, 2010). Otra característica importante del sistema lingüístico humano es que se emplea en contextos sociales particulares, lo cual se conoce como **contextualidad**. El resultado es que el mensaje lingüístico se construye y se interpreta según el contexto social en que se produzca. Esto significa que no hay que explicar ni especificar información ya entendida. Por ejemplo, si se expresa la frase 'ya lo tiene', esta oración tiene sentido en un contexto en que el interlocutor (la persona que escucha) ya sabe de quién habla y del objeto al cual se hace referencia. Es posible que el mensaje sea: 'mi hermano ya tiene el contrato en sus manos', pero la información para llenar estos detalles viene del contexto y no de las palabras en sí. Otra característica, y tal vez la más divertida para ejemplificar, es la **recursividad**. Este concepto se refiere a la capacidad de añadir elementos extras usando los recursos lingüísticos disponibles sin límite. De tal forma, se puede construir una oración sin fin simplemente mediante el uso recursos como las conjunciones (p. ej., *y*, *o*). Esto se ve en la frase siguiente en la cual los elementos resaltados en negritas indican ejemplos de recursividad:

> Juan y María se fueron al cine **y** después comieron en su restaurante favorito **donde** se reunieron con unos amigos **que** no habían visto por mucho tiempo **y** pasaron horas hablando **y** después se fueron a un bar para bailar **y** conversar más **y** …

Finalmente, dos características únicas del lenguaje humano que no tiene la comunicación animal, son la doble articulación y la existencia de unidades discretas. La **doble articulación** se define como la capacidad de dividir los signos lingüísticos en dos niveles según sus constituyentes (p. ej., Los morfemas de la forma verbal *cantábamos*, {cant} {-á-} {-ba-} {-mos} y sonidos /k/ /a/ /n/ /t/ /a/ /b/ /a/ /m/ /o/ /s/). Es decir que no solamente podemos dividir palabras en sonidos (como vimos en el ejemplo anterior), sino que también podemos interpretar el significado de una palabra completa (p. ej., *desigualdad*) y de las partes que componen dicha palabra (*des*, que significa 'no' + *igual* + *dad*, que marca que es sustantivo). Se presentará más información de esas características en los siguientes capítulos. Las **unidades discretas** se refieren a la distinción que se puede hacer de elementos mínimos constitutivos, como por ejemplo el sonido y el morfema.

Pensando de nuevo en los sistemas de comunicación animal es fácil ver que el sistema humano es único en cuanto a las características descritas en esta sección. También nos podemos hacer una idea del trabajo del lingüista porque éste debe ser capaz de describir un sistema que permite la creatividad, la recursividad y la contextualización social a través de una representación sistemática y abstracta.

Enfoque en la investigación: La creatividad y la sistematicidad en el lenguaje de los niños

Se ha propuesto que el lenguaje humano es sistemático y creativo. Estas consideraciones provienen particularmente del análisis del lenguaje infantil. Ejemplos ampliamente conocidos incluyen *sabo* por *sé* en el español y *goed* por *went* en inglés. Estos ejemplos demuestran la sistematicidad porque se emplea un patrón para formar verbos regulares en el presente (p. ej., *hablar > hablo*) a verbos irregulares como *saber*. Estos ejemplos demuestran la creatividad porque se observan formas que los niños no escuchan en el habla de los padres (o las niñeras) con quienes interactúan generalmente. Otros ejemplos observados por Clahsen, Aveledo, y Roca (2002) en su estudio de 15 niños hispanohablantes incluían *punieron* en vez de *pusieron* y *queriba* en vez de *quería*. Ejemplos adicionales incluyen *rompó* por *rompió* y *caíba* en vez de *caía* en el habla de niños entre 2 y 4 años de edad (Johnson, 1995).

 Aplicación 1.G: www.wiley.com/go/diaz-campos

Conceptos lingüísticos clave

Ya tenemos una idea de lo que puede hacer el sistema de comunicación humano, no sólo en cuanto a las funciones que cumple sino también en relación a los mecanismos lingüísticos que posee. Para apoyar nuestra discusión del sistema lingüístico humano, hay ciertos conceptos útiles. Hemos establecido que el sistema lingüístico permite expresar conceptos abstractos, es decir, no siempre se refiere a elementos concretos. Una idea relacionada es que los símbolos que usamos, por ejemplo las palabras de una lengua, son arbitrarios. Esto quiere decir que no hay una relación lógica entre un símbolo y el concepto u objeto al que éste se refiere. Hay términos técnicos para indicar esta distinción. Los **signos lingüísticos** están compuestos por un **significante**, o el conjunto de sonidos que forman una palabra, y un **significado**, que es la conceptualización del contenido que asociamos con el significante. Por ejemplo, podemos mostrar que la relación entre el significante, por ejemplo la palabra *perro*, y el significado, en este caso el animal peludo con cuatro patas, es arbitrario. La asociación entre el grupo de sonidos que forman la palabra y el significado decimos que es arbitraria porque no hay una relación directa entre la forma de la palabra y el contenido al que hace referencia. De esta forma, en diferentes lenguas encontramos asociaciones diferentes, por ejemplo, en inglés decimos *dog* para referirnos al mismo concepto de animal peludo con cuatro patas mientras que en francés se dice *chien*. Hay cierto grado de excepcionalidad en esta **arbitrariedad**. Por ejemplo, las palabras onomatopéyicas, en que el significante de algún referente tiene una forma similar al sonido que produce dicho referente, como en el caso de algunos animales tales como los perros y los gallos (p. ej., *guau guau, kikirikí*). Sin embargo, las onomatopeyas también muestran cierto grado de arbitrariedad porque la expresión de los sonidos que producen estos animales son adaptados de maneras diferentes en diversas lenguas (p. ej., *bow wow, cock-a-doodle-doo*). En la mayoría de los casos, no hay ninguna relación lógica entre los sonidos que forman las palabras y los conceptos que asociamos con estas. Por lo tanto, una característica que veremos en los sistemas lingüísticos es un conjunto de significantes arbitrarios que nos permiten referirnos a un sinfín de significados. Estos signos reciben el nombre de signos lingüísticos.

Un elemento importante de la discusión de los sistemas lingüísticos es la cantidad de elementos que son comunes a todas las lenguas humanas en contraste con los elementos específicos a una lengua particular. Si hablamos del vocabulario, es decir el conjunto de signos lingüísticos, es fácil apreciar porque estos elementos deben ser diferentes de una lengua a otra. Sin embargo, hay también ciertas propiedades, como la creatividad, que pertenecen a todas las lenguas. Las características que comparten todas las lenguas del mundo se llaman **universales**. Un ejemplo de un universal lingüístico es que todas las lenguas del mundo poseen sustantivos. La comprensión de las características que comparten todas las lenguas del mundo nos permite entender mejor la capacidad lingüística de la mente humana. De igual forma, los universales nos permiten entender la adquisición de lenguas, ya sea la lengua nativa o extranjera. Según este supuesto las propiedades universales no se adquieren de igual forma que los conceptos específicos de una lengua. Un concepto no igual pero relacionado es el de **tendencias tipológicas universales**. Estas tendencias indican las propiedades más comunes sin excluir los casos excepcionales tal como es el caso de las perspectivas universalistas. Un ejemplo de una tendencia universal es que la estructura silábica de forma [consonante + vocal] es la más común en las lenguas del mundo (ver ejemplos en el **capítulo 4**). Resulta fácil identificar que hay otros tipos de sílabas en las lenguas del mundo (para el español véase el **cuadro 4.3** en el **capítulo 4**). Lo que caracteriza a esta tendencia universal es que hay una estructura común y básica que se espera encontrar con mayor frecuencia en numerosas lenguas del mundo. Cuando describamos los procesos de adquisición (véase el **capítulo 2**), esta información sobre las tendencias universales en las lenguas del mundo será muy útil. Los investigadores que se encargan del estudio de los universales lingüísticos se encuentran en una encrucijada debido a la lamentable desaparición de lenguas en el mundo. Se calcula que en la historia de la humanidad han existido aproximadamente 31.000 lenguas (Lienhard, 2011). De este total un 80% ha desaparecido. Más alarmante aún es el hecho de la rapidez con que están desapareciendo muchas lenguas. Se calcula que 28 familias lingüísticas se han extinguido a partir de los años 60 (The Rosetta Project). Algunos investigadores estiman que se perderán entre 50% y 90% de las 7.000 lenguas que existen actualmente a finales del siglo XXI (Nettle & Romaine, 2000).

Enfoque en la investigación: Los universales lingüísticos

Debido a la idea de los universales y las tendencias universales, ha habido mucha investigación realizada para identificar los patrones sistemáticos que tienden a ocurrir en las lenguas naturales del mundo. Otro tipo de universal lingüístico que ha recibido mucha atención es el **universal implicacional**. Un universal implicacional es cuando cierta característica lingüística ocurre (o tiende a ocurrir) con otra característica lingüística. El estudio seminal de Greenberg (1963) describió varios universales implicacionales que siguen el patrón "dado que en una lengua particular ocurre la característica *x*, siempre ocurra *y*" (p. 73). Por ejemplo, en las lenguas cuyo orden de palabras dominante es verbo-sujeto-objeto, siempre se ubican las palabras que expresan relaciones del espacio o tiempo (p. ej., *debajo, después*) antes de sus complementos. Las lenguas que funcionan así incluyen el árabe, el irlandés, y el tagalo. Nota que este universal implicacional no es bidireccional. Es decir, no se puede decir que las lenguas donde se ubican palabras que expresan relaciones de espacio o tiempo antes de sus complementos siempre tienen verbo-sujeto-objeto como orden dominante. Un ejemplo de un universal implicacional es el siguiente: En las lenguas cuyo orden de palabras dominante es sujeto-objeto-verbo, las palabras que expresan relaciones de espacio o tiempo se ubican después de sus complementos. Éste es el caso en lenguas como el coreano (p. ej., *yeoreum-e* 'en el verano', donde -*e* es una partícula que se refiere a tiempo y se coloca después del sustantivo *yeoreum*), el turco y el vasco.

Aplicación 1.H: www.wiley.com/go/diaz-campos

Las reglas del sistema lingüístico

El sistema lingüístico de los humanos es un conjunto de signos abstractos que nos permite hacer referencia al mundo que nos rodea. No obstante, para la construcción de ideas completas necesitamos establecer conexiones entre estos signos abstractos. Para la formación de palabras requerimos poder combinar los sonidos. Al nivel de la frase, el sistema nos sirve para organizar las palabras y mostrar una conexión entre ellas. De una manera concreta, al construir una frase el sistema lingüístico tiene que indicarnos el sitio apropiado para el verbo, dónde ubicar el sujeto del verbo y cómo añadir información sobre la manera en que se realizó la acción del verbo. Por ejemplo, si decimos: *Manolo corrió rápidamente* el sistema lingüístico nos guía en cuanto al orden de palabras en el que deben aparecer las unidades que conforman la frase y cuál es la relación que se establece entre ellas. Hay varias teorías lingüísticas y éstas difieren en cuanto a la conceptualización de estas conexiones entre los elementos y la estructura en que los elementos se encuentran. Sin embargo, para lograr la sistematicidad que hemos visto en las lenguas humanas, cada teoría lingüística tiene que tratar esta relación entre los elementos del sistema. A pesar de que la terminología difiere de un acercamiento a otro, por ahora utilizamos el término de **regla** para referirnos a estos mecanismos que señalan una relación entre dos o más elementos dentro del sistema lingüístico. Estas reglas son abstractas y representan la función de la mente humana en los procesos de creación e interpretación de los mensajes lingüísticos.

Antes de entrar en una discusión más profunda de los modelos dedicados a la descripción de las reglas lingüísticas, es menester distinguir entre dos clases de reglas. Una **regla prescriptiva** es una formalización que describe la manera en que se debe construir una oración considerada como normativamente "correcta" en una lengua. Estas reglas son las que se encuentran en los libros de texto y los libros de gramática y se asocian con el lenguaje escrito y formal. Estas reglas no son la preocupación principal del lingüista. Al contrario, al lingüista le interesa la **regla descriptiva**. Esta regla nos dice cómo es el uso de una lengua e incluye usos informales, usos considerados "inaceptables" en contextos formales, usos que incluyen más de una lengua en contacto, etc. En fin, la regla descriptiva intenta describir el lenguaje tal como es y no como debe ser o como era antes. Por eso, los modelos del lenguaje humano se enfocan en las reglas descriptivas porque se esfuerzan en captar la función de la mente humana durante el uso del lenguaje para la comunicación.

La gramática innata

De acuerdo con lo que hemos explicado hasta ahora sobre la comunicación humana, el sistema lingüístico nos permite emplear signos arbitrarios que conceptualizan el mundo de forma creativa y abstracta. Sin duda, tenemos que imaginar que la capacidad de aprender y usar lenguas involucra cierta sofisticación cognoscitiva y el empleo de un sistema bastante complejo.

Por estas razones y muchas otras, el lingüista Noam Chomsky sugirió que los humanos nacen con un **sistema innato** específicamente dedicado a la adquisición y uso de sistemas lingüísticos. Él argumentó que una característica central del ser humano es tener un mecanismo para la adquisición de lenguas en la mente tal como las aves nacen con alas y la capacidad de volar (Chomsky, 1965). Este mecanismo innato incluye información sobre la estructura lingüística, por ejemplo, donde se ubica cada elemento en una oración y también de las tendencias universales. Una función importante de esta gramática innata es que rige la adquisición de lenguas mediante la limitación de las opciones. Esto quiere decir que la gramática innata nos da información sobre lo que es posible en las lenguas del mundo. Hay ciertas reglas que ninguna lengua viola, tal evidencia ha sido empleada por algunos lingüistas como Chomsky para afirmar que la gramática innata contiene información sobre estas tendencias universales. Chomsky argumenta que los niños reciben evidencia lingüística que se puede considerar incompleta y a veces mal formada. Sin embargo, a pesar de esta evidencia insuficiente los niños adquieren de manera satisfactoria las reglas gramaticales de su lengua nativa. Esta característica relacionada con la insuficiencia de la entrada lingüística se conoce con el nombre de **la pobreza del estímulo**. En otras palabras, se trata de la pobreza de la calidad de la información a que tiene acceso el niño para formular reglas gramaticales. El nombre que se le da al lenguaje al cual el niño está expuesto es **la entrada** (el input). De tal forma que, un desafío para cualquier teoría lingüística es que tiene que explicar la capacidad de los aprendices para extraer generalizaciones sobre las tendencias permisibles en una lengua, aun en los casos en que la evidencia parece inadecuada.

La capacidad del niño para adquirir las reglas gramaticales, a pesar de la pobreza del estímulo, fue lo que llevó a Chomsky a argüir en contra del paradigma teórico dominante en su época. En los años 50, cuando Chomsky empezó a escribir sobre el modelo cognoscitivo del lenguaje, el paradigma más aceptado era **el conductismo**. Esta teoría argumentaba que el aprendizaje lingüístico se originaba del estímulo ambiental que recibían los individuos. Los estudios se basaban en el empleo de evidencia concreta que pudiera ser observable. Esta teoría sostenía que el aprendizaje lingüístico dependía fundamentalmente de la imitación. Hoy en día se sabe que hay evidencia en contra de este argumento. Por ejemplo, hay estudios que muestran que los niños no pueden imitar lo que escuchan si la oración que intentan repetir es demasiado complicada. Además, hay evidencia de que los niños pasaban por etapas semejantes durante el proceso de adquisición, aunque vivieran con familias diferentes y en regiones distintas. Recapitulando acerca de la noción de la pobreza del estímulo, era muy difícil emplear el marco conductista para entender cómo era posible llegar a usar de forma gramatical una lengua sin evidencia adecuada de lo que se permite o no se permite en la entrada misma. Tal vez, el obstáculo más grande para el conductismo era que no consideraba la creatividad como una característica del lenguaje humano. Si la imitación fuera el mecanismo para el aprendizaje sería necesario escuchar una oración antes de poder producirla y ya sabemos que la creatividad es una de las características del lenguaje humano. En el **capítulo 2** estudiaremos en más detalle el proceso de la adquisición de lenguas. Sin embargo, la adquisición de lenguas ha sido una de las fuentes efectivas para argumentar a favor de diferentes teorías. Chomsky señaló que la adquisición duraba un período muy corto, con una entrada incompleta y por etapas consideradas como semejantes de un aprendiz a otro. Todas estas observaciones dieron pie a la idea de que existe cierta actividad dentro de la mente del ser humano. En la discusión de las teorías lingüísticas, otro concepto importante sigue siendo la noción de sistema. Según la visión de Chomsky, se propone que este sistema se encuentra en la mente de cada ser humano. Además, el sistema mismo se conceptualiza como un conjunto de **reglas gramaticales**, las cuales nos dan información sobre la combinación de elementos para formar oraciones y sobre lo que es posible en las lenguas del mundo. Los puntos de vista hoy en día en cuanto a la forma de describir la actividad mental, el sistema lingüístico y las reglas lingüísticas mismas varían de un marco teórico a otro. Sin embargo, casi todos están de acuerdo en que los procesos adquisitivos no dependen solamente del ambiente.

Enfoque en la investigación: El conocimiento de las reglas morfológicas por parte de los niños

En los años 50 la psicóloga Jean Gleason diseñó una tarea para investigar la adquisición de reglas morfológicas (p. ej., la posesión, la pluralidad, etc.) en un grupo de niños. Esta famosa tarea se llama el examen *wug*. El *wug* era el nombre para una criatura imaginaria (véase la **ilustración 1.4**) que, entre otras criaturas y acciones con nombres inventados, Gleason usaba para observar y estudiar el conocimiento implícito lingüístico de los niños (p. ej., Gleason, 1978). Por ejemplo, ella les mostraba una foto de dos *wugs* y les pidió a los niños que completaran frases como "This is a WUG. Now there is another one. There are two of them. There are two _____." Los niños completaban la frase con la palabra *wugs*, un hallazgo que sirvió para sustentar que el niño sabía emplear de manera sistemática **reglas gramaticales** (p. ej., la pluralidad) sin ningún tipo de entrenamiento. Gleason también estudió el conocimiento acerca de las reglas para la conjugación de los verbos, como se puede observar en el siguiente ejemplo: "This is a man who knows how to RICK. He is Ricking. He did the same thing yesterday. What did he do yesterday? Yesterday he _____."

Ilustración 1.4 Foto de un wug. Origen: Por Σ, https://commons.wikimedia.org/wiki/File%3AWug.svg, usado bajo CC BY-SA 3.0 http://creativecommons.org/licenses/by-sa/3.0

Prueba el examen *wug* en la red: http://www.onbeing.org/blog/sunday-morning-exercise-take-wug-test/2510

 Aplicación 1.I: www.wiley.com/go/diaz-campos

El lenguaje como proceso cognoscitivo

Como vimos antes, los argumentos de Chomsky a favor de la existencia de un sistema mental que nos permite aprender y usar lenguas son bastante contundentes en relación a la existencia de una gramática innata. Parece indiscutible que los humanos pueden usar cierta capacidad mental para llegar a generalizaciones y producir oraciones creativas. Sin embargo, hoy en día hay varias perspectivas sobre la naturaleza de este sistema lingüístico. El concepto de regla gramatical puede ser entendido de otras formas según una perspectiva teórica que se enfoca en el uso y en el análisis de datos concretos. El concepto central de la noción de regla es que representa un resumen de las generalizaciones de una lengua que permiten la comunicación entre los hablantes. En términos muy generales, el sistema lingüístico es un conjunto de información sobre las funciones y combinaciones posibles de los elementos de una lengua. De acuerdo con lo que se plantea en la discusión sobre el sistema lingüístico que presentamos a continuación, existen nuevas perspectivas que nos permiten describir de maneras diferentes la naturaleza cognoscitiva del lenguaje. Parece existir un acuerdo en cuanto a que la influencia del entorno y la imitación (p. ej., como se plantea en las teorías conductistas de los años 50) no son los únicos elementos necesarios para describir la actividad mental y la adquisición del lenguaje. Sin embargo, las descripciones relacionadas con la representación cognoscitiva del lenguaje son diferentes según la perspectiva teórica que se adopte.

Algunos lingüistas han desarrollado una visión de la gramática y de los procesos de aprendizaje que se asemeja a la capacidad humana general de resolver problemas y establecer patrones (p. ej., Estes, 1950; Langacker, 1987). En oposición a planteamiento de Chomsky, quien arguyó que hay una capacidad lingüística específica en los seres humanos para la adquisición de lenguas, otros han notado que ciertas **estrategias de aprendizaje** que se emplean en otras áreas (p. ej., la categorización de animales como los diferentes tipos de perros) son similares a las que se emplean en el uso del lenguaje. Por ejemplo, si una persona tiene experiencia con perros puede categorizar específicamente las diferentes razas y la relación entre esas razas. Este mismo concepto puede aplicar al aprendizaje de lenguas ya que establecemos patrones entre estructuras gramaticales y sus usos. De esta forma, todavía se ve el uso y el aprendizaje de lenguas como una actividad mental, pero la diferencia clave es que los procesos asociados con el lenguaje no son distintos de los procesos que empleamos para cumplir otras actividades (p. ej., aprender a andar en bicicleta, resolver un problema de matemáticas, etc.). Volviendo a la noción de regla, tenemos que modificar un poco la conceptualización de regla gramatical para incluir patrones de aprendizaje. Una manera de describir esta distinción es ver la gramática como un conjunto de tendencias que surgen del uso y de las estructuras lingüísticas y no responden a generalizaciones que el investigador impone a partir de intuiciones. Por ejemplo, todos los verbos que terminan en -*ar* presentan patrones de conjugación que el hablante identifica a partir del uso. En la **ilustración 1.5** observamos las relaciones de forma y significado que se dan entre las formas verbales de los verbos *hablar, cantar, bailar* y *saludar*.

Si imaginamos que el proceso principal para el aprendizaje de lenguas es notar patrones en la entrada y que el uso de las estructuras lingüísticas involucra la interpretación y producción de formas según estas tendencias, entonces tenemos que imaginar un sistema lingüístico que almacene esta información y que sirva para guiar estos procesos. Sin embargo, en vez de un conjunto de reglas simbólicas, podemos imaginar otras posibilidades. Por ejemplo, podríamos imaginar que el sistema lingüístico es un conjunto de formas con **enlaces** entre sí. Se puede imaginar conexiones de este tipo entre formas de la misma categoría (p. ej., los verbos como vemos en la **ilustración 1.5**), entre formas con la misma función (pronombres personales) y también entre elementos que aparecen juntos con frecuencia (p. ej., *me + gusta*). De esta manera, la fuerza de la conexión entre elementos es la forma de capturar ciertas normas en una lengua. Una conexión fuerte entre dos elementos representaría una combinación que ocurre con frecuencia y una conexión débil sería una combinación menos común. Esto quiere decir que nuestras "reglas gramaticales" se conciben como enlaces entre elementos cuya fuerza puede variar. Eso es precisamente como el modelo denominado conexionismo conceptualiza al sistema gramatical.

Veamos un ejemplo en español: una forma muy frecuente es la forma verbal *es* que tiene una conexión semántica fuerte con la forma infinitiva *ser*. Otras formas infinitivas como *hacer, comer*

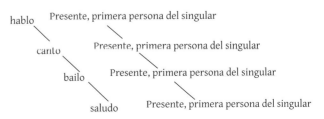

Ilustración 1.5 Conexiones fonológicas y semánticas de las palabras *hablo, canto, bailo* y *saludo*.

hablo — Presente, primera persona del singular

canto — Presente, primera persona del singular

bailo — Presente, primera persona del singular

saludo — Presente, primera persona del singular

Ilustración 1.6 Ejemplo de enlaces entre *ser* y otras unidades lingüísticas.

y *querer* están relacionadas con *ser*, por una conexión morfo-fonológica: hay una conexión semántica entre la *-r* que indica "verbo infinitivo" además de una conexión fonológica por la terminación *-er*. De esta manera, se ve cómo emerge el sistema lingüístico en la cognición del hablante (véase la **ilustración 1.6**), que es en esencia varios conjuntos de conexiones entre formas por medio de enlaces semánticos (es decir, relacionado al significado), morfológicos (relacionado a la estructura de palabras) y fonológicos (relacionado al sistema de sonidos).

La conceptualización de regla gramatical como una serie de conexiones entre elementos del sistema lingüístico encaja perfectamente en varios modelos psicológicos. Podemos imaginar que las conexiones forman una **red de asociaciones**. Se trata de un conjunto de relaciones formadas según la semejanza de forma y contenido entre las unidades lingüísticas en nuestra representación cognoscitiva. Esta red de asociaciones constituye el sistema gramatical. Una característica interesante de este tipo de modelo es que si no limitamos la función lingüística a un módulo aislado y dedicado sólo al aprendizaje y al uso de lenguas, podemos imaginar conexiones entre información no lingüística y elementos de la gramática. Por ejemplo, las formas que conllevan valor social pueden explicarse bajo este modelo. La forma *haigan* en español o la forma *ain't* en inglés reflejarían su valor social por conexiones con características de los hablantes que suelen usar esas formas con mayor frecuencia en contextos sociales específicos. Además, bajo este tipo de modelo, podemos imaginar que la fuerza de la conexión depende del grado de activación la cual ocurre con cada instancia de uso. Un modelo específico que trata sobre la noción de redes de activación es el de Bates y MacWhinney (1987), quienes proponen que el conocimiento lingüístico está organizado en una red de unidades de procesamiento. Cada unidad representa las formas lingüísticas con sus significados correspondientes (se puede imaginar múltiples niveles de las conexiones que se ven en las **ilustraciones 1.5** y **1.6**). Las conexiones entre unidades se ven fortalecidas o debilitadas según las regularidades de las estructuras encontradas en la entrada. Los elementos que escuchamos y producimos reflejan patrones de activación que afectan otras estructuras lingüísticas en la red. De esta manera establecemos conexiones y éstas nos permiten la adquisición del lenguaje y utilizar las estructuras lingüísticas. Consecuentemente, las combinaciones de elementos o conexiones entre formas que ocurren con mayor frecuencia se activan más en la red de enlaces y esta activación más frecuente lleva a la construcción de un enlace más fuerte.

Empezamos esta sección señalando que, a pesar de que existen varias maneras de concebir la noción del sistema lingüístico humano, hay bastante acuerdo en cuanto a ciertas características del lenguaje humano. Por ejemplo, las lenguas humanas permiten la creatividad. De esta manera, tanto el modelo simbólico modular de Chomsky como el modelo conexionista admiten la creatividad del lenguaje como una característica central. El modelo conexionista propone que las conexiones más fuertes (más activadas) son las más comunes pero no hay ninguna prohibición en contra de las conexiones menos frecuentes. Además, se puede formar una conexión entre elementos que aparecen frecuentemente en el habla y estos elementos son susceptibles a convertirse en unidades autónomas que desarrollan significados independientes de las palabras que conforman la construcción. Por ejemplo, el verbo *ir* se desvincula de su significado de movimiento cuando se utiliza en la expresión *ir a* + infinitivo la cual cumple una función de futuro. Bybee, Perkins, y Pagliuca (1994) señalan que la expresión del futuro tiende a desarrollarse de construcciones en las que existe una inferencia acerca de la intención del hablante, como es el caso de los verbos que indican el movimiento hacia un objetivo como *ir* en español y *go* en inglés. En otras lenguas la fuente de la cual se origina la expresión de futuro implica el uso de estructuras cuyos significados se relacionan con el deseo y la obligación, tal es el caso de *will* en inglés y *ville* en danés que señalan significados de disposición o deseo. En las páginas anteriores se introdujo la noción del universal lingüístico, es decir, que hay ciertas tendencias, tal como la que se observa con el patrón de la formación del futuro en el inglés y el danés, que son comunes a todas las lenguas del mundo. Como los modelos que se basan en estrategias de aprendizaje generales no pueden fundamentarse en un conjunto de reglas innatas para describir lo que es posible en una lengua, se hace necesario definir los universales lingüísticos de otra forma. Una posibilidad es que los elementos que tienen en común las lenguas del mundo sean el resultado de cómo funciona la mente humana. En otros términos, las tendencias frecuentes representan manifestaciones naturales del procesamiento de la información. Los patrones que ninguna lengua permite son precisamente el producto de la manera cómo funciona nuestra mente.

Enfoque en la investigación: Las conexiones entre terminaciones en verbos del español

¿Cómo se explica el grado de relación entre formas verbales? Bybee (1988) propone que las estructuras que se parecen y que comparten los mismos contextos de uso establecen relaciones de significado. Tomemos el ejemplo de formas del verbo *querer* en el pretérito y el imperfecto:

	Imperfecto				*Pretérito*		
1sg	quería	1pl	queríamos	1sg	quise	1pl	quisimos
2sg	querías	2pl	queríais	2sg	quisiste	2pl	quisisteis
3sg	quería	3pl	querían	3sg	quiso	3pl	quisieron

Se puede observar que la terminación para el imperfecto (*-ía*) difiere mucho de la terminación del pretérito (*-e, -iste, -o*, etc.) entre personas gramaticales. Según Bybee, esta discrepancia se debe a la diferencia en el significado del imperfecto (p. ej., acción continua sin punto de inicio o fin o habitual) versus el pretérito (p. ej., acción completada en un punto anterior al momento del habla). Bybee propone que los cambios que observamos en la raíz de este verbo (p. ej., *quer-* > *quis-*) tenderían a distinguir entre formas verbales con diferentes significados aspectuales y no entre personas gramaticales.

Aplicación 1.J: www.wiley.com/go/diaz-campos

El uso del lenguaje y conceptos clave

Como se explicó en las secciones anteriores, los lingüistas se interesan en el estudio de las reglas descriptivas. Esto quiere decir que el lingüista quiere describir el lenguaje tal como ocurre en contextos reales entre hablantes en situaciones verdaderas. Este objetivo se logra a través de un análisis que se enfoca en el uso de las lenguas. El término uso (**enfoque en el uso**) significa que se estudia mediante datos los patrones lingüísticos que emplean los hablantes. En esta sección proveemos información relevante para entender en detalle los pormenores de esta perspectiva de análisis lingüístico.

En este capítulo aprendimos que el significante es el conjunto de sonidos que forman una palabra. Por ejemplo, el mueble con cuatro patas que usamos para sentarnos es el significado de la palabra *silla*. Esta combinación entre una secuencia de sonidos que asociamos con un concepto recibe el nombre de signo lingüístico. En otros términos, el grupo de sonidos ['si-ja] *silla* se asocia con el concepto *mueble con cuatro patas que usamos para sentarnos*. El signo lingüístico es un elemento de la gramática que usamos para referirnos a un concepto o un objeto. Emplearemos el término **forma** para referirnos a la estructura superficial de una palabra. Es decir, la estructura sonora (la secuencia de sonidos que forma una palabra como en el caso de cualquier determinante (p. ej., [la] *la*), adjetivo (p. ej., [ˈro-xo] *rojo*), adverbio (p. ej., [ˈser-ka] *cerca*) u otra palabra. Podemos emplear el término **contenido** para hacer referencia al concepto que asociamos con cada forma. Adicionalmente, cada lengua tiene un número finito de formas y cada forma se asocia por lo menos con una función aunque frecuentemente una forma puede tener más de una función. La **función** de una forma refiere al papel que cumple ésta en el contexto de una oración. Algunos ejemplos de funciones gramaticales son el sujeto (p. ej., *Luis* corre todos los días), el objeto directo de un verbo (p. ej., Maribel escribe *un informe*), la coordinación de dos o más elementos (p. ej., Claudia corre *y* Pedro descansa), la marcación del aspecto (p. ej., el progresivo *estoy corriendo*) o del tiempo (p. ej., ella *cantó*), etc. El **cuadro 1.2** provee ejemplos de unas combinaciones mostrando la relación entre forma y función.

En cada lengua hay también un número finito de funciones que las formas pueden cumplir. El lingüista se interesa por el estudio de la conexión entre forma y función. Como mencionamos con anterioridad cada forma tiene por lo menos una función. Sin embargo, es posible que una forma tenga múltiples funciones. Por ejemplo, la forma *hable* en español sirve no sólo para indicar el modo (subjuntivo) del verbo hablar en la tercera persona singular (p. ej., *lo mejor es que ... que yo hable con esta gente* (CREA, en línea)), sino que también expresa el modo imperativo para hacer un mandato formal (no me hable usted como político (CREA, en línea)). Además, una misma función puede corresponderse con varias formas. Por ejemplo, para expresar el tiempo futuro se puede usar el futuro perifrástico (p. ej., *voy a hablar*), el futuro morfológico (p. ej., *hablaré*) o el presente simple con un adverbio de tiempo (p. ej., *mañana hablo*).

En cada instancia en que no hay una correspondencia única entre forma y significado, se observan fenómenos de variación que es otra característica natural en las lenguas del mundo. La **variación** se refiere a la vacilación en el uso de dos o más formas para cumplir una misma función. En los casos de variación, la descripción del uso del lenguaje debe incluir un componente para explicar la selección de una forma (versus las otras opciones para expresar la misma función) en un contexto dado. Los **factores** que pueden guiar la selección entre formas pueden ser **lingüísticos** (p. ej., el tiempo verbal), pero pueden ser también una reflexión del contexto social. Este segundo grupo de factores se llama **factores extra-lingüísticos** e incluye características del hablante como el sexo, la edad y la clase social, así como también características del

Cuadro 1.2 Ejemplos que demuestran la relación entre forma y función.

Relación	Ejemplos	
	Forma(s)	Función(es)
1 forma, 1 función	Conjunción (*y*)	Coordinar palabra o frases
1 forma, 2 funciones	El subjuntivo/imperativo (*hable*)	Expresar la perspectiva del hablante (incertidumbre) Hacer un mandato formal
2 formas, 1 función	El pretérito (*hablé*) El presente perfecto (he hablado)	Expresar perfectividad en un marco temporal reciente (español peninsular)
3 formas, 1 función	El futuro perifrástico (*voy a hablar*) El futuro morfológico (*hablaré*) El presente indicativo con un adverbio de tiempo (*mañana hablo*)	Expresar el tiempo futuro

oyente, del lugar de la interacción, del tema de la conversación y muchos otros factores interpersonales y situacionales. De hecho, este tipo de variación ha sido investigada ampliamente en el campo de la **sociolingüística** (la disciplina que estudia las relaciones entre el uso del lenguaje y los factores sociales que condicionan su uso) para examinar si hay patrones de uso de las formas según factores lingüísticos o extra-lingüísticos. El trabajo del sociolingüista es identificar los factores lingüísticos y los factores extra-lingüísticos que parecen operar en el proceso de selección entre las formas para proponer una generalización acerca de la importancia relativa de cada uno.

Enfoque en la investigación: Variación en el uso del subjuntivo en francés

Como la gramática española, la gramática francesa mantiene un contraste entre el modo indicativo y el modo subjuntivo para diferenciar entre eventos o estados reales e irreales (p. ej., los deseos, las emociones, las necesidades, etc.). Aunque existen "reglas" que prescriben acerca de las "normas correctas" para el uso del subjuntivo en los libros de gramática, se sabe que hay variación la cual ha sido investigada por parte de los sociolingüistas. Poplack, Lealess, y Dion (2013) recientemente investigaron el uso de subjuntivo en una muestra del habla de canadienses de Quebec entre los años 40 y el siglo XXI. Algunos ejemplos de factores lingüísticos codificados y analizados incluyen la clase semántica del verbo que determina el uso del subjuntivo (p. ej., volitivo, emotivo, opinión), la presencia de la conjunción *que* y el tipo de frase (p. ej., afirmativa, negativa, etc.), entre otros. El análisis de Poplack, Lealess, y Dion demuestra que (al contrario de lo que proponen muchos libros de gramática) existe una variación enorme en el uso cotidiano del subjuntivo. De modo que no se observa el uso categórico del subjuntivo como se plantea en los análisis que presentan descripciones idealizadas. Sin embargo, las autoras encuentran que hay ciertos verbos con los cuales se observa más el uso del subjuntivo en cláusulas subordinadas, pues estos contextos representan los casos más avanzados del proceso de gramaticalización (véase el **capítulo 5**). El uso del subjuntivo en cláusulas subordinadas es vacío de significado y demuestra rutinas autónomas que se analizan como un todo. Existen varios estudios de este tipo que sirven para mostrar que la variación es una característica inherente del lenguaje.

 Aplicación 1.K: www.wiley.com/go/diaz-campos

El papel de la frecuencia

Las teorías lingüísticas que se basan en el uso del lenguaje argumentan que la frecuencia tiene un papel importante. La **frecuencia**, en términos generales, simplemente refiere a cuantas instancias hay de cierto elemento en una muestra hablada o escrita. Sin embargo, veremos que es posible hablar de la frecuencia de una forma específica. Por ejemplo, consideremos el grupo consonántico "*sp*" empleado en una muestra hipotética compuesta por las palabras *ins*p*ección*, *ins*p*ección*, *ins*p*ección*, *es*p*ejo* y *re*s*peto*. La **frecuencia de la muestra** es 5 porque hay cinco palabras en las que se usa el grupo consonántico "*sp*" y la **frecuencia de tipo** sería 3 porque hay tres tipos de palabras diferentes. Además de estas opciones, podríamos enfocarnos en las colocaciones. Una **colocación** es un grupo de elementos que ocurren juntos y que podemos predecir como uso convencional. Por ejemplo, podríamos estudiar la frecuencia con que ocurren juntas las formas *tú* y *sabes*, en la colocación *tú sabes*. Cada medida de la frecuencia puede darnos información nueva sobre los procesos cognoscitivos involucrados en el uso del lenguaje.

El estudio de la frecuencia nos ha llevado a entender ciertos procesos lingüísticos importantes. Por ejemplo, se ha notado que hay una tendencia en las lenguas del mundo de mantener una forma si ésta ocurre con una alta frecuencia mientras las formas no frecuentes tienden a sufrir procesos de variación y cambio lingüístico. Este patrón es particularmente relevante en el análisis de las estructuras morfosintácticas. Este proceso se llama **conservación**. Tal vez, el mejor ejemplo conocido de la conservación sea el de las formas verbales irregulares. En español, por ejemplo, vemos que la forma *tuve* (con una frecuencia de uso según el Corpus de Referencia Actual del Español de 7.734) del verbo *tener* se mantiene intacta mientras la forma *anduve* (con una frecuencia de uso según el Corpus de Referencia Actual del Español de 194) de *andar* ya se escucha muchas veces en el habla vernácula de algunos dialectos como *andé*, a pesar de lo que dice la regla prescriptiva según la cual la forma normativa sería *anduve*. Este proceso se conoce como una **regularización** la cual consiste en uso del paradigma verbal regular para la conjugación de las formas irregulares. Como el uso de estas formas verbales es todavía un cambio en marcha, hay también asociaciones sociales que corresponden a la selección entre las formas *anduve* y *andé*. Otra vez el sociolingüista estudiaría los factores lingüísticos y sociales para describir el uso de las formas. Sin embargo, es fácil apreciar que en este caso el factor central para explicar la variación entre *anduve* versus *andé* es la frecuencia de uso del verbo mismo. Al contrario, no se ve este cambio con *tuve* y *tení*, por ejemplo, por la alta frecuencia del uso de la forma *tuve*.

Otro proceso importante para las teorías lingüísticas que se basan en el uso del lenguaje es **la reducción**. Este proceso describe el desgaste o la pérdida total de características fonéticas y se corresponde con la mayor frecuencia de uso. El principio que guía está generalización implica que las formas de alta frecuencia sufren procesos de automatización, es decir, la articulación de las unidades en cuestión se convierten en rutinas que reflejan desgaste y, a la vez, altos grados de activación y fácil acceso cognoscitivo. Esta reducción se puede ejemplificar con el sonido [ð] en posición intervocálica en español. Este sonido se realiza muchas veces con una reducción o pérdida total del movimiento articulatorio que se produce mediante un acercamiento entre el ápice de la lengua y los dientes y el cual cierra parcialmente la salida del aire de la boca. Esta pronunciación que ocurre en posición intervocálica (p. ej., *habla<u>d</u>o*, *la<u>d</u>o*, *hela<u>d</u>o*) se describe como aproximante, dental y sonora. En palabras frecuentes como *hablado* (con una frecuencia de uso según el Corpus de Referencia Actual del Español de 7.942) este proceso ocurre más comúnmente. Retomando la conversación sobre los tipos de frecuencia, se puede apreciar con el ejemplo de la palabra *hablado* que sería posible comparar el número de ocurrencias de *hablado* u otras formas del verbo *hablar*. De esta manera, las ocurrencias de *hablado* serían una medida de la frecuencia de la muestra y las diferentes formas del verbo *hablar* serían una medida de la frecuencia de tipo. Hay otra forma de medir la frecuencia de tipo la cual consiste en comparar la frecuencia de las formas que terminan con -*ado* versus las formas en -*ido*. Se trata de un patrón que se asocia con los participios, es decir, son unidades que comparten semejanzas de forma y contenido. Éste es un ejemplo excelente porque podemos observar una conexión importante entre las descripciones que dicen que los participios comúnmente manifiestan la reducción del sonido [ð] en posición intervocálica y las que dicen que son los elementos frecuentes. Veremos más adelante que casi todos los fenómenos estudiados hasta ahora por los lingüistas son complejos y se explican a través de múltiples factores en vez de un solo factor. Por ahora, es importante simplemente notar que el reconocimiento del efecto de la frecuencia no implica que descartemos otros factores relevantes para explicar un cierto fenómeno lingüístico.

Enfoque en la investigación: ¿Vas pa' la clase?

Estudiamos en la sección anterior que los procesos de reducción pueden ocurrir en un solo sonido (p. ej., la reducción de [ð] en posición intervocálica) y que su generalización ocurre a través de palabras que están fonética y morfológicamente relacionadas. También se observa la propagación de procesos de reducción en frases frecuentes y en frases sintáctica y semánticamente relacionadas. Un estudio en el que se investigó este último tipo de reducción es Díaz-Campos, Fafulas, y Gradoville (2012), quienes examinaron la reducción de *para* a *pa'* en frases como *pal liceo y pal colegio* (es decir, *para el liceo y para el colegio*) en el habla de participantes caraqueños. Su análisis de más que 5.000 muestras de frases con *para* o *pa'* mostró que la reducción de *para* a *pa´* ocurrió más cuando las colocaciones en las que aparecía *para* o *pa'* era más frecuente (p. ej., *pa' que, pa' la casa, pa' acá*). Este estudio es un buen ejemplo que demuestra el papel de la frecuencia en los procesos de reducción en el nivel de la frase.

 Aplicación 1.L: www.wiley.com/go/diaz-campos

El uso y el sistema lingüístico

A lo largo del capítulo hemos hablado del sistema lingüístico y de las actividades cognoscitivas que emplean los seres humanos para poder comunicarse mediante el uso de las lenguas. De acuerdo con las teorías basadas en el uso del lenguaje, podemos apreciar que la formación de una gramática es un proceso continuo y que la mente humana sigue estableciendo generalizaciones a partir de elementos en el lenguaje según su contexto de uso. Esta **reconfiguración** constante explica en parte la importancia de la frecuencia, la cual puede variar de una situación a otra y de una década a otra (Haiman, 1994). La reconfiguración consiste en el reanálisis de las unidades lingüísticas de acuerdo con los contextos de uso y su frecuencia. Si contrastamos este marco teórico con modelos de gramática simbólicos y modulares, la construcción de una gramática no es el acto de describir las reglas invariantes de cierta lengua. Al contrario, la construcción de una gramática es un proceso repetitivo de orden general que está sujeto a nuestras capacidades cognoscitivas generales. No se considera que nuestra capacidad lingüística sea un caso aparte y único como se concibe en los modelos simbólicos y modulares (Bybee, 2007, p. 8). Aunque versiones tempranas de las teorías del uso se centraban en el estudio de instancias particulares con la consecuente crítica de que estos modelos tempranos no permitían establecer generalizaciones, las versiones más contemporáneas permiten la interacción de lo específico y lo general (Bybee, 2006). Para decirlo de una forma sencilla, los modelos basados en el uso son compatibles con la noción de que existe un sistema gramatical de naturaleza cognoscitiva. La diferencia con los modelos simbólicos se observa en cómo se concibe la estructura del sistema y el tipo de información que contiene.

Hemos dicho que una prueba importante para cualquier acercamiento teórico es la capacidad de describir la adquisición del lenguaje. En el caso de las teorías conductistas pudimos notar que la imitación era un factor fundamental para explicar la adquisición lingüística y no había la posibilidad de proponer la existencia de generalizaciones tomando en cuenta los procesos mentales implícitos en la actividad lingüística. Asimismo, no se podía explicar la existencia de una de las características principales de los sistemas lingüísticos: la creatividad. En contra de esta idea, Chomsky sugirió que había una gramática interna con que nacemos todos los seres humanos y que nos da información esencial sobre la estructura lingüística y las opciones posibles según las diversas lenguas del mundo. Esto quiere decir que para Chomsky los seres humanos están genéticamente programados para adquirir y comunicarse mediante el uso de sistemas lingüísticos. De acuerdo con el enfoque en el uso, observamos que el mecanismo principal para la adquisición es la capacidad cognoscitiva para resolver problemas en general y para reconocer patrones en el mundo que nos rodea. Según Bybee (2008), por ejemplo, la gramática del aprendiz surge de las pautas que existen en el lenguaje dentro de su contexto discursivo. El proceso mediante el cual surge la **gramática emergente**, entonces, es aquél que consiste en extraer generalizaciones sobre la naturaleza del lenguaje basadas en evidencia directa de los patrones que existen en contextos de uso. El trabajo del aprendiz es establecer patrones lingüísticos y reproducirlos en su propia habla. En los casos en que no hay una correspondencia única entre una sola forma y una sola función, el aprendiz tendrá que usar la evidencia en la entrada que recibe para formular una conceptualización de las tendencias de uso para cada una de las variantes en cuestión. Cuando hay formas en variación, el aprendiz también tiene que identificar los factores relevantes en el contexto lingüístico y social para reflejar los mismos patrones a los que está expuesto. Se puede apreciar que las teorías sobre el uso del lenguaje nos dan mecanismos para la descripción no sólo del uso entre hablantes nativos sino que también son útiles para explicar la adquisición lingüística.

Además de darnos las herramientas necesarias para investigar el uso y la adquisición, las teorías basadas en el uso gozan de cierta evidencia a favor de su eficacia. Por ejemplo, se ha mostrado evidencia a favor de la importancia de la frecuencia de uso en la adquisición. Muchas veces las formas más frecuentes en primeras y segundas lenguas son las que se adquieren primero y las que se sobregeneralizan por períodos extendidos durante el proceso de adquisición. En contraste con otros acercamientos, se observa el planteamiento de preguntas nuevas en el campo. Por ejemplo, en las discusiones acerca de la pobreza del estímulo, la idea clave era que no existía la evidencia necesaria para establecer generalizaciones sobre las reglas de la gramática. No obstante, si pensamos en la frecuencia como factor que guía la adquisición, entonces tenemos que considerar también la cantidad de evidencia necesaria que se requiere para formular una generalización. Por ejemplo, ¿cuántas veces tenemos que experimentar el uso de la forma que marca el tiempo pasado (p. ej., *-aste*) antes de conectar esta forma con su función? El tema del próximo capítulo es la adquisición de segundas lenguas y exploraremos el papel de la frecuencia y las teorías sobre el uso del lenguaje en más detalle.

Enfoque en la investigación: La frecuencia y el uso de los pronombres de sujeto por parte de aprendices no nativos

Hay una cantidad impresionante de investigaciones que han examinado la adquisición del uso de pronombres de sujeto en español, un fenómeno lingüístico que es sistemáticamente **variable** (p. ej., *María habla* vs. *ella habla* vs. *Ø habla*). Algunas de estas investigaciones han demostrado que los aprendices pueden adquirir ciertos patrones sutiles del uso que también se observan en el habla de los nativos (p. ej., el uso de un pronombre explícito cuando hay un cambio de referente). Recientemente, ha habido mucho interés en responder preguntas relacionadas al papel de la frecuencia en la adquisición del uso de los pronombres de sujeto en español. Por ejemplo, el estudio de Linford, Long, Solon, Whatley y Geeslin (2016) investiga la relación entre la frecuencia léxica (la frecuencia de las formas de verbos particulares como *habla*) y la expresión de sujeto en español por parte de aprendices angloparlantes avanzados y hablantes nativos de español. Los hallazgos de su estudio muestran que no es la frecuencia de las formas particulares lo que influye en la expresión de un sujeto nulo (p. ej., *Ø habla*) versus un pronombre de sujeto explícito (p. ej., *ella habla*) para los aprendices y los nativos, sino la interacción entre la frecuencia de las formas particulares y otros factores lingüísticos. Por ejemplo, para los aprendices la expresión de un sujeto nulo versus un pronombre de sujeto explícito es influida por el factor lingüístico especificidad del referente (p. ej., no específico como *alguien* vs. específico como *ella*) sólo para las formas frecuentes. Para los nativos, la expresión de un pronombre de sujeto explícito versus una frase nominal léxica (p. ej., *María habla*) fue influida por el número del verbo (p. ej., singular como *habla* vs. plural como *hablan*) sólo para las formas no frecuentes. El estudio muestra la importancia de las teorías que toman en cuenta la frecuencia en el estudio de la adquisición.

 Aplicación 1.M: www.wiley.com/go/diaz-campos

Resumen

En este capítulo empezamos nuestra discusión acerca del sistema lingüístico humano con una exploración de la comunicación animal. Estudiamos múltiples ejemplos de especies que pueden transmitir información relacionada a la supervivencia, como el lugar de una fuente de alimentación, la atracción entre parejas o la defensa del territorio. Algunas especies son capaces no sólo de transmitir información sino también de usar la comunicación para expresar emociones, usar recursos verbales y no verbales y hasta crear combinaciones originales con los signos aprendidos. Sin embargo, la comunicación humana es única por el rango más grande de funciones que puede cumplir. Este sistema es abstracto y permite la creatividad, el desplazamiento, la prevaricación y el uso contextualizado del lenguaje, entre otras características. Hemos visto que entre los sistemas humanos de comunicación hay características universales que comparten las lenguas del mundo. Notamos también que el trabajo del lingüista es describir este sistema y los usos lingüísticos que ocurren en contextos de comunicación. Al final del capítulo exploramos algunos de los acercamientos teóricos más predominantes que se emplean en la descripción del sistema lingüístico, así como en el estudio de la adquisición. A pesar de que entre las teorías que estudiamos se postula que todos los hablantes nativos poseen un sistema lingüístico mental, observamos que existe variación entre teorías en cuanto a los principios fundamentales (p. ej., si el sistema gramatical es innato o no), la naturaleza del sistema lingüístico y la información más relevante para el desarrollo del sistema mental. A pesar de estas distinciones destacamos la importancia del análisis lingüístico para entender la información implícita en este sistema y los procesos mentales involucrados en su uso. En el próximo capítulo veremos que el estudio de segundas lenguas también aporta detalles importantes sobre nuestra conceptualización del sistema lingüístico y su adquisición en contextos variados.

Lista de términos útiles (en orden de aparición)

Lenguaje
Lengua
Comunicación
Sistema
Función informativa
Canto
Llamada
Habilidad cognoscitiva
Función metalingüística
Función lúdica
Función informativa
Función emotiva

Función apelativa o conativa
Función fática
Sistematicidad
Abstracto
Creatividad
Desplazamiento
Prevaricación
Contextualidad
Recursividad
Doble articulación
Unidades discretas
Signos lingüísticos
Significante
Significado
Arbitrariedad
Universales
Tendencias tipológicas universales
Universal implicacional
Regla
Regla prescriptiva
Regla descriptiva
Sistema innato
Pobreza del estímulo
Entrada
Conductismo
Reglas gramaticales
Estrategias de aprendizaje
Enlaces
Red de asociaciones
Enfoque en el uso
Forma
Función
Variación
Factores lingüísticos
Factores extra-lingüísticos
Frecuencia de la muestra
Frecuencia del tipo
Colocación
Conservación
Regularización
Reducción
Reconfiguración
Sociolingüística
Gramática emergente
Variable

 Ejercicios de práctica: www.wiley.com/go/diaz-campos
Ejercicios de comprensión
Ejercicios de aplicación
Mini-proyecto

Para leer más

Aaron, J. E. (2006). *Me voy a tener que ir yendo*: A corpus-based study of the grammaticization of the ir a + INF construction in Spanish. En N. Sagarra & A. J. Toribio (Eds.) *Selected proceedings of the 9th Hispanic Linguistics Symposium* (pp. 263–272). Somerville, MA: Cascadilla Proceedings Project.

Bybee, J. L. (2010). *Language, usage and cognition*. Cambridge: Cambridge University Press.

Chomsky, N. (1986). *Knowledge of language: Its nature, origin, and use*. New York: Praeger.

Gutiérrez-Rexach, J. (2016). *Enciclopedia de lingüística hispánica*. Abingdon: Routledge.

Pinker, S. (1994). *The language instinct: The new science of language and mind*. London, UK: Penguin.

Tomasello, M. (2008). *Origins of human communication*. Cambridge, MA: MIT Press.

Torres-Cacoullos, R. (2000). *Grammaticization, synchronic variation, and language contact: A study of Spanish progressive* -ndo *constructions*. Amsterdam: John Benjamins.

Referencias

Bates, E., & MacWhinney, B. (1987). Competition, variation, and language learning. En B. MacWhinney (Ed.), *Mechanisms of language acquisition: The 20th Annual Carnegie Mellon Symposium on Cognition* (pp. 157–193). New York: Psychology Press.

Bergstrom, J. (2014). Robins' return is familiar sight during spring. Disponible en http://www.sctimes.com/story/life/outdoors/2014/04/05/robins-return-familiar-sight-spring/7319571/

Bybee, J. L. (1988). Morphology as lexical organization. En M. T. Hammond & M. P. Noonan (Eds.), *Theoretical morphology: Approaches in modern linguistics* (pp. 119–141). San Diego, CA: Academic Press.

Bybee, J. L. (2006). *Frequency of use and the organization of language*. New York: Oxford University Press.

Bybee, J. L. (2007). *Frequency of use and the organization of language*. Oxford: Oxford University Press.

Bybee, J. L. (2008). Usage-based grammar and second language acquisition. En P. Robinson & N. Ellis (Eds.), *Handbook of cognitive linguistics and second language acquisition* (pp. 216–236). New York: Routledge.

Bybee, J. L. (2010). *Language, usage and cognition*. Cambridge: Cambridge University Press.

Bybee, J. L., Perkins R., & Pagliuca W. (1994). *The evolution of grammar: tense, aspect and modality in the languages of the world*. Chicago, IL: University of Chicago Press.

Chomsky, N. (1965). *Aspects of the theory of the syntax*. Cambridge, MA: MIT Press.

Clahsen, H., Aveledo, F., & Roca, I. (2002). The development of regular and irregular verb inflection in Spanish child language. *Journal of Child Language*, 29(3), 591–622.

Díaz-Campos, M., Fafulas, S., & Gradoville, M. (2012). Variable degrees of constituency: Frequency effects in the alternation of pa vs. para in spoken discourse. En K. Geeslin & M. Díaz-Campos (Eds.), *Selected proceedings of the 14th Hispanic Linguistics Symposium* (pp. 75–87). Somerville, MA: Cascadilla Proceedings Project.

Estes, W. K. (1950). Toward a statistical theory of learning. *Psychological Review, 57*, 94–107.

Friends of Washoe. (2014). Friends of Washoe: Sanctuary, research, education [en línea]. Disponible en http://www.friendsofwashoe.org (consultado el 5 de junio de 2017).

Gardner, R. A., & Gardner, B. T. (1969). Teaching sign language to a chimpanzee. *Science, 165*(3894), 664–672.

Gasser, M. (1990). Connectionism and universals of second language acquisition. *Studies in Second Language Acquisition, 12*, 179–199.

Goot, M. H., Tomasello, M., & Liszkowski, U. (2014). Differences in the nonverbal requests of great apes and human infants. *Child Development, 85*(2), 444–455.

Greenberg, J. (1963). Some universals of grammar with particular reference to the order of meaningful elements. En J. Greenberg (Ed.), *Universals of Language* (pp. 73–113). Cambridge, MA: MIT Press.

Grüter, C., Balbuena, M. S., & Farina, W. M. (2008). Informational conflicts created by the waggle dance. *Proceedings of the Royal Society of London B: Biological Sciences, 275*(1640), 1321–1327.

Haiman, J. (1994). Ritualization and the development of language. En W. Pagliuca (Ed.) *Perspectives on grammaticalization* (pp. 3–28). Amsterdam y Philadelphia: John Benjamins.

Jakobson, R. (1963). *Essais de linguistique genérale.* París: Minuit.

Johnson, C. (1995). Verb errors in the early acquisition of Mexican and Castilian Spanish. En E. Clark (Ed.), *The proceedings of the 27th Annual Child Language Research Forum* (pp. 175–186). Cambridge, UK: Cambridge University Press.

Langacker, R. (1987). *Foundations of cognitive grammar* (Vol. *1*). Stanford, CA: Stanford University Press.

Lienhard, J. H. (2011). No. 2723: Language death [en línea]. Disponible en http://www.uh.edu/engines/epi2723.htm (consultado el 5 de junio de 2017).

Linford, B., Long, A. Y., Solon, M., Whatley, M., & Geeslin, K. L. (2016). Lexical frequency and subject expression in native and non-native Spanish: A closer look at independent and mediating effects. En S. Sessarego & F. Tejedo-Herrero (Eds.), *Spanish language and sociolinguistic analysis* (pp. 197–216). Amsterdam y Philadelphia: John Benjamins.

Nakayama, H. (2010). Development of infant crying behavior: A longitudinal case study. *Infant Behavior and Development, 33*(4), 463–471.

Nettle, D., & Romaine, S. (2000). *Vanishing voices: The extinction of the world's languages.* Oxford: Oxford University Press.

Poplack, S., Lealess, A., & Dion, N. (2013). The evolving grammar of the French subjunctive. *International Journal of Latin and Romance Linguistics, 25*(1), 139–195.

Real Academia Española: Banco de datos (CREA) [en línea]. *Corpus de referencia del español actual.* Disponible en http://www.rae.es (consultado el 10 de febrero de 2016).

Tarpy, D. R. (2011). The honey bee dance language. Raleigh, NC: North Carolina Cooperative Extension Service. Disponible en http://home.uni-leipzig.de/muellerg/1001/tarpy.pdf

The Cornell Lab of Ornithology. (2007). Songs and sounds: Vocal communication in birds [en línea]. Disponible en http://www.birds.cornell.edu/AllAboutBirds/studying/birdsongs/ (consultado el 5 de junio de 2017).

The Rosetta Project. (n.d). New estimates on the rate of global language loss [en línea]. Disponible en http://rosettaproject.org/blog/02013/mar/28/new-estimates-on-rate-of-language-loss/ (consultado el 5 de junio de 2017).

Thorpe, W. H. (1958). The learning of song patterns by birds, with especial reference to the song of the chaffinch Fringilla coelebs. *Ibis, 100*(4), 535–570.

Von Frisch, K. (1967). *The dance language and orientation of bees.* Cambridge, MA: Harvard University Press.

Capítulo 2

La adquisición del español como segunda lengua

1   Introducción

En el **capítulo 1** vimos que la comunicación humana implica el uso sistemático de señales verbales (o gestos en el caso del lenguaje de señales/señas) que arbitrariamente representan referentes, tanto concretos como abstractos, en el mundo del hablante. El lenguaje humano se destaca por permitir la creatividad, es decir, la producción y la interpretación de oraciones originales por parte de todos los humanos que comparten el mismo sistema lingüístico. Además de la capacidad creativa de los humanos, la comunicación humana permite el uso del lenguaje para cumplir funciones adicionales, como hablar sobre las lenguas y entretenernos y estas características distinguen la comunicación de los seres humanos de otras especies. En la discusión sobre las características del lenguaje también estudiamos algunos aspectos teóricos importantes. Por ejemplo, discutimos acerca de la naturaleza de la información lingüística que se almacena en la mente humana, es decir, las características del sistema lingüístico. También, resulta importante la compresión de los procesos por los cuales los humanos llegan a construir representaciones mentales y añadir elementos nuevos al sistema lingüístico. De esta forma, a veces el estudio de los procesos de la adquisición de segundas lenguas y del sistema mental de la segunda lengua, al cual se denomina **interlenguaje**, nos presenta una ventana al sistema mental y a los procesos lingüísticos que usamos para comprender y producir el lenguaje. Los estudios de la adquisición de lenguas pueden servir para añadir información importante sobre muchos temas, incluso los universales lingüísticos, la existencia de información innata y el papel de la frecuencia léxica en el uso de lenguas. Una buena parte del presente texto se enfocará en la investigación de los elementos particulares del sistema lingüístico (por ejemplo los sonidos, los elementos morfológicos o la estructura de la oración). Sin embargo, el conocimiento de los conceptos básicos en el estudio de la adquisición de lenguas (y en el caso de los estudiantes bilingües en particular, la adquisición de lenguas adicionales) ampliará la base del análisis de estos elementos. En este capítulo introductorio exploramos la adquisición de segundas lenguas y observamos cómo el estudio del proceso de adquisición de lenguas adicionales nos provee de evidencia sólida para evaluar nuestra conceptualización del sistema lingüístico y el uso del lenguaje en general. El capítulo se organiza en las siguientes secciones:

¿En qué se diferencia la lengua nativa y las lenguas adicionales?

- La edad
- El sistema existente de la lengua nativa
- Los universales
- El contexto de aprendizaje
- Resumen

Introducción y aplicaciones contextualizadas a la lingüística hispánica, First Edition. Manuel Díaz-Campos, Kimberly L. Geeslin, and Laura Gurzynski-Weiss.
© 2018 John Wiley & Sons, Inc. Published 2018 by John Wiley & Sons, Inc.

Herramientas de análisis
- Análisis de errores
- Análisis de forma y función
- Análisis del uso
- Medidas de análisis psicolingüísticas

Preguntas formales

Preguntas empíricas

2   ¿En qué se diferencia la lengua nativa y las lenguas adicionales?

Antes de explorar la adquisición de segundas lenguas en más detalle, es importante distinguir entre la adquisición de lenguas nativas y la adquisición de lenguas adicionales. La **lengua nativa** se define como el idioma (o los idiomas) que el niño aprende desde el nacimiento y se distingue de la segunda lengua o **lengua adicional**, la cual se aprende después de adquirir la primera (Gass, Behney, & Plonsky, 2013, p. 4). La capacidad de añadir más lenguas durante la vida no es limitada y por esta razón nos referimos a lenguas adicionales para indicar cualquier lengua adquirida después de la lengua nativa. También es importante señalar inmediatamente que es posible que haya en los contextos bilingües, o aun multilingües, más de una "primera lengua". Por esta razón, vamos a suponer que el término lengua nativa permite la adquisición simultánea de dos o más lenguas nativas siempre y cuando la exposición a todas estas comience muy temprano en la vida del individuo. Aún con estas definiciones inclusivas hay casos en que es difícil distinguir entre la lengua nativa y la(s) lengua(s) adicional(es). Por ejemplo, en casos de niños adoptivos que no comparten el país de origen de los padres adoptivos, hay evidencia de que adquieren la lengua de los padres como lengua nativa. Un segundo ejemplo común es el niño que nace de padres que no usan la lengua mayoritaria en casa y que, por consiguiente, empieza el proceso de adquisición un poco más tarde, pero que logra ser hablante nativo de esta lengua por participar en la vida escolar y comunitaria fuera de la casa.

Hay distinciones importantes entre las lenguas nativas y las lenguas adicionales. En el caso de la lengua nativa, notamos que todos los miembros de la comunidad la adquieren (con la excepción de casos particulares de discapacidad) y este proceso se cumple de forma automática y relativamente rápida, aunque los primeros pasos pueden ser lentos debido a la edad menor del aprendiz. Las lenguas nativas se adquieren por necesidades relacionadas a la supervivencia. Además, los niños empiezan el proceso de la adquisición de su lengua nativa más o menos con el mismo **estado inicial** en cuanto a la experiencia lingüística. En contraste, hay diferencias importantes en el caso de las lenguas adicionales. Por ejemplo, no todos logran una competencia completa en las lenguas adicionales y hay más variabilidad en el logro final. El **logro final** es la competencia a la que llega el aprendiz al finalizar el proceso de adquisición de un idioma. Hay varios ejemplos de gente con proficiencia altísima que siguen con acento, tal como el famoso Arnold Schwarzenegger, y de gente con proficiencia intermedia aunque siga estudiando la lengua en contextos educativos. Es decir, hay gente que llega a un nivel más alto y otros que no, y el logro final puede ser (y muchas veces lo es) distinto para cada persona.

 Aplicación 2.A: www.wiley.com/go/diaz-campos

Se adquieren lenguas adicionales no sólo para sobrevivir sino también para poder comunicarse (de forma interactiva o pasiva) en contextos más amplios y con interlocutores diversos. Una diferencia importante en la adquisición de lenguas adicionales es que el aprendiz ya tiene capacidades cognoscitivas más desarrolladas que los aprendices de lenguas nativas. Por esta razón, hay desacuerdo sobre el grado de similitud entre el proceso de adquirir una lengua nativa y de adquirir lenguas adicionales. Por ejemplo, si seguimos la perspectiva que dice que usamos información innata y universal para adquirir la lengua nativa, podemos explorar si tenemos acceso o no a la misma información durante el proceso de adquirir lenguas adicionales. De forma semejante, si creemos que la representación mental se parece a una red de conexiones entre elementos tanto sociales como lingüísticos, podemos preguntarnos sobre el efecto de las conexiones existentes de la lengua nativa en el proceso de formar nuevas conexiones en la segunda lengua. Otro asunto importante es el papel de factores individuales y sociales que también tienen mayor impacto en la adquisición de lenguas adicionales. Por ejemplo, el aprendiz de lenguas adicionales ya tiene una identidad desarrollada y los factores sociales, tal como el contexto sociopolítico, pueden influir en la actitud del aprendiz hacia la lengua misma, el acceso a la entrada en la lengua adicional y mucho más. Empezaremos nuestra discusión de la adquisición ofreciendo un contraste de algunas características que distinguen las lenguas nativas de lenguas adicionales.

 Aplicación 2.B: www.wiley.com/go/diaz-campos

La edad

La mera definición de lengua nativa se basa en la edad de adquisición. La **edad de adquisición** se refiere al período de tiempo en el que se inicia el proceso de adquisición de una lengua. Por eso no nos sorprende que la edad de adquisición sea uno de los temas más discutidos en los estudios de la adquisición de lenguas adicionales. La observación general es que si uno no empieza el proceso de adquisición de una lengua durante la niñez, no se puede llegar a usar esta lengua de forma nativa. En realidad, aunque casi todos los lingüistas están de acuerdo con esa idea general, hay debates y excepciones abundantes en la literatura. Por ejemplo, algunos estudios muestran que existen aprendices que llegan a usar una cierta lengua o cierta estructura gramatical de forma nativa. Hay un estudio famoso de Lardière (2007) sobre una aprendiz, Patty, que mostró una tasa alta de formas correctas del pasado en inglés, a pesar de una predicción teórica (Hawkins & Chan, 1997) que proponía que este resultado no sería posible debido a la falta de una forma morfológica para el pasado en su primera lengua (el chino). Sin embargo, hubo otras características de su gramática que nunca llegaron a ser como las de un hablante nativo. Otra conclusión general sobre el efecto de la edad de adquisición en el logro final es que parece que la pronunciación es más difícil de adquirir después de cierta edad que otros elementos del sistema lingüístico como la estructura de las oraciones o el vocabulario.

Los estudios sobre el efecto de la edad de adquisición tienen implicaciones importantes para nuestra visión del sistema lingüístico y de cómo se adquiere. Los investigadores que señalaron la falta de éxito de los adultos en la adquisición de lenguas adicionales en los años 50 propusieron que hay una edad crítica que marca el momento en que el cerebro ya no puede adquirir una lengua de forma nativa. El período de la niñez durante el cual la adquisición de una lengua es óptima se denomina **el período crítico** (Lenneberg, 1967; Penfield & Roberts, 1959). Después de este período, estos estudiosos propusieron que el cerebro pierde la plasticidad y ya no funciona de la misma manera que en la infancia. Recientemente algunos lingüistas han sugerido que hay múltiples períodos críticos (Eubank & Gregg, 1999; Seliger, 1978), y otros han descrito la pérdida de la capacidad de lograr la competencia nativa como un fenómeno linear. Esto quiere decir que con cada año que se cumple, el número de aprendices que logran la competencia completa disminuye. Se ha observado este efecto en varios dominios de la competencia lingüística en diversas segundas lenguas (p. ej., Flege, Yeni-Komshian, & Liu, 1999; Johnson & Newport, 1989). La consideración del efecto de la edad de esta forma nos permite explicar las pocas excepciones, es decir, los casos de aprendices excepcionales, la norma de no adquirir una lengua adicional de forma nativa. Otra ventaja de ver el efecto de la edad de esta manera es que evita la necesidad de buscar un cambio físico en la mente y abre la puerta a las explicaciones que se basan más en el efecto de la experiencia.

Enfoque en la investigación: El efecto del período crítico en una segunda lengua

Mucha de la investigación empírica relacionada con el papel de la edad en la adquisición de segundas lenguas se basa en la hipótesis de la diferencia fundamental (Bley-Vroman, 1988) como punto de partida. Esta hipótesis propone que una distinción clave entre la adquisición de primeras y segundas lenguas es que el niño que adquiere su primera lengua se confía más en procesos implícitos para aprender, mientras que un adulto tiene que depender más de procesos o mecanismos como la resolución explícita de problemas. Con esta hipótesis en mente, el lingüista Robert DeKeyser (2000) predijo que habría una relación fuerte entre la habilidad analítica verbal y el grado de éxito en una prueba de juicio gramatical en la segunda lengua para los adultos. Los hallazgos de su estudio con 57 inmigrantes húngaros apoyaron esta hipótesis, dado que los adultos con notas más altas en la prueba de habilidad analítica verbal también salieron mejor en la prueba de gramática inglesa. Además, no había esta relación entre habilidad analítica verbal y éxito en la prueba gramatical para los niños pues todos ellos salieron bien en la prueba gramatical.

El sistema existente de la lengua nativa

Otra diferencia innegable entre la adquisición de lenguas nativas y lenguas adicionales es la existencia de la lengua nativa como punto de partida en el proceso de desarrollo de la segunda lengua. Recordemos del **capítulo 1** las características del lenguaje humano (p. ej., la arbitrariedad, el desplazamiento, etc.) y que también hay información universal (p. ej., en las lenguas cuyo orden de palabras dominante es verbo-sujeto-objeto, siempre se ubican las palabras que expresan relaciones del espacio o tiempo [p. ej. debajo, después] antes de sus complementos). De igual forma hay información que es específica según la lengua que estemos estudiando (p. ej., la opción de tener un sujeto explícito en español vs. la necesidad de tener uno en inglés). Como todos los aprendices de lenguas adicionales ya tienen un sistema lingüístico y sus respectivas representaciones mentales, una teoría de las lenguas adicionales tiene que dar cuenta del papel y/o el efecto del sistema lingüístico de la lengua nativa en el interlenguaje. En modelos teóricos que explican la adquisición como un proceso en el cual se usa evidencia del ambiente para seleccionar entre opciones innatas, el haber ya seleccionado las opciones para la lengua nativa nos hace preguntar si es posible volver a las opciones originales o si hay cierta influencia de la lengua existente en el sistema que se construye para la segunda. De acuerdo con las perspectivas basadas en el uso, hay que explorar el efecto de ya haber hecho conexiones entre significados y formas en la lengua nativa. De esta forma, se puede apreciar que en diversos acercamientos teóricos hay reconocimiento de la influencia de la primera lengua. Aunque sería posible, no hay muchos lingüistas que nieguen la influencia de la lengua nativa por completo.

Hay que reconocer la importancia de la existencia de un sistema lingüístico para la lengua nativa al estudiar la adquisición de lenguas adicionales, pero nuestra manera de ver esta influencia ha cambiado a través del tiempo. En el primer capítulo mencionamos el conductismo y la creencia de que toda la información lingüística provenía del ambiente. Durante esa época, predominaba un método de enseñanza en que la preparación de materiales pedagógicos se basaba en una comparación directa entre la primera y la segunda lengua. Este acercamiento, denominado el **análisis contrastivo**, tenía como meta principal la identificación de todas las diferencias entre las dos lenguas porque se creía que sólo era necesario analizar las diferencias entre ambas lenguas para adquirir todas las estructuras de la segunda lengua. En particular, se creía que las diferencias entre la lengua nativa y la segunda lengua señalarían las posibles fuentes de errores para un aprendiz. Los aspectos similares entre la primera y segunda lengua (en cuanto a la fonología, morfología, sintaxis, etc.), por el otro lado, representaban las áreas fáciles de adquirir. En ese entonces se categorizaba el efecto de la primera lengua como el producto de **la interferencia**. Este término hace referencia a las dificultades en la adquisición debido a las diferencias entre la lengua nativa y la segunda lengua. En los casos en que las lenguas presentaban aspectos que eran semejantes, se usaba el término **transferencia** para referirse al efecto de la lengua nativa en la adquisición de la segunda lengua. Todavía se emplea este término en algunos de los estudios de la adquisición de lenguas adicionales aunque la conceptualización del efecto ha cambiado. Por ejemplo, pocas teorías en la actualidad consideran que la lengua nativa es un punto de partida para la construcción del sistema lingüístico de otra lengua. También se ha notado que la idea de transferencia implica el acto de trasladar ciertos elementos del sistema nativo al otro sistema y esta conceptualización no se corresponde con lo que plantean muchos modelos cognoscitivos actuales. De esta forma, se ha sugerido que el efecto de la lengua nativa es el resultado de lo que se denomina **la influencia interlingüística**, es decir, la influencia entre lenguas. Otra ventaja de esta formulación del efecto de la lengua nativa es que se puede también imaginar casos de influencia de la lengua adicional en la lengua nativa, es decir, el efecto puede ser bidireccional.

 Aplicación 2.C: www.wiley.com/go/diaz-campos

Hay una historia importante de investigaciones sobre el efecto de la lengua nativa que sigue siendo relevante en la actualidad. Hoy en día sabemos mucho no sólo sobre la existencia de tal efecto sino también sobre los límites de esta influencia interlingüística. Estos límites se observan en los casos en que la lengua nativa posee cierta característica, rasgo o estructura, y la lengua adicional es semejante pero el aprendiz no muestra conocimiento y/o uso de la estructura en la lengua en proceso de adquisición. Hay estudios que muestran que la transferencia de cierta estructura puede depender de la complejidad de la estructura o de la universalidad de la estructura, entre otros factores. Por ejemplo, no se puede transferir una estructura muy compleja de la primera lengua si el aprendiz todavía no ha logrado cierto nivel de capacidad en la segunda. Andersen (1983) reconoció este límite y propuso un principio que se llama "la transferencia a alguna parte". Este principio propone que los aprendices no pueden transferir una propiedad de la lengua nativa hasta llegar a un nivel en que hay un "sitio", es decir, la estructura necesaria, para ubicarla. Un ejemplo de una estructura compleja sería la subordinación y un hablante del francés que aprende el español como segunda lengua no sería capaz de usar el subjuntivo —a pesar de su existencia en el francés también— hasta haber logrado adquirir las estructuras necesarias para el uso de la subordinación de las cláusulas. La idea clave es que la transferencia no es automática, sino que depende de factores lingüísticos y extra-lingüísticos.

Enfoque en la investigación: ¿Qué significa *breken* (término del holandés que significa "romper")?

La transferencia en lenguas adicionales ha sido investigada exhaustivamente para examinar el origen del conocimiento semántico, especialmente en cuanto al aprendizaje del vocabulario. La **semántica** se refiere al estudio del significado en el lenguaje. Esta rama de la lingüística ha recibido mucha atención en el estudio de lenguas adicionales, específicamente en cuanto a las intuiciones que los aprendices tienen sobre los significados posibles de frases en su(s) lengua(s) adicional(es). Kellerman (1978) llevó a cabo un estudio muy reconocido para determinar si había relación entre los significados de la palabra *breken* "romper" en holandés e inglés. En un estudio previo, el autor encontró que los hablantes nativos de holandés separaron varias frases que contenían el verbo *breken* "romper" en grupos distintos según dos dimensiones semánticas: una dimensión concreta (p. ej., *romperse el brazo* [concreto]), una dimensión abstracta (*romper una promesa*) y otra dimensión de centralidad (p. ej., para un brazo, la noción de *romper* sería más central o esencial [semánticamente] que para una promesa). Al presentar las mismas frases a aprendices holandeses de inglés —quienes indicaron cuáles frases con *breken* se traducirían con la palabra inglesa *break*— Kellerman (1978) encontró que los sujetos juzgaron que la palabra "*breken*" podía traducirse empleando la palabra inglesa 'break' para las frases que se categorizaban como más centrales (p. ej., *brazo, vaso*) de acuerdo con los nativos hablantes.

 Aplicación 2.D: www.wiley.com/go/diaz-campos

Los universales

Ya que hemos aprendido que la influencia de la primera lengua en el desarrollo del interlenguaje no es absoluta, podemos explorar otros factores que también figuran en la adquisición de segundas lenguas. En el **capítulo 1** exploramos brevemente **los universales** lingüísticos, es decir, las características que corresponden a todas las lenguas del mundo. La definición de un universal puede variar un poco de un acercamiento teórico a otro, incorporando para algunos la opción más básica con la cual empezamos la adquisición de la lengua nativa (i.e., el estado inicial) y para otros la característica más común o más frecuente de una lengua o de las lenguas del mundo. A pesar de esta variedad en la conceptualización del universal lingüístico, en el proceso de la adquisición de primeras lenguas, se espera ver una influencia prominente de los universales. En las segundas lenguas, también se observa que los universales juegan un papel en el proceso de adquisición, pero como una de las múltiples fuentes de información sobre la lengua adicional. Esto quiere decir que muchas veces el aprendiz muestra evidencia de la influencia de los universales lingüísticos, aunque estos efectos no siempre puedan identificarse. Muchas veces en el proceso de la adquisición se ve la simplificación de estructuras complejas, es decir, la reducción de la complejidad mediante ciertas omisiones o cambios lingüísticos. El efecto es la producción de una estructura sencilla y a veces no nativa. La **simplificación** muchas veces se manifiesta en la misma dirección del patrón universal. Si pensamos en un ejemplo del sistema de sonidos, podemos hablar de la producción de la palabra "*stress*" en inglés como "*e-stres*" por los hablantes nativos del español que aprenden el inglés como segunda lengua. En las lenguas del mundo, la estructura silábica consonante + vocal es la más común. Hay ciertas lenguas que ni siquiera permiten más de una consonante al comienzo de la sílaba, por ejemplo, la producción de la palabra "stress" como "*su-to-re-su*" por hablantes nativos del japonés (quienes tienen esta palabra como préstamo en su lengua nativa). De esta manera, la simplificación de la combinación de consonantes como el caso de "*str*" se resuelve mediante el uso de dos sílabas más universales, es decir, sin la misma complejidad al comienzo de la sílaba. En este caso particular, la simplificación refleja las propiedades de la lengua nativa (el japonés). No obstante, no siempre se reflejan patrones que responden a las necesidades del sistema nativo. Hay también casos en que la simplificación no refleja las propiedades ni de la lengua nativa, ni de la segunda lengua. Por ejemplo, los aprendices anglohablantes del español como segunda lengua suelen reducir una frase como "ella es simpática" a una frase como "ella simpática" en las etapas muy tempranas de la adquisición. Esta reducción ocurre a pesar del hecho de que la lengua nativa tenga también un verbo copulativo semejante (p. ej., *she* **is** *nice*). En este caso, la simplificación que ocurre se podría basar en un universal lingüístico (p. ej., no todas las lenguas del mundo requieren un verbo copulativo) o en estrategias de aprendizaje universales (p. ej., para reducir la complejidad, omitir los elementos con menor carga semántica). Cabe destacar que lo importante de los ejemplos anteriores es que no reflejan la naturaleza ni de la lengua nativa ni de la segunda lengua. Si hacemos una recapitulación sobre el contraste entre primeras lenguas y lenguas adicionales, resulta importante resaltar que podemos observar todavía el impacto de los universales en el proceso de adquisición. Sin embargo, en las lenguas adicionales, esperamos ver este impacto junto con la influencia de otros factores, tal como el efecto de la lengua nativa.

 Aplicación 2.E: www.wiley.com/go/diaz-campos

El contexto de aprendizaje

Al contrario de los universales lingüísticos, hay ciertas distinciones prominentes entre la adquisición de primeras y segundas lenguas. Recordemos que los universales lingüísticos operan en distintos grados tanto en primeras lenguas como en segundas lenguas. Tales distinciones prominentes se relacionan con el **contexto de aprendizaje**. Una de las diferencias más comunes es que los aprendices de primeras lenguas ya son hablantes proficientes antes de recibir instrucción formal. Al contrario los aprendices de segundas lenguas muy frecuentemente reciben instrucción formal y **explícita** desde el inicio del proceso de adquisición. El resultado puede ser un conocimiento **metalingüístico** más desarrollado por parte del aprendiz de lenguas adicionales, sin mucha oportunidad para desarrollar **conocimiento implícito**, en otras palabras, intuiciones que los hablantes tienen acerca de una lengua. Otra consecuencia de la adquisición de lenguas en el contexto formal es que la entrada es limitada. Por ejemplo, los aprendices de primeras lenguas tienen acceso a ejemplos de lenguaje en contextos públicos y privados, formales e informales y con gente de varias edades y niveles socioeconómicos. En cambio, los aprendices en el salón de clase tienen mayor acceso a contextos formales que informales y muchas veces tienen un solo ejemplo (el profesor) de habla (casi)nativa. De igual manera, la entrada se presenta de manera simplificada para el oyente (el aprendiz). El resultado de esta falta de diversidad en la entrada es la adquisición de una variedad de lenguaje que es muy formal y que no le permite al aprendiz modificar su habla según el contexto social o las características del interlocutor. Es decir que el interlenguaje que desarrolla el aprendiz en contextos de instrucción formal puede carecer de información sobre el uso del lenguaje en contextos de interacción reales.

A pesar de la numerosa cantidad de aprendices de lenguas adicionales en contextos académicos, también hay muchísimos aprendices de lenguas adicionales que no tienen acceso a la instrucción formal. En estos casos, las diferencias debidas al salón de clase desaparecen. Sin embargo, todavía hay distinciones importantes entre la adquisición de la primera lengua y lenguas adicionales. Algunas de estas diferencias surgen del aprendiz mismo. Por ejemplo, en la adquisición de lenguas nativas, mucha de la comunicación tiene que ver con la supervivencia. El bebé necesita comer, descansar y evitar el frío, entre otras necesidades. En cambio, el aprendiz de lenguas adicionales ya tiene la capacidad de cuidarse (por lo menos con la ayuda de otros). Esta diferencia significa que el tipo de comunicación es diferente en la adquisición de lenguas adicionales. Por lo tanto, aun en contextos naturales, es decir, la adquisición fuera del salón de clase, el lenguaje a que uno tiene acceso es muy diferente. Además de ser menos dirigido a la supervivencia, muchas veces hay un límite de dominios sociales en que el aprendiz participa. Por ejemplo, aun en contextos de adquisición natural, muchas veces la lengua del hogar sigue siendo la lengua nativa y esto significa que el aprendiz no tiene el mismo acceso a este lenguaje en contextos variados, especialmente en los contextos informales. Como dijimos antes, la consecuencia de ejemplos más limitados de la lengua meta puede ser un dominio lingüístico menos amplio y más especificado a contextos particulares. Como veremos más tarde en este capítulo, las teorías de la adquisición siempre incorporan el lenguaje a que el aprendiz está expuesto (i.e., la **entrada**) como una fuente importante de información y por eso el acceso limitado al lenguaje tendrá consecuencias en el logro final del aprendiz. Las teorías de la adquisición suelen diferenciar en cuanto a lo que deben hacer los aprendices o qué nivel de atención necesitan para que esa entrada forme parte de su interlenguaje.

Enfoque en la investigación: La identidad

Una característica íntimamente conectada con el acceso a la entrada es la **identidad** o "la manera en que una persona entiende su relación con el mundo, construye esa relación a lo largo del tiempo y espacio y entiende las posibilidades para el futuro" (Norton, 2000, p. 5). En el caso de adquirir una lengua nativa, uno va desarrollando su propia identidad mientras se crece y se establecen relaciones con miembros de la familia y otras personas dentro de la comunidad en que se interactúa. Por el contrario, el adulto que está adquiriendo una lengua adicional ya tiene una identidad desarrollada por medio del contexto sociolingüístico de su lengua nativa. Además, muchas veces la naturaleza de las relaciones que los aprendices de lenguas adicionales tienen con hablantes de la lengua adicional es muy distinta. Por ejemplo, en EEUU muchos jóvenes adultos aprenden el español como lengua adicional en el salón de clase. Sin embargo, hay que considerar que ya tienen identidades relacionadas a su lengua nativa —específicamente las personas y los espacios en que se ha usado la lengua nativa desde el nacimiento— que no se puede eliminar del contexto de aprendizaje. Otro ejemplo lo constituyen las personas que se mudan a un país extranjero para trabajar o estudiar. Estos aprendices se encuentran no sólo con personas que hablan una lengua distinta, sino también con una cultura distinta. De esta forma, la identidad del aprendiz y su manera de acercarse a los hablantes en la cultura de la segunda lengua puede afectar el acceso a la entrada. Además, en estudios como el realizado por Stewart (2010) se observa que, a pesar del tipo de personalidad del estudiante, las contradicciones en las creencias y costumbres basadas en la lengua meta versus la lengua nativa parecían dificultar el proceso de desarrollar una identidad en la comunidad de la lengua meta (p. 153). Así que el aprendiz adulto lleva más que su conocimiento lingüístico a la tarea de adquirir una segunda lengua y la identidad es un ejemplo de otro factor que influye en el proceso de adquisición, especialmente en el caso de lenguas adicionales.

 Aplicación 2.F: www.wiley.com/go/diaz-campos

Resumen

En esta sección hemos visto que hay diferencias importantes entre la adquisición de lenguas nativas y el desarrollo del interlenguaje. Estas diferencias se relacionan con el conocimiento previo (p. ej., la lengua nativa), las características inherentes (p. ej., la edad) y las características sociales del aprendiz (p. ej., la identidad). Por lo tanto, el proceso de la adquisición de lenguas adicionales da evidencia de las propiedades de las lenguas en general y el estudio de la adquisición nos indica varios factores importantes en cuanto al uso de lenguas en general que hay que tratar tanto en las discusiones teóricas como en los estudios empíricos.

3 Herramientas de análisis

Una de las metas principales del estudio del proceso de adquisición es conocer mejor la capacidad humana de adquirir y usar los sistemas de comunicación. Como todos los hablantes poseen las mismas capacidades cognoscitivas pensamos que las tendencias comunes entre los aprendices nos proveen información sobre esta capacidad común que tenemos. Dicho de otra forma, una característica de una sola persona, es decir una característica **idiosincrática**, no es tan interesante como las características que corresponden a todo un grupo, por lo menos en cuanto a nuestra meta de poder generalizar el descubrimiento como relevante para otros hablantes. Para lograr un mejor conocimiento de los procesos de adquisición y del sistema lingüístico mental, los cuales son internos al ser humano, los lingüistas tienen que buscar evidencia de cómo funciona la mente sin poder observarla. Esto se puede hacer mediante el estudio de los procesos cognoscitivos, tal como el lenguaje que produce el aprendiz, y también con el desarrollo de técnicas psicolingüísticas que nos permiten examinar más fácilmente la función de la mente.

Análisis de errores

Uno de los descubrimientos más importantes para la investigación de la adquisición de lenguas adicionales fue la observación de que los errores sirven como pistas del sistema lingüístico que va formando el aprendiz, es decir, del interlenguaje. Dicho de otro modo, los errores son el producto de los procesos mentales y del sistema lingüístico. Para los acercamientos teóricos que consideran la gramática mental como un sistema de reglas o de conexiones, un error nos permite observar ciertos aspectos sobre la naturaleza de la regla o la conexión entre elementos en el sistema. De esta forma, la conceptualización de un error como "una ventana" al sistema mental, una idea que se le atribuye a Pit Corder (1967), ha tenido mucha influencia en la tradición de la investigación lingüística. Para hacer uso de esta ventana al sistema mental se desarrolló el método de estudio que se denomina **el análisis de errores**. Este método es el estudio de los errores para buscar patrones comunes entre lenguas, contextos de aprendizaje, y aprendices distintos, entre otros aspectos.

El análisis de errores en el lenguaje producido por los aprendices nos llevó a ver el proceso de adquisición como una serie de pasos comunes. Los primeros estudios investigaron el orden de adquisición de muchos morfemas no relacionados y encontraron que a pesar de la influencia de la primera lengua los aprendices empezaron a usar de forma nativa variadas estructuras en un orden semejante. Estas investigaciones son conocidas como los estudios del **orden de adquisición**. Estas investigaciones presentaron evidencia de que la adquisición no se limitaba a la influencia de la primera lengua, sino que parecía haber una influencia de los universales que se reflejaba mediante el orden común de adquisición a pesar de las diferencias en la primera lengua. Un ejemplo clásico de este tipo de estudio es Dulay y Burt (1974), quienes mostraron que para la adquisición de 11 morfemas en el inglés, los niños sinohablantes seguían un orden casi idéntico a los niños hispanohablantes. La idea de que hay un proceso común para la adquisición de primeras y segundas lenguas es algo que muchas teorías mantienen hoy en día.

Otro avance debido al análisis de errores fue el reconocimiento del valor de enfocarnos menos en el producto (si algo es correcto o incorrecto) y más en el proceso (cómo llegamos a usar la forma correcta). Debido al estudio del proceso mismo de llegar a usar una forma, tenemos una idea de dónde empezamos, por cuáles pasos procedemos, y cómo y cuándo llegamos a la forma nativa. El cambio principal en la metodología basada en este avance es el enfoque en una sola estructura gramatical en el análisis. Se le da el nombre de estudios de las etapas de desarrollo precisamente a estos estudios que examinan el proceso de adquirir una sola estructura gramatical a lo largo del tiempo. Las **etapas de desarrollo** son los pasos por los cuales los aprendices atraviesan en el curso de la adquisición de una segunda lengua. Hay dos diseños metodológicos que se puede seguir en el estudio de las etapas de desarrollo: seguir los mismos aprendices por mucho tiempo en un **estudio longitudinal**, notando los errores que cometen y cómo la forma del error cambia antes de llegar a desaparecerse, o usar un **estudio con diseño de muestra**

transversal compuesta por aprendices de distintos niveles para comparar a los principiantes con los de niveles más avanzados y para descubrir la misma información sobre el proceso de llegar a la forma correcta. El producto de ambos tipos de diseño es un análisis no sólo de cuántos errores hay y cuándo desaparecen sino también qué tipos de errores hay y cómo cambian con el progreso del proceso de adquisición. Lo que mantienen estos estudios es la idea de la universalidad de los pasos. El ejemplo más famoso para la adquisición del español como segunda lengua es la adquisición del contraste entre *ser* y *estar*. El conjunto de estudios existentes demuestran que la serie de pasos que VanPatten (1985, 1987, 2010) descubrió para los aprendices en el salón de clase también se aplican a estudiantes que participan en programas de estudio en el extranjero (Ryan & Lafford, 1992) y voluntarios en el Cuerpo de Paz (Guntermann, 1992). Esto demuestra que el contexto de aprendizaje no tuvo un efecto importante en los pasos generales por los cuales todos pasaron en la ruta hacia el uso correcto de los verbos copulativos (p. ej., *ser* y *estar*). Estos hallazgos implican que el ser humano, y su capacidad mental para la adquisición y el uso de lenguas, no difiere de una persona a otra sino que hay mecanismos y procesos comunes a todos. Como vimos en la discusión de los universales, estos pasos comunes pueden deberse al efecto de los universales lingüísticos o a las estrategias de aprendizaje que son comunes a todos los aprendices. En el caso de la primera opción, se pudiera esperar que los aprendices empiecen con la opción (p. ej., la estructura) más básica, más frecuente, y/o más sencilla y que progresen hacia la más compleja. En cuanto a las estrategias universales de aprendizaje, también se pudiera esperar el empleo de las estrategias para reducir la complejidad al comienzo del proceso. Aunque hay múltiples razones para esta universalidad del aprendizaje, lo que queda claro de esta rama de investigación es que la primera lengua y el contexto de aprendizaje no son las únicas influencias en la adquisición de las lenguas adicionales.

Enfoque en la investigación: El contexto de aprendizaje y el desarrollo de los verbos copulativos

La investigación relacionada con el descubrimiento de los pasos generales por los cuales todos los aprendices atraviesan en la ruta hacia al uso correcto de formas lingüísticas ha generado mucho interés en el campo de la adquisición de lenguas adicionales. Además, existía el debate que cuestionaba si la ruta difería según el contexto de aprendizaje. Es una pregunta interesante porque, como discutimos anteriormente, hay una variedad de contextos en los que se puede aprender una lengua y las características de esa lengua difieren según su ambiente de uso. Con el ejemplo de los verbos copulativos, *ser* y *estar*, hay estudios que investigaron su desarrollo por parte de los aprendices escolares en el ambiente de su primera lengua y el ambiente de la lengua adicional (es decir, en el extranjero). Un estudio realizado por Ryan y Lafford (1992) demostró que las etapas de desarrollo de los verbos copulativos para un grupo de estudiantes que tomaban clases en el extranjero se parecían a las reportadas para los aprendices en EEUU (VanPatten, 1985, 1987). Sin embargo, había algunas etapas que VanPatten no encontró y además se observó un orden diferente para la adquisición de *estar* en contextos que expresan condiciones (p. ej., *estoy cansado*) y *estar* para contextos locativos (p. ej., *estoy en casa*). Encontraron que las condiciones se adquirieron antes en el extranjero. ¿A qué se debía esta diferencia? Ryan y Lafford sugirieron que podía haber más exposición a estructuras del tipo *estar* + condición en el extranjero que no se puede esperar en el salón de clase. Este punto —que la naturaleza de la lengua adicional es distinta según su contexto correspondiente— es un tópico que sigue siendo de interés en estudios actuales.

Aplicación 2.G: www.wiley.com/go/diaz-campos

Análisis de forma y función

Recordemos del **capítulo 1** que **una forma** es cualquier elemento del sistema lingüístico —incluso los sonidos, los morfemas, las palabras, etc.— que conlleva algún significado. Por ejemplo, la forma *-a* en la palabra *cosa* indica que es una palabra femenina. Si pensamos estudiar los errores del aprendiz para aprender más sobre el sistema interno que produjo el error, una manera de analizarlos sería buscar todos los usos de una forma y después evaluar si el uso es correcto o no. Con el ejemplo del morfema de género *-a*, podríamos buscar cada uso de esta forma y ver si ocurre en contextos apropiados o no. La tasa de precisión se calcularía con una fórmula así: todos los usos correctos de *-a* dividido por todos los usos de *-a*.

Es posible también hacer un análisis basado en **la función**. Recordemos del primer capítulo que la función se refiere más o menos al "papel" que cumple una forma o grupo de formas. Por ejemplo, un verbo copulativo en el contexto sintáctico [verbo copulativo + adjetivo] sirve para conectar un referente (la persona o la cosa a qué o a quién se refiere) con un atributo (una cualidad o característica descriptiva, como *lindo*). De esta forma, en la oración *ella es alta*, la forma *es* cumple la función atributiva porque conecta el atributo *alta* con su referente correspondiente, *ella*. Hasta ahora puede ser difícil ver la distinción entre el análisis de la forma y el análisis de la función, pero en este segundo caso, lo que hace el investigador es buscar cada contexto atributivo. De esta manera, podemos ver casos de *ser* + adjetivo, *estar* + adjetivo, *parecer* + adjetivo, *sentir* + adjetivo y probablemente otros. De tal manera que, mediante la definición del objeto de análisis según función y no según su forma, podemos tener más de una forma en el análisis. Después de analizar cada instancia de la función bajo análisis, lo que analizamos es la precisión en este contexto. Por eso, ambos *está alegre* y *parece alegre* son correctos. Otra vez se calcularía la precisión, pero esta vez la fórmula sería de esta forma: número total de formas correctas que cumplen cierta función dividido por el número total de instancias de la función bajo análisis.

Aunque es posible tener muchas formas que cumplan una función particular, no siempre es el caso. Si volvemos al ejemplo del género gramatical, podríamos contrastar el análisis de usos de *-a* (análisis de la forma) con un análisis de precisión en contextos femeninos (análisis por función). En este segundo tipo de análisis, buscaríamos todos los contextos femeninos, es decir, de sustantivos, demostrativos, adjetivos, etc. Luego calcularíamos la precisión con una fórmula así: número total de usos correctos en contextos femeninos dividido por número total de contextos femeninos.

Para ilustrar estos métodos de analizar la precisión, véase el **cuadro 2.1**, que demuestra un análisis de forma y otro de función, empleando la misma muestra de habla.

Se puede ver que, dependiendo del tipo de análisis empleado, llegamos a dos resultados un poco diferentes. Con el análisis de forma, se encuentra una tasa más alta de precisión que la encontrada para el análisis de función.

 Aplicación 2.H: www.wiley.com/go/diaz-campos

Análisis del uso

En los ejemplos de análisis de forma y de análisis de función, nos centramos en una tasa de precisión de uso. Es decir, la meta de ambos análisis fue llegar a una representación numérica del uso correcto (vs. incorrecto) de alguna forma o contextos que cumplen cierta función. Sin embargo, también es posible analizar el uso de alguna forma o un grupo de formas sin evaluar la precisión. Retomando una vez más nuestro ejemplo del marcador del género femenino *-a*, podríamos preguntarnos sobre la frecuencia de uso de este marcador y los contextos de uso. En el caso de la adquisición de lenguas adicionales, es fácil reconocer la importancia de entender el cambio en la frecuencia de uso de ciertas formas (p. ej., *ser* vs. *estar*, imperfecto vs. pretérito)

Cuadro 2.1   Ejemplos de un análisis de forma y de función.

	Tipo de análisis	
	Forma	**Función**
Ejemplo	Después de graduarse, yo planea ya tener un buen trabajo con uno de (las) grandes empre(sas) de contador. Después, yo planearé a ir a o(tra) empre(sa) y subir a posiciones mas buen(as). Es por el razón que planea obtener periodos de negocios es(ta) verano y cada verano después me gradué. Las formas de -*a* marcadas en círculos	Después de graduarse, yo planea ya tener un buen trabajo con uno de **las grandes empresas** de contador. Después, yo planearé a ir a **otra empresa** y subir a **posiciones** mas **buenas**. Es por **el razón** que planea obtener periodos de negocios esta verano y cada verano después me gradué. Los contextos de expresión del género femeninos en negrita
Fórmula	$$\frac{\textit{Usos correctos de -a}}{\textit{Todos los usos de -a}}$$	$$\frac{\textit{Usos correctos en contextos femeninos}}{\textit{Todos los contextos femeninos}}$$
Tasa de precisión	83,3%	75,0%

según la capacidad lingüística del aprendiz. Cabe destacar la importancia de entender cómo surgen estas formas y cómo cambian a medida que la capacidad del aprendiz aumenta. Para concretar, seleccionemos el contexto particular de los adjetivos en que usamos el marcador de género -*a*. Al comienzo del proceso de adquirir la concordancia de género, los angloparlantes que aprenden español como lengua adicional demuestran un **sobreuso** —y hasta un uso casi categórico— de adjetivos masculinos, aun en contextos donde el adjetivo femenino es obligatorio. De esta forma, se podría observar que en la medida en la que aumenta el nivel del estudiante también se aprecia un aumento en la frecuencia del uso del adjetivo femenino (es decir, el marcador -*a* con los adjetivos). Asimismo, se puede evidenciar un uso mayor en cuanto al número de adjetivos donde se ve el marcador -*a*. La información que nos provee una tasa de precisión según la forma o la función es también distinta de la información que obtenemos del análisis de la adquisición de la forma estudiada según la frecuencia y los contextos de uso de dicha forma.

Además de añadir información sobre el proceso de la adquisición, un análisis del uso permite estudiar las estructuras que manifiestan variabilidad. Es decir, en muchos contextos, no hay una forma obligatoria, sino que se admite el uso de varias formas posibles. Por ejemplo, podemos expresar un evento en el futuro mediante el uso del futuro morfológico (p. ej., *hablaré*), el futuro perifrástico (p. ej., *voy a hablar*) o el presente indicativo (p. ej., *hablo con Juana mañana*). De esta forma, nos interesa saber la frecuencia relativa de uso de cada forma para expresar eventos futuros y los contextos en los cuales ocurren comúnmente.

Para llevar a cabo un análisis de uso, es necesario identificar los contextos de análisis según su función. Por ejemplo, en el caso de los verbos copulativos (**cuadro 2.2**) (p. ej., *ser, estar, parecer*, etc.), esta función podría ser el contexto [verbo copulativo + adjetivo], es decir, se trataría de los contextos con función atributiva. Después de identificar todos los ejemplos relevantes, podemos hacer un análisis de **la frecuencia del uso**, contando todas las formas que se usan para cumplir con esa función y su frecuencia relativa. Siguiendo con el mismo ejemplo, el **cuadro 2.2** siguiente muestra el resultado de un análisis de la frecuencia de uso de este tipo. Observamos que los aprendices usaron muchas formas esperadas, como *ser, estar, sentir* y *parecer*, pero también usaron algunas formas no esperadas, o por lo menos no nativas, como *buscar* y *tener*.

Cuadro 2.2 Porcentaje de uso de verbos copulativos según el nivel del aprendiz (datos de Geeslin, 1999).

Nivel	Ser	Estar	Parecer, ponerse, pentirse	Mirar, haber, aparecer, buscar, tener
2.° año (*n* = 20)	62,9	20,7	0,5	1,6
3.° año (*n* = 23)	68,8	19,5	0,5	2,0
4.° año (*n* = 24)	67,2	23,6	3,5	1,8
5.° año (*n* = 10)	63,5	25,9	3,5	1,4

Nota. Usos observados en entrevistas, descripción de dibujos y una tarea de lectura de preferencia.

Además de calcular la frecuencia de uso de las formas que se utilizan para cumplir con cierta función, es posible realizar un **análisis de los factores que predicen el uso**. Este tipo de análisis evalúa los factores lingüísticos, sociales e individuales entre otros para identificar cuáles son más relevantes en la descripción —y la predicción— del uso de una forma. Es decir, el análisis identifica los factores que representan las reglas o generalizaciones contenidas en el interlenguaje de acuerdo con los patrones de uso. Si continuamos con el ejemplo de los verbos copulativos, reconocemos que en la oración *ella es/está/parece/se siente alegre* todas las formas verbales son aceptables en ciertos contextos. No obstante, ¿qué ocurre cuando cambiamos el contexto de la oración de la siguiente forma: *ella es/está/parece/se siente alta*? En esta segunda oración, vemos que el uso de *sentirse* parece menos común que los otros y en realidad, tenemos que imaginar ciertas situaciones muy particulares para que sea aceptable. De forma semejante, el uso de *estar* es aceptable pero implica la existencia de ciertas condiciones, o factores. Por ejemplo, puede ser un contexto de comparación con otro momento o puede indicar sorpresa. De manera que un análisis de los factores que predicen el uso nos facilita la identificación de los condicionantes (tal como la comparación en este caso) que contribuyen al uso de cierta forma (en este caso el uso de *estar* con adjetivos) y la importancia relativa de estos factores si consideramos muchos a la vez. Por ahora, lo importante es entender que este tipo de análisis conceptualiza el contexto de uso como un conjunto de muchos factores, los cuales se aplican o no se aplican simultáneamente. Junto con el análisis de la frecuencia del uso, el análisis de los predictores del uso nos provee una manera de describir el sistema gramatical del aprendiz, observar cómo cambia de un momento a otro e identificar las diferencias entre los hablantes nativos y los aprendices de lenguas adicionales.

Enfoque en la investigación: Los predictores de uso

El análisis de los predictores de uso ha generado mucho interés y ha motivado mucha investigación de las **estructuras variables**, es decir, una estructura en la que dos o más formas son posibles. En este enfoque se investigan algunos de los factores que predicen el uso de tres estructuras variables. La primera estructura es el *leísmo*, que refiere al uso del pronombre de objeto indirecto *le(s)* en contextos acusativos (p. ej., *Le vi (a Juan) esta mañana*). El rasgo semántico animacidad permite clasificar los referentes entre [+ animado] (p. ej., hombre, mujer, perro, etc.) y [- animados] (p. ej., teléfono, vaso, computadora, etc.). Este factor influye en el uso del pronombre de objeto indirecto en contextos de objeto directo, tanto para hablantes nativos (Klein-Andreu, 2000) como para los aprendices (Geeslin, García-Amaya, Hasler-Barker, Henriksen, & Killam, 2010).

Un segundo ejemplo de una estructura variable es el uso o no de un sujeto explícito con verbos conjugados (p. ej., *yo no sé* vs. *no sé*). Sabemos de estudios sociolingüísticos con hablantes nativos que se observa más el uso de un sujeto explícito (p. ej., *yo, él, el perro*) cuando el referente es distinto entre frases contiguas (p. ej., *Ella me empieza a hablar de algo y yo le sigo la corriente*; Bentivoglio, 1987, p. 34). Este factor denominado cambio de referente también ha sido investigado en hablantes de español como segunda lengua (Geeslin & Gudmestad, 2011).

Los dos ejemplos hasta ahora sólo incluyen un factor predictivo para cada estructura pero señalamos anteriormente que el contexto se entiende como un conjunto de factores que operan al mismo tiempo. De esta manera, el último ejemplo que consideramos es la expresión del tiempo futuro para demostrar la idea de que es posible analizar varios factores en el mismo contexto. Para expresar un evento en el futuro, hay por lo menos tres formas posibles (*hablaré* vs. *voy a hablar* vs. *hablo con Juana mañana*). Sabemos que la presencia de un adverbio temporal (p. ej., *ahora mismo, mañana*) puede servir como predictor de uso de la forma perifrástica (*voy a hablar*) para los aprendices angloparlantes, pero no para los nativos (Kanwit & Solon, 2013). Otro predictor es la distancia temporal del evento futuro (p. ej., *hoy, dentro de una semana, dentro de un mes*), que en el estudio de Kanwit y Solon no sirvió como predictor de uso de la forma perifrástica para los aprendices ni para los nativos. El tipo de cláusula en que aparecía el verbo o la frase verbal (cláusula principal o cláusula subordinada) es otro predictor. Los resultados del estudio de Kanwit y Solon indicaron que este predictor sirvió para explicar la selección del futuro perifrástico para los aprendices y los nativos, pero en direcciones distintas. Se encontró que era más probable observar la forma perifrástica en cláusulas principales para los nativos y en cláusulas subordinadas para los aprendices. De este último ejemplo se puede ver que un análisis de los predictores nos permite comparar el uso de estructuras lingüísticas en contextos distintos en grupos de hablantes de segunda y primera lengua.

 Aplicación 2.I: www.wiley.com/go/diaz-campos

Medidas de análisis psicolingüísticas

En la discusión que hemos hecho hasta ahora hemos visto que existen muchos tipos de evidencia lingüística que podemos encontrar en el lenguaje producido por el aprendiz que nos pueden ayudar a probar y desarrollar nuestras teorías del aprendizaje y de la naturaleza del sistema lingüístico mental. Por ejemplo, los errores que cometen los aprendices, la frecuencia con la que usan una forma dada y los contextos en los que la usan proveen información sobre el sistema del aprendiz en desarrollo, el mismo sistema que es responsable del lenguaje producido. Al mismo tiempo, en el campo de la **psicolingüística**, es decir, el estudio de la función cognoscitiva de la mente, hemos visto un importante desarrollo con respecto a las maneras en que podemos estudiar la actividad mental. Estos métodos nos pueden proveer evidencia adicional para estudiar las propuestas de las teorías de la adquisición y el uso de lenguas. Las **medidas psicolingüísticas** son maneras de evaluar u observar la actividad mental por medio de ciertos métodos empíricos. Puesto que las opciones que existen son muchas, en esta sección nos enfocaremos solamente en tres ejemplos. Sin embargo, es importante notar que hay otras opciones (véase Jegerski & VanPatten, 2013). Además, el crecimiento rápido en esta área indica que en poco tiempo habrá muchas opciones más.

Una hipótesis que es común en muchos de los métodos psicolingüísticos es que los errores de gramática afectan la atención de cierta manera y, por lo tanto, representan un costo en cuanto al procesamiento de la lengua. Esto quiere decir que si una oración es aceptable (es decir, consistente con el sistema lingüístico mental) no encontraremos evidencia de cambios en nuestra manera de procesar ese lenguaje. Sin embargo, si el hablante se encuentra con algún elemento que no coincide con las reglas del sistema, entonces le costará un esfuerzo extra el interpretar o procesar el lenguaje. Para estudiar los elementos que están permitidos (o no) en un sistema mental, estos métodos tienen como meta la medición de este esfuerzo extra.

Una medida psicolingüística ampliamente conocida y empleada es el uso del tiempo de reacción. Existen varios programas de computadora que le permiten al investigador medir el tiempo que tarda alguien en responder a cierto estímulo. En estas metodologías, el participante en un estudio puede responder a una pregunta como "¿es cierta o falsa la respuesta?" dentro del contexto del experimento o puede indicar simplemente que está listo para continuar con la próxima pregunta. El propósito es comparar el tiempo que nos tardamos en reaccionar frente a distintos estímulos. Estos estímulos pueden contener estructuras agramaticales para contrastarlas con estructuras gramaticales, estructuras sencillas para contrastarlas con estructuras más complejas, o pueden comparar estructuras más frecuentes con estructuras menos usadas. Además, los investigadores pueden incluir estímulos que sirven como distractores o incluso alguna otra prueba simultánea que mida la memoria funcional al mismo tiempo que la interpretación o la gramaticalidad de un estímulo. En cada caso, la idea principal relacionada con la observación de las medidas del tiempo de reacción es determinar si el aprendiz muestra la misma diferencia según distintas condiciones (p. ej., comparar estructuras más frecuentes con estructuras menos usadas) en comparación con los nativos. Si la tendencia es igual (aunque los aprendices vayan más despacio que los nativos), esto nos indica que el sistema del aprendiz es semejante al sistema de los nativos. Un ejemplo de un estudio de este tipo es el trabajo de Montrul (2010), quien investigó, entre otras cosas, la comprensión de los pronombres de objeto directo e indirecto (p. ej., *lo/a(s)* y *le(s)*, respectivamente) por parte de aprendices angloparlantes y hablantes de español como lengua de herencia. Esta investigadora encontró que los hablantes de herencia fueron más precisos y rápidos en oraciones de la forma clítico-verbo-sujeto (p. ej., *la vio Pedro*) en una tarea visual de emparejar fotos con oraciones con límite de tiempo. Además encontró que el procesamiento de este aspecto de la gramática española fue distinto entre los dos grupos estudiados, un hallazgo que sugiere que pueda existir alguna influencia de la edad de la adquisición.

Un segundo ejemplo que mide el tiempo de reacción es el método conocido como la lectura de velocidad auto-regulada. Los estudios que emplean este método contienen estímulos lingüísticos en los que se controlan muchas características lingüísticas (p. ej., el número de sílabas, el número de palabras, etc.) con el propósito de examinar el tiempo que se tarda el lector en procesar cada elemento. La hipótesis fundamental es que el tiempo que tardamos en leer un elemento dado representa la dificultad que tenemos al procesar dicho elemento (p. ej., Just & Carpenter, 1980). Esta dificultad puede estar relacionada con la complejidad de la estructura, con un error dentro de la frase, o con una limitación de nuestra adquisición. Aunque ya sabemos que el asunto es más complejo, hay evidencia positiva que apoya el uso de la medida del tiempo de procesamiento en el estudio de la cognición humana. Un ejemplo de un estudio que emplea este método es Foote (2011). Este investigador estudió si había alguna diferencia en cuanto a la sensibilidad hacia los errores de género gramatical entre hablantes bilingües de inglés y español. Con este propósito comparó dos grupos de bilingües, hablantes que habían adquirido las dos lenguas a temprana edad y hablantes que habían adquirido una de las dos lenguas de manera tardía. Los resultados del estudio no demostraron un efecto de la edad de adquisición, lo que sugiere que aun en la adquisición tardía se puede observar conocimiento de propiedades lingüísticas que no existen en la primera lengua.

Además de medir el tiempo que tardamos en leer una palabra o una oración, hay tecnologías que nos permiten entender mejor el procesamiento lingüístico de la mente por medio del estudio de los movimientos oculares (movimiento de los ojos). Existe una máquina especial que puede hacer un seguimiento del movimiento de los ojos. Es decir, la máquina contiene una cámara especial que mide el movimiento de los ojos de una persona mientras ésta lee un texto especialmente creado para contestar preguntas particulares de investigación. Por ejemplo, se podría estudiar la cantidad de tiempo que tarda un aprendiz en leer una cláusula con un error gramatical y el tiempo que tarda en leer otra cláusula semejante (p. ej., una cláusula que contiene

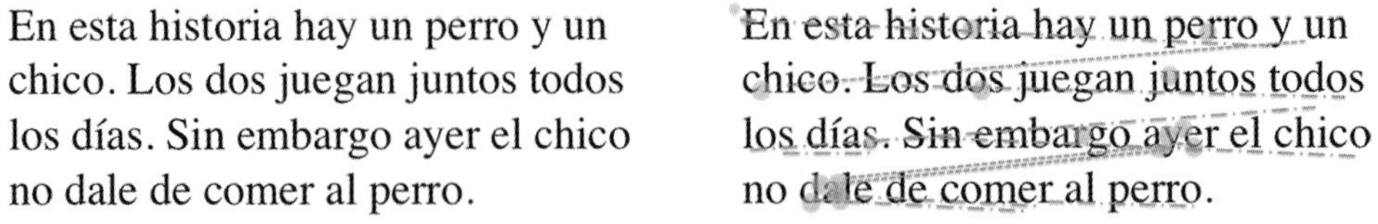

En esta historia hay un perro y un chico. Los dos juegan juntos todos los días. Sin embargo ayer el chico no dale de comer al perro.

En esta historia hay un perro y un chico. Los dos juegan juntos todos los días. Sin embargo ayer el chico no dale de comer al perro.

Ilustración 2.1 Muestra de un texto modelo a la izquierda y el mismo texto se muestra a la derecha con el resultado de la medición de los movimientos oculares los círculos sombreados en gris indican la fijación de los ojos y las líneas indican el movimiento de los ojos.

el mismo número de sílabas) pero sin este tipo de error. Estas máquinas también monitorean cuando los ojos regresan a un elemento o grupo de elementos presentados anteriormente, un movimiento que se ha interpretado como la detección (sea consciente o inconsciente) de una incongruencia en el texto que se está leyendo. Un ejemplo de un estudio de la adquisición del español que emplea esta técnica es Sagarra y Ellis (2013). Estos investigadores encontraron que tanto los aprendices rumanos (quienes tienen un sistema morfológico verbal complejo como el español) como los aprendices angloparlantes de español (con un sistema morfológico verbal simple demostraron sensibilidad a las incongruencias de tiempo (p. 261), y a la ambigüedad de las oraciones (cf. Sagarra, 2014). Por ejemplo, al leer frases como las que se muestran en la **ilustración 2.1**, los ojos pasarían más tiempo en las palabras *ayer* y *dale*. Además, se observaría más movimiento entre estas palabras, supuestamente por la ambigüedad semántica entre un adverbio de tiempo pasado y un verbo marcado con morfemas de tiempo presente.

Enfoque en la investigación: ¿A qué se presta atención en el habla?

Un concepto de interés para los investigadores en el campo de la adquisición de las lenguas adicionales es el de la **prominencia**. Se ha planteado la hipótesis según la cual los hablantes nativos de lenguas morfológicamente "ricas" (p. ej., el español) dependen más de los indicadores morfológicos mientras que los hablantes nativos de lenguas morfológicamente "pobres" (p. ej., el inglés) dependen de indicadores léxicos (de vocabulario). Un estudio realizado por Ellis y Sagarra (2010) probó esta hipótesis por medio de la técnica del seguimiento ocular. En uno de sus experimentos, los investigadores le pidieron a un grupo de hablantes nativos de inglés, chino, español y ruso aprender algunas expresiones en latín. Todos los participantes fueron divididos según las tres condiciones siguientes: 1. El primer grupo recibió entrenamiento mediante el uso de los adverbios como un indicador léxico; 2. El segundo grupo fue entrenado mediante el uso de verbos como indicadores morfológicos; y 3. El tercer grupo no recibió ningún entrenamiento específico. Todos los participantes leyeron una serie de frases latinas y tenían que indicar si cada frase se refería al futuro, presente, o pasado. Los resultados de esta tarea demostraron que todos los participantes, a pesar de su lengua nativa y el tipo de entrenamiento que se recibió, prestaron más atención a los adverbios. Sin embargo, había una tendencia en que los participantes cuya primera lengua tenía una morfología más compleja (español, ruso) tendían a aprender más flexiones de tiempo del latín. Según estos hallazgos, los investigadores sugirieron que en las primeras fases de aprendizaje de una lengua, se presta más atención al léxico porque es más prominente. En una etapa subsiguiente, se podría observar cómo la naturaleza de la primera lengua podría afectar el procesamiento y aprendizaje de una lengua adicional.

4   Preguntas formales

En el primer capítulo destacamos algunas de las características de la comunicación humana. Notamos que el lenguaje es sistemático, es decir, que se basa en un sistema creado por el hablante como resultado de la exposición a la información lingüística que tiene a su alrededor (la entrada). Al mismo tiempo, el sistema lingüístico es algo compartido que les permite a todos los hablantes de la misma lengua entenderse mutuamente. Este sistema no se limita a un conjunto de oraciones memorizadas porque también permite la creatividad dentro del sistema. Además, este sistema le permite al hablante conectar información lingüística con información sobre el mundo a su alrededor, incluso con información social y contextual sobre las normas de uso del lenguaje. Con todos estos requisitos, notamos que el sistema lingüístico del ser humano es complejo y por consiguiente una teoría lingüística adecuada tiene que contestar ciertas preguntas importantes. En la discusión que sigue, nos centramos en dos de las preguntas más importantes, mediante la exploración de preguntas formales (teóricas) y cómo éstas difieren cuando las empleamos en el estudio de las lenguas nativas y de las lenguas adicionales.

Una pregunta formal importante es *¿qué forma cognoscitiva toma este sistema lingüístico, es decir, el interlenguaje, del aprendiz?* Por ejemplo, las teorías sobre las lenguas nativas se ocupan de la exploración de la representación de la información lingüística. Observamos que se puede conceptualizar esta representación como un conjunto de reglas abstractas o como conexiones entre elementos lingüísticos que tienen fuerza variable para nombrar sólo dos de las opciones. No sólo queremos conocer la naturaleza de la representación mental sino también la organización que toman estas representaciones para formar tal sistema. Además, las teorías de las lenguas nativas tienen que puntualizar la manera en la que el sistema incorpora los universales lingüísticos, es decir, si hay una fuente innata de información o si los universales coinciden naturalmente con ciertos elementos en la entrada (p. ej., los elementos más frecuentes). Nos preguntamos también cómo es que el sistema incorpora la información sobre el uso o sobre los acontecimientos "normales" del mundo. Por ejemplo, tendrá más sentido ver a un león cazando a un ratón que ver a un ratón cazando a un león. Este hecho facilita la interpretación de una oración como *al ratón, comió el león* a pesar de su orden objeto-verbo-sujeto. Para casi todos los lingüistas, las preguntas formales o teóricas se basan en la necesidad de estudiar la forma del sistema gramatical mismo.

Si pensamos en las lenguas adicionales, esta pregunta formal sigue siendo fundamental. Todavía nos interesa conceptualizar el sistema del interlenguaje y la manera en la cual se organiza incluyendo la representación de las relaciones que hay entre elementos gramaticales y también entre los elementos lingüísticos y otras fuentes de información (p. ej., conocimiento de las normas sociales). Sin embargo, hay una diferencia principal cuando exploramos las lenguas adicionales y ésta es: ¿Qué influencia tiene el sistema del idioma nativo en el sistema de las lenguas adicionales? Se podría conceptualizar el sistema de la lengua adicional como una parte integral del sistema ya existente o se podría conceptualizar que los dos sistemas son entidades completamente distintas. Además de estas opciones opuestas, existen teorías que describen algunas conexiones entre los dos sistemas y algunas características que no se comparten. A pesar de esta distinción, hay muchas teorías que proponen una organización y una representación semejante para los dos sistemas lingüísticos, es decir, de las lenguas nativas y de las lenguas adicionales.

Enfoque en la investigación: ¿Son independientes los sistemas lingüísticos de los hablantes bilingües?

Un estudio pionero realizado por Preston y Lambert (1969) sugiere que no es así. Primero, se sabe por un estudio previo de Stroop (1935) que algunos procesos cognoscitivos no parecen ser independientes. Stroop diseñó una tarea en la que los participantes tenían que nombrar el color escrito en las láminas individuales a pesar del color de las letras de la palabra en la lámina. Por ejemplo, al ver una secuencia (una por una) de láminas como en la **ilustración 2.2**, el participante tenía que decir *green* para la primera lámina, *rojo* para la segunda, etc., a pesar de ver las palabras *red* and *green*, respectivamente. Stroop encontró que toma más tiempo nombrar el color de una lámina cuando la palabra no se corresponde con el color que se nombra en comparación con el reconocimiento de las láminas con palabras escritas en negro. Esto se debe a que se observa la competición de dos procesos. En este caso se trata de los procesos de nombrar colores y de leer palabras.

RED	GREEN	BLUE	BROWN

Ilustración 2.2 Ejemplo de la tarea creada por Stroop (1935). Versión en inglés.

Preston y Lambert (1969) crearon varias versiones bilingües de esta tarea creada por Stroop para investigar la interferencia potencial de los sistemas lingüísticos en participantes bilingües. En uno de los experimentos, participantes bilingües de alemán y de inglés completaron la tarea de reconocimiento mediante el empleo de láminas como las que se presentan en la **ilustración 2.2** y la **ilustración 2.3**.

ROT	GRÜN	BLAU	BRAUN

Ilustración 2.3 Ejemplo de tarea creada por Stroop (1935). Versión en alemán.

Preston y Lambert encontraron que había interferencia en la forma de traducir la palabra que se veía en una lámina (p. ej., al ver la segunda lámina en la **ilustración 2.2**, los participantes tendían a decir *green* en vez de *blau* o *grün*). Además les costó más tiempo a los bilingües nombrar colores para una serie de palabras parecidas en los dos idiomas (como las de las **ilustraciones 2.2 y 2.3**) que nombrar colores para una serie de palabras sin parecido (p. ej., *black, yellow, pink* y *purple* en inglés; *schwarz, gelb, rosa* y *lila,* en alemán). Este estudio y estudios subsecuentes han demostrado que, por lo menos en algunos casos, el procesamiento por parte de hablantes bilingües involucra el uso de ambos sistemas lingüísticos del individuo.

Además de preguntarnos sobre la naturaleza del sistema lingüístico, otra pregunta teórica fundamental es: *¿Cómo se desarrolla un sistema lingüístico mental?* Dicho de otra manera, queremos saber cómo es que un niño llega a tener un sistema adulto en la lengua nativa. Para contestar esta pregunta, es necesario conocer los mecanismos del aprendizaje. Nos interesa entender el efecto de la entrada en el sistema en desarrollo, el papel de los universales en la adquisición, la revisión de las generalizaciones en el sistema y el grado de interacción entre las estrategias de aprendizaje en general, y los procesos que son específicos a la adquisición de lenguas. Una diferencia que se observa entre acercamientos teóricos distintos puede ser la cantidad de importancia que se da, por ejemplo, a la información que se considera innata, a la entrada, o a las estrategias de aprendizaje. Además, los acercamientos formales pueden contrastarse en términos de su conceptualización del proceso de desarrollo de una gramática. De acuerdo con la **teoría generativa**, la cual propone la existencia de una gramática universal, un cambio en la gramática de un aprendiz puede describirse como el acto de fijar un parámetro, es decir, la selección entre opciones de un conjunto limitado y disponible en el conocimiento innato del ser humano. En contraste, la teoría basada en el uso del lenguaje emplea el concepto de surgimiento (véase el **capítulo 1**, para más detalle) para describir el acto de llegar a una generalización de muchas conexiones o relaciones semejantes. En ambas teorías se supone que el proceso de desarrollo de la gramática —es decir, de añadir información o de modificar la regla inicial para que sea más adecuada— puede utilizar los mismos procesos de aprendizaje que se emplean en el desarrollo de la gramática nativa.

En el caso de las lenguas adicionales, también nos preocupan tanto los mecanismos de aprendizaje como el desarrollo del interlenguaje. No obstante, en este caso el asunto puede ser un poco más complicado. Con las lenguas adicionales, se podría argumentar que los mecanismos de adquisición son semejantes o son totalmente diferentes de las lenguas nativas. Aun en una misma teoría, como el generativismo, se puede conceptualizar el proceso de adquisición como uno en el que el aprendiz empieza con el mismo acceso a la información y conocimiento innato a que se tiene acceso en el proceso de adquirir la primera lengua, o un proceso fundamentalmente diferente dado a la falta de acceso a ese conocimiento innato. Si trabajamos bajo el marco teórico del uso del lenguaje, podemos considerar la fuerza de la influencia de las conexiones provenientes de la lengua nativa. Por ejemplo, se podría ponderar el desarrollo de las conexiones originales, o aquellas que son específicas a la lengua adicional, o las conexiones integradas entre la lengua nativa y las lenguas adicionales. A pesar de estas diferencias en los acercamientos y las ideas teóricas sobre el proceso y los mecanismos de adquisición de las lenguas adicionales, lo que une a todos es la meta principal de identificar tales mecanismos y ofrecer una explicación de la relación entre dichos mecanismos y el sistema lingüístico mismo. Es decir, cada teoría tiene que explicar cómo es que llegamos a construir y modificar el sistema lingüístico de la lengua adicional.

En esta breve discusión, hemos visto que la meta principal de cualquier teoría del aprendizaje debe ser la explicación de cómo es la forma cognoscitiva del sistema lingüístico que permite el uso creativo de lenguaje y los mecanismos que nos permiten construir y revisar tal sistema a medida que aumenta nuestra experiencia lingüística. En la siguiente sección veremos que los estudios empíricos muchas veces tienen la meta de apoyar o contradecir alguna conceptualización teórica dada. El valor de emplear los métodos de análisis descritos anteriormente es precisamente encontrar evidencia para fomentar nuestra visión teórica del lenguaje humano. En la sección que sigue, discutiremos ejemplos de los tipos de análisis descritos anteriormente y comentaremos cómo contribuyen a las teorías de la representación y desarrollo del sistema lingüístico.

5 Preguntas empíricas

En la sección anterior, destacamos dos preguntas que son importantes para cualquier teoría del lenguaje. En primer lugar, estudiamos acerca de cuál es la naturaleza del sistema lingüístico y, en segundo lugar, discutimos sobre el desarrollo del sistema lingüístico y los mecanismos de aprendizaje. De esta forma, para poder revisar las propuestas teóricas y entender mejor la adquisición y uso de lenguas adicionales, tenemos que diseñar estudios que nos provean de evidencia concreta sobre estas propiedades del interlenguaje. Como discutimos anteriormente existen muchos métodos de análisis, algunos de ellos bien desarrollados y otros más innovadores y recientes. En esta última sección del capítulo, exploramos algunos ejemplos de cómo la unificación de una pregunta teórica con un método de análisis de datos lingüísticos ha resultado en evidencia importante para el desarrollo de la teoría lingüística. Empezando con la naturaleza del sistema lingüístico, las preguntas empíricas que queremos contestar tienen que ver con el tipo de información que contiene este sistema y la organización de esa misma información. Además de formular preguntas sobre la naturaleza del sistema, hay que establecer una conexión entre alguna evidencia específica y la metodología que se puede utilizar para examinar esta evidencia. Por ejemplo, podemos imaginar un estudio que toma como base una serie de entrevistas con varios hablantes sobre varios temas de conversación. Para investigar ciertos aspectos del sistema lingüístico a través de nuestro análisis de estas entrevistas, la meta principal podría ser la búsqueda de generalizaciones. Es decir, lo que más nos interesa son las tendencias que se repiten de forma sistemática. Sin embargo, para poder encontrar estas regularidades, primero tenemos que identificar los factores que contribuyen a estas tendencias. En un acercamiento teórico basado en el uso, por ejemplo, podríamos analizar el rango de formas que se emplean para cumplir una función particular, la frecuencia de uso de cada forma, y las restricciones sobre el uso de estas formas. Estas restricciones pueden incluir factores lingüísticos y también factores sociales o contextuales. Aunque nos dedicamos a la discusión de lenguas adicionales en este capítulo, los ejemplos que muestran evidencia empírica sobre las propiedades de los sistemas gramaticales que se verán en esta sección se aplican tanto a las lenguas nativas como a las lenguas adicionales.

Un ejemplo de este tipo de estudio es Geeslin, Linford, y Fafulas (en prensa), que investigó la selección de pronombres de sujetos nulos versus explícitos en una tarea de lectura contextualizada. Los participantes fueron 180 aprendices angloparlantes de español (desde el primer año de estudio hasta estudiantes de postgrado) y 27 hablantes nativos de español. Las variables lingüísticas examinadas fueron el cambio de referente, la persona gramatical del verbo, el tiempo-modo-aspecto del verbo (p. ej., para la forma verbal *dijo* el tiempo es presente, el modo es indicativo y el aspecto es perfectivo/pretérito) y si el tiempo-modo-aspecto del verbo era igual o distinto al del verbo anterior. Estas variables se describen en el **cuadro 2.3**.

En cuanto a la frecuencia de los pronombres de sujeto nulo, se encontró una tasa parecida a la de los nativos en los aprendices en su primer año de estudio (66% para los aprendices, 67% para los nativos). Esa tasa bajó a 54% en el tercer año y luego subió a 66% para los estudiantes de postgrado. En cuanto a los factores lingüísticos examinados, el cambio de referente influyó en el uso a partir del tercer año; la persona gramatical sólo influyó en el uso para los aprendices del tercer y cuarto año; el factor tiempo-modo-aspecto influyó en el uso desde el cuarto año; y la continuidad del tiempo-modo-aspecto sólo influyó en el uso para los del primer año. Con este estudio en mente, podemos conectar las preguntas empíricas (p. ej., ¿hay evidencia de la influencia de la persona y el número del verbo en el uso de los pronombres?) con su valor teórico. En este caso, podríamos concluir que el sistema gramatical tiene la capacidad de representar los factores lingüísticos y extra-lingüísticos que corresponden al uso de una forma lingüística. Para decirlo de otra forma, estos resultados dan evidencia de la importancia de concebir un modelo del sistema lingüístico que conecte el contexto de uso con las reglas lingüísticas sin importar el acercamiento teórico que se adopte. Aunque los conceptos tales como "regla gramatical" pueden variar de un acercamiento al otro, estas diferencias en su forma no niegan la importancia que tiene el tipo de información que debe contener cualquier acercamiento teórico para poder explicar los hallazgos de un estudio empírico.

La segunda pregunta teórica central fue cómo describimos el proceso de adquisición, es decir, el desarrollo del interlenguaje. Para contestar esa pregunta es importante entender los

Cuadro 2.3 Variables examinadas en el estudio de Geeslin, Linford, y Fafulas (en prensa) sobre los pronombres de sujeto.

Variable lingüística	Descripción	Ejemplo(s)
Cambio de referente	El referente codificado por el verbo es igual o distinto del referente codificado por el verbo anterior.	*Pedro leyó el libro y se lo recomendó a un amigo.* En este ejemplo, no hay cambio de referente porque *leyó* y *recomendó* refieren a la misma persona, Pedro.
La persona gramatical del verbo	Puede ser primera (*yo*), segunda (*tú, vosotros, Uds.*), o tercera (*él, ella, ellos, ellas*) persona.	*Pedro leyó el libro y se lo recomendó a un amigo.* En este ejemplo, la persona gramatical de *leyó* y *recomendó* es tercera persona.
El tiempo-modo-aspecto (TMA) del verbo	El tiempo se refiere al momento en el que ocurre un evento (p. ej., *presente, pasado, futuro*). El modo se refiere al uso de herramientas gramaticales para expresar la actitud del hablante hacia algo. El aspecto se refiere a la duración de un evento en relación con el marco temporal en que ocurre (p. ej., *perfectivo, imperfectivo*).	*Pedro leyó el libro y se lo recomendó a un amigo.* Para *leyó* y *recomendó*, el tiempo es pasado, el modo es indicativo, y el aspecto es perfectivo.
Continuidad del tiempo-modo-aspecto del verbo	El TMA del verbo es igual o distinto en relación con el verbo anterior.	*Pedro leyó el libro y se lo recomendó a un amigo.* En este ejemplo, el TMA de *leyó* y *recomendó* es igual.

mecanismos de aprendizaje y los cambios que sufre la gramática con el paso del tiempo. Vimos en la discusión de las herramientas de análisis que hay varias opciones para monitorear cambios a través del uso de diversas técnicas. Entre ellas, podemos evaluar la precisión de uso de una forma, la precisión de las formas en cierto contexto funcional, la frecuencia de uso de una forma particular, o las restricciones en el uso de una forma particular. Para describir el desarrollo, es posible seguir a los mismos aprendices por mucho tiempo, o usar un diseño con una muestra transversal en el que comparamos grupos de aprendices de niveles distintos (o para la adquisición de primeras lenguas, de edades distintas). Las preguntas empíricas que investigamos tienen que ver con los cambios que ocurren a través del tiempo. Podríamos hacer preguntas sobre los tipos de errores que se cometen en niveles distintos antes de llegar a usar una forma de manera nativa, o podríamos hacer preguntas sobre los cambios en la frecuencia del uso de una forma y los contextos de uso de esta forma. La meta es describir la naturaleza del sistema gramatical en momentos distintos para entender cómo este sistema cambia y se modifica al estar expuestos a más entrada.

Para ejemplificar este tipo de trabajo podemos explorar el estudio de Gudmestad y Geeslin (2013) en el que se examinaron varios factores lingüísticos asociados con las tres formas del futuro en cinco niveles de estudio del español. Los participantes fueron 151 aprendices anglohablantes matriculados en uno de los cuatro niveles de cursos ofrecidos en español dentro de un contexto universitario, y estudiantes de postgrado o instructores no nativos del español. También incluyeron un grupo de 22 hablantes nativos de español. Todos los participantes completaron una tarea de lectura contextualizada, donde tenían que seleccionar entre tres frases que sólo diferían en la forma verbal para expresar el futuro (el futuro morfológico, el futuro perifrástico o el presente del indicativo) para completar partes de una historia. Esta tarea fue diseñada para examinar la influencia de varios factores lingüísticos en la selección de una de las formas verbales para expresar el futuro. Específicamente, examinaron la presencia o ausencia de un adverbio temporal, la distancia temporal del evento futuro, y la presencia o ausencia de indicadores de certeza (p. ej., *sin duda*). Los resultados demostraron que, para los aprendices, la frecuencia de selección del presente bajó entre el primer y segundo nivel, luego aumentó desde el tercer nivel hasta el quinto nivel. Para la forma perifrástica, se observó un aumento gradual desde el primer nivel hasta el quinto nivel. Para la forma morfológica, se vio un aumento notable entre el primer y el segundo nivel, luego una disminución desde el tercer hasta el quinto nivel. Además, en ningún nivel de aprendizaje se observó la misma frecuencia en la selección de formas que se observaron para los hablantes nativos. En cuanto a los predictores de selección, se encontró que los aprendices demostraron patrones de selección parecidos a los nativos de manera más temprana para el factor de certeza (desde el primer nivel), luego para la distancia temporal del evento futuro (desde el primer o segundo nivel, según la comparación) y más tarde para la presencia o ausencia de un adverbio temporal (no se encontró hasta el quinto nivel). De esta forma, el proceso de desarrollo de esta estructura variable consiste en modificar no sólo la frecuencia de selección de formas sino también los predictores de uso de cierta forma según los patrones observados en los nativos.

La implicación teórica más importante de los estudios enfocados en las etapas de desarrollo (tanto los estudios que emplean un análisis de la precisión como los que analizan el uso) es que hay elementos que todos los aprendices (o casi todos) tienen en común. Si vemos que hay una tendencia general de adquirir las restricciones lingüísticas antes de las sociales o que hay una tendencia de tardar más en la adquisición de las restricciones pragmáticas en comparación con las restricciones morfosintácticas, estos hallazgos nos pueden informar sobre los mecanismos de aprendizaje y sobre el proceso de adquisición de lenguas. Adicionalmente, cualquier teoría que cuente con esta información tendrá que incorporar alguna noción relacionada con la universalidad. Como destacamos antes, esta implicación no quiere decir que haya una sola forma de incorporar la universalidad. Por ejemplo, podríamos argumentar que los aprendices tienen acceso a cierta información universal sobre la estructura lingüística. Sin embargo, también es posible postular que las tendencias comunes reflejan la estructura de la mente humana y los mecanismos de la resolución de problemas. En fin, la idea principal es que las investigaciones empíricas tienen implicaciones importantes para nuestra visión de la comunicación humana y de los sistemas que apoyan esta comunicación.

Resumen

A lo largo de este capítulo, hemos visto dos temas principales. En primer lugar, que el estudio de la adquisición nos provee de información importante sobre la naturaleza del sistema lingüístico humano en general. En segundo lugar, vimos que hay diferencias importantes entre la adquisición de lenguas nativas y lenguas adicionales, pero al mismo tiempo hay ciertas influencias constantes. Entre estas influencias contamos con el papel central de la entrada en el desarrollo de la gramática, con la regularidad del sistema lingüístico, y con la influencia de factores lingüísticos y sociales en las tendencias de uso. Al final del capítulo discutimos acerca de que tenemos muchas herramientas para analizar la evidencia disponible sobre la naturaleza del sistema mental y que podemos aplicar estos métodos de análisis para contestar preguntas concretas sobre las gramáticas mentales y su desarrollo. Mediante la investigación de estas preguntas empíricas, podemos seguir mejorando nuestra conceptualización teórica del sistema gramatical y de la adquisición y el uso de las lenguas humanas.

Lista de términos útiles (en orden de aparición)

Interlenguaje
Estado inicial
Lengua adicional o lenguas adicionales
Lengua nativa
Logro final
Edad de adquisición
Período crítico o múltiples períodos críticos
Análisis contrastivo
Influencia interlingüística
Interferencia
Semántica
Transferencia
Universales lingüísticos
Simplificación
Contexto de aprendizaje
Instrucción explícita
Identidad
Implícito
Metalingüístico
Entrada
Idiosincrática
Análisis de errores
Estudio con diseño de muestra transversal
Estudio longitudinal
Etapas de desarrollo
Orden de adquisición
Forma
Función
Análisis de los factores que predicen el uso
Estructuras variables
Sobreuso
Frecuencia (de uso)
Medidas psicolingüísticas
Prominencia
Teoría generativa
Psicolingüística

Ejercicios de práctica: www.wiley.com/go/diaz-campos
Ejercicios de comprensión
Ejercicios de aplicación
Mini-proyecto

Para leer más

Han, Z., & Tarone, E. (2014). *Interlanguage: Forty years later*. Amsterdam: John Benjamins.

Johnson, J. S., & Newport, E. L. (1989). Critical period effects in second language learning: The influence of maturational state on the acquisition of English as a second language. *Cognitive Psychology, 21*(1), 60–99.

Long, M. H. (1996). The role of the linguistic environment in second language acquisition. En W. C. Ritchie & T. K. Bhatia (Eds.), *Handbook of language acquisition: Vol. 2 Second language acquisition* (pp. 413–468). New York: Academic Press.

Ortega, L. (2008). *Understanding second language acquisition*. New York: Routledge.

Referencias

Andersen, R. W. (1983). Transfer to somewhere. En S. Gass & L. Selinker (Eds.), *Language transfer in language learning* (pp. 177–201). Rowley, MA: Newbury House.

Bentivoglio, P. (1987). *Los sujetos pronominales de primera persona en el habla de Caracas*. Caracas: Universidad Central de Venezuela, Consejo de Desarrollo Científico y Humanístico.

Bley-Vroman, R. (1988). The fundamental character of foreign language learning. En W. Rutherford & M. Sharwood Smith (Eds.), *Grammar and second language teaching: A book of readings* (pp. 19–30). Rowley, MA: Newbury House.

Corder, S. P. (1967). The significance of learner's errors. *International Review of Applied Linguistics in Language Teaching, 5*, 161–170.

DeKeyser, R. M. (2000). The robustness of critical period effects in second language acquisition. *Studies in Second Language Acquisition, 22*(4), 499–533.

Dulay, H. C., & Burt, M. K. (1974). Natural sequences in child second language acquisition. *Language Learning, 24*(1), 37–53.

Ellis, N. C., & Sagarra, N. (2010). Learned attention effects in L2 temporal reference: The first hour and the next eight semesters. *Language Learning, 60*(s2), 85–108.

Eubank, L., & Gregg, K. (1999). Critical periods and (second) language acquisition: Divide et impera. En D. Birdsong (Ed.), *Second language acquisition and the Critical Period Hypothesis* (pp. 65–99). Mahwah, NJ: Erlbaum.

Flege, J. E., Yeni-Komshian, G. H., & Liu, S. (1999). Age constraints on second-language acquisition. *Journal of Memory and Language, 41*(1), 78–104.

Foote, R. (2011). Integrated knowledge of agreement in early and late English-Spanish bilinguals. *Applied Psycholinguistics, 32*, 187–220.

Gass, S. M., with Behney, J., & Plonsky, L. (2013). *Second language acquisition: An introductory course*. New York: Routledge.

Geeslin, K. L. (1999). *The second language acquisition of copula choice in Spanish and its relationship to language change* (Tesis de doctorado inédita). Disponible de UMI (Access No. 9927461).

Geeslin, K. L., García-Amaya, L. J., Hasler-Barker, M., Henriksen, N. C., & Killam J. (2010). The SLA of direct object pronouns in a study abroad immersion environment where use is variable. En Claudia Borgonovo et al. (Eds.), *Selected proceedings of the 12th Hispanic Linguistics Symposium* (pp. 246–259). Somerville, MA: Cascadilla Proceedings Project.

Geeslin, K. L., & Gudmestad, A. (2011). Using sociolinguistic analyses of discourse-level features to expand research on L2 variation in forms of Spanish subject expression. En L. Plonsky & M. Schierloh (Eds.), *Selected proceedings of the 2009 Second Language Research Forum* (pp. 16–30). Somerville, MA: Cascadilla Proceedings Project.

Geeslin, K., Linford, B., & Fafulas, S. (en prensa). Variable subject expression in second language Spanish? Uncovering the developmental sequence and predictive linguistic factors. En A. Carvalho, R. Orozco, & N. Shin (Eds.), *Subject pronoun expression in Spanish: A cross-dialectal perspective*. Washington, DC: Georgetown University Press.

Guntermann, G. (1992). An analysis of interlanguage development over time: Part II, ser and estar. *Hispania*, *75*(5), 1294–1303.

Gudmestad, A., & Geeslin, K. (2013). Second-language development of variable future-time expression in Spanish. En A. M. Carvalho & S. Beaudrie (Eds.), *Selected proceedings of the 6th Workshop on Spanish Sociolinguistics* (pp. 63–75). Somerville, MA: Cascadilla Proceedings Project.

Hawkins, R., & Chan, C. Y. H. (1997). The partial availability of Universal Grammar in second language acquisition: The "failed functional features hypothesis". *Second Language Research*, *13*(3), 187–226.

Jegerski, J., & VanPatten, B. (Eds.). (2013). *Research methods in second language psycholinguistics*. New York: Routledge.

Johnson, J. S., & Newport, E. L. (1989). Critical period effects in second language learning: The influence of maturational state on the acquisition of English as a second language. *Cognitive Psychology*, *21*(1), 60–99.

Just, M. A., & Carpenter, P. A. (1980). A theory of reading: From eye fixations to comprehension. *Psychological Review*, *87*, 329–354.

Kanwit, M., & Solon, M. (2013). Acquiring variation in future-time expression abroad in Valencia, Spain and Mérida, Mexico. En Jennifer Cabrelli Amaro et al. (Eds.), *Selected proceedings of the 16th Hispanic Linguistics Symposium* (pp. 206–221). Somerville, MA: Cascadilla Proceedings Project.

Kellerman, E. (1978). Giving learners a break: Native language intuitions as a source of predictions about transferability. *Working Papers on Bilingualism*, *15*, 59–92.

Klein-Andreu, A. (2000). *Variación actual y evolución histórica: los clíticos le/s, la/s, lo/s*. Munich: Lincom Europa.

Lardière, D. (2007). *Ultimate attainment in second language acquisition: A case study*. New York: Routledge.

Lenneberg, E. H. (1967). *Biological foundations of language*. New York: John Wiley & Sons, Inc.

Montrul, S. (2010). How similar are adult second language learners and Spanish heritage speakers? Spanish clitics and word order. *Applied Psycholinguistics*, *31*, 167–207.

Norton, B. (2000). *Identity and language learning: Gender, ethnicity and educational change*. London: Longman.

Penfield, W., & Roberts, L. (1959). *Speech and brain mechanisms*. Princeton, NJ: Princeton University Press.

Preston, M. S., & Lambert, W. E. (1969). Interlingual interference in a bilingual version of the Stroop color-word task. *Journal of Verbal Learning and Verbal Behavior*, *8*(2), 295–301.

Ryan, J. M., & Lafford, B. A. (1992). Acquisition of lexical meaning in a study abroad environment: *Ser* and *estar* and the Granada experience. *Hispania*, *75*(3), 714–722.

Sagarra, N. (2014). Absence of morphological transfer in beginners: Evidence from eye-tracking. En Z. Han & R. Rast (Eds.), *First exposure to a second language: Learners' initial input processing* (pp. 139–170). Cambridge, UK: Cambridge University Press.

Sagarra, N., & Ellis, N. C. (2013). From seeing adverbs to seeing verbal morphology. *Studies in Second Language Acquisition*, *35*, 261–290.

Seliger, H. W. (1978). Implications of a multiple critical periods hypothesis for second language learning. En W. C. Ritchie (Ed.), *Second language acquisition research: Issues and implications* (pp. 11–19). New York: Academic Press.

Stewart, J. A. (2010). Using e-journals to assess students' language awareness and social identity during study abroad. *Foreign Language Annals, 43*(1), 138–159.

Stroop, J. R. (1935). Studies of interference in serial verbal reactions. *Journal of Experimental Psychology, 18*(6), 643–662.

VanPatten, B. (1985). The acquisition of ser and estar by adult learners of Spanish: A preliminary investigation of transitional stages of competence. *Hispania, 68*(2), 399–406.

VanPatten, B. (1987). Classroom learners' acquisition of ser and estar: Accounting for developmental patterns. En B. VanPatten, T. R. Dvorak, & J. F. Lee (Eds.), *Foreign language learning: A research perspective* (pp. 61–75). Cambridge, MA: Newbury House.

VanPatten, B. (2010). Some verbs are more perfect than others: Why learners have difficulty with ser and estar and what it means for instruction. *Hispania, 93*(1), 29–38.

Capítulo 3

Fonética: Los sonidos del español

1   Introducción

La fonética, como estudiaremos en este capítulo, se encarga de describir la forma en que producimos los sonidos. También es una disciplina que investiga acerca de las propiedades físicas de los sonidos (p. ej., cuánto dura un sonido, con cuánta fuerza se produce un sonido, etc.) En este capítulo se introducen las herramientas básicas para describir los sonidos de acuerdo con una caracterización clásica que se basa en criterios articulatorios (la forma en que utilizamos cavidad oral y sus órganos para producir sonidos). Pensemos en una de las diferencias más notables del español peninsular: la pronunciación del sonido representado por la letra "z" en la palabra *"zapato".* El hablante peninsular coloca la punta de la lengua entre los dientes, el aire sale con la obstrucción producto del contacto que ocurre entre los dientes y la lengua y no hay vibración de las cuerdas vocales. En contraste, el mismo sonido en otros dialectos del español, por ejemplo en Latinoamérica y el sur de España, se produce de manera diferente: estos hablantes colocan la parte media de la lengua en contacto con los alvéolos, hay salida del aire por la constricción que se produce entre los alvéolos y la lengua y no hay vibración de las cuerdas vocales. La fonética nos ayuda a entender y a describir estas diferencias de pronunciación según las diferentes regiones donde se habla español.

El capítulo se organiza de la siguiente manera: en primer lugar, se provee una caracterización de las consonantes según el punto de articulación, el modo de articulación, y la acción de las cuerdas vocales. Luego, se explica cómo se describen las vocales según la altura y la posición de la lengua en el plano horizontal y según la acción de los labios. Se dedica una sección a la presentación de algunas nociones básicas sobre la fonética acústica y se proveen ejemplos basados en las consonantes oclusivas y africadas. El capítulo también introduce algunos tópicos que hemos clasificado como parte de la sección dedicada a las preguntas formales. Específicamente, estudiamos el concepto de sílaba y las reglas de silabeo en español, incluyendo el estudio de las agrupaciones vocálicas. Asimismo, se dedica una sección a la descripción del acento léxico. En la última sección, dedicada a las preguntas empíricas, hemos seleccionado tres investigaciones de corte cuantitativo en las que se ejemplifica el estudio de la estructura silábica de las nasales, el alzamiento vocálico y el re-silabeo de las vocales medias y el estudio del acento léxico. El capítulo se organiza en las siguientes secciones:

- Herramientas de análisis
  - La descripción articulatoria de las consonantes
  - La descripción articulatoria de las vocales
  - La fonética acústica

Introducción y aplicaciones contextualizadas a la lingüística hispánica, First Edition. Manuel Díaz-Campos, Kimberly L. Geeslin, and Laura Gurzynski-Weiss.
© 2018 John Wiley & Sons, Inc. Published 2018 by John Wiley & Sons, Inc.

- Preguntas formales
  - La sílaba
  - La agrupación de vocales en diptongos e hiatos
  - El acento léxico
- Preguntas empíricas
  - El uso de la evidencia fonética para demostrar el silabeo
  - El alzamiento y el re-silabeo de las vocales medias
  - El almacenamiento y el aprendizaje del acento léxico

2 Herramientas de análisis

En esta primera parte introduciremos algunas de las nociones elementales para la descripción articulatoria de los sonidos. Esto quiere decir que estudiaremos los órganos que se emplean en la articulación de los sonidos (p. ej., las partes de la boca que entran en contacto, los obstáculos que sufre el aire, etc.). Este énfasis en las características articulatorias de los sonidos forma parte de una de las ramas de una disciplina conocida como la fonética. La **fonética** es una de las ramas más antiguas de la lingüística la cual se encarga del estudio de tres aspectos: la articulación, las características físicas (i.e., acústicas) y la percepción auditiva de los sonidos. Se puede decir que la historia de esta disciplina comenzó con los primeros trabajos de los gramáticos del sánscrito. El cuerpo de conocimientos y tradición que constituye el centro de la fonética en nuestro siglo es una herencia de la cultura hindú. Los escritores hindúes del siglo 500–150 antes de Cristo realizan los primeros intentos exitosos para la clasificación lingüística de los sonidos. Para estos estudiosos había un objetivo práctico: el establecimiento de una auténtica pronunciación para los *Vedas* y la descripción del sánscrito. Los Vedas representan los textos más antiguos de la literatura hindú los cuales tenían carácter religioso. Para entender adecuadamente qué órganos participan en la producción de los sonidos, la **ilustración 3.1** provee una representación del aparato fonador.

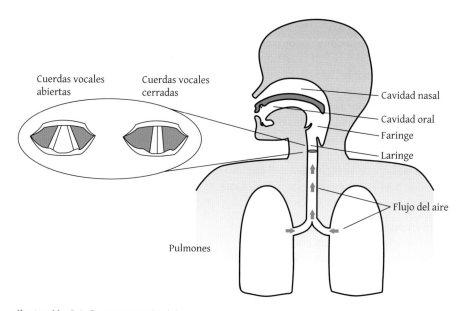

Ilustración 3.1 Representación del aparato fonador.

El **aparato fonador** está compuesto por los pulmones, la laringe (donde se encuentran las cuerdas vocales), la faringe, la cavidad oral y la cavidad nasal. En la cavidad oral se encuentran la mayor parte de los órganos que necesitamos conocer para la descripción articulatoria de las vocales y de las consonantes. Se dedica atención especial a este asunto en los siguientes párrafos. El flujo del aire que proviene de los pulmones es la fuente principal de los sonidos que se transmiten a través del aire y que percibimos por medio del aparato auditivo. El aire que fluye de los pulmones sufre una serie de cambios en su paso por la cavidad oral o nasal y son estos cambios los que ocasionan las características que distinguen a cada sonido. Por ejemplo, si el aire pasa por la cavidad oral describimos los sonidos como **orales** y si el aire pasa por la nariz describimos los sonidos como **nasales**. Si empleamos nuestros labios los sonidos se clasifican como **bilabiales** por su punto de articulación. El **punto de articulación** hace referencia a los órganos que empleamos para producir los sonidos (p. ej., labios, dientes, alvéolos, paladar, velo, etc. Véase la **ilustración 3.2**). Si durante la producción del sonido ocurre una interrupción total del aire como en el caso del sonido [p] en la palabra "*pala*" clasificamos el sonido como oclusivo por su modo de articulación. El **modo de articulación** es un concepto que hace referencia a los cambios que sufre el aire en su paso por la cavidad oral o nasal (p. ej., obstrucción total u oclusión, fricción, etc.). Las cuerdas vocales son órganos formados por tejidos musculares flexibles que se encuentran en la laringe. Cuando estos tejidos se encuentran extendidos y tensos propician la vibración de las cuerdas vocales a causa del paso del aire. En contraste, cuando las cuerdas vocales se encuentran abiertas y sin tensión no se produce vibración. La **ilustración 3.1** muestra como el flujo del aire afecta las cuerdas vocales. Este mecanismo permite distinguir entre sonidos **sordos** y **sonoros**. Los sonidos sordos se caracterizan por la

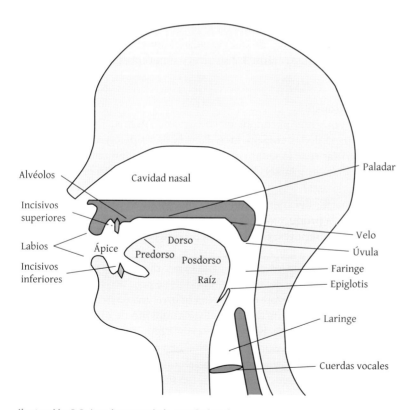

Ilustración 3.2 Los órganos de la cavidad oral.

ausencia de vibraciones de las cuerdas vocales, mientras que los sonoros se producen con vibración de las cuerdas vocales. Por ejemplo, el contraste que existe entre [g] y [k] se debe a la sonoridad. Empleamos los corchetes [ ] para representar que se trata de sonidos. Utilizamos barras // para referirnos a la representación mental. Por último, utilizamos las comillas " " para hacer referencia a las letras ortográficas (véase el **capítulo 4** para más detalles). Estas son convenciones que sirven para distinguir entre la representación de los sonidos, su estatus como categoría mental (la huella del sonido en nuestra mente) y su representación ortográfica. Si colocamos el dedo índice y pulgar en nuestra laringe cuando producimos [g] notaremos la vibración de las cuerdas vocales. Sobre estos aspectos profundizaremos más en las secciones siguientes. En el caso del español los sonidos que comúnmente se emplean se producen con aire pulmonar (si producimos un sonido como [s] podemos sentir como expulsamos el aire por la boca). Hay algunas lenguas en el mundo en las que se producen sonidos consonánticos como los chasquidos en los que la fuente de aire, por ejemplo, puede provenir del contacto del postdorso de la lengua con el velo del paladar. El zulú es una de las lenguas que posee ejemplos de chasquidos en su inventario consonántico ([g!ò:ɓá] chasquido prepalatal "ordeñar leche", [g‖ò:ɓá] – chasquido alveolar lateral "golpear", [g|ò:ɓá] chasquido dental "engrasar" (Ladefoged & Johnson, 2011). Para consultar cómo se producen estos sonidos visita la siguiente página donde se encuentran ejemplos del zulú (https://isizulu.net/p11n/).

En la cavidad oral se puede identificar un órgano móvil: la lengua. La lengua se divide en el ápice (la punta de la lengua), el predorso, el dorso, el postdorso y la raíz. En la cavidad oral hay otros órganos importantes también para la descripción de los sonidos: los labios superiores e inferiores, los incisivos superiores e inferiores, los alvéolos, el paladar, el velo del paladar, la úvula y la glotis. En algunos casos se describen los sonidos haciendo referencia a la parte de la lengua que entra en contacto con el órgano fijo. Por ejemplo, el sonido [t] se puede caracterizar como ápico-dental debido a que la punta de la lengua entra en contacto con los incisivos superiores. El sonido de la [s] típico de las variedades americanas de español se clasifica como predorso alveolar. En la **ilustración 3.2** se ofrece una representación visual de la cavidad oral y sus partes.

La descripción articulatoria de las consonantes

Las partes descritas anteriormente nos permiten clasificar los sonidos. Esta sección se enfoca en la descripción articulatoria de las consonantes. Para la descripción articulatoria de las consonantes se emplean categorías relacionadas con tres aspectos fundamentales: el punto de articulación, el modo de articulación y la acción de las cuerdas vocales. En la sección del aparato fonador hemos mencionado estas clasificaciones sin dar muchos detalles. El punto de articulación hace referencia a las partes del aparato fonador que entran en contacto cuando se produce un sonido. Por ejemplo, en la producción del sonido [t] se emplea el ápice de la lengua que hace contacto con los incisivos superiores. De acuerdo con esta caracterización, el sonido [t] se describe como ápico-dental debido a que estos órganos hacen contacto. El modo de articulación se relaciona con una descripción de los cambios que experimenta el aire pulmonar en su paso por la cavidad oral o nasal. En el caso del mismo sonido [t] se produce el contacto total entre el ápice de la lengua y los incisivos superiores por lo cual ocurre una obstrucción total del paso del aire que luego expulsa de manera instantánea. Este momento de obstrucción total recibe el nombre de oclusión y debido a este hecho [t] se describe como un sonido oclusivo. El tercer elemento para la clasificación de las consonantes se relaciona con la **acción de las cuerdas vocales**. Este rasgo es el producto de la vibración o la falta de vibración de las cuerdas vocales. Si hay vibración de las cuerdas vocales se describen los sonidos como sonoros. De lo contrario, si no hay vibración se categorizan los sonidos como sordos. En el caso del ejemplo del sonido [t], el cual hemos venido empleando, se clasifica como sordo, pues las cuerdas vocales no vibran durante su producción. La presentación de los criterios anteriores nos permite completar la descripción de [t] como un sonido ápico-dental, oclusivo, sordo (véase la producción de la [t] en la siguiente página dedicada a la articulación de los sonidos de la lengua española: http://www.uiowa.edu/~acadtech/phonetics/spanish/spanish.html).

Sobre la base de estos criterios y tomando en cuenta la descripción del aparato fonador que se presentó anteriormente, estudiaremos los puntos de articulación más relevantes para la descripción de los sonidos del español. Como se puede observar en la **ilustración 3.2**, las partes de la cavidad oral que resultan importantes para describir articulatoriamente los sonidos del español son los labios, los dientes, los alvéolos, el paladar, el velo del paladar y la glotis.

Antes de iniciar nuestra descripción articulatoria de los sonidos del español resulta importante explicar que para representar los sonidos empleamos el Alfabeto Fonético Internacional (AFI). Ésta es una herramienta de trabajo que emplean los fonetistas para proveer de transcripciones consistentes y que cualquier investigador pueda entender. El principio de la representación fonética se basa en la idea de utilizar un solo símbolo para representar un solo sonido en las diferentes lenguas del mundo. Por ejemplo, se utiliza el mismo símbolo [θ] para describir los sonidos representados por las letras "z" en la palabra "*zapato*" y "th" en la palabra "*think*" (pensar). El Alfabeto Fonético Internacional codifica las propiedades articulatorias de los sonidos de acuerdo con su punto de articulación, su modo de articulación y la acción de las cuerdas vocales. Es un instrumento útil que permite a los científicos del lenguaje ser consistentes en la presentación de los resultados de sus investigaciones. El siguiente enlace es la página oficial donde se puede encontrar el Alfabeto Fonético Internacional: http://www.international phoneticalphabet.org/

A continuación describiremos algunos ejemplos y al final de esta sección se presentará un cuadro parcialmente completo de los sonidos documentados frecuentemente en las variedades del español. Entre los sonidos bilabiales, los que se producen mediante el contacto del labio superior con el labio inferior, se incluyen [p], [b], [β] y [m]. El sonido representado por el símbolo [β] es aproximante bilabial sonoro y es una de las posibles pronunciaciones del sonido oclusivo bilabial sonoro [b]. Sobre los contextos donde aparece el sonido [β] así como otras variantes se ampliarán las explicaciones en el **capítulo 4**. Por ahora nos concentraremos en la producción y descripción de estas variante. Recodemos que utilizamos [ ] para referirnos a los sonidos. El español también posee un sonido labiodental [f] que se produce mediante el contacto del labio inferior con los incisivos superiores. Entre los sonidos dentales el español cuenta con [t], [d] y [ð]. La relación entre [ð] y [d] es semejante a la que se da entre [β] y [b]. Nuevamente, los detalles sobre la distribución contextual serán discutidos en el **capítulo 4**. En las variedades peninsulares se produce un sonido interdental [θ] semejante a la pronunciación del grafema "*th*" en la palabra inglesa "*think*" (pensar). Entre los ejemplos de los sonidos que se producen en la región alveolar podemos mencionar la [s] predorso-alveolar del español americano y la [s̺] ápico-alveolar del español peninsular del centro norte. El sonido [t͡ʃ] que se representa en la ortografía común como "*ch*" en una palabra como "*chino*" es un ejemplo ilustrativo de los sonidos clasificados como palatales. Los sonidos [k] y [g] constituyen ejemplos de sonidos que se producen mediante el contacto del post-dorso de la lengua con el velo del paladar por lo cual se clasifican como velares. En ciertas variedades del español, algunos estudiosos describen un sonido que se produce mediante la fricción de aire en la glotis, el sonido [h], el cual se caracteriza como glotal. En resumen, la clasificación de los sonidos según el punto de articulación incluye las siguientes categorías: bilabiales, labiodentales, interdentales, dentales, alveolares, palatales, velares y glotales. Esta caracterización representa los puntos de articulación más frecuentemente documentados en las variedades del español. El **cuadro 3.1** presenta los sonidos del español de acuerdo a su punto de articulación. Sin embargo, no todos los sonidos pertenecen al inventario fonético de los hablantes, pues se observan diferencias según dialectos y otras variaciones de tipo social.

Cuadro 3.1 Clasificación de los sonidos según su punto de articulación.

Punto de articulación	Segmento	Ejemplos
Bilabiales	[p]	pala, capa
	[b]	bola, vaca
	[β]	lobo
	[m]	mapa, amor
Labiodentales	[f]	foca, café
Dentales	[t]	tomar, costa
	[d]	dos
	[ð]	todo
Interdentales	[θ]	cielo, caza (algunos dialectos peninsulares)
Alveolares	[s]	saber, casa
	[s̪]	sopa, sapo (dialecto de peninsular)
	[n]	nosotros, cana
	[r]	río, perro
	[ɾ]	pero, caro
	[l]	lado, palo
Palatales	[ʃ]	yo (dialecto Río Platense, variante sorda *rehilada)
	[ʒ]	yo (dialecto Río Platense, variante sonora *rehilada)
	[t͡ʃ]	chico, muchacho
	[d͡ʒ]	llama, yeso
	[j]	llama, calle (variante fricativa)
	[ɲ]	niño, caña
	[ʎ]	llama, pollo (algunos dialectos peninsulares y algunas regiones de Sur América)
Velares	[k]	casa, queso, poco
	[g]	gato, gota
	[ɣ]	paga, lago
	[x]	gente, jarra, paja, ágil (dialecto de México)
Uvulares	[χ]	gente, jarra, paja, ágil (dialecto de peninsular)
Glotales	[h]	gente, jarra, paja, ágil (dialectos del Caribe, Andalucía, e Islas Canarias)

* Rehilada se refiere a "la vibración relativamente intensa y resonante" (Navarro-Tomás, 1934, p. 274) producto de "la tensión articulatoria, el impulso de la corriente espirada, la fuerza de la fricación y la amplitud de las vibraciones laríngeas" (p. 277) con que se articulan estos sonidos.

Una forma de practicar los puntos de articulación y de recordarlos todos consiste en relacionarlos con nuestra propia cavidad oral. Si vas de los labios hacia el velo puedes utilizar los órganos de la articulación con el propósito de identificarlos. Primero te encuentras los labios (p. ej. [p], [b]) luego si colocas el labio inferior en contacto con los incisivos superiores obtenemos los sonidos labiodentales (p. ej., [f]). El contacto de la punta de la lengua con los incisivos superiores e inferiores produce el sonido interdental (p. ej., [θ]). Coloca la punta de la lengua en contra de los incisivos superiores para producir los sonidos dentales (p. ej., [t], [d]). Mueve la lengua hacia atrás y colócala en los alvéolos para producir los sonidos alveolares (p. ej., [s]). Si mueves la punta de la lengua más atrás encontrarás una superficie lisa que forma la zona que llamamos el paladar donde se articulan los sonidos palatales (p. ej., [d͡ʒ], [ɲ]). Con la parte posterior de la lengua haz contacto con el próximo órgano de articulación: el velo (p. ej., [k], [g]).

El segundo aspecto fundamental del cual hemos discutido es el que se relaciona con **los modos de articulación**. Recuerda que el modo de articulación se refiere a como manipulamos el aire en la cavidad oral o nasal. Los modos de articulación que estudiaremos son los siguientes: (a) oclusivo, (b) africado, (c) fricativo, (d) aproximante, (e) nasal, (f) lateral y (g) vibrante. Los sonidos **oclusivos** son aquéllos que se producen mediante la obstrucción completa del paso del aire debido al contacto total entre los órganos de la articulación. Por ejemplo, el sonido [k] se produce mediante el contacto entre el post-dorso de la lengua y el velo del paladar por lo cual se produce momentáneamente la obstrucción del paso del aire la cual culmina con una soltura inmediata. Otro ejemplo de sonido oclusivo es [t] el cual se produce mediante el contacto total entre el ápice de la lengua y los incisivos superiores. Al igual que en el caso de [k], la obstrucción es momentánea y culmina con una soltura instantánea del aire. Los sonidos **africados** combinan un período de oclusión seguido por un período de fricción. De esta forma hay un cierre total del paso del aire y luego una soltura retardada que resulta en la cualidad de turbulencia del período de la fricción. Un ejemplo es el sonido [t͡ʃ] representado por la letra "*ch*" la cual combina un período de oclusión seguido por uno de fricción. Los sonidos **fricativos** son aquellos que se producen mediante el contacto parcial de los órganos de articulación de tal manera que se observa una turbulencia en la salida del aire. Por ejemplo, en el caso del sonido [s] se produce una fricción del aire que ocasiona una cualidad de silbido en la realización de este sonido. La categoría **aproximante** es especial en el sentido de que los órganos de la articulación no entran en contacto y la apertura de ellos resulta mayor que en cualquier otra clase. Por ejemplo, en la producción del sonido [ð] el ápice de la lengua se acerca hacia los incisivos superiores sin tocarlos. Los sonidos clasificados como **nasales** se caracterizan por el hecho de que el aire pulmonar pasa por la cavidad nasal. Esto es posible cuando el velo del paladar está en posición descendente. Ejemplos de sonidos nasales son [n] y [m]. En el caso de los sonidos **laterales** se produce una oclusión central acompañada por la salida del aire por los lados de la lengua. Este es el caso del sonido [l]. Los sonidos **vibrantes** se producen mediante oclusiones rápidas. En el español tenemos una vibrante simple que se produce por un solo contacto rápido de la punta de la lengua con los alvéolos y una vibrante múltiple que se articula con oclusiones repetidas y rápidas también del ápice contra los alvéolos. El uso de estos dos sonidos en posición intervocálica genera contrastes en palabras tales como "*pero-perro*", "*caro-carro*", "*pera-perra*", "*para-parra*", "*coro-corro*", etc. Estas oclusiones pueden ser dos o más según variaciones de tipo estilísticas y regionales. El **cuadro 3.2** presenta los sonidos del español de acuerdo a su modo de articulación.

Una manera de practicar los diferentes modos de articulación consiste en prestar atención a la pronunciación de ciertos sonidos estereotípicos de cada categoría. Por ejemplo, une los labios para producir una [p]. El cierre total de los labios impide el paso del aire para luego liberarlo de manera rápida. En el caso de los sonidos africados, [t͡ʃ] nos permite ver que el dorso de la lengua entra en contacto con la zona palatal lo cual impide el paso del aire para luego culminar con la salida del aire de una manera lenta y estridente. La [s] es un ejemplo típico de sonidos fricativos en el que el predorso de la lengua entra en contacto con los alvéolos y se produce una salida de aire con constricción y estridencia. Intenta producir este sonido y siente como sale el aire y la estridencia que se produce. En el caso de los sonidos aproximantes no se produce contacto de los órganos de la articulación. Practica con el sonido [β] en la palabra "*lobo*" y te darás cuenta de que no hay una oclusión total entre los labios, por lo cual se caracteriza como aproximante. A continuación contrasta [p] con [m] para identificar la diferencia entre oral y nasal. Produce la secuencia [pppp] y luego [mmmm]. Te darás cuenta que en la primera el aire sale por la boca mientras que en la segunda el aire sale por la nariz. Las laterales se producen con una oclusión central y la salida del aire por los lados de la lengua. Practica con el sonido [l], y notarás que la lengua hace contacto en los alvéolos mientras que el aire sale por los lados de la lengua. La [r] de la palabra "*perro*" se produce mediante el contacto intermitente de la punta de

Cuadro 3.2 Clasificación de los sonidos según su modo de articulación.

Modo de articulación	Segmento	Ejemplos
Oclusivas	[p]	p̲ala, ca̲pa
	[b]	b̲ola, v̲aca
	[t]	t̲omar, cos̲t̲a
	[d]	d̲os, d̲ame
	[k]	c̲asa, q̲ueso, po̲c̲o, k̲ilo
	[g]	g̲ato, g̲ota
Africadas	[t͡ʃ]	ch̲ico, mu̲ch̲acho
	[d͡ʒ]	ll̲ama, y̲eso
Fricativas	[f]	f̲oca, ca̲f̲é
	[θ]	c̲ielo, ca̲z̲a (algunos dialectos peninsulares)
	[s]	s̲aber, ca̲s̲a
	[s̲]	s̲opa, s̲apo (dialecto de peninsular)
	[ʃ]	y̲o (dialecto Río Platense, variante sorda *rehilada)
	[ʒ]	y̲o (dialecto Río Platense, variante sonora *rehilada)
	[ʝ]	ll̲ama, ca̲ll̲e (variante fricativa)
	[x]	g̲ente, j̲arra, pa̲j̲a, á̲g̲il (dialecto de México)
	[χ]	g̲ente, j̲arra, pa̲j̲a, á̲g̲il (algunos dialectos peninsulares)
	[h]	g̲ente, j̲arra, pa̲j̲a, á̲g̲il (dialectos del Caribe, Andalucía e Islas Canarias)
Aproximantes	[β]	lo̲b̲o
	[ð]	to̲d̲o
	[ɣ]	pa̲g̲a, la̲g̲o
Nasales	[m]	m̲apa, a̲m̲or
	[n]	n̲osotros, ca̲n̲a
	[ɲ]	ca̲ñ̲a, ni̲ñ̲o
Laterales	[l]	l̲ado, pa̲l̲o
	[ʎ]	ll̲ama, po̲ll̲o (algunos dialectos peninsulares y algunas regiones de Sur América)
Vibrantes	[ɾ]	pe̲r̲o, ca̲r̲o
	[r]	r̲ío, pe̲rr̲o

* Rehilada se refiere a "la vibración relativamente intensa y resonante" (Navarro-Tomás, 1934, p. 274) producto de "la tensión articulatoria, el impulso de la corriente espirada, la fuerza de la fricación y la amplitud de las vibraciones laríngeas" (p. 277) con que se articulan estos sonidos.

la lengua con los alvéolos. En resumen, el término modo de articulación se refiere a los cambios que experimenta el aire pulmonar en su paso por la cavidad oral o nasal.

Hemos discutido la diferencia entre sonidos sordos y sonoros de acuerdo con la acción de las cuerdas vocales. Cuando las cuerdas vocales vibran, clasificamos los sonidos como sonoros y cuando no vibran, los clasificamos como sordos. El **cuadro 3.3** muestra una división de los sonidos del español según su sonoridad.

Para practicar la diferencia entre sordos y sonoros produce el contraste entre [k] y [g]. Practica con la secuencia [kkkk] y [gggg]. Si colocas tus dedos en la garganta sentirás la acción de las cuerdas vocales cuando vibran en la producción de [g].

La descripción articulatoria de las vocales

Una vez que hemos estudiado los elementos básicos acerca del aparato fonador podemos entrar en materia y revisar la descripción articulatoria de las vocales. El término **vocal** se emplea en fonética para definir aquellos sonidos que se producen sin obstrucción o fricción de los órganos articulatorios. En la producción de las vocales la lengua nunca entra en contacto con ninguno de los órganos de la cavidad oral. Esta es la distinción fonética más importante entre los

Cuadro 3.3 Clasificación de los sonidos según la actividad de las cuerdas vocales.

Actividad de las cuerdas vocales	Segmento	Ejemplos
Sonoras	[b]	bola, vaca
	[d]	dos, dame
	[g]	gato, gota
	[ʒ]	yo (dialecto Río Platense, variante sonora *rehilada)
	[β]	lobo
	[ð]	todo
	[ɣ]	paga, lago
	[ʝ]	llama, calle (variante fricativa)
	[m]	mapa, amor
	[n]	nosotros, cana
	[ɲ]	caña, niño
	[l]	lado, palo
	[ʎ]	llama, pollo (algunos dialectos peninsulares y algunas regiones de Sur América)
	[d͡ʒ]	llama, yeso
	[ɾ]	pero, caro
	[r]	río, perro
Sordas	[p]	pala, capa
	[t]	tomar, costa
	[k]	casa, queso, poco
	[t͡ʃ]	chico, muchacho
	[f]	foca, café
	[θ]	cielo, caza (algunos dialectos peninsulares)
	[s]	saber, casa
	[s̪]	sopa, sapo (dialecto de peninsular)
	[ʃ]	yo (dialecto Río Platense, variante sorda *rehilada)
	[x]	gente, jarra, paja, ágil (dialecto de México)
	[χ]	gente, jarra, paja, ágil (algunos dialectos peninsulares)
	[h]	gente, jarra, paja, ágil (dialectos del Caribe, Andalucía e Islas Canarias)

* Rehilada se refiere a "la vibración relativamente intensa y resonante" (Navarro-Tomás, 1934, p. 274) producto de "la tensión articulatoria, el impulso de la corriente espirada, la fuerza de la fricación y la amplitud de las vibraciones laríngeas" (p. 277) con que se articulan estos sonidos.

sonidos que se clasifican como vocales y las consonantes. En contraste cuando se produce una consonante los órganos articulatorios tienen contacto parcial o total. El sistema vocálico del español está compuesto por cinco vocales y para su descripción articulatoria necesitamos tomar en cuenta tres aspectos: (a) la altura de la lengua en la cavidad oral, (b) el desplazamiento de la lengua en el plano horizontal (i.e., parte anterior, central o posterior de la cavidad oral) y (c) la forma que adoptan los labios. De acuerdo con la **altura de la lengua**, las vocales se clasifican en altas [i, u], medias [e, o] y bajas [a]. Si producimos la secuencia [i, e, a] lentamente nos daremos cuenta de que nuestra lengua se desplaza desde el punto más alto en la articulación de [i] hacia el punto más bajo representado por la vocal [a]. De acuerdo con el **desplazamiento de la lengua** en el plano horizontal, las vocales se clasifican como anteriores (i.e., [i, e]); centrales (i.e., [a]) y posteriores (i.e., [u, o]). El último aspecto tiene que ver con la **acción de los labios** durante la producción de las vocales. Según este rasgo, las vocales se pueden caracterizar como redondeadas (i.e., [u, o] y no redondeadas (i.e., [i, e, a]). En algunas fuentes se distingue la categoría de no redondeadas mediante la subclasificación estiradas (i.e., [i, e]) y neutra (i.e., [a]).

El resumen de la descripción articulatoria de los sonidos vocálicos del español se observa representado en la **ilustración 3.3** en la cual se hace uso del triángulo de las vocales.

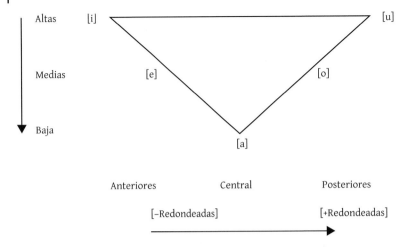

Ilustración 3.3 Representación del triángulo de las vocales del español.

El triángulo es una manera figurada de mostrar la posición aproximada de la lengua en la boca durante la articulación de las vocales y, por este motivo, representa el espacio vocálico que ocupan las vocales españolas de una forma idealizada. Sobre el concepto de espacio vocálico ofreceremos más explicaciones en la sección dedicada a la fonética acústica (véase el Enfoque en la Investigación dedicado a la comparación entre las vocales del inglés y las vocales del español). El triángulo presenta visualmente los tres criterios descritos anteriormente: la altura de la lengua, la posición de la lengua según su anterioridad o posterioridad y el redondeamiento de los labios (la **ilustración 3.4**).

Enfoque en la investigación: La escritura fonética en los mensajes instantáneos (mensajes de texto)

El aumento en el uso de los mensajes de texto ha llamado la atención de muchos lingüistas. Uno de los aspectos que ha llamado la atención es la escritura en este medio de comunicación. Esto se debe a que en los mensajes de texto se adoptan características del lenguaje oral, es mayormente utilizado por personas jóvenes y los mensajes se envían y se reciben en poco tiempo (Anis, 2007). Un aspecto interesante de los mensajes instantáneos es la escritura fonética. Los usuarios tienden a escribir "felis", "ke" y "ksa" en lugar de *feliz*, *que* y *casa* (Alonso & Parea, 2008; Anis, 2007; Sabaté i Dalmau, 2012). Anis (2007), en su investigación de los mensajes de texto en francés, mencionó que este tipo de escritura es muy criticada y muchos argumentan que "daña" el lenguaje. Sin embargo, esta investigadora plantea que este tipo de escritura es sistemática, es decir, opera bajo reglas. Anis basa este argumento en el hecho de que este fenómeno ocurre en muchas lenguas (español, inglés, francés, etc.). Sobre el español, Alonso y Parea (2008) investigaron la velocidad de lectura y escritura de la ortografía fonética. Estos autores señalan que los participantes tardaron más en leer la escritura fonética que la estándar. En cuanto a la velocidad de escritura, los investigadores encuentran que los mensajes fonéticos fueron escritos más rápidamente que los mensajes con la ortografía estándar. Estos resultados sugieren que la escritura fonética está motivada por la velocidad en la cual se escriben los mensajes de texto. Sin embargo, Anis (2007) y Alonso y Parea (2008) concuerdan en que aún se conoce muy poco sobre este fenómeno por lo que es necesario realizar más investigaciones.

Aplicación 3.A: www.wiley.com/go/diaz-campos

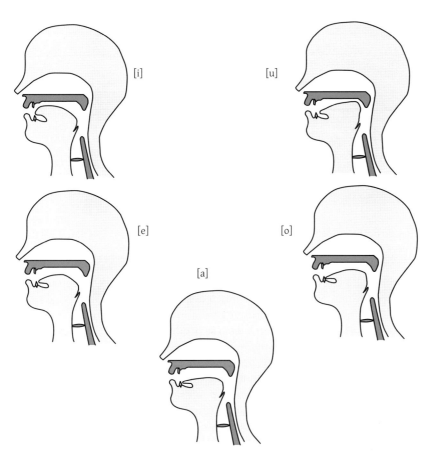

Ilustración 3.4 Configuración de la lengua para las vocales.

Fonética acústica

En las secciones anteriores hemos aprendido a caracterizar los sonidos del español mediante el uso de criterios articulatorios. El propósito de este apartado es introducir algunas nociones básicas que nos permitan entender la naturaleza física de los sonidos. La **fonética acústica** es la disciplina que se encarga del estudio de las propiedades físicas de los sonidos del habla. Mediante el empleo de medios computarizados, podemos observar en detalle características tales como la frecuencia, la intensidad y la duración de los sonidos. El sonido es el producto de las vibraciones que se producen en nuestro aparato fonador. Estas vibraciones se transmiten a través del aire y técnicamente reflejan el movimiento de las moléculas que están en la atmósfera. Las moléculas tienden a moverse y mantenerse equidistantes unas de otras. El sonido, producto de las perturbaciones en el aire, genera inestabilidad en las moléculas, las cuales se mueven para mantenerse equidistantes.

Un ejemplo representativo de cómo se transmite el sonido es la acción de lanzar una piedra en el agua. Al lanzar la piedra, se producen ondas, las cuales representarían las vibraciones que se transmiten a través del aire (véase la **ilustración 3.5**). El número de ondas que se producen, desde que se lanza la piedra hasta el final del proceso cuando desaparecen las ondas y el agua vuelve a su estado inicial de reposo, representaría la frecuencia de la onda sonora. Esto quiere decir que el número de vibraciones por milisegundo nos permite caracterizar los sonidos de acuerdo con su naturaleza grave (menos vibraciones por milisegundos) o aguda (más

Ilustración 3.5 Representación del movimiento de las ondas en el agua y de las ondas sonoras para ilustrar las propiedades del sonido.

vibraciones por milisegundo). La voz de una mujer suele tener una frecuencia más alta que la del hombre, lo cual implica un número mayor de vibraciones por milisegundo. La onda que llega a una mayor distancia en esta analogía representaría la intensidad del sonido. Es decir, esta distancia mayor se asociaría con la fuerza con la cual se produce el sonido. La duración del sonido estaría representada por el período que incluye desde el momento de inicio cuando se lanza la piedra hasta el momento final cuando el agua vuelve a su estado de reposo.

La analogía que acabamos de presentar nos permite describir tres características diferentes. La **frecuencia** consiste en el número de vibraciones por milisegundo cuando se produce el sonido. Esta propiedad física genera una distinción entre sonidos graves y agudos. La segunda distinción se relaciona con la **intensidad** que se asocia con la fuerza con la cual se produce el sonido. La última característica tiene que ver con la **duración** de las vibraciones que forman parte del sonido. La duración representa el tiempo desde que se inicia la vibración hasta su final. El uso de programas computarizados nos permite captar las propiedades físicas de los sonidos. Un programa muy conocido para el análisis fonético es Praat (Boersma & Weenink, 2014). El nombre del programa se refiere al término relacionado con "hablar" o "conversar" en el idioma holandés. Este programa nos permite obtener por lo menos dos tipos de representaciones que serán útiles para nuestra exposición sobre las propiedades acústicas de los sonidos. En primer lugar, podemos analizar la onda sonora. La **onda sonora** es una representación de las vibraciones que se producen en nuestro aparato fonador. El programa extrae la frecuencia fundamental y el complejo de armónicos, producto de las vibraciones. Los sonidos están compuestos de formantes complejos. Si pensamos en la analogía de la piedra que cae en el agua, la frecuencia fundamental es la primera onda que ocurre y los armónicos son las réplicas de la onda que ocurren subsecuentemente. Un contraste clave consiste en observar la producción de una secuencia compuesta de una vocal y una consonante. La vocal se produce con frecuencias homogéneas y constantes mientras que las consonantes presentan características no armónicas consistentes con el concepto de ruido.

La **ilustración 3.6** muestra la onda sonora y el espectrograma de la secuencia ['pa-pa]. La onda sonora aparece en la parte superior y el espectrograma es la franja que está en medio de la onda sonora y el texto de la transcripción. En ambas se puede observar que los períodos de mayor energía coinciden con las vocales. Las frecuencias que se reflejan muestran patrones constantes que se pueden caracterizar como periódicos, es decir, armónicos. En contraste, la parte de la onda y del espectrograma que coincide con la producción del sonido [p] oclusivo, bilabial, sordo muestra un menor grado de energía y, a la vez, se observa una irregularidad en

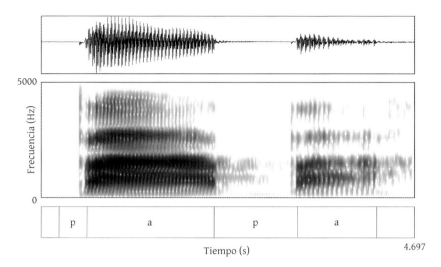

Ilustración 3.6 Representación acústica de la secuencia [ˈpa-pa] en Praat.

la onda sonora que se considera aperiódica (sin un patrón regular) como es el caso de los sonidos oclusivos de una manera general. En la ilustración la dimensión vertical de la onda sonora
muestra la intensidad y la frecuencia y el eje horizontal la duración. El **espectrograma** consiste
en una representación de la energía sonora que nos permite ver tres dimensiones: el eje vertical
se corresponde con la frecuencia y la intensidad, el eje horizontal se corresponde con la duración. Otra manera de medir la intensidad tiene que ver con la oscuridad en el espectrograma
debido a un mayor o menor grado de energía. Resulta obvio señalar que las vocales muestran
frecuencias regulares y mayor intensidad, pues el espectrograma es más oscuro. En el caso de
la consonante oclusiva se observa ausencia de energía en un período de la producción del
sonido. Se trata precisamente del momento en el que ocurre el cierre del paso de aire. Luego
ocurre la soltura y se observa la salida del aire. En español este período de soltura es muy corto
y apenas se puede apreciar en los espectrogramas como una pequeña mancha de energía aperiódica. El mismo patrón de energía periódica y mayor intensidad se puede observar en la
producción de la secuencia [ˈka-ka] en la **ilustración 3.7**. En este caso también podemos
observar que cuando se produce la consonante [k] hay un período sin energía que coincide con
la oclusión y un período de soltura que se observa como una banda de energía aperiódica producto de la salida abrupta del aire luego de la oclusión. Esta energía que se observa en el espectrograma antes del comienzo de la vocal se conoce como el **tiempo de emisión de voz (voice
onset time, VOT)**. Es decir, se trata de la energía que corresponde a la soltura de la consonante
oclusiva antes del inicio del sonido vocálico.

En los dos ejemplos anteriores se observan patrones específicos que nos ayudan a caracterizar los sonidos por sus propiedades acústicas. Nos centraremos en el caso de las consonantes
oclusivas para ofrecer más detalles sobre esas propiedades. Hemos dicho que desde el punto de
vista articulatorio las consonantes oclusivas se producen mediante el cierre total del paso del
aire y luego se observa la soltura del aire retenido. Acústicamente, la oclusión se refleja como
un vacío de energía en el espectrograma. Ese vacío constituye un espacio en blanco en el espectrograma. La soltura de la consonante se ve como una banda de energía aperiódica justo antes
del inicio de la vocal. Este período de soltura del aire lo hemos denominado tiempo de emisión
de voz (VOT).

En este último ejemplo se observa la secuencia [t͡ʃa] (**ilustración 3.8**). Desde el punto de vista
articulatorio el sonido [t͡ʃ] por su modo de articulación es africado. Esto implica que existe un

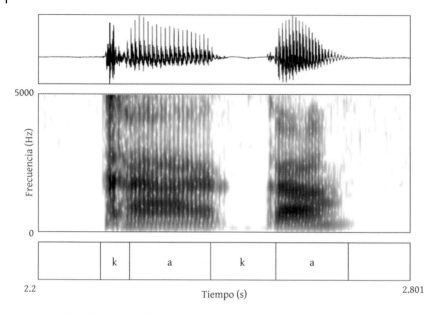

Ilustración 3.7 Representación acústica de la secuencia ['ka-ka] en Praat.

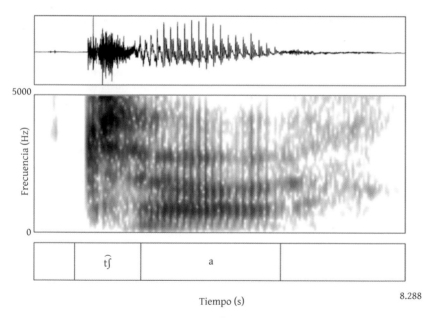

Ilustración 3.8 Representación acústica de [t͡ʃa] "cha".

período de oclusión seguido por un período de fricción. En el espectrograma la oclusión es el silencio sin energía y la fricción se ve como una mancha de energía con una concentración más oscura en la parte superior. A diferencia de [p] y [k] la banda de energía tiene una duración mayor debido a que la salida del aire es más lenta y con mayor obstrucción en comparación con las consonantes oclusivas.

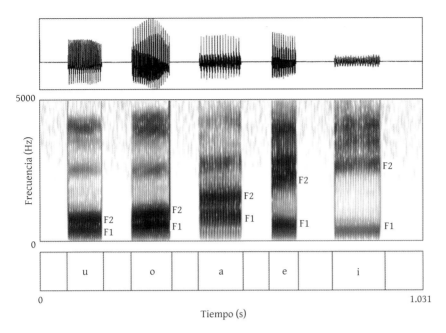

Ilustración 3.9 Representación acústica de las vocales españolas.

Las propiedades de las vocales también pueden ser captadas en los análisis acústicos mediante la observación de los formantes que las constituyen. Como ya hemos mencionado en la descripción articulatoria, las vocales se producen sin obstrucción del paso del aire y esto se refleja en la onda sonora y los espectrogramas por el flujo mayor de energía con frecuencias periódicas. La intensidad de las vocales también es alta lo cual se observa en la oscuridad de los espectrogramas. En los análisis de las vocales se toma como referencia el formante 1 (en adelante F1) y el formante 2 (en adelante F2). Crystal (2008) define **los formantes** como la concentración de energía que refleja como el aire vibra en la cavidad oral. Recordemos que se trata de una medida del número de vibraciones por milisegundo y se miden en hercios. El F1 se relaciona con la altura de la lengua. De esta forma las vocales altas tienen un F1 con valores bajos, mientras que las vocales bajas tienen un F1 con valores más altos. Se da una relación inversamente proporcional. El F2 se relaciona con la anterioridad o posterioridad de la lengua en la cavidad oral y se observa que las vocales posteriores tienen valores más bajos en comparación con las anteriores. La **ilustración 3.9** muestra la onda sonora y los espectrogramas de las vocales españolas [u o a e i].

En la imagen se puede apreciar que la [a] posee el valor del F1 relativamente más alto en comparación con el resto de las vocales. En contraste, la [i] y la [u] tienen los valores del F1 más bajos. En cuanto al F2 relacionado con la anterioridad o posterioridad, las vocales anteriores muestran valores más altos en relación con las vocales posteriores.

Enfoque en la investigación: El espacio vocálico del inglés y del español

Como hemos visto para la descripción de las vocales se toma en cuenta fundamentalmente las medidas del F1 el cual se relaciona con la altura de la lengua y el F2 el cual nos sirve como referente de la posición de la lengua en el plano horizontal. Tomando en cuenta estas medidas, Bradlow (1995) presenta un análisis comparativo de las vocales del inglés y el español. Los hallazgos de esta investigadora indican que los espacios acústicos de las vocales en inglés y español difieren de manera sistemática de acuerdo con las medidas obtenidas del F1 y F2. El concepto de espacio vocálico se refiere, por ejemplo, en el caso del español al triángulo articulatorio a que hicimos referencia en la descripción articulatoria de las vocales. En inglés no hay un triángulo sino un cuadrilátero en el que se distribuyen las 11 vocales descritas para ciertas variedades del inglés. El concepto de espacio se refiere de esta forma a la distribución de las vocales según su articulación y esto se puede representar mediante las medidas acústicas del F1 y el F2.

Una comparación de las vocales /i/, /e/,/o/ y /u/ en ambas lenguas muestra que las medidas de F2 para el inglés son significativamente más altas que para el español. Bradlow sugiere que las vocales del inglés se articulan con una posición de la lengua más anterior que la articulación de estas vocales en español. El argumento que sugiere Bradlow se basa en la existencia de propiedades articulatorias que son específicas tanto para el inglés como para el español. Estas particularidades de la articulación podrían estar relacionadas con la alta frecuencia de los segmentos y las combinaciones de éstos en cada una de las lenguas. La autora también considera en su interpretación de los datos la teoría de la dispersión según la cual las vocales tenderían a ocupar un espacio vocálico máximo para minimizar potenciales confusiones de tipo perceptivo. De acuerdo con los resultados, los espacios vocálicos en ambas lenguas difieren de acuerdo con el número de segmentos que cada una de ellas posee en su inventario. Sin embargo, se encontró variación según el contexto silábico en el que se produce la vocal. De esta forma, los espacios vocálicos son semejantes en ambas lenguas cuando las vocales se realizan en sílabas abiertas (p. ej., consonante-vocal [CV]) y difieren cuando aparecen en sílabas cerradas (p. ej., CVC). Bradlow también considera en la discusión de sus datos lo propuesto por la teoría cuántica, según la cual ciertos espacios vocálicos estarían universalmente definidos y serían constantes. No obstante sus resultados no apoyan esta teoría puesto que encontró variación entre el inglés y el español en cuanto a la distribución de las vocales.

 Aplicación 3.B: www.wiley.com/go/diaz-campos

3   Preguntas formales

La sílaba

El concepto de sílaba, aunque parece intuitivamente fácil de precisar para los hablantes nativos, ha sido definido de maneras diferentes según se adopte un punto de vista fonético (i.e., toma en cuenta los aspectos articulatorios, acústicos y perceptivos de los sonidos) o fonológico (i.e., toma en cuenta los aspectos relacionados con la organización de los sonidos como parte de un sistema lingüístico). Crystal (2008) propone una definición general según la cual una **sílaba** es una unidad de pronunciación mayor que un sólo segmento (i.e., sonido) y menor que una palabra. En su diccionario de terminología lingüística, Crystal (2008) explica que según una perspectiva fonética, basada en la percepción, la sílaba se puede considerar como una distinción entre unidades intrínsecamente más sonoras y menos sonoras que forman secuencias. Las unidades consideradas más sonoras conforman el corazón (i.e., la parte más importante) de las sílabas, generalmente esta posición la ocupan los segmentos vocálicos. En contraste, los sonidos menos prominentes (i.e., las consonantes) representarían períodos de menor energía caracterizados por oclusiones u otros estrechamientos (i.e., fricativas, africadas, oclusivas, etc.) variados de los órganos articulatorios. Esta definición enfatiza los cambios de prominencia entre los puntos de mayor energía (i.e., las vocales) y las unidades de menor energía (i.e., las consonantes) según la percepción de los hablantes. Para la fonología las sílabas son unidades de organización que agrupan a los segmentos. Colina (2009: 3) señala que la referencia a la sílaba resulta esencial para describir la motivación de ciertos procesos fonológicos del español tales como la velarización de la nasal (p. ej.,/pan/ [paŋ]). El proceso representado en el ejemplo anterior afecta a los sonidos nasales (sonidos en que el aire sale por la cavidad nasal) en posición final de sílaba. En estos casos se observa que la consonante cambia el punto de articulación a velar. Hay dialectos del español donde este sonido es alveolar. De esta forma, lo que observamos es un cambio de punto de articulación. Otro ejemplo de un proceso que ocurre a final de sílaba es la aspiración de /s/ (/dos/ [doh]). En este caso vemos que la /s/ se produce como el sonido glotal fricativo sordo [h]. Ambos fenómenos representan la neutralización de contrastes en la coda silábica (i.e., las codas están representadas por la nasal velar [ŋ] y por la variante aspirada [h] de la /s/). La neutralización implica que dos o más sonidos pierden la capacidad de crear contrastes de significados: en los ejemplos [pan] versus [paŋ] y [dos] versus [doh] se mantiene el mismo significado. Los fenómenos de velarización y aspiración en español implican procesos de cambio en las consonantes finales y su neutralización.

Desde el punto de vista de la fonología, la organización de los sonidos en secuencias posibles, por ejemplo, CV como en la sílaba "*me*" de la palabra "*mesa*" o la combinación CCV como en la sílaba "*pla*" de la palabra "*plata*" es el criterio fundamental. Es posible observar la formación de núcleos complejos en los que una de las vocales según su mayor energía es el elemento central acompañado de un elemento marginal el cual se categoriza como una **deslizada** (p. ej., obsérvese la secuencia consonante-deslizada-vocal [CDV]-CV ilustrada mediante la palabra "*cie-lo*"). Habría entonces una distinción entre sonidos que pueden aparecer por su cuenta y que forman parte del núcleo silábico y sonidos que no pueden aparecer por sí solos los cuales forman parte de los márgenes de la sílaba. Generalmente, el núcleo está conformado por las vocales y los márgenes por las consonantes. En referencia a la organización de los sonidos en las secuencias silábicas se distinguen tres subcategorías: (a) el **ataque** el cual está conformado por los segmentos que aparecen al inicio de la sílaba; (b) el **núcleo o centro** (conformado por las vocales en español); y (c) la **coda** conformado por los segmentos que cierran la secuencia silábica. Obsérvese la división silábica de las palabras "*cama*" y "*mesa*" en la **ilustración 3.10**. El símbolo de sigma (σ) se emplea para indicar que hay una sílaba.

En el ejemplo propuesto en la ilustración tenemos dos palabras compuestas por dos sílabas abiertas (i.e., son sílabas sin consonantes finales o sin coda) que representan secuencias del tipo CV, es decir, Consonante + Vocal. En el caso de la palabra [ˈka-ma] "*cama*", la [k] y la [m] forman parte de los ataques de las sílabas correspondientes y las vocales forman los núcleos. Estas sílabas no poseen codas (i.e., consonantes finales). Los estudios de fonología general han comprobado que una tendencia favorecida por las lenguas del mundo es la preferencia por las sílabas abiertas como en los ejemplos propuestos de las palabras españolas "*cama*" y "*mesa*" (Colina, 2009).

Ilustración 3.10 División silábica de las palabras "*cama*" y "*mesa*".

La división silábica del español sigue algunas reglas las cuales describiremos a continuación. Antes de entrar en los detalles de cómo hacer la división en sílabas, veamos los tipos silábicos básicos que describe Colina (2009, p. 11) en el **cuadro 3.4**.

Una descripción basada en los tipos propuestos por Colina (2009) nos permite hacer varias observaciones. Una sílaba en español tiene que contener como mínimo una vocal (p. ej., *a*-la). De igual modo se observan sílabas con estructuras complejas tanto en el ataque (p. ej., *flo*-tar) como en la coda (p. ej., *ins*-truir). Estas estructuras complejas sólo pueden contener un máximo de dos consonantes. Los núcleos pueden tener conformaciones complejas constituidas por la combinación de una vocal y una deslizada (p. ej., *aus*-tral). Colina propone algunas generalizaciones sobre los tipos de estructuras silábicas. Por ejemplo, la mayoría de las lenguas prefiere sílabas que comienzan con una consonante y que terminan con una vocal. Aunque existen lenguas que permiten el uso de codas, ninguna de estas requiere de las codas como elemento obligatorio. De igual forma, algunas lenguas (entre ellas el español) permite sílabas sin ataques (p. ej., *u*-no) pero no las prohíbe. Los elementos complejos se consideran universalmente más marcados que los simples.

Siguiendo algunos principios generales del silabeo ilustraremos como se dividen las palabras en unidades silábicas.

1) En primer lugar es necesario identificar los núcleos de las sílabas que conforman una palabra.
2) En segundo lugar procedemos a identificar las consonantes que forman parte de los ataques.
3) Por último, se identifican las consonantes que forman parte de las codas.

Para la identificación de los ataques, resulta fundamental la consideración del principio de **maximización de los ataques** de acuerdo con el cual es preferible tener una consonante en el ataque en lugar de en la posición de coda. En el caso de las secuencias complejas de dos

Cuadro 3.4 Ejemplos de los tipos silábicos básicos del español según Colina (2009, p. 11).

Estructura silábica	Palabra
V	*a*-la
CV	a-*la*
CVC	*pan*
CVD	*soy*
VC	*un*
VD	*hay*
CCV	*flo*-tar
CCVC	*tren*
CCVD	*plei*-to
VCC	*ins*-truir
VDC	*aus*-tral
CVCC	*pers*-pec-tiva
CVDC	*caus*-ti-co
CCVCC	*trans*-por-te
CCVDC	*claus*-tro

Leyenda: V = vocal, C = consonante, D = deslizada.

consonantes o más, se examina si la secuencia de consonantes puede aparecer al principio de palabra para determinar si se silabean ambas consonantes como parte de un ataque complejo. Por ejemplo, la palabra "*entrar*" (en-<u>tr</u>ar) posee dos sílabas y en la segunda sílaba, un ataque complejo. La secuencia /tr/ forma un ataque complejo porque hay palabras en español que poseen esa secuencia al inicio de palabra (p. ej., <u>tr</u>abajo, <u>tr</u>aje). Veamos el silabeo de los ejemplos (1) y (2) para demostrar los tres pasos descritos anteriormente. El ejemplo (1) corresponde a la palabra "*ala*" y el (2) a la palabra "*entrar*".

(1) Silabeo de *ala*
Paso 1. Identificación de los núcleos

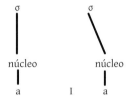

Paso 2. Identificación de los ataques

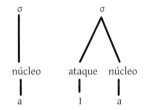

Paso 3. Identificación de las codas

En este caso no hay codas.

(2) Silabeo de *entrar*
Paso 1. Identificación de los núcleos

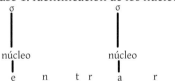

Paso 2. Identificación de los ataques

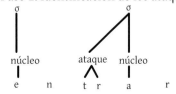

Paso 3. Identificación de las codas

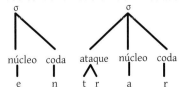

Los ejemplos anteriores presentan los tres pasos que hay que seguir para determinar el silabeo de las palabras. El ejemplo (1) ilustra el caso de la palabra "*ala*", la cual posee dos vocales y por lo tanto dos sílabas. Siguiendo el principio de maximización de los ataques es preferible tener una consonante en la posición de ataque y no en la posición de coda. Por este motivo la /l/ se adjunta como ataque de la segunda sílaba. En el caso de (2), "*entrar*", también tenemos dos sílabas porque hay dos vocales que conforman núcleos silábicos. En el paso 2 las consonantes que aparecen antes del núcleo como en la segunda sílaba, se adjuntan al núcleo. Hay que recordar que esta secuencia compleja de dos consonantes aparece junta en la sílaba porque también puede aparecer al inicio de una palabra (p. ej., t̲r̲abajo, t̲r̲aje). Por último todas las consonantes que aparecen después del núcleo y sin afiliación se adjuntan como codas.

Enfoque en la investigación: El silabeo del grupo consonántico [tl]

Hay algunos casos que no siguen el principio de maximización del ataque, como la secuencia [tl]. Esta secuencia usualmente aparece en interior de palabra, como en "*at̲l̲ántico*", "*at̲l̲eta*", etc. Sin embargo, ha habido mucho debate en cuanto al silabeo de este grupo consonántico porque puede formar parte de la misma sílaba [a-ˈtlan-ti-ko] o puede formar parte de dos sílabas [at-ˈlan-ti-ko]. Galarza, Juárez-Cummings, Sedó y Delgado-Díaz (2013) investigaron el silabeo de este grupo consonántico en el español de Puerto Rico, México y el País Vasco, España. Estos investigadores utilizaron la duración del segmento para determinar si pertenecen a la misma sílaba o no. Para establecer si [tl] compone una sílaba o no se comparó la duración de otros grupos consonánticos ([pɾ], [tɾ], [kɾ], [pl], y [kl]) con la duración de [tl] porque una mayor duración del grupo consonántico indicaría que los segmentos [t] y [l] pertenecen a diferentes sílabas mientras que una menor duración apuntaría a que éstos pertenecen a una sola sílaba. Los resultados de esta investigación sugieren que [tl] forma parte de la misma sílaba en el español mexicano debido a que la duración de [tl] es similar a la duración de los otros grupos consonánticos. Los autores plantean que esto se podría deber a la influencia del náhuatl. Sin embargo, Galarza et al. encontraron que la duración de [tl] es mucho mayor en el español del País Vasco y Puerto Rico. Esto sugiere que [tl] forma parte de dos sílabas en estos dialectos. De igual forma, estos investigadores hallaron otras estrategias para la resolución de este grupo en estos dos dialectos, tales como la inserción de vocal para mantener una estructura CV ([a-ta-ˈlan-ti-ko]), la elisión de [t] o [l] ([a-ˈtan-ti-ko], [a-ˈlan-ti-ko]) y la sustitución por otro grupo ([tl] → [tɾ], [a-ˈtɾan-ti-ko]). Este estudio demuestra que hay casos donde el silabeo no es tan claro y puede variar de acuerdo al dialecto.

 Aplicación 3.C: www.wiley.com/go/diaz-campos

La agrupación de vocales en diptongos e hiatos

En la sección anterior hemos aprendido las nociones básicas para silabear las palabras en español. En esta sección particular profundizaremos sobre cómo tratar el silabeo de núcleos complejos. Para saber cómo dividir secuencias de dos vocales contiguas, resulta útil recordar la caracterización articulatoria. Por conveniencia se repite nuevamente la **ilustración 3.11**, que aparece en las páginas anteriores.

Los **diptongos** son secuencias de vocales contiguas que se silabean juntas. En español, la combinación de una vocal alta no acentuada con una vocal media o baja forman un diptongo. Por ejemplo, la palabra "*bien*" posee ortográficamente una vocal alta [i] y una vocal media [e]. Técnicamente, esta secuencia compleja se describe como un núcleo formado por la deslizada [j] y la vocal [e]. La vocal [e] forma la parte más importante del núcleo porque es la vocal con mayor sonoridad mientras que la deslizada [j] es sólo una transición marginal dentro del núcleo

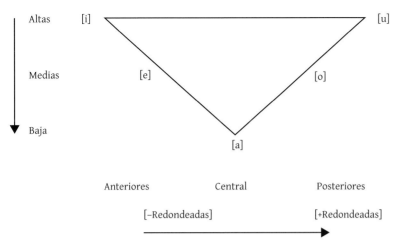

Ilustración 3.11 Representación del triángulo de las vocales del español.

con menor prominencia. La deslizada es una parte secundaria del núcleo. En otro ejemplo, la palabra "*prueba*" se silabea como *prue-ba*. En la primera sílaba se observa que las vocales ortográficas "u" y "e" aparecen en la misma sílaba. La "u" es alta y se representa como la deslizada [w], mientras que la [e] es media y se considera el núcleo (i.e., [ˈpɾwe-βa]). Tradicionalmente (Navarro-Tomás, 1999) las vocales altas contiguas se consideran como parte de un diptongo, como en los ejemplos de las palabras "ciudad" ciu-dad y "cuida" cui-da. Navarro-Tomás describe esta secuencia como diptongos crecientes formados por una semiconsonante y una vocal, por ejemplo "ciudad" [sju-ˈðad] "cuida" [ˈkwi-ða]. Debido a que las dos vocales altas [i] y [u] poseen una sonoridad semejante sería posible proponer que la secuencia formada por [i] y [u] en "cuidad" y [u] e [i] en "cuida" son parte de un núcleo complejo. En contraste, los **hiatos** son secuencias de vocales contiguas que se silabean de manera separada. Hay dos generalizaciones que se pueden emplear para reconocer cuando separar dos vocales contiguas. La primera consiste en el silabeo en unidades diferentes de dos vocales contiguas en la que una es media (i.e., [e] [o]) y la otra es baja (i.e., [a]) como en el caso de la palabra *á-re-a*. También se separan en sílabas diferentes las secuencias contiguas de dos vocales medias como por ejemplo en la palabra *pe-tró-le-o*. La segunda generalización trata de las secuencias en las que hay una vocal alta acentuada y una vocal media o baja. En estos casos se forma hiato como lo refleja la división silábica de las palabras *ha-bí-a* y *Ma-rí-a*. Nótese que en estos dos ejemplos la vocal alta [i] lleva acento y aparece contigua a la vocal baja [a]. Un contraste curioso que sirve para dar un ejemplo de diptongo e hiato es el siguiente: como hemos visto en el nombre *Ma-rí-a* la [í] y la [a] se silabean en unidades distintas. Sin embargo, en el nombre *Mario* el silabeo es *Ma-rio*. En este caso hay una secuencia conformada por las vocales "io" que aparecen en la misma sílaba porque la "i" es átona y se agrupa con la "o" en diptongo.

Enfoque en la investigación: Hiatos

Los hiatos, ya sean en la misma palabra (p. ej., *re-al*) o a través de palabras (p. ej., *la-escuela*), tienen una estructura V-V. Sin embargo, Alba (2006) argumenta que en español se favorece una alternancia V-C-V. Esto significa que los hiatos tienen diferentes resoluciones en el habla espontánea. Las posibles resoluciones son la elisión de una vocal (p. ej., [les'-kwe-la]), la formación de diptongo (p. ej., [lajs-ˈkwe-la]), la fusión de dos vocales para producir una vocal diferente (p. ej., [lɛs-ˈkwe-la]) o la inserción de una consonante (p. ej., [la-ɣo-tɾa] *la otra*). Alba (2006) estudia la resolución de hiatos a través de palabras en el español de Nuevo México. Específicamente, se estudió la resolución de hiatos en palabras terminadas en [a] seguidas de palabras que comienzan en vocal (p. ej., la escoba). El propósito de esta investigación era identificar qué motiva la resolución de un hiato frente al mantenimiento del mismo. Los resultados de esta investigación demuestran que los hablantes prefieren la resolución del hiato en lugar de mantenerlo. Alba señala que los hiatos se transforman más cuando ambas vocales son átonas que cuando son tónicas. Asimismo, se observa más resolución cuando la segunda vocal es /a/, /e/ y /o/ mientras que con las vocales /i/ y /u/ se observa un cambio sólo la mitad de las veces. Por último, Alba encuentra que hubo más resolución de hiatos cuando una de las palabras es una conjunción, determinante, preposición o pronombre. Alba concluyó que la resolución de los hiatos podría comenzar como un cambio de sonidos motivado por los procesos articulatorios necesarios para producir ambas vocales. No obstante, Alba encuentra mucha variación en cuanto a la estrategia que los hablantes utilizan para resolver los hiatos. Esto significa que se necesitan más investigaciones para conocer más sobre este fenómeno.

 Aplicación 3.D: www.wiley.com/go/diaz-campos

El acento léxico

El concepto de **acento léxico** se relaciona con la idea general de distinguir el grado de energía que se emplea en la producción de una sílaba. Esa energía, fonéticamente, se refleja en un mayor volumen que ayuda a distinguir entre sílabas tónicas versus átonas. El término **prominencia** muchas veces se emplea como sinónimo para caracterizar la mayor energía con la cual se producen las sílabas tónicas. La ambigüedad de palabras tales como "mayor energía" o "prominencia" se puede aclarar mediante análisis acústicos en los cuales las sílabas tónicas se relacionan con una mayor intensidad, una mayor duración y un incremento del tono. La **intensidad** se define como el tamaño o amplitud de las vibraciones de las cuerdas vocales debido a las variaciones en la presión de aire. La **duración** tiene que ver con el tiempo de producción de la sílaba. El **tono** refleja el número de vibraciones constantes por milisegundos y distingue cualidades tales como agudo (mayor número de vibraciones por milisegundo) y grave (menor número de vibraciones por milisegundo). Beckman (1986) describe que la relación entre las sílabas tónicas y los atributos acústicos tales como intensidad, duración y tono en inglés no son simples. El mismo argumento se podría utilizar para el caso del español. Esto quiere decir que el acento no se relaciona con una sola cualidad acústica, sino con varias a la vez. El Alfabeto Fonético Internacional distingue las sílabas tónicas mediante el uso del diacrítico [ˈ] el cual se coloca antes de la sílaba tónica. Por ejemplo, la palabra "*tónica*" se transcribiría fonéticamente de la siguiente forma: [ˈto-ni-ka]. Si observamos las **ilustraciones 3.12** y **3.13**, a pesar de tener los mismos fonos, podemos notar que la sílaba acentuada tiene mayor duración e intensidad. Esta diferencia crea un contraste en español.

Fonológicamente, el estudio del acento léxico implica en primer lugar el hecho de que se pueda predecir su ocurrencia. Una teoría fonológica del acento se encargaría de describir las reglas que gobiernan su implementación. Núñez Cedeño y Morales Front (1999) señalan que la formalización inicial del acento en la fonología destacaba éste como un rasgo contrastivo. De esta forma el acento se definía como un rasgo [± acento] el cual reflejaría la diferencia entre palabras tales como "*depósito*", "*deposito*", "*depositó*" y "*ánimo*", "*animo*", "*animó*". Las limitaciones de este tipo de representación reciben una respuesta en las formulaciones de una nueva

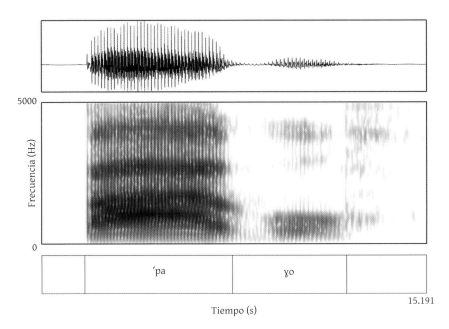

Ilustración 3.12 Espectrograma de *pago*.

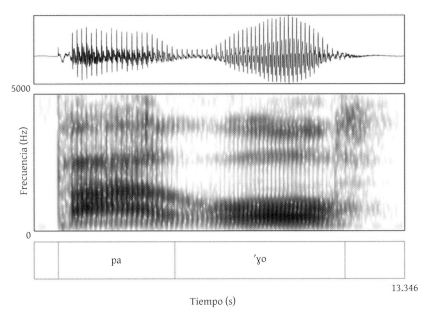

Ilustración 3.13 Espectrograma de *pagó*.

teoría (i.e., la teoría métrica) que propone el tratamiento del acento como parte de una estructura rítmica. Para ejemplificar la idea del acento como un rasgo binario emplearemos el ejemplo de Contreras y Lleó (1982, p. 108) sobre el húngaro, lengua en la cual el acento siempre recae en la primera sílaba.

$$V \longrightarrow [+ \text{acento}] / \#C_0 \underline{\quad}$$

Ilustración 3.14 Regla del acento en húngaro.

Esti**mu**lo	Palabra
(**)(**)	Pies
* *	Acento secundario (rítmico)
*	Acento léxico

Ilustración 3.15 Cuadrícula métrica de la palabra "*estimulo*".

Peso	Palabra
(* ·)	Pies troqueo
*	Acento léxico

Ilustración 3.16 Representación de los pies de tipo troqueo.

La regla en la **ilustración 3.14** se interpreta de la siguiente forma: la V indica vocal, la flecha (→) indica que la vocal adquiere el acento en el contexto (/) de la sílaba inicial de una palabra. El símbolo de numeral (#) se emplea para indicar la posición inicial de la palabra. El símbolo (C) representa una consonante y el símbolo ($_0$) se emplea para indicar que no hay otra consonante. La regla del acento en húngaro refleja un patrón simple. En el caso del español no sería posible proponer una regla sencilla debido a que la posición del acento varía ya que se observan diferentes patrones de acentuación según la categoría gramatical de la palabra. La **ilustración 3.15** muestra una representación del acento como parte de una estructura rítmica con diversos niveles de prominencia. La **estructura prosódica** en la teoría fonológica está compuesta por varios niveles: la palabra prosódica, los pies, la sílaba, y el segmento.

Los asteriscos en la representación propuesta señalan que cada sílaba posee una proyección diferente en términos de su prominencia fonológica. La sílaba subrayada (**mu**) es la que posee mayor prominencia. Se observa en la figura la representación de tres niveles de prominencia. En el primer nivel es el pie conformado por dos sílabas. De esta forma, dos sílabas agrupadas forman un pie. Los pies en español se constituyen en troqueos. Los **troqueos** son un tipo de pie bisilábico con el núcleo ubicado a la izquierda (véase la **ilustración 3.16**). La **ilustración 3.16** muestra el acento secundario y el acento primario como diversos niveles de prominencia según el pie y según la palabra.

Un aspecto importante consiste en la identificación de dónde recae el acento en las palabras españolas. Un principio general es que el acento se ubica sobre una de las tres últimas sílabas de la palabra. Por ejemplo, veamos las diferencias entre las palabras *depósito, deposito* y *depositó*. En la palabra "de**pó**sito", el acento recae en la antepenúltima sílaba, contando de derecha a izquierda *to* es la última, *si* es la penúltima y *pó* es la antepenúltima y es la sílaba tónica. En la palabra "depo**si**to", el acento recae en la penúltima sílaba. En "deposi**tó**", la sílaba tónica se encuentra en la última sílaba. Notemos que el cambio en el lugar de la sílaba tónica genera contrastes de significados. El primer ejemplo es un sustantivo como en la oración *el depósito bancario se hizo efectivo ayer*. En el segundo y tercer ejemplos se pueden emplear las siguientes oraciones para ilustrar su valor verbal: *Yo deposito el dinero en el banco* y *María depositó el cheque en el banco*. Según la posición que ocupa la sílaba tónica, se establece una clasificación de las palabras por el tipo de acentuación. Las palabras **agudas** u **oxítonas** son aquellas cuya sílaba tónica recae en la última sílaba (p. ej., *can-tó, na-ción, i-de-al, na-cio-nal, cor-tés*, etc.). Las palabras **llanas** o **paroxítonas** son aquellas que llevan la sílaba tónica en la penúltima sílaba (p. ej., *már-mol, cár-cel, ca-sa, li-bro, bo-te-lla*, etc). Las palabras **esdrújulas** o **proparoxítonas** son aquellas que tienen la sílaba tónica en la antepenúltima sílaba (p. ej., *ma-te-má-ti-ca, fo-né-ti-ca, es-drú-ju-la, tó-ni-ca, é-ti-ca*, etc.). El patrón regular de acentuación en español es el que corresponde a las palabras llanas o paroxítonas. Las palabras esdrújulas y agudas como consecuencia representan excepciones. Núñez Cedeño y Morales Front (1999: 211) reportan cifras de un corpus electrónico según el cual de 65.811 palabras terminadas en vocal, 57.911 se corresponden con palabras llanas, lo cual representa un 88% en esa muestra.

El acento ortográfico en español refleja los patrones regulares y excepcionales que hemos reportado anteriormente. De hecho, la tilde ortográfica se coloca en aquellas palabras que son excepcionales a la norma regular. No se debe confundir el acento prosódico, que poseen todas las palabras, con la tilde ortográfica que es un recurso para marcar excepciones a la regla. El **acento prosódico** es el énfasis que recibe en la pronunciación la sílaba tónica, mientras la tilde es una convención ortográfica que indica la sílaba tónica en casos de excepción. En relación con el acento ortográfico, las palabras esdrújulas siempre llevan tilde (p. ej., ma-te-**má**-ti-ca, **ló**-gi-ca, **bió**-ni-ca, **én**-fa-sis). Las palabras llanas, las cuales representan el patrón regular, sólo se acentúan cuando terminan en consonante distinta de "n" o "s" (p. ej., **cár**-cel, di-**fí**-cil, **lá**-piz, **mó**-vil, **ár**-bol, a-**zú**-car). Las palabras agudas llevan acento ortográfico cuando terminan en vocal (p. ej., ca-**fé**, so-**fá**, ma-**ní**, bam-**bú**, ta-**bú**, cham-**pú**, etc.) o cuando terminan en las consonantes "n" o "s" (p. ej., in-**glés**, can-**ción**, cor-**tés**, man-**sión**, a-de-**más**, a-**nís**, ba-**lón**, me-**lón**, a-**diós**, au-to-**bús**, etc.).

Enfoque en la investigación: El cambio del acento léxico en la música

Un aspecto interesante del acento léxico es que puede cambiar en las canciones. Es decir, los hablantes pueden producir [pe-ˈro] en lugar de [ˈpe-ro] para mantener el ritmo musical. Morgan y Janda (1989) investigaron cómo los hablantes del español y del inglés cambian el acento léxico en canciones. El propósito de esta investigación era observar diferencias entre los hispanohablantes y los anglohablantes en cuanto al cambio de acento léxico en una canción. La canción fue escrita para este estudio lo que significa que los participantes nunca la habían escuchado. Los resultados de esta investigación demostraron que los hispanohablantes cambiaron el acento léxico para mantener el ritmo. Por el contrario, los anglohablantes no cambiaron el acento léxico sino que alargaron la sílaba para mantener el ritmo musical. Morgan y Janda concluyeron que el cambio del acento léxico en la música es un proceso productivo en el español pero no en el inglés.

 Aplicación 3.E: www.wiley.com/go/diaz-campos

4   Preguntas empíricas

En la sección anterior hemos discutido acerca de la estructura silábica del español, el silabeo de las secuencias vocálicas y del acento léxico. En este apartado dedicado a las preguntas empíricas presentamos los resultados de tres trabajos de investigación relacionados con cada uno de los aspectos anteriormente mencionados (i.e., la sílaba, las secuencias vocálicas y el acento léxico).

El uso de la evidencia fonética para mostrar la afiliación silábica de las nasales en gallego

El gallego es una de las lenguas oficiales de España la cual se habla en la zona noroccidental del país. Es la lengua materna de un porcentaje importante de españoles que viven en la comunidad autónoma de Galicia y comparte con el español estatus de lengua oficial. El gallego es una de las lenguas romances derivas del latín al igual que el español. En relación con los sonidos nasales el gallego distingue tres fonemas. Los **fonemas** son la representación mental del sonido que generan diferencias de significado (véase el **capítulo 4** para más detalles). Los tres fonemas en cuestión son los siguientes: bilabial, nasal, sonoro /m/ (recordemos que se emplean las barras // para indicar que se trata de la representación mental del sonido) como en la palabra /ˈkama/; alveolar, nasal, sonoro /n/ como en la palabra /ˈkana/ y palatal, nasal, sonoro /ɲ/ como en la palabra /ˈkaɲa/. En posición inicial de sílaba, como en los ejemplos anteriores, el cambio del fonema nasal crea una nueva palabra. Sin embargo, en posición final de sílaba la producción de las nasales sufre un cambio importante y se pronuncian como velares (p. ej., [laŋ] "*lan*", [soŋ] "*son*"). Este proceso de velarización puede ocurrir también cuando hay un prefijo, en palabras compuestas y entre palabras. Un **prefijo** es una partícula que se adjunta antes de la base de la palabra y que añade un nuevo significado como el caso de *in* antes de la palabra *humano* que crea una nueva palabra *inhumano* (véase el **capítulo 5**). La partícula se adjunta antes de la base de la palabra y por eso se llama prefijo. Observemos los ejemplos siguientes de velarización de /n/ en el **cuadro 3.5** (tomados de Colina y Díaz-Campos 2005, p. 271).

En cada uno de los ejemplos anteriores se puede observar como la nasal se convierte en velar (i.e., [ŋ]). Sin embargo, lo interesante de este proceso es que no ocurre con los sufijos, como en el caso de inhumano ([i- ŋu-'ma-<u>nu</u>]). Un **sufijo** es una partícula que se adjunta después de la base de la palabra y que añade un nuevo significado como en el caso de {-o} (se emplean las llaves para indicar que se trata de un sufijo) en la palabra *pano* (/pan + o/). Esta unidad añade el significado de masculino. De esta forma, la palabra *pano* se pronuncia ['pa-nu]. Existe una excepción a esta regla que se observa en las formas femeninas de los artículos indefinidos. Observemos los ejemplos del **cuadro 3.6**.

En los ejemplos observamos que la nasal antes del sufijo {-a} aparece en la pronunciación de la nasal como [ŋ] velar, nasal, sonora. Este patrón es una excepción a la regla. La explicación de este fenómeno tiene dos dimensiones: una explicación relacionada con la representación cognoscitiva de la estructura silábica de estas formas en particular y la segunda relacionada con el uso de la evidencia de tipo fonética para apoyar la propuesta sobre la estructura silábica. En relación con el análisis de la representación mental de las formas femeninas de los artículos

Cuadro 3.5 Ejemplos de velarización de /n/ en prefijos, en palabras compuestas y entre palabras según Colina y Díaz-Campos (2005, p. 271).

Palabra	Estructura morfofonológica	Transcripción fonética
Inhumano	/in + uman + o/	[i- ŋu-'ma-nu]
Benestar	/bɛn + es'taɾ/	[bɛ-ŋis-'taɾ]
Tren alemán	/tɾɛn + ale'man/	[tɾɛ-ŋa-li-'maŋ]

Origen: Colina & Díaz-Campos (2005, p. 271). Reproducido con el permiso de Walter de Gruyter and Company.

Cuadro 3.6 Ejemplos de velarización en las formas femeninas de los artículos indefinidos según Colina y Díaz-Campos (2006, p. 272).

Palabra	Estructura morfofonológica	Transcripción fonética
Unha	/uŋ + a/	['uŋ-ŋa]
Algunha	/alx + uŋ + a/	[al-'xuŋ-ŋa]
Nengunha	/neng + uŋ + a/	[niŋ-'guŋ-ŋa]
Dunha	/ de + uŋ + a/	['duŋ-ŋa]
Cunha	/kon + uŋ + a/	['kuŋ-ŋa]
Nunha	/en + uŋ + a/	['nuŋ-ŋa]

Origen: Colina & Díaz-Campos (2005, p. 272). Reproducido con el permiso de Walter de Gruyter and Company.

indefinidos, Colina (2004) argumenta que en estas formas existe una nasal velar (i.e., [ŋ] como en los ejemplos /uŋ + a/, /alx + uŋ + a/, etc.). Su argumento tiene bases históricas, pero en la presente explicación sólo nos centramos en los elementos más básicos de su descripción y no daremos los detalles de la formalización que la investigadora hace del fenómeno. El propósito es hacer énfasis en la evidencia fonética que presenta el trabajo para contestar una pregunta de naturaleza teórica. Esta nasal velar tendría doble afiliación silábica como ataque y como coda, lo cual daría como resultado una duplicación de la consonante nasal en la pronunciación real de la palabra, es decir, en la **representación superficial**. Este proceso de duplicación del tiempo de duración de la consonante se conoce como la **geminación** (p. ej., [ˈuŋ-ŋa], [al-ˈxuŋ-ŋa], [ˈkuŋ-ŋa]). Las consonantes que experimentan este proceso se denominan **geminadas**. De esta forma, el análisis formal propone que la nasal en las formas femeninas de los artículos indefinidos hay una nasal geminada con una doble afiliación silábica, es decir, la nasal tendría afiliación en la coda de la sílaba precedente y sería parte del ataque de la sílaba siguiente como se observa en los ejemplos [ˈuŋ-ŋa], [al-ˈxuŋ-ŋa], [ˈkuŋ-ŋa]. La **ilustración 3.17** presenta la división silábica de estas palabras.

Con el propósito de saber si existe algún tipo de evidencia fonética que apoye esta propuesta, Colina y Díaz-Campos (2006) estudian la duración de la consonante nasal como un posible parámetro acústico indicativo de la afiliación silábica. La hipótesis sería que las nasales geminadas de las formas femeninas de los artículos indefinidos tendrían una duración mayor en comparación con las nasales que sólo forman parte del ataque (p. ej., [i-ŋu-ˈma-nu]) o de la coda (p. ej., [laŋ]). La duración ha sido empleada en trabajos que analizan las características acústicas de las consonantes geminadas y se ha observado que este factor es relevante para distinguirlas (p. ej., Lahiri & Hankamer, 1988; Esposito & Di Benedetto, 1999; Ham, 1998). El estudio analiza las muestras de participantes nativos hablantes de gallego quienes produjeron un total de 216 nasales. El **cuadro 3.7** muestra los resultados

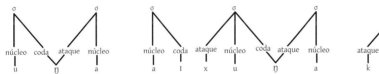 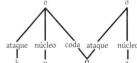

Ilustración 3.17 División silábica de las palabras [ˈuŋ-ŋa], [al-ˈxuŋ-ŋa], [ˈkuŋ-ŋa].

Cuadro 3.7 Duración promedio en milisegundos (ms) según la afiliación silábica (Colina y Díaz-Campos, 2006, p. 279).

Afiliación silábica	Duración promedio	Desviación estándar
Geminada	81.89 ms	13.28 ms
Ataque	62.93 ms	16.13 ms
Coda	55.80 ms	11.10 ms
ANOVA	$F(2, 299) = 107.93$, *P = .000*	

Origen: Colina & Díaz-Campos (2005, p. 279). Reproducido con el permiso de Walter de Gruyter and Company.

obtenidos según la duración de la nasal en los tres contextos especificados (geminada, ataque y coda).

Los hallazgos del experimento nos permiten observar que hay diferencias significativas de duración entre las nasales geminadas (p. ej., ['uŋ-ŋa]) y las que se encuentran en el ataque (p. ej., [i-ŋu-'ma-nu]) y en la coda (p. ej., [laŋ]). Empleamos el término significativo debido a que el análisis de la varianza (ANOVA) señala que la distribución de los datos no se debe al azar. En otras palabras, las geminadas muestran una mayor duración en comparación con las nasales que poseen otra afiliación silábica. Estos resultados del análisis acústico se pueden considerar como evidencia para apoyar la propuesta formal según la cual las formas femeninas de los artículos indefinidos poseen una nasal velar en su representación mental (técnicamente conocida como la **representación subyacente**). Esta nasal se produce como una nasal geminada y posee doble afiliación silábica como coda de la sílaba anterior y como ataque de la sílaba siguiente. Este resultado es importante porque sugiere que ciertas propiedades fonéticas podrían servir para indicar distinciones fonológicas. En el **capítulo 4** daremos más detalles sobre este tipo de análisis.

La resolución de hiatos

En esta sección presentamos un ejemplo sobre el estudio de secuencias vocálicas en el español mexicano. Recordemos que los hiatos se definen como secuencias de dos vocales contiguas que pertenecen a sílabas diferentes (p. ej., re-al, i-de-al, pa-se-ar). En estos casos, tenemos secuencias formadas por la vocal media [e] seguida de la vocal baja [a]. El español muestra una tendencia a evitar los hiatos que también se manifiesta en otras lenguas del mundo como se reporta en la literatura acerca de algunas lenguas africanas tales como chichewa, daga, okpe y emi (Hernández 2009, p. 3). De esta forma, palabras que están constituidas por secuencias vocálicas tales como [te-'a-tɾo] se pronuncian como ['tja-tɾo] (*teatro*) o [le-'eɾ] se pronuncia como ['leɾ] (*leer*). En estos dos ejemplos en particular se observan dos estrategias diferentes para la resolución de hiatos. En el caso de "*teatro*" la vocal media [e] se alza y se convierte en la deslizada [j] para formar un diptongo en la secuencia [ja]. En el ejemplo de la palabra "*leer*", observamos la elisión de la vocal [e]. La **resolución de hiatos** consiste en los procesos mediante los cuales dos vocales contiguas en hiato se reestructuran ya sea mediante el silabeo de las dos vocales en una sola sílaba o la omisión de una de las vocales, entre otros procesos.

Hernández (2009) presenta un análisis de los verbos terminados en -*ear* como en caso de "*golpear*", "*patear*", "*pelear*", "*corretear*", "*batear*", entre otros. El estudio se basa en datos del español mexicano y se identifican las diferentes estrategias que emplean los hablantes de este dialecto en relación con la resolución de hiatos. El trabajo adopta un enfoque sociolingüístico e investiga los factores lingüísticos y sociales que condicionan la resolución de hiatos en el español de México. Hernández identifica que en los datos se observan estrategias de resolución de hiatos que van más allá de las tradicionalmente identificadas. A través del uso de técnicas acústicas la autora logró observar que la pronunciación más frecuente fue la diptongación con una deslizada media en un 39%. Se trata de una producción intermedia entre la variante alta [j] y la variante media [e]. El mantenimiento del hiato fue la segunda estrategia preferida en un 28% y, finalmente, la formación de diptongo con deslizada alta fue empleada en un 21% de los casos. Los factores que condicionan el uso de la variante más empleada (la diptongación con una deslizada media) son los siguientes: el acento, el grado de sonoridad, la edad del hablante, el tipo de instrumento empleado para obtener los datos, el nivel educativo y el sexo del hablante.

El acento es el factor que tiene mayor importancia para explicar la ocurrencia de la variante diptongada con deslizada media. Este factor se define en el estudio de la siguiente manera: el primer patrón sirve para clasificar aquellos casos en los que la primera vocal de la secuencia es acentuada prosódicamente como en el caso de [pa-'se-o]. El segundo patrón es aquel en el que la segunda vocal de la secuencia lleva el acento prosódico tal como en [pa-se-'o]. El tercer y último patrón es aquel en el cual ninguna de las vocales de la secuencia se encuentra en la sílaba acentuada como en el ejemplo de [pe-le-a-'ɾa]. Los resultados del análisis estadístico muestran que el segundo patrón (i.e. [pa-se-'o]) y el tercer patrón ([pe-le-a-'ɾa]) favorecen los diptongos con deslizada media, mientras que cuando la vocal [e] está acentuada la diptongación se ve desfavorecida. Este resultado revela que las sílabas acentuadas son más resistentes a los fenómenos de variación y cambio. Es decir, la cualidad de la vocal tiende a mantenerse intacta en las sílabas acentuadas.

La investigación de Hernández (2009) mide el factor de sonoridad tomando en cuenta la relación que existe entre la primera y la segunda vocal que forman parte de la secuencia. La vocal [a] es la que posee mayor energía, las vocales medias, [e] y [o], tendrían un grado de energía media mientras que las vocales altas, [i] y [u], tendrían el menor grado de energía. Las categorías que define son las siguientes: (1) sonoridad creciente (p. ej., [pe-le-'aɾ]). La [a] se considera que tiene mayor sonoridad que la [e], rasgo que se puede asociar a las características articulatorias que ya hemos estudiado según las cuales la [a] se produce con menor obstrucción. (2) sonoridad equivalente (p. ej., [pa-se-'o]. En este caso [e] y [o] son vocales medias y tienen sonoridad equivalente. De acuerdo con esta variable, las secuencias de vocales como [pe-le-'aɾ], en las que la segunda vocal es más sonora, favorecen la diptongación en comparación con las secuencias con vocales equivalentes en sonoridad.

En cuanto a las variables extralingüísticas los resultados revelan lo siguiente: Las personas menores de 35 años favorecen la pronunciación diptongada. La diptongación también es favorecida por el estilo de entrevista, el nivel educativo y el sexo del participante. Específicamente, se evidencia en los resultados que la pronunciación diptongada es común en las personas con instrucción universitaria, lo cual revela que en México ésta es una variable aceptada en la comunidad. Los hallazgos también indican que la producción diptongada es favorecida por los hombres.

En resumen, el trabajo de Hernández (2009) nos muestra una investigación empírica en la que se estudia un fenómeno de variación de las secuencias vocálicas que normativamente se consideran en hiato. Sin embargo, tal como se muestra en la investigación de Hernández (y en la de Alba (2006) descrita en Enfoque en la Investigación anteriormente) la variación se encuentra condicionada por factores lingüísticos y extralingüísticos.

La ubicación del acento léxico: Un estudio empírico

En esta sección discutimos el trabajo de Eddington (2004) sobre el acento léxico en español. Eddington presenta un estudio de cómo el acento se representa y se procesa durante la comprensión y producción del lenguaje a través de simuladores computarizados. Este autor argumenta que el procesamiento del lenguaje implica el aprendizaje de las palabras y de los patrones de acentuación que las caracterizan. De esta forma, Eddington señala que el almacenamiento de la información implicaría detalles sobre estructura prosódica incluyendo el acento. El procesamiento del lenguaje involucra el acceso léxico, la analogía y el reciclaje de experiencias lingüísticas previas que han sido grabadas en nuestra memoria (Eddington 2004: 96). Según argumenta este autor, no se podría explicar el acento en español mediante reglas abstractas, sino mediante la compresión de los procesos cognoscitivos implícitos en el procesamiento del lenguaje.

Con el propósito de probar estas propuestas, Eddington (2004) analiza un corpus de 4.970 palabras consideradas frecuentes de acuerdo con el diccionario de frecuencia de la lengua española (Alameda & Cuetos, 1995). En el análisis de los datos se emplearon dos simuladores computarizados. El primero fue el simulador a base de memoria Tilburg el cual analiza una palabra de prueba y la compara con otros ítemes ejemplares que se asemejan a ésta. El segundo simulador es un Modelador Analógico del Lenguaje el cual también establece relaciones entre la palabra de prueba y los ítemes semejantes que se encuentran en la base de datos. Sin embargo, este simulador también tiene la capacidad de buscar otras palabras que tienen menor semejanza con la palabra de prueba. Los resultados que reporta Eddington (2004) se basan específicamente en el simulador Tilburg.

El experimento diseñado por este investigador consistía en determinar la acentuación de las 4.970 palabras de prueba seleccionadas del diccionario de frecuencia del español. Como parte de las variables independientes (aquellos factores que incidirían en el reconocimiento del patrón correcto de acentuación de la palabra), Eddington incluyó el peso silábico, definido según si la sílaba fuera abierta o ligera (i.e., CV como en me-sa) o cerrada (pesada) (i.e., CVC, CVCC, como en cas-to o ins-ti-tu-to). Se incluye este factor porque en descripciones previas se ha dicho que no se permite el acento en la antepenúltima sílaba si la penúltima sílaba de la palabra es cerrada (pesada) (p. ej. una palabra con el patrón del ejemplo "*teléfosno" está prohibida en español). De esta forma, se pretende captar esa generalización con ese factor. Otra variable incluida tiene que ver con la consonante final que aparece en la palabra. Esta variable capta datos específicos sobre la estructura de la palabra y la correcta identificación del acento léxico. La tercera variable que se incluyó se relaciona con la conformación de las sílabas en términos de la distinción de consonantes y vocales (p. ej., CV, CVC, V, etc.), es decir, la estructura silábica. La última variable tenía que ver con la representación fonológica completa y tomaba en consideración todos los segmentos de la palabra. El estudio combina en la simulación algunas de las variables (peso silábico, consonante final, estructura silábica, etc.) como se observa en el **cuadro 3.8**.

Los resultados del experimento parecen indicar que el simulador computarizado puede identificar el patrón de acentuación de las 4.970 palabras de prueba con mayor certeza para las palabras llanas (graves) (p. ej., ['ka-sa], ['pe-so]). Este tipo de palabras representa el patrón más frecuente y común en español. Cabe destacar que las variables que toman en cuenta el peso silábico, el tipo de consonante final, la estructura silábica o una combinación de las mismas no pueden identificar la acentuación de las palabras esdrújulas (p. ej., *matemáticas, fonólogo*, etc.). Este patrón excepcional en español sólo se puede identificar con cierto éxito cuando se toma en cuenta la representación fonológica completa de la palabra. De igual forma, la variable de representación fonológica logra un porcentaje de identificación exitosa de un 91%, el más alto en comparación con el resto de las variables. Eddington argumenta que la información central que emplea el simulador se basa en la conformación fonológica de la palabra. Sin embargo, de acuerdo con los resultados, es importante explicar cómo las variables peso silábico, estructura silábica y consonante final manifiestan un efecto importante en la simulación computarizada. Eddington explica que estas variables encubren aspectos de la estructura fonológica de la

Cuadro 3.8 Identificación del acento léxico en la prueba de simulación computarizada según Eddington (2004, p. 100).

Patrón acentual	Peso silábico	Peso silábico + consonante final	Estructura silábica	Estructura silábica + consonante final	Representación fonológica
Esdrújula	0%	0%	0%	0%	71,1%
Llana	95,5%	96,3%	95%	98,4%	94,2%
Aguda	16,9%	80,4%	36,6%	80%	92,9%
Total	72,6%	87,4%	76,6%	88,9%	91%

palabra y que por lo tanto los resultados revelan este solapamiento entre variables. De esta forma, la perspectiva que sostiene Eddington se basa en que los hablantes almacenan como unidad básica la palabra y sus detalles acentuales y no en la existencia de una regla abstracta que explica la existencia de un patrón acentual general.

Los trabajos que hemos discutido anteriormente emplean evidencia de tipo fonético para contestar preguntas teóricas. La base de las investigaciones se sustenta en el análisis de datos que permiten observar la existencia de patrones silábicos o acentuales. Específicamente, el trabajo sobre las formas femeninas de los artículos indefinidos analiza la duración de la nasal geminada con el objetivo de descubrir si existen diferencias significativas en relación con las nasales que se encuentran en el ataque o la coda. En relación con la resolución de hiatos el estudio se enfoca en un análisis sociolingüístico que determina el efecto de factores tales como el patrón acentual y factores sociales tales como la edad, el nivel educativo y el sexo del participante en la diptongación o elisión de vocales. La última investigación presenta el análisis de simulaciones computadorizadas para establecer el tipo de generalizaciones que empleamos para descubrir los patrones de acentuación en español. Estas investigaciones demuestran que el análisis fonético sustenta el estudio de preguntas fonológicas.

Enfoque en la investigación: Un estudio variacionista sobre las secuencias vocálicas

Como hemos visto en esta sección las secuencias vocálicas que normativamente se silabean en hiato (i.e., secuencias de vocales medias o medias y bajas como en *pelear*) tienden a la diptongación. Díaz-Campos y Scrivner (2012) examinan las secuencias vocálicas de este tipo en un corpus de habla semiespontánea que contiene muestras de hablantes de la ciudad de Caracas, Venezuela. El análisis toma en cuenta los factores lingüísticos y extralingüísticos que condicionan el uso de la diptongación entre los hablantes caraqueños. En particular, se estudian los efectos de la frecuencia en cuanto a la diptongación.

Los resultados del estudio se basan en 605 casos de secuencias vocálicas tales como /ae/ (*maestro*), /ao/ (*caos*), /oa/ (*toalla*), /oe/ (*poeta*), /eo/ (*rodeo*), y /ea/ (*real*). Los factores lingüísticos que condicionan la diptongación son los siguientes: 1. el hecho de que la segunda vocal de la secuencia sea baja (p. ej., real). 2. La diptongación también se favorece cuando la secuencia se encuentra en una sílaba átona (p. ej., golpearán) y en secuencias de menos de dos sílabas (p. ej., peor). En cuanto a las medidas de frecuencia se observó que el efecto más importante ocurre en la secuencias vocálicas más frecuentes y particularmente en la secuencia /ea/ (p. ej., real). En cuanto a los factores extralingüísticos se pudo determinar que los hombres y los niveles socioeconómicos medios y bajos favorecen el fenómeno. Los resultados de esta investigación proveen evidencia de que la frecuencia de tipo moldea la variación y el cambio fonológico (Bybee, 2003).

 Aplicación 3.F: www.wiley.com/go/diaz-campos

Resumen

En este capítulo hemos definido la fonética como una rama de la lingüística que se encarga del estudio de la articulación de los sonidos así como de las características físicas y de la percepción. En la primera sección hemos estudiado la descripción articulatoria de las consonantes. La caracterización de las consonantes se basa en tres elementos importantes: el punto de articulación, el modo de articulación y la acción de las cuerdas vocales. Según el punto de articulación, dividimos las consonantes en bilabiales, labiodentales, interdentales, dentales, alvéolares, palatales, velares, y glotales. De acuerdo con el modo de articulación, hemos distinguido las siguientes categorías: oclusivos, africados, fricativos, aproximantes, nasales, laterales, y vibrantes. Por último, se estableció una división entre sonidos sordos y sonoros, según la acción de las cuerdas vocales.

El capítulo también provee una caracterización articulatoria de las vocales. La principal característica de los sonidos vocálicos es que se producen sin ninguna obstrucción del paso del aire. Los tres rasgos que se emplean para su descripción toman en cuenta la altura de la lengua, la posición anterior o posterior de la lengua en la cavidad oral y la acción de los labios. De acuerdo con la altura de la lengua, las vocales se clasifican como altas, medias, o bajas. Según la posición en el plano horizontal, las vocales se clasifican como anteriores, centrales o posteriores. La última característica sirve para categorizar las vocales como redondeadas o no redondeadas según la acción de los labios.

Los elementos básicos para entender el estudio acústico de los sonidos se explican también en este capítulo. Se discutieron algunas de las opciones para realizar análisis de las propiedades físicas de los sonidos a través de medios computarizados. Específicamente, se mencionaron las ondas sonoras y los espectrogramas. Las ondas sonoras nos permiten captar la energía que compone el sonido en dos dimensiones. La dimensión vertical en la cual se observa las medidas de intensidad y la dimensión horizontal en la cual se observa la duración. Los espectrogramas nos permiten analizar tres propiedades de los sonidos: la frecuencia y la intensidad en el eje vertical, la duración en el eje horizontal, y la oscuridad o claridad que caracteriza la mancha de energía relacionada con la intensidad.

Luego estudiamos acerca del silabeo en español. Se introdujeron los conceptos de sílaba y otras nociones relacionadas con la descripción de su estructura. En ese sentido, se definieron los términos ataque, núcleo y coda. También estudiamos acerca de los tipos silábicos básicos del español. De igual modo estudiamos el silabeo de las secuencias vocálicas en diptongos e hiatos. Finalmente, el capítulo presenta una descripción del acento léxico, su definición y las normas que rigen la acentuación en español.

En la sección de preguntas empíricas se han presentado tres investigaciones como modelos específicos del trabajo que un lingüista puede hacer para entender mejor fenómenos específicos como el silabeo, la resolución de hiatos y el acento léxico. Los tres estudios se basan en el análisis de datos y proveen evidencia empírica para contestar preguntas teóricas.

Lista de términos útiles (en orden de aparición)

Fonética
Aparato fonador
Sonidos orales
Sonidos nasales
Punto de articulación
Modo de articulación
Oclusivas
Africados
Aproximantes
Nasales
Laterales
Vibrantes
Vocal
Altura de la lengua

Desplazamiento de la lengua
Acción de los labios
Fonética acústica
Frecuencia
Intensidad
Duración
Onda sonora
Espectrograma
Tiempo de emisión de voz (Voice onset time, VOT)
Formantes
Sílaba
Deslizada
Ataque
Núcleo (Centro)
Coda
Maximización de los ataques
Diptongos
Hiatos
Acento léxico
Troqueos
Palabras agudas u oxítonas
Palabras llanas o paroxítonas
Palabras esdrújulas o proparoxítonas
Acento prosódico
Fonema
Prefijo
Sufijo
Representación superficial
Geminación
Representación subyacente
Resolución de hiatos

 Ejercicios de práctica: www.wiley.com/go/diaz-campos
Ejercicios de comprensión
Ejercicios de aplicación
Mini-proyecto

Para leer más

Ladefoged, P. (2001). *Vowels and consonants. An introduction to the sounds of languages*. Malden, MA: Blackwell.

Martínez Celdrán, E., & Fernández Planas, A. M. (2007). *Manual de fonética española*. Madrid: Ariel.

Morgan, T. (2010). *Sonidos en contexto: Una introducción a la fonética del español con especial referencia a la vida real*. New Haven, CT: Yale University Press.

Real Academia Española y Asociación de Academias de la Lengua Española. (2011). *Nueva gramática de la lengua española. Fonética y fonología*. Madrid: Espasa.

Schwegler, A., Kempff, J., & Ameal-Guerra, A. 2010. *Fonética y fonología españolas*. Malden, MA: Wiley.

Referencias

Alameda, J. R., & Cuetos, F. (1995). *Diccionario de frecuencia de las unidades lingüísticas del castellano*. Oviedo: Universidad de Oviedo.

Alba, M. C. (2006). Vowel sequences. In N. Sagarra & A. J. Toribio (Eds.), *Selected Proceedings of the 9th Hispanic Linguistics Symposium* (pp. 273–285). Somerville, MA: Cascadilla Proceedings Project.

Alonso, E., & Manuel Perea. (2008). SMS: impacto social y cognitivo. *Escritos de Psicología*, *2*(1), 24–31.

Anis, J. (2007). Neography: Unconventional spelling in French SMS text messages. En B. Danet & S. C. Herring (Eds.), *The multilingual internet: Language, culture, and communication online* (87 – 115). New York: Oxford University Press.

Beckman, M. (1986). *Stress and non-stress accent*. Dordrecht: Foris.

Boersma, P., & Weenink, D. (2014). Praat: Doing phonetics by computer [Software] [en línea]. Disponible en http://www.fon.hum.uva.nl/praat/ (consultado el 5 de junio de 2017).

Bradlow, A. R. (1995). A comparative acoustic study of English and Spanish vowels. *The Journal of the Acoustical Society of America*, *97*(3), 1916–1924

Bybee, J. L. (2003). *Phonology and language use*. Cambridge: Cambridge University Press

Cedeño, R., Núñez, A., & Morales-Front, A. (1999). *Fonología generativa contemporánea de la lengua española*. Washington, DC: Georgetown University Press.

Colina, S. (2004). Intervocalic velar nasals in Galician. En J. J. Auger, C. Clements, & B. Vance, (Eds). *Contemporary approaches to Romance linguistics. Selected Papers from the 33rd Linguistic Symposium on Romance Languages (LSRL)*, Bloomington, Indiana, April 2003 (Current Issues in Linguistic Theory 258) (103–120). Amsterdam: John Benjamins.

Colina, S. (2009). *Spanish phonology: a syllabic perspective*. Washington, DC: Georgetown University Press.

Colina, S., & Díaz-Campos, M. (2006). Intervocalic velar nasals in Galicia: Phonetic evidence for multiple syllabic affiliations. In S. Frota, M. Vigario, & M. J. Freitas (Eds). *Prosodies with special preference to Iberian languages*. Berlin: Mouton de Gruyter.

Contreras, H., & Conxita, L. (1982). *Aproximación a la fonología generativa*. Barcelona: Anagrama.

Crystal, D. (2008). *Dictionary of linguistics and phonetics*. Malden, MA: Wiley-Blackwell

Díaz-Campos, M., & Scrivner, O. (2012). A variationist investigation of vowel sequences: The raising of /e/ and /o/ in Spanish. *New Ways of Analyzing Variation*, 41. Bloomington, Indiana.

Eddington, D. (2004). A computational approach to resolving certain issues in Spanish stress placement. En Tim Face (Ed.), *Laboratory approaches to Spanish phonology*. Berlin and New York: Mouton de Gruyter.

Esposito, A., & Di Benedetto, M. G. (1999). Acoustical and perceptual study of gemination in Italian stops. *Journal of the Acoustical Society of America*, *106*(1), 2051–2062.

Galarza, I., Juárez-Cummings, E., Sedó, B., & Delgado-Díaz, G. (2013). Silabificación del grupo consonántico /tl/ en español: un estudio de variación dialectal. Poster presentado at Hispanic linguistic Symposium 2013. University of Ottawa, Canada.

Ham, W. H. (1998). *Phonetic and phonological aspects of geminate timing* (Tesis de doctorado inédita), Cornell University.

Hernández, E. (2009). *Resolución de hiatos en verbos -ear: Un estudio sociofonético en una ciudad mexicana* (Tesis de doctorado inédita). Ohio State University.

Ladefoged, P., & Johnson, K. (2011). *A course in phonetics*. Stamford, CT: Cengage Learning.

Lahiri, A., & Hankamer, J. (1988). The timing of geminate consonants. *Journal of Phonetics*, *16*, 327–338.

Morgan, T. A., & Janda, R. D. (1989). Musically-conditioned stress shift in Spanish revisited: Empirical verification and nonlinear analysis. En C. Kirschner & J. A. DeCesaris (Eds.), *Studies in Romance linguistics, Selected proceedings from the XVII Linguistic Symposium on Romance Languages*. New Brunswick, NJ: Rutgers University.

Navarro-Tomás, T. (1934). Rehilamiento. *Revista de Filología Española, 21*, 274–279.

Navarro-Tomás, T. (1999). *Manual de pronunciación española*. Madrid: CSIS.

Sabaté i Dalmau, M. 2012. A sociolinguistic analysis of transnational SMS practices: Non-elite multilingualism, grassroots literacy and social agency among migrant populations in Barcelona. En L. A. Cougnon & C. Fairon (Eds.), *SMS communication – a linguistic approach (Special issue) of Lingvisticæ Investigationes, 35*(2): 318–340.

Capítulo 4

Fonología: La estructura de los sonidos del español

1   Introducción

Este capítulo ofrece un panorama de los elementos básicos que nos servirán para entender de qué se encarga un fonólogo. En el capítulo anterior estudiamos acerca de las propiedades acústicas y articulatorias de los sonidos. Con este conocimiento que hemos adquirido, ahora podemos entender las diferencias entre las características físicas y articulatorias y la representación mental de la estructura sonora. Con el propósito de introducir las herramientas de análisis, continuamos con una discusión más amplia acerca de los conceptos de fonética y de fonología. Asimismo, se explican las diferencias entre fonemas, alófonos, y grafemas, así como las nociones de pares mínimos y rasgos distintivos. El capítulo también describe el inventario fonológico del español en relación con el inventario fonético. Luego estudiamos algunas de las preguntas formales y se explican aspectos relacionados con la formulación de reglas fonológicas. Como parte de esta sección de preguntas formales hemos incluido una sección sobre los estudios que se dedican a la lingüística cognoscitiva como una manera alternativa de analizar fenómenos de la fonología española. La sección de preguntas empíricas describe dos ejemplos de los efectos de la frecuencia en la reducción de unidades lingüísticas. El capítulo se organiza en las siguientes secciones:

Herramientas de análisis
- El estudio de la fonología
- Fonemas, alófonos y grafemas
- El inventario fonológico del español
- Los pares mínimos y los rasgos distintivos

Preguntas formales
- Las reglas fonológicas
- La lingüística cognoscitiva
- Las conexiones de forma y contenido entre las unidades lingüísticas

Preguntas empíricas
- Procesos de gramaticalización: reducción y frecuencia

2   El estudio de la fonología

En el capítulo anterior hemos estudiado acerca de algunas de las herramientas básicas de análisis de los sonidos. Estos conocimientos son fundamentales para entender algunas de las preguntas formales (i.e., teóricas) que se han planteado los investigadores de la lingüística

Introducción y aplicaciones contextualizadas a la lingüística hispánica, First Edition. Manuel Díaz-Campos, Kimberly L. Geeslin, and Laura Gurzynski-Weiss.
© 2018 John Wiley & Sons, Inc. Published 2018 by John Wiley & Sons, Inc.

contemporánea. En primer lugar, discutimos sobre los conceptos de fonética y fonología y de las relaciones que se establecen entre ambas disciplinas. Luego revisamos otros conceptos fundamentales y aproximaciones teóricas sobre la fonología española. La **fonología** se podría decir que estudia la forma en la cual los individuos representan mentalmente los sonidos y cómo éstos se organizan en dicha representación mental. Esto quiere decir que los fonólogos estudian cómo se organiza el inventario de sonidos de una lengua así como las estructuras mayores (p. ej., la sílaba) que se forman a partir de los sonidos como las unidades básicas. La fonología, además, se interesa por aspectos relacionados con la prosodia de las lenguas entre los cuales se incluye el acento, la entonación y la cantidad (p. ej., las pausas). De esta forma la fonología es una abstracción que trata de proveer generalizaciones acerca de la estructura de los sonidos según la competencia de los hablantes nativos. Estas conceptualizaciones abarcan aspectos relacionados con las variaciones en la pronunciación según diferentes contextos, la agrupación y distribución de los sonidos y las relaciones de la estructura sonora con el componente morfosintáctico. Recordemos que en contraste la fonética se encarga del estudio de tres aspectos: la articulación, las características físicas (i.e., acústicas) y la percepción auditiva de los sonidos.

Ohala (1997) argumenta que esta diferenciación entre fonética y fonología refleja la perspectiva que originalmente planteara Trubetzkoy (1933, 1939), según las cuales ambas disciplinas tienen diferentes objetivos (preguntas formales y empíricas) y metodologías (herramientas de análisis). La división estricta entre fonética y fonología es relativamente artificial, pues ambas disciplinas se encuentran estrechamente relacionadas. Los avances tecnológicos de los últimos 40 años han visto el surgimiento de las investigaciones en la fonética y, a la vez, han aparecido perspectivas que describen la organización de los sonidos apoyándose en metodologías experimentales. Tales desarrollos contribuyen a borrar las diferencias clásicas entre la fonética y la fonología. El trabajo de Ohala (1997) es un ejemplo de estos desarrollos, pues en su definición, la fonología tendría como papel central la explicación de la variabilidad y de los patrones que se observan en el comportamiento de los sonidos del habla. Ohala señala que parte de la tarea del fonólogo consiste en la explicación de los patrones en la estructura de los sonidos. En este sentido, el fonólogo se ocuparía del estudio de los factores universales (p. ej., el estudio de las restricciones aerodinámicas de la sonoridad) que originan la variación en la pronunciación y cómo tales diferencias de producción conducen al cambio lingüístico.

El estudio de las restricciones aerodinámicas de la sonoridad propuesto por Ohala es un ejemplo particular de como la fonética tiene un impacto en la fonología de las lenguas a través del cambio lingüístico. Las restricciones aerodinámicas de la sonoridad requieren que las cuerdas vocales se aproximen levemente y a la vez que ocurra flujo de aire a través de ellas. En la producción de los sonidos oclusivos (p. ej., [p], [t], [k]), las condiciones para que exista la sonoridad son escasas. Sin embargo, Ohala explica que este principio no es absoluto y que la expansión del tracto vocal ocasiona la posibilidad de que exista sonoridad en segmentos oclusivos. El término **segmento** se refiere a la mínima unidad que se puede identificar mediante criterios auditivos o acústicos y que coincide con los sonidos. También se utiliza para hacer referencia a la representación mental de los sonidos (fonemas). Tal expansión del tracto vocal ocasiona que la duración de la consonante oclusiva sea menor. Ohala coloca como ejemplo el caso del español en el cual las consonantes oclusivas sonoras (p. ej., [b], [d], [g]) se producen como aproximantes (p. ej., [β], [ð], [ɣ], [aβa] *haba*, [aða] *hada*, [aɣa] *haga*) en posición intervocálica. De esta forma, la pronunciación aproximante de las oclusivas sordas en posición intervocálica tiene una motivación fonética en las restricciones aerodinámicas de la sonoridad.

Con relación al estudio de los sonidos de una lengua, la fonología distingue las unidades mínimas que sirven para crear contrastes semánticos a nivel de la palabra. Por ejemplo, en el caso de las palabras "*fiesta*" ['fjes-ta] y "*siesta*" ['sjes-ta] observamos que se da un contraste entre /f/ y /s/. Recordemos que empleamos los corchetes [ ] para representar que se trata de sonidos y distinguir entre la representación mental del sonido que llamaremos fonema para la cual utilizamos barras // y las letras de la escritura que se distinguen entre comillas " ". Es decir que /f/ y /s/ son unidades mínimas que generan diferencias de significado. Lo mismo se observa con las palabras "*fuma*" ['fu-ma] y "*suma*" ['su-ma] en los que la presencia de un solo sonido diferente crea oposiciones de significado. Cuando un fonólogo analiza una lengua nueva, la identificación de las unidades mínimas funcionales es el primer paso para entender la estructura de esa lengua. La organización de los segmentos en unidades mayores también es una tarea de la fonología. En español, hay secuencias de segmentos que ocurren con mayor frecuencia que otras. Hemos comentado que la combinación CV (consonante, vocal) es una de las más comunes en español (p. ej., *pi-so, pa-la, ca-ro, pe-ra, pi-la*). Las combinaciones del tipo VCC son poco frecuentes en español (p. ej., *ins-ti-tu-ción*). En español son imposibles desde el punto de vista silábico secuencias del tipo CCCV, pero en inglés las encontramos en palabras tales como "*stranger*", "*strong*", "*spray*", "*stray*", "*straw*". Estos ejemplos muestran las restricciones que gobiernan la formación de las sílabas en español.

Hay una serie de aspectos que van más allá del segmento. Se emplea el término **suprasegmental** para definir aquellos fenómenos que afectan a más de un sonido los cuales tienen consecuencias fonológicas. Por ejemplo, el acento se considera un aspecto suprasegmental que genera contrastes de significado entre palabras. En el **capítulo 3** definimos el concepto de acento léxico como la idea general de distinguir el grado de energía que se emplea en la producción de una sílaba. Esa energía, fonéticamente, se refleja en un mayor volumen que ayuda a distinguir entre sílabas tónicas versus átonas. Este es el caso de palabras tales como "*término*" (que se refiere al sustantivo que significa palabra o límite) versus "*terminó*" (que se refiere a una de las conjugaciones del verbo *terminar*). El cambio en la posición del acento tiene la función fonológica de generar contrastes de significado. En las **ilustraciones 4.1** y **4.2** que se muestran abajo, se observa otro tipo de contraste. Se trata de las diferencias que son el producto de la entonación. La **entonación** se refiere a las diferencias de frecuencia que se observan en la curva entonativa. Estas diferencias se asocian con diferentes significados como se demuestran en los ejemplos siguientes donde los cambios de entonación generan contraste entre frases declarativas e interrogativas. El ejemplo en 1 ilustra una frase declarativa la cual posee una curva

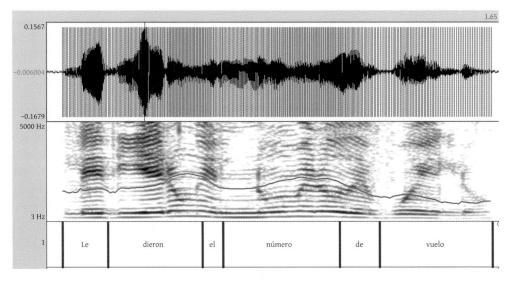

Ilustración 4.1 Curva entonativa de la frase afirmativa "*Le dieron el número de vuelo*".

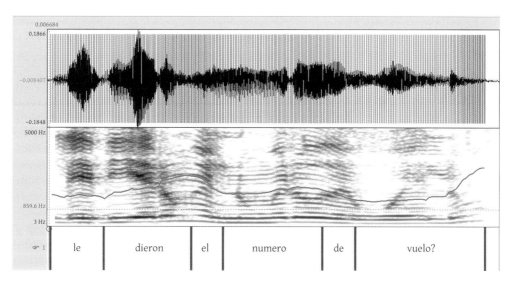

Ilustración 4.2 Curva entonativa de la frase interrogativa "*¿Le dieron el número de vuelo?*".

entonativa descendente a final del enunciado. Contrariamente, en la **ilustración 4.2**, el significado de pregunta se expresa mediante el ascenso de la curva entonativa al final del enunciado.

Los cuatro ejemplos (el segmento, la sílaba, el acento léxico y la entonación) que hemos
presentado en la sección anterior se relacionan con aspectos de la estructura sonora del español en diferentes niveles. En primer lugar, hablamos de los segmentos y de las oposiciones
de significado que se producen al cambiar un solo elemento. El segundo ejemplo muestra las
combinaciones silábicas posibles e imposibles en la lengua española. Se trata de un nivel
superior de organización que implica más de un segmento. En cuanto a los contrastes que se
observan en el nivel suprasegmental, se presentaron ejemplos con relación al acento y la entonación. El hecho de que el acento es móvil en español genera contrastes fonológicos entre
palabras que están compuestas exactamente por los mismos segmentos (p. ej., *ánimo, animo,
animó*). Los cambios en la curva entonativa también fueron ilustrados, empleando el ejemplo
que contrasta los enunciados afirmativos e interrogativos.

Enfoque en la investigación: El valor social de los alófonos

El trabajo de Turnham y Lafford (1995) presenta datos sobre el español hablado en Madrid,
España. La variable que estudian estos autores es la velarización de la /s/ final de sílaba ante consonante velar en casos como "*es que*" ['exke]. El estudio describe tres alófonos o pronunciaciones
diferentes de la /s/ final de sílaba ante consonante velar. Las variantes son las siguientes: 1. la [s̺]
ápico-alveolar, fricativa, sorda, 2. la [x] velar, fricativa, sorda y 3. la omisión completa del sonido [Ø].
La pronunciación velar se considera típica del habla espontánea y es favorecida en conversaciones
con amigos y familiares. Los resultados del trabajo de Turnham y Lafford (1995) indican que las
variantes velarizadas son frecuentes en el habla masculina (21,1%) en comparación con el habla
femenina (9,8%). Así mismo se observa que las variantes elididas son ligeramente más comunes
entre los hombres con (8,3%) que entre las mujeres (5,6%). El estudio también encontró que la
velarización era más común en la conversación que cuando los participantes leían un texto o una
lista de palabras. Este estudio demuestra que las diferentes pronunciaciones asociadas con un
solo segmento pueden desarrollar significados sociales dentro de la comunidad de habla.

Aplicación 4.A: www.wiley.com/go/diaz-campos

3   Herramientas de análisis

En esta sección del capítulo se hace una revisión de conceptos básicos y de aspectos importantes para entender y realizar análisis en fonología. Iniciamos la discusión con una explicación de las diferencias entre fonemas, alófonos y grafemas. Luego comparamos el inventario de fonemas y alófonos del español y por último revisamos las nociones de par mínimo y rasgo distintivo.

Fonemas, alófonos y grafemas

Una de las tareas del fonólogo consiste en identificar cuáles son las unidades sonoras de una lengua y clasificarlas de acuerdo con su valor funcional. Más adelante en el capítulo haremos una distinción entre la representación mental de los sonidos (las unidades abstractas que sirven para generar contrastes, por ejemplo, "*fiesta*" ['fjes-ta] y "*siesta*" ['sjes-ta]) y las diferentes pronunciaciones relacionadas con una misma representación mental (los alófonos). Con el propósito de identificar la distribución de los sonidos y su valor funcional, los fonólogos estudian los contextos fonéticos en los que aparecen. Si los sonidos ocurren en contextos fonéticos diferentes, sin que haya coincidencia ninguna entre dichos contextos, se dice que los sonidos se encuentran en **distribución complementaria**. El hecho de que se encuentren en contextos distintos ayuda a predecir en donde se producen las variantes estudiadas. En estos casos, hablamos de diferentes pronunciaciones de una misma unidad funcional. En la siguiente sección definimos estas diferentes pronunciaciones de una misma unidad como alófonos. En otras palabras, las distintas pronunciaciones de un mismo sonido que pueden variar según el contexto reciben el nombre de **alófonos**. Por el contrario, si los sonidos aparecen en contextos iguales se concluye que hay solapamiento (i.e., comparten los mismos contextos) en la distribución de los sonidos. Adicionalmente, si los sonidos se pueden emplear en la formación de pares tales como "*fiesta*" ['fjes-ta] y "*siesta*" ['sjes-ta] o "*gato*" ['ga-to] y "*pato*" ['pa-to], se puede concluir que se trata de unidades funcionales que reciben el nombre de **fonemas**. Estos pares mínimos indican que existe una oposición entre los fonemas /f/ y /s/, así como entre los fonemas /g/ y /p/. Los fonemas son la representación mental de los sonidos y son las unidades funcionales mínimas que contribuyen a generar contrastes semánticos.

A continuación discutimos con más detalle acerca de tres niveles de representación diferente: (a) la representación mental de los sonidos, (b) las variaciones en la pronunciación de una misma unidad mental y (c) la representación de los sonidos en la ortografía. Anteriormente mencionamos el hecho de que los fonólogos se interesan por el estudio de la forma en la cual los individuos representan mentalmente los sonidos y cómo éstos se organizan en dicha representación mental. Se mencionó que los fonólogos identifican las unidades mínimas que conforman esta estructura y colocamos el ejemplo de "*siesta*" ['sjes-ta] versus "*fiesta*" ['fjes-ta]. El contraste que genera el cambio de un solo segmento en el significado de este par de palabras nos permite concluir que /s/ y /f/ son unidades funcionales. Estas unidades funcionales mínimas que contribuyen a generar contrastes semánticos reciben el nombre de fonemas. Se trata del registro mental que guardan los hablantes de los sonidos de su lengua nativa. Los fonemas no tienen significado implícito. Por ejemplo, los fonemas /m/ y /t/ de manera aislada no significan nada. Sin embargo, cuando se combinan para formar palabras como el caso de los ejemplos "*mapa*" ['ma-pa] versus "*tapa*" ['ta-pa], observamos que la presencia de un solo fonema distinto (i.e., /m/ y /t/) genera una diferencia en el significado de las palabras. "*Mapa*" no sólo contrasta con "*tapa*", sino también con "*capa*" ['ka-pa] o "*papa*" ['pa-pa]. Estos ejemplos indican que /m/, /t/, /k/ y /p/ son fonemas y forman parte del inventario básico de las llamadas unidades mínimas del español. Ejemplos tales como los de "*siesta*" ['sjes-ta] versus "*fiesta*" ['fjes-ta] o "*mapa*" ['ma-pa] versus "*tapa*" ['ta-pa] reciben el nombre de **pares mínimos**. Se trata de dos palabras que tienen una conformación segmental idéntica con la excepción de un fonema. Como se puede observar de los ejemplos presentados, no sólo puede haber pares mínimos, sino también conjuntos mínimos como el caso de "*mapa*" ['ma-pa], "*tapa*" ['ta-pa], "*capa*" ['ka-pa] y "*papa*" ['pa-pa].

El segundo tipo de representación se relaciona con la producción de los sonidos en contextos reales y particulares. Las distintas pronunciaciones de un mismo sonido que pueden variar según el contexto reciben el nombre de alófonos. Por ejemplo, la pronunciación del fonema /g/ puede variar según el contexto que ocupe /g/. En posición inicial absoluta se produce como [g] oclusivo, velar, sonoro como en la palabra "*gato*" ['ga-to]. En cambio, cuando /g/ se encuentra en posición intervocálica se pronuncia como [ɣ] aproximante, velar, sonora como en la palabra "*haga*" ['a-ɣa]. Entre vocales la producción de /g/ se debilita y tal proceso se conoce bajo el nombre de **espirantización**. La espirantización consiste en la pronunciación como aproximantes de los fonemas /b, d, g/ en contextos intervocálicos o cuando están precedidos de consonante no nasal y en el caso de la /d/ de consonante que no sea lateral (p. ej., "esdrújula" [ez-'ðɾu-hu-la]). El fonema /s/ también presenta cambios de pronunciación según el contexto fonético en que se encuentre. La /s/ se puede pronunciar como [z] cuando está seguida por una consonante sonora como en el caso de "*mismo*" ['miz̪-mo], pero en el resto de los contextos se pronuncia como [s] como en el ejemplo de la palabra "*caspa*" ['kas-pa]. Este fenómeno se explica como un proceso de **asimilación de la sonoridad**, pues en el ejemplo de ['miz̪-mo] la [s] adopta la sonoridad de la [m] y se convierte en [z]. Un aspecto importante para destacar es el hecho de que las diferencias de pronunciación que hemos descrito no tienen valor funcional, lo cual quiere decir que no sirven para crear contrastes de significado.

El concepto de **grafema** tiene que ver con la representación ortográfica y no debemos confundir el grafema o letra con los sonidos ni tampoco con los fonemas. Las convenciones ortográficas suelen ser estables en el tiempo y no reflejan los cambios que se producen en el habla. Hay muchas inconsistencias entre la ortografía y el inventario fonético que se emplea en muchas comunidades hispanohablantes. Por ejemplo, en español no existe un sonido labiodental sonoro [v] por lo que palabras como "*vaso*", "*vela*" y "*vuela*" son pronunciadas como ['ba-so], ['be-la] y ['bwe-la]. De esta forma, existe una inconsistencia entre la pronunciación de estas palabras y la ortografía. Otro ejemplo representativo se puede observar en las palabras "*queso*" ['ke-so] y "*casa*" ['ka-sa] en las que las letras "qu" y "c" se pronuncian como [k]. Existen otras inconsistencias entre la ortografía y la fonética española como en el ejemplo de la letra "g" en las palabras "*gato*" ['ga-to] y "*gente*" ['hen̪-te] o ['xen̪-te] en las que el grafema "g" se asocia con tres sonidos diferentes [g] en "*gato*" y [x] o [h] en "*gente*". La conclusión que debemos sacar de estos ejemplos es que existen diferentes niveles de representación y que no debemos confundirlos. Los fonemas constituyen una abstracción de los sonidos en la mente de los hablantes, mientras que los alófonos son la producción real que ocurre en el habla. Los grafemas por su parte constituyen una representación de los sonidos en la escritura.

El inventario fonológico del español

En las páginas anteriores, hemos definido los fonemas como unidades funcionales mínimas que contribuyen a generar contrastes semánticos. Recordemos también que en el **capítulo 3** estudiamos las características de las consonantes según su punto de articulación, su modo de articulación, y la acción de las cuerdas vocales. Estos conceptos serán fundamentales para entender la comparación que presentamos a continuación. El conjunto de tales unidades constituyen el inventario fonológico de la lengua que estemos estudiando. El inventario de fonemas del español se presenta en el **cuadro 4.1** en tanto que el inventario de sonidos se presenta en el **cuadro 4.2**.

Observemos que en la fila superior aparece indicado el punto de articulación. En la primera columna de la izquierda aparece especificado el modo de articulación. La sonoridad se ha

Cuadro 4.1 Inventario de fonemas del español. Los fonemas marcados con ˣ sólo ocurren en ciertas áreas del mundo hispano.

Modo de articulación	Bilabial −	Bilabial +	Labiodental −	Labiodental +	Interdental −	Interdental +	Dental −	Dental +	Alveolar −	Alveolar +	Palatal −	Palatal +	Velar −	Velar +	Uvular −	Uvular +	Glotal −	Glotal +
Oclusivo	p	b					t	d					k	g				
Africado											t͡ʃ	d͡ʒ						
Fricativo				f	θ*				s / s̪*			ʒ / j*	x*		χ*		h*	
Aproximante														w⊕				
Nasal				m						n		ɲ						
Lateral										l		ʎ*						
Vibrante simple										ɾ								
Vibrante múltiple										r								

Punto de articulación

El símbolo − se utiliza para los sonidos sordos y el símbolo + para los sonoros. ⊕ Sonido labio velar.

Cuadro 4.2 Inventario de sonidos del español. Los sonidos marcados con * sólo ocurren en ciertas áreas del mundo hispano.

Modo de articulación	Bilabial −	Bilabial +	Labiodental −	Labiodental +	Interdental −	Interdental +	Dental −	Dental +	Alveolar −	Alveolar +	Palatal −	Palatal +	Velar −	Velar +	Uvular −	Uvular +	Glotal −	Glotal +
Oclusivo	p	b					t	d					k	g				
Africado											t͡ʃ	d͡ʒ						
Fricativo				f	θ*				s / s̪*	z / ř̝ / ř	ʃ / ç*	ʒ / j*	x*		χ*	ʁ*	h*	
Aproximante	ɸ	β						ð				ʝ		ɣ / w⊕				
Nasal		m		ɱ		n̪		n̪		n		ɲ		ŋ				
Lateral						l̪		l̪		l		ʎ*						
Vibrante simple										ɾ / ř								
Vibrante múltiple										r								

Punto de articulación

El símbolo − se utiliza para los sonidos sordos y el símbolo + para los sonoros. ⊕ Sonido labio velar.

indicado mediante el símbolo (−) para los sonidos sordos y (+) para los sonidos sonoros. El cuadro de fonemas del español incluye 22 consonantes y 5 fonemas vocálicos. Algunos fonemas aparecen marcados debido a que se encuentran en variedades dialectales específicas. Por ejemplo, los fonemas /θ/, /ʎ/ y /χ/ son característicos del español peninsular en la pronunciación de términos tales como "*cielo*" ['θje-lo], "*llave*" ['ʎa-βe] y "*jamás*" [χa'-mas] respectivamente. El fonema /ʒ/ se registra en el Río de la Plata en ejemplos tales como "*ensayo*" [en-'sa-ʒo] o "*llama*" ['ʒa-ma]. El fonema velar, fricativo, sordo /x/ (p. ej., "*jamás*" [xa'-mas]) se toma como la representación común que comparten varios dialectos entre los cuales se incluiría México, Perú y Argentina (consulta Hualde 2005, p. 49). El fonema glotal, fricativo, sordo /h/ es característico de dialectos del español hablados en el Caribe, Sur y Centro América y el sur de España (consulta Hualde 2005, p. 50). Recordemos que el término glotal hace referencia a los sonidos que se producen en la glotis donde se encuentran las cuerdas vocales. En comparación, el inventario de sonidos es más amplio. Hemos incluido 35 sonidos entre los cuales se incluyen variantes alofónicas comunes y algunos fenómenos regionales ampliamente conocidos. Sobre estos temas profundizaremos en el capítulo dedicado a la variación regional (**capítulo 6**).

Enfoque en la investigación: La adquisición de la fonología en la primera lengua

Macken (1996) explica las propuestas de Roman Jakobson (1896–1983), un famoso e influyente lingüista ruso-norteamericano, en cuanto al orden de adquisición de los sistemas fonológicos según patrones universales. La idea central de acuerdo con Jakobson es que las unidades que generan contrastes máximos se adquieren primero. Macken ejemplifica este principio mediante la propuesta siguiente: la consonante óptima desde el punto de vista contrastivo sería /p/ bilabial, oclusiva, sorda y la vocal óptima sería la /a/ baja, central, no redondeada. En una primera etapa, los niños producirían primero estos segmentos considerados de mayor contraste. En una segunda etapa aparecería el contraste entre /p/ bilabial, oclusiva, sorda y /m/ bilabial, nasal, sonora. En este caso se observa el contraste entre el fonema oral /p/ y el fonema nasal /m/. La tercera etapa implicaría la aparición en el inventario del niño del contraste entre /p/ bilabial, oclusiva, sorda y /t/ dental/alveolar, oclusiva, sorda. La última etapa implicaría la aparición del contraste entre /m/ bilabial, nasal, sonora y /n/ alveolar, nasal, sonora. De esta forma, el inventario inicial del niño estaría compuesto de las consonantes /p, t, m, n/. La investigadora también destaca otras predicciones basadas en la teoría de Jakobson según la cual las consonantes oclusivas se adquieren primero que las fricativas, los sonidos anteriores se adquieren antes que los sonidos posteriores, y los fricativos antes que los africados. En muchas investigaciones, según Macken (1996: 676), se ha demostrado que las siguientes lenguas muestran los patrones esperados de adquisición: inglés, francés, noruego, español, griego, entre otras.

 Aplicación 4.B: www.wiley.com/go/diaz-campos

Los pares mínimos y los rasgos distintivos

El concepto de par mínimo y conjunto mínimo fue explicado con antelación. Se trata de dos palabras que tienen una conformación segmental idéntica con la excepción de un fonema (p. ej., *pala* ['pa-la] versus *bala* ['ba-la]; *mapa* ['ma-pa] versus *papa* ['pa-pa], *cala* ['ka-la] versus *gala* ['ga-la], etc.). En cada uno de estos casos observamos la oposición entre los fonemas /p/ versus /b/, /m/ versus /p/ y /k/ versus /g/. El **cuadro 4.3** presenta la descripción articulatoria de cada fonema así como los rasgos distintivos que producen la oposición entre los fonemas en cada ejemplo.

Como se puede apreciar en el cuadro lo que produce la diferencia entre la oposición entre /p/ y /b/ es el rasgo articulatorio sordo versus sonoro. En el caso de los fonemas /m/ y /p/, la oposición se relaciona con el modo de articulación (p. ej., nasal versus oclusivo [oral]) y la sonoridad (p. ej., sordo versus sonoro). En el ejemplo de /k/ y /g/ también la sonoridad

Cuadro 4.3 Descripción de las oposiciones fonémicas entre /p/ versus /b/, /m/ versus /p/ y /k/ versus /g/.

Oposición	Descripción articulatoria	Rasgo distintivo
['pa-la] versus ['ba-la]	/p/ bilabial, oclusivo, sordo	Sordo versus sonoro
	/b/ bilabial, oclusivo, sonoro	
['ma-pa] versus ['pa-pa]	/m/ bilabial, nasal, sonoro	Nasal versus oclusivo (oral)
	/p/ bilabial, oclusivo, sordo	Sordo versus sonoro
['ka-la] versus ['ga-la]	/k/ velar, oclusivo, sordo	Sordo versus sonoro
	/g/ velar, oclusivo, sonoro	

constituye el rasgo distintivo. Los ejemplos que presentamos nos permiten concluir que el **rasgo** o **rasgos distintivos** son las diferencias de modo, punto o sonoridad entre dos o más fonemas. En los marcos teóricos donde se empleó inicialmente esta idea, los rasgos eran concebidos de manera binaria. Por ejemplo, el rasgo nasal sería definido como [± nasal] y la sonoridad como [± sonoro]. El conjunto de rasgos incluidos para describir los fonemas de una lengua eran organizados como una matriz en la que se contrastaban las unidades del inventario fonológico. Estas diferencias de rasgos son las que definen cada fonema como unidades discretas y particulares en relación con el conjunto de fonemas de la lengua que se trate. Es decir, los rasgos articulatorios que son diferentes nos permiten definir las relaciones que establece un fonema con el resto y, en este sentido, el estudio de los fonemas según sus rasgos nos permite descubrir cómo se organiza la estructura sonora de la lengua.

Los sonidos se pueden agrupar en clases naturales. Las **clases naturales** están constituidas por sonidos que comparten por lo menos un rasgo en común ya sea su punto de articulación, su modo de articulación o su sonoridad. Por ejemplo, las oclusivas, las fricativas y las africadas se producen mediante cierta obstrucción del paso del aire y, por eso, forman el grupo de las **obstruyentes**. Otro ejemplo es el llamado grupo de las consonantes velares sordas que incluye en español [k x]. Los **procesos fonológicos** son un tipo de fenómeno que revelan un comportamiento simétrico y que suelen afectar a todos los miembros de una misma clase natural. Por ejemplo, en el caso del proceso de espirantización, los sonidos [b d g] se consideran parte de una clase natural y todos se ven afectados por la misma regla que se explicó anteriormente en este capítulo.

Enfoque en la investigación: Cambios en los rasgos distintivos. El caso de la /r/ posterior en el español de Puerto Rico

En el español de Puerto Rico existe una variante de la vibrante múltiple /r/ que se produce como una fricativa sorda velar [x], uvular [χ] o glotal [h] (Graml, 2009). Estas diferentes realizaciones se conocen como la /r/ posterior. Esto implica que la /r/ posterior se puede confundir (neutralizar) con el fonema /h/ porque comparten producciones similares: la producción glotal. Se ha planteado que estos sonidos están completamente neutralizados (Dillard, 1962). Sin embargo, no existían estudios que apoyaran esta hipótesis. Esto motivó a Delgado-Díaz y Galarza (2015) a investigar cómo los puertorriqueños perciben la /r/ posterior en comparación con la /h/. Los resultados de esta investigación demostraron que estos sonidos no están neutralizados por completo. Estos investigadores encontraron una neutralización posicional (i.e., la pérdida de distinción ocurre según la posición que ocupen los sonidos en la palabra). La /r/ posterior y /h/ se neutralizan en posición inicial absoluta (#_) (p. ej., Ramón, jamón) pero se distinguen en posición intervocálica (V_V) (p. ej., parra, paja). Delgado-Díaz y Galarza plantearon que el rasgo distintivo de estos sonidos es la sonoridad. La /r/ posterior y /h/ son sordas en posición inicial absoluta. Por el contrario, en posición intervocálica la /r/ posterior se mantiene sorda mientras que /h/ se sonoriza [ɦ].

 Aplicación 4.C: www.wiley.com/go/diaz-campos

4 Preguntas formales

En esta sección estudiamos el concepto de regla fonológica y ejemplificamos su uso a través de la asimilación del punto de articulación de las nasales cuando se encuentran en posición final de sílaba. La formalización del fenómeno se ilustra mediante la aplicación de diferentes modelos que reflejan la evolución de los estudios fonológicos acerca del español. La asimilación de nasales ha sido un tópico de interés para los fonólogos del español y nos ayuda a mostrar como el mismo fenómeno se puede formalizar en diferentes teorías. La primera teoría es el modelo lineal que representa los desarrollos teóricos de los años 70. Luego revisamos una teoría reciente, la teoría de la optimidad.

Las reglas fonológicas

La fonología contemporánea ha desarrollado formas para dar cuenta de las regularidades que se dan en la estructura de las lenguas. Las **reglas fonológicas** son un mecanismo para describir generalizaciones sobre la relación que tienen los sonidos como parte de un sistema. Las reglas sirven para representar los cambios que experimentan ciertos fonemas en algunos contextos. Por ejemplo, las nasales en posición final de sílaba asimilan el punto de articulación de la consonante siguiente (p. ej., "*cambio*" ['kam-bjo], "*monto*" ['mon̪-to], "*conga*" ['koŋ-ga]). En estos casos, la nasal se convierte en bilabial en la palabra "*cambio*", dental en la palabra "*monto*" y velar en la palabra "*conga*" debido a que [b] es bilabial, [t] es dental y [g] es velar. La espirantización es otro ejemplo de una regla fonológica en español. Recordemos que la espirantización consiste en la pronunciación aproximante de los fonemas /b d g/ en contextos intervocálicos o cuando están precedidos de consonante no nasal y en el caso de la /d/ de consonante que no sea lateral (p. ej., [ez-'ðɾu-hu-la]). En las primeras versiones de la teoría generativa se empleaba una notación especial para reflejar las descripciones de una manera clara y precisa.

La regla propuesta en la **ilustración 4.3** se lee de la siguiente manera: el fonema /A/ se transforma (cambia) en el alófono [B] en el contexto fonético final de sílaba ___$. Recordemos que los fonemas se representan con barras (i.e., //). La flecha indica el cambio que experimenta el fonema, es decir, el fonema /A/ se pronuncia como [B] y la última parte representa el contexto en el que se da ese cambio (i.e., / ___$ que significa en final de sílaba). Las reglas fonológicas captan generalizaciones que ayudan a establecer conexiones entre la representación mental que existe en la competencia lingüística del hablante (i.e., llamada técnicamente la **representación subyacente**) y la pronunciación real del ítem en el habla (i.e., conocida como la **representación superficial**). En el **cuadro 4.4** se presenta un ejemplo de cómo se deriva la representación superficial de las palabras "*cambio*", "*canto*" y "*conga*" mediante la aplicación de la regla de asimilación de punto de articulación.

Ilustración 4.3 Representación de las reglas fonológicas en modelos generativos iniciales.   /A/ ⟶[B] / ___ $

Cuadro 4.4 Derivación de las palabras /ˈkanbjo/, /ˈkanto/, /ˈkonga/ (asimilación del punto de articulación de las nasales).

Representación Subyacente	/ˈkanbjo/	/ˈkanto/	/ˈkonga/
Asimilación de punto de articulación	[ˈkambjo]	[ˈkan̪to]	[ˈkoŋga]
Representación Superficial	[ˈkambjo]	[ˈkan̪to]	[ˈkoŋga]

Esta formulación de reglas sencillas ha variado con el tiempo según diferentes versiones de la **teoría generativa** (i.e., es una teoría propuesta por el lingüista norteamericano Noam Chomsky en la que se propone una perspectiva universal de la gramática que incluye la fonología, la sintaxis y la semántica). En los siguientes párrafos explicamos la naturaleza de las reglas fonológicas en diferentes modelos mediante el ejemplo de la asimilación del punto de articulación de las nasales en posición final de sílaba.

En los párrafos anteriores hemos explicado el proceso mediante el cual las nasales asimilan el punto de articulación de la consonante que le sigue. En el **cuadro 4.5** presentamos más datos para demostrar claramente el fenómeno.

Los datos indican de manera sólida el proceso de **coarticulación** que se observa entre la consonante siguiente y el punto de articulación de la nasal. Es decir, en la palabra "*canguro*" la nasal [ŋ] es velar debido a que toma el punto de articulación de la consonante [g], la cual es velar también. De manera un tanto breve explicaremos ahora la representación de este proceso en términos de la teoría fonológica. El propósito de la teoría fonológica es establecer generalizaciones mediante el uso de herramientas formales para describir los fenómenos que afectan el sistema fonológico de una lengua. La primera formalización de la regla de asimilación del punto de articulación de las nasales fue propuesta por Harris (1969, 1970) siguiendo el modelo de las reglas lineales para esa época. Se trata de una regla que sigue el modelo propuesto en la **ilustración 4.3**. Se describe como un fonema representado entre barras que se convierte en un cierto alófono en un contexto fonético particular. El modelo también incluye la descripción de los sonidos nasales según una serie de rasgos distintivos entre los que se incluyen los siguientes: coronal, anterior, posterior y distribuido como se observa en el **cuadro 4.6**. Chomsky y Halle (1968) definen los sonidos **coronales** como aquellos que se producen mediante el movimiento

Cuadro 4.5 Ejemplos de asimilación del punto de articulación de la consonante siguiente en el caso de las nasales en posición final de sílaba.

Transcripción/Ortografía	Alófono	Consonante siguiente
[ˈam-bos] "ambos"	[m] bilabial	[b] bilabial
[koɱ-ˈfiaɾ] "confiar"	[ɱ] labiodental	[f] labiodental
*[en̪-ˈθje-ro] "encierro"	[n̪] interdental	[θ] interdental
[den̪-ˈtal] "dental"	[n̪] dental	[t] dental
[en-se-ˈɲaɾ] "enseñar"	[n] alveolar	[s] alveolar
[ˈkoɲ-t͡ʃa] "concha"	[ɲ] palatal	[t͡ʃ] alveopalatal
[kaŋ-ˈgu-ɾo] "canguro"	[ŋ] velar	[g] velar

* Indica documentado en el centro-norte de España

Cuadro 4.6 Matriz de rasgos propuesta por Harris (1970) para describir las nasales (adaptado de Harris 1970, p. 35).

	Bilabial [m]	Labiodental [ɱ]	Dental [n̪]	Alveolar [n]	Palatal [ɲ]	Velar [ŋ]
Coronal	−	−	+	+	+	−
Anterior	+	+	+	+	−	−
Posterior	−	−	−	−	−	+
Distribuido	+	−	−	+	+	+

Origen: Harris (1970). Reproducido con el permiso de DeGruyter.

ascendente (hacia arriba) del predorso de la lengua (incluyendo el ápice) como en el caso del sonido [t] que se produce con el ápice en contacto con los dientes. Los sonidos que se clasifican como **anteriores** son aquellos que se producen con una oclusión antes de la región palato-alveolar (p. ej., como en el caso de [p] que se produce con una oclusión en la región bilabial). Los sonidos **posteriores** se producen mediante el alzamiento del postdorso de la lengua como en el caso de [k] donde el postdorso de la lengua entra en contacto con el velo del paladar. El rasgo **distribuido** describe la amplitud de la zona de contacto. Los sonidos distribuidos se producen con una constricción amplia en la misma dirección de la salida del aire. De esta forma, la [m] se considera distribuida, mientras la variante dental [n̪] se considera no distribuida. Observemos la caracterización de las nasales según los rasgos distintivos propuestos por Harris (1970, p. 35) en el **cuadro 4.6**.

Sobre la base de esta matriz de rasgos Harris (1970) puede distinguir los diferentes alófonos nasales que ocurren en español y propone la siguiente regla para captar el proceso de asimilación del punto de articulación:

La **ilustración 4.4** es una representación formal que explica la existencia de grupos consonánticos homorgánicos (i.e., tanto la nasal como la consonante siguiente tienen el mismo punto de articulación) cuando una nasal en posición final de sílaba adopta el punto de articulación de la consonante que le sigue. Los rasgos incluidos en la regla sirven para captar que la nasal adopta el punto de articulación de la consonante siguiente en posición final de sílaba. Por ejemplo, si la consonante siguiente es coronal la nasal adopta este rasgo, por el contrario, si la consonante siguiente es posterior la nasal asimila este rasgo.

En un análisis más reciente se formaliza el mismo fenómeno de asimilación de punto de articulación mediante el empleo de un conjunto de restricciones universales bajo el marco de la

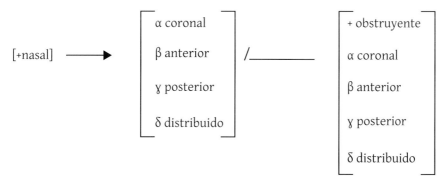

Ilustración 4.4 La regla de asimilación de punto de articulación de nasales según Harris (1970, p. 36) Origen: Harris (1970). Reproducido con el permiso de DeGruyter.

Cuadro 4.7 (Tableau) del proceso de asimilación de punto de articulación de las nasales en español (adaptado de Piñeros 2006, p. 154).

Entrada /infekta/	Max^Obstr (Punto)	Max^Ataque (Punto)	Concordancia (Punto)	Max(Punto)	Uniformidad
a. [in-ˈfek-ta]			**!		
b. [in-ˈsek-ta]		*!	*	*	*
c. [iɱ-ˈfet-ta]	*!			**	**
☞ d. [iɱ-ˈfek-ta]			*	*	*

teoría de la optimidad. Se trata de una teoría fonológica que explica la obtención de una forma superficial mediante el análisis de la forma subyacente sobre la base de restricciones universales jerarquizadas que son específicas a cada lengua (Nuñez-Cedeño, Colina, & Bradley, 2014). Esto quiere decir que se explica la salida de una entrada mediante el análisis de restricciones universales, como se muestra en el **cuadro 4.7**. Piñeros (2006) propone que la asimilación es producto de una restricción universal que requiere que dos segmentos compartan rasgos (en este caso de punto de articulación). Esta restricción universal recibe el nombre de **Concordancia**, la cual se satisface mediante la violación de las restricciones de identidad (i.e., fidelidad) entre la representación subyacente y la representación superficial. En términos muy generales, la teoría de la optimidad ofrece un modelo universalista que permite generar las variantes posibles de una expresión lingüística mediante el mecanismo denominado **generador (GEN)**. Estas variantes se ven sujetas a una serie de restricciones universales (**CON**, este término proviene de la palabra inglesa "constraint", en español se traduce como "restricción") que controlan la buena formación de los enunciados. Tales restricciones se basan en principios de simplicidad y eficiencia. Las restricciones generalmente reflejan tendencias de fidelidad entre la entrada (representación subyacente) y la salida (representación superficial) y otros patrones universalistas de marcadez. La **marcadez** hace referencia a estructuras que son complejas, menos naturales y poco frecuentes. El último mecanismo que forma parte de la teoría es la **evaluación (EVAL)**, el cual permite la selección de la variante óptima según el ordenamiento de las restricciones universales propuestas. La obtención de las formas óptimas se ejemplifica mediante el uso de cuadros conocidos técnicamente como *tableaux*. Veamos a continuación las restricciones que propone Piñeros (2006, p. 152–153) para explicar el proceso de asimilación.

Concordancia (Punto de articulación): Los miembros de un grupo consonántico deben concordar en cuanto a rasgos de punto de articulación

Max (Punto de articulación): Los rasgos de punto de articulación en la entrada deben preservarse en la salida.

Max^Ataque (Punto de articulación): Los segmentos del ataque (las consonantes que aparecen antes del núcleo silábico) deben preservar los rasgos de punto de articulación de su entrada en la correspondiente salida.

Max^Obstr (Punto de articulación): Los rasgos de punto de articulación de los sonidos obstruyentes en la entrada deben preservarse en la salida.

Uniformidad: Las unidades de la entrada se deben corresponder una a una con las unidades de la salida.

La formalización que vemos en el **cuadro 4.7** incluye los siguientes aspectos. En la primera columna aparece la entrada (i.e., la representación subyacente) la cual está entre barras para indicar que es el registro mental que tiene el hablante de la palabra. Las formas que corresponden a las producciones posibles (i.e., representación superficial) se presentan entre corchetes al lado de las letras a, b, c, y d. El candidato óptimo, es decir, la producción obtenida de la jerarquía de restricciones propuesta se marca con el símbolo ☞. En la fila superior se colocan las restricciones según su orden de importancia. De esta forma las restricciones $\text{Max}^{\text{Obstr}}$(Punto) y $\text{Max}^{\text{Ataque}}$(Punto) están por encima de la Concordancia (Punto). La línea sólida que separa la restricción Concordancia (Punto) indica su menor importancia en la jerarquía. Sin embargo, la línea discontinua indica que no hay orden específico entre $\text{Max}^{\text{Obstr}}$(Punto) y $\text{Max}^{\text{Ataque}}$(Punto). La misma generalización aplica a las tres últimas restricciones de la jerarquía. Esta jerarquía es particular al proceso de asimilación de punto de articulación de las nasales que describimos en este momento. Las diferencias entre jerarquías reflejan distinciones importantes que se observan en las gramáticas de las lenguas. Los asteriscos (i.e., *) indican que las variantes de pronunciación, mejor conocidas como **candidatos** en el argot técnico, violan la restricción universal que se ha marcado. Dos asteriscos indican dos violaciones de la misma restricción en el mismo candidato. El símbolo (!) indica que se ha cometido una violación crucial que descarta el candidato por completo. La zona sombreada en gris indica que estas violaciones ya no son relevantes puesto que estos candidatos violan restricciones de jerarquía más alta. Según lo que hemos explicado los candidatos a, b y c violan restricciones de alta jerarquía [i.e., Concordancia (Punto), $\text{Max}^{\text{Ataque}}$(Punto) y $\text{Max}^{\text{Obstr}}$(Punto)]. Por este motivo resulta elegido como óptimo el candidato d (i.e., [iŋ-ˈfek-ta]). Ésta es la producción de la palabra que refleja la selección de los hablantes nativos.

En resumen, el ejemplo de las nasales en español en posición final de sílaba nos permite comparar dos modelos diferentes de formalización. Las diferentes propuestas reflejan los argumentos descritos en marcos teóricos viejos y nuevos y como el mismo fenómeno se describe mediante el empleo de argumentos que son útiles para la descripción de cualquier lengua donde se observen las mismas tendencias.

Es importante resaltar los siguientes puntos de esta sección: primeramente, hemos estudiado acerca de cómo las nasales asimilan el punto de articulación de la consonante siguiente. Asimismo, hemos estudiado el concepto de regla que consiste en proponer una generalización para describir fenómenos lingüísticos. Hemos visto diferentes modelos para formalizar estas generalizaciones sin entrar en lujo de detalle.

Aplicación 4.D: www.wiley.com/go/diaz-campos

La lingüística cognoscitiva

El propósito de esta sección que hemos denominado lingüística cognoscitiva consiste en presentar tratamientos alternativos a los fenómenos lingüísticos. Por este motivo se provee una introducción al tema y a algunos conceptos fundamentales, así como ejemplos particulares para ilustrar el análisis que se propone.

El estudio de los fenómenos del español y de otras lenguas también se ha hecho considerando otras perspectivas que se pueden enmarcar como parte de las tendencias que se enfocan en la lingüística cognoscitiva y la gramática de las construcciones (i.e., construcciones lingüísticas). La **lingüística cognoscitiva** concibe el lenguaje como una parte más de los procesos cognoscitivos generales que permiten a los seres humanos procesar la información a partir de la percepción, la categorización y el conocimiento previo. El lenguaje, según este enfoque, es una de las capacidades que nos permite procesar y expresar información y, a la vez, desarrollar conocimiento. El lenguaje es el vehículo que nos permite simbolizar los contenidos que queremos transmitir. Las unidades lingüísticas de acuerdo con esta visión de la lengua se almacenan según semejanzas de forma y contenido y fundamentalmente según nuestra experiencia lingüística. Un ejemplo reciente que analiza los fenómenos lingüísticos desde el punto de vista cognoscitivo es el trabajo de Bybee (2010). Recordemos los principios generales que estudiamos en **capítulo 1** (Sección 3). En su propuesta la autora argumenta que los procesos de dominio cognoscitivo general contribuyen en la descripción y la explicación del lenguaje. En particular, Bybee (2010) plantea que la categorización, la agrupación (y re-análisis de las estructuras), la automatización neuromotora, la memoria, la inferencia y la analogía son procesos cognoscitivos centrales en la formación de la gramática. Veremos algunos ejemplos particulares en los siguientes párrafos. A diferencia de lo que se plantea en otros enfoques, la estructura lingüística se derivaría de procesos cognoscitivos generales como los mencionados anteriormente.

El concepto de **gramática basada en el uso** se asocia con las tendencias que analizan la gramática como un producto de la organización cognoscitiva de la experiencia lingüística (Bybee 2010, p. 8). El término gramática basada en el uso fue empleado por primera vez por Langacker (1987), quien argumenta que la fuente de origen de las unidades lingüísticas proviene de las instancias de uso específicas. De esta forma la estructura gramatical surge del uso particular de ciertas configuraciones que ocurren con una frecuencia suficiente como para convertirse en rutinas cognoscitivas (Langacker 2008, p. 220). La variación en el uso de estructuras específicas se considera que tiene un impacto directo en la representación cognoscitiva y en la formación de la estructura gramatical.

Algunos de los principios básicos que propone Bybee (2003) como parte de su descripción de la gramática basada en el uso son los siguientes:

- La experiencia lingüística de los individuos tiene un efecto directo en la representación cognoscitiva de la gramática. El modelo predice que las construcciones de alta frecuencia poseen una representación cognoscitiva robusta, lo cual significa que se pueden procesar y reproducir de manera fácil.
- La representación cognoscitiva de las lenguas está sujeta a los mismos procesos mentales que se emplean en la percepción de otros objetos en la realidad. Esto quiere decir que nuestra capacidad lingüística está ligada a la forma en cómo nuestro cerebro procesa cualquier tipo de información. Veamos el ejemplo en la **ilustración 4.5**.

La **ilustración 4.5** muestra una categorización de los pájaros según la cual el petirrojo se consideraría como el centro del prototipo, es decir, el pájaro prototípico (emplearemos más adelante la terminología de ejemplar) para la especie, mientras que los avestruces y los pingüinos serían más lejanos en cuanto a las características que se consideran comunes entre los pájaros. En otras palabras, el centro del ejemplar se indica con el círculo más oscuro el cual contiene la categoría petirrojo. El resto de las especies no son centrales.

- La categorización de las unidades lingüísticas se basa en las relaciones de identidad y semejanza entre ellas.
- La representación mental de las construcciones lingüísticas es la base fundamental sobre la cual los hablantes establecen generalizaciones de forma y contenido.
- Las relaciones de forma y significado entre las unidades léxicas proveen la información que el hablante emplea para la identificación de construcciones menores en diferentes niveles. Por ejemplo, la relación que se establece entre las palabras *zapatero*, *carnicero*, *carpintero*, *herrero*, etc., le permite el hablante suponer que la terminación *-ero* es indicativa del oficio que hace una persona.
- El conocimiento gramatical implica los procedimientos que permiten la producción e interpretación de las unidades lingüísticas.

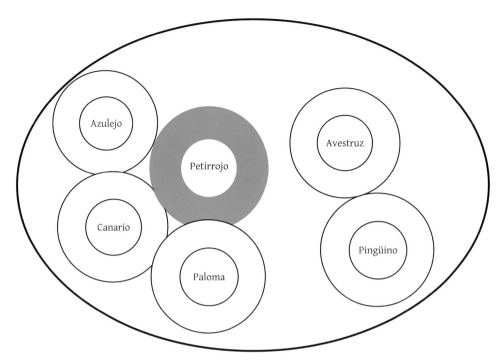

Ilustración 4.5 Representación prototípica de la categoría "pájaros".

La representación de las unidades sonoras como ejemplares

Con respecto a la fonología, la gramática basada en el uso propone que la experiencia lingüística tiene un papel fundamental en la formación y el contenido del sistema de sonidos de una lengua. Estas ideas se relacionan directamente con la **teoría de ejemplares,** la cual sostiene que cada producción de las unidades lingüísticas es almacenada (guardada en la memoria) en asociación con otras unidades que comparten semejanzas en forma y contenido. En el centro de la representación ejemplar, se encuentra la variante más frecuente, mientras que las variantes menos frecuentes formarían parte de los márgenes. Brown (2009) presenta un ejemplo en el que ilustra la representación mediante un esquema de ejemplares basado en la producción de la /s/ final de sílaba. Brown (2009, p. 15) explica la producción de la /s/ final de sílaba en un dialecto en el que la reducción de este segmento es baja. El autor incluye 4 variantes: [s] alveolar, fricativa, sorda; [z] alveolar, fricativa, sonora (esta variante ocurre antes de consonante sonora, por ejemplo, "*más nada*" [ˈmaz-ˈna-ða]); [h] glotal, fricativa, sorda; y la elisión del segmento [ø].

La representación en **ilustración 4.6** incluye las mismas variantes hipotéticas que se describieron anteriormente. Estas variantes son las posibles pronunciaciones del sonido [s] en posición final de sílaba en la palabra "*más*" en diferentes contextos. Las variantes se repiten para representar el hecho de que la misma palabra aparece en diferentes agrupaciones. La idea es que estas son las producciones del sonido [s] con las cuales el hablante tiene experiencia en situaciones concretas, es decir, éstas son las pronunciaciones que escucha el hablante de otros miembros de la comunidad de habla y, a la vez, son las que él o ella emplea en situaciones regulares de conversación. De esta forma nuestra memoria fonológica guarda información detallada y específica que depende de las unidades léxicas en las que aparece el sonido [s], en este caso en particular. Los ejemplares incorporan detalles que incluyen el contexto fonético, el contexto morfológico, el significado y la pragmática e información sobre los factores del

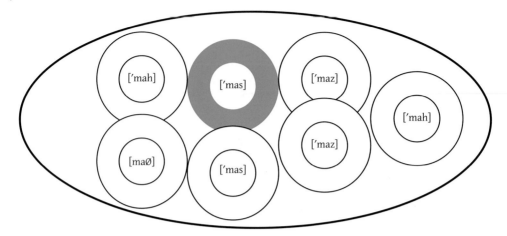

Ilustración 4.6 Representación del ejemplar de "*más*" ['mas] en un dialecto con bajos niveles de elisión de /s/ final de sílaba (adaptada de Brown 2009, p. 15).

entorno social. Estas características son muy importantes, pues contrastan con otras propuestas teóricas de manera sustancial en las que las unidades sonoras se estudian de manera aislada como, por ejemplo, el concepto de fonema no implica una red de asociaciones sino que se trata de una abstracción de la representación mental de los sonidos. Como estamos representando lo que ocurren en un dialecto donde se conserva la [s] final de sílaba, el centro del ejemplar se indica con el círculo más oscuro el cual posee la producción ['mas]. El resto de las producciones no son centrales. Nótese que la producción ['maz] aparece a la derecha en una posición más lejana del centro del ejemplar, lo cual significa que se trata de una producción menos común y frecuente. Sin embargo, estas representaciones no son estáticas y pueden cambiar según los patrones de uso. De esta forma si se impone en la comunidad una pronunciación particular, ésta puede desplazar al elemento central del ejemplar. Veamos la misma representación de la /s/ final de sílaba para un dialecto con una tasa alta de aspiración (**ilustración 4.7**).

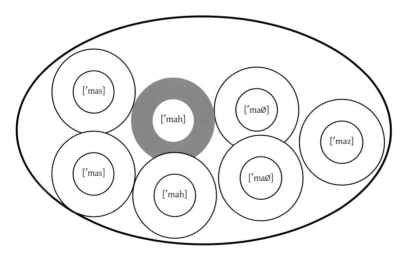

Ilustración 4.7 Representación del ejemplar de "*más*" ['mah] en un dialecto con altos niveles de aspiración de /s/ final de sílaba.

La **ilustración 4.7** es una abstracción de la representación cognoscitiva que tendría un hablante de un dialecto en el que la aspiración es la variante más común y frecuente. Por este motivo, la producción ['mah] se encuentra como el centro del ejemplar indicado con el círculo más oscuro y el resto de las posibles maneras de pronunciar la palabra se ubican en los márgenes del ejemplar. Hay varias implicaciones que debemos destacar de este tipo de representación. Por una parte, la palabra en la que ocurre el sonido tiene un papel importante debido a que los fenómenos de variación y cambio serían más comunes en las palabras de alta frecuencia donde se observa la automatización de los gestos articulatorios. En la medida en que esta palabra se repite y se emplea en secuencias que son también frecuentes se producen solapamientos y reducciones de los gestos articulatorios. Por ejemplo, la palabra "*más*" que hemos empleado en las representaciones ejemplares anteriores tiene una frecuencia aproximada de seiscientos ochenta y dos mil quinientos ochenta y tres casos (682.583,00) según el Corpus de Referencia del Español Actual (CREA), diseñado y mantenido por la Real Academia Española (http://corpus.rae.es/creanet.html). Esto significa que es una palabra muy frecuente y que la variación que se manifiesta en los dialectos donde se aspira o se elide la /s/ final de sílaba será muy evidente en un caso como la /s/ de la palabra "*más*". En contraste, la ocurrencia de la aspiración o la elisión se daría en menor proporción en la /s/ de la palabra "*tópicos*" la cual tiene una frecuencia de uso de novecientos y dos (902) ocurrencias según CREA. Obviamente éste es solo uno de los factores que contribuye en la propagación de la variación, tema sobre el cual profundizaremos en capítulos subsiguientes. La **ilustración 4.8** presenta el caso de la elisión de la /d/ en posición intervocálica en un dialecto en el que la producción más frecuente es una variante aproximante muy relajada. Las producciones más frecuentes que se incluyen en la representación son las siguientes: [^{ð}] aproximante vocalizada, dental, sonora; [$_{ð}$] aproximante relajada, dental, sonora; [ð] aproximante, dental, sonora; [Ø] elisión total; [:] elisión con alargamiento vocálico.

Debido a que en este dialecto la producción de la /d/ intervocálica es comúnmente debilitada, el centro del ejemplar lo constituye la realización [na^{ð}a]. El resto de las realizaciones forman parte de la periferia del ejemplar. Nuevamente en esta representación se toma como

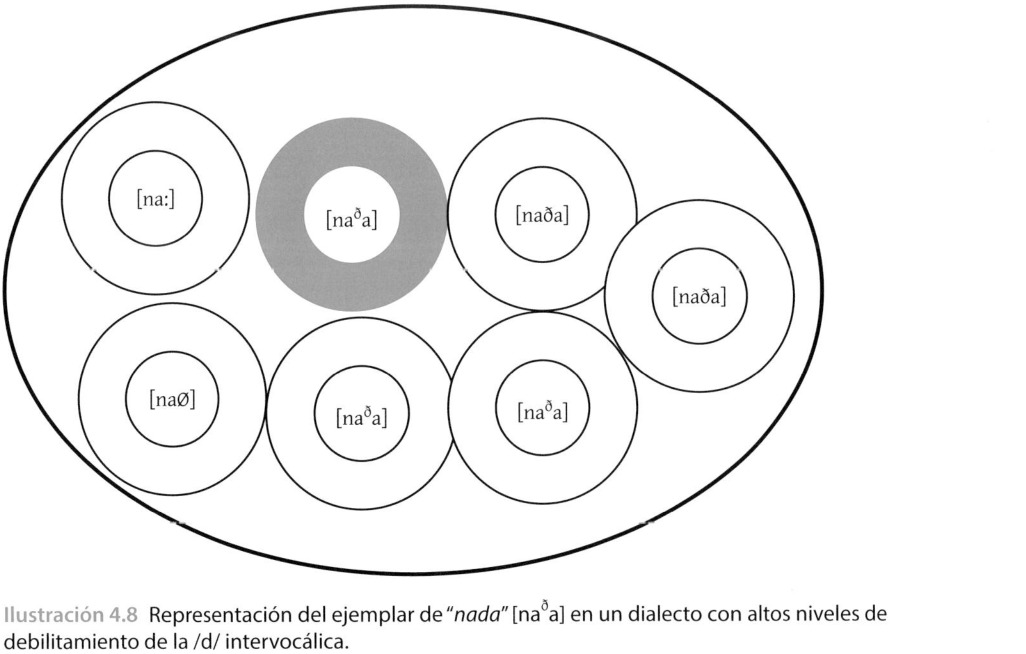

Ilustración 4.8 Representación del ejemplar de "*nada*" [na^{ð}a] en un dialecto con altos niveles de debilitamiento de la /d/ intervocálica.

base la palabra en la que ocurre el sonido y la experiencia del hablante en términos de la frecuencia con la que aparece cada variante en situaciones de habla cotidiana. De esta forma las pronunciaciones que se encuentran lejos del centro del ejemplar se consideran menos comunes. Como explicamos anteriormente, estas relaciones entre el centro del ejemplar y sus márgenes expresan una categorización de tipo esquemática que tiene una estructura prototípica en la que ciertas variantes se consideran centrales en comparación con otras (Bybee 2003, p. 26). En resumen, los ejemplos que hemos explicado anteriormente, sirven para representar la idea de que los hablantes categorizan los sonidos de la misma forma en que perciben otros estímulos. La categorización se basa en la producción real de los sonidos en contextos particulares (p. ej., palabras, grupos de palabras, etc.) y según la frecuencia de uso de estas unidades en contexto. En la siguiente sección profundizaremos un poco más en cuanto a la clasificación que hacen los hablantes según semejanzas tanto de significado como de forma.

Las conexiones de forma y contenido entre las unidades lingüísticas

En la sección anterior hemos descrito algunos de los principios básicos de la gramática basada en el uso. A continuación iniciamos nuestra discusión sobre las conexiones de forma y contenido con un ejemplo del inglés. Más adelante explicamos cómo funcionan los mismos principios con un ejemplo del español. Bybee (2003) explica que los modelos basados en el uso poseen categorías y relaciones que se ven ampliamente afectadas por la naturaleza de los estímulos que escuchamos y las cuales se pueden formalizar mediante el uso de una estructura de relaciones en forma de red. El principio fundamental al que hace referencia este tipo de representación se basa en la idea de que clasificamos las unidades lingüísticas de acuerdo con semejanzas de forma y contenido. La **ilustración 4.9** muestra la red de conexiones que se establece entre las palabras inglesas, "*played*", "*spilled*", "*spoiled*", "*banned*", y "*rammed*".

Las líneas que unen las partes semejantes, que se encuentran entre las palabras, representan relaciones de identidad entre ellas. Se supone que la activación por el uso de cualquiera de estas unidades se expande al resto de las formas que constituyen parte de la red. Estas relaciones son tanto de forma (semejanzas fonológicas) como de contenido (semejanzas semánticas). En el ejemplo todas las unidades lingüísticas incluidas poseen una [d] en su terminación.

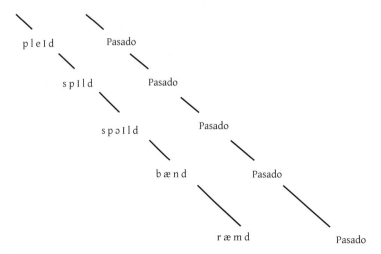

Ilustración 4.9 Conexiones fonológicas y semánticas de las palabras inglesas "*played*", "*spilled*", "*spoiled*", "*banned*", y "*rammed*" (Bybee 2003, p. 23). Origen: Bybee (2003, p. 23). Reproducido con el permiso del Cambridge University Press.

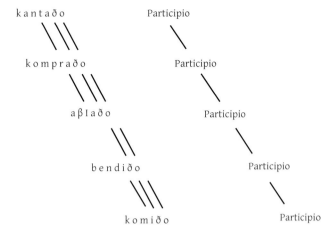

Ilustración 4.10 Conexiones fonológicas y semánticas de las palabras "*cantado*", "*comprado*", "*hablado*", "*vendido*", y "*comido*".

Este elemento fonológico se asocia con significado del pasado. Bybee argumenta que las conexiones paralelas entre forma y contenido ayudan al establecimiento de relaciones morfológicas. De igual forma plantea que este tipo de representación es redundante, pues se almacenan todos los detalles de la pronunciación y el significado en el contexto de uso. Muchas de las unidades lingüísticas son almacenadas varias veces según diferentes contextos de uso.

El ejemplo en la **ilustración 4.10** muestra la relación que se establece entre las formas verbales que terminan en *-ado* e *-ido*. La semejanza en cuanto a la forma fonológica está representada por las líneas que conectan las terminaciones en *-ado* y las terminaciones en *-ido*. El uso de estas formas se asocia con el contenido semántico de los participios. La idea fundamental de las dos ilustraciones que hemos presentado es ejemplificar las conexiones que establece el hablante según la identidad de las unidades lingüísticas de acuerdo con su forma y contenido. Este tipo de representación, según Bybee (2003), ha sido investigada por psicólogos que se encargan del estudio de la percepción del habla. En estos experimentos se ha encontrado apoyo para sugerir que el almacenamiento de la información lingüística depende de la identidad y la semejanza entre las unidades. Específicamente Bybee (2003, p. 21) cita el trabajo de Pisoni (Pisoni, Howard, Nusbaum, Paul, y Slowiaczek 1985) en el cual se describe un experimento sobre la percepción y procesamiento de las palabras. Los resultados de este experimento muestran que los participantes pueden identificar exitosamente las palabras presentadas con interferencias o ruidos cuando éstas están precedidas por unidades lingüísticas que son semejantes en cuanto a su configuración fonológica. La interpretación que supone el resultado de este experimento es que la presencia de elementos semejantes en el estímulo presentado activa las conexiones que el hablante posee en la representación cognoscitiva.

5 Preguntas empíricas

Procesos de gramaticalización: Reducción y frecuencia

El estudio de los efectos de la frecuencia, como se ha planteado en los capítulos introductorios, podría reflejarse de dos formas. Por una parte, las palabras o agrupaciones de alta frecuencia manifiestan procesos de **reducción**. Bybee (2003, 2010) señala que la repetición constante de una estructura tiene como consecuencia la reducción en términos de su forma y contenido. Por ejemplo, si tomamos la palabra "*entonces*" en variedades del español mexicano se produce ['tons] con reducción de las sílabas átonas y suele perder su significado causal y se emplea como marcador discursivo. Se considera que estos procesos se relacionan directamente con la automatización neuromotora. Esas reducciones eventualmente culminan con el reanálisis de las construcciones implícitas en el cambio. Esto quiere decir que las unidades lingüísticas desarrollan otras asociaciones con nuevas funciones comunicativas y, a la vez, una representación cognoscitiva independiente de las partes que componen la construcción. Bybee (2003) cita el ejemplo de la estructura "*going to*" (p. ej., *I am going to work* "voy a trabajar'") la cual se ha reducido a "*gonna*" (p. ej., *I'm gonna work* "voy a trabajar"). El segundo tipo de efecto es el de **conservación** según el cual las estructuras morfosintácticas menos frecuentes se ven sujetas al cambio a partir de patrones más comunes que son de alta frecuencia. Por ejemplo, sería posible pensar en la regularización hipotética de "*sobrepusido*" en lugar de "*sobrepuesto*". En este ejemplo se muestra el participio irregular del verbo "*sobreponer*". "*Sobreponer*" como infinitivo tiene una frecuencia de uso de 32 casos según CREA. La forma de participio *sobrepuesto* tiene una frecuencia de 36 casos según CREA. El ejemplo lo que muestra es la posibilidad de que *sobreponer* siga el patrón regular de formar el participio empleando la terminación *-ido* debido a su baja frecuencia. A continuación nos concentramos en los procesos de reducción puesto que son éstos los que se relacionan directamente con la fonología.

El **cuadro 4.8** muestra algunas tendencias en cuanto al uso de *don't* de acuerdo con las unidades con las cuales se combina.

La forma "*don't*" suele mostrar diferentes variantes en su pronunciación. Las realizaciones descritas en el trabajo de Bybee y Scheibman (1999) incluyen la forma completa ['dont] y tres variantes con diferentes grados de reducción. Las transformaciones consisten en una producción vibrante del sonido obstruyente [d] (i.e., [ɾ]) y la reducción de la vocal [o] en una producción laxa representada como [ə]. Las tendencias que se observan en el cuadro indican que la reducción es más probable cuando la forma "*don't*" se emplea con el pronombre "*I*" y el verbo "*know*" (i.e., *I don't know*). Otras combinaciones menos frecuentes (p. ej., *they don't have to*) muestran un menor grado de reducción. La consecuencia del uso frecuente de la forma "*I don't know*" es que esta construcción adquiere nuevas funciones gramaticales, fenómeno que se conoce como gramaticalización. **La gramaticalización** consiste en el proceso mediante el cual una construcción pierde su significado original y desarrolla una nueva función según el contexto de uso. Debemos recalcar que según los modelos basados en el uso no hay una distinción entre la fonología y la sintaxis como componentes separados tal como ocurre en otros modelos. Esto quiere decir que almacenamos la información fonológica y sintáctica junta

Cuadro 4.8 Variantes de "*I do not know*" según el verbo siguiente y el pronombre precedente, adaptado de Bybee y Scheibman (1999, p. 581, 582).

Verbo siguiente		[dont]	[ɾon]	[ɾən]	[ən]	Pronombre precedente	[dont]	[ɾon]	[ɾən]	[ən]
Know	N	2	8	24	5	I	16	22	38	12
	%	5	20	62	13		18	25	43	14
Think	N	7	6	6	1	You	7	7	0	0
	%	35	30	30	5		50	50	0	0
Have	N	1	7	1	0	We	2	6	0	0
	%	11	78	11	0		25	75	0	0
Have to	N	1	2	1	0	They	1	3	0	0
	%	25	50	25	0		25	75	0	0

Origen: Adaptado de Bybee y Scheibman (1999, p. 581, 582). Reproducido con el permiso de Walter de Gruyter and Company.

al mismo tiempo. Este hecho implica que los cambios sintácticos/semánticos pueden tener efectos en la fonología. Observemos los ejemplos en (1) y (2) sobre el uso de la frase "*I don't know*".

1) I don't know what happened.
2) A: Isn't this the best pizza you've ever had?
   B: I don't know, it's alright.

El ejemplo en (1) muestra que la expresión "*I don't know*" se emplea en un contexto en el que significa que el hablante no sabe la información que se le pide. En contraste, en el segundo ejemplo, no se emplea con el significado de *saber*, sino como un marcador discursivo de carácter mitigador que indica que el oyente no comparte la opinión del hablante. En este contexto la expresión ha adquirido una nueva interpretación.

Un ejemplo de reducción fonética en español es el uso de "*pa*" en lugar de "*para*" en muchas variedades del español. En un estudio sobre el español de Caracas, Venezuela (Díaz-Campos, Fafulas, & Gradoville 2012) se analiza el efecto de la frecuencia de las construcciones en las que aparece "*para*" y su relación con la reducción de esta forma (*pa* vs *para*). La predicción sobre la cual se basa la investigación es que en las construcciones en las que "*para*" aparece más frecuentemente se observaría el uso de variantes reducidas. El estudio presenta resultados en los que se incluyen 3 variables estadísticamente significativas: 1) El significado asociado con la preposición (Meta: *Para comprarse un par de patín Winchester* [hablante CC4MA87[1]], Dirección: *Un campesino se viene pa Caracas* [hablante CB3MB87], Temporal: *En esa empresa trabajé diecinueve años...diecinueve años con...on...once meses para veinte* [hablante CD5MA87], Otros: *Porque tú sabes que los míos están grandes y ya es un problema que viene es para ti* [hablante CB5FA87]); 2) Frecuencia de ocurrencia *para* + palabra siguiente (*Pero él insistía en ir pa la casa* [hablante CB5FD87]) 3) Frecuencia de ocurrencia de palabra + para (*Todavía no he conocido esa zona pa ir pal parque* [hablante CB4FD87]).

Recordemos que la frecuencia de las secuencias en las que aparece "*para*" fue cuantificada para medir el impacto que ésta tiene. En el **cuadro 4.9** la frecuencia muestra sus efectos de dos formas: en primer lugar, las secuencias de *para* + palabra siguiente tiene una magnitud o rango de 55 (mientras mayor es el número, mayor es el impacto). El resultado en términos del peso probabilístico indica que las secuencias más frecuentes, aquéllas que ocurren en los datos de 382–493 veces, son las que muestran tendencia a la reducción. Los pesos son valores que pueden estar entre 0 y 1. Mientras más cercanos al 1 se trata de pesos que favorecen la reducción. En el **cuadro 4.9** se muestran los resultados del análisis de los factores que contribuyen en la reducción de "*para*". El primer factor se refiere al significado de la preposición en el contexto en el cual se emplea. Se observa que cuando el significado es de dirección la reducción es favorecida. En este sentido, el peso de las secuencias con valores entre 382 y 493 casos es de.57, una tendencia que favorece la reducción. El factor de frecuencia que mide las secuencias compuestas por la palabra antecedente + *para* muestra un rango mucho menor de impacto. Sin embargo, las tendencias parecen indicar más reducción que conservación de "*para*" en las secuencias de 4 a 109 casos. Hay que tomar en cuenta que el peso en este caso es de.51, el cual se considera un valor que no favorece ni desfavorece la reducción. Los resultados relacionados con la frecuencia de las secuencias en las que se emplea la preposición "*para*" indican que las hipótesis del modelo basado en el uso son correctas. Las agrupaciones que se emplean comúnmente son más propensas a los procesos de reducción, lo cual podría ser un efecto que sugiere que tales secuencias son más fáciles de acceder y de procesar. La frecuencia de estas secuencias también muestra que el uso tiene un efecto reductivo que responde a los procesos de automatización neuromotora. En cierta medida "*para*" en secuencias con significado direccional muestra un comportamiento semejante a la expresión "*I don't know*" en inglés, pues ambas muestran altos niveles de reducción fonética, así como usos con nuevas funciones.

Cuadro 4.9 Resultados del análisis multivariado sobre los factores que condicionan el uso de "*pa*" en el habla de Caracas (adaptado de Díaz-Campos, Fafulas y Gradoville, 2012, p. 84).

Variable	Peso	% de reducción	Número de casos
Significado de la preposición			
Direccional	.70	58.1%	1720
Meta	.45	32.2%	2947
Temporal	.32	22.0%	259
Otros	.15	9.6%	384
Rango	55		
***Para* + palabra siguiente**			
382–493 casos	.57	46.0%	1261
34–231 casos	.50	39.8%	1953
5–29 casos	.48	35.9%	1061
1–4 casos	.44	29.7%	1021
Rango	13		
Palabra antecedente + *para*			
4–109 casos	.51	42.5%	2228
1–3 casos	.49	35.9%	1690
Rango	2		

Log-likelihood = −3259.977; x^2 cell = 1.6264; p ≤ 0.025
Total de casos = 5310

Enfoque en la investigación: La reducción de la preposición *para* en el portugués de Brasil

En esta sección se mencionó cómo la frecuencia de uso contribuye a la reducción de la preposición *para* en español. Este mismo fenómeno se ha documentado en el portugués de Brasil. Gradoville (2013) investigó la reducción de *para* a *pra* en esta lengua. Gradoville analizó la ocurrencia de las palabras que aparecieron antes (i.e., palabra + para) y después (i.e., para + palabra) de la preposición para dar cuenta de las combinaciones más frecuentes. Entre las combinaciones más frecuentes se encontraron *vou para (voy para)* y *para o (para él)*. Los resultados de esta investigación demostraron que la frecuencia es importante en la reducción de *para*. Hubo más reducción de *para* con las colocaciones anteriores y posteriores más frecuentes. Gradoville propuso que estas colocaciones frecuentes se guardan como trozos en los ejemplares lo que motiva su reducción. Este fenómeno es muy similar al caso de *I don't know* (Bybee & Scheibman, 1999).

Aplicación 4.E: www.wiley.com/go/diaz-campos

Resumen

La primera sección de este capítulo provee una explicación sobre las diferencias que existen entre fonética y fonología. Se planteó que la fonética es una de las ramas de la lingüística la cual se encarga del estudio de tres aspectos: la articulación, las características físicas (i.e., acústicas) y la percepción auditiva de los sonidos. La fonología se encarga del estudio de la estructura de los sonidos. Esto quiere decir que los fonólogos estudian cómo se organiza el inventario de sonidos de una lengua así como de las estructuras mayores (p. ej., la sílaba) que se forman a partir de los sonidos. Estas diferenciaciones que reflejan una clasificación relativamente estricta fueron discutidas de acuerdo con los planteamientos de Ohala (1997), quien propone definiciones más flexibles entre ambas disciplinas. Para Ohala las generalizaciones sobre la estructura sonora de una lengua se relacionan directamente con el análisis de la variación y de los factores universales que propician el cambio. En su visión la fonética tiene un impacto directo en la estructura de los sonidos y el estudio de la variabilidad sería clave para establecer generalizaciones.

En las secciones siguientes se definen conceptos básicos tales como fonemas, alófonos y grafemas y se compara el inventario fonológico con el inventario fonético del español. De igual forma, se discutieron las nociones de par mínimo y rasgo distintivo. Se explicó que los fonemas constituyen una abstracción de los sonidos en la mente de los hablantes, mientras que los sonidos son la producción real que ocurre en el habla. Los grafemas por su parte constituyen una representación de los sonidos en la escritura. En cuanto al inventario fonológico y su comparación con el inventario fonético se hicieron algunas observaciones simples que muestran la mayor variedad de realizaciones concretas y su ocurrencia en ciertas regiones específicas del mundo hispanohablante. Los pares mínimos se definieron como dos palabras que tienen una conformación segmental idéntica con la excepción de un fonema (p. ej., *"pala"* ['pa-la] versus *"bala"* ['ba-la]; *"mapa"* ['ma-pa] versus *"papa"* ['pa-pa], *"cala"* ['ka-la] versus *"gala"* ['ga-la], etc.). En cuanto al rasgo o rasgos distintivos se señaló que se trata de las diferencias de modo de articulación, punto de articulación o sonoridad que permiten establecer una distinción entre dos o más fonemas.

El capítulo también provee una discusión sobre las reglas fonológicas y se ejemplifica la evolución del tipo de representación que se ha utilizado en los estudios de la fonología. El concepto de regla se ilustra mediante el proceso de asimilación del punto de articulación que ocurre en el caso de las nasales en posición final de sílaba. De esta forma se explican las suposiciones teóricas de dos modelos diferentes y el tratamiento particular que se hace de este fenómeno. Las últimas secciones tratan de otros modelos teóricos empleados en el análisis de la fonología española. Se ofrece una introducción general sobre los principios que guían los estudios en lingüística cognoscitiva y se revisan conceptos tales como gramática basada en el uso, teoría de ejemplares, así como las conexiones de forma y contenido que impactan de manera directa nuestra representación cognoscitiva de las unidades lingüísticas. Por último se ofrecen dos ejemplos que ilustran cómo la frecuencia afecta los procesos de reducción fonética.

Lista de términos útiles (en orden de aparición)

Fonología
Fonética
Segmento
Suprasegmental

Accento léxico
Entonación
Alófonos
Fonemas
Pares mínimos
Espirantización
Asimilación de sonoridad
Grafema
Rasgo distintivo
Clases naturales
Obstruyentes
Procesos fonológicos
Regla fonológica
Representación subyacente
Representación superficial
Teoría generativa
Coarticulación
Coronales
Anteriores
Posteriores
Distribuido
Teoría de la optimidad
Concordancia (Restricción fonológica)
Generador (GEN)
Marcadez
Evaluación (EVAL)
Candidatos
Lingüística cognoscitiva
Gramática basada en el uso
Teoría de ejemplares
Reducción
Conservación
Gramaticalización

Ejercicios de práctica: www.wiley.com/go/diaz-campos
Ejercicios de comprensión
Ejercicios de aplicación
Mini-proyecto

Nota

1 El código se refiere a un hablante de Caracas (C), de 46–60 años de edad (C), de nivel socioeconómico medio-bajo (4), de sexo masculino (M), se identifica con la letra (A), la grabación fue elaborada en 1987. Para identificar la edad las opciones son A (14–29 años), B (30–45 años), C (46–60 años), y D (61+). Para el nivel socioeconómico se distingue 1 (alto), 2 (medio-alto), 3 (medio), 4 (medio-bajo), 5 (bajo). El género del hablante se distingue entre sexo masculino (M) y femenino (F).

Para leer más

Colina, S. (2009). *Spanish phonology: A syllabic perspective*. Washington, DC: Georgetown University Press.

Díaz-Campos, M. (1999). Resilabeo y aspiración de /-s/ en posición implosiva en el español de Venezuela. *Boletín de Lingüística*, *14*, 3–17.

Eddington, D. (2004). *Spanish phonology and morphology: Experimental and quantitative perspectives*. Amsterdam: John Benjamins.

Hualde, J. I. (2005). *The sounds of Spanish*. Cambridge: Cambridge University Press.

Nuñez-Cedeno, R., Colina, S., & Travis, B. (2014). *Fonología generativa contemporánea de la lengua española*. Washington, DC: Georgetown University Press.

Referencias

Brown, E. K. (2009). *A usage-based account of syllable- and word-final /s/ reduction in four dialects of Spanish*. Munich: Lincom Europa.

Bybee, J. L. (2003). *Phonology and language use*. Cambridge: Cambridge University Press

Bybee, J. L. (2010). *Language, usage and cognition*. Cambridge: Cambridge University Press.

Bybee, J. L., & Scheibman, J. (1999). *The effect of usage on degrees of constituency: The reduction of don't in English. Linguistics*, *37*(4), 575–596.

Chomsky, N., & Halle, M. (1968). *The sound pattern of English*. New York: Harper and Row.

Delgado-Díaz, G., & Galarza, I. (2015). ¿Qué comiste [x]amón? A closer look at the neutralization of /x/ and velar /r/ in Puerto Rican Spanish. In E. Willis, P. M. Butragueño, & E. Herrera Zendejas (Eds.), *Selected proceedings of the 6th conference of Laboratory Approaches to Romance Phonology* (pp. 70–82). Somerville, MA: Cascadilla Proceedings Project.

Díaz-Campos, M., Fafulas, S., & Gradoville, M. (2012). Variable degrees of constituency: Frequency effects in the alternation of pa vs. para in spoken discourse. En K. Geeslin & M. Díaz-Campos (Eds.), *Selected proceedings of the 14th Hispanic Linguistics Symposium*. Somerville, MA: Cascadilla Proceedings Project.

Dillard, J. L. (1962). Sobre algunos fonemas puertorriqueños. *Nueva Revista de Filología Hispánica*, *16*(3/4), 422–424.

Gradoville, M. (2013). *A comparative usage-based approach to the reduction of the Spanish and Portuguese preposition para* (Tesis de doctorado inédito). Indiana University.

Graml, C. (2009). Puerto, RICO en variación: Variation socio-phonétique et son auto- et hétérosurveillance par les locuteurs –—le cas de la vélarisation du /r/ en espagnol portoricain. (Tesis de doctorado), Ludwig-Maximilians-Universität, Munich.

Harris, J. (1969). *Spanish phonology*. Cambridge, MA: MIT Press.

Harris, J. (1970). Distinctive feature theory and nasal assimilation in Spanish. *Linguistics*, *58*, 30–37.

Hualde, J. I. (1989). Autosegmental and metrical spreading in the vowels harmony system of northwestern Spain. *Linguistics*, *27*, 773–805.

Hualde, J. I. (2005). *The sounds of Spanish*. Cambridge: Cambridge University Press.

Langacker, R. W. (1987). *Foundations of cognitive grammar, Vol. 1: Theoretical prerequisites*. Stanford, CA: Stanford University Press.

Langacker, R. W. (2008). *Cognitive grammar a basic introduction*. Oxford: Oxford University Press.

Macken, M. (1996). Phonological acquisition. In J. A. Goldsmith (Ed.), *The handbook of phonological theory*. Malden, MA: Blackwell.

Navarro Tomás, T. (1968). *Manual de pronunciación española*. Madrid: Consejo Superior de Investigaciones Científicas.

Nuñez-Cedeño, R., Colina, S., & Travis B. (2014). *Fonología generativa contemporánea de la lengua española*. Washington, DC: Georgetown University Press.

Ohala, J. J. (1997). *Phonetics in phonology*. Proceedings of the 4th Seoul International Conference on Linguistics (SICOL) 11–15 Aug. 1997, pp. 45–50.

Piñeros, C.-E. (2006). The phonology of nasal consonants in five Spanish dialects. In F. Martínez-Gil & S. Colina (Eds.), *Optimality-theoretic studies in Spanish phonology* (pp. 146–171). Amsterdam: John Benjamins.

Pisoni, D., Nusbaum, H., Luce, P., & Slowiaczek, L. (1985). Speech perception, word recognition and the structure of the lexicon. *Speech Communication*, *4*, 75–95.

Rohena-Madrazo, M. (2011). Sociophonetic variation in the production and perception of obstruent voicing in Buenos Aires Spanish (Tesis de doctorado inédita). New York University

Trubetzkoy, N. (1939). *Grundzüge der Phonologie*. Prague: Jednota Československých matematiků a fysiků.

Turnham, M., & Lafford, B. (1995). Sex, class and velarization: Sociolinguistic variation in the youth of Madrid. In P. Hashemipour, R. Maldonado, & M. VanNaerssen (Eds). *Studies in language learning and Spanish linguistics in honor of Tracy D. Terrell*. New York: McGraw Hill.

Capítulo 5

Morfosintaxis: La estructura del español

1   Introducción

En este capítulo investigaremos la estructura de las palabras, las frases y las oraciones de la lengua española. El propósito principal del capítulo consiste en introducir las herramientas de análisis que nos permitan identificar las unidades que componen las palabras, su organización y su integración en unidades mayores tales como las frases y las oraciones. Estudiaremos una serie de conceptos básicos relacionados con el estudio de la estructura de las palabras así como las categorías gramaticales y sus funciones sintácticas fundamentales. En relación con la estructura de las palabras, revisaremos los procesos básicos de creación de nuevos términos. Asimismo, estudiaremos acerca de la formación de frases y oraciones y las diferentes formas de clasificación de estas categorías. El capítulo se inicia con una revisión de las herramientas de análisis en la que se introducen los conceptos básicos de morfología y sintaxis. Más adelante nos centramos en la discusión del análisis formal de los sintagmas en español. En la siguiente sección, bajo el nombre de preguntas empíricas, analizamos la estructura del verbo existencial *haber* mediante el uso de otras herramientas teóricas. El capítulo se organiza de la siguiente manera:

Herramientas de análisis

La morfología
La flexión
- Clases de palabras léxicas
  - El sustantivo
  - El adjetivo
  - El adverbio
  - El verbo
- Palabras gramaticales
  - Los artículos
  - Los adjetivos demostrativos y posesivos
  - Las preposiciones y conjunciones
  - Los pronombres tónicos

Concordancia
- Sujeto y verbo
- Determinantes, sustantivos y adjetivos
- La formación de palabras
  - Derivación
  - Composición

Introducción y aplicaciones contextualizadas a la lingüística hispánica, First Edition. Manuel Díaz-Campos, Kimberly L. Geeslin, and Laura Gurzynski-Weiss.
© 2018 John Wiley & Sons, Inc. Published 2018 by John Wiley & Sons, Inc.

2   Herramientas de análisis

En esta primera parte se introducen algunos de los conceptos básicos que nos permitirán entender y emplear los mecanismos que tenemos a nuestra disposición para analizar la estructura morfosintáctica del español. Describiremos en qué consiste el estudio de las palabras. Sedano (2011, p. 50) define la **palabra** como un elemento lingüístico que ocurre entre dos pausas. Algunas palabras solo tienen un constituyente como en el caso de *triste, alegre* que clasificaremos como palabras léxicas o *ella, hacia, hasta* que más adelante explicaremos pertenecen a la categoría de las palabras gramaticales. En otros casos, una palabra se puede dividir en partes más pequeñas como el caso de *aspir-a-ción*. La disciplina que se encarga del estudio de la estructura de las palabras se conoce como la **morfología**. Por ejemplo, si pensamos en una palabra como *casita* podríamos hacer una división entre partes *cas-it-a*. Cada una de estas partes representa una forma asociada con un significado. *Cas-* es el **morfema léxico o lexema**, es decir, la unidad lingüística que refiere al concepto general de la palabra que en este caso se trata de un lugar para vivir. El elemento *-it-* se asocia con la idea de diminutivo que significa casa pequeña. Por último, la unidad *-a* representa la noción gramatical de género femenino en esta palabra. De esta forma tenemos tres unidades mínimas con significado, en otras palabras, las unidades mínimas que tienen significado se conocen como **morfemas**. Otros ejemplos de este tipo de división que revela la estructura de las palabras se encuentran en los casos de *hablador* y *tomaremos*. El sustantivo *hablador* se divide en tres morfemas: *habl-a-dor*. El morfema *habl-* es el morfema léxico que proviene del verbo *hablar*. La *-a-* representa la vocal temática que indica que esta palabra proviene de *hablar* que es un verbo de la primera conjugación *-ar*. El morfema *-dor* indica que se trata de un individuo al cual le gusta hablar mucho. El tercer ejemplo como el verbo *tomaremos* se divide en cuatro morfemas: *tom-a-re-mos*. El primer morfema *tom-* representa la raíz verbal que proviene del verbo *tomar* la cual se asocia con la actividad de ingerir un líquido. El morfema *-a-*, al igual que el caso del verbo *hablar*, indica que se trata de un verbo de la primera conjugación en *-ar*. El tercer morfema *-re-* se asocia con las funciones de tiempo, modo y aspecto que en este caso refiere al futuro en modo indicativo con función aspectual imperfectiva (acción no terminada). El **tiempo** expresa una distinción relacionada con el marco en el que se lleva a cabo un determinado evento. El **aspecto** nos indica la forma en que los eventos, acciones, o estados son percibidos según su duración. El **modo**, por su parte, se refiere a la actitud del hablante en relación con la veracidad o confiabilidad de las aseveraciones que este hace. Véase el **capítulo 7** para obtener más información detallada sobre estos conceptos.

El estudio de la morfología es útil porque se puede crear diferentes palabras a partir de un mismo morfema léxico. Por ejemplo, del verbo *concluir* podemos derivar el sustantivo *conclusión* y el adjetivo *concluyente* (p. ej., *un discurso concluyente* donde la palabra *concluyente* describe el sustantivo *discurso*). Esta idea general nos lleva a revisar el concepto de clases de palabras. **Las clases de palabras** constituyen una categorización de acuerdo con la estructura interna de la palabra, su distribución y su función. De esta forma, el morfema *-sión* en la palabra *conclusión* determina que sea un sustantivo. En cuanto a su distribución, al ser *conclusión* un sustantivo las palabras que lo preceden o lo anteceden en una frase están limitadas según esta clasificación. Por ejemplo, podemos decir cosas tales como *la conclusión*, *esta conclusión*, *mi conclusión*, etc. Lo que indica que antes del sustantivo sólo pueden aparecer **determinantes** (palabras que especifican si se trata de un referente definido o indefinido, que indican posesión o tienen carácter demostrativo). En el caso de las frases *la conclusión importante*, *la conclusión equivocada* vemos que el sustantivo se puede combinar con adjetivos calificativos, como es el caso de *importante* y *equivocada*. En resumen, el concepto de clase de palabras nos indica la distribución posible de una determinada categoría como el ejemplo del sustantivo *conclusión* que vimos anteriormente.

La tercera noción asociada con las clases de palabras tiene que ver con la función que estas cumplen dentro de la frase u oración de la que forman parte. Por ejemplo, en la frase *la conclusión importante* el sustantivo *conclusión* se considera la palabra más importante y, por lo tanto, el **núcleo** de este sintagma. Un **sintagma** se define como un conjunto de palabras que se agrupan alrededor del núcleo y que en este caso hereda las propiedades sintácticas del núcleo. Sobre estos conceptos expandiremos nuestras explicaciones en la sección exclusivamente dedicada a las clases de palabras y los tipos de sintagmas que existen en español.

Volvamos al tema referido a la estructura de las palabras. Ya hemos dicho que las unidades mínimas que poseen forma y significado se denominan morfemas. Existen diferentes clasificaciones de morfemas de acuerdo con sus características particulares. Los **morfemas ligados** son aquellos que siempre forman parte de una palabra. Es decir, no pueden aparecer autónomamente sino en combinación con un morfema. Por ejemplo, la palabra *hablábamos* se divide en cuatro morfemas: *habl-á-ba-mos*. Estos morfemas se consideran ligados en el sentido de que no pueden ser empleados individualmente en un sintagma. Deben aparecer combinados como parte de la estructura de la palabra. Los **morfemas libres**, por el contrario, constituyen ejemplos de elementos autónomos que se pueden emplear por sí solos. Por ejemplo, palabras tales como *mal, triste, árbol, este, ese*, etc. son ilustrativas de unidades que sólo poseen un morfema en su estructura y que se pueden utilizar de manera autónoma.

Otra clasificación importante de los tipos de morfema incluye la distinción entre los llamados morfemas derivativos y flexivos. Los **morfemas derivativos** son aquellos que añaden nuevos significados al morfema léxico de una palabra. Por ejemplo, la palabra *casucha* proviene de *casa* a la cual se añade el morfema derivativo *-uch-* cuyo significado refiere a una casa en mala condición física. En este caso *-uch-* añade un significado negativo al morfema léxico *casa*. En el caso de la palabra *orgulloso* podemos observar que se deriva de la palabra *orgullo* la cual es un sustantivo. Al agregar el morfema derivativo *-os* se cambia la categoría de la palabra a un adjetivo, es decir, un individuo que manifiesta la cualidad de tener orgullo. En el caso de la palabra *posmoderno*, el morfema derivativo *pos-* añade la idea de un período después de la modernidad. Además de los morfemas derivativos se identifican los morfemas de tipo flexivos. Los **morfemas flexivos** expresan relaciones estructurales. Esto quiere decir que indican conexiones entre elementos gramaticales como el caso del género, el número, el tiempo, el modo, el aspecto, etc. Por ejemplo en la palabra *perros* podemos identificar tres morfemas *perr-o-s*. *Perr-* se considera el morfema léxico que indica animal peludo de cuatro patas, *-o-* es el morfema flexivo que marca género masculino y la *-s* es un morfema flexivo que marca número plural. En el caso de la palabra *comeremos* podemos hacer una división en cuatro morfemas: *com-e-re-mos*. El morfema léxico *com-* hace referencia a la acción de comer, el morfema flexivo *-e-* indica que comer es un verbo de la segunda conjugación en *-er*, el morfema flexivo *-re-* refiere a los conceptos de tiempo, modo y aspecto. En este caso se trata de un verbo en el futuro del indicativo y aspecto imperfectivo y, por último, el morfema flexivo *-mos* refiere a la primera persona del plural.

2.1   La morfología

La flexión

La flexión estrictamente hablando no conduce a la creación de nuevo vocabulario, sino que indica relaciones de tipo gramatical entre unidades lingüísticas. En otros términos, **la flexión** consiste en añadir morfemas que indican relaciones estructurales entre las palabras. Por ejemplo, en el caso de los sustantivos, los determinantes de los sustantivos y los adjetivos se añaden morfemas de género y número. Para los verbos se pueden añadir morfemas que indican el tipo de conjugación, el tiempo, el modo, el aspecto, el número y la persona. Observemos la variación que podemos hacer de la estructura en las siguientes palabras:

(1)   Lápiz   Lápic-es

(2)   Mes-a   Mes-a-s

(3)   Cas-a   Cas-a-s

(4)   Habl-a-r   Habl-a-re-mos

En el ejemplo de la palabra *lápiz* vemos una variación relacionada con el número cuando se añade el morfema flexivo de plural *-es*. En (2) y (3) la estructura de la palabra muestra morfemas de género y de número. Finalmente, en el ejemplo en (4) podemos ver el caso del infinitivo del verbo hablar cuyo morfema léxico es *habl-*, la vocal temática es *-a-* y la marca de infinitivo la indica la *-r*. La forma *hablaremos* también se divide en el morfema léxico *habl-*, la vocal temática *-a-*, el modo, el tiempo y el aspecto indicado por el morfema flexivo *-re-* (tiempo futuro, modo indicativo y aspecto imperfectivo) y el número y la persona los indica el morfema flexivo *-mos* (número plural, primera persona).

Una clasificación útil de los tipos de morfemas según su ubicación en la palabra consiste en la distinción entre prefijos y sufijos. Los **prefijos** son aquellos morfemas que aparecen al inicio de la palabra como en el caso de *anti-ético*, *des-hacer*, *in-grata*, etc. Notemos la posición inicial de los morfemas *anti-*, *des-* e *in-*. Los **sufijos** son morfemas que se añaden al final de la palabra, como en los ejemplos *abog-ad-o, enferm-er-a, riqu-ez-a*. Notemos la posición de los prefijos *ad-, er-* y *ez-* en los ejemplos anteriores. Un término que agrupa a ambos tipos de morfemas es la palabra **afijos**, el cual indica la presencia de un morfema antes o después sin que se haga la distinción entre prefijo o sufijo.

La discusión sobre los diversos tipos de morfemas nos lleva a distinguir entre la noción teórica de morfema y sus diferentes realizaciones, los alomorfos. Un **alomorfo** es la manifestación de un morfema, por ejemplo, el morfema de plural tiene dos realizaciones *-s*, como en la palabra *perros*, y *-es* como en la palabra *paredes*. En la palabra *perros* se añade la *-s* después de una vocal, mientras que en la palabra *paredes* se añade *-es* después de una consonante. El contexto fonético en el que ocurre el morfema de plural nos permite predecir cuál de sus realizaciones aparecerá en cada caso. Otro ejemplo se puede tomar del cambio de la raíz verbal. Por ejemplo, en verbos tales como *pensar* vemos variaciones en la raíz en las formas *pienso* vs. *pensó*. De esta forma observamos la manifestación de dos realizaciones *piens-* y *pens-*. Los conceptos de morfema y alomorfo son análogos a los conceptos de fonema y alófono. En el **capítulo 4** hemos aprendido que la unidad mínima de sonido de una lengua es el fonema y las variaciones de su representación son los alófonos. Por ejemplo, recordemos que el fonema /d/ posee dos alófonos [d] y [ð]. El alófono [d] aparece en posición inicial de palabra y luego de consonante nasal y lateral, mientras que el alófono [ð] generalmente aparece en posición intervocálica. En la morfología, la unidad abstracta que forma parte de la representación mental se denomina morfema y las variaciones de su representación se llaman alomorfos.

Enfoque en la investigación: *El agua*

Eddington y Hualde (2008) estudian sustantivos femeninos que comienzan con la vocal [a] acentuada los cuales excepcionalmente concuerdan con el artículo masculino *el* en lugar del artículo femenino *la*, por ejemplo, *el acta, el agua, el águila, el alma, el área, el arma, el hampa*, etc. A pesar de la norma prescriptiva, que recomienda la concordancia con el artículo masculino en la forma singular, se observan alternancias en los modificadores prenominales (i.e.,, *este agua* en lugar de la forma prescriptiva *esta agua*) y en los posnominales (i.e., *agua frío* en lugar de la forma prescriptiva *agua fría*). El estudio también incluye excepciones del tipo *el problema, el teorema*, etc. Es decir, sustantivos que terminan en la vocal [a] pero son masculinos. Las preguntas de investigación del estudio se fundamentan en los siguientes aspectos: (i) establecer si hay más variación de concordancia en los sustantivos con las características de los ejemplos tales como *agua, área*, en comparación con otros sustantivos; (ii) determinar si hay mayores inconsistencias en la concordancia de los modificadores que aparecen antes en comparación con los que aparecen después del sustantivo; (iii) determinar si la frecuencia de los sustantivos tiene algún efecto en la ocurrencia de esta alternancia. El experimento examina las respuestas de 25 hablantes nativos del español de acuerdo con una prueba de aceptabilidad de las formas experimentales (i.e., *el agua fría/el agua frío*). Los resultados muestran que los hablantes exhiben una variación considerable en la evaluación de la concordancia de género entre los sustantivos del tipo *agua* y sus modificadores. Los juicios indican que esta variación es mayor en los modificadores precedentes en comparación con los modificadores que siguen al sustantivo. Los autores sugieren que cognitivamente los hablantes almacenan los sustantivos de acuerdo con combinaciones frecuentes las cuales se emplean como modelos para establecer la concordancia en otros casos. Por ejemplo, una búsqueda en Google de *esta agua* (489.000 apariciones vs. *este agua* con 257.000 de apariciones en una búsqueda en la red) sería modelo para la concordancia de la palabra *agua* con otros modificadores, *esta agua marina*. Este resultado indica que existe una preferencia por la concordancia con el femenino.

 Aplicación 5.A: www.wiley.com/go/diaz-campos

Clases de palabras léxicas

Anteriormente hemos explicado la noción de clase de palabras y hemos dicho que tal clasificación refiere a la estructura interna, la distribución y la función que tienen las palabras o grupos de palabras dentro de la oración. **Las clases de palabras léxicas** son elementos que representan categorizaciones que indican asociaciones léxico-semánticas que refieren a elementos de nuestro entorno, ya sean estos concretos o abstractos. En una clasificación tradicional, generalmente se incluyen los sustantivos (p. ej., *hombre, mujer, mesa, inteligencia, belleza*, etc.); los adjetivos (p. ej., *bella, azul, alto, redondo*, etc.); los verbos (p. ej., *comer, escribir, leer, entrar, salir, ser, estar, gustar*, etc.); y los adverbios (p. ej., *ayer, hoy, aquí, ahora, temprano, bien, repentinamente*, etc.). A continuación se describen con más detalle cada una de las categorías mencionadas anteriormente.

El sustantivo

Los sustantivos son una clase de palabras que sirven para hacer referencia a las entidades en el discurso. Algunas de estas entidades son concretas, como en el caso de las personas (p. ej., *mujer, niño, Juan, María*, etc.), los animales (p. ej., *perro, gato, gallina*, etc.) y los objetos (p. ej., *libro, taza, vaso, computadora, teléfono*, etc.). También se puede hacer referencia a entidades abstractas, como en el caso de *la belleza, la inteligencia, la justicia, el amor, el odio*, etc. Como veremos más adelante, los sustantivos constituyen el núcleo de los sintagmas nominales. Para hablar de las propiedades características de los sustantivos nos centraremos en los siguientes aspectos: 1) su estructura y constituyentes; 2) su distribución y las funciones que desempeñan en una oración; y 3) el tipo de concepto al que hacen referencia.

Desde el punto de vista de la estructura los sustantivos están constituidos por morfemas gramaticales de género y número. En una palabra como *chico* observamos la presencia del morfema masculino *-o*. Esto contrasta con la palabra *chica* en la que se emplea el morfema de género femenino *-a*. En los ejemplos *chica* vs. *chicas* hay un contraste entre número singular y número plural, como lo muestra el empleo del morfema de número *-s*. El género no está necesariamente relacionado con una distinción entre sexo masculino y femenino. El género es un concepto gramatical que las palabras en español han heredado a través de su evolución histórica del latín. De esta forma el género inherente de palabras como *la computador-a, el libr-o, la mes-a*, etc. sólo se puede determinar a través del artículo o los adjetivos que acompañan a un determinado sustantivo. En el ejemplo, *la computadora* vemos que *computadora* aparece *acompañada* por el artículo *la* y si agregamos un adjetivo como *la computadora nueva*, observamos también la concordancia de género. Desde el punto de vista de la distribución y las funciones que tiene un sustantivo en la oración ya hemos mencionado que el sustantivo constituye el núcleo de un sintagma nominal (SN) y puede estar acompañado de un determinante y de un adjetivo. Por ejemplo, en la frase nominal *las chicas españolas* (Corpus de Referencia del Español Actual, CREA, en línea) *las* es un determinante definido y *españolas* es un adjetivo calificativo. Adicionalmente, el sustantivo tiene un papel versátil en cuanto a las funciones que puede desempeñar en la oración debido a que puede ser sujeto (5), objeto directo (6), objeto indirecto (7), complemento de régimen preposicional (8), puede ser parte de un complemento circunstancial (9) y puede ser un modificador de otros sustantivos (10).

(5) *Las chicas* andaban con su cola de caballo. (CREA, en línea)

(6) El otro día vi *un artículo* en *El País*. (CREA, en línea)

(7) Cuatro senadores enviaron una carta *al Comandante*. (CREA, en línea)

(8) Yo me enteré de *ese lío*. (CREA, en línea)

(9) Yo vengo a *tu habitación*. (CREA, en línea)

(10) Uniforme *de cuero* más bonito que llevaban. (CREA, en línea)

El ejemplo en (5) muestra el caso del sustantivo *chicas* como sujeto del verbo *andar* con el cual concuerda en número y persona (tercera persona plural). En el ejemplo en (6) *un artículo* constituye la cosa vista y por lo tanto el objeto directo del verbo *ver*. En el caso del *comandante* (7) observamos que constituye la persona que recibe la carta y por lo tanto es el objeto indirecto del verbo *enviar*. El verbo *enterarse* siempre va acompañado de la preposición *de* e introduce complementos de régimen. En el caso particular del ejemplo en (8) el núcleo del complemento de régimen es el sustantivo *lío*. El ejemplo en (9) posee un complemento circunstancial de lugar cuyo núcleo es el sustantivo *habitación*. Por último, la palabra *cuero* modifica al sustantivo *uniforme* con lo cual se ejemplifica el caso en que un sustantivo modifica a otro sustantivo.

Desde el punto de vista del significado, ya se ha señalado que los sustantivos hacen referencia a las entidades discursivas entre las cuales podemos distinguir personas, animales, cosas y conceptos abstractos, como hemos ejemplificado al inicio de esta sección.

El adjetivo

Los adjetivos son una clase de palabras que se relacionan estrechamente con los sustantivos. **Los adjetivos** sirven para modificar a los sustantivos en dos formas. Por una parte, pueden determinar, identificar o cuantificar al sustantivo. Por ejemplo, la oposición entre *la mujer* y *una mujer* indica que en el primer caso el referente es conocido por el hablante y el oyente, mientras que *una mujer* refiere a una persona no específica. De igual forma, el contraste entre *la mujer* y *dos mujeres* es el hecho de que el adjetivo *dos* indica la cantidad de mujeres en un cierto enunciado. Por otra parte, los adjetivos sirven para describir las cualidades de los sustantivos, por ejemplo, en la frase *un bolso grande* el adjetivo *grande* indica el tamaño del bolso.

Desde el punto de vista de la estructura, los adjetivos poseen morfemas de género y número al igual que los sustantivos. Notemos la diferencia entre *una mujer buena* y *unas mujeres buenas*. En estos casos los adjetivos *buena* y *buenas* indican género femenino y el contraste entre singular y plural. Desde el punto de vista de la distribución y las funciones que tiene un adjetivo en la oración podemos distinguir la función de determinante cuando aparece antes del sustantivo (10) y de adjetivo calificativo cuando aparece después del sustantivo (11).

(10) *Esa* casa de estudios. (CREA, en línea)

(11) La casa *grande* de nuestros hijos. (CREA, en línea)

El ejemplo en (10) muestra el uso del adjetivo demostrativo *esa* como un modificador del sustantivo *casa*. En el ejemplo en (11) se observa el uso del adjetivo *grande* para caracterizar al sustantivo *casa*.

En cuanto al significado, los adjetivos pueden agregar información acerca del carácter definido de los sustantivos así como expresar características y cualidades de los mismos.

El adverbio

El **adverbio** es una categoría gramatical generalmente asociada con el verbo al cual modifica y sobre el cual provee información relacionada con el tiempo (p. ej., Gibran vino *ayer*), el modo (p. ej., Ana y Víctor corrían *alegremente*) o el lugar (p. ej., Maribel paseaba *allá* en el parque) en el que se desarrolla un evento o situación. Adicionalmente, los adverbios pueden modificar a los adjetivos (p. ej., Toby está *muy* triste) y a otros adverbios (p. ej., La escuela está *demasiado* cerca). Esta caracterización general nos permite dar cuenta de una manera detallada de la definición del adverbio según su estructura sus funciones y su significado. Desde el punto de vista de la estructura, los adverbios generalmente son morfemas libres que no poseen morfología flexiva (p. ej., Juan camina *despacio* vs. Juan y María caminan *despacio*). Hay que destacar que algunos adverbios se derivan de adjetivos a los cuales se les agrega el sufijo derivativo *-mente* (p. ej., *rápida + mente = rápidamente*, *lenta + mente = lentamente*, *feliz + mente = felizmente*). En algunos casos se nota variación dialectal en el uso de algunos morfemas derivativos en formas que se consideran invariables en las gramáticas prescriptivas. Por ejemplo, en algunos dialectos se utiliza el adverbio *ahora* para referirse a eventos temporalmente cercanos mientras que *ahorita* se utiliza para hacer referencia a eventos temporalmente lejanos. Asimismo, algunos dialectos utilizan el adverbio *cerca* y *cerquita* para hacer distinciones de distancias. El adverbio *cerca* hace referencia al significado general de proximidad mientras que *cerquita* significa que algo está más cerca de lo esperado.

Desde el punto de vista de las funciones, ya hemos mencionado que el adverbio modifica a un verbo como el caso de la oración en (12). De igual forma, los adverbios pueden modificar a un adjetivo (13) y finalmente, pueden modificar a otro adverbio (14).

(12) Mi barco se acerca *lentamente* a Pandagbai, un puerto natural en la costa sudoriental. (CREA, en línea)

(13) La investigación está en una fase *bastante* feliz y avanzada. (CREA, en línea)

(14) Yo salí de mi oficina que está *muy* cerca de del Retiro. (CREA, en línea)

Desde el punto de vista del significado podríamos tener una clasificación tradicional (véase Sedano 2011, p. 286) de los adverbios en la que se incluyen las siguientes categorías: de lugar (p. ej., *allá, aquí, ahí, en frente, adentro, afuera, arriba, abajo*), de tiempo (*ayer, mañana, ahora, temprano, tarde, todavía, nunca, siempre*), de modo (*mal, bien, de prisa, despacio, así, rápidamente*), de cantidad (*poco, mucho, algo, demasiado, apenas, muy, tanto, más*), de afirmación (*sí, claramente, ciertamente, también*), de negación (*no, nunca, nada, tampoco, jamás*), de duda (*quizá, acaso, tal vez, a lo mejor, de repente*) y de relación (*inclusive, ya, en consecuencia, no obstante, sin embargo, en efecto, además*).

El verbo

El **verbo** es una de las categorías más importantes al nivel de la oración pues constituye el núcleo del predicado. Este es particularmente el caso de los verbos conjugados, pues la sola presencia de una forma verbal conjugada es suficiente para formar una oración. Desde el punto de vista de su estructura, los verbos contienen una serie de morfemas flexivos relativos al tiempo, modo, aspecto, persona y número que indican relaciones gramaticales en la oración. Por ejemplo, el verbo *caminábamos* se puede dividir en los siguientes constituyentes: *camin-* (morfema léxico), *-a-* (vocal temática), *-ba-* (pretérito, indicativo, imperfectivo) y *-mos* (plural y primera persona). El **cuadro 5.1** presenta modelos de la conjugación regular del español según los morfemas que constituyen cada forma verbal. En este cuadro podemos notar que algunos verbos del español contienen en un sólo morfema la información de tiempo, modo, aspecto, número y persona (Sedano 2011, p. 194). Por ejemplo, en el caso de *amo* la *-o* expresa presente, indicativo, imperfectivo, singular y primera persona.

Desde el punto de vista de la función, como ya se ha señalado, el verbo es el núcleo de la oración. En los ejemplos a continuación se observa el papel central como núcleo de la oración de los verbos amar, correr y compartir.

(15) Eso es que me *amas* tanto y tan apasionadamente como yo a ti. (CREA, en línea)

(16) Nuestro país *corrió* grandes riesgos. (CREA, en línea)

(17) Con América Latina, México *comparte* historia, identidades profundas. (CREA, en línea)

Cuadro 5.1 Modelos de la conjugación regular del español.

Tiempo	1ra persona singular (Yo)	2da persona singular (Tú)	3ra persona singular (Él/ella/Ud.)	1ra persona plural (Nosotros)	2da persona plural (Vosotros)	3ra persona plural (Ellos/ellas/Uds.)
Formas del indicativo						
Presente	Am-o Corr-o Compart-o	Am-a-s Corr-e-s Compart-e-s	Am-a Corr-e Compart-e	Am-a-mos Corr-e-mos Compart-i-mos	Am-á-is Corr-é-is Compart-í-s	Am-a-n Corr-e-n Compart-e-n
Pretérito imperfecto	Am-a-ba Corr-í-a Compart-í-a	Am-a-ba-s Corr-í-a-s Compart-í-a-s	Am-a-ba Corr-í-a Compart-í-a	Am-á-ba-mos Corr-í-a-mos Compart-í-a-mos	Am-á-ba-is Corr-í-a-is Compart-í-a-is	Am-a-ba-n Corr-í-a-n Compart-í-a-n
Pretérito simple	Am-é Corr-í Compart-í	Am-a-ste Corr-i-ste Compart-i-ste	Am-ó Corr-i-ó Compart-i-ó	Am-a-mos Corr-i-mos Compart-i-mos	Am-a-ste-is Corr-i-ste-is Compart-i-ste-is	Am-a-ro-n Corr-ie-ro-n Compart-ie-ro-n
Futuro	Am-a-ré Corr-e-ré Compart-i-ré	Am-a-rá-s Corr-e-rá-s Compart-i-rá-s	Am-a-rá Corr-e-rá Compart-i-rá	Am-a-re-mos Corr-e-re-mos Compart-i-re-mos	Am-a-ré-is Corr-e-ré-is Compart-i-ré-is	Am-a-rá-n Corr-e-rá-n Compart-i-rá-n
Condicional	Am-a-ría Corr-e-ría Compart-i-ría	Am-a-ría-s Corr-e-ría-s Compart-i-ría-s	Am-a-ría Corr-e-ría Compart-i-ría	Am-a-ría-mos Corr-e-ría-mos Compart-i-ría-mos	Am-a-ría-is Corr-e-ría-is Compart-i-ría-is	Am-a-ría-n Corr-e-ría-n Compart-i-ría-n
Formas del subjuntivo						
Presente	Am-e Corr-a Compart-a	Am-e-s Corr-a-s Compart-a-s	Am-e Corr-a Compart-a	Am-e-mos Corr-a-mos Compart-a-mos	Am-é-is Corr-á-is Compart-á-is	Am-e-n Corr-a-n Compart-a-n
Pretérito imperfecto -ra	Ama-ra Corr-ie-ra Compart-ie-ra	Ama-ra-s Corr-ie-ra-s Compart-ie-ra-s	Ama-ra Corr-ie-ra Compart-ie-ra	Amá-ra-mos Corr-ié-ra-mos Compart-ié-ra-mos	Ama-ra-is Corr-ie-ra-is Compart-ie-ra-is	Ama-ra-n Corr-ie-ra-n Compart-ie-ra-n
Pretérito imperfecto -se	Am-a-se Corr-ie-se Compart-ie-se	Am-a-se Corr-ie-se Compart-ie-se	Am-a-se Corr-ie-se Compart-ie-se	Am-á-se-mos Corr-ié-se-mos Compart-ié-se-mos	Am-a-se-is Corr-ie-se-is Compart-ie-se-is	Am-a-se-n Corr-ie-se-n Compart-ie-se-n

(continúa)

Cuadro 5.1 *(continúa)*

Tiempo	1ra persona singular (Yo)	2da persona singular (Tú)	3ra persona singular (Él/ella/ Ud.)	1ra persona plural (Nosotros)	2da persona plural (Vosotros)	3ra persona plural (Ellos/ ellas/ Uds.)
Futuro	Am-a-re	Am-a-re-s	Am-a-re	Am-á-re-mos	Am-a-re-is	Am-a-re-n
	Corr-ie-re	Corr-ie-re-s	Corr-ie-re	Corr-ié-re-mos	Corr-ie-re-is	Corr-ie-re-n
	Compart-ie-re	Compart-ie-re-s	Compart-ie-re	Compart-ié-re-mos	Compart-ie-re-is	Compart-ie-re-n
Imperativo afirmativo						
		Am-e-s	Am-e	Am-e-mos	Am-a-d	Am-e-n
		Corr-a-s	Corr-a	Corr-a-mos	Corr-e-d	Corr-a-n
		Compart-a-s	Compart-a	Compart-a-mos	Compart-i-d	Compart-a-n
Formas no personales	**Infinitivo**		**Participio**		**Gerundio**	
	Am-a-r		Am-a-do		Am-a-ndo	
	Corr-e-r		Corr-i-do		Corr-ie-ndo	
	Compart-i-r		Compart-i-do		Compart-ie-ndo	

Desde el punto de vista del significado un verbo se refiere a una acción o a un estado. Una clasificación más elaborada sobre este tema se encuentra en Vendler (1967) quien clasifica los verbos según su aspecto léxico en las siguientes categorías: actividades (p. ej., *correr, cantar, jugar, bailar, saltar,* etc.) estados (p. ej., *saber, creer, querer, estar, ser, haber,* etc.), realizaciones (*cantar una canción, escribir un libro, construir un edificio, leer el periódico,* etc.) y logros (*despertarse, llegar, disparar, entrar, salir, alcanzar la meta,* etc.). Sobre este tema se profundiza en el **capítulo 7** dedicado a la semántica.

Enfoque en la investigación: *Ser* y *estar* con adjetivos

Díaz-Campos, Galarza y Delgado-Díaz (en prensa) analizan el uso de *ser* y *estar* en las construcciones tipo cópula más adjetivo. El propósito del estudio fue determinar los factores lingüísticos y extralingüísticos que influencian la selección de una de estas cópulas en el español de Cuba. El estudio también tuvo como objetivo la comparación del español de Cuba con otros dialectos, de los cuales se incluyen Puerto Rico, México y Venezuela, con el propósito de entender los patrones de variación y cambio de acuerdo con la teoría de la gramaticalización. Las muestras orales empleadas para el análisis provienen del Proyecto para el Estudio Sociolingüístico del Español de España y América (PRESEEA). Los datos incluyen las grabaciones de 18 hablantes de la Habana, que duran aproximadamente 45 minutos cada una. Los hablantes se encuentran divididos de acuerdo con su nivel educativo (educación primaria, educación secundaria, educación universitaria), edad (20–34 años, 35–54 años y 55 años en adelante) y sexo (hombre y mujer). La variable dependiente del estudio son las construcciones de cópula más adjetivo las cuales se emplean con una función atributiva (i.e., *Juan es/está alto*). Las variables independientes del estudio incluyen las siguientes: **el estado resultante**, la cual distingue adjetivos que se derivan de una situación dinámica (i.e., Son lugares que a esa hora están *abiertos*); **la clase semántica del adjetivo**, estados (i.e., estar *consciente*), atributos observables (i.e., él es *delgado*), estatus (i.e., estábamos *separados*); **el marco de referencia**, el cual distingue la comparación de un individuo consigo mismo o con entidades de la misma clase (i.e., no es un hombre *feo*, es *trigueño*, bueno ahora está *canoso*); **la susceptibilidad al cambio**, el cual es un factor que considera cualidades cambiantes (i.e., pide muchas hamburguesas, parece que están muy *buenas*); **la experiencia con el referente**, el cual es un factor que indica la experiencia de primera mano con un cierto referente (i.e., me gusta pero como está hoy, que hace sol, sí está *aceptable*). Los resultados de esta investigación indican que factores tales como el estado resultante (i.e., Son lugares que a esa hora están *abiertos*), la experiencia con el referente (i.e., no es un hombre *feo*, es *trigueño*, bueno ahora está *canoso*) y la clase de adjetivo (i.e., estar *consciente*) condicionan la selección de la cópula no sólo en el español de Cuba sino también en el de Puerto Rico, México y Venezuela. La variación y los patrones de cambio en el análisis comparativo de los diferentes dialectos parecen indicar que todas las variedades regionales analizadas poseen una gramática semejante. En cuanto a los factores extralingüísticos, ningún factor fue elegido como significativo en la muestra cubana. Sin embargo, la edad fue significativa en Puerto Rico, México y Venezuela y el nivel socioeconómico fue significativo en México y Venezuela. Estas diferencias podrían deberse a los contextos discursivos específicos obtenidos a través de la entrevista sociolingüística. Es posible, también argumentar que el fenómeno de variación tenga diferente estratificación social en las variedades estudiadas. En resumen, los factores lingüísticos son los que demuestran tener mayor peso en cuanto a la variación en el uso de *ser* y *estar*.

 Aplicación 5.B: www.wiley.com/go/diaz-campos

Palabras gramaticales

La distinción entre palabras léxicas y gramaticales se basa en el hecho de que las palabras léxicas se asocian con conceptualizaciones que hacen referencia a entidades, cualidades, eventos, o estados así como especificaciones de tipo modal, temporal, entre otras. En contraste, **las palabras gramaticales** no se asocian con un concepto específico sino con nociones que hacen referencia a la estructura de la lengua y a las relaciones que se establecen entre ciertos grupos de palabras. Recordemos el caso de los artículos definidos los cuales especifican al sustantivo de manera que el hablante indica un referente que es conocido tanto por él como por su interlocutor. Por ejemplo, si un hablante emplea la frase nominal *la casa* en oposición a *una casa* lo que se indica es que se trata de una casa específica sobre la cual existe un conocimiento compartido entre hablante y oyente.

Los artículos

Los artículos son un tipo de palabras que suelen preceder al sustantivo y que lo determinan de manera que se haga referencia a una entidad particular en cierto discurso. Esto quiere decir que cuando usamos un sustantivo sin ningún modificador hacemos alusión al concepto general que refiere al grupo de personas u objetos que describe el sustantivo en cuestión. Si decimos *libro* nos referimos al concepto en general de objeto que la Real Academia Española (RAE) define como "obra científica, literaria o de cualquier otra índole con extensión suficiente para formar volumen, que puede aparecer impresa o en otro soporte". Ahora bien, si decimos *el libro* nos referimos a una instancia específica de un libro que tanto el hablante como el oyente conocen. Se trata de un libro en particular al cual se hace referencia en un discurso. Si empleamos la frase nominal *un libro* nos referiríamos a cualquier libro del conjunto posible de libros en un discurso determinado (véase la **ilustración 5.1**). En español, se distinguen entre los artículos determinados e indeterminados. El conjunto de los artículos determinados está compuesto por *el, la, los, las* mientras que el conjunto de los artículos indeterminados está compuesto por *un, una, unos, unas*.

Desde el punto de vista de la estructura, el artículo concuerda en género y número con el sustantivo al cual determina. Es decir, los artículos poseen morfemas para indicar masculino (*el, los*) y para indicar femenino (*la, las*) y morfemas para indicar número singular (*el, la*) y plural (*los, las*). Desde el punto de vista de la función que cumple dentro del sintagma nominal ya hemos dicho que se trata de determinantes que suelen aparecer antes del sustantivo. En cuanto al significado, también hemos señalado que no poseen significado léxico sino que marcan una relación gramatical con el sustantivo. La clasificación de los artículos como determinados e indeterminados hace referencia a una distinción semántica del tipo de determinación que implica cada categoría.

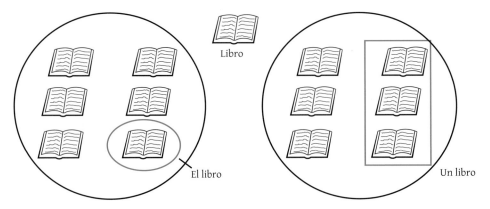

Ilustración 5.1 Diferencia semántica entre el artículo definido e indefinido.

Los adjetivos demostrativos y posesivos

Los adjetivos demostrativos y posesivos se pueden clasificar bajo la categoría de los demostrativos. En este sentido tienen una función semejante a la de los artículos debido a que cuando el hablante emplea estos tipos de adjetivos actualiza el sustantivo lo cual quiere decir que hace referencia a entidades particulares en el discurso. En el caso de **los demostrativos** se hace alusión a la distancia que existe entre el hablante y la entidad de la que se hace referencia. Específicamente, hay tres grados de distancia según el demostrativo que se emplee. *Este/esta/ estos/estas* indica cercanía, *ese/esa/esos/esas* indica un punto medio y *aquel/aquella/aquellos/ aquellas* un punto lejano.

Los adjetivos **posesivos**, como su nombre lo indica, establecen una relación de propiedad entre una entidad y un individuo. Por ejemplo, si decimos *mi libro* nos referimos al libro que es propiedad del hablante.

Desde el punto de vista de su estructura, tanto los adjetivos demostrativos como los posesivos concuerdan con el sustantivo en género y número. Tenemos formas masculinas (demostrativos: *este, estos, ese, esos, aquel, aquellos*; posesivos: *mío, míos, tuyo, tuyos, suyo, suyos, nuestro, nuestros, vuestro, vuestros*) y formas femeninas (demostrativos: *esta, estas, esa, esas, aquella, aquellas*; posesivos: *mía, mías, tuya, tuyas, suya, suyas, nuestra, nuestras, vuestra, vuestras*). También, se hace la distinción entre formas singulares (demostrativos: *este, esta, ese, esa, aquel, aquella*; posesivos: *mío, mía, tuyo, tuya, suyo, suya, nuestro, nuestra, vuestro, vuestra*) y formas plurales (demostrativos: *estos, estas, esos, esas, aquellos, aquellas*; posesivos: *míos, mías, tuyos, tuyas, suyos, suyas, nuestros, nuestras, vuestros, vuestras*). Desde el punto de vista de la función, ya hemos explicado que suelen aparecer antes del sustantivo y que cumplen una función específicativa o determinativa. Desde el punto de vista del significado, se ha mencionado que estos elementos no tienen significado léxico per se pero sirven para marcar relaciones gramaticales con el sustantivo que determinan. La clasificación determinativo o posesivo alude al tipo de significado que resulta de la modificación producto de la presencia de estos adjetivos.

Las preposiciones y conjunciones

Tanto las preposiciones como las conjunciones sirven para conectar elementos dentro de una frase o entre cláusulas. Por ejemplo, observemos el uso de la preposición *de* en la frase *el libro tiene la cubierta de cuero*. En este caso la preposición *de* une el sintagma nominal *la cubierta* al sintagma nominal *cuero*. Esta relación sirve para calificar o describir el material del cual está hecha la cubierta. **Las preposiciones** generalmente indican una relación de subordinación entre el término precedente (típicamente un sustantivo o sintagma nominal, aunque puede ser otra categoría) y el término siguiente, constituido por un sintagma preposicional el cual introduce otro sintagma nominal. Veamos el uso de las preposiciones en los siguientes ejemplos: El libro está *sobre* la mesa, el banco *del* centro, la tarjeta *de* papel, las aceitunas *de* España, el mofongo *de* Puerto Rico, Juan salió *de* la biblioteca. En el caso de las conjunciones, como en el ejemplo de *María lee y Pedro estudia* la conjunción *y* indica una conexión entre dos cláusulas independientes. **Las conjunciones** son conectores que generalmente unen elementos que se pueden considerar gramaticalmente equivalentes. Sedano (2011, p. 312) explica que una diferencia entre el tipo de conexión que establece una conjunción y una preposición consiste en el hecho de que las preposiciones indican relaciones de subordinación mientras que las conjunciones pueden marcar relaciones entre elementos sintácticamente equivalentes.

Desde el punto de vista de la estructura, las preposiciones y conjunciones son invariables. Esto quiere decir que no poseen morfemas constituyentes, se consideran morfemas libres e independientes. Desde el punto de vista del significado, ya se ha dicho que estas categorías no poseen significado léxico. Sin embargo, las gramáticas tradicionales proponen algunas clasificaciones las cuales hacen referencia al significado que pueden adquirir las preposiciones o conjunciones en el contexto discursivo. Por ejemplo, la preposición *de* podría asociarse con varios significados como en los siguientes ejemplos: posesión, la chaqueta *de* Juan; origen, viene *de* Puerto Rico; la materia de que está hecho algo, el jarrón *de* vidrio, etc. Esto quiere decir que las preposiciones pueden asociarse con diferentes contenidos según el contexto discursivo. En muchos casos resulta difícil conceptualizar el significado con que se asocian pues su función fundamental es de tipo gramatical. Por otro lado, las conjunciones se han clasificado como copulativas (p. ej., *y, e, ni*, etc.), adversativas (p. ej., *pero, empero, sino*, etc.) y disyuntivas (p. ej., *o, u*) haciendo referencia al tipo de contextos en que suelen emplearse.

Los pronombres tónicos

Los pronombres tónicos se consideran morfemas gramaticales que no poseen una caracterización semántica específica. Se puede decir que son una categoría deíctica cuya definición depende del discurso. La primera persona *yo* refiere al hablante, *tú* y *usted* al oyente y las formas de la tercera persona hacen referencia acerca de las cosas o las personas de las cuales se habla. Desde el punto de vista de su estructura, los pronombres poseen morfemas que distinguen entre la primera, la segunda y la tercera persona. Asimismo, algunas formas pronominales poseen morfemas flexivos para distinguir entre género y número. Desde el punto de vista de la función, los pronombres tónicos tienen un papel versátil en cuanto a las funciones que pueden desempeñar en la oración debido a que pueden ser sujeto (18), objeto directo (19), objeto indirecto (20), complemento de régimen preposicional (21), pueden ser parte de un complemento circunstancial (22) y pueden ser un modificador de otros sustantivos (23).

(18)   *Yo* vivía en Bayamón. (CREA, en línea)

(19)   Porque Dios la crea a *ella*. (CREA, en línea)

(20)   A lo mejor se lo dan a *ella*. (CREA, en línea)

(21)   No se podría confiar en *él*. (CREA, línea)

(22)   Si podían vivir como *ellos*. (CREA, en línea)

(23)   No he llamado al número de teléfono de *él*. (CREA, en línea)

El ejemplo en (18) muestra el caso del pronombre *yo* como sujeto del verbo *vivir* con el cual concuerda en número y persona (primera persona singular). En el ejemplo en (19) *a ella* constituye la cosa creada y por lo tanto el objeto directo del verbo *crear*. En el caso en (20) observamos que *ella* constituye la persona que recibe y por lo tanto es el objeto indirecto del verbo *dar*. El verbo *confiar* siempre va acompañado de la preposición *en* e introduce complementos de régimen. En el caso particular del ejemplo en (21) el núcleo del complemento de régimen es *él*. El ejemplo en (22) posee un complemento circunstancial de modo cuyo núcleo es *ellos*. Por último, el pronombre *él* modifica al sustantivo *teléfono* en (23) con lo cual se ejemplifica el caso en que un pronombre modifica a un sustantivo.

Enfoque en la investigación: La omisión del pronombre de objeto directo

Reig-Alamillo (2009) investigó la omisión del pronombre de objeto directo *lo* cuando su antecedente es una anáfora proposicional (p. ej., *Hice el trabajo para Juan, ya le [se lo] entregué*) en el español de México y de España. Según esta investigadora, la omisión de *lo* proposicional ha sido documentada en estudios previos sobre el español, con verbos como *decir*, *preguntar* y *pedir*, a pesar de que las gramáticas tradicionales establecen que el uso de *lo* es obligatorio. Sin embargo, no hay muchas investigaciones que describan este fenómeno. Por lo tanto, la meta de esta investigación es dar cuenta de los factores que motivan su omisión en los dos dialectos ya mencionados. Con este fin Reig-Alamillo utilizó los córpora (muestras de habla) del Habla Culta de México, el Habla Popular de México, el Habla de Monterrey, el Habla Culta de Madrid, Corpus de Referencia de la Lengua Española Contemporánea (COREC)) y las primeras tres secciones del corpus de Alicante Oral del Español (ALCORE). El análisis se limitó a los verbos *decir, entender, comprender, saber, contar, platicar, explicar, imaginar* y *preguntar*, los cuales admitían tanto el pronombre explícito como su omisión. Reig-Alamillo analizó un total de 1.324 casos de los cuales 669 provinieron de los córpora de México y 655 de los córpora de España. La autora codificó la distancia del referente, el número de veces que se menciona el referente, el turno (si la última mención del referente aparece en el mismo turno o no), la forma verbal, la polaridad, la presencia o ausencia de adverbios de manera, el tipo de oración antecedente (declarativa, interrogativa), el tipo de oración (declarativa, no declarativa) y la presencia o ausencia del pronombre dativo (*le/les*). Los resultados de esta investigación demuestran que en México se utiliza la omisión de *lo* proposicional más que en España con 83% y 30% respectivamente. El análisis estadístico demostró que el factor más importante para ambos dialectos fue la presencia u omisión del pronombre dativo. La omisión de *lo* proposicional fue favorecida cuando el verbo era monotransitivo (p. ej., verbos como *saber, entender*, etc.). La presencia de adverbios de manera fue significativa en México, favoreciendo la omisión, pero no lo fue en los datos de España. El tipo de oración antecedente también fue significativo para ambos dialectos. La omisión fue favorecida en oraciones interrogativas. Asimismo, se encontró que la polaridad afectó el uso de *lo*, su omisión fue favorecida cuando la oración era negativa (p. ej., *no [lo] sé*). En cuanto al tipo de oración, este factor fue significativo para el español de México, puesto que las oraciones declarativas favorecieron la omisión de *lo*, pero no fue significativo para España. En relación a la distancia del referente, Reig-Alamillo presenta datos que indican que hay más omisión de *lo* mientras más cerca se encuentra el referente. Sin embargo, esto no fue significativo en el análisis estadístico al igual que el número de menciones del referente. Los resultados en cuanto al turno fueron contradictorios ya que el mayor número de omisiones se observó cuando el referente ocurría en un turno previo. La investigadora concluye que a pesar de las diferencias en la tasa de omisión entre los dos dialectos, parecería que los mismos factores lingüísticos operan tanto en México como en España. Por el contrario, la variación entre el uso de *lo* proposicional y su omisión no parece estar sujeta a la accesibilidad del referente, sino que se puede relacionar con el tipo de referente.

 Aplicación 5.C: www.wiley.com/go/diaz-campos

Concordancia

La concordancia es un tipo de relación gramatical que se establece entre palabras que forman parte de una misma unidad lingüística (p. ej., un sintagma o una oración) y que comparten morfemas flexivos del mismo tipo (p. ej., género, número, persona, etc.).

Sujeto y verbo

El primer tipo de relación de concordancia importante en español se da entre el sujeto y el verbo de una oración. En estos casos la concordancia entre el sujeto y el verbo es de número y persona. Veamos los ejemplos siguientes:

(24) Nosotros compra<u>mos</u>.

(25) Tú compra<u>ste.</u>

(26) Ellos habla<u>ron.</u>

El ejemplo en (24) muestra que el verbo se encuentra conjugado en primera persona del plural y que el sujeto que lo acompaña también se encuentra en primera persona del plural. El ejemplo en (25) tiene el verbo conjugado en la segunda persona del singular lo cual coincide con el pronombre *tú* que también refiere a la segunda persona del singular. El último ejemplo en (26) muestra el verbo conjugado en tercera persona del plural lo cual concuerda con el pronombre *ellos* que también representa la tercera persona del plural.

Determinantes, sustantivos y adjetivos

En español también observamos que existe una relación de concordancia entre el sustantivo, los determinantes y adjetivos que lo acompañan. Esta concordancia implica que tanto los determinantes como los adjetivos deben compartir los mismos morfemas flexivos de género y número. Veamos los siguientes ejemplos:

(27) Los obreros laboriosos.

(28) Las chicas estudiosas.

En el ejemplo de la frase en (27), *los obreros laboriosos*, se puede observar que el determinante y el adjetivo coinciden con el sustantivo obrero en género masculino y número plural. En el caso en (28) observamos que el determinante y el adjetivo concuerdan con el sustantivo *chicas* en género femenino y número plural.

La formación de palabras

Un aspecto esencial del estudio acerca de la estructura de las palabras consiste en la revisión de los procesos de formación de palabras. Estos procesos nos permiten entender no sólo acerca de las reglas que gobiernan la estructura de las palabras sino también conocer las herramientas que poseen los hablantes para enriquecer el inventario léxico de su lengua. Tradicionalmente se incluyen como parte de los procesos de formación de palabras los siguientes métodos: la derivación, la composición, los acortamientos y las siglas.

La derivación

La derivación consiste en el empleo de morfemas léxicos, a veces llamados morfemas derivativos, que pueden añadir nuevos significados e inclusive cambiar la categoría de la palabra. Veamos los siguientes ejemplos:

(29) Desert-a-r   Desert-or

(30) Impuls-a-r   Impuls-or

(31) Proyect-a-r   Proyect-or

(32) Detract-a- r   Detract-or

En los ejemplos anteriores se puede ver la relación que se establece entre un ítem considerado como básico y la transformación que ocurre al agregar el morfema derivativo *-or* el cual puede significar, por lo menos, persona que realiza una acción (p. ej., *desertar-desertor*) u objeto que sirve para llevar a cabo una acción (p. ej., *proyectar-proyector*). De esta forma, el morfema derivativo *-or* no sólo añade un significado nuevo a la palabra sino también cambia la categoría gramatical de la misma. En los cuatro ejemplos anteriores el verbo se transforma en sustantivo cuando se añade el morfema derivativo *-or*. Cabe destacar que se pueden agregar morfemas flexivos luego de los morfemas derivativos. Por ejemplo, si tenemos el verbo *impulsar* para formar el sustantivo *impulsor* podemos añadir el morfema de género femenino *-a* para obtener *impulsor-a*. Asimismo, podemos añadir el morfema plural para obtener *impulsor-a-s*.

A continuación podemos ver otro ejemplo ilustrativo que nos muestra el uso del morfema derivativo *-os-o*.

(33) Vapor   Vapor-os-o

(34) Ventur-a   Ventur-os-o

(35) Cariñ-o   Cariñ-os-o

(36) Dolor   Dolor-os-o

(37) Verde   Verd-os-o

(38) Gelatin-a   Gelatin-os-o

(39) Crem-a   Crem-os-o

En el grupo de ejemplos anteriores observamos la relación que se establece entre un ítem léxico que se considera como básico y la transformación que ocurre al añadir el morfema derivativo *-os-o* el cual añade el significado de cualidad de (p. ej., *cariño-cariñoso*) o semejante a (p. ej., *verde-verdoso, crema-cremoso*). A continuación en el **cuadro 5.2** se presenta una lista parcial de algunos sufijos que se emplean para la formación de sustantivos.

El **cuadro 5.2** contiene una serie de ejemplos organizados de acuerdo con los siguientes criterios. La primera columna indica el sufijo, la segunda columna explica el significado asociado con el sufijo, en la tercera columna se presenta una palabra de referencia para facilitar el proceso de segmentación y finalmente se incluyen algunos ejemplos. El primer sufijo que se describe es *d-a-* el cual se asocia con el significado de acción fuerte. Los ejemplos incluidos son *pat-a-d-a, fren-a-d-a* cuyas palabras de referencia son *patear* y *frenar*. El **cuadro 5.3** presenta algunos de los morfemas derivativos que se emplean para la formación de adjetivos y adverbios.

Al igual que en el **cuadro 5.2**, la primera columna indica el morfema derivativo que se describe, la segunda columna describe el significado que se asocia con el morfema, la tercera columna contiene una palabra de referencia para facilitar la identificación de los morfemas y la última columna contiene algunos ejemplos representativos. El primer ejemplo que aparece en el cuadro es *-d-o* el cual se asocia con el significado de *cubierto con*. Algunos ejemplos representativos son *empedr-a-d-o, empapel-a-d-o* que vienen de las palabras de referencia *empedrar* y *empapelar*. El **cuadro 5.4** ilustra algunos de los morfemas derivativos empleados para la formación de verbos.

El **cuadro 5.4** se ha organizado de manera diferente pues el significado asociado con estas formas tiene que ver con la acción de efectuar algo. Por este motivo no hemos incluido una columna para describir un significado específico. El cuadro incluye en la primera columna el sufijo que se describe, la segunda columna incluye ejemplos de raíces nominales, la siguiente columna incluye ejemplos de raíces adjetivales y por último se ejemplifica el uso del sufijo en las raíces propuestas. En la primera columna tenemos el sufijo *-a-r*. De las raíces nominales *batall-a, almidón, Google, obsequi-o, remedi-o* se derivan *batall-a-r, almidon-a-r, google-a-r, obsequi-a-r, remedi-a-r* mientras que de las raíces adjetivales *limpi-o, inválid-o, consolidad-o* se derivan *limpi-a-r, invalid-a-r, consolida-r*. El **cuadro 5.5** presenta algunos prefijos empleados comúnmente en español.

El **cuadro 5.5** contiene cuatro columnas. La primera columna presenta el prefijo que se describe, la segunda columna indica el significado con el cual se asocia, la tercera columna incluye una palabra de referencia y la última columna ilustra casos específicos en los que se emplea cada uno de los prefijos. El primer prefijo del cuadro es *a-* el cual se asocia con el significado de "ausencia de". Algunos casos representativos son *a-típic-o, a-normal, a-simétric-o* que se derivan de las palabras de referencia *típic-o, normal, simétric-o*.

Cuadro 5.2 Algunos sufijos (morfemas derivativos) del español para formar sustantivos.

Sufijo	Posible significado	Palabra de referencia	Ejemplos
-d-a	Acción fuerte	Pate-a-r, fren-a-r	Pat-a-d-a, fren-a-d-a
	Acción propia de	Payas-ea-r,	Payas-ad-a,
-al	Siembra de	Platan-o, maíz, naranj-a	Platan-al, maíz-al, naranj-al
-nci-a	Acción de, cualidad de	Discrep-a-r, altern-a-r, vag-a-r, demente	Discrep-a-nci-a, altern-a-nci-a, vag-a-nci-a, dem-e-ncia
-nte	Persona que realiza alguna actividad	Habl-a-r, cant-a-r, camin-a-r, pretend-e-r, serv-i-r	Habl-a-nte, cant-ante, camin-ante, pretend-ie-nte, sirv-ie-nte
-nz-a	Acción de	Tard-a-r, enseñ-a-r, mat-a-r	Tard-a-nz-a, enseñ-a-nz-a, mat-a-nz-a
-ari-o	Profesión, conjunto de cosas	Parlament-o, empres-a, tem-a, recet-a	Parlament-ari-o, empres-ari-o, tem-ari-o, recet-ari-o
-az-o	Golpe fuerte, acción rápida	Zapat-o, rol-o, peinill-a	Zapat-az-o, rol-az-o, peinill-az-o
-ción, -sión	Acción de, efecto de	Comput-a-r, germin-a-r, gest-a-r, reclu-i-r	Comput-a-ción, germin-a-ción, gest-a-ción, reclu-sión
-dad	Cualidad de	Grave, mal-o, buen-o	Grave-dad, mal-dad, bon-dad
-er-a	Lugar en donde	Cochin-o, conej-o, zapat-o	Cochin-er-a, conej-er-a, zapat-er-a
-ería	Lugar donde se hace una actividad	Peluc-a, frut-a, zapat-o, libr-o	Peluqu-ería, frut-ería, zapat-ería, libr-ería
	Actividad u oficio	Albañil, jardín, piñat-a	Albañil-ería, jardín-ería, piñat-ería
-er-o	Referido a un oficio	Peluc-a, caj-a, patrull-a	Peluqu-er-o, caj-er-o, patrull-er-o
-ez	Cualidad de	Adult-a, sencill-o, pálid-o	Adult-ez, sencill-ez, palid-ez
-it-o, ic-o, cit-o, -ecit-o	Diminutivo	Muchach-o, gat-o, cojín, voz,	Muchach-it-o, gat-ic-o, cojin-cit-o, voc-ecit-a
-ism-o	Relativo a un movimiento o doctrina	Capital, social, común	Capital-ism-o, social-ism-o, comun-ism-o

Composición

La **composición** implica la combinación de dos o más palabras para formar una nueva unidad. Por ejemplo, en la estructura de una palabra como *rompe-cabezas*, podemos identificar dos palabras: la forma verbal *rompe* (de *romper*) y el sustantivo *cabezas*. La unión de estos dos componentes resulta en un significado completamente nuevo. En otras palabras, el significado de esta nueva palabra no es la consecuencia de la combinación de los significados de los morfemas léxicos, sino que se trata de un significado nuevo. Por ejemplo, en el caso de *rompecabezas*, estas palabras no significan instrumento para romper cabezas, sino que sirven para conceptualizar un tipo de juego que consiste en armar una figura a partir de un conjunto de piezas. De manera metafórica, un *rompecabezas* puede hacer referencia a un problema difícil de solucionar (véase el Diccionario de la Real Academia Española para una definición de *rompecabezas*).

En cuanto a su clasificación, la *Nueva Gramática de la Lengua Española* (2011, p. 192) propone que se pueden distinguir los compuestos propios, los compuestos sintagmáticos y los

Cuadro 5.3 Algunos sufijos (morfemas derivativos) del español para formar adjetivos y adverbios.

Sufijo	Posible significado	Palabra de referencia	Ejemplos
-d-o	Cubierto con	Empedr-a-r, empapel-a-r	Empedr-a-d-o, empapel-a-d-o
-an-o	Originario de	La República Dominicana, Valencia, Perú	Dominic-an-o, Valenci-an-o, Peru-an-o
-ar	Relativo a	Rectángul-o, medul-a, círcul-o	Rectangul-ar, medul-ar, circul-ar
-ble	Cualidad de	Com-e-r, agrad-a-r, irrit-a-r, bail-a-r	Com-i-ble, agrad-a-ble, irrit-a-ble, bail-a-ble
-ic-o	Perteneciente a, relativo a	Teorí-a, histori-a, sociologí-a, fono-log-ía	Teór-ic-o, histór-ic-o, sociológ-ic-o, fono-lóg-ic-o
-al	Cualidad de	Centr-o, fundament-o	Centr-al, fundament-al
-ar	Cualidad de	Espectácul-o, ejempl-o, famili-a	Espectacul-ar, ejempl-ar, famili-ar
-ari-o	Relativo a	Parlament-o, bec-a, banc-o, hipotéc-a	Parlament-ari-o, bec-ari-o, banc-ari-o, hipotec-ari-o
-er-o	Perteneciente a, relativo a	Aduan-a, algodón, farándul-a, películ-a	Aduan-er-o, algodón-er-o, farandul-er-o, pelicul-er-o
-eñ-o	Perteneciente o relativo a, gentilicio	Isl-a, Navidad, Brasil, sur	Isl-eñ-o, Navid-eñ-o, brasil-eñ-o, sur-eñ-o
-ic-o	Hecho de	Metal, fósfor-o, clor-o, carbón	Metál-ic-o, fosfór-ic-o, clór-ic-o, carbón-ic-o
-ista	Perteneciente a, relativo a	Central, capital, nacion-al, tradicion-al	Central-ista, capital-ista, nacion-al-ista, tradicion-al-ista
-iv-o	Perteneciente a, relativo a	Deport-e, discurs-o, abus-o, progres-o	Deport-iv-o, discurs-iv-o, abus-iv-o, progres-iv-o
-os-o	Perteneciente a, relativo a	Amor, tem-e-r, escrúpul-o	Amor-os-o, tem-e-r-os-o, escrupul-os-o
-nte	Que tiene la propiedad de	Sorprend-e-r, anteced-e-r, subyac-e-r	Sorprend-e-nte, anteced-e-nte, subyac-e-nte
Derivación adverbial			
-mente	De manera	Leal, rápid-o, lent-o	Leal-mente, rápid-a-mente, lent-a-mente

compuestos sintácticos. Los **compuestos propios** son aquellos que forman un grupo tónico único que se representa como una palabra ortográfica (es decir se trata de una sola palabra con su acento léxico) como en el caso de: *aguardiente, camposanto, rascacielos, guardarropa, hazmerreír, saltamontes*, entre otros. Los **compuestos sintagmáticos** son aquellos que se forman mediante palabras que mantienen su independencia en cuanto al acento léxico y en cuanto a su representación ortográfica, como por ejemplo, *teórico-práctico, ciudad dormitorio, casa cuna*, etc. La RAE describe la tercera categoría denominada **compuestos sintácticos** como locuciones de tipo nominal como el caso de *café con leche, caballito de batalla, ojo del huracán, mal de ojo*, etc. En este apartado prestamos atención particular a los compuestos propios por tratarse de casos que hacen referencia estricta a la estructura morfológica de la palabra.

Cuadro 5.4 Algunos sufijos (morfemas derivativos) del español para formar verbos.

Sufijo	Palabra de base sustantiva	Palabra de base adjetiva	Ejemplos
-a-r	Batall-a, almidón, Google, obsequi-o, remedi-o	limpi-o, inválid-o, consolid-a-d-o	Batall-a-r, almidon-a-r, google-a-r, obsequi-a-r, remedi-a-r, limpi-a-r, invalid-a-r, consolid-a-r
-ea-r	Hoj-a, buz-o, text-o	Bob-o, coj-o, borrach-o, mal-o	Hoj-ea-r, buc-ea-r, text-ea-r, bob-ea-r, coj-ea-r, borrach-ea-r, mal-ea-r
-ec-e-r	Moh-o, noche, flor	Palidez, ric-o, rar-o, pobre	Moh-ec-e-r, a-noch-ec-e-r, flor-ec-e-r, palid-ec-e-r, en-riqu-ec-e-r, en-rar-ec-e-r, en-pobr-ec-e-r
-ific-a-r	Gas, paz, cruz, plan, person-a	Clar-o, espec-ífic-o	Gas-ific-a-r, pac-ific-a-r, cruc-ific-a-r, plan-ific-a-r, person-ific-a-r, clar-ifi-a, espec-ific-a-r
-iz-a-r	Canal, capital, hospital	Person-al, norm-al, estéril	Canal-iz-a-r, capital-iz-a-r, hospital-iz-a-r, person-al-iz-a-r, normal-iz-a-r, esteril-iz-a-r
-it-a-r	Capac-idad, posibil-idad	Hábil, débil, fácil	Capac-it-a-r, posibil-it-a-r, habil-it-a-r, debil-it-a-r, facil-it-a-r
-u-a-r	Acent-o, grad-o, act-o		Acent-ua-r, grad-ua-r, act-ua-r
-ete-a-r	Clav-o, tijer-a, golpe	Pobre	Clav-ete-a-r, tijer-ete-a-r, golp-ete-a-r, pobr-ete-a-r
-ote-ar	Pic-o, pal-o, charl-a		Pic-ote-a-r, pal-ote-ar, charl-ote-a-r

Cuadro 5.5 Algunos prefijos (morfemas derivativos) del español.

Prefijo	Posible significado	Palabra de referencia	Ejemplo
a-	Ausencia de	Típic-o, norm-al, simétric-o	A-típic-o, a-norm-al, a-simétric-o
ante-	Antes de	Noche, sal-a, braz-o	Ante-noche, ante-sal-a, ante-braz-o
anti-	En contra de	Alérgic-o, social, virus	Anti-alérgic-o, anti-social, anti-virus
auto-	Propio de, por sí mismo	Lav-a-d-o, mercad-o, banc-o, censur-a	Auto-lav-a-d-o, auto-mercad-o, auto-censur-a
contra-	Oposición	Revolu-ción, pon-e-r, ataque	Contra-rrevolu-ción, contra-pon-e-r, contra-ataque
des-, de-	Falta de, contrario de, negación	Igual, hac-e-r, gener-a-r	Des-igual, des-hac-e-r, de-gener-a-r
ex-	Dejar de ser	Ministr-o, espos-o, secretari-o	Ex-ministr-o, ex-espos-o, ex-secretari-o
extra-	Fuera de	Ofici-al, ordinari-o, curricul-ar	Extra-ofici-al, extra-ordinari-o, extra-curricul-ar
hiper-	Por encima de	Tens-o, sens-i-ble, act-iv-o	Hiper-tens-o, hiper-sens-i-ble, hiper-act-iv-o
hipo-	Por debajo de	Tens-o, tiroid-ism-o, vitamin-osis	Hipo-tens-o, hipo-tiroid-ism-o, hipo-vitamin-osis
in-,im-,i-	Negación	Acept-a-ble, pos-i-ble, regular	In-acept-a-ble, im-pos-i-ble, i-rregular
inter-	Entre dos o más	Americ-an-o, nacion-al, continent-al	Inter-americ-an-o, inter-nacion-al, inter-continent-al
macro-	Muy grande	Estructur-a, cosmos, economía	Macro-estructur-a, macro-cosmos, macro-economía
micro-	Muy pequeño	Ond-a, estructur-a, economía	Micro-ond-a, micro-esturctur-a, micro-economía
pre-	antes de	Escolar, natal, histori-a	Pre-escolar, pre-natal, pre-histori-a

En las palabras compuestas clasificadas como propias se puede determinar la combinación de diferentes raíces de acuerdo con la categoría a la que pertenece, así por ejemplo, podemos ver la combinación de un verbo con un sustantivo (p. ej., *guardarropa, abrelatas, portaaviones,* etc.). En otros casos se observa la combinación de dos sustantivos, como por ejemplo, *bocacalle, motocarro, mapamundi* (de *mapa* y *mundo*), etc. Otra posibilidad es la combinación de dos adjetivos, por ejemplo, *sordomudo, agridulce, altibajo,* etc. Asimismo, se puede combinar un adjetivo y un sustantivo para formar una nueva palabra, como en el caso de *mediodía, medianoche, bajorrelieve, altamar,* etc. También se incluyen ejemplos en los que se combinan un adverbio y un adjetivo como *bienvenido, malcriado, malhablado,* así como la combinación de dos raíces verbales, tales como, *correcorre, tejemaneje, correveidile,* entre otros.

Acortamientos

Se trata de un mecanismo que se emplea en español el cual consiste en el **acortamiento** de las palabras de manera que se crea una versión de una palabra más larga para emplearla en contextos generalmente informales. Así por ejemplo, *por favor* se convierte en *porfa, colegio* se convierte en *cole, bicicleta* se convierte en *bici* y *bolígrafo* se convierte en *boli.* Cabe destacar que las dos versiones de la misma expresión significan lo mismo pero se emplean en contextos diferentes.

Siglas

Las **siglas** es el uso de los sonidos iniciales de un conjunto de palabras para simplificar una expresión que incluye muchos términos. De esta forma, la Organización de los Estados Americanos se denomina O.E.A., La Organización de las Naciones Unidas es la O.N.U., La Universidad Nacional Autónoma de México es la U.N.A.M. y la Universidad de Puerto Rico es la U.P.R., etc.

Enfoque en la investigación: *Aquí y acá*

Sedano (1994) investiga el uso de los adverbios demostrativos *aquí* y *acá* en el español de Caracas, Venezuela. Estos dos adverbios suelen ocurrir en contextos similares (p. ej., *yo venía mucho aquí/acá*) y se consideran sinónimos. Hay dos hipótesis que intentan explicar la diferencia entre los dos adverbios. La primera es la hipótesis de movimiento hacia una meta. Esta hipótesis explica el movimiento de una entidad hacia el entorno donde se encuentra el hablante (p. ej., *Anna, ven acá* significa que Anna está lejos del entorno del hablante y que debe moverse hacia ese punto de referencia). Esta hipótesis plantea que *acá* denota la meta o el destino de un movimiento, mientras que *aquí* se usa en todos los otros casos para señalar el espacio donde se encuentra el hablante. Por ejemplo, *Pedro viene hacia acá* (destino o meta del movimiento) vs. *Pedro vive aquí* (ubicación estática, entre otros usos). La segunda es la hipótesis de delimitación, que se centra en la relación entre el hablante y su definición del espacio bajo cuestión. Según esta, se plantea que *acá* expresa una ubicación menos limitada o definida que *aquí,* con respecto a la perspectiva del hablante. Por ejemplo, *La mujer viene acá (a Caracas)* vs. *La mujer viene aquí (a mi casa).* El objetivo central de este estudio fue examinar datos orales para poner ambas hipótesis en prueba. Para la primera hipótesis, los resultados indicaron que *aquí* predomina cuando denota fuente de movimiento (98%), lugar de tránsito (84%) y ubicación estática (95%). Por otro lado, en los casos de movimiento hacia la meta ambos adverbios ocurren en competencia (*aquí* [49%], *acá* [51%]), lo que indicó que la primera hipótesis no es suficiente para explicar la diferencia entre los adverbios. Además, al analizar los verbos y las preposiciones que coocurren con ambos adverbios, Sedano señaló que *aquí* se inclina más hacia un significado de destino final (i.e., coocurre con el verbo *llegar* y la preposición *hasta* o sin preposición) mientras que *acá* se asocia con un significado de orientación o dirección (i.e., con el verbo *venir* y las preposiciones *hacia* y *para*). Estos hallazgos no apoyaron la primera hipótesis ya que el análisis que resultó más significativo fue la coocurrencia de verbos y preposiciones y no la distribución de acuerdo al movimiento. Al examinar la segunda hipótesis, de delimitación, Sedano reinterpretó los verbos y las preposiciones como marcadores de delimitación espacial (i.e., *hasta, a,* o sin preposición y el verbo *llegar*) o sin delimitación o un espacio más general (i.e., *hacia* o *para*). La autora encontró que *acá* suele ocurrir más con marcadores sin delimitación que *aquí*. Incluso, destacó que el factor más indicativo del significado sin delimitación espacial de *acá* son las preposiciones. Cuando ambos adverbios se usan con el verbo más frecuente de movimiento, *venir*, por ejemplo, *acá* predomina especialmente con la preposición sin delimitación *para* (97%) mientras que *aquí* predomina en el contexto sin preposición (81%) que Sedano considera como más delimitado. Esta autora concluyó que el uso de *acá* se relaciona con el significado de movimiento hacia una meta. Sin embargo, la relación entre *acá* y el significado de movimiento se da a través de cómo el hablante percibe o presenta el lugar donde ocurre el movimiento.

 Aplicación 5.D: www.wiley.com/go/diaz-campos

2.2 La sintaxis

En la sección anterior hicimos referencia a las clases de palabras. Se propuso una clasificación entre las palabras léxicas y las palabras gramaticales. Entre las palabras léxicas describimos los sustantivos, los adjetivos, los adverbios y los verbos. En el grupo de las palabras gramaticales incluimos una descripción de los artículos, los adjetivos demostrativos y posesivos, las preposiciones y conjunciones y los pronombres átonos. A continuación discutimos el concepto de sintagma y hacemos una clasificación de los tipos de sintagmas relevantes para el análisis gramatical en español.

Tipos de sintagmas

Un **sintagma** se define como un conjunto de palabras que se agrupan alrededor del núcleo y que en este caso hereda las propiedades sintácticas del núcleo. De acuerdo con las propiedades del núcleo podemos hacer una clasificación en sintagmas nominales, verbales, adjetivales y adverbiales. La excepción a esta regla es el sintagma preposicional pues la preposición no constituye el núcleo de este tipo de sintagma.

El **sintagma nominal (SN)** está formado por un conjunto de palabras que están alrededor de un sustantivo, como en el caso de *el libro rojo, las casas grandes, el pobre hombre*. En estos casos el núcleo de los sintagmas está constituido por las palabras *libro, casas* y *hombre*. Como se puede apreciar el sustantivo puede ir acompañado de un determinante (en los ejemplos particulares que hemos puesto, *el, las* y *el*) y de un adjetivo (en estos casos *rojo, grandes* y *pobre*).

El **sintagma verbal (SV)** tiene como núcleo un verbo conjugado. El sintagma verbal puede estar modificado por adverbios (40), sintagmas preposicionales (41), sintagmas nominales (42), entre otros elementos que pueden modificar el núcleo verbal. Cabe destacar que la presencia de un verbo conjugado implica que el sintagma constituye una oración. En otros términos, la presencia de un verbo conjugado es suficiente para formar una oración. Explicaremos con más detalle el concepto de oración en el próximo apartado.

(40)   … ha caminado **muy lentamente**, por los fracasos de algunas rondas. (CREA, en línea)

(41)   … han encontrado vías para financiar ese comercio **de manera eficiente.** (CREA, en línea)

(42)   … esta medida que empezó a tener vigencia **el día de ayer.** (CREA, en línea)

En la oración en (40) el sintagma adverbial *muy lentamente* modifica al núcleo verbal *ha caminado*. En el ejemplo en (41) el sintagma preposicional *de manera eficiente* es un modificador del núcleo verbal *ha encontrado*. En el último ejemplo, *el día de ayer*, indica el tiempo en el cual empezó a tener vigencia la medida adoptada.

El **sintagma adjetival (SAdj)** es un conjunto de palabras que se agrupa alrededor de un adjetivo, como en el caso de los sintagmas adjetivales *muy bonito* (43), *bastante grande* (44), *muy blanco* (45), entre otros. En estos ejemplos el núcleo del sintagma está constituido por los adjetivos *bonito, grande* y *rojo*.

(43)   … el día es **muy bonito**. (CREA, en línea)

(44)   … el esfuerzo por nuestra parte es **bastante grande**. (CREA, en línea)

(45)   … Soy **muy blanco** yo, si no tomo el sol. (CREA, en línea)

El **sintagma adverbial (SAdv)** es un conjunto de palabras que se agrupa alrededor de un adverbio, como en el caso de *muy temprano* (46), *bastante lejos* (47), *demasiado rápido* (48), entre otros.

(46)   … me levanto **muy temprano**. (CREA, en línea)

(47)   … yo estaba **bastante lejos** de España. (CREA, en línea)

(48)   … ha tenido un desarrollo **demasiado rápido**. (CREA, en línea)

El **sintagma preposicional (SP)** tiene una constitución diferente a la del resto de los sintagmas y está constituido por una preposición más un sintagma nominal o cualquier elemento que tenga función sustantiva. En estos casos la preposición no se considera un núcleo. En el sintagma nominal que lo sigue la palabra núcleo es el sustantivo. Por ejemplo, *de metal* (49), *con las propuestas* (50), *para los residentes* (51).

(49)   … los baños tenían eran [sic.] unas puertas **de metal**. (CREA, en línea)

(50)   … un documento **con las propuestas**. (CREA, en línea)

(51)   … el impuesto **para los residentes** en el país. (CREA, en línea)

La oración

Desde el punto de vista gramatical, la **oración** es una unidad que consiste al menos de un sintagma nominal y de un sintagma verbal que expresa una idea completa. La oración puede poseer un sólo verbo conjugado y constituir una oración simple o poseer dos o más verbos conjugados y constituir una oración compleja. De esta forma, el requisito para que tengamos al menos una oración es la presencia de un verbo conjugado. Observemos los siguientes ejemplos obtenidos del Corpus de Referencia del Español Actual (CREA). El primer ejemplo (52) muestra una oración simple cuyo núcleo verbal es el verbo *tomábamos*. En las oraciones en (53) y (54) tenemos más de un verbo conjugado y en ese sentido las podemos clasificar como oraciones compuestas.

(52)   Y **tomábamos** el té y la cena. (CREA, en línea)

(53)   Y la **seguía**, y la mujer **caminaba** y **caminaba**, y nunca la **podía alcanzar**. (CREA, en línea)

(54)   cualquiera persona que **hable**, que **diga** algo. (CREA, en línea)

Funciones sintácticas

El concepto de **función sintáctica** tiene que ver con las relaciones que establece una clase de palabras dentro de la oración. Particularmente clave resulta el análisis de la relación que tienen las clases de palabras con el núcleo verbal. Las funciones fundamentales que se distinguen en las gramáticas del español (p. ej., Sedano, 2011, Seco, 1980, etc.) incluyen las siguientes: el sujeto, el complemento directo, el complemento indirecto, el complemento de régimen preposicional, el complemento circunstancial, el atributo y el complemento agente.

El sujeto

El **sujeto** es una función sintáctica que generalmente la desempeña un sustantivo. Desde el punto de vista semántico se suele relacionar a los sujetos con los agentes, por ejemplo, ***Gibran comió una pizza***. En esta oración *Gibran* ocupa la posición sintáctica de sujeto y a la vez es el agente de la acción. Sin embargo, según el tipo de verbo y según la naturaleza del sustantivo que ocupa la posición de sujeto el rol semántico puede ser distinto del papel de agente. En la oración *me gusta el chocolate*, el sujeto gramatical es *el chocolate* pero no tiene el rol de agente. En una oración como *María siente un dolor*, *María* se considera el sujeto gramatical y tiene el rol del que experimenta un estado (sentir). Para una revisión sobre los roles semánticos véase el **capítulo 7**.

La principal estrategia para reconocer los sujetos es tomar en cuenta la concordancia que se establece entre éstos y el verbo. Recordemos que anteriormente estudiamos la concordancia sujeto-verbo la cual se da en número y persona. En el ejemplo en (55) vemos la concordancia que se establece entre el sujeto *nosotros* en primera persona del plural y el verbo que también posee morfemas de primera persona plural. En el ejemplo *tú cantaste* (56) tanto el sujeto *tú* como la forma verbal representan la segunda persona del singular.

(55) *Nosotros* come*mos*.

(56) *Tú* canta*ste*.

Uno de los aspectos importantes de recordar es que el sujeto se caracteriza como una posición sintáctica que ocupa un sustantivo o un elemento con características de los sustantivos (p. ej., pronombres o unidades sustantivadas) que se puede reconocer mediante la concordancia con el verbo. Adicionalmente, existen otras claves para reconocer a los sujetos. Por ejemplo, Sedano (2011, p. 365) señala que los sujetos nunca pueden estar precedidos de una preposición (A Luisa la veo todos los lunes). En el ejemplo de la oración anterior *A Luisa* no cumple la función de sujeto sino la de objeto directo del verbo *ver*. En relación con los pronombres, Sedano menciona el hecho que sólo los pronombres tónicos (*yo, tú, él, ella, nosotros*, etc.) pueden cumplir el rol de sujeto. De esta forma cualquier pronombre átono se descarta como posible sujeto. En cuanto al orden de palabras los sujetos suelen aparecer en posición inicial de la oración o estar implícitos en la conjugación verbal. Por ejemplo, ***Ana*** *escribió un libro de gramática*; *compré libros en la feria*.

El complemento directo

Una de las definiciones fundamentales es la de **complemento directo**. La definición tradicional de complemento directo señala que se trata del objeto que recibe la acción del verbo. Según Sedano (2011, p. 367), el complemento directo es "el constituyente sobre el que recae directamente la acción del verbo". En otros términos, se puede caracterizar al objeto directo como un elemento que forma parte del verbo mismo en lugar de constituir una ampliación del sentido del verbo; es una parte integral del verbo mismo. Generalmente, los sustantivos que forman un complemento directo aparecen después del verbo sin ninguna preposición con la excepción de los objetos directos personales como en el caso de *Gibran vio <u>a María</u>* en los que se distingue la presencia de un sustantivo referido a una entidad animada mediante el uso de la preposición *a*.

Existen varias claves para el reconocimiento de los complementos directos. La primera estrategia, que llamaremos la **pronominalización**, consiste en sustituir la frase nominal que pensamos cumple la función de complemento directo por alguno de los pronombres clíticos de objeto directo, como *lo, la, los, las*, etc. Por ejemplo, si tenemos una oración como *Gibran vio <u>a María</u>* podemos intercambiar *a María* por el pronombre clítico *<u>la</u>*: esto quedaría como *Gibran <u>la</u> vio*. El hecho de que *<u>la</u>* sustituya a *María* es una prueba para corroborar que se trata de un objeto directo. El segundo procedimiento que podemos emplear es la conversión de la oración activa en pasiva. Por ejemplo, en la misma oración anterior, *Gibran vio <u>a María</u>* podemos comprobar que *<u>María</u>* es el objeto directo cuando convertimos la oración a pasiva como en *<u>María</u> fue vista por Gibran* en la cual el objeto directo y paciente de la acción se convierte en el sujeto gramatical aunque continúa siendo el paciente. Un procedimiento adicional consiste en emplear la pregunta ¿qué es lo + verbo en participio? Concretamente, en el ejemplo que venimos utilizando preguntaríamos ¿qué es lo visto? Y la respuesta sería *María*.

La posición de complemento directo puede ser ocupada por los pronombres átonos, por ejemplo, *Iraida <u>me</u> vio en el cine*. En este caso *<u>me</u>* es el pronombre átono que ocupa la posición de objeto. En cuanto al orden de palabras, los objetos directos, cuando aparecen en la forma de una frase nominal, suelen aparecer después del verbo, por ejemplo, *preparó <u>la lección</u>*. En contraste, cuando se trata de un clítico suele aparecer antes del verbo, como en el caso de *Maribel <u>lo</u> compró*.

El complemento indirecto

En cuanto a otras funciones sintácticas, los **complementos indirectos** se relacionan con la persona o entidad a la cual se dirige la acción verbal, por ejemplo, *Luis envió un paquete <u>a Gibran</u>*, *María Luisa entregó el nuevo libro <u>a sus estudiantes</u>*. En las oraciones anteriores *<u>a Gibran</u>* y *<u>a sus estudiantes</u>* constituyen los destinatarios de la acción y por lo tanto cumplen la función de objetos indirectos. Las formas clíticas que se relacionan con los complementos indirectos incluyen *me, te, le, se, nos, les*. Entre las estrategias para reconocer a los complementos indirectos podemos mencionar las siguientes: en primer lugar, como ya hemos mencionado, hay que prestar atención a las formas clíticas que aparecen acompañando al verbo. Sedano (2011, p. 373) señala que hay cuatro maneras de representar los complementos indirectos: *<u>Le</u> entregué los regalos <u>a mi sobrina</u>* (A + SN + Clítico correferencial); *<u>A ella</u> le entregué los regalos* (A + Pronombre tónico + Clítico correferencial); *<u>Le</u> molesta el ruido* (Pronombre átono); *Damos unas instrucciones <u>a los estudiantes</u>* (A + SN). En todos los casos ejemplificados el complemento indirecto aparece acompañado por un clítico correferencial *me, te, le, se, nos, les*; esto significa que se trata de entidades que hacen referencia a una misma persona u objeto. Otro elemento clave es el orden en que aparece el complemento directo, así en un caso como el de la forma *cómetelo* el complemento indirecto siempre aparece antes que el complemento directo. Aunque los complementos indirectos que aparecen con la preposición *a* en un SN suelen ser flexibles en cuanto al orden por razones discursivas, la correferencialidad y la adecuada identificación del complemento directo en primer lugar contribuyen en la identificación correcta de los complementos indirectos.

El complemento de régimen preposicional

El **complemento de régimen preposicional** es una función sintáctica característica de ciertos verbos que requieren la presencia de un complemento introducido por una preposición. Por ejemplo en las siguientes oraciones: *Gabi se <u>casó con</u> Luis*, *Pedro se <u>preocupaba por</u> su situación económica*, *Julia <u>dependía de</u> su trabajo*, *Manuel <u>soñaba con</u> viajar a Hawái*, *Nos* *acordamos de* la tarea muy tarde, El trabajo *consistía en* la atención de clientes, Gibran *disfrutaba de* la playa, El paciente *recurrió al* doctor, Luisa *optó por* retirar la materia, etc. En todas las oraciones anteriores el verbo requiere de un complemento que siempre se introduce mediante el empleo de la misma preposición. La clave para reconocer los complementos de régimen consiste en prestar atención al tipo de preposición que suele acompañar el verbo. Si sustituimos esta preposición por otras y obtenemos oraciones agramaticales comprobaremos que se trata de un complemento de régimen. En cuanto al orden de palabras lo regular es encontrar el complemento de régimen inmediatamente luego del verbo aunque se podrían dar ciertas excepciones para causar efectos discursivos como en el caso de *Con viajar a Hawái Manuel soñaba*.

El complemento circunstancial

El **complemento circunstancial** representa una ampliación del contenido verbal que nos indica el lugar, el momento, el modo, la causa, el destino, la finalidad, el instrumento, la cantidad y con quién se realiza una acción o evento. Generalmente, la función de complemento circunstancial la puede ocupar un adverbio (57), aunque esta misma función sintáctica la puede ocupar un sintagma preposicional (58), un sintagma nominal (59) o una oración subordinada (60).

(57)   Todo esto lo vamos a tratar <u>mañana</u>. (CREA, en línea)

(58)   Mira, yo acabo de regresar <u>de la costa.</u> (CREA, en línea)

(59)   <u>Ese día</u> yo no hice nada de eso. (CREA, en línea)

(60)   Si es que luego, <u>cuando entró</u> éste, habló demasiado … (CREA, en línea)

La clave para reconocer los complementos circunstanciales consiste en preguntar empleando el verbo principal acerca de la circunstancia que estemos identificando como en los ejemplos que se emplean a continuación:

(61)   El ancla principal quedó <u>muy cerca</u> … (CREA, en línea) —¿Dónde quedó el ancla? Respuesta "muy cerca" = complemento circunstancial de lugar.

(62)   Enseguida, <u>muy temprano</u>, empezaron los quitanieves. (CREA, en línea) —¿Cuándo empezaron los quitanieves? Respuesta "muy temprano" = complemento circunstancial de tiempo.

(63)   Reconoció <u>efectivamente</u> la postura generosa de la Reina. (CREA, en línea) —¿Cómo reconoció la postura de la Reina? Respuesta "efectivamente" = complemento circunstancial de modo.

(64)   En este país hubo una huelga general <u>porque hubo una reforma laboral impuesta</u> … (CREA, en línea) —¿Por qué hubo una huelga general? Respuesta "porque hubo una reforma laboral impuesta" = complemento circunstancial de causa.

(65)   … después viajó <u>para Estados Unidos</u>. (CREA, en línea) —¿A dónde viajó? Respuesta "para Estados Unidos" = complemento circunstancial de lugar.

(66)   Vino <u>con su abogado</u>. (CREA, en línea) —¿Con quién vino? Respuesta "con su abogado" = complemento circunstancial de compañía.

(67)   Solicito un minuto <u>para terminar</u>. (CREA, en línea) —¿Para qué solicitó el minuto? Respuesta "para terminar" = complemento circunstancial de finalidad.

(68) No volvía a sacar más nunca una foto <u>con una máquina mala.</u> (CREA, en línea) —¿Con qué no volví a sacar más nunca una foto? Respuesta "con una máquina mala" = complemento circunstancial de instrumento.

(69) A Poco, no hablo <u>mucho</u>, soy un cielo. (CREA, en línea) —¿Cuánto hablo? Respuesta "mucho" = complemento circunstancial de cantidad.

El atributo

El **atributo** es el constituyente sintáctico que acompaña a los verbos *ser, estar* y *parecer.* Típicamente, el atributo señala una característica propia sobre el sujeto, por ejemplo, *el día es <u>bonito</u>* (CREA, en línea). Los atributos, por lo general, son adjetivos calificativos aunque también pueden aparecer otras categorías gramaticales tales como los sustantivos (p. ej., *Pedro es <u>médico</u>*), un sintagma preposicional (p. ej., *La chaqueta es <u>de cuero</u>*), entre otras. Sedano (2011) señala que para identificar los atributos en español podemos emplear la concordancia puesto que el atributo concuerda en género y número con el sujeto. Por ejemplo, *Gibran es <u>bajo</u>* vs. *María y Juana son <u>altas</u>*. Adicionalmente, el adjetivo suele aparecer después del verbo, con escasas excepciones.

El complemento agente

El **complemento agente** se relaciona directamente con la descripción de las funciones sintácticas que desempeñan los constituyentes en una oración pasiva del tipo *El informe fue escrito por el profesor.* En este caso particular, la frase preposicional *por el profesor* cumple el rol sintáctico de complemento agente y semánticamente se refiere al agente de la acción. La frase nominal *el informe* ocupa la posición de sujeto y establece una relación de concordancia con el verbo *fue* (i.e., tercera persona del singular). *El informe* semánticamente representa el **paciente** de la acción verbal, pues se refiere al objeto que recibe o es el producto de la acción de escribir. El complemento se introduce mediante la preposición *por* después de *ser + participio* y suele aparecer luego del verbo. Una técnica en particular para reconocer el complemento agente consiste en convertir la oración pasiva en activa, por ejemplo, *El profesor escribió el informe.* Se puede observar que la frase nominal *el profesor* es el sujeto agente en la oración activa que se convierte en el complemento agente en la oración pasiva.

Los argumentos del verbo

El verbo es la unidad lingüística más importante en una oración. La sola presencia de un verbo conjugado implica la existencia de una oración simple. Por ejemplo, si alguien produce el verbo *dormí* tenemos una oración completa constituida por el sujeto implícito *yo* y el predicado representado por el verbo mismo. Como elemento central de la oración el verbo determina el número de constituyentes que esta posee. Los elementos obligatorios para que una oración tenga sentido completo se denominan **argumentos**. Por ejemplo, un verbo como *comprar* requiere dos argumentos: alguien que compre y el objeto comprado. De esta forma en la oración *Beatriz compró un libro* tenemos *Beatriz* en la posición de sujeto y *un libro* en la posición de objeto directo. Los elementos adicionales que se pueden añadir al verbo se consideran **adjuntos.** Por ejemplo, en el caso de la oración *Beatriz compró un libro* podríamos agregar información adicional sobre el tiempo en que tuvo lugar la acción, el lugar, entre otros aspectos secundarios. De esta forma en la oración *Beatriz compró un libro ayer*, la información sobre cuándo es secundaria y se considera un adjunto.

La clasificación de los verbos

Según las exigencias sintácticas del verbo podemos hacer una clasificación de los siguientes tipos: verbos intransitivos, verbos transitivos, verbos del tipo gustar y verbos de régimen.

Los verbos intransitivos

Los **verbos intransitivos** sólo requieren de un argumento, el sujeto. Por ejemplo, en la oración *Miguel de Cervantes murió*, el argumento obligatorio es el sujeto *Miguel de Cervantes*. En la oración *El negocio fracasó*, el argumento obligatorio es el sujeto *el negocio*. Estos verbos pueden ir acompañados por complementos circunstanciales que se consideran adjuntos al verbo. Podemos notar en la oración en el ejemplo (70) que el verbo *dormir* requiere del sujeto (*el alcalde*) y a la vez posee dos adjuntos (*en su viaje, en hoteles*) que proveen información sobre el tiempo (cuándo) y el lugar (dónde) en que ocurrió la acción. La oración en (71) tiene el sujeto *la aragonesa* como argumento obligatorio y posee el adjunto *con más ganas que nunca* el cual provee información sobre el modo de la acción (cómo).

(70)   En su viaje, el alcalde durmió en hoteles … (CREA, en línea)

(71)   La aragonesa corrió con más ganas que nunca … (CREA, en línea)

Los verbos transitivos

Este tipo de verbos no sólo requiere la presencia del sujeto sino también de un objeto directo. Esto quiere decir que los **verbos transitivos** requieren de dos argumentos. Por ejemplo, en la oración *Gibran preparó una tortilla*, el verbo *preparar* requiere de alguien que prepare (*Gibran*) y a la vez la especificación de qué es lo preparado (*una tortilla*). El verbo *comprar*, en el ejemplo (72), posee dos argumentos, el sujeto *Luis Peñaranda* y el objeto directo *un Mercedes Benz*. En el caso de la oración en (73) el sujeto es *nosotros* y el objeto directo es *a la musculada atleta*. En el ejemplo en (74) el sujeto es implícitamente *él, ella*, o *usted* y el objeto directo es *los periódicos*. Para comprobar que estos verbos requieren un completo directo podemos eliminar la frase nominal que cumple con este rol y nos daremos cuenta de que su significado es incompleto. Por ejemplo, no podemos decir *Luis Peñaranda compró* porque la pregunta implícita de quien nos escucha sería ¿qué compró?

(72)   Luis Peñaranda compró un Mercedes Benz. (CREA, en línea)

(73)   No vimos a la musculada atleta. (CREA, en línea)

(74)   Allí leyó los periódicos. (CREA, en línea)

Adicionalmente, los verbos transitivos pueden tener tres argumentos. En estos casos el verbo posee un sujeto, un objeto directo y un objeto indirecto. Observemos los ejemplos a continuación:

(75)   … me dieron una explicación … (CREA, en línea)

(76)   … mi tío me mandó a mí una cantidad de cosas … (CREA, en línea)

(77)   … Barranco pidió a los madrileños que no se quedaran en casa … (CREA, en línea)

En el ejemplo en (75) el verbo *dar* posee un sujeto implícito (*ellos*), un objeto directo (*una explicación*) y un objeto indirecto representado por el pronombre *me*. En el caso del ejemplo en (76) el verbo *mandar* posee el sujeto *mi tío*, el objeto directo *una cantidad de cosas* y el objeto indirecto representado por la frase *a mí* y el pronombre *me*. El ejemplo (77) posee el sujeto *Barranco*, el objeto directo representado por la cláusula subordinada *que no se quedaran en casa* y el objeto indirecto *a los madrileños*.

Los verbos del tipo gustar

Los **verbos del tipo *gustar*** poseen dos argumentos, el sujeto y el objeto indirecto. Este tipo de construcciones resulta particular en español pues el objeto indirecto representa la persona que experimenta algo, mientras que el sujeto gramatical representa el objeto experimentado. Por ejemplo, en *A Ana le gusta el helado* la frase *a Ana* y el pronombre de objeto indirecto *le* indican la persona que experimenta el gusto por el helado. *El helado* representa el objeto experimentado. En el ejemplo en (78) tenemos el sujeto *la lingüística* y el objeto indirecto *me*. En el ejemplo en (79) *la procedencia* constituye el sujeto y *me* el objeto indirecto. El ejemplo en (80) es un poco más complejo, puesto que el pronombre *eso* ocupa la posición de sujeto y la frase preposicional *a mí* y el pronombre *me* representan el objeto indirecto. El ejemplo en (81) posee el sujeto *hablar de la vaina* y el objeto indirecto está representado por la frase *a la gente* y el pronombre *le*.

(78) … pues el año pasado me gustó la lingüística. (CREA, en línea)

(79) … no me importa la procedencia. (CREA, en línea)

(80) … a mí eso me parecía fabuloso. (CREA, en línea)

(81) … ya a la gente le fascinaba hablar de la vaina. (CREA, en línea)

Los verbos de régimen

Los verbos de régimen poseen dos argumentos, el sujeto y el complemento de régimen. Recordemos que esta clase de complemento es una función sintáctica característica de ciertos verbos que requieren la presencia de un complemento introducido por una preposición. En el ejemplo (82) *Bolívar* constituye el sujeto y el complemento de régimen es *con una América Latina unida*. El ejemplo en la oración en (83) posee el sujeto *él* y el complemento de régimen es *de una broma que le hicieron*. En la oración en (84) la posición de sujeto la ocupa la frase *la familia* y el complemento de régimen es *de la mujer*. En el último ejemplo (85), *la sanción de Diputados* ocupa la posición de sujeto y *por una tesis más restrictiva* constituye el complemento de régimen.

(82) Bolívar soñaba con una América Latina unida. (CREA, en línea)

(83) … él se acordó de una broma que le hicieron … (CREA, en línea)

(84) … la familia dependía de la mujer … (CREA, en línea)

(85) … la sanción de Diputados opta por una tesis muy restrictiva … (CREA, en línea)

Clasificación de la oración simple

Sobre la base de lo que proponen King y Suñer (1998) acerca de los tipos de **oraciones simples**, presentamos una caracterización sintáctica de la clasificación de las oraciones simples según el tipo de verbo que poseen. En la sección anterior se ha explicado el concepto de argumentos del verbo y se ha presentado una clasificación de los tipos de verbos. Esta información será de mucha utilidad para explicar la clasificación sintáctica de la oración. La presente categorización distingue los siguientes tipos de oraciones: intransitivas, transitivas (activas y pasivas), copulativas e impersonales.

Oraciones intransitivas

Este tipo de oraciones posee un verbo intransitivo el cual solo requiere de manera obligatoria el argumento de sujeto. De manera secundaria estas oraciones poseen adjuntos representados por los **complementos circunstanciales**, los cuales pueden identificar el dónde, el cuándo y la forma cómo ocurre un cierto evento. En el ejemplo en (86) observamos que la oración posee como núcleo verbal *caminé*. La oración tiene como argumento el sujeto representado por el pronombre *yo* y el adjunto que indica dónde ocurre el evento, *por el otro lado de la puerta*.

(86)   Yo caminé por el otro lado de la puerta. (CREA, en línea)

Oraciones transitivas

Las oraciones que pertenecen a esta categoría poseen un verbo que requiere de por lo menos dos argumentos obligatorios: el sujeto y el objeto directo. Las **oraciones transitivas** se pueden sub-clasificar en activas o pasivas según el énfasis que haga el hablante en la forma de cómo presenta el sujeto y objeto directo de la acción verbal. Las oraciones activas presentan de manera destacada el sujeto-agente, mientras que las oraciones pasivas enfatizan el sujeto-paciente. En la oración (87) *el ingeniero Miguel Ángel de Quevedo* cumple el papel sintáctico de sujeto y el papel semántico de agente mientras que *este artículo* tiene la función sintáctica de objeto directo y el papel semántico de paciente. En (88) *ese libro* cumple la función sintáctica de sujeto y el papel semántico de paciente (para más detalles sobre el rol semántico véase el **capítulo 7**).

(87)   … el ingeniero Miguel Ángel de Quevedo escribió este artículo … (CREA, en línea)

(88)   … ese libro fue escrito y fue hecho para mentalidades norteamericanas … (CREA, en línea)

Adicionalmente, en este grupo de las oraciones transitivas se pueden incluir las oraciones pasivas con *se*. En estos casos se observan estructuras del tipo *… se venden los paraguas buenos de cinco o seis mil pesos …* (CREA, en línea) en las que el verbo aparece acompañado por la forma pronominal *se*. El significado de estas oraciones es implícitamente semejante al de una oración pasiva como *los paraguas buenos son vendidos de cinco a seis mil pesos*. En este sentido *los paraguas buenos* se considera el sujeto paciente de la oración y concuerda con el verbo *vender*. En estos casos el *se* es considerado como parte del verbo. Este tipo de oraciones cuyo significado implica la voz pasiva es de uso más frecuente en español en comparación con las oraciones pasivas con *ser*.

Oraciones copulativas

Las oraciones copulativas se caracterizan por tener como núcleo verbal los verbos *ser, estar* y *parecer*. Estos verbos se denominan copulativos porque sirven como enlace entre un sujeto y su predicado nominal o atributo. El atributo generalmente es una categoría gramatical que describe al sujeto como sería el caso de los adjetivos. En los ejemplos a continuación observamos los verbos *ser, estar* y *parecer* acompañados de un atributo (*casado* y *ligero*). En los tres casos se trata de adjetivos en posición de atributo.

(89)   Inclusive él es casado y tiene dos muchachos … (CREA, en línea)

(90)   … un señor está casado con una señora … (CREA, en línea)

(91)   … ese enorme bloque parece ligero … (CREA, en línea)

Oraciones impersonales

Las oraciones impersonales se distinguen por el hecho de que no poseen un agente específico. Generalmente, el verbo aparece conjugado en la tercera persona singular. Existen casos en los que el verbo se conjuga en tercera persona plural o en la segunda persona del singular, según el tipo de oración como se ve en los ejemplos a continuación.

Oraciones unipersonales

Este tipo de oraciones son aquellas que se refieren a fenómenos de la naturaleza como *nevar, llover, amanecer, anochecer, atardecer*, etc. En estos casos no existe un ente animado que cumpla el papel de sujeto agente. En este grupo también se incluyen las oraciones con *haber* y *hacer* impersonal, como en los casos de *había estudiantes* y *hace años que no te veo*. Estos tipos de verbos aparecen acompañados por frases nominales que se consideran objetos directos. Observemos los ejemplos que aparecen a continuación:

(92) … como llovía, no hicimos mayor cosa … (CREA, en línea)

(93) … en realidad había gente mal vestida … (CREA, en línea)

(94) Hace tiempo que no te veo. (CREA, en línea)

Oraciones impersonales con se

En estas oraciones no existe un agente específico que cumpla la función de sujeto. En un ejemplo como *se vive muy bien en Bloomington* la oración podría ser interpretada como *la gente vive muy bien en Bloomington* con lo cual se hace referencia a cualquier persona. Para distinguir estas oraciones de las pasivas con *se* debemos tomar en cuenta que el núcleo verbal de las oraciones impersonales con *se* lo constituye un verbo intransitivo. De esta forma, en este tipo de oraciones no es posible obtener una lectura pasiva o transformar la oración a una pasiva con *ser*. Por ejemplo, no se podría decir **es vivido muy bien en Bloomington* porque el resultado sería agramatical. Sedano (2011, p. 355) argumenta que el *se* de las oraciones impersonales se puede considerar como una marca de sujeto impersonal equivalente a algo parecido como *la gente*. Por lo tanto, se podría interpretar el ejemplo anterior como *la gente vive muy bien en Bloomington*.

Oraciones impersonales con uno

En estos casos se emplea la forma pronominal *uno* para hacer referencia a un agente no específico o indeterminado.

(95) Pero, mira, uno estudia para trabajar … (CREA, en línea)

Oraciones impersonales con tercera persona del plural

Existen ejemplos de formas verbales conjugadas en la tercera persona del plural que codifican a un sujeto indeterminado equivalente a decir de manera genérica *las personas*:

(96) Llamé al Palacio Presidencial y entonces me dijeron que no me preocupara … (CREA, en línea)

Oraciones impersonales con segunda persona del singular

En algunos contextos discursivos el uso de la segunda persona del singular es equivalente al uso de *uno* para hacer referencia a un sujeto no específico:

(97) Las primeras, intuiciones que tú tienes, son físicas, o sea yo la primera vez que vi a Enrique … (CREA, en línea)

En esta sección hemos revisado los conceptos más básicos que nos permitirán entender la estructura del español. En particular se hizo una descripción de los tipos de sintagmas, las funciones sintácticas, la clasificación de los verbos según los argumentos y se presentó una clasificación de las oraciones simples sobre la base de los tipos de verbos. A continuación estudiaremos algunas de las preguntas de investigación que se pueden hacer en sintaxis a partir de perspectivas teóricas distintas.

Enfoque en la investigación: El (de)queísmo

El estudio de Kanwit (2012) investiga los factores lingüísticos y extralingüísticos que condicionan el fenómeno denominado como el *(de)queísmo*. En el español, según las reglas prescriptivas, hay verbos que requieren el complementante *que* antes del complemento declarativo (p. ej., *No sabía que era tan joven*) y otros que requieren la preposición *de* entre el verbo y el complementante (p. ej., *Me enteré de que había una pelea*). Sin embargo, en la práctica, esta regla no suele seguirse. Es decir, existen casos de verbos que prescriptivamente requieren sólo *que* y se realizan con *de que* (p. ej., *No sabía de que era tan joven*). A este fenómeno se le llama el *dequeísmo*. Igual ocurre lo opuesto, donde verbos que requieren la preposición y el complementante, *de que*, sólo ocurren con el complementante (p. ej., *Me enteré que había una pelea*). A este fenómeno se le llama *queísmo*. El autor utilizó datos de 160 informantes del Estudio Sociolingüístico de Caracas de 1987 (Bentivoglio y Sedano, 1993)1987) balanceados según los factores sociales de sexo, nivel socioeconómico y edad. En su investigación, Kanwit analiza ambos fenómenos separadamente e incluye las siguientes variables lingüísticas junto a las sociales ya mencionadas: (i) persona y número del sujeto (i.e., primera, segunda y tercera); (ii) tiempo de la cláusula principal (p. ej., presente del indicativo, imperfecto del subjuntivo, etc.); (iii) número de palabras entre el verbo y el complementante (i.e., 0 palabras, 1–2 palabras, o 3 o más palabras) (Schwenter, 1999); y (iv) el tema del discurso (i.e., cargado, empático, o neutral). Kanwit propuso que en temas más emocionalmente cargados y de opinión favorecerían el *dequeísmo* por la necesidad pragmática de proteger la imagen del hablante ante las declaraciones hechas. Los resultados del estudio confirmaron la hipótesis de este autor. El *dequeísmo* se favorece altamente en discursos cargados y levemente en discursos empáticos. En contraste, en discursos neutrales se favorece más el *queísmo*. Otro resultado importante de este estudio fue el tiempo verbal de la cláusula principal. El *dequeísmo* predomina significativamente cuando se emplea el pretérito y el imperfecto, lo cual se correlaciona con incertidumbre. En cambio, cuando se emplea el presente perfecto y el presente de indicativo se favorece el *queísmo*, lo cual se asocia con más certeza. El factor de persona del sujeto resultó significativo para el *dequeísmo* (i.e., se favorece con sujeto en tercera persona), pero no para el *queísmo*. Sin embargo, se encontró que el *queísmo* fue marginalmente significativo en la segunda y la tercera persona. Estos resultados destacaron el significado discursivo del fenómeno de *(de)queísmo* donde la inserción de la preposición *de* se asocia con mitigación (moderación) y distancia de un hecho o declaración. Por otro lado, su supresión indica más certeza y subjetividad. El autor concluyó que la nueva variable, tema del discurso, aporta a la perspectiva de Schwenter (1999) en que ambos fenómenos, *dequeísmo* y *queísmo*, suelen funcionar como herramientas discursivas con relación a la actitud del hablante en cuanto a la certeza de lo que dice.

 Aplicación 5.E: www.wiley.com/go/diaz-campos

3   Preguntas formales

Los sintagmas como constituyentes en la teoría formal

En esta sección estudiaremos el concepto de constituyente desde el punto de vista de la teoría formal con el propósito de entender cómo se representan las relaciones entre elementos lingüísticos en la sintaxis. La definición de **constituyente**, desde el punto de vista de una teoría formal, destaca el hecho de que se trata de elementos que se pueden reconocer mediante los procesos gramaticales de sustitución por pronombres, desplazamientos, respuestas a preguntas, entre otros (Bosque & Gutiérrez-Rexach 2009, p. 117). En los siguientes ejemplos se demuestran algunas maneras para reconocer los constituyentes.

(98) … te he hablado de <u>la novia que es la madre de mi amigo</u> … (CREA, en línea)

(99) Te he hablado de <u>ella</u>.

La operación de sustitución por el pronombre *ella* (99) de la frase *la novia que es la madre de mi amigo* nos indica que esta frase nominal es un constituyente.

(100) Y <u>ayer en la tarde</u>, precisamente con mi cuñada, estábamos hablando nosotros un poco en forma sectaria … (CREA, en línea)

(101) Y precisamente con mi cuñada, estábamos hablando nosotros un poco en forma sectaria, <u>ayer en la tarde.</u>

En el caso (100) tenemos el sintagma adverbial *ayer en la tarde* al inicio de la oración. Debido a que se trata de un solo constituyente lo podemos desplazar al final de la oración (101) sin alterar la estructura de este sintagma, lo cual demuestra su autonomía.

Para ejemplificar la operación de respuesta a preguntas podemos emplear la misma oración anterior (100). En este caso la formulación de la pregunta *¿cuándo estaban hablando en forma sectaria?* Nos da como respuesta *ayer en la tarde*, lo cual corrobora que este sintagma adverbial es un constituyente.

Una noción importante es el hecho de que los constituyentes sintácticos son unidades que se integran como parte de una estructura. Las teorías formalistas han propuesto maneras de representar esta jerarquización. Tomemos como ejemplo el caso de *en la casa de Gobierno* que aparece en el ejemplo (102).

(102) … ha surgido hoy aquí en la casa de Gobierno. (CREA, en línea)

El diagrama arbóreo (la **ilustración 5.2**) nos permite observar de manera visual la jerarquía que se establece entre las unidades que forman el constituyente. En primer lugar, *en la casa* es un sintagma preposicional (SP) formado por la preposición *en* más el sintagma nominal *la casa*. El sustantivo *la casa* se encuentra modificado por un sintagma preposicional constituido por la preposición *de* más el sintagma nominal *Gobierno*. Cabe resaltar que todas las letras

Ilustración 5.2 Estructura arbórea de la frase "en la casa de gobierno".

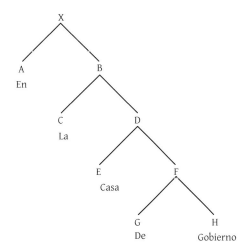

utilizadas en la estructura arbórea anterior son arbitrarias y se utilizan para representar cualquier constituyente.

En el proceso de ofrecer algunos elementos básicos sobre la representación de los constituyentes sintácticos describiremos ahora un sistema propuesto por las teorías formales para explicar la estructura interna de los constituyentes. De esta forma la nomenclatura arbitraria que se empleó en la **ilustración 5.2** será sustituida por símbolos que ofrecen más detalle sobre la forma y el significado de la estructura sintáctica, según lo propuesto por Bosque y Gutiérrez-Rexach (2009). La descripción que se presenta a continuación se basa en los sintagmas básicos los cuales hemos estudiado en la sección anterior. Se trata de los sintagmas nominales (SN, estructura que se articula en torno a un sustantivo), sintagma adjetival (SAdj, estructura que se articula en torno a un adjetivo), sintagma preposicional (SP, estructura encabezada por una preposición), sintagma adverbial (Sadv, estructura que se articula en torno al adverbio) y sintagma verbal (SV, estructura que se articula en torno a un verbo). Bosque y Gutiérrez-Rexach (2009) destacan la importancia de la capacidad de expandirse de los sintagmas. A partir de un elemento central o nuclear se pueden ir añadiendo modificadores y complementos. En la gramática formalista esta expansión se define como **proyección**, lo cual ayuda a explicar el hecho de que los sintagmas se consideren proyecciones de un elemento nuclear. Las gramáticas formalistas han propuesto reglas que ayudan a explicar la expansión o proyección de los núcleos sintagmáticos, lo cual refleja la **recursividad** (i.e., el uso de una misma unidad lingüística de forma repetida, como hemos visto en el **capítulo 1**). Observemos los siguientes ejemplos:

(103) a. Libro

(104) a. Un libro

(105) a. Un libro grande

(106) a. Un libro grande de tapa dura

Este tipo de estructuras que ilustramos en los ejemplo de (103a) a (106a) se pueden describir a partir de sus categorías constituyentes de la siguiente forma en una gramática que toma en cuenta sus propiedades estructurales. Es decir, la gramática nos permite describir cuáles son los elementos constituyentes, sus proyecciones y su estructura jerárquica.

(103) b. SN → Sustantivo

(104) b. SN → Determinante + Sustantivo

(105) b. SN → Determinante + Sustantivo + Sintagma adjetival

(106) b. SN → Determinante + Sustantivo + Sintagma adjetival + Sintagma preposicional

Este tipo de análisis sintáctico es compatible con la representación en árboles la cual nos permitiría visualizar la jerarquía que se da entre las unidades que forman parte de la estructura. Las gramáticas formales emplean el concepto de reglas de reescritura con el propósito de representar las unidades sintácticas de una lengua en particular. En el caso particular de los sintagmas que se han mencionado anteriormente, Bosque y Gutiérrez-Rexach (2009) señalan que las reglas de reescritura permiten representar también la recursividad de las categorías nucleares en cada sintagma. Observemos los siguientes ejemplos:

(107) a. El libro grande

(108) a. Muy alta

(109) a. Con un martillo

(110) a. Llegó Juan de Puerto Rico

Las oraciones de (107) a (110) se podrían representar según sus propiedades a partir de las siguientes reglas:

(107) b. SN → Determinante + Sustantivo + (Sintagma adjetival)

(108) b. SAdj → Adverbio + Adjetivo

(109) b. SP → Preposición + Sintagma nominal

(110) b. SV → Verbo + Sintagma nominal + Sintagma preposicional + Sintagma nominal

Estas reglas se pueden expresar a partir de diagramas arbóreos en los que se observan las relaciones estructurales entre los elementos que forman cada sintagma (las **ilustraciones 5.3**, **5.4**, **5.5**, **5.6**, **5.7** y **5.8**).

Bosque y Gutiérrez-Rexach (2009, p. 140) señalan una serie de críticas en relación con las reglas de reescritura. Estos autores indican que muchas de las propiedades implícitas en las reglas, tales como las redundancias de la representación, la naturaleza de los elementos opcionales y su orden no pueden ser captadas por las reglas de reescritura ya que se trata de propiedades correspondientes a las piezas léxicas. Es decir, no son pertinentes al estudio de la sintaxis.

En su lugar, Bosque y Gutiérrez-Rexach (2009) plantean las siguientes generalizaciones:

a) Las categorías nombre [o sustantivo], verbo, adjetivo y preposición admiten complementos y proyectan un sintagma del que tanto ellas como sus complementos son constituyentes inmediatos.

b) Unas categorías son transitivas (con complemento) y otras intransitivas (sin complemento) en función de requisitos particulares de las piezas léxicas, es decir, de requisitos que corresponde establecer al léxico, no a la sintaxis. Las preposiciones son siempre transitivas.

c) El complemento puede seguir o preceder al núcleo de una preposición sintáctica en función de un parámetro [i.e., una propiedad sintáctica que depende de la gramática de una lengua en particular].

(p. 140–41)

La representación de estas estructuras, de acuerdo con los planteamientos de Bosque y Gutiérrez-Rexach (2009), supone que todas las estructuras sintácticas tienen una constitución semejante, como la que se presenta en la **ilustración 5.7**.

La **ilustración 5.7** da cuenta de una forma más simplificada de las estructuras sintagmáticas del español a partir de la hipótesis de la X con barra ($\bar{X}$). Bosque y Gutiérrez-Rexach (2009 p. 141) resumen la hipótesis de la siguiente forma: (a) Todos los sintagmas presentan una estructura interna semejante, la

Ilustración 5.3 Estructura arbórea de los sintagmas nominales.

Ilustración 5.4 Estructura arbórea de los sintagmas adjetivales.

Ilustración 5.5 Estructura arbórea de los sintagmas preposicionales.

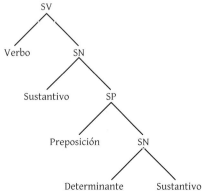

Ilustración 5.6 Estructura arbórea de los sintagmas verbales.

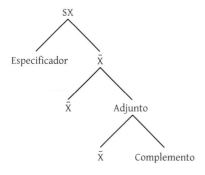

Ilustración 5.7 Representación de la hipótesis de la X̄·

Ilustración 5.8 Representación arbórea de la oración "vendió un libro".

cual se organiza alrededor de un núcleo (simbolizado con X̄) —dicho núcleo es el que da nombre al sintagma. Se considera que los sintagmas son categorías endocéntricas (i.e., se organizan alrededor de un núcleo); (b) Los núcleos tienen la propiedad de proyectarse y expandirse a partir de **complementos** (de acuerdo con el significado), **adjuntos** (proyecciones no obligatorias) y **especificadores** (proyectores que cuantifican al núcleo y sus complementos); (c) El núcleo tiene la propiedad de proyectarse varias veces hasta llegar a una proyección máxima (SX). Cada una de esas proyecciones supone los mismos principios de la X̄. Estas posiciones estructurales de especificador, complemento y adjunto expresan funciones de relación de acuerdo con las proyecciones máximas que ocupen los elementos asociados con ellos. Es decir, se establecen relaciones de interdependencia entre las unidades constituyentes.

En la siguiente representación arbórea se pueden observar las relaciones que establecen los diferentes elementos de la estructura en relación con el núcleo. Por ejemplo, se puede apreciar que el sintagma nominal *un libro* cumple la función de complemento directo del verbo *vender*.

En esta sección hemos estudiado la representación formal de los sintagmas de acuerdo con la estructura sintáctica característica según el núcleo que los conforma. Hemos visto una manera relativamente simple de representarlos siguiendo la hipótesis de la X̄, tal como lo proponen Bosque y Gutiérrez-Rexach (2009). Según estos autores, la teoría que emplean resulta útil para representar de manera sencilla todas las estructuras sintagmáticas del español y, a la vez, reflejar la recursividad como una característica prototípica de las estructuras sintácticas.

Enfoque en la investigación: *Nada más* vs. *más nada*

El estudio de Gutiérrez-Rexach y González (2012) examina la alternancia entre pre-modificación y post-modificación de una palabra negativa (p. ej., *nada, nunca, nadie*) por un modificador de grado (i.e., *más*) en el español de Puerto Rico. En español es común delimitar una palabra negativa con el modificador de grado *más* después de la palabra negativa (p. ej., *No quiero saber **nada más** de ti*). Sin embargo, en variedades caribeñas del español como en Puerto Rico, la República Dominicana, o Cuba (entre otras), el modificador puede encontrarse antes de la palabra negativa (p. ej., *No quiero saber **más nada** de ti*). A este fenómeno se le llama la delimitación post- y pre-negativa. Adicionalmente a esto, existe una versión reducida de *más nada* y *nada más* que no son intercambiables. Por ejemplo, *No quiero saber {máh ná/*ná máh} de ti* o *Voy a comer eso {*máh ná/ná máh}*. Estos ejemplos señalan que el uso de ambas alternativas suele realizarse bajo ciertas restricciones sintácticas y semánticas. La primera de las restricciones sintácticas de esta construcción es que el modificador de grado *más* sólo puede coocurrir con una de las palabras negativas *nada, nadie, ninguno/a y ningún*. Otras palabras negativas no admiten la pre-modificación (p. ej., *Hace {poco más/*más poco} de un año que no te veo*). La segunda restricción sugiere que sólo los usos admitidos dentro de una cláusula negativa, y no como partícula focal (p. ej., *Esta persona es {nada más/*más nada} y nada menos que el presidente*), permiten la pre-modificación (p. ej., **No** quiero **más nada**). Igualmente, si se encuentra en un ámbito positivo, la pre-modificación resulta agramatical (p. ej., *Todo el que diga {nada más/*más nada}, sufrirá las consecuencias*). Gutiérrez-Rexach y González (2012) afirman que por consecuencia de otras características sintácticas en el español caribeño, esta variedad se presta a la pre-modificación ya mencionada. Asimismo, la pre-modificación no puede ocurrir cuando *más* encabeza el complemento comparativo (p. ej., *No hay {nada más/*más nada} terrible que sufrir en vano*). Finalmente, al examinar las restricciones semánticas, los autores indagan en las diferencias de significado que ambas formas poseen. Lo que encuentran los autores es que la alternancia entre las dos posibilidades depende de la propiedad del evento de la oración. *Nada más* en el ejemplo *Pedro no comió nada más* sugiere que Pedro se llenó de comida y ya no puede comer nada adicional. Por otro lado, *más nada* en *Pedro no comió más nada*, tiene una implicación de que el evento cesó, es decir, Pedro terminó de comer. Otra característica semántica que los autores señalan es que *más nada* agrega un significado de presuposición de un evento previo que se relaciona con el evento de la oración. Por ejemplo, en la oración *No leeré más nunca libros de Vargas Llosa*, se presupone que el sujeto nunca ha leído libros por ese autor en el pasado y nunca tendrá la oportunidad o la voluntad de realizar el evento. Por otro lado, en el ejemplo *No leeré nunca más libros de Vargas Llosa*, *nunca más* presupone que el sujeto sí ha leído los libros y desde ese momento en adelante no leerá más los libros de ese autor. En el español en general esta diferencia sutil de significado queda ambigua entre los hablantes al menos que se conmute *nada más* con *jamás*, para dar un ejemplo. Como último punto, Gutiérrez-Rexach y González señalan que esta pre-modificación sólo se da cuando el sujeto de la frase juega el papel temático de agente o que tiene la intención de realizar la acción (p. ej., *Más nadie vino a la fiesta* vs. **Más nadie llegó a la fiesta*). Este análisis que toma en cuenta la gramática y el significado nos permite describir el uso regional de estructuras tales como *más nadie, más nada, más nunca*, etc.

 Aplicación 5.F: www.wiley.com/go/diaz-campos

4 Preguntas empíricas

La pluralización del verbo haber en datos orales

Esta sección de preguntas empíricas se la dedicaremos al estudio del verbo *haber* en su forma impersonal. En los ejemplos a continuación se presenta el contraste entre el uso de la forma en singular (i.e., *había*) acompañada del sintagma nominal *niños* y la forma plural *habían* acompañada del mismo sintagma nominal *niños.*

(111) … no había niños por ningún lado … (CREA, en línea)

(112) … habían niños de una clase social, y de otra clase. (CREA, en línea)

En las gramáticas tradicionales (Bello & Cuervo, 1995; RAE, 1973, etc.) se ha considerado que *haber* es un verbo transitivo y que el sintagma nominal que acompaña al verbo debe analizarse como un objeto directo. Se señala, asimismo, que las formas del verbo *haber* en esta construcción impersonal sólo deben aparecer en tercera persona del singular. No obstante, ha sido ampliamente documentado el hecho de que los hablantes nativos en diversas regiones del mundo hispano hacen concordar la forma del verbo *haber* con el sintagma nominal que lo acompaña (i.e., *habían niños*) (Blas-Arroyo, 1995, 1996; De Mello, 1994; Díaz-Campos, 2003;

Kany, 1945). En investigaciones sobre este fenómeno se ha dicho que los hablantes nativos interpretan el sintagma nominal plural como si fuera el sujeto de la oración en lugar de considerarlo como objeto directo. Las razones por las cuales ocurre el fenómeno de la pluralización podrían deberse al hecho de que *haber* no sigue los patrones típicos que caracterizan a un verbo transitivo (i.e., *vender algo, leer algo, escribir algo*, etc.). Es decir, los verbos transitivos suelen tener dos argumentos, un sujeto y un objeto directo. El hecho de que *haber* sólo aparece con un sintagma nominal como argumento podría inclinar a los hablantes a analizar este único elemento como el sujeto y de esta forma se propicia la concordancia de número y persona entre el sintagma nominal y el verbo. Se podría decir que la pluralización de *haber* es un caso de regularización ya que los hablantes nativos analizan el verbo *haber* como si fuera transitivo y el único argumento que posee lo interpretan como el sujeto.

Brown y Rivas (2012) presentan una investigación reciente en la cual analizan las razones que explican la pluralización del verbo *haber*. De acuerdo con el estudio que estos investigadores presentan el conocimiento probabilístico de ciertas estructuras sintácticas tendría un efecto directo en los patrones de cambio que se observan en cuanto a la pluralización de *haber*. La hipótesis que el trabajo de estos autores trata de probar de manera cuantitativa es la siguiente: de acuerdo con el planteamiento central del estudio los hablantes tendrían un conocimiento probabilístico de los sintagmas nominales que cumplen la función de sujeto de manera general en un corpus (i.e., una muestra de datos). De esta forma, aquellas frases nominales que suelen cumplir el papel de sujeto deberían favorecer la pluralización de *haber* cuando esta forma verbal se emplea en lo que se conoce tradicionalmente como usos impersonales.

La **ilustración 5.9** muestra el ejemplo del sintagma nominal *las muchachas*. Este sintagma nominal suele aparecer como sujeto con otros verbos (i.e., *ser*) en muestras de habla, por ejemplo, en un corpus oral del español de Venezuela este sintagma nominal posee una alta frecuencia (más de 101) y su uso como sujeto alcanza el 35% versus 26% como objeto directo en los datos analizados. Esto significa que existe una alta probabilidad de que *haber* se pluralice con el sintagma nominal *las muchachas*. El trabajo de Brown estudia esta hipótesis mediante un análisis cuantitativo de datos del español de Puerto Rico. Los autores emplean un corpus de 370.000 palabras que representan 27 horas de habla oral proveniente de 33 hablantes nativos de las regiones de Caguas, Cayey y San Juan de Puerto Rico (Cortés-Torres, 2005). El segundo corpus empleado es el habla culta de San Juan obtenido a través del corpus del español de Mark Davis, el cual posee aproximadamente 200.000 palabras. Los datos obtenidos se basan en todos los casos de *haber* impersonal acompañado de un sintagma nominal plural los cuales sumaron 190 ocurrencias. Para los fines de la presente descripción del estudio nos concentraremos en la

Ilustración 5.9 Representación de las relaciones de probabilidad de la pluralización de *haber*.

Cuadro 5.6 Factores que favorecen la regularización de haber en el español de Puerto Rico.

	Peso	% de Haber pluralizado	N	% en los datos
Proporción en la que un sustantivo aparece como sujeto				
Alta	.69	56	64	33
Media	.52	44	65	34
Baja	.28	29	61	32
Rango	41			

medida de proporción calculada para saber cuáles sintagmas nominales suelen aparecer en la función de sujeto. El cálculo en cuestión se basa en la proporción en la que un sustantivo aparece como sujeto de acuerdo con la función que desempeña en los contextos estudiados en el corpus del español (Davies, 2002) dividido por el total de ocurrencias de este mismo sustantivo en el total del corpus. Por ejemplo, el sustantivo *poeta* ocurre 322 veces de ese total, 75 casos se emplean en la función de sujeto lo cual representa una proporción de uso como sujeto del 23%. Esta medida la consideran Brown y Rivas como representativa de la probabilidad sintáctica de que el sintagma nominal *poeta* sea sujeto. Los resultados obtenidos por Brown y Rivas se presentan en una versión adaptada en el **cuadro 5.6**.

El **cuadro 5.6** contiene varios datos a los que hay que prestar atención. En primer lugar están los pesos los cuales indican una tendencia favorecedora o desfavorecedora de la pluralización en este caso en particular. Si el peso está por encima de .5 favorece la pluralización y si está por debajo la desfavorece. En este sentido, una proporción de uso alto de una frase nominal como sujeto favorece la pluralización con un peso de .69 lo cual representa un 56% de los datos. Este resultado corrobora la hipótesis de Brown y Rivas (2012) en cuanto al hecho de que el conocimiento probabilístico de ciertas estructuras sintácticas tiene un efecto directo en la pluralización de *haber*.

En un trabajo reciente (Díaz-Campos, Evans-Sago, & Hoff, 2016) se examina el papel del rol sintáctico no sólo de sujeto sino también de objeto de las frases nominales en un corpus de 160 hablantes caraqueños. Del corpus se extrajeron 3.292 casos correspondientes a los diferentes usos del verbo *haber*, en los cuales se incluyen impersonal, formas compuestas y perífrasis. De todos los casos extraídos se analizaron las formas de *haber* impersonal seguidas de una frase nominal plural (*había[n] estudiantes*), los cuales constituían 596 casos. De acuerdo con las ocurrencias de *haber* impersonal y las frases nominales identificadas se hizo una búsqueda en el corpus de todas las frases nominales para determinar su función sintáctica. En total se identificaron 12.537 contextos lingüísticos a partir de los cuales se hizo una muestra al azar dividida según su frecuencia de ocurrencia en baja (1–10), media (11–100) y alta (101 o más). El total de casos extraídos al azar para determinar el rol sintáctico de las frases nominales suma 5.015. Los resultados del análisis se pueden ver en el **cuadro 5.7**. En la primera columna aparece el factor del rol sintáctico de acuerdo con la división entre sujeto y objeto. En la segunda columna se especifica el logaritmo probabilístico que es la taza de probabilidad de que la hipótesis estudiada sea correcta. Un número positivo indica que la hipótesis es correcta y uno negativo prueba lo contrario. La tercera columna muestra el número de casos en la categoría correspondiente. En la cuarta columna se especifica el porcentaje de casos con relación a la categoría estudiada (sujeto u objeto). La última columna señala el peso probabilístico de que ocurra la pluralización en los datos. Una valor por encima de 0.5 se considera favorecedor de la pluralización.

Cuadro 5.7 Resultados del efecto de la función sintáctica en la pluralización del verbo *haber*.

Factor	Logaritmo probabilístico	Casos	%	Peso
Subject	0.445	232	69	0.609
Object	−0.445	364	53	0.391
Rango				22

Lo más importante que se puede extraer de los resultados obtenidos de esta investigación es que las frases nominales que aparecen en la función de sujeto favorecen la pluralización del verbo *haber*. En contraste, las frases nominales que aparecen como objetos directos desfavorecen la pluralización. Estos hallazgos sugieren que los hablantes deben haber experimentado la relación probabilística típica de una estructura sintáctica para que se encuentre un efecto significativo. En otras palabras, los hablantes almacenan información no sólo sobre la estructura sino también de las relaciones que tales estructuras establecen en contextos particulares.

Enfoque en la investigación: La frecuencia léxica y los pronombres personales de sujeto

Erker y Guy (2012) investigaron los efectos de la frecuencia léxica en el uso del pronombre personal de sujeto (PPS) (i.e., *yo, tú, él/ella/usted, nosotros, ustedes, ellos/ellas*). El estudio se enmarca dentro de la teoría basada en uso que postula que ciertos patrones en la lengua de alta frecuencia se almacenan como prototipos y luego se pueden emplear como modelo para nuevas formas o formas menos frecuentes. La variable dependiente de este estudio es el uso explícito (p. ej., *Yo hablo*) o nulo (p. ej., *Hablo*) del PPS. El objetivo principal de los autores fue investigar si la frecuencia léxica tiene algún efecto en el uso del PPS y si este efecto interacciona con las variables lingüísticas y extralingüísticas que lo condicionan. El estudio analiza 4.916 verbos tomados del corpus de Otheguy-Zentella del español de la Ciudad de Nueva York. Específicamente se basaron en los hablantes del español dominicano, dialecto que usa más PPS explícito, y del español mexicano, que relativo al español dominicano usa menos PPS explícito. Se incluyeron las siguientes variables: (i) la frecuencia léxica medida en tres formas diferentes, frecuencia bruta (según aparece el ítem léxico en el corpus), normalizada y discreta (alta y baja); (ii) persona y número (p. ej., *Yo hablo* = 1ra persona singular); (iii) tiempo-modo-aspecto (p. ej., *Yo hablaba* = imperfecto indicativo); (iv) contenido semántico (i.e., verbos de actividad mental, estativos o actividad externa); (v) cambio de referente de acuerdo al verbo (p. ej., *Yo fui* [referente A] *a tu casa y él me lo prestó* [referente B = cambio de referente]); y (vi) la regularidad morfológica del verbo (p. ej., regulares: comer-como, irregulares: tener-tengo). Los resultados de este estudio se dividen en tres partes: (1) la relación entre la frecuencia léxica y el uso del PPS; (2) el efecto de los factores lingüísticos previamente establecidos como significativos; y (3) la relación entre la frecuencia y los factores lingüísticos. Los autores encontraron que la frecuencia tuvo efectos inconsistentes y contradictorios de acuerdo con la medida utilizada. La alta frecuencia léxica se relacionó con la aparición explícita del PPS con las medidas de frecuencia bruta y discreta. Por el contrario, la aparición del PPS explícito fue favorecida por la baja frecuencia cuando se analizó la frecuencia normalizada. En cuanto a los otros factores lingüísticos, el PPS explícito predomina significativamente más cuando el verbo es regular, singular, en el imperfecto del indicativo y con verbos de actividad mental. Ahora bien, la interacción entre la frecuencia léxica y los factores lingüísticos demostró resultados importantes. Primero, los verbos regulares, de actividad mental, en segunda persona singular favorecen los PPS explícitos cuando son de alta frecuencia léxica. Por el contario, estos investigadores encontraron patrones inversos con los verbos irregulares, de estados y de actividad externa. El PPS explícito es favorecido por estos factores cuando los verbos son de baja frecuencia léxica. Se encontró la misma tendencia al analizar la relación entre la frecuencia y el tiempo, modo y aspecto de los verbos. El PPS explícito fue favorecido con los verbos en imperfecto y en presente cuando tenían alta frecuencia léxica mientras que los verbos en pretérito favorecieron el PPS explícito cuando eran de baja frecuencia. Sin embargo, al analizar la interacción entre la frecuencia léxica y el cambio de referente se evidenció que los verbos de alta frecuencia favorecieron el PPS explícito independientemente de que hubiera cambio de referente o no. En conclusión, Erker y Guy resumen que los efectos de frecuencia léxica tienen valor predictivo en el uso del PPS según las restricciones lingüísticas ya estudiadas. Todos los factores experimentan efectos amplificadores por la alta frecuencia de los verbos. Aunque la frecuencia no afecte el sistema lingüístico directamente, sí influye en delimitar la exposición de elementos lingüísticos en los hablantes y consecuentemente en proveer modelos prototípicos de patrones en la lengua.

 Aplicación 5.G: www.wiley.com/go/diaz-campos

Resumen

En este capítulo hemos estudiado algunos de los aspectos básicos relacionados con la estructura de las palabras. La morfología es la disciplina que se encarga de este tipo de estudio. En la primera parte del capítulo revisamos una serie de conceptos básicos (morfología, clases de palabras, sintagma, morfemas y alomorfos, morfema ligado, morfema libre, morfema derivativo, morfema flexivo, aspecto) que nos sirven como herramientas de análisis para entender la constitución interna de las palabras. También estudiamos acerca del concepto de clases de palabras y aprendimos sobre la clasificación que toma en cuenta la distinción entre palabras léxicas (sustantivos, adjetivos, verbos y adverbios) y gramaticales (artículos, demostrativos, preposiciones, conjunciones y pronombres tónicos). El capítulo también describe las relaciones de concordancia que se dan en español entre el sujeto y el verbo así como el adjetivo y el sustantivo. El estudio de los procesos de formación de palabras se describió de manera detallada con énfasis en los procesos de derivación, composición, acortamientos y siglas.

Más adelante, el capítulo se centra en el estudio de la sintaxis y en particular revisamos los conceptos de sintagma, oración, los argumentos del verbo, una clasificación de los tipos de verbo, así como una clasificación de la oración simple según estos tipos de verbos. Las secciones finales del capítulo se dedican a la revisión de la representación formal de los sintagmas nominales en la teoría de la X̄, de acuerdo con lo propuesto por Bosque y Gutiérrez-Rexach (2009). La última sección, la cual hemos llamado preguntas empíricas, describe la pluralización del verbo *haber* en muestras orales del español contemporáneo. Los estudios reseñados analizan la probabilidad de que las frases nominales que se emplean como sujeto favorezcan la pluralización de *haber*. En la sección se discuten los resultados de estos estudios y las implicaciones de la hipótesis propuesta. Dichas investigaciones encontraron que el verbo *haber* es más probable que se pluralice cuando ocurre con sustantivos que aparecen con alta frecuencia como sujetos.

Lista de términos útiles (en orden de aparición)

Palabra
Morfología
Morfema léxico o lexema
Morfemas
Tiempo
Aspecto
Modo
Clases de palabras
Núcleo
Sintagma
Morfemas ligados
Morfemas libres
Morfemas derivativos
Morfemas flexivos
Flexión
Prefijos
Sufijos
Afijos
Alomorfos
Clases de palabras léxicas
Sustantivos
Adjetivos
Adverbios
Verbos
Palabras gramaticales
Artículos
Demostrativos
Posesivos
Preposiciones
Conjunciones
Pronombres tónicos
Concordancia
Derivación
Composición
Compuestos propios
Compuestos sintagmáticos
Compuestos sintácticos
Acortamientos
Siglas
Oración
Función sintáctica
Sujeto
Complemento directo
Complemento indirecto
Complemento de régimen preposicional
Complemento circunstancial
Atributo

Complemento agente
Argumentos
Verbos intransitivos
Verbos transitivos
Verbos del tipo *gustar*
Verbos de régimen
Intransitivas
Transitivas
Copulativas
Impersonales
Constituyente
Proyección
Recursividad
Complementos
Adjuntos
Especificadores

Ejercicios de práctica: www.wiley.com/go/diaz-campos
Ejercicios de comprensión
Ejercicios de aplicación
Mini-proyecto

Para leer más

Bybee, J., & Torres Cacoullos, R. (2009). The role of prefabs in grammaticization: How the particular and the general interact in language change. En R. Corrigan (Ed.), *Formulaic language* (pp. 187–217). Philadelphia, PA: John Benjamins.

Bosque, I., & Gutiérrez-Rexach, J. (2009). *Fundamentos de sintaxis formal*. Madrid: Akal.

King, L. D., & Suñer, M. (2004). *Gramática española: análisis y práctica*. Boston, MA: McGraw-Hill.

Real Academia Española (1973). *Esbozo de una nueva gramática de la lengua española*. Madrid: Espasa Calpe.

Real Academia Española (2011). *Nueva gramática de la lengua española: Manual*. Madrid: Espasa Libros, S.L.

Sedano, M. (2011). *Manual de gramática del español con especial referencia al español de Venezuela*. Caracas: Consejo de Desarrollo Científico y Humanístico, Universidad Central de Venezuela.

Referencias

Arroyo, J. L. (1996). De nuevo el español y el catalán, juntos y en contraste: Estudio de actitudes lingüísticas. *RLA: Revista de lingüística teórica y aplicada, 34*, 49–62.

Bello, A., & Cuervo, R. J. (1995). *Gramática de la lengua castellana destinada al uso de los americanos*. Caracas: Casa de Bello.

Bentivoglio, P. & Sedano, M. (1993). Investigación sociolingüística: sus métodos aplicados a una experiencia venezolana. *Boletín de Lingüística, 8*, 3–35.

Bosque, I., & Gutiérrez-Rexach, J. (2009). *Fundamentos de sintaxis formal*. Madrid: Akal.

Blas-Arroyo, J. L. (1995). A propósito de un caso de convergencia gramatical por causación múltiple en el área de influencia lingüística catalana: Análisis sociolingüístico. *Cuadernos de investigación filológica, 21*, 175–200.

Brown, E. L., & Rivas, J. (2012). Grammatical relation probability: How usage patterns shape analogy. *Language Variation and Change, 24*(3), 317–341.

Cortés-Torres, M. E. (2005). *La perífrasis estar + -ndo en el español puertorriqueño: ¿Variacióndialectal o contacto lingüístico?* (Tesis doctoral inédita), University of New Mexico.

Davies, M. (2002). Corpus del español. Disponible en http://www.corpusdelespanol.org (consultado el 17 de mayo del 2016).

De Mello, G. (1994). Pluralización del verbo haber impersonal en el español hablado culto. *Studia Neophilologica, 66*, 77–91.

Díaz-Campos, M. (2003). The pluralization of haber in Venezuelan Spanish: A sociolinguistic change in real time. *IULC Working Papers*, 3.

Díaz-Campos, M., Evans-Sago, T. & Hoff, M. (2016). Subject and object grammatical roles and *haber* pluralization: A usage-based analysis of Venezuelan Spanish. *Sociolinguistics Symposium* 21, Murcia, España.

Eddington, D., & Hualde, J. I. (2008). El abundante agua fría: Hermaphroditic Spanish nouns. *Studies in Hispanic and Lusophone Linguistics, 1*(1), 5–32.

Erker, D., & Guy, G. (2012). The role of lexical frequency in syntactic variability: Variable subject personal pronoun expression in Spanish. *Language, 88*(3). 526–555.

Gutiérrez-Rexach, J., & González-Rivera, M. (2012). Negative quantification and degree restriction: The case of más nada in Puerto Rican Spanish. En K. Geeslin & M. Díaz-Campos (Eds.), *Selected Proceedings of the 14th Hispanic Linguistics Symposium* (pp. 285–292). Somerville, MA: Cascadilla Proceedings Project.

Kanwit, M. (2012). Discourse topic and (de)queísmo: A variationist study of the Spanish of Caracas. IULC Working Papers Online. Vol. 12. Disponible en https://www.indiana. edu/~iulcwp/wp/article/view/12-01/68 (consultado el 25 de junio 2017).

Kany, C. (1945). *American-Spanish syntax*. Chicago, IL: University of Chicago Press.

King, L. D., & Suñer, M. (1998). *Gramática española: Análisis y práctica*. New York: McGraw-Hill.

King, L. D., & Suñer, M. (2004). *Gramática española: análisis y práctica*. Boston, MA: McGraw-Hill.

Real Academia Española (1973). *Esbozo de una nueva gramática de la lengua española*. Madrid: Espasa Calpe.

Real Academia Española (2011). *Nueva gramática de la lengua española: Manual*. Madrid: Espasa Libros, S.L.

Real Academia Española: Banco de datos (CREA) [en línea]. Corpus de referencia del español actual. Disponible en http://www.rae.es (consultado el 17 de mayo del 2016).

Schwenter, S. A. (1999). Evidentiality in Spanish morphosyntax: A reanalysis of "(de) queísmo". En M. J. Serrano (Ed.), *Estudios de variación sintáctica* (pp. 65–87). Frankfurt-am-Main: Vervuert.

Seco, M. (1980). *Gramática esencial del español*. Madrid: Aguilar.

Sedano, M. (1994). Evaluation of two hypotheses about the alternation between aquí and acá in a corpus of present-day Spanish. *Language Variation and Change, 6*, 223–237.

Sedano, M. (2011). *Manual de gramática del español con especial referencia el español de Venezuela*. Caracas: Consejo de Desarrollo Científico y Humanístico, Universidad Central de Venezuela.

Vendler, Z. (1967). *Linguistics in philosophy*. Ithaca, NY: Cornell University Press.

Capítulo 6

El español en el mundo

1   Introducción

En este capítulo se ofrece un panorama sobre la realidad de la lengua española en el mundo contemporáneo. El español ha adquirido en las últimas décadas mayor importancia como una de las lenguas con mayor número de hablantes en el mundo y con una presencia importante en ámbitos como el comercio internacional. El Instituto Cervantes en un informe del 2014 titulado *El español: una lengua viva* revela que según nuevos cálculos el 6,7% de la población mundial es hispanohablante lo cual representa un total que alcanza 470 millones de personas con dominio nativo del español. Se menciona en el informe que el español es la segunda lengua materna del mundo de acuerdo con el número de hablantes, después del chino mandarín. Se proyecta que en el futuro estas cifras se mantengan sólidas y siga creciendo el número de hispanohablantes. El mismo informe destaca la presencia contundente del español en los Estados Unidos de América con una población que alcanza los 52 millones de hispanohablantes. El presente capítulo ahonda sobre los particulares de estos cambios demográficos y su impacto en la presencia del español en el mundo. Como parte de la perspectiva general sobre el tema se estudia de manera breve sobre los orígenes del español como lengua derivada del latín y su relación con otras lenguas romances tales como el italiano, el portugués, el francés, el catalán, el gallego y el rumano. En la sección herramientas de trabajo se incluye una discusión sobre conceptos básicos acerca de la variación regional, la variación social y los factores implícitos en los procesos de variación y cambio. Finalmente se presentan algunos problemas formales sobre el estudio de la variación y el cambio, así como estudios de corte empírico donde se investiga sobre temas de variación sociolingüística. El capítulo se organiza en las siguientes secciones:

Los orígenes del español y su situación actual
Herramientas de análisis
- Variación regional
  - Los dialectos en España
    - Fenómenos prominentes en la variedad hablada en el centro norte de España
      - Fenómenos relacionados con la pronunciación
      - Fenómenos relacionados con la morfosintaxis
    - Fenómenos prominentes en la variedad hablada en la zona de Andalucía
      - Fenómenos relacionados con la pronunciación
      - Fenómenos relacionados con la morfosintaxis
  - Los dialectos del español de América
    - Fenómenos relacionados con la pronunciación
    - Fenómenos relacionados con la morfosintaxis

Introducción y aplicaciones contextualizadas a la lingüística hispánica, First Edition. Manuel Díaz-Campos, Kimberly L. Geeslin, and Laura Gurzynski-Weiss.
© 2018 John Wiley & Sons, Inc. Published 2018 by John Wiley & Sons, Inc.

- Fenómenos comunes en ciertas regiones de España y de América
  - ○ Fenómenos relacionados con la pronunciación
  - ○ Fenómenos relacionados con la morfosintaxis
- Variación social
- Variación lingüística
- Lenguas en contacto

Preguntas formales

Preguntas empíricas

2 Los orígenes del español y su situación actual

El español es una lengua derivada del latín que forma parte de la familia de las lenguas romances. Se considera a su vez que el latín y las lenguas romances forman parte de un grupo de lenguas más grande conocida como el indoeuropeo. El **indoeuropeo** es una familia de lenguas habladas en la mayor parte de Europa y Asia meridional cuya antigüedad se calcula en unos 5,000 años aproximadamente (Penny 2002, p. 2). Penny (2002) discute que se reconocen nueve ramas que sobreviven en la actualidad entre las que se incluyen el indoiranio, el eslavo, el germano, el itálico, el báltico, el helénico, el armenio, el albanés y el céltico. El latín era la lengua empleada en el Imperio Romano (27 antes de Cristo–476 después de Cristo), el cual estaba compuesto por una amplia extensión de territorios que incluía el sur y el oeste de Europa, el oeste de Asia y el norte de África.

Según Lapesa (1981) la presencia romana en la península ibérica data del año 218 antes de Cristo cuando contingentes romanos ocuparon la ciudad de Ampurias, ubicada en la región noreste en lo que en la actualidad es parte de la región de Cataluña en España. Este acontecimiento cambia la historia de la península, la cual se convierte con el tiempo en parte del Imperio Romano. Ya para el año 206 antes de Cristo los romanos toman la ciudad de Cádiz al enfrentar y vencer a los cartagineses quienes estaban asentados en esa región de la península. Los cartagineses provenían de la ciudad de Cartago al norte de África en lo que contemporáneamente conocemos como Túnez. A partir de esta fecha el avance de los romanos en la ocupación de la península se solidifica y se menciona el año 19 antes de Cristo como el momento en que ocurre la conquista del resto de los territorios ibéricos incluyendo Galicia, Asturias, Santander y parte del País Vasco. Lapesa (1981, p. 55) explica que con la conquista de los territorios se llevó a cabo una transformación que se expandió a todas las áreas de la vida política, civil, económica, militar y cultural. Este proceso de romanización de la península implicó la adopción de la lengua latina traída por los colonos. Lapesa argumenta que el uso progresivo del latín se fue expandiendo debido a su carácter de lengua oficial, su empleo en la educación y en el servicio militar. La desaparición de las lenguas habladas en la península antes del latín, según Lapesa, no fue inmediata lo cual significa que hubo un período extendido de bilingüismo antes de la asimilación completa de la población. Evidencia de esta coexistencia se observa en los ejemplos que cita Lapesa (1981, p. 56) sobre el origen del nombre *Gracchurris* (poblado ubicado en Logroño, España) en el cual se combina el nombre de su fundador (i.e., Tiberius Sempronius Gracchus) y la palabra vasca *urri*. Otro ejemplo representativo es *Calagurris*, nombre la ciudad conocida contemporáneamente como *Calahorra*.

El latín constituye la base sobre la cual se desarrolla lo que hoy en día conocemos como el idioma español. En particular los estudiosos de la historia del lenguaje destacan que la variedad de latín que se expandió a través del imperio fue el llamado latín vulgar. El **latín vulgar** representa el lenguaje cotidiano que se hablaba en situaciones coloquiales. El adjetivo vulgar proviene de la palabra vulgo que hace referencia a la gente común del pueblo. En términos modernos podríamos decir que el latín vulgar representa las variedades regionales y sociales que se habla-ban en la época. Se emplea la expresión latín vulgar en oposición al término **latín clásico** para diferenciarlo de una variedad formal típica de la escritura y del lenguaje literario. Menéndez Pidal (1999) argumenta que no hay fuentes precisas para identificar las características del latín vulgar. En los escritos menos formales como las inscripciones u otro tipo de documentos de los cuales hay algún registro se conservan evidencias de lo que serían formas propias del latín vul-gar. Estas fuentes antiguas resultan esenciales para el trabajo de los investigadores que se han encargado del estudio de las características del latín vulgar. Menéndez Pidal (1999) señala que en los tratados de gramática también se conservan algunos testimonios de cómo se usaba el latín vulgar. De particular importancia es el *Appendix Probi*, una de las gramáticas prescripti-vas en forma de lista más antigua en la que se condenaban algunos usos de la lengua hablada en los que se revelan, a través de la ortografía, posibles cambios en la pronunciación (p. ej., *angu-lus* en latín clásico y *anglus* en latín vulgar; *formica* en latín clásico y *furmica* en latín vulgar; *calida* en latín clásico y *calda* en latín vulgar, etc.). En los ejemplos anteriores se evidencia, a partir de la representación ortográfica, la omisión de sonidos (*anglus* y *calda*), así como el ascenso vocálico (*furmica*). Sin embargo, este tipo de fuentes son escasas por lo cual los **filólogos**, profesionales de la lingüística quienes estudian la historia de lengua a través de textos escritos, se valen de técnicas comparativas para reconstruir de manera hipotética los usos propios del latín vulgar. Observemos los siguientes ejemplos citados por Menéndez Pidal (1999, p. 4).

El trabajo reconstructivo del filólogo comparativo, como bien lo explica Menéndez Pidal, consiste en identificar el origen hipotético de las formas probablemente empleadas en el habla. Así pues, de la forma del latín clásico *acuĕre* se observan las pronunciaciones *aguzar* en espa-ñol (palabra que significa afilar, estimular, avivar los sentidos), *aguçar* en portugués, *aiguiser* en francés y *aguzzare* en italiano. Sobre la base de la comparación, y de los procesos de cambio fonético documentados comúnmente en las lenguas romances, Menéndez Pidal (1999, p. 4) argumenta que se puede proponer la forma hipotética **acutiare* proveniente de *acutus* partici-pio de la forma *acuĕre*. Se emplea el asterisco (*) para indicar que se trata de una forma recons-truida que no ha sido documentada en ningún texto. En el caso de los ejemplos de las palabras *fiero* y *pie*, según plantea Menéndez Pidal, se puede concluir que en ciertas lenguas romances (i.e., español, francés e italiano) la ĕ latina acentuada se diptonga como *ie* tal como se aprecia en el **cuadro 6.1**. También, se suele citar en los diccionarios etimológicos la forma nominativa *pes* y la genitiva *pedis* para explicar el origen de la palabra *pie* en español. El estudio de las características del latín vulgar a través de los estudios comparativos ha permitido una mejor descripción de los orígenes y desarrollo de las lenguas romances. Por ejemplo, de las explica-ciones acerca de las características del latín vulgar se puede apreciar el inicio de procesos de variación que ocasionaron cambios lingüísticos que sirven para entender la estructura actual de las lenguas romances incluyendo el español. Un caso representativo es el sistema de declina ciones que existía en latín clásico y cómo éste fue sustituido por un sistema basado en el uso de

Cuadro 6.1 Comparación de las palabras *acuĕre*, *fĕrus* y *pĕdem* en latín clásico y sus correspondientes formas en las lenguas romances.

Latín clásico	Español	Portugués	Francés	Italiano
Acuĕre	Aguzar	Aguçar	Aiguiser	Aguzzare
Fĕrus	Fiero	Fero	Fier	Fiero
Pĕdem	Pie	Pé	Pied	Piede

Origen: Información de Menéndez Pidal (1999, p. 4).

preposiciones (p. ej., el genitivo plural *cervorum* se convierte en de *cervos* y en español actual *de ciervos* 'venado'). De igual forma se observa la pérdida de los comparativos sintéticos (p. ej., *grandiores* se convierte en *magis grandes* y en español actual *más grandes*). En el latín vulgar el futuro se expresaba mediante el empleo de una construcción perifrástica compuesta del infinitivo del verbo seguida del verbo haber (i.e., *cantare + habeo*), la cual constituye la base de las actuales formas verbales para expresar futuro en español, portugués, francés e italiano. Este ejemplo no sólo muestra la tendencia al uso de formas perifrásticas en latín vulgar, sino también la creación de nuevas formas sintéticas en las lenguas romances a partir de los procesos de gramaticalización. La **gramaticalización** consiste en la expresión de nuevos significados mediante el uso de formas que han perdido su significado original y han desarrollado una función nueva (en el caso del ejemplo en el **cuadro 6.2** el significado de futuro). Bybee, Perkins y Pagliuca (1994) han documentado que en las lenguas del mundo las expresiones perifrásticas que expresan volición o deseo, como parece ser el caso de *infinitivo + habeo* en latín, se gramaticalizan y adquieren el significado de futuro. En el proceso de gramaticalización los componentes de la perífrasis se fusionan y adquieren el estatus de morfemas. Estos casos son sólo una muestra de algunas características que resultan clave para entender el origen de ciertas estructuras propias de las lenguas romances.

El uso del latín en la península ibérica tenía sus propias particularidades dialectales debido a la separación geográfica, las diferencias sociales entre los hablantes, así como las influencias que hemos discutido de otras lenguas habladas en la península. Los factores sociales junto con factores de tipo lingüístico contribuyeron a través del tiempo en la conformación de lo que hoy conocemos como la lengua española. Se ha reconocido en las fuentes sobre el tema que ocurre variación de acuerdo con la etapa de la anexión de los territorios al Imperio. De esta forma, los usos considerados más modernos se observarían en las áreas conquistadas tardíamente. La península ibérica al ser conquistada en el año 218 antes de Cristo muestra usos considerados antiguos o desaparecidos con relación a la norma empleada en Roma, la capital del imperio. El mencionado factor de la separación geográfica es muy importante debido a que es explicativo de las grandes diferencias observadas entre la norma de Roma y las provincias más lejanas entre las cuales se encontraban los territorios de la península ibérica. La extensión del Imperio Romano y el uso del latín en los diversos territorios permiten suponer la variabilidad inherente por razones geográficas y sociales. Es de esperarse que las barreras de tipo social tales como la educación, el nivel en la jerarquía social, el sexo, la edad, la etnicidad, entre otros factores hayan influido en el tipo de latín que hablaban los diferentes grupos sociales y que intervinieran de manera determinante en la conformación de las variedades que se hablaban en la época. Resultan importante destacar las influencias de las lenguas locales según la región y su impacto en la variedad de latín que se empleaba. Menéndez Pidal (1999, p. 15) destaca algunos ejemplos

Cuadro 6.2 Cuadro comparativo de las formas del futuro en latín clásico, latín vulgar y cuatro lenguas romances.

Latin clásico	Latín vulgar	Español	Portugués	Francés	Italiano
Cantābō	Cantāre habeō	Cantaré	Cantarei	Chanterai	Canterò
Cantābis	Cantāre habēs	Cantarás	Cantarás	Chanteras	Canterai
Cantābit	Cantāre habet	Cantará	Cantará	Chantera	Canterà
Cantābimus	Cantāre habēmus	Cantaremos	Cantaremos	Chanterons	Canteremo
Cantābitis	Cantāre habētis	Cantaréis	Cantareis	Chanterez	Canterete
Cantābunt	Cantāre habent	Cantarán	Cantarão	Chanteront	Canteranno

léxicos que provienen de las lenguas ibéricas (lenguas habladas en la península antes del latín) como es el caso de *vaika* de la cual se deriva la palabra española *vega*. Según Menéndez Pidal *vaika* viene del termino ibero *vai* "río"y de la particula *-ka* que significa "región del río". Este mismo autor señala que entre otras palabras de origen ibérico se encuentran *izquierdo* (del vasco *ezquerra*) y *guijarro* (del vasco *eguijarria*). Se menciona en el trabajo de Menéndez Pidal otros términos tales como *pizarra* (derivado del vasco laptiz-arri), así como términos referidos a lugares como Javier (deivado de Exa berri "casa nueva"), Araduey (derivado de aratoi "tierra de llanuras"), entre muchos otros.

La caída del Imperio Romano Occidental en el año 476 antes de Cristo y la desintegración de la estructura social que existía en las diversas regiones que lo conformaban ocasionaron una mayor separación y finalmente la transformación de las variedades vernáculas en lenguas diferentes con su propia estructura gramatical. Sin embargo hay que tomar en cuenta que el Imperio Romano Oriental sobrevivió hasta 1453 cuando los turcos invaden Constantinopla. Estos cambios en la estructura social occidental estuvieron marcados por las invasiones y las guerras que fueron minando poco a poco el poder de la administración imperial romana sobre sus territorios. Durante ese período ocurren invasiones con mayor fuerza de los pueblos germánicos y más tarde de los árabes en el norte de África y España. Estas incursiones tuvieron influencia en la segmentación lingüística de los antiguos territorios romanos mediante la interrupción violenta de la comunicación entre las provincias del imperio, lo cual contribuyó al aislamiento y la diferenciación lingüística. Precisamente de este largo proceso de formación del romance castellano se identifican influencias provenientes de los pueblos que entraron en contacto con la península. Lapesa (1981, p. 112) explica que el contacto con los pueblos germánicos había empezado mucho antes de que ocurrieran las invasiones debido a la fluida relación que existía en diferentes ámbitos incluyendo el comercial. De esta forma entran en la variedad romance del latín términos germánicos como *saipo* el cual fue adaptado como *sapone > xabón*, *jabón* en español actual. Lapesa explica que esta palabra proviene del intercambio comercial de *jabón* producido por los pueblos germanos. Señala Lapesa que también se importaban pieles y plumas de Germania por lo cual se introduce la palabra *thahsu* adaptado como *taxo > tejón* en español que se refiere a un animal carnívoro de tamaño mediano. Del período de las invasiones Lapesa identifica las siguientes influencias léxicas: *werra > guerra* en español, *wardôn > guardar* en español, *raubôn > robar* en español, *warnjan > guarnir, guarnecer, hĕlm > yelmo* en español y *dard > dardo* en español. Esta muestra es indicativa de palabras que forman parte del vocabulario militar. En cuanto a la vida institucional, Lapesa destaca palabras como *ban* que significaba prohibición y de la cual se origina la palabra española *bando*. La palabra española *heraldo* (que significa mensajero) se origina del término *hariwald*; la palabra *embajada* se deriva originalmente *andbahti* y la palabra española *tregua* de *triggwa* que originalmente significaba alianza.

La presencia árabe en la península ibérica es el otro caso que merece atención especial debido a la influencia que ejercieron durante ocho siglos. El domino árabe en la península dejó una huella en lo que hoy llamamos el idioma español. Menéndez Pidal (1999) describe en su obra una fluida relación entre cristianos y musulmanes y menciona la existencia de una población fronteriza con habilidades bilingües. Entre los términos militares heredados del árabe, Menéndez Pidal señala *atalaya* (torre que se emplea para vigilar un territorio) proveniente del árabe *atalayi*. Se menciona también *algaradas* (tropa que defiende de los enemigos). Esta palabra tiene su origen en la palabra árabe *algārah* que significaba "ataque". Entre otros términos militares Menéndez Pidal menciona *adalides* proveniente del árabe *addalīl* cuyo significado era "guía"; *zaga* (estar atrás, estar en la retaguardia) que proviene del termino árabe *sāgah* (parte de atrás del ejército); así como la palabra *ronda* que proviene de *robda* cuyo significado era una patrulla de jinetes. Menéndez Pidal destaca que los árabes influyeron en el ámbito jurídico y social por lo cual se adoptaron términos tales como *alcalde* (derivado de *alqadi* "el juez"), *alguacil* palabra que significa en el español contemporáneo oficial de rango menor (proveniente de *al wazír*), *almojarife* cuyo significado según el diccionario de la Real Academia es "oficial o ministro real que antiguamente cuidaba de recaudar las rentas y derechos del rey" (derivado de almušríf) y como último ejemplo en esta categoría se menciona *albacea* que proviene del árabe *al wasiyya* y que en español contemporáneo se refiere a la persona designada jurídicamente para ejecutar un testamento. Menéndez Pidal también menciona la influencia léxica del árabe en el ámbito comercial, la cual se evidencia por el uso de palabras tales como *almacenes* (derivada de la palabra árabe *al majzan* que significaba depósito), *alhóndigas* (derivada del árabe al *fundug* "posada, alojamiento") que español contemporáneo significa "casa pública destinada para la compra y venta del trigo" según el diccionario de la Real Academia, *almonedas* (proveniente del árabe *munadah* "proclamación") que en español contemporáneo significa "venta publica de bienes muebles" según se explica en el diccionario de la Real Academia. La influencia del árabe también se observa en el uso de términos para indicar el peso y las medidas de productos tales como *quilates* (del árabe *qīrāt*) referido a un sistema para pesar objetos livianos, *adarmes* (del árabe *dírham*) que significa según el diccionario de la Real Academia "cantidad mínima de algo", *arrobas* (del árabe *rub*, "cuarta parte") que significa la cuarta parte de un quintal, *quintales* (proveniente de *qintár*) y representa una medida de 46 kilos (100 libras). La herencia árabe también se refleja, según lo describe Menéndez Pidal, en términos de la construcción tales como *albañiles* (del árabe *bannā'*) que significa trabajador de la construcción, *alcobas* (del árabe *qubbah*) que se refiere a dormitorio, *zaguanes* (del árabe *uṣṭuwān*) que se refiere al pasillo de entrada techado de una casa, *azoteas* (del árabe *saṭḥ* "terraza") que se refiere a la parte superior de un edificio y *alcantarillas* "acueducto subterráneo" (del árabe *al-qantarah*). Esta pequeña muestra refleja la gran influencia que históricamente tuvo la cultura árabe en la formación del idioma español. Esta herencia se conserva en el léxico actual de nuestro idioma.

Como se mencionara anteriormente, este largo proceso de invasiones y desintegración del Imperio Romano duro siglos y marca el inicio de las lenguas romances y entre ellas el español. Como es de suponer la gestación de lo que hoy en día llamamos lengua castellana o español no es un proceso al cual se pueda atribuir una fecha precisa de inicio. Sin embargo, los estudiosos de la historia de la lengua española identifican el nacimiento del castellano de acuerdo con los primeros textos escritos que se han identificado. De acuerdo con Arellano (1996) en las *Glosas Emilianenses* se encuentra el primer texto redactado en romance castellano. Las *Glosas Emilianenses* se encontraban en el Monasterio de San Millán (San Emiliano) escritas al margen de un códice latino con el número 60 titulado *Aemilianensis*. El nombre de Emilianenses viene precisamente del monasterio donde fueron descubiertas. El monasterio está ubicado en la provincia de Logroño al noreste de España. El texto mismo donde se encuentran las glosas data del siglo IX y las glosas se calcula que son del siglo X (en otras fuentes se menciona el siglo XI). Una **glosa** es un comentario explicativo o nota aclaratoria sobre un texto que resulta difícil de comprender. En otras palabras, las glosas eran textos escritos en romance al margen de las páginas del códice latino con el número 60 con el propósito de aclarar su contenido que estaba escrito en latín. Se trata de notas sobre el contenido y sobre la gramática del texto latino. Arellano (1996, p. 218) cita en su libro una glosa escrita completamente en romance y el texto del latín que se comenta en la glosa, los cuales presentamos en el **cuadro 6.3**.

Como se observa en el **cuadro 6.3**, este texto muestra que ya para el siglo X se identifican documentos con escrituras en romance que reflejaban de cierta manera la variedad oral que se hablaba en la época. Aunque no es la intención de esta sección detenernos en los detalles de los fenómenos de cambio lingüístico que se pueden observar en el texto, ofreceremos un par de ejemplos de manera puntual para ilustrar elementos que caracterizan al texto en romance. El primer ejemplo es la diptongación de las vocales breves tónicas (p. ej., *tĕnet > tienet*;

Cuadro 6.3 Texto latino y primer texto en español de las *Glosas Emilianenses* (tomado de Arellano 1996, p. 218).

Texto en latín	Romance castellano	Traducción del texto en Latín al español contemporáneo
Adjuvante domino nostro Jhesu Christo, cui est honor et jmperium cum patre et Spiritu Sancto jn secula seculorum	Cono ajutorio de nuestro dueño, dueno Christo, dueno Salbatore, qual dueno ge ena honore, e qual duenno tienet ela mandatjone cono Patre, cono Spiritu Sancto, enos sieculos delos sieculos. Facanos Deus omnipotes tal serbitjo fere ke denante ela sua face gaudioso segamus. Amen	Con la ayuda de nuestro Señor Jesucristo, al cual sea la honra y con el Padre y el Espíritu Santo, por los siglos de los siglos.

Origen: Información de Arellano (1996).

Cuadro 6.4 Fragmento corto de un poema (el labrador avaro) de Gonzalo de Berceo tomado de la obra *Milagros de Nuestra Señora* (1190–1264).

Versión en español antiguo	Versión en español contemporáneo
Era en una tierra un homne labrador que usaba la reja más que otra labor; más amaba la tierra que non al Crïador, era de muchas guisas homne revolvedor.	Había en una tierra un hombre labrador que usaba más la reja que otra labor, más amaba a la tierra que a su Creador, y era de todas formas hombre revolvedor.
Façie una nemiga, façiela por verdat, Cambiaba los mojones por ganar eredat: Façie a todas guisas tuerto e falsedat, Avie mal testimonio entre su veçindat.	Hacía una enemiga, hacíala en verdad: cambiaba los mojones por ganar heredad; hacía en todas formas tuertos y falsedad, había mal testimonio entre su vecindad.
Querié, peroque malo, bien a Sancta María, udié sus miráculos, dábalis acogía; saludábala siempre, diciéli cada día: «Ave gratïa plena que parist a Mesía.»	Quería, aunque era malo, mucho a Santa María, oía sus sermones siempre los acogía. La saludaba siempre diciendo cada día: "Ave, llena de gracia que pariste al Mesías"
Finó el rastrapaja de tierra bien cargado, en soga de dïablos fue luego cativado, rastrávanlo por tiennlas, de coces bien sovado, pechávanli a duplo el pan que dio mudado.	Murió el avaricioso de tierra bien cargado y en soga de diablos fue pronto cautivado. Lo arrastraban con cuerdas de coces bien sobado, le cobraban al doble que el pan que había robado.

saecŭlum > sieculos; *dŏmnu > dueno*; *nŏstru > nuestro*). El segundo aspecto que se puede destacar es el uso del artículo femenino *ela* (derivado del latín *ĭlla*) que se puede observar en las siguientes frases: *ela mandatjone* y *ela sua face*. Recientemente, han sido publicados unos documentos bajo el título de *Cartulario de Valpuesta* donde se registran documentos más tempranos que datan del siglo IX en romance castellano. Se trata de textos que recogen información sobre donaciones y pagos de distintos servicios funerarios efectuados por individuos al monasterio de Valpuesta en la región de Castilla y León (para más información consulta la obra *Los becerros Gótico y Galicano de Valpuesta* publicada por la Real Academia Española). Los documentos presentados en este volumen muestran testimonios que cuestionan la posición según la cual una sola región se pueda considerar como la cuna del castellano. De igual forma, la aparición de textos más tempranos evidencia el proceso complejo de gestación del castellano que no se puede simplificar a la propuesta de una fecha particular. Otra pieza importante en cuanto a las obras escritas en castellano proviene de los escritos de Gonzalo de Berceo (1190–1264), quien se considera el primer poeta de la lengua española. Su obra enmarcada en el siglo XIII está dedicada a la vida religiosa: la virgen, los cultos y algunos santos. Observa el **cuadro 6.4** en donde se presentan un fragmento de uno de sus poemas.

El ejemplo citado en el **cuadro 6.4** representa una versión del español en una etapa temprana por lo cual contrasta con la versión en español contemporáneo. De esta forma ya para el siglo XIII se identifica una variedad que podemos considerar el castellano. Se observan algunos contrastes entre las dos versiones. Nos concentraremos en algunos ejemplos particulares según el orden en que aparecen en el texto: 1) Se emplea *ser* (p. ej., *era en una tierra un homne labrador*) en lugar de *haber* (p. ej., *Había en una tierra un hombre labrador*) en el contexto de introducir un nuevo referente en el discurso, 2) La palabra *homne* aparece en una etapa intermedia de evolución. La palabra *hombre* viene del latín *hominem* y la evolución propuesta para esta palabra supone las siguientes etapas *hominem > homne > homre > hombre*. En el primer paso se pierde la vocal postónica [i], luego por disimilación la [n] cambia a [ɾ] y finalmente se inserta una [b]. 3) Las formas *facie* y *faciela* representan formas antiguas del verbo *hacer*. El verbo *hacer* se deriva del latín *facere*. La pronunciación de la [f] latina fue sustituida por una aspiración [h] y luego la omisión total en el español contemporáneo aunque en la ortografía se conserva la "h". 4) La vocal final [e] también refleja una tendencia a la elisión que era común en otros infinitivos latinos. 5) El ejemplo de la palabra *udié* representa una forma del verbo *oír* que se deriva del latín *audire*. La transformación de *audire* en *oír* supone los siguientes pasos en su evolución: *audire > odire > oire > oír*. El diptongo [au] se reduce a [o] dando como resultado la forma *odire* y luego se elide la [d] en el contexto intervocálico lo cual explica la forma *oire* y, por último, la pérdida de la [e] final del infinitivo como ya vimos en el caso de *facere*. 6) El último ejemplo que mencionaremos es el uso pospuesto al verbo de los pronombres de objeto (p. ej., *saludábala, rastrávanlo*) que en español contemporáneo aparecen antepuestos al verbo (p. ej., *la saludaba, lo arrastraban*). Las diferencias mencionadas anteriormente sólo representan una muestra de algunas de las diferencias más sobresalientes que se pueden destacar y nos dan una idea del tipo de español que se hablaba en el siglo XIII.

Con el propósito de ilustrar la evolución diacrónica del español describiremos algunos ejemplos representativos de cambios a nivel fonológico y sintáctico. El caso de las sibilantes resulta un tópico interesante para observar los procesos de variación y cambio y su resultado final en el español contemporáneo. Trataremos de hacer un bosquejo de la pronunciación de estos segmentos de acuerdo con las descripciones que han sido presentadas por otros autores acerca del español antes del descubrimiento de América. De una forma aproximada nos referimos a la variedad de español que se hablaba en el siglo XII. Veamos el siguiente cuadro en el cual se presenta de una manera sintetizada la historia de las seis sibilantes del español medioeval.

En la primera parte del cuadro siguiente, observamos siete grafemas < ç>, <z>, <ss>, <s>, <x>, <g,j > y seis palabras ejemplificando la ortografía española en el período medioeval antes de la conquista de América. La letra *ç* de la palabra *caça* se corresponde con un sonido africado, dental, sordo [t͡s]; el grafema *z* en la palabra *doze* representa el sonido africado, dental, sonoro [d͡z]; las letras *ss* en la palabra *passa* se corresponden con el sonido fricativo, ápico-alveolar, sordo [ś]; el grafema *s* en la palabra *casa* representa el sonido fricativo, ápico-alveolar, sonoro [ż]; el grafema *x* en la palabra *dixe* indica en el plano de la pronunciación el sonido fricativo, palatal, sordo [š] y, finalmente, las letras *g* o *j* (el ejemplo en el **cuadro 6.5** muestra la letra *g* en la palabra *mugier*) representan el sonido [ž] fricativo, palatal, sonoro.

Podríamos decir como una fecha tentativa que ya para el año del descubrimiento de América en el año 1492 los fonemas [t͡s] y [d͡z] habían perdido su carácter africado y se convirtieron en fricativos. En otras palabras, estas unidades perdieron su carácter oclusivo y conservaron su sibilancia. De manera que /ş/ representa un fonema fricativo, dental sordo y /z̦/ representa un sonido fricativo, dental, sonoro. Estos dos elementos junto a los fonemas ápico-alveolares y palatales conformaban el sistema de sibilantes que los conquistadores trasladaron al territorio americano durante los primeros años del descubrimiento.

Cuadro 6.5 Evolución de sílabas españolas.

Situación	en el siglo XII		1492	1550	Norte	Sur/Ceceo	Zona de seseo
<ç>	caça	/t͡s/	/ş/	/ş/	/θ/		
<z>	doze	/d͡z/	/z̧/			/θ/	/s/
<ss>	passa	/š̥/	/š/	/š/	/š̥/		
<s>	casa	/ž̥/	/ž̥/				
<x>	dixe	/š/	/š/	/š/	/x/	/h/	/h/
<g,j>	mugier	/ž/	/ž/				

A mediados del siglo XVI, se había perdido la distinción entre los sonidos sordos y sonoros con lo cual obtenemos un sistema de sibilantes compuesto por tres elementos: el fonema /ş/ fricativo, dental, sordo; el fonema /š/ fricativo, ápico-alveolar, sordo y el fonema /ž/ fricativo, palatal, sonoro. Como podemos apreciar en la producción de estos sonidos los puntos articulatorios se encuentran muy cercanos y resulta difícil su diferenciación. Se hace un uso poco eficiente de la cavidad bucal en la cual se podría maximizar la diferencia entre este conjunto de sibilantes. Lo que se espera en una situación como esta, en la cual tenemos un sistema de fonemas similares desde el punto de vista articulatorio, son tres posibles soluciones: 1) podría ocurrir un proceso de fusión de fonemas, es decir, un proceso de neutralización el cual ocasione la convergencia de fonemas; 2) en segundo lugar, podría operarse un proceso de diferenciación entre los elementos con el propósito de maximizar la oposición entre las unidades que constituyen este minisistema y 3) en tercer lugar, se podría mantener el sistema intacto.

Ahora bien, el sistema de sibilantes que hemos descrito como vigente a partir de la segunda mitad del siglo XVI cambia de distinta manera en las variedades del español que se hablaban en la Península y en América. En el centro y norte de España el fonema /ş/ fricativo, dental, sordo se convierte en el fonema /θ/ fricativo, interdental, sordo. El fonema fricativo, ápico-alveolar, sordo /š/ mantiene su carácter intacto y el fonema fricativo, palatal, sordo /š/ se convierte en el fonema fricativo, uvular, sordo /X/. En este sentido, podemos identificar que ha ocurrido un proceso de maximización.

Por el contrario, en las zonas donde se cecea, particularmente en Andalucía, los fonemas dental y el ápico-alveolar se neutralizaron y se convirtieron en el fonema fricativo, interdental, sordo /θ/, en tanto que el fonema palatal se convirtió en el fonema fricativo, glotal, sordo /h/. En otras partes, del sur de España donde se sesea los fonemas dental y ápico-alveolar se neutralizaron en el fonema fricativo, predorso-alveolar, sordo /s/, mientras que el fonema palatal se convierte en /h/. En América, predomina esta última solución en la cual convergen /ş/ y /š/ en /s/. Asimismo, el fonema palatal se convierte en el fonema velar /x/ en ciertos dialectos y en el fonema glotal /h/ en otros. Hay que tomar en cuenta que en América el sistema de sibilantes descrito para 1492 experimenta su propio desarrollo aunque con una influencia tremenda del español hablado en Andalucía.

El uso del imperfecto del subjuntivo resulta un caso interesante para ejemplificar un cambio de tipo morfosintáctico. De acuerdo con Penny (2002), las formas del imperfecto del subjuntivo del latín clásico (p. ej., cantārem "cantar [imperfecto del subjuntivo]" y vīvirem "vivir [imperfecto del subjuntivo]", etc.) fueron reemplazadas por las formas del pluscuamperfecto del subjuntivo (p. ej., cantāvissem "haber cantado [pluscuamperfecto del subjuntivo]", vīxissem "haber vivido [pluscuamperfecto del subjuntivo]", etc.) en el latín vulgar. Penny argumenta que esta variación parece haberse originado en las oraciones condicionales que expresan hechos contrarios a la realidad (p. ej., en español contemporáneo estos contextos se expresan de la siguiente forma: *Si pudiera, cantaría pero no sé cantar*). En estos contextos el uso de las formas plus-cuamperfectas parece reforzar el significado de un evento improbable que se expresa en este tipo de cláusulas. Penny explica que en latín clásico oraciones del tipo sī posset, id faceret "si pudiera, lo haría" fueron sustituidas por oraciones del tipo sī potuisset, id fēcisset "si pudiera, lo haría" con las formas latinas del imperfecto del subjuntivo. Según Penny, la evolución de las oraciones condicionales en romance implícitamente referiría a la improbabilidad e imposibilidad del evento. En el caso del español antiguo Penny coloca el ejemplo si pudiese, fiziéralo/ si pudiese, ferlo ia. Los siguientes casos obtenidos del Corpus Diacrónico del Español (CORDE, Real Academia) revelan usos típicos en textos históricos del español.

(1) Esso mesmo dezimos que *sería* si *entrasse* otro alguno en nonbre dellos (1491, Anónimo, Siete Partidas de Alfonso X).

(2) No dudéis d'esso, señora, que yo lo faga —dixo don Duardos— que mal *faría* yo si *faltasse* de complir promessa que yo fiziesse a tan alta donzella como vós sois (1512, Anónimo, Primaleón).

Según lo que plantea Penny, la interpretación de las oraciones en (1) y en (2) es contra factual en relación al ahora (el órigo) pero también podría ser contra factual con relación a un punto en el pasado. (p. ej., la oración propuesta en el ejemplo de Penny se puede expresar como *si pudiera, lo haría* pero también podría interpretarse como *si hubiera podido, lo habría hecho*). Es importante destacar que la oración en español antiguo permite la variación entre el plus-cuamperfecto del indicativo y el condicional en la **apódosis**, la oración principal de las cláusulas condicionales y concesivos, de acuerdo a la Real Academia Española (i.e., fiziéralo/ ferlo ia). Otro paradigma relevante que compite en los contextos condicionales es el que representa las formas cantāveram y vīxeram. Originalmente estas estructuras tenían valores diferentes en el español antiguo referidos al pluscuamperfecto del indicativo (La casa que construyera diez años antes [Penny, 2002: 204]). Según Penny (p. 204) las formas en *-ra* experimentan cambios graduales pero sustanciales según los cuales la terminación en *-ra* adopta valores que van desde el pluscuamperfecto del indicativo, luego se emplea en contextos con significado condicional y finalmente, adopta un valor equivalente a las formas del *-se* del imperfecto del subjuntivo. La evolución de las formas en *-se* se pueden observar en el **cuadro 6.6** y la evolución de las formas en *-ra* aparecen en el **cuadro 6.7**.

Los cuadros muestran las transformaciones que sufrieron las formas del latín clásico y su actual representación en el español contemporáneo. Tanto los verbos en *-se* como en *-ra* pierden en el latín vulgar la desinencia asociada con valor perfectivo *-vi* y *-ve* dando como resultado formas del tipo *cantāssem, cantāram*. Luego según las formas se observan otros cambios como la pérdida de consonantes finales (p. ej., cantāram > cantara; cantārat > cantara), la pérdida

Cuadro 6.6 Evolución de las formas verbales en *-se* (adaptado de Penny 2002, p. 202).

Latín clásico	Latín vulgar	Español antiguo	Español contemporáneo
Cantāvissem	Cantāssem	Cantasse	Cantase
Cantāvissēs	Cantāssēs	Cantasses	Cantases
Cantāvisset	Cantāsset	Cantasse	Cantase
Cantāvissēmus	Cantāssēmus	Cantássemos	Cantásemos
Cantāvissētis	Cantāssētis	Cantássedes	Cantaseis
Cantāvissent	Cantāssent	Cantassen	Cantasen

Origen: Penny (2002, p. 202). Reproducido con el permiso de Cambridge University Press.

Cuadro 6.7 Evolución de las formas verbales en *-ra*.

Latín clásico	Latín vulgar	Español antiguo	Español contemporáneo
Cantāveram	Cantāram	Cantara	Cantara
Cantāverās	Cantārās	Cantaras	Cantaras
Cantāverat	Cantārat	Cantara	Cantara
Cantāverāmus	Cantārāmus	Cantáramos	Cantáramos
Cantāverātis	Cantārātis	Cantárades	Cantarais
Cantāverant	Cantārant	Cantaran	Cantaran

Origen: Penny (2002, p. 202). Reproducido con el permiso de Cambridge University Press.

de la /d/ intervocálica (p. ej., cantárades > cantarais), así como otros cambios de tipo vocálico (p. ej., cantārāmus > cantáramos).

Con este panorama general se ha presentado una historia breve sobre el origen y la evolución que culmina con el reconocimiento del castellano como lengua independiente. En la siguiente subsección nos centramos en la situación del español en el mundo contemporáneo.

Enfoque en la investigación: El futuro epistémico y temporal

El estudio de Aaron (2007) investiga la trayectoria histórica de las expresiones del futuro en español conocidas como el futuro sintético (FS) y el futuro perifrástico (FP). El FS es la forma que se incorpora en la flexión del verbo (p. ej., yo hablar**é**, tú hablar**ás**, etc.). El FP, por otro lado, es aquella construcción que se constituye del verbo *ir* conjugado de acuerdo al sujeto, la preposición *a* y un verbo en el infinitivo (p. ej., **Voy a ver** la película mañana). Ambas formas expresan futuridad temporal. Sin embargo, hoy en día la forma del FP suele predominar en este contexto. A la vez, el FS se usa en varios casos con modalidad epistémica (p. ej., Sabrá José si Marta llegó anoche a casa). Por este motivo, Aaron realiza un estudio diacrónico con el fin de identificar los factores lingüísticos que caracterizan a las dos formas en contextos temporales históricamente y luego examinar la relación entre la expresión de futuridad y la modalidad epistémica del FS. Los datos constaron de un total de 5.571 casos representativos del siglo XVII y el siglo XX; 4.505 del FS y 1.066 del FP. Los datos del siglo XX específicamente incluyeron datos escritos y orales. En cuanto a la distribución en contextos temporales, Aaron encontró que el FS era la forma predominante de la expresión temporal de futuridad hasta el siglo XX donde se observa un cambio en la norma de uso. El comportamiento del FP se ha asociado con proximidad temporal (p. ej., Mañana voy a hacerlo), relevancia al presente (p. ej., Con respecto ahora, más tarde voy a ir de paseo) y para expresar certidumbre, determinación y subjetividad. La autora enmarca el estudio dentro de la teoría de la gramaticalización que propone que un elemento lingüístico que comienza a ocurrir en nuevos contextos aún retiene rasgos de su uso original. Por lo tanto, a lo largo del tiempo se espera observar que ciertas restricciones contextuales de tal elemento se van perdiendo y van favoreciendo nuevas restricciones características de su uso innovador. Asimismo, Aaron identificó siete factores lingüísticos, de los que sólo incluyó cinco: 1) la clase de verbo (i.e., estativo, de movimiento, psicológico, de percepción y dinámico); 2) la presencia y la especificidad del adverbio temporal; 3) el tipo de cláusula (i.e., principal o subordinada); 4) el tipo de frase (i.e., declarativa o interrogativa); y 5) la polaridad (i.e., positiva o negativa). La primera predicción postula que el FP, retendría su significado original de "meta" como en [*ir a*+meta], si se favorece en periodos específicos de tiempo.

Igualmente, se esperaría ver que ocurriera con verbos semánticamente diferentes a *ir* como los psicológicos o los estativos. Los resultados mostraron que el FP en el siglo XVII se favorecía altamente con verbos de movimiento y dinámicos, lo que confirmó la primera predicción. Esta característica se mantuvo a lo largo del tiempo, pero fue perdiendo magnitud, lo que demuestra que el FP fue cambiando de un significado más restrictivo a uno más general de futuridad. También se confirmó que el FP se favorece en contextos sin adverbios temporales, pero cuando estos están presentes, el FP es más común con adverbios temporales específicos. Esto indica que el FP retiene parte de su significado de especificidad, mientras que su favorecimiento en contextos de ausencia temporal señala un uso general del futuro. Aaron finalmente compara los datos encontrados con la ocurrencia del FS epistémico. La investigadora encuentra que el FS epistémico ha coexistido con el uso temporal desde el siglo XIII. Sin embargo, una vez que el FP toma fuerza durante el siglo XIX, también aumenta el uso del FS epistémico. El FS epistémico por naturaleza carece especificidad (p. ej., No sé quién **será** el ladrón, pero hay que agarrarlo). Al correlacionar estos hallazgos con el factor de presencia adverbial específica y no específica, se observa un aumento drástico del uso del FP con adverbios específicos en el siglo XIX. Por lo tanto, concluye que es posible sugerir que una vez que el FP se expandió en los espacios funcionales de la temporalidad del futuro en general, el FS se fue limitando a contextos de uso modal epistémico.

 Apliccación 6.A: www.wiley.com/go/diaz-campos

El español y su situación actual

La extensión del castellano en la Península Ibérica, debido al dominio sociopolítico del reino de Castilla, se consolida aún más cuando los reyes católicos de España, Fernando II de Aragón e Isabel I de Castilla, envían a suelo americano una expedición comandada por el navegante Cristóbal Colón. La llegada de las embarcaciones europeas a América el 12 de octubre de 1492 marca el inicio de un proceso de transformaciones sociales y culturales que repercutieron en la expansión del castellano en los nuevos territorios. Este proceso de expansión se caracteriza por largos procesos de contacto con las lenguas nativas habladas en la región. En la actualidad, de acuerdo con estadísticas recientes, el idioma español es hablado por 470 millones de personas como lengua materna (Fernández Vítores, 2014a). Según Fernández Vítores (2014), si se incluyen los aprendices de español como segunda lengua la cifra de hablantes de español alcanzaría 548 millones. Las cifras más recientes destacan que el español es la segunda lengua más hablada en el mundo después del chino mandarín. De acuerdo con las cifras aportadas por el mismo informe (Fernández Vítores, 2014) se observa un aumento sostenido de los hablantes de español y un descenso en el número de los hablantes del chino mandarín y del inglés. En la actualidad el 6,7% de la población mundial es hispanohablante y se prevé su aumento a un 10% en el curso de tres o cuatro generaciones. En el caso particular de los Estados Unidos se calcula que la población hispana alcanza los 52 millones de habitantes. El **cuadro 6.8** muestra las cifras correspondientes al número de hablantes de español en los países de habla hispana según el Fernández Vítores (2014a, 8).

El español tiene rango de lengua oficial en veintiún países. La población de este grupo de naciones alcanza los 441.778.958 millones de personas. A este número se suman los cálculos de los hablantes que son nativos, pero que viven en países no hispanos que aproximadamente alcanzan los 45.744.185 hablantes. Como revelan estas cifras el español se encuentra entre las cinco lenguas más habladas del mundo entre las que se incluye el chino mandarín, el inglés, el hindi y el árabe. Al número de hablantes nativos se suma el hecho de que el español es una de las lenguas más estudiada como lengua extranjera. Se calcula que aproximadamente 20 millones de personas estudian y hablan español como segunda lengua.

Cuadro 6.8   Número de habitantes en los países hispanohablantes (adaptado de Fernández Vítores, 2014, p. 8).

País	Número de habitantes
México	119.713.203
Colombia	47.612.282
España	46.727.891
Argentina	42.202.935
Perú	30.814.175
Venezuela	30.206.307
Chile	17.556.815
Ecuador	16.003.764
Guatemala	15.063.000
Cuba	11.163.934
República Dominicana	10.378.267
Bolivia	10.295.000
Honduras	8.535.692
Paraguay	6.709.730
El Salvador	6.293.000
Nicaragua	6.071.045
Costa Rica	4.773.129
Puerto Rico	3.725.789
Panamá	3.801.000
Uruguay	3.396.000
Guinea Ecuatorial	736.000
Total	441.778.958

Ya hemos señalado que de las cifras aportadas por el Instituto Cervantes se revela que el crecimiento de la población hispana en Estados Unidos es considerable. Se ha visto que del 2000 al 2010 la población hispana creció en un 43% en relación con la tasa de crecimiento de la población total que fue de 9,7%. De los 52 millones de habitantes de origen hispano, el informe del Instituto Cervantes indica que 37 millones tienen conocimiento nativo del español, mientras que 15 millones tendrían algún tipo de competencia en español que quizá se pueda considerar limitada. El informe también revela que las familias hispanas emplean el español en mayor o menor medida en la casa (se calcula que estas familias emplean el español en un 73%). Según el mismo informe se argumenta que hablar español representa una ventaja económica para la obtención de trabajo en el mercado estadounidense.

Precisamente uno de los aspectos que se destaca en el informe del Instituto Cervantes sobre la lengua española es lo que se denomina el **peso económico**. Se trata de la observación de los índices macroeconómicos de los países en los que se emplea el español como lengua oficial. El español, como hemos destacado, se encuentra entre las primeras lenguas del mundo en términos de número de hablantes, número de países en donde es lengua oficial así como en términos de la extensión geográfica donde se habla español en el mundo. La capacidad de compra e intercambio comercial entre los países hispanos es otro elemento esencial para tomar en cuenta. El informe del Instituto Cervantes cita como ejemplo el poder de compra de la comunidad hispana en los Estados Unidos que ha sido calculado en 1,2 billones de dólares en el año 2012. El grueso de la actividad económica vinculada al español se concentra mayoritariamente en América del norte (México, EEUU y Canadá) y Europa (i.e., España). Según los datos del informe del Instituto Cervantes, estas dos áreas concentran el 78% del poder de compra de los hispanohablantes. En comparación, el resto de los países hispanohablantes en Hispanoamérica representan el 22% del poder de compra. Se estima que los hispanohablantes representan el 9,2% del producto interno bruto (PIB) a escala mundial. El informe también provee cifras que explican el impacto de tener una lengua común en el comercio bilateral. De acuerdo con este factor, el español como lengua común incrementa el comercio entre las naciones hispanas en un 290%. Un ejemplo relevante a este respecto lo constituye el negocio editorial en España y sus inversiones en países de habla hispana. De acuerdo con lo que se plantea en el informe las empresas editoriales españolas tienen 162 filiales en el mundo en 28 países y el 80% de estas filiales se encuentran en naciones hispanohablantes. Con respecto a la industria editorial, se describe que en ésta participan 452 empresas y que sus ingresos anuales se estiman en mil millones de dólares. Específicamente se ha estimado que entre 300 y 350 millones se corresponden con la venta de libros en español. El informe del Instituto Cervantes destaca que muchas editoriales estadounidenses poseen divisiones dedicadas a la publicación de libros en español, entre las que se pueden incluir empresas como Pearson, McGraw-Hill, etc. La fuerza que ha adquirido el español como lengua internacional se atribuye en el informe del Instituto Cervantes al hecho de que las diferentes variedades del español son mutuamente inteligibles, a que una buena parte de los países hispanos ocupan territorios contiguos, el español tiene carácter oficial en 21 países en los que es la lengua del gobierno, la educación y su uso en los medios de comunicación. Por último se menciona que es una lengua en expansión.

Otro punto de discusión interesante que plantea el Informe del Instituto Cervantes se refiere a los ámbitos económicos de la lengua entre los cuales se incluyen tres: 1) La lengua como mercado; 2) La lengua como apoyo a las actividades de comunicación y creación y 3) La lengua como vehículo del comercio. La noción de lengua como mercado se refiere a las actividades económicas que se derivan de la enseñanza del español como segunda lengua. Estas actividades implican los cursos de español que se ofrecen en los países de habla hispana, los materiales pedagógicos que se producen para este fin, las herramientas tecnológicas, entre otros aspectos. El informe provee cifras que indican que solamente en España hubo una cifra de turistas de 858.280 con el propósito de estudiar español. Esta cantidad representa el 1,4% del turismo español durante ese periodo. Veamos el **cuadro 6.9** que provee cifras sobre los motivos de entrada de los turistas a España en el año 2013.

Cuadro 6.9 Datos sobre la entrada de turistas a España y los motivos de su visita en el 2013 (adaptado de Fernández Vítores 2014a, p. 25).

Motivos	Número
Ocio, vacaciones	60.661.073
Trabajos, negocios, ferias, congresos	4.068.479
Estudios	858.280
Personal	2.306.891
Otros	875.401
Total	68.770.124

Fernández Vítores, en el informe del Instituto Cervantes, señala la importancia del uso del español en las llamadas industrias culturales entre las que se incluyen la literatura, el teatro, el cine, la música, los medios de comunicación, la educación, la actividad científica e intelectual. Según las cifras que se reportan en España, en el año 2007 se calcula que el valor de las industrias culturales alcanzaba 30.203 millones de euros. Esta cifra representa un 2,87% del producto interno bruto de España. En términos de número de trabajadores empleados en este tipo de industria, cifras que pertenecen al año 2011, estiman que 488.700 personas formaban parte de industrias de tipo cultural.

Cifras recientes relacionadas con el uso del español en las redes sociales indican que nuestro idioma es la tercera lengua más empleada en el mundo. De acuerdo con el informe, España y México se encuentran entre los 20 países con el mayor número de usuarios de internet. En concordancia con esta cifra, el español es la segunda lengua más empleada en redes sociales tales como Facebook y Twitter. En el **cuadro 6.10** se presentan los países según el número de los usuarios del internet.

En cuanto a los medios de comunicación tradicionales como la televisión, la radio, la prensa y las revistas, el informe del Instituto Cervantes aporta cifras interesantes y novedosas sobre el uso del español en los Estados Unidos de América. Las preferencias lingüísticas de los hispanos mayores de 18 años revelan tendencias que implican el consumo de programas y noticias tanto en español como en inglés. De hecho, la comparación del consumo a través de diferentes

Cuadro 6.10 Usuarios del internet según el país (adaptado de Fernández Vítores 2014, p. 31).

País	Población 2012	Usuarios	Penetración
1. China	1.343.239.923	538.000.000	40,1 %
2. Estados Unidos	313.847.465	245.203.319	78,1 %
3. India	1.205.073.612	137.000.000	11,4 %
4. Japón	127.368.088	101.228.736	79,5 %
5. Brasil	193.946.886	88.494.756	45,6 %
6. Rusia	142.517.670	67.982.547	47,7 %
7. Alemania	81.305.856	67.483.860	83,0 %
8. Indonesia	248.645.008	55.000.000	22,1 %
9. Reino Unido	63.047.162	52.731.209	83,6 %
10. Francia	65.630.692	52.228.905	79,6 %
11. Nigeria	170.123.740	48.366.179	28,4 %
12. México	114.975.406	42.000.000	36,5 %
13. Irán	78.868.711	42.000.000	53,3 %
14. Corea	48.860.500	40.329.660	82,5 %
15. Turquía	79.749.461	36.455.000	45,7 %
16. Italia	61.261.254	35.800.000	58,4 %
17. Filipinas	103.775.002	33.600.000	32,4 %
18. España	47.042.984	31.606.233	67,2 %
19. Vietnam	91.519.289	31.034.900	33,9 %
20. Egipto	83.688.164	29.809.724	35,6 %
20 principales países	4.664.486.873	1.776.355.028	38,1 %
Resto del mundo	2.353.360.049	629.163.348	26,7 %
Total	7.017.846.922	2.405.518.376	34,3 %

medios muestra que los hispanos indistintamente usan el español y el inglés en el caso de los programas de televisión y radio. En contraste medios tales como el internet, los periódicos y las revistas muestran una preferencia por el uso del inglés. El informe destaca que en los Estados Unidos muchas compañías dedicadas a las comunicaciones emplean el español de manera exclusiva. Hay estaciones de televisión y de radio que transmiten su programación de noticias y entretenimiento enteramente en español (p. ej., http://cnnespanol.cnn.com/radio/en-vivo/; http://www.univision.com/). En el informe se caracteriza a la población hispana en los Estados Unidos como jóvenes dinámicos que crean tendencias en cuanto al uso de nuevas tecnologías.

En los últimos años se observa una tendencia de las compañías de medios en Estados Unidos por captar la audiencia de origen hispano. La inversión en publicidad dirigida a los hispanos ha mostrado un incremento según se revela en un estudio sobre este particular (Nielsen 2012, citado en el Informe del Instituto Cervantes). El crecimiento de la población hispana en los últimos años ha sido tan influyente que ha generado cambios en el contenido de la programación de los medios de comunicación. Según Nielsen (2012), se puede observar una mayor inversión económica para captar el mercado hispano debido a la importancia que ha adquirido. En una nota curiosa se señala que los anuncios en inglés aumentan su impacto en un 30% una vez que estos mismos anuncios se transmiten en español.

En cuanto al papel del español en el sistema de las Naciones Unidas, se puede destacar que el español es una de las seis lenguas oficiales junto con el árabe, el chino, el francés, el inglés y el ruso. El estatus de oficialidad ocurrió el 26 de junio de 1945 en la que se establece la validez de cualquier documento escrito en cualquiera de estas seis lenguas. El hecho de que el español se considere una lengua oficial implica que pueda usarse en las reuniones formales convocadas por las Naciones Unidas y que todos los discursos pronunciados y todos los documentos producidos en español sean traducidos a todas las otras lenguas oficiales (Fernández Vítores, 2014). Según el informe de Fernández Vítores (2014, p. 4) el español se ubica en la tercera posición como lengua de trabajo dentro del sistema de las naciones unidas. De las 351 reuniones realizadas en el 2014 en 339 de se empleó el español. A pesar de que la presencia del español es importante en el organismo de las Naciones Unidas, en ciertos ámbitos se prefiere el uso del inglés y en algunos casos del francés. Sin embargo, en términos generales el español ocupa el tercer lugar como una de las lenguas más empleadas en las Naciones Unidas. Según este informe, la importancia del español se debe a que es una herramienta de comunicación transnacional que la convierte "en un activo cultural para todo aquel que la hable" (Fernández Vítores, 2014, p. 2).

En esta sección se ha demostrado la importancia del español en el mundo y con particular énfasis en los Estados Unidos. Se destacó el creciente número de hablantes nativos y aprendices del español, así como la extensión de los territorios donde el español tiene estatus de lengua oficial. Asimismo, se ha discutido la importancia del español en el mundo editorial, las redes sociales y en los medios de comunicación tradicionales.

Enfoque en la investigación: El -*ra* y -*se* del imperfecto de subjuntivo

El trabajo de Blas Arroyo y Porcar (1994) estudia la alternancia de las terminaciones del imperfecto del subjuntivo -*ra* y -*se* en el español de Castellón, España (p. ej., *cantara* y *cantase*). Aunque las dos formas son intercambiables en muchos contextos, algunos estudios previos señalan que existen contextos específicos donde supuestamente sólo puede ocurrir la forma de -*ra*. Esta afirmación se basa en la idea de que la forma de -*se* se origina de un carácter perfectivo y subjuntivo mientras que -*ra* se origina de un significado con valor indicativo, perfectivo y más específicamente pretérito. A lo largo del tiempo las formas en -*se* perdieron el significado perfectivo y pasaron a funcionar como imperfecto del subjuntivo. Por otro lado, -*ra* después del siglo

XVI comienza a emplearse en contextos de situaciones irreales lo cual lo hace solapar con las formas en *-se*. Hoy en día las diferencias entre ambas formas parecen ser sutiles y por lo tanto se consideran variables. Los autores se dedican a examinar los siguientes puntos: 1) la distribución sintáctica de ambas variables; 2) los factores sociales que afectan el uso de estas; y 3) el grado de variabilidad que manifiestan *-ra* y *-se* según los factores lingüísticos. Los datos de este estudio constan de 147 informantes residentes de la provincia de Castellón, España. La muestra se divide de manera equilibrada según el sexo, la edad, el nivel sociocultural y la lengua dominante de los participantes (i.e., monolingües/bilingües de español/catalán). El instrumento utilizado para colectar datos fue una prueba de completación que consistió de una serie de oraciones con espacios en blanco donde el informante debía escribir la forma verbal apropiada. Este formulario se creó para controlar los diferentes contextos en los que se puede realizar el imperfecto del subjuntivo lo que motivaría al participante a seleccionar una de las dos formas en *-ra* o en *-se*. Los contextos fueron los siguientes: 1) temporal con *cuando* (p. ej., Juan dijo que se lo mandaría cuando {tuviera/tuviese} preparado); 2) modal con *como* (p. ej., Afirmó que lo haría como le {mandara/mandase} sus padres); 3) concesivas con *aunque* (p. ej., Aunque él no {tuviera/tuviese} dinero yo no pensaría en abandonarle); i4) condicionales con *si* o con *con tal de que* (p. ej., Él no te habría dicho nada [aunque/con tal de que] no le {hubiera/hubiese} gustado el regalo); 5) hipotético-comparativas con *como si* (p. ej., Le haría un peinado para la boda como si {fuera/fuese} de peluquería). Los resultados demostraron que el uso de *-ra* predomina con un 77,48%. Al observar la frecuencia global de *-ra* y *-se* en los contextos mencionados, los investigadores señalan que la mayoría de los contextos demostró una preponderancia de respuestas con *-ra*. Los contextos con más usos de *-ra* mostraron un 80% de frecuencia y aquellos con menos usos un 65%. Al tomar cada contexto aparte (i.e., temporales, modales, concesivas, condicionales e hipotético-comparativas), también hubo diferencias significativas dentro de cada uno. Esto indicó que aunque el uso de *-ra* domina, hay ciertos contextos que permiten *-se* más frecuentemente que otros. En cuanto a los resultados de los factores sociales, Blas Arroyo y Porcar encuentran que el empleo de *-ra* se observa más en los informantes mayores y de edad media con un nivel sociocultural bajo. Los resultados de acuerdo con la lengua dominante de los participantes mostraron un ligero favorecimiento de *-ra* por parte de los hablantes monolingües de catalán. También se señala que el 68,77% de los informantes, que consta de hablantes jóvenes bilingües en ambas lenguas, usan ambas variantes *-ra* y *-se*. En conclusión, el estudio encontró que la variación entre *-ra* y *-se* es condicionada mayormente por factores extralingüísticos como la edad y el nivel sociocultural, lo que puede indicar un efecto de la educación según el cual los hablantes más jóvenes con más educación suelen emplear las formas en *-se* mucho más que los mayores con menos educación.

 Aplicación 6.B: www.wiley.com/go/diaz-campos

3   Herramientas de análisis

En esta sección nos dedicamos al estudio de la lengua en su contexto regional y social y, a la vez, analizamos los factores lingüísticos que condicionan los fenómenos de variación más estudiados en diversas áreas del mundo hispanohablante. Tres temas centrales guían nuestra discusión: en primer lugar abordamos el concepto de dialecto y su aplicación en la división de las variedades del español de América y de España. En segundo lugar, introducimos algunas herramientas básicas para el estudio de la variación sociolingüística mediante la revisión de algunos de los factores relevantes que influyen en la descripción de los fenómenos lingüísticos tales como el estilo, el género, la edad, y el nivel socioeconómico. La última parte de esta sección está dedicada al estudio de algunos ejemplos particulares en los que se ilustra el estudio de los factores lingüísticos que condicionan la variación sociolingüística.

3.1 Variación regional

En el **capítulo 1** de este libro hicimos énfasis en algunos conceptos básicos que emplean los lingüistas para delimitar los objetivos de sus investigaciones. En este sentido, señalamos que el concepto de **lengua** se refiere al conjunto de unidades lingüísticas y las reglas específicas que conforman la estructura de cualquier idioma como el español, el inglés o cualquier otra lengua. En aproximaciones teóricas sobre este tema se supone que este concepto alude a una visión idealizada del idioma en la que no se toma en cuenta el contexto geográfico o social en el que éste se emplea. En contraste, cuando empleamos el término **dialecto** lo hacemos para describir variedades de una misma lengua que se asocian con una región particular. La manera específica como se usa el español en la región andina o en el caribe podrían ser ejemplos de variedades dialectales del español. Estas variedades se caracterizan por poseer rasgos fonético-fonológicos, morfosintácticos y léxicos que las diferencian entre sí y de otros dialectos a la vez. La distancia geográfica, la variación inherente a las lenguas y los desarrollos independientes motivados por factores sociales son algunas de las razones que explican estas diferencias estructurales entre variedades. El interés por el estudio de las variedades regionales es muy antiguo aunque de manera concreta se remonta a los trabajos de Georg Wenker en Alemania, quien colectó datos de 50.000 maestros de escuela entre 1876 y 1887 a partir de un cuestionario en el que se pedía a los participantes proveer la forma vernácula de cuarenta oraciones incluidas en la encuesta (Le Page 1998, p. 17). El interés inicial por el estudio de Wenker, motivó el trabajo de Jules Gilliéron en el que se recogieron las diferencias dialectales características de 639 regiones en Francia de acuerdo con un cuestionario compuesto por 1,500 unidades léxicas. En cuanto a los estudios de dialectología española se documenta el trabajo del investigador alemán Hugo Shuchardt *Die cantes flamencos* como el primero que se dedica al estudio de las variedades regionales de España. Durante el siglo XX se destacan los trabajos dialectológicos de investigadores españoles como Manuel Alvar y Tomás Navarro Tomás sobre variedades del español en el mundo hispanohablante. En la actualidad existe acceso electrónico a los materiales y datos recogidos entre 1931–1954 por Navarro Tomás y su equipo de investigación los cuales forman parte del proyecto del Atlas Lingüístico de la Península Ibérica (http://westernlinguistics. ca/alpi/more_info.php?global_lang=sp). El interés de los estudios pioneros por la delimitación de las áreas geográficas a partir de hablantes con poca educación que viven en lugares remotos ha evolucionado e incorpora otros intereses teóricos que enriquecen los estudios de la variación y los factores sociales que la motivan.

Los dialectos en España

Las investigaciones sobre las variedades de español que se hablan en España suelen distinguir de manera amplia entre la región centro norte y el sur por las prominentes diferencias que se destacan entre estas zonas en términos de sus rasgos lingüísticos. Resulta importante subrayar el hecho de que en España se hablan otras lenguas las cuales tienen estatus oficial en la actualidad. Junto con el español encontramos áreas bilingües en las que se habla catalán, gallego y euskera, entre otras lenguas con presencia histórica en la Península Ibérica (ver la **ilustración 6.1**). En el Atlas Lingüístico de la Península Ibérica se distinguen las siguientes regiones dialectales en España: Andalucía, Extremadura, Murcia, Castilla, León, Aragón, Asturias, Navarra, Valencia, Cataluña, Galicia, la región vasca y las Islas Canarias. Por razones de exposición y para simplificar el estudio de los dialectos de España nos concentraremos en la distinción entre la región

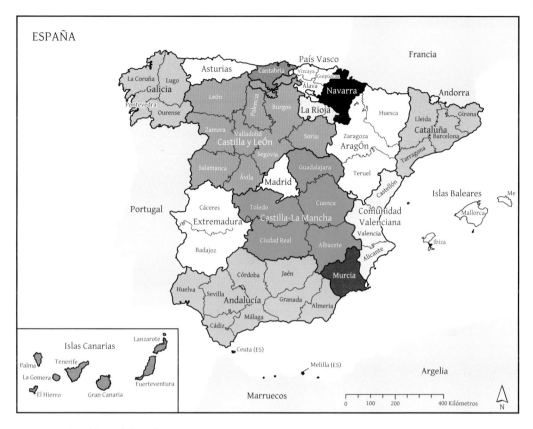

Ilustración 6.1 Mapa de España.

centro-norte, y sur. Dentro de la zona centro-norte se destaca el dialecto que denominaremos castellano mientras que en la zona sur se incluye el dialecto andaluz. España también cuenta con un territorio insular conformado por las Islas Canarias el cual fue influyente en la formación del español en América. Primeramente, discutiremos algunos de los rasgos que se destacan del castellano y luego presentamos algunos fenómenos del español andaluz.

El término **castellano** se emplea en el contexto de este libro para referirse a la variedad que se habla en el centro norte de España. Esta región incluye los territorios originarios en los que se formó la lengua española. Sin embargo, hay que destacar que el nombre de castellano se emplea en todo el mundo hispanohablante sin el significado especial que se le atribuye en este libro por razones de exposición pedagógica. Recordemos que las *Glosas Emilianenses* fueron encontradas en la región de La Rioja y que más recientemente en el *Cartulario de Valpuesta* se encontraron textos en castellano en la región de Castilla y León. De manera que el uso de la palabra castellano, desde el punto de vista de la distinción pedagógica que queremos hacer en este texto, tiene una implicación histórica que hace referencia al origen del idioma. Para describir el español hablado en el centro-norte de España destacaremos algunas de las características más prominentes de la pronunciación, de la morfosintaxis y del léxico de la región. Con respecto a la pronunciación, haremos una descripción de los sonidos de acuerdo con tres características articulatorias fundamentales (sobre este particular estudiaremos con más detalle en los **capítulos 3 y 4**): el punto de articulación, el modo de articulación y la acción de las cuerdas vocales. El **punto de articulación** hace referencia a los órganos que empleamos para producir los sonidos (p. ej., labios, dientes, alveolos, paladar, velo, etc.). El **modo de articulación** es un concepto que hacer referencia a los cambios que sufre el aire en su paso por la cavidad oral o nasal (p. ej., obstrucción total u oclusión, fricción, etc.). Si durante la producción del sonido ocurre una interrupción total del aire como en el caso del sonido [p] en la palabra *pala* clasificamos el sonido como oclusivo por su modo de articulación. Las cuerdas vocales son órganos formados por tejidos musculares flexibles que se encuentran en la laringe. Cuando estos tejidos se encuentran extendidos y tensos propician la vibración de las cuerdas vocales movidos por el paso del aire. En contraste, cuando las cuerdas vocales se encuentran abiertas y sin tensión no se produce vibración. De esta forma, según la **acción de las cuerdas vocales** los sonidos sordos se caracterizan por la ausencia de vibraciones de las cuerdas vocales, mientras que los sonoros se producen con vibración de las cuerdas vocales.

Tradicionalmente, en la caracterización de las áreas dialectales se presentan los rasgos lingüísticos como si fueran únicos y empleados de la misma forma por todos los hablantes. La realidad es que estas características lingüísticas ocurren de manera variable y no necesariamente son fenómenos que se documentan exclusivamente en una región específica aunque hay algunas excepciones. Es importante destacar que la variabilidad en el uso depende de las características sociolingüísticas del hablante (p. ej., edad, sexo, nivel social, etnicidad, etc.), así como asociaciones del identidad que hacen los individuos en la comunidad en la que viven de acuerdo con sus afiliaciones con diferentes grupos. También es cierto que muchos rasgos lingüísticos son compartidos en diversas regiones de España y América. El valor sociolingüístico y los patrones de uso de cada región podrían ser diferentes y es en ese aspecto que tales rasgos lingüísticos sirven para distinguir a una región de otra. Tomando en cuenta las limitaciones que tiene la elaboración de una lista de rasgos, hemos decidido dividir las características lingüísticas según su ocurrencia prominente en un área particular. El término prominente se emplea en el sentido de que las características mencionadas parecen comunes (frecuentes) y, de cierta manera, particulares de una región en cuestión. Con el propósito de organizar la discusión sobre el español de España de una forma breve y sencilla se distingue entre la región centro-norte, y el sur (Andalucía). Más adelante hablaremos de algunos fenómenos característicos del español de América. Así como distinguimos los fenómenos que hemos llamado prominentes, en una lista aparte se presentan los rasgos compartidos por España y América y explicamos su extensión de uso.

Fenómenos prominentes en la variedad hablada en el centro norte de España

En el **cuadro 6.11** aparecen algunos fenómenos que se podrían considerar particulares del centro-norte de España.

Fenómenos relacionados con la pronunciación

El primer fenómeno que se menciona en el **cuadro 6.11** es la distinción de sibilantes. En el español peninsular del centro-norte de España existen dos fonemas: /š/ apicoalveolar, fricativo, sordo y /θ/ interdental, fricativo, sordo. El fonema ápico-alveolar /š/ se relaciona en la ortografía con el grafema "s", mientras que el fonema interdental /θ/ se relaciona con los grafemas "z" (p. ej., *zapato*) y "c" (p. ej., *cielo, cima, cena*). En el español del centro-norte existe un contraste fonológico entre /θ/ y /š/ que se puede ejemplificar mediante las palabras *caza* ['ka-θa] y *casa* ['ka-ša] las cuales constituyen un par mínimo. Otro ejemplo similar que constituye un par mínimo es el de las palabras *taza* ['ta-θa] y *tasa* ['ta-ša] (para repasar el concepto de par mínimo revisa **el capítulo 4**). El español del centro-norte posee un fonema /χ/ que puede ser caracterizado como uvular, fricativo, sordo. Este fonema se produce en otros dialectos como velar /x/ (velar, fricativo, sordo) y en el sur de España y en algunas regiones de América como glotal /h/ (glotal, fricativo, sordo). El siguiente rasgo de pronunciación que se destaca en el **cuadro 6.11** es la uvularización de /s/ final de sílaba ante consonante velar como en el caso del ejemplo *es que* el cual se pronuncia como [eχ ke]. Este

Cuadro 6.11 Lista de fenómenos prominentes en la variedad hablada en el centro norte de España.

Fenómeno	Ejemplo
Distinción de sibilantes	/θ/ interdental fricativo sordo, caza [ˈka-θa]- /š/ apicoalveolar fricativo sordo, casa [ˈka-ša]
Presencia de fricativa uvular sorda	/χ/ jota [ˈχo-ta]
Uvularización de /s/ final de sílaba	[χ] es que [ˈeχ ke]
Cambio de /d/ a [θ] en posición final de sílaba	Madrid [ma-ˈðɾiθ]
Eliminación de consonantes obstruyentes en posición final de sílaba	Taxi [ˈta-si], septiembre [se-ˈtjem-bɾe], pepsi [ˈpe-si]
Uso de vosotros	Vosotros cantáis
Laísmo	**La** dije a ella que viniera a clase en lugar de **Le** dije a ella que viniera a clase.
Loísmo	**Lo** dije a Juan que vinera a clase en lugar de **Le** dije a Juan que viniera a clase.
Uso del condicional en la cláusula principal de oraciones contra factuales	Si **tendría** tiempo, iría al cine en lugar de Si **tuviera** tiempo, iría al cine.
Uso del presente perfecto con valor perfectivo	Esta mañana **he tomado** café en lugar de Esta mañana **tomé** café.

fenómeno que ha sido estudiado por Turnham y Lafford (1995) muestra estratificación sociolingüística pues es más común en el habla masculina que en la femenina y en los estilos informales. El cambio de /d/ a [θ] en posición final de sílaba es otro de los fenómenos documentados en el español del centro-norte de España. Este proceso fonológico que podría considerarse como un "lenición" de la /d/ se extiende a otros segmentos en posición final de silaba tal como el caso de /k/ en la palabra *actor* producida como [aθtoɾ] lo cual complica la descripción del fenómeno al operarse un cambio no sólo de modo sino de punto de articulación. Hualde (2005) entre otros estudios como Navarro-Tomás (1999) describe esta pronunciación como parte del habla coloquial en estilos vernáculos. La inestabilidad que supone la posición final de sílaba es uno de los argumentos que según Martínez Celdrán y Fernández Planas (2007) explicaría el comportamiento variable de ejemplos tales como [ma-ˈðɾiθ] *Madrid* y [aθtoɾ] *actor*. Este autor señala que esta forma de pronunciar es bastante frecuente y no se podría considerar un marcador de estilo informal contrariamente a lo expuesto por Hualde (2005) y Navarro-Tomás (1999). Precisamente en este mismo contexto de posición final de sílaba los sonidos obstruyentes manifiestan no sólo la lenición, sino también la elisión como en el caso de [se-ˈtjem-bɾe] *septiembre* y [ˈpe-si] *pepsi*.

Fenómenos relacionados con la morfosintaxis

En cuanto a algunas de las características morfosintácticas más sobresalientes del centro-norte de España, se distingue el uso de *vosotros* como forma de tratamiento para la tercera persona del plural. En el español peninsular del centro-norte de España se emplea la forma de *vosotros* como la forma de tratamiento informal para la tercera persona del plural, mientras que *ustedes* se emplea para indicar formalidad y respeto. Este sistema de tratamiento es semejante al de la segunda persona del singular en el que se emplea *tú* para indicar informalidad (en numerosos dialectos del español se emplea la forma *vos* para indicar informalidad y familiaridad) y *usted* para indicar formalidad y respeto. En un trabajo reciente sobre el tópico en el español peninsular, Morgan y Schwenter (2015) destacan que la simetría del sistema (el uso de formas específicas para indicar informalidad y formalidad tanto para el singular como el plural *tú* versus *usted* y *vosotros* versus *ustedes*) está desapareciendo pues muchos hablantes no distinguen entre formalidad e informalidad para el plural y muestran una preferencia por el uso de *vosotros* sin ninguna distinción. En el ejemplo que se cita a continuación se puede observar el uso de *vosotros* (la forma de tratamiento informal) en una tarjeta de invitación de una celebración matrimonial en la cual se esperaría el mayor grado de formalidad.

(3) Tenemos el placer de *invitaros* a nuestra boda que se celebrará... (tomado de Morgan y Schwenter 2015, p. 5)

De esta forma, al parecer los resultados de Morgan y Schwenter (2015) apuntan a la pérdida de la distinción entre la formalidad y la informalidad en el uso de las formas de la segunda persona del plural en el español peninsular.

El **laísmo** consiste en el uso del pronombre *la*, regularmente empleado en la función de objeto directo, para indicar un objeto indirecto el cual se corresponde normativamente con el pronombre *le*. En el ejemplo en (4) tomado del Corpus de Referencia del Español Contemporáneo se observa un enunciado producido oralmente por un hablante de origen español:

(4) hay una hay una una amiga de Teresa que esa esta chica tiene coche entonces pues está interesada en venir. Vamos yo **la** dije que ... que éramos pocos porque en su coche cuatro ... cuatro podemos ir en coche, cinco no.

En el ejemplo se puede apreciar el uso de *la* en la frase *la dije que* (...) para hacer referencia *a una amiga de Teresa* que en la oración *yo la dije* el pronombre *la* cumple la función de objeto directo y normativamente se emplearía *yo le dije que* (...), pues lo dicho es el objeto directo (i.e., que éramos pocos porque en su coche cuatro ... cuatro podemos ir en coche, cinco no) y a quien se dice es el objeto indirecto (i.e., una una amiga de Teresa que esa esta chica tiene coche). Este fenómeno se documenta como de uso común en las regiones de Cantabria, Castilla-León, Castilla-La Mancha y la Rioja (Alvar, 1996). De hecho, Hernández Alonso (1996, p. 203) indica que en los estilos informales y entre las generaciones jóvenes el uso del laísmo es común. No obstante, el uso más común se relaciona con referentes humanos y en singular como en el ejemplo en (4). En una interpretación sobre la naturaleza del fenómeno, Hernández Alonso (1996) explica que el sistema pronominal manifiesta un cambio y simplifica la distinción de funciones sintácticas, género y numero a un sistema más simplificado en el que se enfatiza la distinción de género.

El **loísmo** es otro de los fenómenos prominentes que se documenta en el centro norte de España. Este patrón de variación mucho menos frecuente consiste en el uso de la forma *lo* para indicar objeto indirecto como en el ejemplo en (5).

(5) **Los** he hecho la cena. (tomado de Hernández Alonso 1996, p. 204)

De acuerdo con los trabajos que describen el fenómeno, éste ocurre con mucha menor frecuencia que el laísmo y se asocia con hablantes de origen rural y de nivel socioeconómico bajo. Al parecer su uso está reducido a ciertas expresiones que forman parte de frases semifijas.

El uso del condicional en la cláusula principal de oraciones contra factuales (p. ej., *Si tendría tiempo, iría al cine* en lugar de *Si tuviera tiempo, iría al cine*) es un fenómeno documentado ampliamente en la literatura sobre la dialectología española en el norte de la península. Hernández Alonso (1996, p. 205) indica que este uso se extiende a otros contextos más allá de las oraciones condicionales como en los siguientes casos:

(6) Cláusulas subordinadas de finalidad (aquéllas que indican un objetivo)
     *Me dio una carta para que la **echaría** al corre*o en lugar de *Me dio una carta para que la **echara** al correo.* (tomado de Hernández Alonso 1996, p. 205)

(7) Cláusulas concesivas (las que expresan obstáculo o impedimento)
     *Aunque no me **dejarías**, yo lo haría* en lugar de Aunque no me **dejaras**, yo lo haría.
     (tomado de Hernández Alonso 1996, p. 205)
(8) Cláusulas temporales (expresan el marco temporal de la acción)
     *Yo me fui antes de que ella **llegaría*** en lugar de *yo me fui antes de ella **llegara**.*

   Los significados asociados con estas formas tales como posibilidad incierta y futuridad, así como su alternancia en ciertos contextos a través del tiempo son algunos de los argumentos que emplea Hernández Alonso para explicar la variación entre estas formas. Igualmente, este autor explica que esta forma se considera un uso vernáculo típico de los estilos informales.
   El uso del presente perfecto con valor perfectivo (p. ej., *Esta mañana **he tomado** café* en lugar de *Esta mañana **tomé** café*) es otro de los rasgos que se asocia con la variedad de español hablada en el norte de la península. En trabajos recientes (Serrano, 2011; Schwenter & Torres Cacoullos, 2008) se explica que la forma del presente perfecto, ***he tomado*** en el ejemplo citado, se emplea con valores semánticos perfectivos en contextos relacionados con un marco temporal que hace referencia a eventos completados de manera reciente (marco temporal hodierno). En el ejemplo que hemos empleado se incluye la expresión *esta mañana*, la cual hace referencia a una acción completada durante el día. Esta manera de presentar el marco temporal contrasta con expresiones como el año pasado, hace meses, etc. Mientras que en el español de América se prefiere la forma del pretérito simple (p. ej., ***tomé***), la cual se puede considerar como el uso canónico históricamente, en España se observa un proceso de variación en el que la forma del presente perfecto adquiere nuevos valores. En los siguientes párrafos nos dedicamos a la explicación de algunos fenómenos que se pueden considerar como prominentes en el español de la zona de Andalucía.

Fenómenos prominentes en la variedad hablada en la zona de Andalucía
Fenómenos relacionados con la pronunciación
   El **rotacismo** es parte del proceso de neutralización de los fonemas /l/ lateral, alveolar, sonoro y /ɾ/ vibrante simple, alveolar, sonoro. Esto quiere decir, que en ciertos contextos se pierde la distinción que existe entre estas dos unidades funcionales. En el caso de la pronunciación [mi ˈaɾma] en lugar de [mi ˈalma] se observa el cambio de una /l/ por una /ɾ/ cuando estos segmentos se encuentran en posición final de sílaba. La Real Academia Española (RAE) en su *Nueva Gramática de la Lengua Española* sugiere que el origen de este fenómeno podría ser andaluz y, a su vez, se señala que se encuentra en textos de la época medieval. La Real Academia señala que hay documentación de esta variación en la gramática de Sebastián de Covarrubias en el siglo XVII (RAE, p. 228). Este fenómeno característico del español andaluz, aunque se puede considerar prominente en esta zona, también ocurre en otras zonas dialectales hispanoamericanas. En España, la RAE indica que se documenta en León, La Mancha, Extremadura, Murcia y Canarias. En el caso del español de América, se destaca su ocurrencia en Cuba, La Republica Dominicana, Puerto Rico, zonas rurales de Centroamérica, ciertas zonas de Colombia y Venezuela, así como Ecuador, Perú y Chile.
   Como consecuencia de la aspiración y pérdida de la /s/ al final de la sílaba, se produce la post-aspiración de las oclusivas sordas como en el caso de los ejemplos incluidos en el **cuadro 6.12** *pasta* [ˈpa-tʰa], *caspa* [ˈka-pʰa], *asco* [ˈa-kʰo]. El trabajo de Torreira (2012) documenta el fenómeno de la post-aspiración de las oclusivas sordas en Andalucía occidental mediante el estudio de medidas acústicas como el tiempo de emisión de voz. El **tiempo de emisión de voz (VOT o Voice Onset Time en inglés)** es el período de soltura que se observa como una banda de energía aperiódica en los espectrogramas producto de la salida abrupta del aire luego de la oclusión. Es decir, se trata de la energía que corresponde a la soltura de la consonante oclusiva

Cuadro 6.12 Lista de fenómenos prominentes en la variedad hablada en la zona de Andalucía.

Fenómeno	Ejemplo
Rotacismo	Mi alma [mi ˈaɾma]
Post-aspiración de oclusivas sordas ante /s/ final de sílaba	pasta [ˈpa-tʰa], caspa [ˈka-pʰa], asco [ˈa-kʰo]
Ceceo	/θ/ interdental fricativo sordo, caza [ˈka-θa]- casa [ˈka-θa]
Apertura de vocales ante elisión de /s/ final de palabra.	vienes [ˈbje-nɛ], casas [ˈka-sæ], polos [ˈpo-lɔ]
Uso del pronombre de sujeto *vosotros* con las formas verbales de ustedes Uso de *ustede*s con las formas de *vosotros*	Vosotros cantan. Ustedes cantáis
Uso de la forma imperativa con el infinitivo + se	*Sentarse* en lugar de *sentaos*.

antes del inicio del sonido vocálico. En este sentido, los resultados de Torreira (2012) muestran que las secuencias del tipo [h + consonante oclusiva sorda] como en [ˈkah-pa] *caspa* muestran solapamiento de gestos articulatorios (coarticulación) y se producen con una oclusión consonántica y un tiempo de emisión de voz y más largos en Andalucía occidental en comparación con el dialecto madrileño donde no ocurren frecuentemente la aspiración y pérdida de la /s/ al final de la sílaba.

Entre otros de los fenómenos prominentes del andaluz se encuentra el ceceo. Díaz-Campos (2014, p. 100) define el ceceo de la siguiente forma: "El **ceceo** es característico de ciertas zonas del sur de España (i.e., Andalucía) y se ha reportado de manera aislada en Honduras y El Salvador, así como en la isla de Margarita, Venezuela (véase el ejemplo del Mago Yin http://www.youtube.com/watch?v=CUwgGzPsN7k). Este fenómeno consiste en la existencia de un solo fonema /θ/ interdental, fricativo, sordo para pronunciar lo que en la ortografía representamos mediante las letras "s", "c" y "z"." La RAE en su *Nueva Gramática de la Lengua Española* señala que la distribución geográfica del ceceo incluye toda la costa andaluza, el interior de la provincia de Sevilla, Cádiz, el sur de Córdoba, el sur de Málaga, el occidente de Granada y el sudeste de Almería.

Desde el punto de vista sociolingüístico se ha documentado recientemente que la influencia del dialecto del centro-norte de España, a través de la educación y otras presiones sociales, ha influido en la adopción de la distinción en las generaciones más jóvenes (Samper Padilla, 2011; Garcia Amaya, 2008; Villena Ponsoda y Ávila Muñoz, 2012). La **distinción** es característica del español que se habla en el centro y norte de España y consiste en la existencia en el inventario fonológico de dos fonemas: 1) un fonema /s/ ápico-alveolar, fricativo, sordo que se emplea para pronunciar lo que ortográficamente se representa a través de la letra "s" y un fonema /θ/ interdental, fricativo, sordo que en la ortografía se representa con las letras "c" y "z". Es importante destacar que esta distinción tiene sus particularidades propias en el sur de España, pues la /s/ se produce como predorso-alveolar, fricativa sorda y no como ápico-alveolar.

La apertura de vocales ante elisión de /s/ final de palabra es un fenómeno que ha sido documentado en la zona oriental de Andalucía, la cual incluye Córdoba, Jaén, Granada y Almería. Se usa el término **apertura vocálica** con el propósito de describir un cambio en la cualidad de las vocales que ocasiona la existencia de variantes que se producen con diferentes alturas tras la elisión de una /s/ final de palabra en comparación con los contextos donde no hay una /s/. En el volumen de la RAE dedicado a la fonética y fonología españolas se menciona también la región de Murcia en la cual ocurre un proceso de palatalización de la [a] que se produce como [æ] tras la pérdida de la /s/ final de palabra. La descripción que ofrece la RAE sobre el fenómeno de la apertura de vocales ante elisión de /s/ final de palabra indica que en algunas regiones también se observa un proceso de armonía vocálica. De tal suerte todas las vocales de una palabra manifiestan la misma apertura que ocurre en la última vocal de la palabra tras la omisión de la /s/ (p. ej., [ˈlo-βo] *lobo* versus [lɔ-βɔ] *lobos*) (RAE, p. 98). Hualde y Sanders (1995) plantean que en algunas investigaciones pioneras (Salvador, 1957) se llegó a proponer un sistema vocálico compuesto de 10 vocales. Sin embargo, las vocales /i/ y /u/ no participan en el proceso de apertura vocálica de la misma forma que /e/ /o/ y /a/. Esto quiere decir que se documentan exclusivamente dos pronunciaciones posibles para la /e/ > [e] y [ɛ], dos para la /o/ > [o] y [ɔ] y dos para la /a/ > [a] y [æ].

Fenómenos relacionados con la morfosintaxis

En lo que se refiere a la existencia de algunos rasgos morfosintácticos característicos y predominantes, se puede mencionar el uso del pronombre de sujeto *vosotros* con las formas verbales de *ustedes*. La variación contraria, es decir, el uso de *ustedes* con las formas del *vosotros* también ha sido documentada. Morgan y Schwenter (2015) describen que tradicionalmente se ha dicho que las variedades de español peninsular presentan un sistema simétrico en relación con las formas empleadas para expresar informalidad y formalidad. Es decir, se emplea *tú* para expresar informalidad y *usted* para expresar formalidad en la segunda persona del singular y se emplea *vosotros* para indicar informalidad y *ustedes* para indicar formalidad en la segunda persona del plural. Sin embargo, en el uso cotidiano de la lengua se revelan formas de variación que se apartan de este sistema simétrico idealizado. Lara Bermejo (2010) explica que históricamente el sistema simétrico era característico de la norma madrileña. Sin embargo, en el sur de España, la norma sevillana mostró preferencia por el uso de *ustedes* y en la zona oriental de Andalucía se daba preferencia al sistema simétrico. Esta es precisamente la posición que se adopta en trabajos descriptivos tradicionales (p. ej., Alvar 1996, p. 246) en los cuales se afirma que el andaluz occidental emplea la forma de *ustedes* con los verbos de la tercera persona. En un portal de la Universidad de Sevilla dedicado a la descripción de las características principales del español en Andalucía (http://grupo.us.es/ ehandalucia/que_es_el_andaluz/05_gramatica_del_habla_andaluza_ext.html, consultado el 23 de febrero de 2016) se explica la naturaleza de la variación y algunos de los factores sociales implícitos en la alternancia que se observa en ejemplos tales como *¿ustedes **vais** al cine, o **quieren** quedarse en casa?*).

En Andalucía también se da otro tipo de alternancia entre las formas del imperativo (ver la **ilustración 6.2**). En las gramáticas prescriptivas se señala que formas tales como *sentaos, acostaos, dormíos, poneos*, etc., representan el imperativo de las formas pronominales *sentarse, acostarse, dormirse, ponerse*, etc. Sin embargo, en el habla coloquial de la península se emplean con valor imperativo las formas *sentaros, acostaros, dormiros, poneros*, etc., en las cuales se observa el infinitivo del verbo seguido del pronombre *os*. En Andalucía, las formas del infinitivo con *se* se emplean con valor imperativo. De esta forma, no es raro oír formas tales *sentarse, acostarse, dormirse, ponerse*, etc., en contextos donde se expresan mandatos. Según el trabajo de Lara Bermejo (2010), quien realiza un estudio dialectal basado en la distribución de ciertas expresiones lingüísticas, el uso de las formas tales como *sentar + se* es típico de Andalucía occidental. En su trabajo, de acuerdo con los mapas dialectales sobre la expresión *siéntense ustedes,* se revela que el nuevo uso del tipo *sentar + se* se asocia con los dialectos donde se prefiere el uso de *ustedes* en oposición a otras áreas en las que mantiene la distinción entre *vosotros* como forma de tratamiento informal y *ustedes* para indicar formalidad.

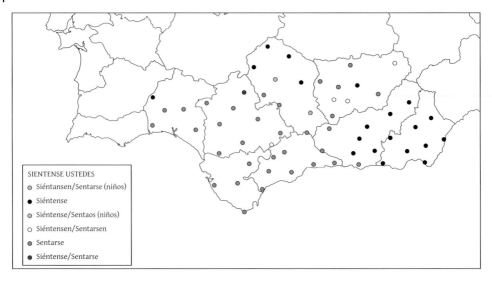

Ilustración 6.2 Mapa de Andalucía en el que se muestra la distribución de las formas imperativas del verbo *sentarse* (tomado de Lara Bermejo 2010, p. 43).

Enfoque en la investigación: *Vosotros* vs. *ustedes*

Morgan y Schwenter (en prensa) investigan la supuesta simetría entre *vosotros* y *ustedes* en España. En las descripciones gramaticales anteriores se ha documentado que en España aún existe un sistema simétrico tanto en las formas de la segunda persona singular como en las del plural (i.e., pronombres para expresar solidaridad *tú/vosotros* y deferencia *usted/ustedes*). Por otro lado, en Hispanoamérica y en partes de Andalucía y las Islas Canarias, se ha documentado que el uso de *vosotros* perdió vigencia, salvo en contextos muy limitados como los discursos políticos y ceremonias religiosas, por lo que hoy se conoce como un sistema asimétrico en el que la forma del plural no distingue el nivel de formalidad (i.e., *ustedes* se usa para todas las formas de la segunda persona del plural). Además, los investigadores señalan que el uso de *ustedes* en España se ve en frases hechas como en *Rogamos confirmen asistencia*. Morgan y Schwenter entrevistaron informalmente a doce españoles de 22 a 87 años con ocupaciones variadas. Les preguntaron acerca de sus intuiciones sobre el uso de los pronombres en segunda persona de acuerdo con sus experiencias previas y situaciones hipotéticas. Basado en estas entrevistas, Morgan y Schwenter observaron que muchos de los participantes consideraron el empleo de *vosotros* para incluir interlocutores que individualmente tratarían de usted. Cuando el grupo de interlocutores constaba de personas mixtas, de acuerdo con la relación de poder, los informantes aún optaban por *vosotros*. Para darle seguimiento cuantitativo que añadiese confiabilidad a la investigación, los autores crearon una encuesta electrónica que consistía de una serie de preguntas sobre la frecuencia de uso de los pronombres en segunda persona y luego tres situaciones hipotéticas donde los informantes debían elegir el pronombre en segunda persona que emplearía. Las tres situaciones incluidas en el formulario fueron las siguientes: 1) en un hogar de ancianos; 2) en la casa; y 3) en un hospital. En los primeros dos escenarios, se le impone el uso de *usted* a los informantes y luego tiene que dirigirse a un grupo cuyos miembros se les trata a todos de *usted* o de ambos *tú* y *usted*. En la primera situación, a todos los interlocutores se les trataba de *usted*. En la segunda situación, caracterizada como familiar había una tía a la que se le trataba de *usted*. Los informantes elegían entre *vosotros* o *ustedes* en una situación donde la mayoría de los interlocutores, miembros de una misma familia, se les trataba de *tú*. En el último contexto, no se les imponía el uso de *usted*, sino que los participantes se dirigían directamente a un grupo de doctores y debían seleccionar entre *vosotros* o *ustedes* desde el comienzo de la situación. Luego, al dirigirse a un doctor individual, debían elegir entre *tú* o *usted*. En cuanto a las preguntas sobre la frecuencia de uso, la gran parte de los participantes reportaron que usaban *ustedes a veces, rara vez* o *nunca*. Por otro lado, empleaban *usted a menudo, a veces* o *rara vez*. El uso general de *usted* fue significativamente más alto que el uso general de *ustedes* lo que confirma que el empleo de *ustedes* por parte de los españoles ha perdido gran vigencia en este dialecto. Con respecto a las situaciones hipotéticas, se encontró que en general, la proporción de uso de *usted* supera la proporción de uso de *ustedes* lo que señala que la simetría que postulan los gramáticos ha perdido gran vigencia en España. Morgan y Schwenter concluyen que la frecuencia de uso de *usted* en España no equivale al uso de *ustedes* descartando la idea de simetría entre las formas en singular y en plural de segunda persona. Puede que esto sea un cambio hacia un sistema asimétrico donde *vosotros* se comportaría como forma única de pronombre de la segunda persona plural.

 Aplicación 6.C: www.wiley.com/go/diaz-campos

Los dialectos del español en América

Hasta este punto hemos hecho una revisión de algunos aspectos que se pueden considerar prominentes y característicos de las dos zonas dialectales más destacadas del español peninsular. A continuación nos centramos en algunos de los fenómenos que se consideran característicos de ciertas regiones del español de América. Como podemos imaginar la amplia extensión de los territorios en donde se habla español en América implica la existencia de una amplia gama de variedades regionales cada una con su propia identidad (ver la **ilustración 6.3**). No pretendemos hacer una revisión exhaustiva, sino dar una visión parcial y panorámica sobre algunos fenómenos interesantes que se han documentado en la región.

El propósito de la siguiente sección es describir y ejemplificar algunos de los fenómenos que se han documentado con frecuencia en variedades del español de América. El término prominente se emplea con el propósito de indicar que se trata de rasgos lingüísticos que no son exclusivos, pero que aparecen asociados en la literatura con dialectos del español americano. Como toda lista, no se trata de un inventario completo, sino de una muestra lo suficientemente importante para que los estudiantes conozcan algunos de los aspectos descriptivos más relevantes.

Fenómenos relacionados con la pronunciación

El zheísmo es un fenómeno característico de la región del Rio de la Plata en la cual se incluyen Argentina, Uruguay y Paraguay. El **zheísmo** consiste en el uso de los sonidos [ʒ] (fricativo, postalveolar, sonoro) o [ʃ] (fricativo, postalveolar, sordo) en lugar del sonido [ʝ] (fricativo, palatal, sonoro) el cual se emplea regularmente en otros dialectos. Una manera más sencilla de describir el fenómeno es la siguiente: los hablantes de la región del Rio de la Plata emplean de manera variable dos sonidos, [ʒ] (fricativo, postalveolar, sonoro) o [ʃ] (fricativo, postalveolar, sordo) para producir lo que la ortografía relacionamos con las letras "y" y "ll" (p. ej., en las palabras *yo, llave*). Lipski (2005) afirma que este fenómeno se documenta desde finales del siglo XVIII y principios del XIX. Lipski señala que la variante ensordecida se asocia con la región de Buenos Aires y la población joven. Fontanella de Weinberg (1973) presenta el primer trabajo de corte sociolingüístico que analiza la alternancia entre [ʒ] y [ʃ] en un grupo de hablantes argentinos. Los resultados de su trabajo revelan que las variables sociales de edad y sexo del hablante fueron influyentes para explicar el fenómeno. Específicamente, la investigadora señala que el uso de la

Ilustración 6.3 Mapa de América Latina.

variante sorda [ʃ] predomina en el habla de las mujeres jóvenes que tienen entre 15 y 30 años de edad. En contraste, en el habla de las mujeres mayores de entre 51 y 70 años de edad prevalece el uso de la variante sonora [ʒ]. Rohena-Madrazo (2015) presenta un estudio sociolingüístico reciente sobre el fenómeno que aporta nuevos datos sobre el progreso de este cambio en la variedad hablada en Buenos Aires. Su estudio, basado en las muestras de 16 hablantes de la ciudad de Buenos Aires, presenta resultados de acuerdo con los cuales las generaciones de jóvenes (de 18 a 29 años) sólo poseen en sus producciones la variante sorda [ʃ]. En contraste, los hablantes mayores (de 55 o más) emplean de manera variable tanto la [ʃ] como la [ʒ]. Este hallazgo es interpretado por Rohena-Madrazo (2015) como un indicio de que el cambio está en una etapa final en la cual la variante sorda [ʃ] se ha convertido en la norma de esta comunidad de habla.

Cuadro 6.13 Lista de fenómenos prominentes del español en América.

Fenómeno	Ejemplo	Región dialectal
Zheísmo	yo [ʃo] [ʒo], llama [ˈʃa-ma] [ˈʒa-ma]	Río de la Plata (Argentina, Uruguay, Paraguay)
Posteriorización de /r/	Ramón [ʀ/ʁ/hamoŋ]	Puerto Rico
Asibilación de /r/ y de /ɾ/ final de sílaba	tres [ˈtřes], cantar [kan-ˈtař]	Español Andino, México, Costa Rica y ciertas regiones de Chile, Argentina, Paraguay y España[1]
Palatalización de /x/	mujer [mu-ˈçeɾ], gente [ˈçeṇ-te]	Chile
Vocalización de /ɾ/ y /l/ en posición final de sílaba	mujer [mu-ˈhej], cantar [kan-ˈtaj], golpe [ˈgoj-pe]	República Dominica[2] y España[3]
Geminación de /ɾ/ y /l/ en posición final de sílaba	corbata [kob-ˈba-ta], puerta [ˈpwet-ta]	Cuba
Posteriorzación de /p-b/ y /t-d/	pepsi [ˈpek-si], absoluto [ak-so-ˈlu-to]	México, Argentina, entre otras regiones de Hispanoamérica
Realización oclusiva de /b-d-g/ después de semivocal o consonante no homorgánica.	desde [ˈdeh-de], ley de armas [ˈlej de ˈaɾ-mas]	Centro América, Colombia, en regiones andinas de Venezuela, Ecuador y Bolivia
La no inversión en preguntas abiertas	¿Qué tú quieres? En lugar de ¿Qué quieres tú?	Español del Caribe
Uso de vos	Vos querés/quereis	Ciertas áreas de México, Centroamérica, Rio de la Plata, Chile y en otras regiones de Sudamérica
Ser focalizador	Yo vivo es en San Juan.	Colombia, Ecuador, Panamá y Venezuela

El segundo fenómeno que se menciona en el **cuadro 6.13** es la posteriorización de la /r/ múltiple en el español de Puerto Rico (p. ej., [hamoŋ] en lugar de [ramon] Ramón). Se entiende por **posteriorización** el uso de una variante glotal [h] o velar [ʀ] para la pronunciación de la [r] alveolar, vibrante múltiple, sonora. En general, el término posteriorización se puede emplear para indicar un cambio del punto de articulación de una zona anterior en la cavidad oral como los alveolos, los labios, los dientes hacia el velo o la región uvular. Cabe destacar que se ha descrito la existencia de realizaciones diferentes según los autores en la literatura sobre el tema y se han representado estas diferencias mediante el uso de los siguientes símbolos [ʀ] velar, fricativo, sonoro; [ʁ] uvular, fricativo, sonoro y [h] glotal, fricativo, sordo (véase Delgado-Díaz & Galarza 2015, p. 70). El primer autor que describe el fenómeno de la posteriorización en Puerto Rico es Navarro Tomás (1948). En su estudio Navarro Tomás plantea la existencia de variantes que poseen un punto de articulación velar cuya realización según el modo de articulación puede caracterizarse como alternante entre fricativas y vibrantes. Este autor también observa variación en cuanto a la sonoridad de las realizaciones descritas e indica que se consiguen variantes sonoras y sordas en sus datos. En trabajos más recientes sobre el español de Puerto Rico se ha visto esta alternancia desde una perspectiva sociolingüística. Medina-Rivera (1999) analiza datos de la región de Caguas mediante la consideración de variantes estilísticas basadas en el modelo de la audiencia según plantea Bell (1984). Los hallazgos de Medina-Rivera (1999) indican que las variantes posteriorizadas (o velarizadas en su terminología) son favorecidas en las conversaciones en contraste con el estilo de presentación oral (el estilo más formal que se incluye en su estudio). Temas tales como el aborto y la pena de muerte también favorecen el uso de las variantes posteriorizadas, así como los tipos discursivos que implican el diálogo y la narrativa.

Valentín-Márquez (2006) presenta un trabajo comparativo entre el habla de puertorriqueños en Cabo Rojo y en Grand Rapids, Michigan. En su análisis se incluyen datos sobre la lateralización (fenómeno que se describe en la siguiente sección) y la posteriorización de la vibrante múltiple. Los resultados de la investigación indican que la realización vibrante fue la más común en ambas comunidades (en porcentajes que se aproximan al 60%). Con respecto a la posteriorización de la vibrante múltiple, Valentín-Márquez señala que los porcentajes de uso son semejantes en Cabo Rojo (15,80%) en comparación con Grand Rapids (15,21%). Las variantes velarizadas tienden a ser favorecidas en contextos lingüísticos con las siguientes características: posición inicial de palabra, sílabas átonas y luego de consonantes nasales. Los hombres y los grupos de edad medio favorecieron el uso de las variantes posteriorizadas en Cabo Rojo. En contraste, las mujeres favorecieron el uso de la realización vibrante tanto en Cabo Rojo como en Grand Rapids.

Un estudio sobre el fenómeno (Delgado-Díaz & Galarza, 2015) analiza la percepción de la vibrante múltiple [r] y la producción glotal [h] debido a que estos sonidos tienen estatus fonológico en palabras tales como [ha'moŋ], *jamón* y [ra'moŋ], *Ramón* en las que la presencia de estos fonemas crea un contraste. La investigación tiene como objeto central determinar si ocurre un proceso de neutralización en el que ambos fonemas pierden la capacidad de generar contraste. Los datos obtenidos se basan en las respuestas de 17 participantes entre los cuales se incluye un grupo de puertorriqueños y un grupo de hispanohablantes no puertorriqueños. El experimento de percepción consistió en una tarea de identificación léxica en el que incluyeron palabras del tipo *barra* [bara], [baha] *baja* con ilustraciones referentes al significado de cada palabra. Los participantes debían elegir entre las dos opciones según la pronunciación escuchada. Los resultados del estudio muestran que los participantes puertorriqueños fueron capaces de reconocer [h] como una variante de la /r/ múltiple en posición intervocálica. En contraste, los participantes no puertorriqueños relacionaron las realizaciones posteriores con el fonema /h/ y no con el fonema /r/, lo cual indica una diferencia en cuanto al sistema fonológico de estos informantes en los que [h] no es una variante de la vibrante múltiple. Es importante destacar que el estudio también revela que los participantes puertorriqueños tuvieron más dudas en la tarea de identificación después de una pausa (en contraste con la posición intervocálica), pues en estos casos se encontró una mayor asociación en las respuestas con el fonema /h/ y no con la vibrante múltiple.

La asibilación de la /r/ vibrante múltiple y de /ɾ/ final de sílaba (p. ej., rana [řana], tres ['třes], cantar [kan-'tař]) es otro fenómeno que se ha descrito como característico del español de América como en el caso de México, el español andino (el cual incluye regiones de Colombia, Perú, Bolivia y Ecuador) y Costa Rica. El fenómeno también se ha observado en regiones tales como Argentina, Chile y Paraguay. Aunque la extensión de este fenómeno se ha considerado más común en las variedades del español americano, la Nueva Gramática de la Lengua Española (NGLE) documenta el fenómeno en poblaciones cercanas al Río Ebro en regiones adyacentes a Logroño y Zaragoza (RAE-NGLE 2011, p. 260). La **asibilación** implica la producción de la /r/ vibrante múltiple y de /ɾ/ final de sílaba con cualidades parecidas a las de los sonidos sibilantes. Esto quiere decir que se producen los sonidos vibrantes con características parecidas al sonido /s/ con una estridencia propia de los sonidos fricativos. En diversas investigaciones realizadas acerca del español mexicano en la segunda mitad del siglo XX (Matluck, 1952; Boyd-Bowman, 1960; Moreno de Alba, 1972 y Perissinotto, 1972) se encontró que las realizaciones asibiladas (i.e., [ř]) eran favorecidas por las mujeres, los jóvenes y los grupos de clase media. En un estudio sociolingüístico sobre la ciudad de San Luis Potosí en México, Rissel (1989) examina el efecto de factores tales como el contexto fonético (el entorno en el que ocurre el sonido), el estilo de habla, el nivel socioeconómico y las actitudes hacia los papeles de los hombres y las mujeres en la sociedad mexicana. Los hallazgos de la investigación de Rissel indican que los contextos más comunes en los que ocurren las variantes asibiladas incluyen la posición final de sílaba antes de pausa (p. ej., *comer* # [komeř#]), así como en posición inicial de palabra (p. ej., rama [řama]) y después de consonante (p. ej., Israel [isřael]). En menor proporción se encontró la ocurrencia del fenómeno en los grupos consonánticos del tipo /tɾ/. El análisis de los factores sociales revela que la asibilación es más común en el habla de las mujeres y en los grupos de clase media. Los grupos conservadores, definidos de acuerdo con sus opiniones acerca del papel de la mujer en la sociedad, asibilaron menos. De esta forma los hombres de la clase trabajadora con actitudes más conservadoras son los que muestran un menor uso de la asibilación, la cual relacionan con el habla femenina.

La **palatalización** del sonido [x] velar, fricativo, sordo consiste en cambiar el punto articulatorio velar hacia la región post-alveolar. Este fenómeno que se documenta en el español chileno (véase la Nueva Gramática de la Lengua Española-RAE 2011, p. 194) suele ocurrir cuando la [x] va seguida de vocal anterior [i] o [e] (p. ej., [ˈçeṇte] en lugar de [ˈxeṇte], *gente*). En la literatura sobre dialectología chilena se ha descrito el fenómeno ampliamente como en los trabajos de Lenz et al. (1940) y Oroz (1966). En un trabajo reciente sobre el tema, Flores (2016) estudia la palatalización a través de muestras de habla de la radio en Chile mediante el empleo de una metodología que toma en cuenta factores sociolingüísticos y estilísticos. Su estudio analiza 592 casos de los cuales 329 (56%) fueron variantes palatales. Entre los hallazgos más relevantes se pueden destacar los siguientes: el género del programa radial (p. ej., programa de entrevistas, entretenimiento, deportes y noticias) afectaba significativamente el empleo de la palatalización. De esta forma, se observó mayor palatalización en los programas de entrevistas y en las estaciones de radio que transmiten su programación en todo el país. Estos resultados sugieren que la variante palatalizada suele asociarse con estilos más informales que reflejarían el habla vernácula en Chile.

La **vocalización** de /ɾ/ y /l/ en posición final de sílaba (p. ej., mujer [mu-ˈhej] en lugar de [mu-ˈheɾ] o golpe [ˈgoj-pe] en lugar de [ˈgol-pe]) se produce cuando en lugar del segmento [ɾ] alveolar, vibrante simple, sonoro o del segmento [l] alveolar, lateral, sonoro, se articula la vocal [i] como resultado del descenso de la lengua (véase NGLE-RAE 2011, p. 254). Aunque este fenómeno se ha documentado ampliamente en el español de la región del Cibao en la República Dominicana, la Nueva Gramática de la Lengua Española (NGLE) señala que se ha observado la vocalización en el español europeo rural así como en Andalucía y en Canarias. En el caso del español dominicano, Alba (1988) muestra que la producción vocalizada de /ɾ/ y /l/ se encuentra socialmente estratificada y aparecen en el habla de los niveles socioeconómicos bajos y en los participantes de edad mayor (50 años o más).

Un fenómeno relacionado con los cambios que afectan tanto a la /ɾ/ como a la /l/ a final de sílaba es la geminación de estos segmentos (p. ej., *corbata* [kob-ˈba-ta], *puerta* [ˈpwet-ta] en lugar de [koɾ-ˈβa-ta] o [ˈpweɾ-ta]). La **geminación** consiste en la duplicación de consonantes debido a un proceso de coarticulación. En los ejemplos que hemos colocado las secuencias [ɾβ] o [ɾt] se reconfiguran articulatoriamente en [bb] o [tt]. Tal reconfiguración puede ser interpretada como el producto de una asimilación completa del segmento [ɾ] a la consonante siguiente, aunque también se podría interpretar como el producto de un proceso de compensación ocasionado por la elisión de [ɾ] (o en otros casos de[l]). Este fenómeno se considera típico del habla cubana aunque también se ha documentado en otras variedades caribeñas entre las que se incluyen Puerto Rico, la República Dominicana, Panamá y la costa Colombiana. Con relación a Cuba, Lipski (2005, p. 257) afirma que la geminación suele ser común en las regiones rurales del centro de la isla. Lipski describe esta producción como parte del habla vernácula y de los estilos informales.

La **posteriorización de /p-b/ y /t-d/** consiste en un cambio del punto de articulación de estos segmentos los cuales son producidos como velares (p. ej., pepsi ['pek-si], absoluto [ak-so-'lu-to]) en lugar del punto de articulación bilabial de /p-b/ o dental de /t-d/. En el caso de los ejemplos empleados, /p/ y /b/ (ambos segmentos tienen un punto de articulación bilabial) se articulan como [k]. Algunos ejemplos de esta pronunciación se pueden observar en comerciales de televisión con figuras conocidas en el mundo del deporte en México (https://www.youtube.com/watch?v=3J_jNo9bJ7c) o en Argentina (https://www.youtube.com/watch?v=wKtvYoMrxNw). En España, en lugar de la producción velar se favorece la elisión total como se puede apreciar en este comercial de la bebida gaseosa *Pepsi* (https://www.youtube.com/watch?v=5LzJRbvTJu0) por lo que *pepsi* se pronuncia como *pesi*. Cabe destacar que es un fenómeno tan común que ya ha sido notado por las compañías de publicidad para atrapar la atención de los consumidores en estos países. Recientemente se ha investigado acerca de este fenómeno y se han propuesto varias explicaciones. Brown (2006) afirma que los hablantes prefieren una producción velar en estos contextos debido a que en posición final de sílaba el segmento velar es más común que los segmentos bilabiales o dentales (p. ej., *acto* ['ak-to], *acción* [ak-'sion], *actuación* [ak-twa-'sjon], etc.). De esta forma, esta configuración o patrón que caracteriza al español en cuanto a las posibles consonantes que son permitidas al final de la sílaba condicionan el tipo de regularización producen los hablantes. En estudios sociolingüísticos se ha observado que las variantes velares pueden ocurrir en el habla de todos los niveles socioeconómicos (González & Pereda, 1998) Sin embargo, Bongiovanni (2014) indica que, en sus datos sobre el español caraqueño, la posteriorización ocurre con cierto predominio en los grupos de nivel socioeconómico medio y bajo y en los hablantes con más de 30 años de edad. El trabajo también muestra resultados de acuerdo con los cuales la elisión de la consonante es una de las realizaciones preferidas y que los factores condicionantes difieren según el punto de articulación del segmento en cuestión.

La realización oclusiva de /b-d-g/ después de semivocal o consonante no homorgánica es otro de los fenómenos que hemos incluido como descriptivos del español de América en regiones tales como en Centroamérica, Colombia y los Andes venezolanos, ecuatorianos y bolivianos. Aunque ya hemos dicho que la exclusividad de estos fenómenos en una sola región dialectal es poco probable, hay estudios que documentan con frecuencia la realización oclusiva de /b-d-g/ en contextos donde se esperarían realizaciones aproximantes en el español de América. La distribución de las variantes de /b-d-g/ (distintas pronunciaciones según el contexto fonético en el cual ocurren) ha sido descrita de la siguiente manera: las variantes o realizaciones oclusivas (i.e., [b d g] *bate* [#'ba-te], *dato* [#'da-to], *gato* [#'ga-to]) suelen ocurrir en posición inicial de palabra luego de una pausa lo cual se representa con el símbolo #. También se ha descrito que las variantes oclusivas ocurren después de una consonante nasal (p. ej., *cambio* ['kam-bjo], *candela* [kaṇ-'de-la], *conga* ['koŋ-ga]). En el caso de la /d/ también hay variantes oclusivas cuando este segmento ocurre luego de un sonido lateral como en el caso de *falda* ['fal-da] o *toldo* ['tol-do]. En el resto de los contextos se esperaría una realización que implica una menor fuerza articulatoria y mayor salida del paso del aire debido a una constricción reducida o casi inexistente de los órganos de la articulación (p. ej., *haba* ['a-βa], *hada* ['a-ða], *haga* ['a-ɣa]. Estas características coinciden con una producción que se denomina aproximante (sobre el uso de estos términos ofrecemos más explicaciones en **el capítulo 3**). La Nueva Gramática de la Lengua Española (NGLE) documenta este fenómeno en Centroamérica y en otras zonas hispanoamericanas. En un trabajo de investigación reciente que compara datos de las realizaciones de /b-d-g/ en Costa Rica y España (Carrasco, Hualde, & Simonet, 2012) se reportan diferencias importantes en la distribución de las variantes de estos sonidos según el contexto anterior: en Costa Rica la posición post-consonántica favorece alófonos oclusivos (particularmente para /b/ y /d/), mientras que en posición post-vocálica se produce una aproximante. En España las producciones suelen ser más aproximantes y dependen fundamentalmente del segmento anterior.

Fenómenos relacionados con la morfosintaxis

La no inversión en preguntas abiertas se refiere al uso de expresiones del tipo *¿cómo tú te llamas?* en lugar de *¿cómo te llamas tú?* o *¿qué tú quieres?* en lugar de *¿qué quieres tú?* Lipski (2005, p. 132) señala que estas construcciones son comunes en variedades del español del Caribe y afirma que se pueden establecer conexiones con la inmigración Canaria como posible influencia en su uso. Lipski también documenta que estas construcciones se emplean en variedades de español con influencia africana aunque apunta que no es un rasgo exclusivo de ellas, pues se ha observado su uso en otros dialectos del español y en variedades del portugués. En algunos casos se menciona la no inversión en las preguntas como posible africanismo y se ha vinculado con la **teoría mono-genética** según la cual los criollos hablados en el Caribe tienen un origen histórico común en un pidgin de base portuguesa que posteriormente se relexificó por influencia del español. Lipski (2005) cuestiona este posible origen debido a que este tipo de preguntas se consigue en otros dialectos del español sin influencia directa de las lenguas africanas.

El **voseo** o uso de *vos* consiste en el empleo de la forma pronominal *vos* para hacer referencia a la segunda persona del singular en contextos asociados generalmente con situaciones informales o familiares. Recordemos que para la segunda persona del singular existen otros dos pronombres de uso frecuente y conocido que son *usted* para indicar formalidad y respeto y *tú* que se emplea en situaciones informales. El voseo (y sus respectivas formas verbales cuando el pronombre se usa como sujeto) se emplea extensamente en el español de América en países tales como México (ciertas áreas), Guatemala, El Salvador, Honduras, Nicaragua, Costa Rica, Panamá, la región del Rio de la Plata, Chile y en ciertas regiones de países de Suramérica como Colombia, Venezuela, Ecuador, Perú y Bolivia. Históricamente, el *voseo* es un rasgo del español peninsular traído por los conquistadores al territorio americano. De acuerdo con algunos investigadores (Benavides, 2003; Kany, 1969 Newall, 2007, 2012) el *voseo* hacia el siglo XVI adquiere connotaciones negativas y empieza a desaparecer su uso. En América, bajo diferentes condiciones sociohistóricas, el *voseo* se mantiene vigente. En algunos casos se explica que las zonas voseantes son aquellas en las que existía poco contacto con España. De esta forma, el *voseo* sobrevive en estas regiones donde hubo poco contacto y desaparece de regiones en las que el nuevo sistema pronominal con la forma de *tú* se impone debido al fluido intercambio político-comercial de España con esos territorios (la mayor parte de México, el Caribe, Perú entre otras regiones).

La conjugación que se corresponde con las formas del *voseo* es variable de acuerdo con las diferentes regiones en las que se emplea. En el **cuadro 6.14** ejemplificamos los usos correspondientes a la Argentina y a Honduras como casos representativos para la región del Río de la Plata y Centroamérica respectivamente.

Cuadro 6.14 Paradigma de la conjugación según las formas del *voseo* argentino y hondureño.

País	Presente indicativo	Pretérito indicativo	Presente subjuntivo	Imperativo
Argentina	cantás comés vivís	cantastes comistes vivistes	cantés comás vivás	cantá comé viví
Honduras	cantás comés vivís	cantastes comistes vivistes	cantés comás vivás	cantá comé viví

En los siguientes ejemplos hemos escogido algunos titulares de prensa de periódicos en Centroamérica y Argentina para ilustrar el uso del *vos*.

(9) Vos sentís que van a llegar a tu casa y te van a encañonar. (El Salvador, *El Salvador,* 28 de diciembre de 2015)

(10) … pensá bien lo que vas a decir y hacer, no te metás a camisa de once varas … (Honduras, *El Heraldo,* 19 de mayo de 2016)

(11) Ellos dicen que vos bajás la línea de Macri y del Gobierno. (Argentina, *El Clarín,* 19 de mayo de 2016)

En el ejemplo 9 se observa el uso de la forma en presente de indicativo del verbo *sentir* (i.e., sentís). En el ejemplo en 10 se ilustra el caso del imperativo del verbo *pensar* (i.e., pensá). En el último caso, aparece otro ejemplo (11) del presente de indicativo para el verbo *bajar* (i.e., bajás). El hecho de que las formas voseantes aparezcan de manera escrita en periódicos de amplia circulación nacional implica que estos usos lingüísticos son comunes en estas comunidades de habla.

Un tipo de construcción que ha recibido cierta atención de hispanistas dedicados a la investigación de la variación morfosintáctica es el denominado **ser focalizador** el cual se refiere a estructuras del tipo *yo vivo es en Bloomington.* La función del verbo *ser* en estos casos es resaltar el constituyente que le sigue inmediatamente: *en Bloomington.* Kany (1970, p. 303) documenta esta estructura en el español de Colombia, Ecuador, Panamá y en la zona andina de Venezuela. En el libro de Kany se citan ejemplos tales como: *No, llegué fue cansado* como una respuesta posible a la pregunta *¿Llegó usted con hambre?* De esta forma se trata de oraciones en las que el constituyente focalizado es una respuesta contrastiva.

(12) Yo vivo es en Bloomington.

(13) Donde yo vivo es en Bloomington.

Sedano (1990) considera que las oraciones de ser focalizador son equivalentes a las oraciones pseudo-hendidas como en el caso de *donde yo vivo es en Bloomington.* En este ejemplo *en Bloomington* también es un elemento focalizado. Bentivoglio y Sedano (2011, p. 181) describen varias características estructurales que comparten ambas construcciones: 1) poseen una clausula pre-cópula (antes del verbo ser), 2) el verbo *ser* conjugado, y 3) la cláusula post-cópula con el constituyente focalizado. Debido a las características que comparten y a la función de focalizar el constituyente post-cópula se podrían considerar hasta cierto punto construcciones equivalentes. El uso de las construcciones con ser focalizador está condicionado de acuerdo con la categoría gramatical de la cláusula post-cópula y según el tiempo gramatical de la cláusula pre-cópula. De esta forma, si la cláusula post-cópula es un adverbio o frase adverbial los hablantes favorecen el uso del ser focalizador (p. ej., *Juan vino fue ayer* en lugar de *Cuando vino Juan fue ayer*). Bentivoglio y Sedano (2011) también señalan que el ser focalizador ocurre con más frecuencia cuando la cláusula pre-cópula está en pretérito de indicativo, imperfecto u otros tiempos distintos del presente de indicativo (p. ej., *yo les propondrían es que hagan un pacto de…* tomado de Sedano, 1990).

Fenómenos comunes en ciertas regiones de España y de América

En la sección anterior hemos descrito una serie de fenómenos que podrían considerarse asociados con variedades del español habladas en Hispanoamérica. Aunque su ocurrencia no debe considerarse exclusiva, en las investigaciones referidas en la sección se hace énfasis en las descripciones de dialectos del español de América. En esta sección, nos centramos en la descripción y ejemplificación de una serie de fenómenos que han sido documentados tanto en España como en América. Por razones de espacio y, debido a que éste es un libro de carácter introductorio, la lista que se ofrece a continuación en el **cuadro 6.15** es un inventario

Cuadro 6.15 Lista de fenómenos comunes en ciertas regiones de España y de América.

Fenómeno	Ejemplo	Región dialectal
Ascenso de vocales átonas en posición final de palabra	[ˈno-tʃi] en lugar de [ˈno-tʃe] noche	Norte y occidente de España, Islas Canarias, México (zonas centrales), Costa Rica, la República Dominicana, Puerto Rico, Colombia, Bolivia, Uruguay (sur), Chile y Argentina (noroeste)
Diptongación de vocales.	[ˈɾjal] en lugar de [ɾe-ˈal] real	Varios lugares de Latinoamérica y España y en regiones de EEUU como Nuevo México.
Fricativización de /tʃ/	[ˈmu-ʃo] en lugar de [ˈmu-tʃo] mucho	Sur de España, la República Dominicana, Puerto Rico, Cuba, Panamá, el norte de México y el sudoeste de los EEUU
Seseo	[ˈta-sa] taza y [ˈta-sa] tasa	Latinoamérica, partes del sur de España y las Islas Canarias
Aspiración, geminación y elisión de /s/ en posición de coda	[peh-ˈka-ðo] en lugar de [pes-ˈka-ðo] pescado; [ˈpat-ta] en lugar de [ˈpas-ta]; [ˈpa-ta] en lugar de [ˈpas-ta]	Andalucía, las Islas Canarias, el Caribe, Rio de la Plata, Chile y Perú
Neutralización y elisión de /ɾ/ y /l/ en posición de coda	[maɾ] en lugar de [mal] (rotacismo); [ko-ˈmel] en lugar de [ko-ˈmeɾ] (lambdacismo); [ko-ˈme] en lugar de [ko-ˈmeɾ] (elisión)	El sur de España, las Islas Canarias, ciertas áreas de Soria, Logroño, Zaragoza, Cáceres, el sur de la provincia Salamanca, el Caribe hispánico, Ecuador, Argentina (Neuquen), el sur de Uruguay y la zona central de Chile
Velarización de nasales en posición de coda	[ˈkoŋ] en lugar de [ˈkon] con	Soria, Burgos, Madrid, Canarias, Andalucía, León, Galicia, Extremadura, el Caribe, el sur de México, Costa Rica, Panamá, Guatemala, El Salvador y las costas de Colombia y Ecuador
Deslateralización de /ʎ/ o yeísmo	[ˈka-je] en lugar de [ˈka-ʎe] calle	Zonas urbanas de España y la mayor parte de Latinoamérica
Variación en el uso del modo indicativo y subjuntivo en contextos de probabilidad	Tal vez, María *compre/compra* una hamburguesa para el almuerzo hoy.	
Variación entre el uso del futuro morfológico y el futuro perifrástico	Voy a *comer/comeré* paella mañana.	
Alternancia entre las formas del imperfecto de subjuntivo terminadas en *ra* y las terminadas en *se*	Si *tuviera/tuviese* tiempo, iría al cine.	Todos los dialectos
Leísmo	*Le/lo* llamé ayer (a Luis).	
(De)queísmo	Creo *que* avances siempre se producen. Creo *de que* avances siempre se producen. Se enteró *de que* no ganó el premio. Se enteró *que* no ganó el premio.	
Pluralización de haber	*Hubieron* mujeres. *Hubo* mujeres.	

incompleto que sólo tiene la intención de ofrecer un panorama general del mismo tipo que ya hemos ofrecido en los casos anteriormente discutidos. Esta lista incompleta ilustra algunos ejemplos de características fonéticas y de rasgos morfosintácticos.

Fenómenos relacionados con la pronunciación

El **ascenso de vocales** (también conocido **alzamiento de vocales**) átonas en posición final de palabra (p. ej., ['no-ʧi] en lugar de ['no-ʧe] *noche*) es un fenómeno que consiste en un cambio en cuanto a la altura o cierre en la producción de las vocales [e] y [o]. La [e] se convierte en [i] y la [o] se produce como [u]. En otras palabras, en el caso de estas vocales se observa un cambio de acuerdo con el cual la [e] y la [o] se convierten en vocales cerradas o altas (i.e., la lengua asciende un poco más lo cual estrecha el canal por el cual pasa el aire). Lipski (2011, p. 83) describe este fenómeno como frecuentemente documentado en las lenguas ibero-románicas. La Nueva Gramática de la Lengua Española (NGLE) indica que este fenómeno suele ser común en sílabas átonas y al final de la palabra. Según la NGLE (2011, p. 110), se trata de un fenómeno que suele asociarse con variedades rurales el cual posee cierto grado de estigmatización. En España el fenómeno se documenta en el norte y occidente de la península en regiones tales como Asturias, Cantabria, Galicia, Castilla-León (i.e., León y Salamanca) y Extremadura (i.e., Cáceres). También se señala la ocurrencia del fenómeno en las Islas Canarias. En relación con el español de América, la NGLE (2011, p. 110–111) documenta el ascenso de vocales en una variedad de regiones entre las cuales se incluyen ciertas áreas de los siguientes países: México (centro del país), Costa Rica (zonas rurales), la República Dominicana (zonas rurales), Colombia, Bolivia (en los Llanos), Uruguay (sur), Chile y Argentina (noroeste).

Sobre este fenómeno del **ascenso de vocales** se han realizado investigaciones de tipo sociolingüístico con datos provenientes de muestras de habla de Puerto Rico. El trabajo de Holmquist (2003) presenta un análisis sobre el fenómeno en la zona de Castañer (centro occidente de la isla). El estudio de Holmquist toma en cuenta los siguientes factores: 1) la conexión con la comunidad (según el tiempo que los participantes han vivido dentro o fuera de la comunidad), 2) la participación y membresía en actividades organizadas por asociaciones o instituciones locales y 3) la actividad profesional que desempeña el participante. Los hallazgos de Holmquist indican que los hablantes que menos favorecen el ascenso de vocales son aquellos con edades comprendidas entre los 40 y 64 años de edad, quienes a su vez suelen trabajar fuera de la región de Castañer y desarrollar sus actividades profesionales en áreas urbanas de Puerto Rico. En contraste, los hombres que se desempeñan como agricultores y que mantienen lazos estrechos con la comunidad suelen favorecer el ascenso de vocales en Castañer. Sobre este mismo tema del ascenso de vocales Oliver Rajan (2007) también presenta datos de Puerto Rico provenientes de las regiones de Maricao, Las Marías, Lares, Las Adjuntas, Jayuya, Utuado, San Sebastián y Moca. De manera semejante a los resultados antes descritos, Oliver Rajan encuentra que aquellos participantes que han vivido fuera de la comunidad y cuyas ocupaciones se relacionan con la educación desfavorecen el ascenso vocálico. También se observan tendencias desfavorecedoras en los participantes con alto nivel socioeconómico quienes son dueños de la tierra y con niveles de educación altos. La movilidad y el alto nivel educativo resultan clave en las dos investigaciones sobre el español de Puerto Rico.

Otro fenómeno vocálico documentado en diferentes variedades del español es la diptongación (['rjal] en lugar de [re-'al] real. La **diptongación** implica el ascenso de la vocal (p. ej., [e] > [i] como en *real* (['rjal]) y, a la vez, su re-silabeo. Desde el punto de vista articulatorio la [e] es media, anterior, no redondeada y la [i] es alta, anterior, no redondeada. De manera que la secuencia de dos sílabas en la palabra [re-'al] se convierte en una palabra de una sola sílaba ['rjal]. El cambio de altura de la vocal posibilita la reconfiguración de la estructura silábica de la secuencia de vocales. El mismo fenómeno puede ocurrir entre palabras en una secuencia como la ejemplificada en *lo elemental* [lwe-le-men̯-'tal] en el cual la [o] asciende a [u] y se re-silabea en el grupo [lwe]. Se emplea [w] para indicar que la vocal es una deslizada o semivocal que no es el elemento central del núcleo vocálico. Esta tendencia al resilabeo de vocales en hiatos es común en ciertas variedades del español de España y de América (NGLE 2011, p. 339). El trabajo de Alba (2006) investiga acerca de las secuencias vocalicas entre palabras en casos tales como *la escuela* pronunciado [lajs-'kwe-la] en lugar de [la-es-'kwe-la]. El trabajo se centra específicamente en la **resolución de hiatos** la cual consiste de los procesos mediante los cuales dos vocales contiguas en hiato se reestructuran ya sea mediante la combinación de las dos vocales en una misma sílaba o mediante la omisión de una de las vocales, generalmente la primera (Casali 1997, p. 493). Los datos provienen de un corpus del español de Nuevo México y Colorado y se lleva a cabo un análisis cuantitativo de las secuencias vocálicas entre palabras. Los hallazgos de Alba (2006) revelan que los factores que favorecen la resolución de hiatos son los siguientes: 1) la contigüidad de vocales medias y bajas (p. ej., pel**ea**r); 2) el hecho de que la vocal media sea átona (p. ej., Mor**e**án), 3) el hecho de que la palabra donde aparece la vocal sea una parte constituyente de una unidad de procesamiento mayor con en el caso de *la* y *una* en *la escalera* o *una escalera*; 4) la alta frecuencia de la frase en la que aparece la secuencia vocálica y 5) si la frase donde está la secuencia que ha aparecido previamente en el discurso. En un trabajo sociolingüístico sobre el español de Caracas, Venezuela, Díaz-Campos y Scrivner (2012) analizan el ascenso y la diptongación de vocales dentro de palabras (p. ej., *real, pelear, peleón*, etc.). Los resultados del análisis variacionista que realizan revelan que la frecuencia alta de la secuencia vocálica favorece los diptongos (p. ej., la secuencia **ea** en *pelear* es más frecuente que la secuencia **oa** en *caoba*, por lo cual los diptongos son más comunes en la secuencia **ea**). Si la secuencia pertenece a un morfema como en los verbos *surfear, menear, pelear* se favorecen los diptongos. La diptongación también se ve favorecida por la frecuencia de las palabras en las que aparece la secuencia y la edad del hablante (hay más diptongos en las palabras de alta frecuencia y en el grupo de los jóvenes y los mayores).

La fricativización de /tʃ/ (p. ej., ['mu-ʃo] en lugar de ['mu-tʃo] *mucho*) es un fenómeno que se documentan tanto en España como en América. La **fricativización** o **lenición** consiste en el cambio de modo de articulación de africado [tʃ] a fricativo [ʃ]. El segmento [tʃ] se caracteriza por ser palatal, africado, sordo. La pérdida del período de oclusión lo convierte en fricativo [ʃ]. De acuerdo con la Nueva Gramática de la Lengua Española (NGLE 2011, p. 207), este fenómeno es común en el sur de España en áreas tales como Granada, Sevilla, Cádiz, el occidente de Málaga y Almería. En cuanto a las regiones de América en las cuales se documenta el fenómeno de lenición se incluyen el sur de la Republica Dominicana, Puerto Rico, Cuba, Panamá, el norte de México y el suroeste de los Estados Unidos.

Con relación a trabajos de corte sociolingüístico sobre este tema, Cedergren (1973) presenta datos sobre el español de Panamá. Los resultados de su trabajo indican que cuando la /tʃ/ se encuentra en posición media de palabra hay más lenición (p. ej., *ancho*). Cedergren explica esta tendencia argumentando que las consonantes obstruyentes (oclusivas, africadas, fricativas) históricamente manifiestan debilitamiento en contextos intervocálicos. De acuerdo con los factores sociales analizados, Cedergren reporta que la lenición es favorecida en los estilos formales, las mujeres, los jóvenes y las clases medias. Este patrón de estratificación social de la variable parece indicar un cambio en progreso en el español de Panamá. Como hemos dicho, el fenómeno también es típico del sur de España. El trabajo de Moya Corral y García Wiedemann (1995) analiza la lenición de /tʃ/ en el español de Granada. En esta variedad del español peninsular la fricativización tiende a ser favorecida en los hombres, los niveles socioeconómicos bajos, los jóvenes y los barrios tradicionales de Granada.

El **seseo** es un fenómeno ampliamente extendido en el mundo hispano que consiste en la existencia de un solo fonema /s/ pre-dorso-alveolar, fricativo, sordo para pronunciar lo que en la escritura representamos mediante las letras "s", "c" y "z". El seseo se emplea en toda Latinoamérica, partes del sur de España y en las Islas Canarias. Específicamente, la Nueva Gramática de la Lengua Española (NGLE 2011, p. 190) destaca como zonas de seseo la ciudad de Sevilla, el sur de Badajoz, el sudoeste de Huelva, el sur de Córdoba, el norte de Málaga, así como algunas áreas de Jaén y de Granada. En estas variedades se produce el seseo con una variante de la /s/ que se describe como fricativa, dento-alveolar, sorda. Como se ha descrito anteriormente en este mismo capítulo el seseo se desarrolla a partir de los cambios históricos que sufrió el sistema antiguo de sibilantes en español. La Nueva Gramática de la Lengua Española distingue realizaciones predorsales distintas según aspectos específicos relacionados con el punto de articulación (p. ej., realizaciones dentales, dento-alveolares y alveolares). No entraremos en esos detalles en esta discusión breve sobre el tópico (para una discusión detallada véase NGLE 2011, p. 190–193).

La variación en el uso del seseo, la distinción y el ceceo es particularmente relevante en la descripción de las variedades del sur de España. Como se ha mencionado anteriormente, las presiones sociolingüísticas de la variedad hablada en el centro-norte de España donde se encuentra la capital y zona de poder sociopolítico ha influido en que las generaciones jóvenes adopten la norma que distingue entre un segmento / š/ apicoalveolar, fricativo, sordo y uno /θ/ interdental, fricativo, sordo. El trabajo de Moya y García Wiedemann (1995) y Villena Ponsoda y Santos (1996) presenta evidencia de como los grupos de jóvenes con mayor nivel educativo suelen favorecer el uso de la distinción. Se trata de una distinción con características propias conocida como distinción meridional debido a que se emplea un segmento [s] fricativo, dento-alveolar, sordo para producir "s" y un segmento /θ/ interdental, fricativo, sordo para producir "c" y "z".

La aspiración, geminación y elisión de /s/ en posición de coda (p. ej., [peh-ˈka-ðo] en lugar de [pes-ˈka-ðo] *pescado*; [ˈpat-ta] en lugar de [ˈpas-ta]; [ˈpa-ta] en lugar de [ˈpas-ta] *pasta*) es uno de los fenómenos que ha llamado la atención de los hispanistas. El término **aspiración** se refiere al proceso de debilitamiento de la /s/ final de sílaba y en particular a la producción de una variante fricativa, glotal, sorda [h]. La **geminación** implica la producción doble de una consonante (p. ej., [ˈpat-ta] en lugar de *pasta*) producto de la coarticulación y reconfiguración de los gestos articulatorios. La **elisión** se refiere a la omisión del sonido. De hecho la /s/ al final de sílaba es una de las variables más estudiadas debido a su ocurrencia en numerosos dialectos y a las implicaciones que los cambios en este segmento tienen en cuanto al sistema morfosintáctico del español por su función como marcador de segunda persona y de plural (p. ej., *tú tienes*, *casas*). La distribución de este fenómeno es amplia ya que se ha documentado en Andalucía, las Islas Canarias, el Caribe hispánico, Argentina, Uruguay, Paraguay, Chile y Perú. La obra de Zamora Vicente (1970, p. 321) señala la existencia del fenómeno en las obras de teatro de Lope de Rueda y de Góngora (hacia 1575) en las cuales se atribuye a personajes afrohispanos. En relación con la estratificación social de la variación de la /s/ en posición final de sílaba se han elaborado numerosas investigaciones (para una revisión detallada véase Lipski, 2011, 1994; Mason, 1994, Samper Padilla, 2011; Silva-Corvalán, 2001, etc.). En general se puede decir que las variantes como la elisión y la aspiración son parte de los estilos informales; suelen aparecer en los niveles económicos más bajos y en los hombres. Es importante destacar que estas tendencias generales varían de un dialecto a otro.

La neutralización y elisión de /ɾ/ y /l/ en posición de coda implica tres cambios articulatorios diferentes. La **neutralización** consiste en la pérdida de la distinción de dos segmentos que generalmente se oponen como en el caso de *mar* versus *mal*. De esta forma, en los dialectos donde no se distingue y se dice para ambas palabras [mal] se pierde o neutraliza la distinción histórica entre estas palabras. La neutralización puede darse en dos direcciones: 1) se puede producir una /ɾ/ como una /l/ lo cual se conoce como **lambdacismo** (p. ej., [ko-ˈmel] en lugar de [ko-ˈmeɾ] comer) o 2) se puede producir una /l/ como una /ɾ/ lo cual se conoce como **rotacismo** (p. ej., [maɾ] en lugar de [mal] *mal*). Un fenómeno también muy frecuente en relación con la /ɾ/ y la /l/ en posición de coda es la **elisión** que como hemos explicado supone la omisión del sonido (p. ej., [ko-ˈme] en lugar de [ko-ˈmeɾ]). Estos fenómenos han sido ampliamente documentados en la dialectología española (Alonso & Lida et al., 1945; Canfield, 1981; Zamora Vicente, 1970; Cedergren, 1973; López Morales, 1989; Alba, 1988; Lipski, 1994, 2011; Alvar, 1996, entre otros). La Nueva Gramática de la Lengua Española (NGLE 2011, p. 229) indica que existen fuentes del siglo XVII como el *Tesoro de la lengua castellana o española* de Sebastián de Covarrubias en los que se menciona su ocurrencia. Amado Alonso (1945) argumenta en su trabajo que la neutralización y elisión de /ɾ/ y /l/ en posición de coda forman parte de los procesos de debilitamiento consonántico que en este contexto (i.e., final de sílaba) son característicos del español. Ese patrón no es único al español, pues según Lipski (2011) se manifiesta en otras lenguas indoeuropeas y particularmente en las lenguas romances. La Nueva Gramática de la Lengua Española (NGLE 2011, p. 257), apunta que la lateralización es común en el sur de España y las Islas Canarias, aunque también se registra en ciertas áreas de Soria, Logroño, Zaragoza, Cáceres y el sur de Salamanca. En América, se menciona que la lateralización es frecuente en Cuba, la Republica Dominicana, Puerto Rico, Panamá, la costa de Colombia, Venezuela, Ecuador, Argentina (Neuquén), el español rural del sur de Uruguay y en la zona central de Chile. El rotacismo es un fenómeno del habla popular que se registra en las zonas españolas de la Mancha, Extremadura, Andalucía oriental, Murcia y Canarias (NGLE 2011, p. 229). En América se menciona la ocurrencia del rotacismo en Cuba, Puerto Rico, la República Dominicana, algunas zonas rurales de Centro América, la costa de Colombia, la costa de Venezuela (oriente) y las costas de Ecuador y Perú (NGLE 2011, p. 229). La elisión de /ɾ/ muestra una distribución muy parecida que ocurre en las zonas antes mencionadas como el sur de España, las islas Canarias, las Antillas, Panamá y las costas de Colombia, Venezuela, Ecuador y Perú.

La **velarización** de nasales en posición de coda consiste en un cambio de punto de articulación según el cual la [n] alveolar se pronuncia como velar [ŋ] (p. ej., [ˈkoŋ] en lugar de [ˈkon] *con*). Se puede argumentar que lo que ocurre con los segmentos nasales forma parte de los procesos de debilitamiento que sufren las consonantes en posición final de sílaba en español (Díaz-Campos, 2014). La velarización de la consonante nasal suele ocurrir en posición final de palabra ante pausa y ante vocal. En algunos casos este proceso puede culminar con la elisión de la consonante nasal y la nasalización de la vocal que precede. El fenómeno de la velarización está bastante extendido. Según la Nueva Gramática de la Lengua Española (NGLE 2011, p. 241), el fenómeno se documenta en ciertas áreas de Soria, Burgos, Madrid, Canarias y en Andalucía particularmente en el oriente. Entre otras zonas de España donde ocurre la velarización se incluyen Galicia, León y Extremadura. En América la variante velar es común en el Caribe, en los estados del sur de México y el área del golfo, Costa Rica, Panamá, Guatemala, Nicaragua, El Salvador, Venezuela, las costas de Ecuador y Colombia.

Samper Padilla (2011, p. 111) señala que los factores sociales que condicionan el fenómeno en las zonas estudiadas en España indican patrones variados. La mayoría de estos estudios realizados en variedades del español canario revelan que las variantes velares son más comunes en los jóvenes y en los grupos de nivel socioeconómico medio. En relación con la velarización en la América hispana, Lipski (2011, p. 80) indica que, a pesar de que éste es un rasgo que pasa desapercibido para el hablante común, se nota estratificación social debido a que la velarización disminuye en los estilos formales particularmente a final de palabra en posición prevocálica.

La **deslateralización de /ʎ/ o yeísmo** consiste en la ausencia del fonema lateral, palatal, sonoro /ʎ/. En los dialectos con esta característica los grafemas "ll" y "y" se pronuncian con el mismo sonido [ʝ] fricativo, palatal, sonoro. Según plantea Zamora Vicente (1970, p. 309–310) el yeísmo es una característica que se asocia con el dialecto andaluz. De hecho Zamora Vicente afirma que el origen del fenómeno se remonta al siglo XVIII debido a que se documenta alternancia entre "ll" y "y" en un poema de Tomás de Iriarte (1750–1791) en el cual se hace referencia al habla andaluza. Con relación a España, el yeísmo ha avanzado notablemente en toda la península donde la distinción se asocia con entornos rurales y hablantes mayores (NGLE 2011, p. 223). Molina (2008) presenta datos sobre la variación en el uso del segmento lateral, palatal, sonoro [ʎ] y el sonido [ʝ] fricativo, palatal, sonoro en las regiones de Castilla-León y Castilla-La Mancha. En Castilla-León la distinción se mantiene en las zonas rurales, mientras que el yeísmo ha adquirido vitalidad en las zonas urbanas y particularmente entre los jóvenes. En Castilla-La Mancha, Molina señala que el fenómeno ha avanzado en ciudades como Toledo bajo la influencia de Madrid, el centro político y económico de España donde se ha impuesto el yeísmo.

De acuerdo con Lipski (2011, p. 81), el fonema lateral /ʎ/ ha desaparecido de la mayor parte de los dialectos del español. De esta forma, la norma yeísta predomina en toda Latinoamérica con notables excepciones. Solamente algunas regiones emplean la variante lateral entre las cuales se encuentran Bolivia, Paraguay, así como algunas regiones aisladas de Argentina, Ecuador, Perú y Colombia (Lipski 2011, p. 81).

Hasta este punto hemos descrito una serie de fenómenos de variación a nivel de la pronunciación. A continuación presentaremos una descripción breve de algunos fenómenos de variación morfosintáctica que son comunes en el mundo hispanohablante de manera general. Queremos resaltar nuevamente que se trata de un panorama limitado, pero suficiente para introducir a los estudiantes en este tema.

Fenómenos relacionados con la morfosintaxis

El primer rasgo morfosintáctico que discutiremos es la variación en el uso del modo indicativo y subjuntivo en contextos de probabilidad mediante el uso de los adverbios tal vez, quizás, posiblemente, probablemente. Observemos los ejemplos en (14) y (15).

(14) Quiero decir que tal vez *sea* mejor esperar a que llegue el miembro informante de la mayoría. (CREA en línea, Argentina)

(15) El periodismo más riesgoso, tal vez, *es* el que a mí me agrada. (CREA en línea, Venezuela)

En el ejemplo en (14) se observa el uso de la forma del subjuntivo del verbo ser (*sea*) luego del adverbio tal vez, mientras que en el ejemplo (15) se emplea la forma en indicativo (*es*). Este tipo de variabilidad se ha documentado recientemente por lo menos en tres regiones: Argentina, España y México (King et al., 2008). Sin embargo, este tipo de variación podría ser común en todo el mundo hispanohablante, ya que estos contextos permiten al hablante expresar diferentes matices a partir de la selección de una u otra forma. El trabajo de King et al. (2008) presenta resultados en los que se puede apreciar que el modo subjuntivo se favorece cuando el marco temporal está en el presente (p. ej., *Tal vez, tenga tiempo de visitarte hoy*). La investigación también revela que se emplea el subjuntivo con el adverbio *tal vez* en comparación con adverbios tales como *posiblemente* o *probablemente*. Finalmente, el subjuntivo es favorecido por los argentinos en comparación con los mexicanos y los españoles.

La variación entre el uso del futuro morfológico y el futuro perifrástico (véanse los ejemplos 16 y 17) es otro fenómeno característico de las variedades del español contemporáneo (Bentivoglio & Sedano, 2011). El **futuro morfológico** es aquel que se expresa a través de las desinencias verbales como en *cant-a-ré* en el que la partícula *ré* indica que se trata del futuro para la primera persona del singular. El **futuro perifrástico** es el que se expresa a través de elementos léxicos y, en el caso particular del español, mediante la estructura *ir + a + infinitivo* (p.ej. *voy a hablar*). En menor o mayor medida el uso del futuro perifrástico se ha convertido en la forma preferida para expresar el futuro tal como se demuestra en las investigaciones de Blas Arroyo (2008), Lastra y Butragueño (2010), Orozco (2007), Sedano (1994, 2006). En estas investigaciones se analizan datos que provienen de Castellón, España, México, Colombia y de Venezuela. También existen datos del cambio histórico que demuestran el avance del uso de la forma perifrástica en detrimento de la forma morfológica en la investigación de Aaron (2006). Esta investigación, que contiene datos del siglo XVII hasta el siglo XX, revela que ya para el siglo XX el futuro perifrástico es la forma preferente y que el futuro morfológico se ha reservado para la expresión de probabilidad como en el ejemplo *¿Sabrán las autoridades del BID que para las elecciones fallidas del 28 de mayo el Estado venezolano gastó cerca de 80 millardos de bolívares …? CREA en línea)* (modalidad epistémica, véase el **capítulo 7**). En el ejemplo en particular el uso del verbo *sabrán* no indica futuro sino la incertidumbre acerca de lo que se pregunta.

(16)   Me *voy a comer* una palmera de chocolate ahora. (CREA en línea, España)
(17)   Yo nunca *comeré* una tortilla nacido de un grano de maíz regado con su pesticida. (CREA en línea, México)

   Los ejemplos en (16) y (17) fueron extraídos del *Corpus de Referencia del Español Actual* (CREA) y en ellos se muestra el uso de la forma perifrástica (16) y en (17) el uso del futuro morfológico. De acuerdo con lo que explican Bentivoglio y Sedano (2011, p. 175), en investigaciones previas se ha determinado que el futuro perifrástico se usa preferentemente para expresar la proximidad en la ocurrencia de un evento, la certeza de que el evento se llevará a cabo, la intención del hablante acerca de la realización del evento en particular y la polaridad negativa de la cláusula (aparece en una cláusula negativa).

   Un fenómeno común en ambos lados del Atlántico es la alternancia entre las formas del imperfecto de subjuntivo terminadas en *-ra* y las terminadas en *-se* en oraciones condicionales del tipo *si tuviera/tuviese tiempo, me iría de viaje.* Observemos más ejemplos de estos usos a continuación:

(18)   ¿Cree que conseguiría triunfar si *tuviera* que hacerlo ahora? (CREA en línea, España)
(19)   Y si tuviese oportunidad de volver a comenzar en la enseñanza, ¿*seguiría*? (CREA en línea, Venezuela)

   De acuerdo con lo que explica Serrano (2011, p. 188), las gramáticas prescriptivas del español han considerado que se trata de formas sinónimas, ya que son formas que se emplean para expresar la misma función en los mismos contextos. Sin embargo, como hemos estudiado en este mismo capítulo, las formas en *-ra* han experimentado cambios graduales a través del tiempo según los cuales la terminación en *-ra* adopta valores que van desde el pluscuamperfecto del indicativo, luego se emplea en contextos con significado condicional y finalmente, adopta un valor equivalente a las formas del *-se* del imperfecto del subjuntivo. Esta equivalencia es la que caracteriza el uso en el español contemporáneo.

   En trabajos sobre la variación sobre el uso de estas partículas se ha determinado que existen diferencias estilísticas según las cuales *-se* se emplea en contextos que implican una mayor formalidad, mientras que *-ra* se asocia con la informalidad y la oralidad (Blas Arroyo & Porcar, 1994). Por otro lado, se ha notado también la existencia de contenidos modales según los cuales *-ra* se emplearía en contextos en los que el hablante expresa una mayor asertividad. En general, el uso de las formas en *-ra* es más común y predominante en los dialectos del español tal como lo señala Serrano (2011, p. 188) quien reporta trabajos previos con datos de Sevilla y Burgos.

   El *leísmo* es un fenómeno morfosintáctico que consiste en el uso de las formas de objeto indirecto *le* o *les* para expresar objetos directos. Recordemos que las formas "canónicas" para los objetos directos serian *lo, la, los, las.* Observemos los siguientes ejemplos:

(20)   No dude en ponerse en contacto con nosotros, *le* atenderemos con la mayor brevedad posible. (CREA en línea, España)

(21)   Sólo conoceremos sus deseos, y *lo* ayudaremos con la mayor información y orientación que podamos. (CREA en línea, Panamá)

El ejemplo en (20) muestra el uso de *le* para hacer referencia al objeto directo *usted* (le atenderemos a *usted*). De esta forma se emplea el pronombre *le* para cumplir las funciones del pronombre del objeto directo *lo*. En el ejemplo en (21) se emplea la forma *lo* para hacer referencia al objeto directo *usted*. El leísmo se ha documentado tanto en España como en América. Particularmente, el leísmo referido a entidades animadas se considera característico de las normas habladas en el centro y norte de la península, aunque también es cierto que se ha documentado su empleo con referentes no animados. El trabajo de Moreno Fernández et al. (1985) documenta el uso del *leísmo* en 23 comunidades de la provincia de Madrid en donde su ocurrencia alcanza el 54,25% de los casos analizados. En el caso de América, el uso de leísmo es mucho más limitado y en algunos casos se ha referido a este uso como leísmo de cortesía, pues ocurre cuando el referente es *usted* y con verbos particulares como *atender, ayudar, saludar*, etc., como en los ejemplos (20) y (21). En el ejemplo a continuación se ofrece otro contexto adicional para ilustrar el uso del leísmo de cortesía en un mensaje telefónico para una contestadora:

(22)   Le rogamos tenga un momento de paciencia; enseguida *le* atenderemos.

El **(de)queísmo** es un término empleado para referirse a dos fenómenos. Por una parte, se refiere al uso de la preposición *de* con verbos que no la requieren como se muestra a continuación en el ejemplo (23). En el ejemplo aparece la frase "Cuando usted me dice *de que* el voto en el…" en la que se emplea la preposición *de* con el verbo decir en lugar de la forma prescriptivamente sugerida "Cuando usted me dice *que* el voto en el …" Nótese que el hablante en este ejemplo varía en su uso del verbo decir, pues en la misma oración encontramos el ejemplo "pues déjeme *decirle que*." El segundo fenómeno recibe el nombre de queísmo y ocurre cuando un verbo que requiere el uso de la preposición *de* ésta se omite como se puede ver en (24).

(23)   Cuando usted me *dice de que* el voto en el extranjero podría llevarse a cabo en los consulados de México, pues déjeme *decirle que*, reiterando la obligación de la Cancillería y … (CREA en línea, México)

(24)   Al día siguiente, me *entero que* no me habían llamado a mi casa. (CREA en línea, Perú)

En el ejemplo en (24) el hablante emplea el verbo *enterarse* el cual prescriptivamente requiere el uso de la preposición *de* (p. ej., enterarse *de* algo …).

Sobre estos fenómenos existen trabajos relativamente recientes que se basan en datos de España, Argentina, Chile, Venezuela, entre otros países (p. ej., Guirado, 2006; Kanwit, 2012; Rabanales, 1974; Schwenter, 1999, etc.). Kany (1970, p. 411–412) documenta ambos fenómenos en varios países de América. Sobre este fenómeno se han propuesto varias explicaciones que se basan en hipótesis de tipo lingüístico. Una de ellas (Schwenter, 1999) argumenta que *de* cumple una función como marcador de evidencialidad. Esto quiere decir que el hablante emplea la preposición *de* para indicar que la fuente de la información es indirecta, es decir, que no proviene del hablante mismo. Los datos para apoyar esta posible explicación indican que los casos con *de que* suelen emplearse cuando el verbo de la cláusula principal está en la tercera persona (p. ej., *Cuando usted me dice de que el voto en el extranjero...*) y en el tiempo pretérito (p. ej., Entonces ella me dijo *de que* está poniendo en práctica una campaña … CREA en línea, Paraguay).

Un patrón de variación ampliamente extendido en las normas hispanohablantes es la pluralización del verbo *haber*. Observemos los siguientes ejemplos en (25) y (26).

(25)   Por eso **hubieron** diputados del justicialismo que también publicaron un comunicado de prensa. (CREA en línea, Argentina)
(26)   Fue entonces una elección equitativa (…) puesto que no **hubo** impugnaciones de mayor relevancia. (CREA en línea, México)

El ejemplo en (25) muestra un caso de pluralización en el que se emplea la forma *hubieron* en concordancia con la frase nominal *diputados*. De esta forma, el hablante analiza *diputados* como el sujeto en relación con *haber*. En el ejemplo en (26) se emplea la forma *hubo* y de estas impugnaciones sería un objeto directo. Desde el punto de vista de las gramáticas tradicionales, *haber* se considera un verbo que no posee sujeto. Por este motivo la frase nominal que aparece con el verbo se considera un objeto directo. De esta forma, no debe haber concordancia entre el verbo y la frase nominal que lo acompaña. El verbo debería aparecer siempre en tercera persona del singular sin variación en su uso, pero éste no es el caso. La ocurrencia de la pluralización ha sido documentada por Kany (1970) tanto en la lengua hablada como escrita en España, Argentina, Uruguay, Paraguay, Chile, Bolivia, Perú, Ecuador, Colombia, Venezuela, Panamá, Costa Rica, Cuba, Nicaragua, Honduras, El Salvador y México. En un trabajo reciente sobre España basado en fuentes de atlas dialectológicos y datos orales se documenta la pluralización en toda la península en el habla de las zonas rurales en las generaciones mayores (Pato & Bouzouita, 2016). El trabajo de De Mello (1994) corrobora la ocurrencia de esta variación en la norma culta de Hispanoamérica. Las razones por la cuales ocurre la pluralización de *haber* podrían deberse a la irregularidad de tener un verbo transitivo que no se comporta como otros verbos de su clase (p. ej., *vender, comprar*, etc.). Los verbos transitivos regularmente poseen dos argumentos: el sujeto y el objeto directo. Por ejemplo, en la oración *María vendió su carro*, *María* es el sujeto y *su carro* es el objeto directo. El hecho de que *haber* sólo aparezca con un solo argumento hace que los hablantes lo analicen como el sujeto y no como el objeto como ocurre con los verbos intransitivos (p. ej., *vivir, correr*, etc.). De esta forma, el re-análisis de ese único argumento como sujeto genera la concordancia con el verbo. En el **capítulo 5** de este libro se presentan más detalles sobre estudios en los cuales se exploran argumentos relacionados con este tipo de perspectiva.

Enfoque en la investigación: La pérdida del voseo en Chile

El objetivo de Newall (2007) en este estudio es examinar las diferentes variables lingüísticas y sociales que motivaron el uso disminuido del voseo en Chile a través de la literatura entre finales del siglo XIX y comienzos del siglo XX. El voseo en España coexistió con el tuteo hasta por lo menos el siglo XV al XVI donde comenzó a adquirir un significado social negativo de degradación. Este significado no se trasladó a América uniformemente. En regiones donde había más comunicación con la península, el tuteo predominó como la norma (p. ej., México y el Caribe). Por otro lado, en aquellas regiones donde había menos comunicación y estaban menos desarrolladas económicamente, se mantuvo el voseo (p. ej., Centroamérica, el oeste de Venezuela, entre otras). Sin embargo, en Chile, se dice que una vez se propaga la gramática prescriptiva de Andrés Bello a mediados del siglo XIX, el voseo se clasifica como habla vulgar y en su lugar se propone el tuteo como habla culta. Según la literatura previa, se han documentado tres diferentes tipos de uso del voseo en diferentes regiones de Hispanoamérica: 1) el voseo auténtico que consta del uso pronominal de vos y la flexión respectiva en su verbo (p. ej., vos comés/comís); 2) el voseo pronominal que consta del empleo pronominal de vos con su verbo conjugado con la flexión de tú (p. ej., vos comes); y por último 3) el voseo verbal que consiste en el uso del pronombre nominal tú con su verbo conjugado con la flexión de vos (p. ej., tú comés/comís). Newall (2007) postula que a través de datos literarios se pueden observar los factores sociales y lingüísticos que motivaron la disminución del uso del voseo en Chile. Para comprobar que la gramática de Bello pudo tener algún efecto, el autor examina tres novelas publicadas a mediados del siglo XIX (alrededor de su llegada) y tres novelas a principios del siglo XX (después de dicha reforma). De acuerdo a estudios previos Newall (2007) propone que el voseo se asociaría con intimidad y habla popular. El investigador analizó todos los casos de las diferentes variantes del voseo (i.e., auténtico, pronominal y verbal) y del tuteo. Newall descartó las novelas del siglo XX dado a que no se presenció ningún caso de voseo. Las variables lingüísticas examinadas fueron la presencia o ausencia del pronombre, si el pronombre tenía un rol central (p. ej., vos comés) o de periferia (p. ej., Comé, a vos te hablo) y el tiempo y modo verbal. Las variables sociales consistieron de las características demográficas de los personajes. De estas se dedujo el género, la educación (si era una persona que proveía servicio o no), la edad, la autoridad que tiene sobre el interlocutor, la relación con el interlocutor y la novela. Los resultados demostraron que el voseo en el siglo XIX en Chile se ve condicionado por la presencia del pronombre y cuando el verbo se realiza en el modo indicativo o subjuntivo. También los análisis demuestran que el voseo se emplea más cuando el personaje le hablaba a una mujer o a una persona con menos autoridad. Este hallazgo refleja la asimetría social entre los dos sexos durante esta época y el valor estigmatizado del voseo. El último factor significativo resultó ser la novela, en la novela con contexto rural hubo una presencia alta de voseo mientras que en la novela con contexto urbano hubo un uso más elevado de tuteo. El autor concluye que los resultados señalan una estigmatización del voseo durante el siglo XIX y un cambio en marcha que proviene de la metrópolis y se propaga hacia los campos.

 Aplicación 6.D: www.wiley.com/go/diaz-campos

3.2   La variación social

En la sección anterior nos hemos enfocado en el estudio de las diferencias regionales y de cómo algunos usos lingüísticos son característicos de ciertos dialectos en el mundo hispanohablante. Sin embargo, nuestra manera de hablar no sólo refleja la región de dónde venimos, sino también los lazos sociales que establecemos en nuestra comunidad. La **sociolingüística** es una disciplina que se encarga del estudio de todos los aspectos relacionados con la lengua en su contexto social. Tradicionalmente, los sociolingüistas se basan en aspectos que toman en cuenta el comportamiento lingüístico de acuerdo con variables tales como el nivel socioeconómico, la edad, el sexo (o la distinción mucho más sofisticada según el género), la etnicidad, así como otras variables que toman en cuenta aspectos de tipo estilístico en la interacción lingüística. El propósito de esta sección es introducir de manera breve algunos ejemplos que muestren la estratificación sociolingüística de las variables lingüísticas que nos caracterizan como hablantes. Con este fin explicaremos primero el concepto de variable sociolingüística y presentaremos un ejemplo representativo de la estratificación social de dicha variable. Luego describiremos algunos estudios en los que se investigan las diferencias estilísticas que se reflejan en el habla oral según nuestra audiencia (las personas con las que hablamos).

En este capítulo, hemos descrito diferentes características lingüísticas regionales que, a la vez, se pueden considerar variables sociolingüísticas. Una **variable sociolingüística** consiste en un fenómeno de habla que manifiesta diferentes formas de pronunciación o estructura gramatical condicionadas por factores lingüísticos y extralingüísticos. Para ejemplificar la

Cuadro 6.16 Distribución del uso de *-mos/-nos* según el nivel socioeconómico.

Nivel socioeconómico		-nos	-mos	Total	%
Bajo	N	51	16	67	28,5
	%	76,1	23,9		
Medio bajo	N	5	21	26	11.1
	%	19,2	80,8		
Medio	N	0	55	55	23,4
	%	0	100		
Medio alto	N	0	57	57	24,3
	%	0	100		
Alto	N	0	30	30	12,8
	%	0	100		
Total	N	56	179	235	
	%	23,8	76,2		

estratificación social de una variable sociolingüística presentaremos los resultados del estudio realizado por Arthur y Díaz-Campos (2012) sobre la alternancia entre *-mos/-nos* en el español de Mérida, Venezuela. Observemos los siguientes ejemplos del fenómeno:

(27) **estábamos** estudiando las dos primer año

(28) nosotros nos… nos tocaba que ver… pastorear las… e… las **buscábanos**

En (28) se emplea la forma verbal **estábamos** conjugada en el imperfecto de indicativo con el morfema *-mos* indicativo de la primera persona del plural. La forma **buscábanos** también está en imperfecto, pero se usa *-nos* en lugar de *-mos*. Esta variación se ha explicado como un tipo de analogía que ocurre con las formas *nosotros* y *nos* las cuales también hacen referencia a la primera persona del plural. El estudio emplea los datos del *Corpus de Habla de Mérida* el cual está compuesto de 80 entrevistas (40 hombres y 40 mujeres). La variación entre -mos/-nos revela patrones de estratificación social en la comunidad merideña como se puede observar en los **cuadros 6.16**, **6.17** y **6.18**. El **cuadro 6.16** muestra la distribución de la variable según el nivel socioeconómico.

Los resultados del **cuadro 6.16** indican que el uso de *-nos* ocurre en un 23,8% del total de casos analizados. El patrón que se observa en los resultados según el nivel social demuestran que las formas con *-nos* se emplean exclusivamente en los niveles sociales medio bajo y bajo. En los niveles medio, medio alto y alto se emplea exclusivamente la forma en *-mos*, la cual es la que se considera normativa. Este uso en el que una variable sociolingüística sólo se emplea en un grupo social sugiere que tal forma se asocia únicamente con estos sectores sociales en la comunidad. Los miembros de otros grupos serían capaces de identificar las características sociales de los usuarios de este rasgo. En este sentido, el uso de *-nos* podría clasificarse como un **estereotipo lingüístico** debido a que la comunidad puede asociar un rasgo lingüístico con las características sociales de sus miembros. Este ejemplo de la alternancia de *-mos* por *nos* es particularmente especial en el sentido de que la estratificación social de una variable no suele mostrar una división drástica, sino que tiende a ser gradual (se encuentra el uso de la variable vernácula en todos los grupos sociales en una proporción diferente). El **cuadro 6.17** muestra la distribución de la variable *-mos/-nos* según la edad de los hablantes.

Cuadro 6.17 Distribución del uso de -*mos*/-*nos* según la edad.

Edad		-nos	-mos	Total	%
61 o más	N	46	30	76	32,3
	%	60,5	39,5		
46–60	N	6	51	57	24,3
	%	10,5	89,5		
30–45	N	4	45	49	20,9
	%	8,2	98.1		
14–29	N	0	53	53	22,6
	%	0	100		
Total	N	56	179	235	
	%	23,8	76,2		

La distribución de los datos según la edad indica que solamente los hablantes mayores con 61 años o más favorecen el uso de la forma vernácula -*nos*. En otros grupos de edad el uso de -*nos* es reducido y en el grupo más joven no se encuentran casos. Con el propósito de indagar acerca de las conexiones entre nivel socioeconómico y edad realizamos una tabulación cruzada de ambos factores en la cual encontramos que -*nos* es predominantemente empleado por los hablantes mayores de nivel socioeconómico bajo como se puede apreciar en la **ilustación 6.4**.

La **ilustración 6.4** muestra que el uso de -*nos* es exclusivo de los hablantes de nivel socioeconómico bajo y particularmente en los hablantes mayores en los que se incluyen los sujetos de 46 a 60 y de 61 o más años. También se observa que los hablantes de más de 61 años de edad del nivel medio bajo muestran casos de -*nos*. Cabe destacar que los jóvenes de nivel socioeconómico bajo no emplean la forma vernácula -*nos*. Como notáramos anteriormente, el resto de los grupos sociales no emplean la forma vernácula y, en el grupo de los jóvenes, no se observa ninguna instancia de -*nos*. Un dato curioso que llama la atención con respecto al uso de -*nos* es la distribución de acuerdo con el sexo del hablante, pues son las mujeres las que favorecen esta forma. Decimos que llama la atención porque se ha señalado en la literatura sociolingüística que las mujeres suelen ser más conservadoras que los hombres (p. ej., Labov, 1994). Observemos la distribución de los datos en el **ilustración 6.5**.

La **ilustración 6.5** muestra una distribución de acuerdo con la cual el uso de la forma vernácula -*nos* predomina en las mujeres de nivel socioeconómico bajo. En el caso de los hombres los porcentajes de uso no rebasan el 50% de los datos analizados. Nótese nuevamente que los casos se producen en los niveles socioeconómicos bajo y medio bajo como ya se ha señalado.

Arthur y Díaz-Campos (2012) explican en el análisis de los datos que las diferencias encontradas según el sexo y la edad podrían ser el reflejo de cambios sociales en cuanto al acceso a la educación. Este argumento propuesto se podría tomar como una hipótesis posible. Si tomamos en cuenta que este corpus fue recogido en los años 90, los hablantes mayores han debido crecer en las décadas de 1940 y 1950 cuando el acceso a la educación en una zona de provincia como Mérida era más difícil (para más detalles consúltese Velásquez, 1979 y Diaz-Campos, Fafulas, & Gradoville, 2011) y en una época en la que las mujeres tenían un acceso mucho más limitado a la educación. Quizá, las limitaciones en cuanto a los papeles de los géneros a comienzos del siglo XX sea un factor que podría investigarse sobre este particular en relación con el uso de -*nos* en esta región. El ejemplo de la alternancia de -*mos*/-*nos* nos ha servido para demostrar cómo los factores sociales se consideran en el análisis de los patrones de variación

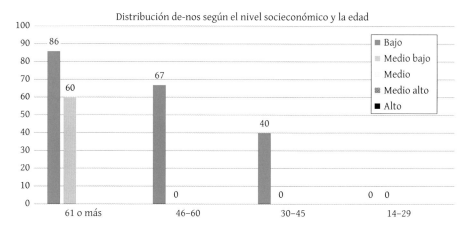

Ilustración 6.4 Distribución de *-nos* según el nivel socioeconómico y la edad.

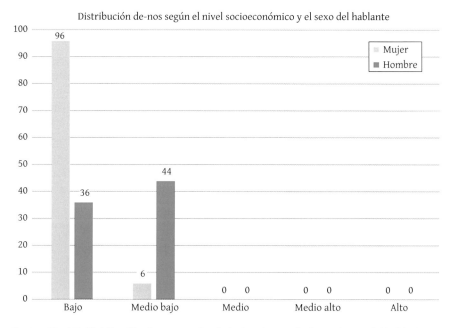

Ilustración 6.5 Distribución de *-nos* según el nivel socioeconómico y el sexo del hablante.

sociolingüística. La interpretación de los mismos nos puede ayudar no sólo a entender el significado social de las variables sociolingüísticas, sino también el desarrollo del cambio lingüístico en una cierta comunidad. Las variables que adquieren valores negativos en la comunidad tienden a permanecer estables y su uso se limita a ciertos grupos en la comunidad.

Entre los factores sociolingüísticos que resultan fundamentales para explicar los patrones de variación se encuentra el estilo. El **estilo** se refiere a las características individuales que manifiesta un hablante de acuerdo con el interlocutor, el tema de conversación y el contexto. Resulta posible también estudiar el estilo en relación con las características lingüísticas que manifiestan ciertos grupos. El estilo en teorías recientes se concibe como un concepto dinámico que el hablante emplea para construir una identidad social en función de las afiliaciones que este posee en su entorno. Para ejemplificar el estudio del estilo en un trabajo de corte

Cuadro 6.18 Variables lingüísticas empleadas en el estudio de Cutillas-Espinosa y Hernández-Campoy (2006).

Variable	Fenómeno	Ejemplos
[r] al final de la sílaba	Elisión	Comer [komɛ:]
	Asimilación	Carne [kænne]
[l] al final de la sílaba	Elisión	El [ɛ:]
	Rotacismo	El [er]
[s] al final de la sílaba	Elisión y apertura vocálica	Casas [kæsæ:]
/d/ intervocálica	Elisión	Cansado [kansao]
Reducción de para	Elisión	Para [pa]
Simplificación de diptongos	Uso de monoptongo	Muy [mu]

Origen: Información de Cutillas-Espinosa y Hernández-Campoy (2006).

sociolingüístico emplearemos el trabajo de Cutillas-Espinosa y Hernández-Campoy (2006). En esta investigación se examina el habla del presentador de una estación de radio en la ciudad de Murcia en España en comparación con el habla de su audiencia. Cutillas-Espinosa y Hernández-Campoy abordan el estudio del habla en la radio mediante el empleo de dos modelos teóricos con los cuales pretenden ofrecer explicaciones acerca de sus datos. El primero de ellos es el modelo basado en la audiencia el cual toma en cuenta el papel del interlocutor y de otros oyentes indirectos. El segundo modelo se denomina el diseño del hablante y consiste en observar cómo el hablante emplea los recursos lingüísticos para construir su identidad según el contexto particular de la interacción. La muestra del estudio se basa en las grabaciones de 20 entrevistados y un presentador de radio que conduce un programa de música en una estación local ubicada en Santomera. El estudio se basa en la comparación de una serie de rasgos lingüísticos que se consideran característicos del español hablado en Murcia. Observemos las variables estudiadas en el **cuadro 6.18**.

El estudio compara la variación estilística del moderador durante la emisión del programa musical y la de los radioescuchas que participan a través de las llamadas telefónicas en su uso de las variables normativas y vernáculas (ver el **cuadro 6.18**). Adicionalmente, se compara el habla del moderador durante el programa y en una entrevista que los autores realizaron para este fin. Los hallazgos indican que los radioescuchas usan con amplia preferencia las variantes vernáculas, mientras que el moderador emplea en contraste las variantes normativas. Por ejemplo, con respecto a la /r/ final de sílaba, los radioescuchas emplean más la elisión y la asimilación (63%). En contraste, el locutor favorece la retención (98.5%). Este mismo patrón ocurre con el resto de las variables estudiadas por los investigadores.

En relación con la comparación que los autores hacen del moderador en dos situaciones diferentes (durante el programa y durante una entrevista), se observa que durante la entrevista el locutor emplea ciertas variantes vernáculas con mayor proporción, lo cual revela variación individual de acuerdo con la situación en que se encuentra. Por ejemplo, la reducción de *para*, es decir, el uso de *pa* alcanza 62,5% en la entrevista, mientras que en el programa de radio se emplea este rasgo un 14%. Otras variables aparecen con menos proporción pero se observa un contraste en las dos situaciones. Durante la emisión del programa los rasgos locales son eliminados en una buena parte. En la entrevista, por el contrario, aparecen variantes vernáculas aunque el locutor no emplea todas ellas en la misma proporción. Estos hallazgos son interpretados por Cutillas-Espinosa y Hernández-Campoy (2006) mediante el uso de modelos actuales sobre el estilo. Por una parte, el modelo basado en la audiencia y la acomodación del hablante a los interlocutores y el contexto en general no puede explicar los resultados. En este sentido, las investigaciones previas que muestran acomodación a la audiencia (Bell 1984), no pueden emplearse en este caso, pues el moderador emplea una norma que no refleja lo que producen los radioescuchas durante el período de llamadas telefónicas. Por otro lado, el modelo basado en el diseño del hablante según el cual el locutor crearía su propia imagen en función de la situación si bien pudiera ser una alternativa tampoco puede explicar los datos por completo. Durante la entrevista individual queda claro que el moderador está consciente de las características de su público y de la variedad local, pero por razones que no responden necesariamente a su identidad como hablante durante el programa de radio emplea una variedad de habla que se acerca a la norma nacional considerada como el modelo a seguir en los medios de comunicación. Por este motivo, Cutillas-Espinosa y Hernández-Campoy (2006) indican que deben tomarse en cuenta las regulaciones y el libreto particular que refleja las políticas de la estación de radio y no la identidad particular del locutor del programa. Aunque el trabajo no invalida el estudio del estilo en investigaciones previas, sí toma en cuenta nuevos factores que contribuyen a explicar el abandono de la norma local en favor de una norma general que se considera la más "apropiada" según las políticas particulares de la estación de radio estudiada en este trabajo. Desde un punto de vista amplio esta investigación refleja la importancia del estudio del estilo y de los factores que influyen en los rasgos que emplea un hablante según el contexto. En este sentido, el conjunto de repertorios que posee un hablante se activa de diferentes maneras de acuerdo con factores entre los cuales se incluyen la audiencia, el tópico, las presiones de tipo social que se reflejan en las políticas de las estaciones radiales hacia el uso de las variedades consideradas normativas y las variedades locales.

Enfoque en la investigación: *Pa* vs. *Para*

Díaz-Campos, Fafulas y Gradoville (2012) estudian la variación entre *para* y su variante reducida *pa* con el objetivo de investigar si es un tipo de variación estable o en marcha. Según investigadores como Labov (2001) y Chambers (2004) es muy común que un cambio lingüístico en marcha se pueda deducir si se observa un uso elevado de la variante innovadora por parte de los jóvenes, las mujeres y los miembros de las clases socioeconómicas intermedias. Por otro lado, una variable estable se caracteriza por una estratificación paralela entre las clases socioeconómicas y el estilo del habla (p. ej., casual vs. cuidada). Por ejemplo, si las clases bajas usan la variante innovadora (p. ej., *pa* en lugar de *para*) en estilos casuales más que las clases medias, quienes usan esta variable más que las clases altas (i.e., clase baja > media > alta: habla casual > habla cuidada) se podría concluir que se trata de una variable estable. Además, una variable estable normalmente no demuestra correlaciones ni con la edad ni con el sexo. En general, se ha observado que la reducción de *para* (i.e., *pa*) es favorecida por grupos socioeconómicos bajos, en estilos informales y por su alta frecuencia. Sin embargo, no se había estudiado cuidadosamente todos los componentes en conjunto que pudieran explicar el patrón de variación en este caso en particular. Por lo tanto, la pregunta de investigación que los autores intentan indagar es la siguiente: ¿se considera *pa(ra)* una variable estable o un cambio en marcha? La investigación usa 160 muestras del Estudio Sociolingüístico del Habla de Caracas de Bentivoglio y Sedano (1993). La muestra está dividida en cinco niveles socioeconómicos, tres grupos etarios (de edad), y dos grupos según el sexo (i.e., hombres y mujeres). Díaz-Campos et al. operacionalizaron la variable de estilo según la atención que prestaban los hablantes al momento de la grabación. Al comienzo de la grabación se consideró habla cuidada y hacia el final de la conversación se consideró habla casual. Las variables sociales mencionadas se analizaron según la variable dependiente *pa(ra)*. Se colectó un total de

5.194 casos, de los cuales 60,6% constaron de *para* y 39,4% de *pa*. Un análisis multivariado reveló que la forma reducida se emplea en mayor proporción en los niveles socioeconómicos bajos, en los hablantes mayores y en los estilos casuales. El conjunto de las variables sociales analizadas muestra un patrón que es consistente con la estabilización de la variable en la comunidad. Es decir, el significado social de la variable analizado mediante la estratificación social y estilística corrobora que el uso reducido es más prominente en las clases socioeconómicas más bajas y en el habla más casual.

Aplicación 6.E: www.wiley.com/go/diaz-campos

3.3 La variación sociolingüística

El estudio de la variación y el cambio lingüístico no sólo incluye los factores que toman en cuenta la estratificación social de las variables, sino también los factores del contexto lingüístico que nos ayudan a determinar las razones que motivan un fenómeno de variación. En esta sección explicaremos dos ejemplos de cómo se estudian las variables lingüísticas y de las hipótesis que subyacen en la inclusión de tales variables. En las secciones anteriores, hemos descrito el patrón de variación que se da entre la producción de la /d/ intervocálica y su debilitamiento u omisión completa en diferentes variedades del español. De esta forma, una palabra como todo [toðo] puede llegar a producirse con una omisión completa de la /d/ y dar como resultado la pronunciación [to:] o [to]. La primera tiene una vocal alargada [o:] y la segunda una vocal regular [o]. ¿Qué factores lingüísticos podrían motivar este patrón de variación? Históricamente, el español muestra una tendencia al debilitamiento de las consonantes que se encuentran en posición intervocálica. Este mismo patrón continúa en el español contemporáneo en el caso de las consonantes aproximantes [β ð ɣ]. El caso de la [ð] es particularmente especial, pues este segmento manifiesta el mayor grado de debilitamiento en posición intervocálica. Una hipótesis posible que se puede estudiar para dar cuenta del debilitamiento y elisión de la /d/ intervocálica es examinar el contexto fonético en el cual se produce el segmento. El contexto fonético está constituido por los segmentos que rodean a la /d/ en este caso particular. La hipótesis que motiva el estudio del contexto fonético sería la coarticulación: si las vocales del entorno son bajas o abiertas (esto incluye las vocales medias también) habrá mayor debilitamiento de la /d/. Si por el contrario las vocales son cerradas o altas habrá menor debilitamiento. Otra variable lingüística que se ha incluido frecuentemente en los estudios de la /d/ intervocálica es el acento léxico para dar cuenta del tipo de sílaba en la que ocurre el segmento /d/. Si la /d/ ocurre en una sílaba tónica la predicción es la retención del segmento, mientras que si la /d/ se encuentra en una sílaba átona se predice su debilitamiento o elisión. Este patrón se ha observado en otras lenguas en las que ocurren fenómenos semejantes (Levelt, 1989; Stemberger & Bernhardt, 1999). En el estudio de la variación fonética también se ha considerado el papel que tiene la frecuencia de uso debido a que los segmentos que experimentan variación suelen debilitarse con mayor fuerza en las palabras de alta frecuencia. Se produce un proceso de automatización en la pronunciación de estas palabras que las reduce y las hace de fácil acceso e interpretación. De esta forma, se han propuesto tres hipótesis de tipo lingüístico que dan cuenta del patrón de variación que se observa con la /d/ intervocálica. En un estudio reciente, Díaz-Campos (2016) analiza este fenómeno mediante la inclusión de las variables explicadas anteriormente. La investigación se basa en los datos obtenidos de 23 informantes del Estudio Diacrónico del Español de Caracas. El estudio toma en cuenta el índice de intensidad el cual se calcula tomando en cuenta la relación entre el punto máximo de la intensidad de la vocal siguiente y la intensidad de la /d/. Los índices cercanos o iguales a 1 indican una producción debilitada o una omisión total de la consonante. Los resultados del estudio se presentan en el **cuadro 6.19** el cual se

Cuadro 6.19 Resultados del análisis de modelos mixtos para la /d/ intervocálica en el español de Caracas.

Grupo de factores	Factores	Logaritmo probabilístico	Número	%	Peso
Contexto siguiente	Baja	0.527	118/406	29	0.629
	Media	0.204	133/562	24	0.551
	Alta	−0.730	6/63	10	0.325
Rango					30
Contexto anterior	Baja	0.417	142/513	28	0.603
	Media	−0.201	46/205	22,4	0.45
	Alta	−0.216	69/313	22	0.446
Rango					15
Frecuencia del lexema	+1	0.237			

Total N: 1031 Desviación: 1037.392 Total R2: 0.172

Proporción total de elisión: 0.249

Origen: Manuel Díaz-Campos (2016). "Nuevas tendencias en el análisis de la variación sociofonológica: una comparación entre categorías discretas y continuas fundamentadas en medidas acústicas". Discurso de apertura, 8º International Workshop on Spanish Sociolinguistics, Universidad de Puerto Rico.

organiza de la siguiente manera: la primera columna contiene el grupo de factores (las variables lingüísticas independientes). La segunda columna especifica las variantes de cada variable lingüística. La tercera columna contiene el logaritmo probabilístico: un número positivo indica una tendencia hacia el debilitamiento y uno negativo, una tendencia hacia la producción de un segmento más consonántico. En la columna con la etiqueta de número se indica las variantes debilitadas sobre el total de casos en la categoría respectiva. La columna de % indica la proporción de variantes debilitadas en la categoría respectiva. La última columna etiquetada como peso indica la probabilidad de que se dé el debilitamiento. Estas probabilidades oscilan entre el 0 y el 1. Un peso por encima de 0.5 favorecería el debilitamiento.

El total de casos analizados constituye 1.031. Los resultados muestran que los factores incluidos en el modelo estadístico son el contexto anterior, el contexto siguiente y la frecuencia léxica de la palabra que incluye la /d/. Con respecto al contexto anterior se observa que una vocal baja y una vocal media favorecen la realización de variables debilitadas como en los casos de los ejemplos tales como *nada, todo, lado*, etc. En el caso del segmento anterior, las vocales bajas favorecen las variantes debilitadas como en el caso de *nada, cansado*, etc. El tercer factor incluido en el análisis es la frecuencia de la palabra medida según su ocurrencia en el corpus del habla caraqueña. Los resultados indican que las palabras de alta frecuencia son las que favorecen las variantes debilitadas de la /d/ intervocálica en el español caraqueño. De las hipótesis propuestas al inicio de la sección, dos de ellas fueron incluidas en el modelo estadístico producto del análisis cuantitativo de los datos. Se revela entonces que el entorno fonético en el que ocurre la /d/ favorece la coarticulación y consecuente debilitamiento u omisión de la consonante. Asimismo, tal como se ha encontrado en estudios previos, la frecuencia de la palabra contribuye en el proceso de debilitamiento, de forma que las piezas léxicas más frecuentes muestran mayor erosión.

Ahora discutiremos un tipo de proceso diferente que está motivado por la analogía con paradigmas regulares y productivos de la morfología española. El fenómeno en cuestión consiste en la inserción de una [s] en las formas de la segunda persona del singular del pretérito del indicativo (p. ej., *tú cantastes* en lugar de *tú cantaste*). Este tipo de regularización se ha explicado tomando en cuenta que el resto de las formas verbales referidas a la segunda persona del singular poseen una *-s* (p. ej., *comes, comías, comerás, comerías, comas, comieras*, etc.) De esta forma el pretérito del indicativo representa una excepción a la norma y los hablantes como resultado regularizan sobre la base del modelo más productivo. El estudio de Barnes (2012) provee datos sobre la ocurrencia de este fenómeno en muestras de habla que provienen del Corpus de Referencia del Español Actual (CREA), el corpus Habla Popular (Lope Blanch, 1976) y el Corpus del Español (Davis). Barnes (2012) en su análisis de los datos encontró que la mayoría de las ocurrencias provenían de muestras del español peninsular y del español venezolano. En el caso de otras variedades, el número de casos fue bastante bajo por lo cual la autora los agrupo en la categoría "otros". En total, la autora consiguió 854 casos de los cuales 119 mostraban el uso de la *-s*. Esto representa una proporción de 14% de inserción de *-s* en la muestra analizada.

La hipótesis que nos interesa estudiar sobre esta investigación es la que se refiere a la frecuencia lingüística y sus efectos en el patrón de regularización que se observa en las formas de la segunda persona singular del pretérito de indicativo en las que se inserta una *-s*. De acuerdo con los modelos de análisis basados en el uso los procesos de analogía suelen afectar a las formas menos frecuentes. Dichas formas suelen regularizarse de acuerdo con un patrón productivo en la lengua que sirve como modelo. Por ejemplo, es común oír en los niños decir *cabo* en lugar de *quepo* debido a que en la conjugación regular de los verbos en *-er* como el caso de *comer* la forma para la primera persona singular es *como* sin ningún cambio en la raíz verbal. En este caso, el patrón productivo es el uso de la *-s* como marcador de segunda persona singular en el resto de las formas verbales con la excepción del pretérito de indicativo. Con este propósito en mente, Barnes (2012) incluye la frecuencia léxica de los verbos en los que se reporta variación y la divide según las ocurrencias encontradas en la muestra (baja frecuencia 0–1, frecuencia media 2–5 y más de 5 alta frecuencia). El **cuadro 6.20** presenta los resultados del trabajo de Barnes con respecto a la frecuencia.

El **cuadro 6.20** incluye los siguientes aspectos: la primera columna indica el factor frecuencia, la segunda columna indica las variantes consideradas (baja, media y alta). La tercera columna indica el peso el cual refleja la probabilidad de que se dé la inserción de *-s*. Estas probabilidades oscilan entre el 0 y el 1. Un peso por encima de 0.5 favorecería la inserción de *-s*. La cuarta columna indica el número de ocurrencias por categoría y la última columna indica la proporción por categoría. Los hallazgos de la investigación de Barnes (2012) corroboran la hipótesis planteada de que las formas menos frecuentes son las primeras que se ven afectadas por el proceso de regularización siguiendo lo que parece ser una constante marca sintáctica para todas las formas de la segunda persona del singular con la excepción del pretérito del indicativo. Esto es demostrativo de que los verbos de baja frecuencia tienen una representación cognitiva débil, mientras que

Cuadro 6.20 Resultados del análisis multivariado de la inserción de *-s* en las formas de la segunda persona singular del pretérito de indicativo.

Grupo de factores	Factores	Peso	Número	%
Frecuencia	Baja	0.66	141	23,4
	Media	0.51	329	14,3
	Alta	0.43	384	10,2
Rango		23		

Origen: Barnes (2012). Reproducido con el permiso de Sonia Barnes.

los verbos de alta frecuencia son resistentes al cambio debido a que son formas de fácil acceso y con una representación que se considera establecida entre los hablantes (Bybee, 2010).

Los ejemplos de investigaciones presentados anteriormente ilustran de manera clara y sencilla hipótesis lingüísticas sobre una variable socio fonológica y una variable morfosintáctica. Los investigadores incluyen variables independientes que sirven para probar hipótesis particulares con el propósito de explicar los patrones de variación y cambio que se encuentran en los datos estudiados. La primera hipótesis parte de la idea de que el entorno en que aparece un sonido puede condicionar efectos de coarticulación. La **coarticulación** implica que sonidos adyacentes se asimilan y adquieren rasgos que los hacen semejantes según su modo de articulación, punto de articulación o sonoridad. En el caso del ejemplo de morfosintaxis se emplea la frecuencia como factor lingüístico para demostrar que los procesos de regularización por analogía afectan primero a los elementos que son más débiles en nuestra representación cognitiva. Es decir, aquellos elementos que son de baja ocurrencia los cuales suelen ser cambiados en función de paradigmas regulares y productivos.

Enfoque en la investigación: Medida gradual de la reducción de la /s/

El estudio de File-Muriel y Brown (2011) investiga la reducción de la /s/ en español considerando la variable dependiente de manera gradual. El proceso de reducción de /s/ se ha estudiado ampliamente en español, pero normalmente se analiza bajo un sistema tripartito (i.e., realización completa [s], aspiración [h] u omisión [Ø]). Asimismo, esta investigación analiza la /s/ utilizando tres medidas acústicas en ocho informantes mujeres de Cali, Colombia. La primera de las medidas fue la duración de la /s/; mientras más larga la duración se dice que la realización es más fuerte y más cerca de una /s/ completa. Luego midieron el punto más alto de energía espectográfica de la /s/, denominado el centroide. Un nivel bajo del centroide indica debilitamiento acústico. Finalmente, los investigadores extrajeron el porcentaje de ensordecimiento de la /s/. Se dice que una tendencia hacia la sonoridad es un proceso asociado con el debilitamiento acústico ya que indica un bajo flujo de fricción lo que no es característico de las sibilantes (p. ej., [s] completa). Los autores analizaron la relación entre estas tres medidas y once variables independientes: 1) el índice de velocidad del habla; 2) el acento prosódico; 3) la posición en la palabra; 4) la posición silábica; 5) el contexto fonológico precedente; 6) el contexto fonológico siguiente; 7) el tamaño de la palabra; 8) la frecuencia léxica (i.e., el número de palabras con /s/); 9) la frecuencia de la agrupación uno (i.e., palabra + palabra con /s/); 10) la frecuencia de la agrupación dos (palabra con /s/ + palabra); y 11) el papel del individuo. Del conjunto de variables, resultaron significativas la velocidad del habla, la posición en la palabra, los contextos fonológicos y el informante. Los resultados mostraron que la alta velocidad del habla, la /s/ en posición final de la palabra o ante vocales no altas son factores que se correlacionan negativamente con la retención de la /s/. Es decir, estos factores condicionan el debilitamiento acústico del sonido ya que se ven caracterizados por duraciones cortas, puntos bajos en el centroide y bajos porcentajes de ensordecimiento. En cuanto a los participantes, las tres medidas resultaron condicionar significativamente la producción de la /s/ lo que descarta diferencias individuales que hayan podido sesgar los datos. Los autores adjudican las diferencias leves entre ellos a posibles disimilitudes anatómicas. Por otro lado, la posición silábica no resultó significativa y tampoco el tamaño de la palabra. Estos factores demostraron interactuar con la duración. File-Muriel y Brown concluyen que las medidas escalares proveen más detalles que las medidas categóricas y son más representativas de la naturaleza gradual de la reducción de la /s/.

 Aplicación 6.F: www.wiley.com/go/diaz-campos

3.4 Lenguas en contacto

El contacto de lenguas con el español es uno de los factores que motivan los procesos de variación y cambio y representan situaciones de sumo interés para los lingüistas y sociolingüistas que se encargan de explicar los procesos de evolución o transformación lingüística. Tan interesantes como los procesos lingüísticos son también las circunstancias sociales que caracterizan el contacto. El **contacto de lenguas** se emplea para reflejar que dos o más lenguas se hablan en ámbitos geográficos y socialmente cercanos, ya sea porque se trate de localidades vecinas (p. ej. el español y el inglés en los estados fronterizos con México en los Estados Unidos, como el caso de Texas, Nuevo México y California) o de procesos inmigratorios que generan la presencia de grupos que hablan lenguas diferentes en una nueva región. Se podría pensar en el ejemplo de las comunidades de refugiados o desplazados que se radican en comunidades nuevas en donde la lengua es diferente. Particularmente interesante es el hecho de que las situaciones de contacto son generalmente muy productivas para el estudio de comunidades bilingües o multilingües en cuanto a fenómenos de variación como el uso de extensiones semánticas, préstamos lingüísticos, fenómenos morfosintácticos y fonológicos motivados por el contacto. Crucial, en este sentido, es la alternancia de códigos como fenómeno que refleja una identidad bilingüe o multilingüe que distingue a los hablantes más competentes en la comunidad tal como se ha demostrado en investigaciones previas sobre el tema. La **alternancia de códigos** consiste en el uso de dos lenguas o más en un mismo acto de habla. El español ha adquirido importancia a escala mundial debido a que es una lengua hablada por aproximadamente por 470 millones de personas y es la lengua oficial de por lo menos 20 países y el estado libre asociado de Puerto Rico. La presencia del español en vastos territorios en donde se encuentra compitiendo con otras lenguas locales crea las condiciones para el estudio de fenómenos lingüísticos motivados por el uso de dos o más lenguas. De manera muy general, podemos afirmar que el español se encuentra en contacto con el quechua en países como Ecuador, Bolivia y Perú; el guaraní en Paraguay; el portugués en las fronteras de Brasil con Venezuela, Colombia, Perú, Bolivia, Paraguay, Argentina y Paraguay y en la frontera de España con Portugal; el catalán, el vasco y el gallego en España; el criollo haitiano en la frontera de Haití con la República Dominicana; y el árabe en la zona del norte de África y el sur de España. De igual forma, el español se encuentra en contacto con el inglés en los Estados Unidos en la frontera con México y dentro del territorio mismo en el cual un grupo numeroso de hispanohablantes hace vida en nuestro país. Regiones tales como el suroeste y los grandes centros urbanos son puntos de referencia por la gran presencia hispana. Históricamente, el español ha estado en contacto con las lenguas africanas durante el período de conquista y colonización en los territorios americanos. En estas situaciones variedades pidgins fueron habladas por la población de trabajadores africanos traídos a América. Rickford y McWhorter (1998, p. 238) definen un **pidgin** como un tipo de variedad de contacto con una función social limitada que se emplea entre hablantes de dos o más lenguas que mantienen una relación por intercambio comercial, esclavismo o procesos de inmigración. Desde el punto de vista de su estructura, los pidgins combinan elementos de las lenguas nativas de los hablantes y se consideran estructuralmente simples en su vocabulario, fonología, morfología y sintaxis. En algunos casos, estas variedades incipientes se convirtieron en lenguas criollas como el caso del **palenquero** hablado en el Palenque de San Basilio en la costa colombiana y el ejemplo del **papiamento**, lengua criolla de base española con influencias del holandés que se habla en Aruba, Curazao y Bonaire. Se considera que una **lengua criolla** es el producto del desarrollo de un pidgin que ha adquirido hablantes nativos. La lengua criolla muestra tener un vocabulario más extenso, una gramática más elaborada y es una lengua que se emplea en contextos sociales más amplios.

Con el propósito de describir algunos de los procesos lingüísticos de interés que surgen en las situaciones de contacto, nos centraremos en el caso del español en contacto con el inglés en los

EEUU. El español que emplean los hablantes bilingües aunque en muchos casos es semejante al que emplean los hablantes monolingües, también muestra influencias del inglés debido a la situación de contacto. Siguiendo los planteamientos de Otheguy (2011), los conceptos de convergencia conceptual y adaptación funcional resultan claves para entender los fenómenos de variación y cambio que se dan en situaciones de contacto. El término **convergencia conceptual** se emplea para definir los casos en que los hablantes bilingües muestran una tendencia a unificar la expresión de ideas en las dos lenguas en lugar de usar las formas comúnmente diferentes que suelen favorecer los hablantes monolingües. Por ejemplo, el empleo de la expresión *maquina contestadora* en lugar de *contestadora* muestra una preferencia por la conceptualización que se hace en inglés cuando se utiliza la frase *answering machine*. Otro ejemplo ilustrativo podría ser el uso de la expresión *vida en prisión* en lugar de *cadena perpetua* como se emplea regularmente en las variedades monolingües. La expresión *vida en prisión* se origina de la frase inglesa *life in prison* y por ello revela la tendencia de los hablantes bilingües de favorecer las conceptualizaciones propias del inglés cuya influencia es patente como la lengua mayoritaria en el contexto estadounidense. Observemos algunos ejemplos más para expandir la discusión acerca de este concepto.

(29) ¡*Qué tengas un buen tiempo*! en lugar de ¡*Qué te diviertas*!
(30) *Un tiempo viajé a México y perdí mi pasaporte* en lugar de *Una vez viajé a México y perdí mi pasaporte*
(31) *Devolvieron para atrás la caja* en lugar de *Regresaron la caja*
(32) ¿*Cómo te gusta la película?* en lugar de ¿*Te gusta la película?*
(33) *Correr para presidente* en lugar de *ser considerado para las elecciones presidenciales*

La expresión en (29) se deriva de la frase inglesa *to have a good time*. En el español hablado por monolingües tal vez sea preferible decir ¡*Qué te diviertas*! En el ejemplo en (30) la frase *un tiempo* se puede decir en una variedad monolingüe como *una vez*. Posiblemente se derive de la expresión inglesa *one time I traveled to …* En (31) *devolver para atrás* probablemente se relacione con la expresión inglesa *to send back* que en una variedad monolingüe se diría mediante el uso del verbo *regresar la caja, devolver la caja*. La expresión ¿*Cómo te gusta la película?* probablemente se origina de la frase inglesa *How do you like the movie?* En una variedad monolingüe se expresaría a través de la pregunta ¿*Te gusta la película?* El último ejemplo en (33) ilustra el uso de la frase *correr para* que se origina en la expresión inglesa *to run for* que los hablantes monolingües podrían decir como *ser considerado para*. Es importante hacer notar que es posible que haya maneras diferentes de expresar estas ideas según las variedades monolingües que se consideren.

El segundo concepto importante que considera el trabajo de Otheguy (2011) es la adaptación funcional. La **adaptación funcional** es una noción que se usa para referirse a los procesos de simplificación, regularización y la preferencia por las formas no marcadas en las variedades de contacto. En particular este autor propone cuatro tipos de ejemplos. El primero tiene que ver con la adaptación de los préstamos léxicos del inglés a la fonología española como en (34). El segundo ejemplo se relaciona con la adopción de préstamos del inglés que suelen ser más simples en su estructura (35). El tercer ejemplo propuesto es el uso de las formas masculinas en los préstamos que se adoptan del inglés (36) y por último la omisión de la preposición "a" en los objetos directos animados (37).

(34) *Grin car* en lugar de *green card*. (Otheguy 2011, p. 506)
(35) *El army* en lugar de *el ejército*. (Otheguy 2011, p. 506)
(36) *El suimin* en lugar de *la natación*. (Otheguy 2011, p. 507)
(37) *Sonia siempre supo convencer* <u>*sus colegas*</u> en lugar de *Sonia siempre supo convencer* <u>***a***</u> <u>*sus colegas.*</u> (Otheguy 2011, p. 507)

El ejemplo en (34) ilustra como los hablantes bilingües emplean la fonología española en la pronunciación de palabras que provienen del inglés. En particular se podría destacar el uso de vocales con el timbre de las vocales españolas y la omisión de consonantes finales como en el caso de *car* en lugar de *card*. El ejemplo en (35) demuestra como los hablantes bilingües adoptan palabras que son más cortas como el caso de *army* que en la pronunciación española tendría dos sílabas en comparación con la palabra *ejército* compuesta por cuatro sílabas. En el trabajo de Shin (2010) se citan otros ejemplos tales como *weekend* en lugar de *fin de semana* y *way* en lugar de *manera*. Otheguy (2011) plantea ilustrar la reducción hacia el uso del género masculino como una estrategia cognoscitiva para simplificar la asignación de genero cuando no hay bases para completar este proceso. Este es el caso del uso de "el suimin" en lugar del término femenino "la natación" que en las variedades monolingües es el uso preferente. El ejemplo en (37) muestra el caso de la omisión de la preposición "a" en el caso de un objeto directo con un referente animado. Tanto la convergencia conceptual como la adaptación funcional sirven para mostrar la influencia del inglés en las variedades del español que se hablan en los Estados Unidos. Mediante los ejemplos presentados en esta sección hemos ofrecido algunas explicaciones básicas sobre los fenómenos que caracterizan el habla de los bilingües en EEUU. Aunque este panorama no es suficiente, los estudiantes pueden profundizar a través de la consulta de la bibliografía que aparece al final de este capítulo.

Enfoque en la investigación: La alternancia del español y el inglés en EEUU

El estudio de Toribio (2002) se enfoca en la alternancia de códigos entre el español y el inglés por hablantes bilingües que habitan en los Estados Unidos. El español en EEUU se caracteriza por la pérdida de aspectos léxicos y morfosintácticos y por una gran reducción de los contextos de uso (es decir, la lengua se emplea en contextos familiares). Se ha documentado que la alternancia de códigos acarrea evaluaciones positivas y negativas. De las positivas, es posible percibir la alternancia como instrumento para conservar el español junto con la identidad latina en EEUU. Por otro lado, las evaluaciones negativas perciben la alternancia como una subordinación al inglés e igualmente como una "desviación" de la cultura de origen. Los objetivos de este estudio son determinar los factores que influencian la alternancia, establecer la percepción de la alternancia como un posible paso hacia la pérdida del español y analizar las actitudes y el comportamiento de cuatro hablantes para evaluar el impacto que tiene el empleo de la alternancia en la identidad latina en EEUU. La metodología del estudio consistió de dos instrumentos: (1) un cuestionario para indagar en cuanto al uso de y en cuanto a las actitudes hacia la alternancia de códigos, la habilidad auto reportada en español e inglés y preguntas de identidad; y 2) varias tareas de lectura y narración. La primera tarea constó de dos textos donde los participantes leían dos cuentos con alternancia de códigos (i.e., *Blancanieves* y *El príncipe pordiosero*) y evaluaban su dificultad. El cuento de *Blancanieves* no seguía el patrón común de la alternancia de códigos, según estudios previos. Luego, los participantes narraban el cuento de *La caperucita roja* de manera escrita usando la alternancia y después en voz alta lo narraban en español solamente. Los cuatro participantes fueron los siguientes: 1) Yanira (original de Los Ángeles, con alto dominio de español e inglés, dice que la alternancia ayuda a conservar el español y reporta alternar en varios contextos); 2) Federico (de California, con alto dominio de español e inglés, dice que la alternancia contribuye a la pérdida del español y reporta no alternar); 3) Rosalba (original de México, bastante competente en español, piensa que la alternancia contribuye a la pérdida y reporta alternar sólo en familia); y finalmente 4) Guadalupe (original de Baldwin, CA, domina más el inglés, dice que la alternancia enriquece la interacción y reporta alternar en varios contextos).

En las tareas, Yanira alternó entre español e inglés más frecuentemente que los otros participantes respetando restricciones sintácticas en los dos medios (i.e., escrito y oral). En cuanto a sus respuestas al cuestionario, esta participante asoció la alternancia positivamente con su identidad. Federico, no demostró buena capacidad en la alternancia de códigos (especialmente en la tarea oral). Además, no asoció la alternancia como parte de su identidad. La tercera participante, Rosalba, sólo alternó entre oraciones lo que demostró menor competencia en la alternancia de códigos. Esta participante se expresó negativamente hacia la alternancia y no la asoció con su identidad. Guadalupe, quien alternó con leve dificultad, asoció la alternancia con su identidad. Todos los participantes describieron el cuento de *El príncipe pordiosero* como el más fácil de leer o que se leía de manera más fluída. La autora concluye que la alternancia de códigos no es un rasgo que todos los hablantes usen de manera uniforme. La cantidad de uso y la calidad de dicha alternancia dependen de la competencia lingüística de los individuos en ambas lenguas y sus actitudes hacia el uso y el papel que juega en su identidad.

 Aplicación 6.G: www.wiley.com/go/diaz-campos

4 Preguntas formales: la formación de una lengua criolla

En la sección anterior se ha mencionado el hecho de que las situaciones de contacto de lenguas son un escenario ideal para el estudio de la variación y el cambio lingüísticos. También se ha hecho mención del concepto de pidgin como un tipo de variedad de contacto con una función social limitada que se emplea entre hablantes de dos o más lenguas que mantienen una relación por intercambio comercial, esclavismo o procesos de inmigración. De igual forma, se introdujo el concepto de lengua criolla como el desarrollo de una variedad pidgin la cual es adquirida como lengua nativa por la siguiente generación. El estatus de lengua criolla implica el desarrollo de la estructura morfosintáctica y su empleo en contextos más amplios desde el punto de vista del contexto social. Con el propósito de entender los planteamientos formalistas con relación a la formación de las lenguas criollas hemos escogido presentar los planteamientos de Bickerton (1977, 1980) sobre el papel de los universales lingüísticos para explicar las semejanzas entre criollos de diferentes orígenes. Según el argumento de este autor las semejanzas que se observan entre las lenguas criollas que se hablan en el mundo no se pueden explicar sobre la base de su afiliación genética. Por el contrario, el trabajo de Bickerton (1977, 1980) plantea que la formación de las lenguas criollas supone el empleo de mecanismos innatos presentes en la cognición de los seres humanos. Bickerton supone que la gramática universal es la responsable de proveer estructura morfosintáctica a las lenguas criollas cuando ocurre el proceso de adquisición por parte de la primera generación. Los niños poseen una capacidad lingüística innata o como Bickerton lo caracteriza "el conocimiento básico de los universales lingüísticos". De esta forma, lo que distinguiría a las lenguas criollas es el hecho de que ellas reflejan patrones lingüísticamente universales. Con el propósito de probar estas hipótesis el trabajo de Bickerton se fundamenta en la idea de demostrar que existen semejanzas entre criollos que no tienen afiliación genética y que la única manera de explicar estas semejanzas se debe al conocimiento innato producto de la gramática universal. Es decir, las semejanzas no se podrían explicar a partir del origen de las lenguas que contribuyen en la formación de la variedad criolla, sino en mecanismos que serían parte de la capacidad humana del lenguaje.

Bickerton (1980) ejemplifica su posición mediante el empleo del sistema de tiempo y aspecto en cuatro variedades criollas: sranan (lengua criolla de Surinam), guyanés, el criollo haitiano y el hawaiano. Observemos el **cuadro 6.21** a continuación.

Cuadro 6.21 El sistema de tiempo y aspecto en cuatro lenguas criollas: sranan, cuyanés, criollo haitiano y hawaiano.

Tiempo-aspecto	Sranan	Guyanés	Criollo haitiano	Hawaiano
Durativo o iterativo	*e*	*a*	*apre*	*stay*
Irreal (aspecto)	*sa*	*sa* o *go*	*ava*	*go*
Anterior (aspecto)	*ben*	*bin*	*te*	*bin*

Origen: Información de Bickerton (1980).

Según la descripción que provee Bickerton (1980, p. 5) los sistemas de tiempo y aspecto en estas cuatro lenguas se parecen por lo menos en las siguientes características: 1) el marcador de aspecto anterior cumple la función de indicar un evento anterior al pasado en el caso de los verbos de acción y pasado simple en el caso de los verbos de estado; 2) todas las lenguas poseen un marcador de aspecto "irreal" que se emplea en los casos de futuro, condicional, subjuntivo, etc., y 3) tienen un marcador de aspecto durativo o iterativo empleado para los verbos de acción que no puede usarse con los verbos de estado. Bickerton también señala que estos marcadores ocurren en posición pre verbal y que los mismos se suelen combinar en un orden invariable según la siguiente jerarquía: anterior, irreal, durativo/iterativo. Los elementos que hemos destacado en esta discusión indican que las semejanzas en los sistemas de tiempo y aspecto en las cuatro lenguas son importantes y no se pueden explicar a partir de la existencia de una raíz común. Particularmente, la relación entre el hawaiano y las otras lenguas resulta remota. Es decir, que no se puede explicar una relación genética entre estas variedades criollas. La naturalidad del sistema en términos de su simetría, economía y exhaustividad revela como mecanismos de carácter general operan en su formación. De esta manera, Bickerton argumenta que las semejanzas en los sistemas de tiempo y aspecto de estas lenguas provienen del conocimiento innato de la gramática universal.

Romaine (1988, p. 256) resume las ideas de Bickerton de la siguiente manera: el planteamiento esencial que se desprende de la llamada teoría del bio-programa consiste en la existencia de estructuras cognoscitivas y procesos lingüísticos particulares que reflejan la capacidad general humana para el lenguaje. La **teoría del bio-programa** se define como un conjunto de principios de la organización del lenguaje que están genéticamente determinados. Dicha teoría debería ser capaz de contestar tres preguntas básicas: ¿Cómo se originan las lenguas criollas? ¿Cómo es el proceso de adquisición? ¿Cómo se originan las lenguas humanas? En resumen, el estudio de las lenguas criollas y de la adquisición de lenguas por parte de los niños resulta fundamental para entender los mecanismos de la gramática universal que operan tanto en la formación de las lenguas criollas como en la adquisición de una primera lengua. Winford (2003, p. 326) destaca que investigaciones más recientes cuestionan la evidencia que se presenta sobre los sistemas de tiempo y aspecto los cuales a pesar de las semejanzas encontradas también muestran una gran diversidad.

Enfoque en la investigación: Español en contacto

Ortiz-López (2011) se enfoca en examinar el uso del parámetro del sujeto nulo por parte de hablantes bilingües del español dominicano (ED) y del criollo haitiano (CH) a lo largo de la frontera entre la República Dominicana y Haití. El parámetro del sujeto nulo consiste en un conjunto de características que una lengua posee que permite la omisión del pronombre del sujeto. Por un lado, el español se caracteriza como lengua flexiva. Por lo tanto, la información de persona y número del sujeto y de tiempo-modo-aspecto se puede expresar en el verbo. Por ejemplo, en *José compró frutas*, el verbo *comprar* consta del morfema *-ó* y éste mismo indica que el sujeto representa la tercera persona del singular y que la acción ocurre en el pretérito del indicativo. Esto permite que los hablantes omitan el sujeto sin perder ésta información, siempre y cuando se entienda que se refieren a un sujeto previamente mencionado (p. ej., *Compró frutas*). No obstante, cuando el hablante cambia de sujeto en el mismo discurso, se dice que hace un cambio de referencia. En estos casos, usualmente, los hablantes suelen expresar un sujeto explícito (p. ej., **José** [referente A] *corrió ayer y por la noche compró* [referente A] *frutas. Después de todo* **María** [referente B; **cambio de referencia**] *lo llamó*). En cuanto a las diferencias dialectales entre variedades del español, se ha documentado que el ED, como otras variedades caribeñas, mantiene un uso elevado de sujetos explícitos más que las variedades continentales (p. ej., México, Perú, España). A pesar de esto, los hablantes del ED aún son sensibles a los valores pragmáticos mencionados (i.e., cambio de referencia). Una última característica del español, que lo clasifica como lengua que omite pronombres, es que permite la inversión sujeto-verbo (p. ej., *Compraron el nuevo álbum* **las chicas**). En contraste al español, el CH se caracteriza por la ausencia de flexión y por consiguiente es obligatorio expresar el sujeto explícitamente (p. ej., **Mari** *ap maje krab la*; **María** *está comiendo el cangrejo*), se rige por reglas estrictas de orden sujeto-verbo-objeto y no expresa los valores pragmáticos de cambio de referencia o contraste de la misma manera. Dadas las diferencias al nivel sintáctico-pragmático, Ortiz-López intenta observar si existen contrastes entre las propiedades de la expresión del pronombre del sujeto entre hablantes monolingües (L1) del ED, bilingües simultáneos (2 L1) del ED y del CH y bilingües secuenciales (L2) del ED y del CH. A partir de ello, el autor investiga si la edad tiene algún efecto en el uso del pronombre del sujeto, si hay diferencias paramétricas (i.e., permiso de omisión vs. no permiso de omisión) y si los bilingües adquieren las funciones sintáctico-pragmáticas. Los participantes de este estudio fueron 5 adultos L1, 7 niños L1, 5 niños 2 L1, 6 adolescentes L2 y 5 adultos L2. Se analizaron las grabaciones de habla espontánea y se codificaron dos variables lingüísticas: 1) la presencia o la ausencia del pronombre del sujeto; y 2) la inversión sujeto-verbo en contextos opcionales (continuidad) y obligatorios (cambio o contraste). Los resultados mostraron que los bilingües secuenciales en general usaron los pronombres explícitos independientemente del contexto (i.e., continuidad vs. cambio o contraste). Los niños produjeron menos pronombres explícitos que los adultos monolingües en promedio. Los adolescentes L2, cuya producción se asemejaba a los adultos L2, mostraron al mismo tiempo algunas semejanzas con los hablantes monolingües. Los monolingües no se apartaron de otros dialectos en cuanto al uso del pronombre (i.e., más usos nulos que explícitos). Finalmente, los monolingües y los bilingües se comportaron similarmente en cuanto a la inversión sujeto-verbo. Con relación a las diferencias de edad, los monolingües en las etapas más jóvenes produjeron una alta tasa de pronombres. Los bilingües, por otro lado, mantienen un balance entre los pronombres explícitos y nulos hasta la edad de 11 años cuando comienzan a parecerse a los adultos monolingües. Se concluye que mientras más temprana la edad de exposición al español, mayores semejanzas se observan con los hablantes monolingües.

 Aplicación 6.H: www.wiley.com/go/diaz-campos

5 Preguntas empíricas

El español bozal en Cuba

Una de las preguntas que ha llamado la atención de muchos investigadores sobre las lenguas en contacto es el debate sobre la posible existencia de una lengua criolla en el caribe hispánico y en las regiones de Latinoamérica donde hubo una amplia influencia de la población africana traída al nuevo mundo (Clements, 2009; Díaz-Campos & Clements, 2008; Lipski, 2005; McWhorter, 2000; Sessarego, 2015, entre otros). Diversas hipótesis se han analizado al respecto, tal como lo resume el trabajo de Clements (2009) sobre la región de Cuba según las cuales algunos autores señalan la posibilidad de que hubiera existido una lengua criolla hablada en la región. El caso de Cuba podría verse como semejante al de otras islas del caribe en las que se encuentran lenguas criollas de base francesa e inglesa. Sin embargo, investigadores tales como McWhorter (2000) y Mufwene (2001) argumentan razones diferentes por las cuales no se puede demostrar que haya existido una lengua criolla en Cuba.

Con el propósito de analizar la existencia de una lengua criolla en Cuba, discutiremos las evidencias demográficas y lingüísticas presentadas por Clements (2009) sobre el español bozal de Cuba. El **español bozal** es un término empleado para referirse a la variedad de español hablada por los africanos obligados a trabajar como esclavos en América. El tipo de evidencia que presenta Clements en su investigación es de dos tipos: 1) información demográfica sobre la conformación de la población en Cuba que nos permite observar la proporción de colonos blancos y trabajadores africanos y 2) la correspondencia entre Francis Lieber y José de la Luz Caballero, dos notables lingüistas que intercambian correspondencia en 1835 sobre el español bozal.

La información demográfica que presenta Clements sobre el período colonial en Cuba nos puede ayudar a entender la composición social de la isla y si hubo las condiciones necesarias para la formación de una lengua criolla. El punto central de la demografía en Cuba es observar si se había una desproporción entre el número de africanos y el número de colonos españoles de manera que se pudieran dar las condiciones para la formación de una lengua criolla. Los primeros africanos eran llevados a Cuba a través de España. En esa época Cuba era un destino de paso hacia México. De manera que el movimiento de la población era constante. Clements (2009, p. 72) señala que la población en Cuba hacia 1544 estaba compuesta por 660 españoles, 800 africanos y 5.000 aborígenes. Este período inicial se considera bastante inestable y de formación. Un aspecto fundamental para entender el papel de la mano de obra africana en las colonias españolas es el rígido sistema de leyes impuesto por la corona española para la importación de mano de obra. Existía un sistema de compañías que de manera indirecta a través de contratos celebrados con la corona poseían los derechos exclusivos para traer africanos a los territorios americanos. Este sistema restrictivo encarecía los costos y hacia que las colonias tuvieran que depender de sus propios recursos. Con la excepción de la etapa inicial de la colonización y en la primera mitad del siglo XIX la proporción de colonos españoles era mayor que la de trabajadores africanos en la isla. Observemos el **cuadro 6.22** sobre la población en Cuba de 1532 a 1811.

Cuadro 6.22 Poblacion de Cuba en porcentajes desde 1532 hasta 1811 según Clements (2009, p. 77).

Año	Españoles	Africano
1532	37,5	62,5
1620	93,4	6,6
1775	56,2	43,8
1792	56,4	43,6
1811	45,5	54,5

Origen: Clements (2009, p. 77). Reproducido con el permiso de Cambridge University Press.

Los datos históricos citados por Clements (2009) nos indican que la proporción de africanos en Cuba nunca fue lo suficientemente grande como en el caso de otras islas del Caribe. Por ejemplo, en Haití hacia 1792 había 452.000 (98%) de africanos y 11.000 (2%) de población europea. Esto representa un contraste bastante grande en el que las condiciones para la formación de un pidgin y más tarde una lengua criolla no fueron las más favorables en Cuba. El rígido control de la corona con respecto a la trata de esclavos en sus territorios mantuvo un nivel bajo de población africana hasta muy entrado el siglo XVIII. Las actividades económicas en que se fundamentaba la vida de la isla eran consistentes con la de pequeñas granjas de cultivo o cría de ganado en las cuales los trabajadores africanos podían tener mayor contacto con los colonos y con la lengua española.

La segunda parte del análisis propuesto por Clements (2009) se basa en la correspondencia que intercambian dos destacados intelectuales de la época acerca de la existencia de una lengua criolla en Cuba. Se trata del norteamericano Francis Lieber y del cubano José de la Luz Caballero. Ambos estudiosos eran hombres poliglotas y versados en lingüística. En particular, José de la Luz Caballero poseía conocimiento de la situación de Cuba en su época y de su población. Clements (2009) señala que la respuesta de De la Luz Caballero constituye el primer documento escrito sobre la existencia de un criollo de base española hablado en Cuba. De las 18 preguntas propuestas por Lieber y de las respuestas de De la Luz Caballero se puede concluir que no se puede documentar la existencia de un pidgin o lengua criolla. Según Clements se puede concluir que los africanos en Cuba hablaban una variedad de español de acuerdo con la descripción que se ofrece en los documentos. En la carta de respuesta escrita por De la Luz Caballero se menciona el catecismo empleado para adoctrinar a los africanos bozales (publicado hacia 1796), el cual contenía algunos rasgos considerados típicos del español bozal. La idea de este catecismo era enseñar la religión en un lenguaje accesible a los trabajadores africanos. Algunas de las características que se destacan del español bozal son las siguientes: 1) el uso de adjetivos en posiciones que corresponden a un sustantivo (p. ej., *Dios no habla mentiroso* en lugar de *Dios no habla mentiras*), 2) el uso de la forma plural de los verbos particularmente con ser (p. ej., *Son verdad* en lugar de *Es verdad*), 3) Omisión de los artículos (p. ej., *si ustedes miran huevo* en lugar de *si ustedes miran el huevo*), 4) falta de concordancia de género (p. ej., *mismo mujer* en lugar de *misma mujer*), 5) falta de concordancia del verbo como el uso de la tercera persona en lugar de la primera persona (p. ej., *yo tiene dinero* en lugar de *yo tengo dinero*), 6) la omisión de las preposiciones (p. ej., *no está barriga* en lugar de *no está en la barriga*), 7) el empleo de negativos dobles (p. ej., *no va a juntar no* en lugar de *no va a juntar*) y 8) empleo del adjetivo en lugar del adverbio (p. ej., *hizo malo* en lugar de *hizo mal*). Esta selección de rasgos nos da una idea general de las características que le atribuye De la Luz Caballero al español bozal las cuales coinciden con otros estudios más recientes sobre esta variedad histórica del español. Según las características que se discuten en Clements (2009) la mejor forma de dar cuenta de ellas es a través de la consideración de que el español bozal representa una variedad de español aprendida en condiciones difíciles y sin enseñanza formal. Las estrategias de adquisición puestas en práctica por los hablantes africanos revelan patrones consistentes con la idea de que el español bozal se puede considerar una variedad de español aprendida como segunda lengua.

En resumen, tanto las evidencias en cuanto la conformación de la sociedad colonial cubana como las evidencias que se encuentran en las correspondencias analizadas en el trabajo de Clements (2009) son consistentes con la conclusión de que resulta difícil demostrar la existencia de una lengua pidgin o criolla en la isla. Esta argumentación concuerda con lo que se ha dicho acerca del origen del español caribeño en otras regiones tal como se puede apreciar en la literatura sobre el tema (Clements, 2009; Díaz-Campos & Clements, 2008; Lipski, 2005; McWhorter, 2000; Sessarego, 2015, entre otros).

Enfoque en la investigación: El español del Palenque

En esta investigación, los autores, Schwegler y Morton (2003), examinan el español hablado en el pueblo de Palenque, Colombia, cuyo aislamiento histórico lo ha llevado a desarrollar ciertas características lingüísticas únicas. Las preguntas principales de este estudio se centran en determinar las similitudes y diferencias que tiene el español local de palenque (i.e., español palenquero) con el español costeño (i.e., español regional) y con el criollo derivado del español (i.e., criollo palenquero). Schwegler y Morton (2003) utilizan grabaciones de habla natural de 500 hablantes recogidas gradualmente desde los años 80 hasta los 90 junto con observaciones anotadas a través de los años. Históricamente los autores encuentran que el Palenque fue posiblemente fundado por esclavos africanos fugitivos cuya lengua materna podría haber sido el kikongo entre otras posibles lenguas de la familia Bantú de África. Se dice que los hablantes de esta zona desde el comienzo no dominaban el español con tanta fluidez lo que resultó en una lengua criolla, que a través del tiempo convivió con el español de la región. A través de los años el Palenque se vio desconectado de los pueblos a su alrededor lo que fomentó el mantenimiento de este criollo junto con la formación de un español particular al Palenque. Según los datos históricos, el español en el Palenque se deriva mayormente del español andaluz con influencias mínimas del kikongo. También existe evidencia de elementos fosilizados que provinieron de hablantes de español como segunda lengua. Los autores identifican tres códigos diferentes en el habla de los palenqueros. El primero es el español cartaginense, que consideran ser la variedad regional y se suele usar más con personas extrañas a la comunidad. Luego se encuentra el español palenquero, el aspecto fundamental de este estudio, que usualmente se utiliza entre los palenqueros mismos. Finalmente, está el criollo palenquero que es único del Palenque y se utiliza esporádicamente, pero no idiosincráticamente, junto con los otros dos códigos. En cuanto a la fonética, el español palenquero comparte muchas características con el español costeño así como con otras variedades regionales como el Andaluz, el español del Caribe y el español costeño Colombiano (p. ej., elisión de la /s/ a final de sílaba como en *está, etá*; elisión de la /d/ intervocálica como en *hablado, hablao*; entre muchas otras) y algunas tendencias posiblemente derivadas del kikongo u otras lenguas del oeste de África (p. ej., la neutralización de /d/,/r/ y /l/ como en la preposición *de José, re José, le José*). Sin embargo, el español palenquero también goza de características únicas a esta variedad (p. ej., la lateralización de /r/ intervocávila como en *caro, calo*; el rotacismo de la /d/ intervocávila como en *es de él, é[s] re é[l]*; entre otras). Los investigadores también destacan que ninguna de las características del español palenquero se usa categóricamente y que todas las formas son variantes del español en general. Además, se nota que las palabras más frecuentes en el criollo suelen ser variantes existentes en el español costeño, sin embargo, comunes en el español palenquero. Los autores observan que las formas más peculiares del español regional se asocian con los niveles socioeconómicos más bajos. De igual forma se observa que el empleo de características típicas de la fonética del español palenquero y, más aún de la variedad criolla, suelen estar estigmatizadas en la comunidad. En cuanto a las características morfosintácticas, los autores señalan que dos tercios de las formas identificadas son únicas del español palenquero y probablemente provienen de lenguas bantúes (p. ej., la doble negación, *no quiero no*; la preposición *con* en lugar *de*; entre otras). También existen formas que se supone son originarias del habla de esclavos nacidos en África que aprendieron el español como segunda lengua (p. ej., la ausencia de género como en *ese muhé* en lugar de *esa mujer*; la neutralización de cópulas como en *¿a[d]ónde e[s] él?* en lugar de *¿dónde está él?*). Schwegler y Morton señalan que los hablantes no hablan en un solo código, sino que alternan de códigos según los interlocutores y según su identidad como palenqueros. Finalmente, los autores explican que, a pesar de más de un centenario de coexistencia con el español regional, los palenqueros han resistido los cambios en cuanto a su variedad de lengua por razones tanto de aislamiento geográfico, sociopolítico y étnico como de identidad. Por esto, el español palenquero goza de características lingüísticas resistentes a la asimilación hacia el español regional.

Aplicación 6.I: www.wiley.com/go/diaz-campos

Resumen

En este capítulo hemos descrito los orígenes del español como una lengua derivada del latín y hemos ofrecido una caracterización sencilla sobre la base de ejemplos específicos acerca de la evolución de la lengua hasta lo que conocemos como español contemporáneo. Como es de suponer la gestación de lo que hoy en día llamamos lengua castellana o español no es un proceso al cual se pueda atribuir una fecha precisa de inicio. Sin embargo, los estudiosos de la historia de la lengua española identifican el nacimiento del castellano de acuerdo con los primeros textos escritos que se han identificado. De acuerdo con Arellano (1996) en las Glosas Emilianenses se encuentra el primer texto redactado en romance castellano. Las Glosas Emilianenses se encontraban en el Monasterio de San Millán (San Emiliano) escritas al margen de un códice latino con el número 60 titulado Aemilianensis. El nombre de Emilianenses viene precisamente del monasterio donde fueron descubiertas. El monasterio está ubicado en la comunidad autónoma de la Rioja al noreste de España. El texto mismo donde se encuentran las glosas data del siglo IX y las glosas se calcula que son del siglo X (en otras fuentes se menciona el siglo XI). Este panorama general se combina con información acerca del español en el mundo contemporáneo. Las cifras más recientes destacan que el español es la segunda lengua más hablada en el mundo después del chino mandarín. De acuerdo con las cifras aportadas por el mismo informe (Fernández Vítores, 2014a) se observa un aumento sostenido de los hablantes de español y un descenso en el número de los hablantes del chino mandarín y del inglés. En la actualidad el 6,7% de la población mundial es hispanohablante y se prevé su aumento a un 10% en el curso de tres o cuatro generaciones. El español tiene rango de lengua oficial en veintiún países. La población de este grupo de naciones alcanza los 441.778.958 millones de personas. A este número se suman los cálculos de los hablantes que son nativos, pero que viven en países no hispanos que aproximadamente alcanzan los 45.744.185 hablantes.

En las siguientes secciones del capítulo, nos centramos en el estudio de la variación regional haciendo hincapié en una división bastante amplia que distingue el centro norte de España, el sur de España y las regiones de América. Sobre la base de la idea de que los fenómenos regionales suelen ser compartidos y no únicos hemos creado una caracterización que destaca aspectos únicos del español peninsular y americano así como aspectos que son compartidos. La sección sobre la variación sociolingüística provee una definición básica sobre lo que se considera una variable sociolingüística y ejemplifica la estratificación social así como la estilística sobre la base de fenómenos particulares. Se introduce también la noción del estudio de las variables lingüísticas a través de investigaciones en las que se ilustran hipótesis basadas en factores de tipo interno. Como parte de nuestra discusión de la variación sociolingüística se ha introducido el contacto de lenguas y se han explicado las implicaciones del mismo en los procesos de cambio lingüístico. Como ejemplo se ha colocado la situación de contacto del español y el inglés en los Estados Unidos. Como una expansión sobre el tema del contacto de lenguas se incluye dos secciones: la primera dedicada al origen de las lenguas criollas según una visión que adopta los presupuestos de la gramática universal. La segunda sección, denominada preguntas empíricas, analiza el caso del español bozal en Cuba y su caracterización como una variedad de segunda lengua hablada por los esclavos africanos.

Lista de términos útiles (en orden de aparición)

Indoeuropeo
Latín vulgar
Latín clásico
Filólogos
Gramaticalización
Glosa
Apódosis
Peso económico
Lengua
Dialecto
Castellano
Punto de articulación
Modo de articulación
Acción de las cuerdas vocales
Laísmo
Loísmo
Rotacismo
Tiempo de emisión de voz
Ceceo
Distinción
Apertura vocálica
Zheísmo
Posteriorización
Asibilación
Palatalización
Vocalización
Geminación
Posteriorización de /p-b/ y /t-d/
Teoría mono genética
Voseo
Ser focalizador
Ascenso vocálico
Diptongación
Resolución de hiatos
Fricativización o lenición
Aspiración
Elisión
Neutralización
Lambdacismo
Rotacismo
Velarización
Deslateralización de /ʎ/ o yeísmo
Futuro morfológico
Futuro perifrástico
Leísmo
(De)queísmo

Sociolingüística
Variable sociolingüística
Estilo
Coarticulación
Contacto de lenguas
Alternancia de códigos
Pidgin
Palenquero
Papiamento
Lengua criolla
Convergencia conceptual
Adaptación funcional
Teoría del bio-programa
Español bozal

Ejercicios de práctica: www.wiley.com/go/diaz-campos
Ejercicios de comprensión
Ejercicios de aplicación
Mini-proyecto

Notas

1 En regiones adyacentes a Logroño y Zaragoza en España.
2 En la zona del Cibao.
3 En zonas rurales de Andalucía y en las Islas Canarias.

Para leer más

Alvar, M. (1996). *Manual de dialectología hispánica: El español de América*. Barcelona: Ariel.
Díaz-Campos, M. (2011). *The handbook of Hispanic sociolinguistics*. Oxford: Wiley-Blackwell.
Díaz-Campos, M. (2014). *Introducción a la sociolingüística hispánica*. Oxford: Wiley-Blackwell.
Lipski, J. M. (2005). *A history of Afro-Hispanic language: Five centuries, five continents*. Cambridge: Cambridge University Press.
Lipski, J. M. (2011). Socio-phonological variation in Latin American Spanish. En M. Díaz-Campos (Ed.), *The handbook of Hispanic sociolinguistics*. Oxford: Wiley Blackwell.

Referencias

Aaron, J. (2006). *Variation and change in Spanish future temporal expression: Rates, constraints, and grammaticization* (Tesis de doctorado inédita), University of New Mexico.
Aaron, J. E. (2007). El futuro epistémico y la variación: Gramaticalización y expresión de la futuridad desde 1600. *Moenia, Revista Lucense de Lingüística e Literatura*, *13*, 253–274.
Alba, M. (2006). Accounting for variability in the production of Spanish vowel sequences. En N. Sagarra & A. J. Toribio (Eds.), *Selected Proceedings of the 9th Hispanic Linguistics Symposium*. Somerville, MA: Cascadilla Proceedings Project.

Alba, O. (1988). Estudio sociolingüístico de la variación de las líquidas finales de palabra en el español cibaeño. En R. Hammond & M. Resnick (Eds.), *Studies in Caribbean Spanish Dialectology* (pp. 1–12). Washington, DC: Georgetown University.

Alonso, A. (1945). Una ley fonológica del español. *Hispanic Review, 13*(2), 91–101.

Alonso, A., & Lida, R. (1945). *Geografía fonética: -ly-r implosivas en español.* Buenos Aires: Facultad de Filosofía y Letras de la Universidad de Buenos Aires.

Alvar, M. (1996). *Manual de dialectología hispánica: El español de América.* Barcelona: Ariel.

Arellano, F. (1996). *Las lenguas romances.* San Cristóbal, Venezuela: Universidad Católica del Táchira.

Arthur, E., & Díaz-Campos, M. (2012). "Por ahí agarrábanos los autobuses": A sociolinguistic analysis of the alternation between-mos/-nos in Spanish. *Selected Proceedings of the 14th Hispanic Linguistics Symposium* (pp. 26–37). Somerville, MA: Cascadilla Proceedings Project.

Barnes, S. (2012). ¿Qué dijistes?: A variationist reanalysis of non-standard-s on second person singular preterit verb forms in Spanish. *Selected Proceedings of the 14th Hispanic Linguistics Symposium* (pp. 38–47). Somerville, MA: Cascadilla Proceedings Project.

Bell, A. (1984). Language style as audience design. *Language in Society, 13*(2), 145–204.

Benavides, C. (2003). La distribución del voseo en Hispanoamérica. *Hispania, 86*(3), 612–623.

Bentivoglio, P., & Sedano, M. (2011). Morphosyntactic variation in Spainish-speaking Latin America. En M. Díaz-Campos (Ed.), *The Handbook of Hispanic Sociolinguistics* (pp. 168–186). Oxford: Wiley-Blackwell.

Bickerton, D. (1977). Pidginization and creolization: Language acquisition and language universals. En A. Valdam (Ed.), *Pidgin and creole linguistics* (pp. 49–69). Bloomington, IN: Indiana University Press.

Bickerton, D. (1980). Creolization, linguistic universals, natural semantax and the brain. En R. Day (Ed.), *Issues in English creoles: Papers from the 1975 Hawaii conference* (pp. 1–18). Bamberg: Julius Groos Verlag Heidelberg.

Blás Arroyo, J. L. (2008). The variable expression of future tense in Peninsular Spanish: The present (and future) of inflectional forms in the Spanish spoken in a bilingual region. *Language Variation and Change, 20*(1), 85–126.

Blas Arroyo, J. L., & Porcar Miralles, M. (1994). El empleo de las formas-ra y-se en las comunidades de habla castellonenses. *Aproximación sociolingüística. Español actual: Revista de español vivo, 61*, 73–98.

Bongiovanni, S. (2014). "¿Tomas [pepsi],[peksi] or [pesi]?": A variationist sociolinguistic analysis of Spanish syllable coda stops. *IULC Working Papers, 14*(2). Disponible en: https://www.indiana. edu/~iulcwp/wp/article/view/14A-03/137 <u>(consultado el 25 de junio de 2017).</u>

Boyd-Bowman, P. (1960). *El habla de Guanajuato.* Mexico: UNAM.

Brown, E. L. (2006). Velarization of labial, coda stops in Spanish: A frequency account. *Revista de Lingüística Teórica y Aplicada, 44*(2), 47–58.

Bybee, J. L. (2010). *Language, usage and cognition.* Cambridge: Cambridge University Press.

Bybee, J. L., Perkins, R. D., & Pagliuca, W. (1994). *The evolution of grammar: Tense, aspect, and modality in the languages of the world.* Chicago, IL: University of Chicago Press.

Canfield, D. L. (1981). *Spanish pronunciation in the Americas.* Chicago, IL: University of Chicago Press.

Carrasco, P., Hualde, J. I., & Simonet, M. (2012). Dialectal differences in Spanish voiced obstruent allophony: Costa Rican versus Iberian Spanish. *Phonetica, 69*(3), 149–179.

Casali, R. F. (1997). Vowel elision in hiatus contexts: Which vowel goes?. *Language, 73*(3), 493–533.

Cedergren, H. (1973). *The interplay of social and linguistic factors in Panama* (Tesis doctoral inédita). Cornell University.

Chambers, J. K. (2004). Dynamic typology and vernacular universals. En B. Kortmann (Ed.) *Dialectology meets typology: Dialect grammar from a crosslinguistic perspective* (pp. 127–145). Berlín y Nueva York: Mouton de Gruyter.

Clements, C. (2009). *The linguistic legacy of Spanish and Portuguese.* Cambridge: Cambridge University Press.

Cutillas-Espinosa, J. A., & Hernández-Campoy, J. M. (2006). Nonresponsive performance in radio broadcasting: A case study. *Language Variation and Change, 18*, 317–330.

De Mello, G., (1994). Pluralización del verbo haber impersonal en el español hablado culto. *Studia Neophilologica, 66*, 77–91.

Delgado-Díaz, G., & Galarza, I. (2015). ¿Que comiste [x]amón? A closer look at the neutralization of /h/ and posterior /r/ in Puerto Rican Spanish. En E. W. Willis (Ed.), *Selected proceedings of the 6th Conference on Laboratory Approaches to Romance Phonology.* Somerville, MA: Cascadilla Proceedings Project.

Díaz-Campos, M. (2011). *The handbook of Hispanic sociolinguistics.* Oxford: Wiley-Blackwell.

Díaz-Campos, M. (2014). *Introducción a la sociolingüística hispánica.* Oxford: Wiley-Blackwell.

Díaz-Campos, M. (2016). Nuevas tendencias en el análisis de la variación sociofonológica: una comparación entre categorías discretas y continuas fundamentadas en medidas acústicas. Discurso de apertura, 80th International Workshop on Spanish Sociolinguistics, Universidad de Puerto Rico.

Díaz-Campos, M., & Clements, J. C. (2008). A Creole origin for Barlovento Spanish? A linguistic and sociohistorical inquiry. *Language in Society, 37*(3), 351–383.

Díaz-Campos, M., Fafulas, S., & Gradoville, M. (2011). Going retro: An analysis of the interplay between socioeconomic class and age in Caracas Spanish. En J. Michnowicz & R. Dodsworth (Eds.), *Selected proceedings of the 5th Workshop on Spanish Sociolinguistics* (pp. 65–78). Somerville, MA: Cascadilla Proceedings Project.

Díaz-Campos, M., Fafulas, S., & Gradoville, M. (2012). Variable degrees of constituency: Frequency effects in the alternation of pa vs. para in spoken discourse. En K. Geeslin & M. Díaz Campos, *Selected Proceedings of the 14th Hispanic Linguistics Symposium*, ed. Kimberly Geeslin and Manuel Díaz-Campos (pp. 75–87). Somerville, MA: Cascadilla Proceedings Project.

Díaz Campos, M., & Scrivner, O. (2012). A variationist investigation of vowel sequences: The raising of /e/ and /o/ in Spanish. Artículo presentado al New Ways of Analyzing Variation (NWAV) 41, Bloomington, Indiana.

Fernández Vítores, D. (2014). El español una lengua viva, Informe 2014. *Instituto Cervanates.* Disponible en: http://cvc.cervantes.es/lengua/anuario/anuario_14/informes/p01.htm (consultado el 25 de junio de 2017).

File-Muriel, R. J., & Brown, E. K. (2011). The gradient nature of s-lenition in Caleño Spanish. *Language Variation and Change, 23*(2), 223–243.

Flores, T. L. (2016). Velar palatalization in Chilean public speech. *Glossa: A Journal of General Linguistics, 1*(1), 6.

Fontanella de Weinberg, M. B. (1973). Un cambio lingüístico en marcha: Las palatales en el español bonaerense. *Orbis, 27*, 215–247.

García-Amaya, L. J. (2008). Variable norms in the production of /θ/ in Jérez de la Frontera, Spain. En J. F. Siegel, T. C. Nagle, A. Lorente-Lapole, & J. Auger (Eds.), *IUWPL7: Gender in language: Classic questions, new contexts.* Bloomington, IN: IULC Publications.

González, J., & Pereda, M. H. (1998). Procesos postnucleares de las obstruyentes oclusivas en el habla caraqueña. *Letras, 56*, 53–64.

Guirado, K. (2006). Deíxis proposicional en el habla de Caracas: Un análisis cuantitativo del (de) queísmo. *Boletín de Lingüística, 18*(26), 130–156.

Hernández Alonso, C. (1996). *Gramática funcional del español* (3ra ed.). Madrid: Gredos.

Holmquist, J. C. (2003). Coffee farmers, social integration and five phonological features: Regional socio-dialectology in west-central Puerto Rico. En S. Lotfi (Ed.), *Selected proceedings of the First Workshop in Spanish Sociolinguistics*. Somerville, MA: Cascadilla Proceedings Project.

Hualde, J. I. (2005). *The sounds of Spanish*. Cambridge: Cambridge University Press.

Hualde, J. I., & Sanders, B. P. (1995). A new hypothesis on the origin of the eastern Andalusian vowel system. *Annual Meeting of the Berkeley Linguistics Society*, *21*(1), 426–437.

Kany, C. (1969). *Sintaxis hispanoamericana*. Madrid: Gredos.

Kanwit, M. (2012). Discourse Topic and (De) queísmo: A variationist study of the Spanish of Caracas. *IULC Working Papers*, *12*. Disponible en: https://www.indiana.edu/~iulcwp/wp/article/view/12-01/68 (consultado el 25 de junio de 2017).

King, C., & McLeish, M., Zuckerman J., & Schwenter. S. (2008). Epistemic adverbs and mood choice in three Spanish dialects. Artículo presentado al NWAV 37, Houston.

Labov, B. (1994). *Principles of linguistic change*. Vol. 1 *Internal factors.* Oxford: Blackwell.

Labov, B. (2001). *Principles of linguistic change*. Vol. 2 *Social factors.* Oxford: Blackwell.

Lara Bermejo, V. (2010). *El uso de ustedes en Andalucía occidental*. Madrid: Universidad Autónoma de Madrid.

Lapesa, R. (1981). *Historia de la lengua española* (9a ed. corr. y aum. ed.). Madrid: Editorial Gredos.

Lastra, Y., & Butrageño, P. M. (2010). Futuro perfrástico y futuro morfológico en el corpus sociolingüístico de la Ciuded de México. *Oralia*, *13*, 145–171.

Lenz, R., Bello, A., Oroz, R., Alonso, A., & Lida, R. (1940). *El español en Chile*. Buenos Aires: Instituto de Filología. VI.

Le Page, R. B. (1998). The evolution of a sociolinguistic theory of language. En F. Coulmas (Ed.) *The handbook of sociolinguistics* (pp. 15–32). Oxford: Blackwell.

Levelt, W. J. M. (1989). *Speaking: From intention to articulation*. Cambridge, MA: MIT Press.

Lipski, J. M. (1994). *Latin American Spanish*. London: Longman.

Lipski, J. M. (2005). *A history of Afro-Hispanic language: Five centuries, five continents*. Cambridge: Cambridge University Press.

Lipski, J. M. (2011). Socio-phonological variation in Latin American Spanish. En M. Díaz-Campos (Ed.), *The handbook of Hispanic sociolinguistics*. Oxford: Wiley-Blackwell.

Lope Blanch, J. M. (1976). *El habla popular de México: Materiales para su estudio*. México: Universidad Nacional Autónoma de México.

López Morales, H. (1989). *Sociolingüística*. Madrid: Gredos..

Martínez Celdrán, E., & Fernández Planas, A. M. (2007). *Manual de fonética española: Articulaciones y sonidos de español*. Barcelona: Editorial Ariel.

Mason, K. W. (1994). *Comerse las eses: A selective bibliographic survey of /s/ aspiration and deletion in dialects of Spanish* (Tesis doctoral inédita). University of Michigan.

Matluck, J. (1952). Rasgos peculiares de la ciudad de México y del Valle. *Nueva Revista de Filología Hispánica*, *6*, 109–120.

McWhorter, J. (2000). The missing Spanish creoles: Recovering the birth of plantation contact languages. Berkeley, CA: University of California Press.

Medina-Rivera, A. (1999). Variación fonológica y estilística en el español de Puerto Rico. *Hispania*, *82*(3), 529–541.

Menéndez Pidal, R. (1999). *Cantar de Mio Cid* (dueva ed.). Madrid: Espasa Calpe.

Molina, I. (2008). The sociolinguistics of Castilian dialects. *International Journal of the Sociology of Language*, *2008*(193/194), 57–78.

Moreno de Alba, J. G. (1972). Frecuencias de la asibilación de /r/ y /rr/ en México. *Nueva Revista de Filología Hispánica*, *21*, 109–120.

Moreno Fernández, F. M, Amorós Gabaldón, J., Bercial Sanz, F., Corrales Fernández M., & Rubio Haro M. (1988), Anotaciones sobre el leísmo, el laísmo y el loísmo en la provincia de Madrid. *Epos*, *4*, 101–122.

Morgan, T. A., & Schwenter, S. (2015). Vosotros, ustedes, and the myth of the symmetrical Castilian pronoun system. In A. Cuza, L. Czerwionka, & D. J. Olson (Eds.) *Inquiries in Hispanic Linguistics: From theory to empirical evidence* (pp. 263–280). Amsterdam y Philadelphia: John Benjamins Publishing Company.

Moya Corral, J. A., & García Wiedemann, E. J. (1995). *El habla de Granada y sus barrios*. Granada: Universidad de Granada.

Mufwene, S. (2001). *The ecology of language evolution*. Cambridge: Cambridge University Press.

Navarro-Tomás, T. (1948). *El español de Puerto Rico*. Río Piedras, PR: Editorial Universitaria.

Navarro-Tomás, T. (1999). *Manual de pronunciación española*. Madrid: Consejo Superior de Investigaciones Científicas.

Newall, G. (2007). The loss of the "voseo" in Chilean Spanish: Evidence in literature. *University of Pennsylvania Working Papers in Linguistics*, *13*(2), 165–178.

Newall, G. (2012). *Second person singular pronouns in Caleño Spanish: Use and regard* (Tesis doctoral inédita), Indiana University.

Nielsen (2012). El imperativo del mercado hispano. El estado del consumidor hispano. Disponible en: http://www.nielsen.com/content/dam/corporate/us/en/microsites/publicaffairs/StateofHispanicConsumerReport2012_Spanish.pdf (consultado el 25 de junio de 2017).

Oliver Rajan, J. (2007). Mobility and its effects on vowel raising in the coffee sone of Puerto Rico. En J. C. Holmquist (Ed.), *Selected proceedings of the 3rd Workshop on Spanish Sociolinguistics*. Somerville, MA: Cascadilla Proceedings Project.

Oroz, R. (1966). *La lengua castellana en Chile*. Santiago: Universidad de Chile.

Orozco, R. (2007). Social constraints on the expression of futurity in Spanish-speaking urban communities. In J. Holmquist et al., *Selected proceedings of the third workshop on Spanish sociolinguistics* (pp. 103–112). Somerville, MA: Cascadilla Proceedings Project

Ortiz-López, L. (2011). Spanish in contact with Hatian Creole. En M. Díaz-Campos (Ed.), *The handbook of Hispanic sociolinguistics* (pp. 418–445). Oxford: Wiley-Blackwell.

Otheguy, R. (2011). Functional adaptation and conceptual convergence in the analysis of language contact in the Spanish of bilingual communities in New York. En M. Díaz-Campos (Ed.) *The handbook of Hispanic sociolinguistics* (pp. 504–529). Oxford, UK: Wiley-Blackwell.

Pato, E., & Bouzouita, M. (2016). La pluralización del verbo "haber" en español peninsular. Ponencia presentada en el *Sociolinguistic Symposium 21: Attitudes and Prestige*. Murcia, España: Universidad de Murcia.

Penny, R. J. (2002). *A history of the Spanish language* (2nd ed.). New York: Cambridge University Press.

Perissinotto, G. (1972). Distribución demográfica de la asibilación de vibrantes en el habla de la Ciudad de México. *Nueva Revista de Filología Hispánica*, *21*, 73–79.

Rabanales, A. 1974. Queísmo y dequeísmo en el español de Chile. *Estudios filológicos y lingüístico. Homenaje a Ángel Rosenblat en sus 70 años* (pp.413–445). Caracas: Instituto Pedagógico de Caracas.

Real Academia Española (RAE-NGLE). (2011). *Nueva gramática de la lengua española: Manual*. Madrid: Espasa.

Real Academia Española (RAE). (2014). *Nueva gramática de la lengua española: Fonética y Fonología*. Madrid: Espasa-Calpe.

Real Academia Española: Banco de datos (CORDE) [en línea]. *Corpus diacrónico del español*. Disponible en http://www.rae.es (consultado el 22 de junio de 2016).

Real Academia Española: Banco de datos (CREA) [en línea]. *Corpus de referencia del español actual*. Disponible en http://www.rae.es (consultado el 22 de junio de 2016).

Rickford, J., & McWhorter J. (1998). Language contact and language generation: Pidgins and creoles. En F. Coulmas (ed.), *The handbook of sociolinguistics* (pp. 238–256). Oxford: Wiley-Blackwell

Rissel, D. (1989). Sex, attitudes, and the assibilation of /r/ among young people in San Luis Potosí, Mexico. *Language Variation and Change*, *1*(2), 269–283.

Rohena-Madrazo, M. (2015). Diagnosing the completion of a sound change: Phonetic and phonological evidence for /ʃ/ in Buenos Aires Spanish. *Language Variation and Change*, *27*, 287–317.

Romaine, S. (1988). *Pidgin and creole languages*. London: Longman.

Salvador, G. (1957). El habla de Cúllar-Baza. Contribución al estudio de la frontera del andaluz. *Revista de filología española*, *41*, 161–252.

Samper Padilla, J. A. (2011). Sociophonological variation and change in Spain. En M. Díaz-Campos (Ed.), *The handbook of Hispanic sociolinguistics*. Oxford: Wiley-Blackwell.

Schwegler, A., & Morton, T. A. (2003). Vernacular Spanish in a microcosm: Kateyano in el Palenque de San Basilio (Colombia). *Revista Internacional de Lingüística Iberoamericana*, *1*(1), 97–159.

Schwenter, S. A. (1999). Two types of scalar particles: Evidence from Spanish. En J. Gutierrez-Rexach & F. Martinez-Gil (Eds.) *Advances in Hispanic linguistics* (pp. 546–561). Somerville, MA: Cascadilla Press.

Schwenter, S., & Torres Cacoullos, R. (2008). Defaults and indeterminacy in temporal grammaticalization: The "perfect" road to perfective. *Language Variation and Change, 20*, 1–39.

Sedano, M. (1990). *Hendidas y otras construcciones con SER en el habla de Caracas*. Caracas: Universidad Central de Venezuela.

Sedano, M. (1994). El futuro morfológico y la expresión *ir a* + infinitivo en el español hablado de Venezuela. *Verba*, *21*, 225–240.

Sedano, M. (2006). Importancia de los datos cuantitativos en el estudio de las expresiones de futuro. *Revista Signos*, *39*(61), 283–296.

Serrano, M. J. (2011). Morphosyntactic variation in Spain. En M. Díaz-Campos (Ed.), *The handbook of Hispanic sociolinguistics* (pp. 127–204). Oxford: Wiley-Blackwell.

Sessarego, S. (2015). *Afro-Peruvian Spanish: Spanish slavery and the legacy of Spanish creoles*. Amsterdam y Philadelphia: John Benjamins.

Shin, N. L. (2010). Efficiency in lexical borrowing in New York Spanish. *International Journal of the Sociology of Language*, *203*, 45–59.

Silva-Corvalán, C. (2001). *Sociolingüística y pragmática del español*. Washington, DC: Georgetown University Press.

Stemberger, J. P., & Bernhardt, B. H. (1999). The emergence of phonology from the interplay of speech comprehension and production: A distributed connectionist approach. En B. MacWhinney (Ed.), *The emergence of language*. Mahwah, NJ: Lawrence Erlbaum Associates Inc.

Toribio, A. J. (2002). Spanish-English code-switching among US Latinos. *International Journal of the Sociology of Language*, *2002*(158), 89–119. DOI:10.1515/ijsl.2002.053

Torreira, F. (2012). Investigating the nature of aspirated stops in Western Andalusian Spanish. *Journal of the International Phonetic Association*, *42*(1), 49–63.

Turnham, M. S., & Lafford, B. A. (1995. Sex, class, and velarization: Sociolinguistic variation in the youth of Madrid. En P. Hashemipour, R. Maldonado, & M. van Naerssen (Eds.), *Studies in language learning and Spanish linguistics* (pp. 313–339). New York: McGraw-Hill.

Valentín-Márquez, W. (2006). La oclusión glotal y la construcción lingüística de identidades sociales en Puerto Rico. En N. Sagarra & J. Toribio (Eds.), *Selected proceedings of the 9th Hispanic Linguistics Symposium*. Somerville, MA: Cascadilla Proceedings Project.

Velásquez, R., (1979). *Venezuela moderna, medio siglo de historia, 1926–1976*. Caracas: Fundación Eugenio Mendoza: Editorial Ariel.

Villena Ponsoda, J., & Santos, F. R. (1996). Género, educación y uso lingüístico: La variación social y reticular de *s* y *z* en la ciudad de Málaga. *Lingüística*, 8, 5–52.

Villena Ponsoda, J. A., & o Ávila Muñoz, A. (2012). *Estudios sobre el español de Málaga: Pronunciación, vocabulario y sintaxis*. Málaga: Editorial Sarriá.

Winford, D. (2003). *An introduction to contact linguistics*. Malden, MA: Blackwell.

Zamora Vicente, A. (1970). *Dialectología española*. Madrid: Gredos.

Capítulo 7

Semántica: El estudio del significado

1   Introducción

La semántica es la disciplina que se encarga del estudio del significado. Si pensamos en el significado de palabras como *banco* en las siguientes oraciones: *el <u>banco</u> me aprobó un préstamo* vs. *me senté en el <u>banco</u> del parque*, nos damos cuenta de que a pesar de tener la misma forma (i.e., la pronunciamos igual en ambos ejemplos) la palabra *banco* tiene significados diferentes en estas oraciones. En el primer ejemplo nos referimos a una institución financiera y en el segundo a un objeto que sirve para sentarse. De igual forma, en una expresión como *ojos de esmeralda* se establece una relación implícita entre el color de los ojos y el color verde de la esmeralda, una piedra preciosa. Estos tipos de relaciones ilustran algunos de los intereses en el campo de la semántica al nivel de la palabra. El capítulo ofrece una introducción de los conceptos básicos relacionados con el estudio del significado en diferentes aspectos, incluyendo la palabra, la oración y el enunciado. El capítulo también describe otros conceptos fundamentales, tales como la expresión del tiempo, el modo y el aspecto, la referencialidad, la deixis y los roles semánticos. En la última parte se ejemplifica el estudio del significado mediante dos ejemplos: el estudio del modo en la teoría formal y la expresión de movimiento en un estudio empírico. El capítulo se organiza en las siguientes secciones:

Herramientas de análisis
- El estudio del significado
- Tipos de signos
- El signo lingüístico
- El significado referencial, social y afectivo
- Niveles de significado
- La semántica léxica
- Tipos de relaciones léxico-semánticas
  - La homonimia
  - La polisemia
  - La hiponimia
  - La metáfora
  - Las relaciones de parte-todo
  - Las relaciones de oposición
  - La sinonimia
  - Prototipos

Introducción y aplicaciones contextualizadas a la lingüística hispánica, First Edition. Manuel Díaz-Campos, Kimberly L. Geeslin, and Laura Gurzynski-Weiss.

- El significado a nivel de la oración
  - – El tiempo, modo y aspecto
  - – La expresión del tiempo
  - – El aspecto
  - – El aspecto léxico
  - – El modo
  - – La deixis
- Los roles semánticos
- La referencialidad

Preguntas formales

- Predicados no asertivos
- Predicados no verídicos o no factuales
- Ciertos operadores

Preguntas empíricas

2 Herramientas de análisis

El estudio del significado

Hemos dicho que la **semántica** es la disciplina que estudia el significado de las palabras, de las oraciones y de los enunciados. Desde el punto de vista anecdótico, nos resulta fácil explicar el significado de una palabra cuando alguien nos pregunta. Veamos los siguientes ejemplos sobre los significados de la palabra *sierra*:

(1) Voy a la <u>sierra</u> de paseo. (Cordillera de montañas)

(2) Juan, tráeme la <u>sierra</u> para cortar la tabla. (Herramienta para cortar madera)

(3) Anoche para la cena pedí una <u>sierra</u>. (Pescado)

En los ejemplos de (1) a (3) el término *sierra* hace referencia a diferentes objetos en el mundo real. La explicación del significado en gran parte depende del contexto en que aparece la palabra. Seguramente un hablante nativo de manera intuitiva podría explicar fácilmente estas diferencias. Sin embargo, el estudio sistemático del significado resulta más complejo. Generalmente, cuando pensamos en el significado de las palabras lo relacionamos con las definiciones que se proponen en los diccionarios. Por ejemplo, si buscamos en el diccionario de la Real Academia Española (RAE) el significado de la palabra *sierra* conseguimos las siguientes acepciones:

> 1. f. Herramienta para cortar madera u otros objetos duros, que generalmente consiste en una hoja de acero dentada sujeta a una empuñadura (…)
> 4. f. Cordillera de montes o peñascos cortados. (…)
> 6. f. *Méx.* y *Ven.* pez marino comestible de la familia de los Escómbridos, de un metro de longitud, sin escamas, que tiene a ambos lados del cuerpo dos líneas de color amarillento pardo y manchas ovaladas del mismo color.

Estas definiciones coinciden con los ejemplos que se presentan en (1), (2) y (3) respectivamente. La comprensión de tales definiciones depende del conocimiento del significado de las palabras que se emplean en la conceptualización. De igual forma, en algunos casos se observa cierta circularidad cuando se define una palabra como *virtuoso* y se dice que "se ejercita en la virtud u obra según ella". Sin embargo, si buscamos la definición de *virtud* aparece "acción virtuosa o recto modo de proceder". Estos ejemplos muestran la circularidad en la definición de *virtud* como "acción virtuosa" pues usamos el adjetivo *virtuoso/a* para definir el sustantivo *virtud*. Desde un punto de vista formal, este último ejemplo muestra una limitación de las definiciones de los diccionarios en cuanto al estudio sistemático del significado.

La complejidad del estudio del significado se debe al hecho de que hay varios aspectos involucrados en la consideración de su análisis explícito y estructurado. Entre estos aspectos se puede mencionar el **significado intencional**, el cual se refiere a los objetivos del hablante cuando produce un enunciado. Luego podríamos mencionar el **significado referencial**, el cual tiene que ver con la relación que se establece entre las palabras y las oraciones con el mundo exterior. Por último, podemos mencionar el **significado lingüístico** implícito en las palabras y oraciones (Riemer, 2010). La **ilustración 7.1** muestra el triángulo semiótico de Ogden y Richards (1949) en el cual se describe el complejo proceso del significado. El triángulo posee tres elementos fundamentales: el pensamiento, el símbolo y el referente. El **pensamiento** hace referencia a las ideas que los hablantes quieren expresar. El **símbolo** tiene que ver con las expresiones del lenguaje que selecciona el hablante para formular sus ideas y el **referente** se relaciona con el mundo exterior que conceptualizamos a través del lenguaje. La relación causal entre el pensamiento y el símbolo refleja la intencionalidad del hablante cuando construye un enunciado que adecuadamente expresa sus ideas. Esto es lo que constituye el significado intencional. La relación que plantean Ogden y Richards entre el pensamiento y el referente también se considera causal pues en nuestros enunciados intencionalmente hacemos referencia a ciertos objetos o realidades del mundo tal cual como los percibimos. El significado referencial se deriva de esta relación. La relación entre el símbolo y el referente indica una conexión arbitraria pues no existe una relación directa o causal entre el símbolo mismo y la realidad que conceptualiza. De esta forma la diferencia que hay entre los símbolos que se emplean en diferentes lenguas para conceptualizar la misma realidad se explica debido a la arbitrariedad. Los símbolos expresan relaciones convencionales entre el conjunto de sonidos que forman una palabra (i.e., la pronunciación) y la realidad que se conceptualiza. Por ejemplo, se dice *perro* en español para expresar el concepto de animal peludo de cuatro patas. Para este mismo concepto se emplea la palabra *dog* en inglés, *chien* en francés y *cane* en italiano. De esta forma podemos observar que no hay relación ninguna entre el símbolo y el referente.

Riemer (2010, p. 13) ofrece una interpretación del triángulo semiótico de Ogden y Richards (1949) en la cual se establecen algunas precisiones. En primer lugar, en relación con el uso del término *pensamiento* Riemer argumenta que los procesos mentales involucrados en la formulación del lenguaje son en su mayoría inconscientes por lo cual pensamiento no es la mejor etiqueta para dar cuenta de tales procesos. Por otro lado, pareciera excluir las emociones y los

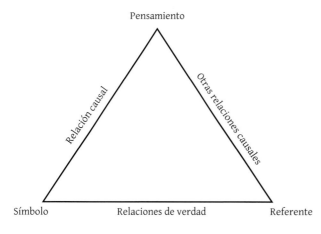

Ilustración 7.1 Triángulo semiótico (modificado de Ogden y Richards (1949, p. 11).

aspectos no racionales que también son parte de la expresión del significado. Riemer (2010, p. 14) propone la denominación **procesos psicológicos** como una etiqueta más incluyente de los procesos inconscientes implícitos en el uso del lenguaje. De igual forma, Riemer plantea reemplazar el término símbolo por el término **lenguaje** (véase el **capítulo 1**) para expresar la idea más general de que se trata del vehículo empleado para la transmisión del mensaje, ya sea oral, escrito o paralingüístico. En cuanto al referente, Riemer enfatiza en su explicación que los hablantes solo tienen acceso al mundo real a través de su percepción del mismo. Esto quiere decir que la única manera en que nos relacionamos con nuestro entorno tiene que ver con los procesos psicológicos de percepción y memorización de las situaciones y su contexto. Es un proceso mental que se relaciona con nuestras propias experiencias. Los términos de colores nos sirven para ilustrar las diferencias de percepción que se reflejan en la manera en que los hablantes de diferentes lenguas conceptualizan el espectro de los colores (Berlin & Kay, 1984). Por ejemplo, en mandarín el término pronunciado como *quīn* tiene un significado que cubre la distinción que hacemos entre azul y verde. En mandarín azul y verde se consideran dos tonos de un mismo color. Lo mismo ocurre en el japonés con el término *aoi* el cual se emplea para referirse al azul y al verde. En este caso también se considera que verde y azul no son dos colores distintos sino dos tonos del azul. Este par de ejemplos nos ayuda a ilustrar como la misma realidad es conceptualizada de manera diferente según la percepción de los hablantes (Berlin & Kay, 1984).

En resumen, el estudio del significado implica una compleja relación entre los procesos psicológicos, el lenguaje y el referente. La semántica se propone emplear las herramientas del análisis lingüístico para describir de manera sistemática los procesos de significación que podemos distinguir a nivel de la palabra, la oración y los enunciados. Hasta aquí hemos estudiado los diferentes aspectos que se deben considerar en el estudio del significado. En la próxima sección profundizamos en el estudio del significado desde el punto de vista de la lingüística. Comenzaremos nuestra discusión centrándonos en lo que Ogden y Richards denominan como símbolo (lenguaje en los términos de Riemer, 2010).

Tipos de signos

En una clasificación general de los signos, que podemos atribuir en gran parte al filósofo norteamericano Charles Sanders Peirce (1839–1914), se incluye una distinción entre índices, íconos y símbolos. **Los índices** son aquellos signos que muestran una relación motivada entre un hecho y el significado que le atribuimos. Por ejemplo, la presencia de humo indica que hay un incendio o la presencia de nubes negras en el cielo implican que habrá lluvia. Es una relación causal que se da entre el humo y el fuego y entre las nubes negras y la lluvia. Es decir, la presencia del humo es consecuencia del incendio y la presencia de las nubes negras implica que habrá lluvia. En ambos tipos de asociación no existe ninguna intencionalidad sino que son signos que se aprenden a interpretar a partir de nuestra relación con el entorno. **Los íconos** son definidos en la teoría de Peirce como signos no arbitrarios. Según la definición que se plantea, los íconos manifestarían una semejanza natural o funcional con el referente. Por ejemplo, en la **ilustración 7.2** se presentan varias imágenes para ejemplificar la iconicidad. Estas imágenes se consideran íconos porque existe una relación motivada (i.e., de semejanza) entre el símbolo y el significado. El primer ejemplo se interpreta como que hay ciclistas en la vía o que indica un camino para ciclistas. El segundo ejemplo muestra que hay algún peligro mortal para el usuario. El último ejemplo es una señal de tránsito para indicar que hay trabajadores en la carretera o autopista. De esta forma todas las señales incorporan imágenes que se relacionan con una representación que alude al referente en el mundo real.

Sin embargo, Lyons (1980, p. 98) señala que la iconicidad es "una propiedad compleja y heterogénea". Con esta afirmación, Lyons explica que la interpretación del significado de los íconos

Ilustración 7.2 Representaciones icónicas.

Ilustración 7.3 Representaciones icónicas diferentes para expresar el mismo sentido.

implica cierto grado de arbitrariedad y convencionalidad (véase el **capítulo 1**). En los ejemplos anteriores resulta obvio que estas imágenes para ser interpretadas requieren de cierto conocimiento convencional de la cultura en las cuales se usan. Veamos en la **ilustración 7.3** a continuación algunos ejemplos de señales de tránsito que tienen sentidos semejantes pero representaciones diferentes.

En los ejemplos anteriores se puede notar una cierta arbitrariedad en la representación icónica para expresar el mismo sentido de prohibición. En los signos de la izquierda se emplea una franja transversal para indicar la prohibición. En contraste, en los íconos de la derecha se emplea un círculo para ese mismo fin. Con este ejemplo lo que queremos demostrar es que a pesar del uso de imágenes icónicas que se asemejan al concepto expresado siempre hay algún grado de arbitrariedad.

Como veremos a continuación el concepto de símbolo, de acuerdo con la propuesta de Peirce, se basa en una relación convencional entre el signo y su significado. Esta relación se caracteriza por ser inmotivada lo cual significa que no hay una conexión entre el concepto, el signo y el referente que se conceptualiza. La **ilustración 7.4** muestra tres símbolos que hacen referencia a Marte, Venus y la Tierra. Se trata de signos creados los cuales no tienen una relación directa con su referente. Para aprender a interpretar estos símbolos es necesario saber la convención entre el símbolo propuesto y el sentido que se le atribuye. De hecho, el símbolo de Marte se ha convencionalizado en el mundo contemporáneo para la significación de género masculino y el símbolo de Venus se emplea para indicar género femenino. Es decir, los mismos símbolos han

Ilustración 7.4 Representaciones simbólicas de Marte, Venus y la Tierra.

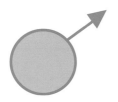 

adquirido nuevos significados de acuerdo con las normas de uso contemporáneas. Los símbolos incluyen los signos lingüísticos. Esta categorización general de los signos es de particular interés para la **semiótica**, la cual es una disciplina que se encarga del estudio de los sistemas de signos naturales y creados o artificiales. A continuación expandimos en la definición de signo lingüístico.

El signo lingüístico

El concepto de **signo lingüístico** (véase el **capítulo 1**) fue propuesto originalmente por el lingüista suizo Ferdinand de Saussure (1945) en su curso de lingüística general. Según Saussure, el signo lingüístico está constituido por dos elementos psicológicos: la imagen acústica y el concepto. La imagen acústica se refiere a los sonidos de una palabra que guardamos en nuestra mente (la pronunciación de la palabra). El concepto se refiere al contenido que asociamos con la imagen acústica. En la terminología de Saussure la imagen acústica se conoce como el significante y el concepto como el significado, como hemos visto anteriormente en el **capítulo 1**. Por ejemplo, en la **ilustración 7.5** la palabra *libro* está compuesta por cinco sonidos como se observa en la representación fonética [ˈli-βɾo]. Esta representación fonética la asociamos con el objeto que contiene información escrita en páginas de papel. El segundo ejemplo es una ilustración con la palabra *coco* cuyo significante es [ˈko-ko], es decir, los sonidos que pronunciamos al enunciar la palabra, y el significado hace referencia al fruto redondo de de corteza dura y color marrón que produce la mata del mismo nombre.

Entre las características más importantes que se le atribuyen al signo lingüístico podemos mencionar la arbitrariedad y la doble articulación. Como discutimos en el caso de los símbolos, la relación que existe entre la imagen acústica y el concepto es **convencional**, lo que quiere decir que no hay ninguna motivación entre los sonidos que hemos escogido para representar el concepto y el concepto mismo. Un ejemplo revelador es el hecho de que diferentes lenguas emplean términos distintos para expresar el mismo concepto. De esta forma, el concepto de objeto que contiene información escrita en páginas de papel se expresa como *book* en inglés, *Buch* en alemán, *kitabu* en swahili, *aklat* en filipino, etc. Estos

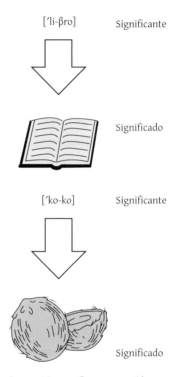

[ˈli-βɾo] Significante

Significado

[ˈko-ko] Significante

Significado

Ilustración 7.5 Representación del significante y el significado.

ejemplos demuestran ampliamente que no hay una relación explícita entre el significante y el significado, por esta razón decimos que la relación es arbitraria. Se ha mencionado el caso de las onomatopeyas como una excepción a la arbitrariedad de los signos lingüísticos convencionales, ya que existe una cierta motivación entre la imitación del sonido que produce un animal, por ejemplo, y la referencia al animal mismo. Sin embargo, las onomatopeyas son diferentes según el idioma. Tal es el caso de los sonidos para imitar al gallo que en español se representa ortográficamente como *kikiriki* y en inglés es *cock-a-doodle-do*. El ejemplo del perro en español se representa como *guau-guau* y en inglés es *woof-woof o bow wow* para perros pequeños. Un caso particular y muy diferente es el del sapo que en español es *cruá cruá* y en inglés es *ribbit*. De esta forma, las diferencias que señalamos anteriormente reflejan que las onomatopeyas también son arbitrarias, pues se adaptan a las convenciones de un idioma en particular como se puede apreciar en las representaciones ortográficas de los ejemplos seleccionados.

La segunda propiedad que queremos destacar se refiere a una de las características que ya revisamos en el primer capítulo de este libro: la doble articulación. Si tomamos el caso de la palabra *gata* podríamos plantear los siguientes niveles en la estructura de esta palabra: en primer lugar tenemos *gat-* que constituye la raíz léxica que contiene el significado general de "animal felino de cuatro patas", y en segundo lugar tenemos la *-a* que indica "felino de género femenino". Se trata de dos unidades con significante (forma) y significado (contenido), las cuales reflejan la estructura de la palabra. Estas unidades lingüísticas mínimas que poseen significante y significado reciben el nombre de morfemas y constituyen el primer nivel de la doble articulación. Ahora bien la palabra gata se pronuncia ['ga-ta] y posee cuatro sonidos. Esta división en sonidos representa el segundo nivel de la doble articulación. Los sonidos solo son forma, lo cual quiere decir que no se asocian necesariamente con ningún significado. Si un cierto sonido se asocia con un significado es porque se trata de un morfema como se explicó en el ejemplo anterior. De esta forma se puede apreciar que el signo lingüístico es analizable y que posee una estructura que nos permite identificar unidades en dos niveles distintos.

En la propuesta original de Saussure se plantea que los signos lingüísticos poseen una tercera característica: su carácter lineal. Esto quiere decir que los sonidos que forman parte de un significante ocurren de manera sucesiva unos tras de otros en la cadena hablada. La idea de Saussure es que los segmentos en una palabra forman una secuencia. Por ejemplo, la palabra gato estaría compuesta por la cadena de sonidos [g a t o]. Esta idea original de Saussure no refleja los aportes de teorías nuevas y evidencia empírica reciente que argumentan que los sonidos experimentan procesos de coarticulación. Sin embargo, es uno de los rasgos que este autor menciona en su descripción del signo lingüístico.

En resumen, los signos lingüísticos constituyen los elementos más básicos del lenguaje humano. Se trata de unidades que poseen un significante y un significado entre los cuales se establece una relación arbitraria o convencional como ya se ha explicado anteriormente.

El significado referencial, social y afectivo

En las secciones anteriores se ha descrito que el estudio del significado es una tarea compleja debido a los diferentes aspectos que hay que tomar en cuenta para establecer una metodología sistemática de investigación. La identificación de los diferentes elementos que contribuyen a formar la significación o interpretación posible de cualquier contenido es el objetivo que permitiría determinar las propiedades del significado. La significación como hecho complejo nos permite distinguir al menos tres subcategorías diferentes que son recurrentes en la literatura previa sobre la caracterización de los objetivos de la semántica: el significado referencial, el significado social y el significado afectivo.

El **significado referencial** indica los objetos reales o conceptos descritos por la lengua incluyendo acciones, estados y procesos mentales. En este caso se hace énfasis en la relación que se establece entre las expresiones lingüísticas y la referencia que éstas hacen a objetos, personas, situaciones o estados en el mundo externo. El **significado social** comunica información acerca de las circunstancias sociales y acerca del entorno del hablante. La interpretación de los enunciados depende de factores extralingüísticos que indican aspectos relacionados con el origen y la identidad lingüística del hablante. El **significado afectivo** nos permite interpretar como se siente el hablante o las emociones que éste manifiesta en sus enunciados. Este tipo de significado implica la relación que se establece entre las expresiones lingüísticas (p. ej., frases, oraciones, enunciados, etc.) y el estado mental que manifiesta el hablante mediante el lenguaje. A través del estudio de tales relaciones podemos identificar los sentimientos, las actitudes y las opiniones que se comunican. En términos muy generales podemos hacer consideraciones sobre la perspectiva cognoscitiva que expresa el hablante. Observemos los ejemplos en (4), (5), (6) y (7):

(4) La lingüística es la ciencia que estudia las lenguas del mundo.

(5) <u>Estábanos</u> preocupados por eso.

(6) ¿Cómo tú te llamas?

(7) ¿Será que me abres la puerta? ¡Tengo media hora esperando!

El ejemplo en (4) ilustra el significado referencial en el que se ofrece una definición de los objetivos de la lingüística como disciplina que se encarga del estudio sistemático de los patrones que se observan en las lenguas del mundo. Los ejemplos en (5) y (6) ilustran casos en los que se pueden deducir aspectos del entorno social de los hablantes. En (5) se hace uso de la forma vernácula *Estábanos*, la cual revela un estilo informal y a la vez la procedencia probablemente rural del hablante que la produce. El ejemplo en (6) presenta una forma del habla vernácula también que se asocia con el habla de ciertas regiones del caribe hispánico. Es decir, más allá del significado referencial (i.e., denotativo que indica aspectos de la realidad), estas expresiones contienen información sobre los hablantes mismos en relación con su identidad sociolingüística. El ejemplo en (7) nos permite apreciar el estado de molestia del hablante debido a que no le abren la puerta de su casa. Se trata de un estado emocional que nos permite determinar el estado mental del hablante. En muchos casos, como en la expresión de la ironía (i.e., cuando empleamos una expresión lingüística para decir lo contrario) el estado mental del hablante se deduce de la entonación y de los recursos prosódicos que emplea el hablante. En la expresión, ¡*Te quedó muy bueno* el desastre que has hecho!* el hablante expresa que el resultado de la acción realizada por el interlocutor es algo *malo*, lo contrario de *bueno*. De esta forma el significado revela diferentes facetas en los ejemplos que se han explicado. Estas facetas no son excluyentes y se pueden combinar en una misma expresión. La distinción que presentamos de manera didáctica nos permite entender que el significado va más allá de la simple denotación o significado referencial e incluye otros aspectos que forman parte del estudio de la significación que son de carácter connotativo.

Enfoque en la investigación: El cambio semántico y los mecanismos cognoscitivos

Gyori (2002) estudia el cambio semántico mediante la consideración de los factores cognoscitivos implícitos en las innovaciones semánticas. De acuerdo con Gyori, los cambios semánticos generalmente ocurren a través de mecanismos tales como la analogía, la categorización y la asociación, entre otros. Un ejemplo de cómo se deriva un significado a partir de otro se observa con la palabra naranja, empleado para referirse a la fruta y para referirse al color anaranjado por analogía. La cognición, según Gyori, consiste en los mecanismos que tiene nuestro cerebro para recolectar, procesar y almacenar información sobre nuestro entorno. Los cambios basados en mecanismos cognoscitivos son una consecuencia de la necesidad de adaptar el lenguaje a circunstancias nuevas. Los hallazgos de las investigaciones empíricas (Rosch, 1978) acerca de cómo funciona el proceso de categorización en los humanos revelan que tales procesos de categorización son altamente dependientes del entorno cultural. De esta forma, los procesos de extensión o restricción semántica, la metáfora y la metonimia constituyen herramientas cognoscitivas que permiten la estructuración del mundo externo. En conclusión, el trabajo de Gyori argumenta que los cambios semánticos están conectados a procesos cognoscitivos que reflejan cómo la mente humana analiza y procesa el entorno.

 Aplicación 7.A: www.wiley.com/go/diaz-campos

Niveles del significado

Se ha mencionado la necesidad de identificar los diferentes aspectos que contribuyen a formar la significación en la sección anterior. Una distinción fundamental que se ha propuesto se relaciona con el estudio del significado en diferentes niveles. Tradicionalmente se pueden distinguir por lo menos tres niveles: el léxico (las palabras), la oración y el enunciado. En el **nivel de las palabras** se puede identificar el hecho de que palabras como *libro*, *escritorio*, *lámpara*, *vaso*, *impresora*, etc., son sustantivos que hacen referencia a objetos del mundo real. Las palabras de contenido como los *sustantivos*, los *adjetivos*, los *verbos*, y los *adverbios* forman parte de las categorías que refieren a entidades, a eventos, o a conceptos concretos o abstractos. Las palabras funcionales poseen una significación que depende de otros factores de carácter contextual según el discurso en que se emplean. Por ejemplo, los pronombres *yo*, *tú*, *él/ella*, etc., adquieren su significado según la posición del participante como la persona que habla (i.e., *yo*), el interlocutor (i.e., *tú*), y de lo que se habla (i.e., *él/ella*). El uso de las palabras revela, además del simple significado referencial, otros contenidos de carácter social y afectivo. Por ejemplo, el uso de una palabra como *charola* refleja un uso léxico particular al dialecto mexicano para hacer referencia a lo que en otros dialectos se conceptualiza como *bandeja*. El empleo de la palabra *chinas* para significar *naranjas* es típico del dialecto puertorriqueño. El uso de la palabra *¡padre!* para expresar algo positivo no sólo revela el origen mexicano del hablante sino también su estado emocional. Lo mismo podría decirse del uso de la palabra *¡chévere!* la cual puede indicar origen caribeño y la evaluación de algo como positivo.

El significado en el **nivel de la oración** implica la interacción entre el significado de las palabras y, a la vez, la relación que se establece entre las palabras que conforman la oración. Por ejemplo, para entender el significado de las oraciones *Pedro besó a María* y *María besó a Pedro* no podemos basarnos simplemente en el significado aislado de las palabras, sino que tenemos que tomar en cuenta los roles semánticos que cumplen *Pedro* y *María* en cada caso. En la oración *Pedro besó a María, Pedro* es el agente que lleva a cabo la acción de besar y *María* recibe la acción en su papel de paciente. En el ejemplo *María besó a Pedro* los roles cambian ahora *María* es el agente y *Pedro* es el paciente. De esta forma, se altera el significado total de la oración de acuerdo con las relaciones que establecen las palabras que forman parte de cada uno de estos ejemplos. La división en niveles debe tomarse como un recurso metodológico para estudiar los factores que influyen en el estudio del significado. Sin embargo, las relaciones entre niveles son dinámicas e interdependientes.

El tercer nivel que se ha distinguido en la literatura es el enunciado. El término **enunciado** se emplea para distinguir una unidad no teórica que refiere a un fragmento de habla entre dos pausas. En contraste, el concepto de oración se basa en una distinción que depende de la teoría sintáctica. La interpretación del enunciado depende de las circunstancias en las que éste ocurre. Por ejemplo, supongamos que un cliente cualquiera se encuentra en la fila de un banco para cobrar un cheque y se dirige a la persona que está detrás de él o ella con la siguiente pregunta: *¿Tiene usted un bolígrafo?* En este contexto, la persona que está detrás, contesta: *Si, tengo un bolígrafo* como si la pregunta hubiera sido de carácter informativo. Obviamente, esta no es la interpretación más común que esperaríamos en una situación como ésta. Lo regular sería que la persona saque el bolígrafo y se lo preste a quien lo pide para que firme el cheque. Es decir, que el significado de *¿Tiene usted un bolígrafo?* en este contexto es *¿Me puede prestar un bolígrafo para firmar (endosar) mi cheque?* El significado en este caso depende de las condiciones en las que se produce. La disciplina que se encarga de cómo los factores contextuales afectan el significado se denomina **pragmática**. Sobre este tópico particular estudiaremos en el **capítulo 8**. En el presente capítulo nos enfocamos en el significado de las palabras y las oraciones sin tomar en cuenta necesariamente el contexto pragmático.

La semántica léxica

En las secciones anteriores hemos mencionado que una de las tareas de los lingüistas que estudian la semántica es el estudio del significado de las palabras. El conjunto de palabras que forman parte del vocabulario de una lengua se conoce como el **lexicón**. Existe una rama especial de la semántica que es la que se encarga del estudio del significado de las palabras: la semántica léxica. La **semántica léxica** se encarga del significado de las palabras, así como de las relaciones que éstas establecen. Es decir, se trata de dos objetivos que se encuentran bastante relacionados debido a que las asociaciones que establece un ítem léxico con otros hacen referencia a su significado. Por ejemplo, si empleamos el término *caliente* por oposición sabemos que es la negación de *frío*. El uso de la palabra *perro* hace referencia a otros **lexemas** tales como *animal* y *macho*. Otro ejemplo se puede tomar de la palabra *mujer* que hace referencia a los lexemas *femenino* y *adulto*. Se entiende por lexema la unidad lingüística que hace referencia al significado general de una palabra (significado léxico).

El léxico de una lengua puede ser considerado como una red de relaciones de distinta naturaleza. Tales relaciones son dinámicas y varían constantemente. Muchas de esas relaciones reflejan áreas especializadas del lexicón que pueden ser particulares como por ejemplo la familia (p. ej., *padre, madre, hijo, hija, abuelo, abuela*, etc.) y las frutas (p. ej., *mango, pera, manzana*, etc.). De hecho, hay muchas palabras entre las que se establecen relaciones que indican cierta afinidad. El conjunto de términos *taza, vaso, copa, botella* parecen relacionarse por hacer referencia a objetos que sirven para tomar líquidos. De igual forma ejemplos tales como *molesto, triste, feliz, extrovertido, miedoso* reflejan una relación que se basa en el hecho de que todas estas palabras indican estados de ánimo. Se ha empleado el concepto de **campo semántico** para distinguir aquellas relaciones que se establecen entre palabras que manifiestan cierta afinidad (p. ej., *silla, sofá, banco, butaca*, etc.). Como parte del objetivo de estudiar acerca de las relaciones que se establecen entre los elementos que forman el lexicón, el resto de esta sección describe algunas de las relaciones más comunes descritas en la literatura.

Tipos de relaciones léxico-semánticas
La homonimia

El primer tipo de relación que estudiaremos es la homonimia. Los **homónimos** son palabras que se pronuncian de la misma manera, pero que poseen significados diferentes. La homonimia incluye los términos homófonos y los términos homógrafos. La **homofonía** hace referencia a que las palabras en cuestión se pronuncian de la misma manera. La **homografía** indica que se escriben de la misma forma. El término homonimia resulta más general e incluye tanto la homofonía como la homografía.

(8)   Él <u>tuvo</u> un accidente.

(9)   El <u>tubo</u> es de cobre.

(10)   Tomó una copa de <u>vino</u>.

(11)   El <u>vino</u> desde Indianápolis.

Los ejemplos en (8) y (9) muestran el uso de *tuvo* y *tubo*. *Tuvo* es una forma del verbo *tener* que en este caso particular indica el sujeto *sufrió* un accidente. *Tubo* hace referencia a un objeto cilíndrico que se emplea para la distribución del agua. Notemos que este caso la ortografía de las palabras es diferente, pero la pronunciación es igual. En este sentido, los términos serían homófonos, pero no homógrafos. En los ejemplos (10) y (11) se observa el uso de la palabra *vino* con dos significados totalmente distintos. En (10) se indica la bebida y en (11) *vino* es una forma del verbo *venir*. En este caso, los términos serían homófonos y homógrafos.

La polisemia

La **polisemia** es un tipo de relación semántica que se basa en el uso de una misma palabra con diferentes sentidos. Se trata del mismo ítem léxico (con un sólo origen) empleado con sentidos que si bien son distintos manifiestan una relación de semejanza. Observemos los ejemplos en (12) y (13).

(12) La <u>clave</u> del problema permitirá su pronta solución.

(13) La <u>clave</u> de la caja fuerte está bien guardada.

En el ejemplo en (12) se emplea la palabra *clave* para expresar lo que permite solucionar y entender el problema. Es decir, de manera metafórica se usa la palabra *clave* para indicar la llave que abre el problema. En (13) se hace uso de un sentido más literal de la palabra *clave* que refiere a la combinación que permite abrir y cerrar la caja fuerte.

Existen términos homónimos o polisémicos que resultan difíciles de distinguir debido a la relación que se establece entre ambos tipos de fenómeno. Lyons (1980, p. 491–494) explica que se han empleado tradicionalmente dos criterios para diferenciar entre homonimia y polisemia. El primer criterio tiene que ver con el origen histórico de los lexemas (este criterio se conoce como el origen **etimológico**). Por ejemplo, en la frase en (8) *tuvo* se origina de la palabra latina *tenēre*, en tanto que en el ejemplo en (9) la palabra *tubo* viene del latín *tubus*. En el caso de (10) *vino* proviene de la palabra latina *vinum*, mientras que en (11) *vino* se deriva de la palabra latina *venīre*. En el caso de los ejemplos en (12) y (13) la palabra *clave* se origina en ambos casos del termino latino *clavis*, llave. En resumen, el primer criterio consiste en verificar si las palabras tienen el mismo origen histórico, como el ejemplo de *clave*, o no, como el caso de *vino*. El segundo criterio se relaciona con la semejanza del significado. En los casos de polisemia resulta evidente que existe una afinidad entre los sentidos con los cuales se emplea una cierta palabra como en (12) y (13). Otro ejemplo adicional de afinidad de sentidos se puede tomar de la palabra estrella en las siguientes oraciones: *Las estrellas de cine* vs. *Las estrellas en el cielo*. En estas oraciones la palabra *estrella* en el primer ejemplo se refiere a los actores y en el segundo a los astros en espacio sideral Contrariamente, en la homonimia no se observa esta afinidad. Por ejemplo, en las palabras *tasa* y *taza* en el español americano son homónimas debido a que tienen sentidos diferentes. *Tasa* se refiere a una medida que refleja un promedio y *taza* se refiere al recipiente para tomar café o té. En resumen, el segundo criterio se relaciona con la semejanza o diferencia entre los significados de homónimos y términos polisémicos.

La hiponimia

La hiponimia es otro tipo de relación semántica comúnmente estudiada. La **hiponimia** es la relación entre un término general y palabras subordinadas. La palabra general que incluye significados específicos se conoce con el nombre de **hiperónimo** y los términos específicos o subordinados se conocen como **hipónimos**. Observemos los ejemplos en (14) y (15).

(14)

Color				
Azul	Rojo	Amarillo	Verde	Negro

(15)

País				
Venezuela	Perú	Colombia	Panamá	Ecuador

En (14) el término general, o el hiperónimo, que incluye al resto es *color*, mientras que en (15) la palabra general es *país*. Ambas palabras se consideran hiperónimos. En el ejemplo (14) los hipónimos son *azul*, *rojo*, *amarillo*, *verde* y *negro* y en (15) *Venezuela, Perú, Colombia, Panamá* y *Ecuador*. Estas relaciones que se describen en los ejemplos anteriores implícitamente señalan una jerarquía que se manifiesta en el léxico de las lenguas. De hecho, estas relaciones suelen ser complejas y se emplean **recursivamente** (i.e., de manera repetida) en clasificaciones específicas. En el ejemplo en (16) se ilustra la idea de recursividad en la organización del vocabulario.

(16)

Animales							
Mamiferos				Reptiles			
Perro		Gatos		Serpientes		Lagartos	
Shih Tzu	Yorkshire	Persas	Angora	Coral	Cascabel	Iguana	Camaleón

La palabra *perro* es el hiperónimo de las clases de perros ejemplificadas en (16) *Yorkshire, Shih Tzu*, etc. Sin embargo, *perro* se incluye en el término más general *mamifero*, el cual a su vez, puede incluir otras especies tales como los *gatos*, las *ardillas*, los *conejos*, entre otros. La recursividad implica que el vocabulario refleja niveles de organización diferentes en los que se observan el tipo de relación inclusiva que supone la hiponimia. Explícitamente, la recursividad se expresa en la posibilidad de ir de *perro* a *mamíferos* y de *mamíferos* a *animales*, es decir de hipónimos a hiperónimos. Esto refleja la estructuración del vocabulario en áreas según su especifidad.

La metáfora

La metáfora es una de los tipos de relación semántica que ha recibido atención en disciplinas como la retórica, la literatura así como en la lingüística general. La **metáfora** implica una relación semántica sobre la base de la semejanza entre dos objetos que regularmente no asociamos de manera directa. Por ejemplo, cuando empleamos la expresión *cabeza de ajo* (i.e., *garlic bulb*) o un *diente de ajo* (i.e., *garlic clove*) para referirnos a la unidad entera del ajo y a las unidades que componen el ajo estamos empleando de manera figurada los significados de las palabras *cabeza* y *diente*. Resulta interesante notar que en inglés la expresión *garlic clove* implica un tipo de metáfora diferente, pues la comparación implícita se establece con la palabra *clove* que en español es equivalente a *clavo*. Si la tradujéramos de manera literal diríamos un *clavo de ajo*. Aunque esta expresión no se emplea nunca entre los hablantes nativos, se puede entender su sentido figurado según la extensión semántica en el uso de la palabra *clove*. Estos tipos de metáforas son muy comunes en el habla cotidiana. De esta forma nos referimos a las *patas de la mesa*, el *cuello de una botella* o el *cuello de una camisa*, los *ojos de la piña*, entre otras expresiones en las que hacemos referencia a partes del cuerpo para significar partes de objetos diferentes. Veamos algunos ejemplos más en (17), (18) y (19).

(17)   Ojos de esmeralda

(18)   Piel de canela

(19)   Cabello de oro

En el ejemplo en (17) se hace una comparación sobre la base del color verde de la esmeralda y su parecido con el color de ojos del referente. Regularmente no esperaríamos la comparación de una piedra preciosa con los ojos en el lenguaje denotativo o referencial, pero en este caso de extensión metafórica se establece este símil. El ejemplo en (18) también hace referencia a una comparación entre el color de la piel y el color marrón de la canela. El ejemplo en (19) se basa en la comparación del pelo rubio con el color del oro. En todos los casos se podría afirmar que se trata de metáforas en las que se establece una extensión en el uso de una palabra más allá de su significado primario para describir referentes que tienen algún tipo de semejanzas.

Desde el punto de vista de la gramática cognoscitiva (Langacker 2008, p. 51), la metáfora consiste de una serie de conexiones entre un ámbito que se considera la fuente, un ámbito meta y un ámbito en el que se establece la extensión metafórica. El **ámbito fuente** es generalmente más concreto y basado en la experiencia corporal, mientras que el **ámbito meta** es más abstracto y no necesariamente basado en la experiencia corporal. El resultado final es un ámbito nuevo en el que se establece la extensión semántica, producto de la fusión de rasgos de la fuente y la meta. La asociación se basa en una semejanza de carácter abstracto. Pensemos en el siguiente ejemplo: *tengo la idea en la punta de la lengua*. Esta expresión quiere decir que la persona no puede recordar lo que iba a decir. De esta forma, el ámbito fuente es la conexión entre la lengua como órgano del habla y su relación con las ideas. La expresión metafórica indica que el órgano del habla sirve para la expresión de las ideas. Este ejemplo cumple con las características del espacio fuente como algo más concreto y el resultado de la proyección semántica como un producto híbrido. El empleo de la extensión semántica es muy común como se revela en expresiones tales como *torbellino de ideas*, *matar dos pájaros de un solo tiro* (hacer una cosa y como consecuencia completar dos objetivos) y *estirar la quincena* (hacer rendir el dinero).

Las relaciones de parte-todo

Las relaciones de parte-todo también conocidas como **metonimia** o **sinécdoque** expresan un tipo de jerarquía como la que se da en expresiones tales como *échame una mano*, *no tiene corazón* y *échales un ojo a los niños*. Una *mano*, el *corazón* y un *ojo* hacen referencia al individuo como un todo. Una *mano* se refiere a la ayuda del individuo, *no tener corazón* quiere decir que la persona no tiene sentimientos y *echar un ojo* significa que se le pide a la persona su ayuda para cuidar a los niños. La sinécdoque es una de las figuras retoricas que ha sido empleada ampliamente en la literatura y en muchas expresiones cotidianas se puede apreciar su uso también. Las oraciones en (20) y (21) muestran dos ejemplos de relaciones de parte-todo.

(20)   Tiene veinte <u>primaveras</u>. (= años)

(21)   Cuando vimos las <u>velas</u> … supimos que llegarían al puerto pronto. (= barco)

En el primer caso, la referencia a primaveras indica que la persona tiene veinte años de edad. De esta forma, una de las estaciones del año se emplea para significar el año completo. La *primavera* es una de las partes del ciclo de estaciones del año. Sin embargo, una de las partes se emplea para referirse a todo el año. En el ejemplo en (21) la palabra *velas* se emplea para hacer referencia a la llegada de un barco. Se emplea entonces una de las partes para indicar el objeto en su totalidad.

El trabajo de Langacker (2008, p. 69) describe las relaciones parte-todo (i.e., la metonimia o la sinécdoque) como un cambio en el perfil de una cierta entidad. En las relaciones parte-todo, una expresión que regularmente se emplea para referirse a un cierto ente se usa para representar otro. Langacker (2008, p. 69) cita los siguientes ejemplos en (22) para explicar su conceptualización.

(22)   a.   <u>Miró</u> murió en 1983.
      b.   Ella compró un <u>Miró</u> original.
      c.   <u>Miró</u> se encuentra en la galería B, al final del pasillo.
      d.   <u>Miró</u> está en el estante de abajo, exactamente debajo de Tamayo.

De acuerdo con Langacker una entidad puede ser susceptible de emplearse en varias extensiones metonímicas como en los ejemplos en (22) basados en el famoso artista catalán Joan Miró i Ferrà (1893–1983). *Miró* en (22a) es la expresión común que indica directamente a la persona (i.e., el artista Joan Miró i Ferrà). Dado el caso de que Joan Miró i Ferrà era un famoso artista, el uso de su nombre se emplea para evocar su obra como en los ejemplos (22b) y (22c) o inclusive para referirse a un libro sobre su obra como en (22d).

Las relaciones de oposición

La **antonimia** indica una relación entre términos opuestos. Sin embargo, las relaciones de oposición suelen clasificarse en varios subtipos según su naturaleza. Observemos los ejemplos en (23).

(23) a. aprobar *versus* reprobar
      b. vivo *versus* muerto
      c. bueno *versus* malo
      d. mucho *versus* poco
      e. llegar *versus* marchar
      f. subir *versus* bajar

En los ejemplos que se presentan en (23a) y (23b) se observan relaciones en las que la presencia de un término es la negación absoluta del otro. Pares de palabras como *aprobar* y *reprobar*, *vivo* y *muerto* se caracterizan por establecer este tipo de relación que se identifica como de **complementariedad**. Se establece una oposición binaria en la que *aprobar* implica *no reprobar* y *reprobar* implica *no aprobar*. Lo mismo ocurre con *vivo* versus *muerto*. *Vivo* implica no estar *muerto* y *muerto* implica no estar *vivo*. Se describe esta oposición como un tipo de relación binaria entre los pares de antónimos. El segundo tipo de relación de oposición es la **antonimia gradual** la cual se ilustra mediante los ejemplos *bueno* versus *malo* y *mucho* versus *poco*. Se trata de palabras que indican los extremos de un ámbito que se puede considerar gradual. Una prueba para determinar este carácter gradual de los términos extremos de la dimensión consiste en la existencia de expresiones tales como *bastante bueno, bastante malo, ni bueno ni malo, ni mucho ni poco, muy poco, muchísimo*. Otros ejemplos de este tipo de relación se pueden apreciar en los pares *alto* versus *bajo*, *gordo* versus *flaco*, *viejo* versus *joven*, *pequeño* versus *grande*, *largo* versus *corto*, etc. La gradualidad de la oposición se puede comprobar mediante la siguiente prueba: Si *Pedro es alto* implica *que no es bajo*, pero que *Pedro no sea bajo* no implica *que sea alto*. Esto quiere decir que si *Pedro no es bajo* puede ser de estatura mediana en relación con la norma. La misma lógica se le puede aplicar al ejemplo *gordo* versus *flaco*. Si *Pedro es gordo* implica *que no es flaco*, pero que *Pedro no sea flaco* no implica *que sea gordo*. Esto significa que puede tener una contextura intermedia. El último tipo de relación de oposición que explicaremos en esta sección tiene que ver con los términos **invertidos**. Estos pares generalmente describen el movimiento en direcciones opuestas tal como en el caso de *llegar* versus *marchar* o *subir* versus *bajar*. Otros pares semejantes son *dentro* versus *fuera*, *arriba* versus *abajo*, *abrir* versus *cerrar*, *entrar* versus *salir*, entre otros. También se incluyen en esta categoría los pares que se caracterizan por reflejar una relación recíproca como en el caso de *dar* versus *recibir*, *comprar* versus *vender*, *marido* versus *esposa*, *profesor* versus *estudiante* y *doctor* versus *paciente*. Por ejemplo, si *María da un regalo a su padre* también es cierto que *el padre recibió un regalo de María*.

La sinonimia

Los términos **sinónimos** son palabras que tienen un significado semejante. Esto implica que tienen significante diferente, pero significados parecidos. Por ejemplo, las palabras *insólito* y *extraño* comparten cierta semejanza de significado. Este parecido es particularmente evidente cuando ambos términos pueden aparecer en un mismo contexto (p. ej., *me ocurrió algo extraño/ insólito en la tarde*). Observemos algunos ejemplos en (24).

(24) a. Los pasajeros abordaron el <u>avión</u>.
     b. Los pasajeros abordaron el <u>aeroplano</u>.
     c. La carretera era <u>ancha</u>.
     d. La carretera era <u>amplia</u>.

Avión y *aeroplano* se pueden considerar sinónimos en los ejemplos (24a) y (24b). Lo mismo se puede afirmar de las palabras *ancha* y *amplia* en los ejemplos correspondientes. Sin embargo, los estudiosos de estos temas (p. ej., Berruto, 1979; Saeed, 2009) coinciden en señalar que la sinonimia perfecta no existe. El uso de una palabra particular puede revelar diferencias de sentido de naturaleza social, estilística o afectiva. Quizá, sea posible afirmar que en (24a) y (24b) la palabra *avión* representa una palabra más común y de uso frecuente que *aeroplano*. De hecho una búsqueda en el *Corpus de Referencia del Español Actual* revela que la palabra *avión* aparece en 7308 casos en 2902 documentos, mientras que *aeroplano* aparece en 155 casos en 76 documentos. Esta diferencia es indicativa de un contraste estilístico según el cual *aeroplano* se podría considerar un término más apropiado para registros formales. También es cierto que los términos que se consideran sinónimos no siempre pueden aparecer en los mismos contextos lo cual es indicativo de que hay ciertas diferencias de sentido entre ellos. Por ejemplo, las palabras *ancho* y *amplio* pueden ser sinónimas como en (24c) y (24d), pero en otros contextos (p. ej., *Su discurso fue amplio/*ancho y bien recibido, Su discurso fue ampliamente/*anchamente aplaudido*) sólo *amplio* y *ampliamente* son gramaticalmente aceptables. De esta forma, se revelan diferencias de sentido y restricciones de uso según el contexto.

Prototipos

Para entender el contexto en el cual se ha empleado la noción de prototipos en semántica es necesario resaltar que el significado lingüístico en gran parte depende de la conceptualización. Langacker (2008, p. 43) describe la conceptualización como un proceso "dinámico, interactivo, imaginativo que implica el uso preciso de imágenes para la expresión libre de ideas". Un aspecto central, señalado por Langacker, se relaciona con el hecho de que el significado consiste no sólo del contenido conceptual sino también de una manera específica de construir tales contenidos. El término construir se emplea para indicar la forma en la cual podemos presentar la misma situación de maneras alternativas a través de la expresión lingüística. La noción de prototipos es relevante en este respecto debido a que a través de los prototipos se propone un modelo según el cual los conceptos se estructuran sobre la base de miembros centrales o típicos de una categoría y, a la vez, miembros que se consideran marginales. Por ejemplo, si pensamos en el concepto de fruta, la *manzana* o la *banana* podrían considerarse miembros centrales o estereotípicos de la categoría. En contraste, el *tomate* sería un miembro periférico debido a que, a pesar de ser clasificado por la botánica como una fruta, es considerado en la tradición culinaria como un vegetal. De esta forma se considera un **prototipo** al miembro o a los miembros característicos de una categoría.

La teoría de prototipos, basada en el trabajo de Rosch (1973, 1978), Rosch y Mervis (1975) y Rosch, Mervis, Gray, Johnson, y Boyes-Braem (1976), ha aportado evidencia experimental de que los participantes son capaces de evaluar cuáles son los miembros centrales y periféricos de una cierta categoría. El término **categoría** en el trabajo de Rosch et al. (1976, p. 383) se refiere a un determinado número de objetos que se consideran equivalentes. Una **taxonomía**, por su parte, consiste en un sistema que permite establecer relaciones entre categorías según la inclusión por clase. Ejemplos de las taxonomías empleadas por Rosch et al. (1976) se pueden observar en **cuadro 7.1**.

Cuadro 7.1 Algunos ejemplos de las taxonomías empleadas como estímulo en el trabajo de Rosch y Mervis (1975), Rosch, Mervis, Gray, Johnson, y Boyes-Braem (1976, p. 388).

Taxonomías no biológicas			
Orden superior	**Nivel básico**	**Orden inferior**	
Instrumento musical	Guitarra	Guitarra tradicional	Guitarra clásica
	Piano	Piano de cola	Piano vertical
	Tambor	Timbal	Tambor de base
Fruta	Manzana	Una deliciosa manzana	Manzana Mackintosh
	Durazno	Durazno maduro con la pulpa despegada de la semilla	Durazno con la pulpa adherida a la semilla
	Uvas	Uvas rojas	Uvas verdes sin semillas
Herramienta	Martillo	Martillo de bola	Martillo de orejas (uña)
	Sierra	Segueta	Serrucho
	Destornillador	Destornillador de estrías	Destornillador plano
Ropa	Pantalones	Levis (Jeans)	Pantalones de doble tejido
	Medias	Medias (calcetines) que cubren hasta la rodilla	Medias (calcetines) que cubren hasta el tobillo
	Camisa	Camisa de vestir	Camisa de punto

Los ejemplos que se presentan en el **cuadro 7.1** poseen una categoría de orden superior que incluye un conjunto de objetos denominados como parte del nivel básico. Los objetos específicos para cada ejemplo del nivel básico forman parte del orden inferior. De acuerdo con Rosch et al. (1976), las categorizaciones que hacemos los seres humanos del mundo concreto no son arbitrarias, sino que se basan en los atributos y la estructura que se percibe de la realidad circundante. El segundo aspecto que resalta de los resultados experimentales es que las categorías básicas son las que poseen mayor información y son las más incluyentes. Es decir, se pueden considerar los entes prototípicos que tienen la mayor cantidad de atributos representativos de la categoría. Los investigadores también revelan en sus experimentos como la estructuración de los objetos se basa en grupos de atributos comunes que suelen co-ocurrir, así como las secuencias de movimientos que forman parte de nuestro uso e interacción con la entidad en cuestión. Adicionalmente, se mencionan aspectos tales como la semejanza, la forma y la fiabilidad.

El conjunto de experimentos completados por Rosch et al. (1976) también provee evidencia que indica que los niveles básicos muestran ser económicos y útiles. Los investigadores argumentan que en experimentos dedicados a la identificación de objetos los resultados indican que los estímulos son percibidos y reconocidos como parte de un nivel básico. Los hallazgos de los experimentos con niños revelan que son capaces de clasificar en taxonomías objetos básicos. Adicionalmente, los resultados también indican que los nombres de los objetos más básicos son los más frecuentes en el habla adulta y los primeros en ser adquiridos en el habla infantil. De esta forma las categorías a un nivel básico se pueden considerar como inclusivas, generalmente se asocian a una imagen mental y se emplean en el lenguaje cotidiano como referencias neutrales, entre otros aspectos.

Un elemento importante de la discusión se relaciona con lo que Croft y Cruse (2004) argumentan en cuanto a que las evaluaciones sobre los miembros de una cierta categoría dependen en buena parte de factores como la familiaridad y la experiencia cultural. De hecho Rosch et al.

(1976, p. 433–435) afirman que su estudio sobre la universalidad de los principios de categorización considera lo siguiente: "el contenido de las categorías no debe ser calificado como universal. Se ha argumentado que las categorías reflejan tanto la estructura del mundo concreto como el conocimiento que poseen los individuos que hacen la categorización." [Nuestra traducción]. Las diferencias geográficas y la visión que se refleja en la forma como los grupos y los individuos clasifican los objetos del entorno según el conocimiento variable de los atributos que los caracterizan explican en parte las divergencia cultural.

Se ha mencionado en la literatura que la noción de prototipo en la psicología se concibe como una abstracción en la forma de un conjunto de rasgos típicos (p. ej., para una categoría sobre los perros podría pensarse en rasgos tales como peludos, cuatro patas, hocico, habilidad de ladrar, etc.). Propuestas alternativas utilizan el concepto de **ejemplar** (consulta el **capítulo 4** para aprender sobre la aplicación de este concepto en fonología) el cual consiste en que las representaciones cognoscitivas de las categorías se basan en instancias específicas con las cuales tenemos experiencia. La clasificación de nuevos miembros de una cierta categoría dependería de las relaciones de semejanza con los miembros existentes que se consideran centrales. Las diferencias entre ambas concepciones se explican a través del nivel de abstracción que supone el proceso de categorización. La idea de miembros ejemplares se relaciona con las experiencias concretas del individuo con su entorno.

Enfoque en la investigación: Los prototipos y las categorías semánticas

Rosch (1973) estudia la hipótesis que plantea que los dominios relacionados con los colores y las formas se estructuran de manera no arbitraria de acuerdo con categorías semánticas basadas en prototipos naturales. El estudio se basa en dos experimentos en los que se empleó participantes de la cultura dani procedentes de Papúa Nueva Guinea. La selección de estos participantes estuvo motivada por el hecho que sólo distinguen dos colores: "mili" que significa aproximadamente oscuro y "mola" que significa aproximadamente claro. Adicionalmente, la lengua dani no tiene palabras específicas para referirse a las formas geométricas. Por lo tanto, el propósito de esta investigación era estudiar el aprendizaje de los colores y las formas geométricas en inglés por hablantes de dani. En cuanto a los colores, la investigadora presentó los estímulos de la siguiente manera: se presentaron 6 categorías diferentes, en dos de ellas los colores focales (un tono de un cierto color que representa el mejor ejemplo de la categoría, entre los que se podrían incluir el rojo, el verde, el azul, el amarillo, el morado, etc.) eran centrales, dos grupos en los que había categorías de colores no prototípicas en el centro y, por último, dos grupos en los cuales los colores focales se presentaban como periféricos. Los resultados del primer experimento muestran que en aquellos casos en que los colores focales eran centrales (estímulo que representa el prototipo natural) hubo significativamente menos errores de aprendizaje que en los otros estímulos experimentales. El segundo experimento analiza el aprendizaje de formas geométricas con el propósito de replicar el experimento de los colores en otro dominio. De manera semejante, se entrevistaron a 94 participantes hablantes de dani quienes respondieron a estímulos en los que las formas geométricas básicas eran centrales, un segundo grupo en que las formas no prototípicas eran centrales y un último grupo con las formas prototípicas como periféricas. Los resultados confirman que los grupos en los que la categoría prototípica era central fueron aprendidos con menos errores que cualquier otro estímulo experimental. La investigación presenta evidencia de que los resultados encontrados con respecto al color y las formas geométricas podrían extenderse a otros dominios que también se organizan en categorías naturales o prototípicas.

Aplicación 7.B: www.wiley.com/go/diaz-campos

El significado a nivel de la oración
El tiempo, modo y aspecto

En esta sección hacemos una transición hacia tópicos que no sólo afectan el significado en el nivel de la palabra, sino también en el nivel de la oración. En las explicaciones sobre las relaciones semánticas entre palabras nos hemos enfocado en el análisis de las palabras de contenido (p. ej., *pantalones, manzanas, sierra*, etc.). No obstante, existen otros tipos de significación que destacan las relaciones gramaticales que permiten a los hablantes clasificar las situaciones mediante el empleo de distinciones semánticas. Dichas distinciones expresan el marco temporal en que se lleva a cabo un determinado evento (i.e., tiempo: *cantó* versus *cantará*); la forma en que los eventos, acciones o estados son percibidos según la duración que se codifica a través de recursos léxicos o gramaticales (i.e., aspecto: *canto* versus *estoy cantando*). Asímismo, se indica la actitud del hablante en relación con la veracidad o confiabilidad de las aseveraciones que éste hace (i.e., modo: *hago* versus *haga*). El ejemplo sobre el marco temporal presenta el contraste entre *cantó* versus *cantará* según el cual la forma *cantó* hace referencia a un evento que ocurrió en un punto anterior al momento del habla, el cual se conoce con el nombre técnico de **origo**, mientras que *cantará* es un evento que ocurrirá en un punto posterior con relación al origo. En el ejemplo de *canto* versus *estoy cantando,* se presenta un contraste que revela la duración continua y en curso de la forma progresiva *estoy cantando.* En el último ejemplo, el contraste entre *hago* versus *haga* ejemplifica la diferencia entre modo indicativo y subjuntivo. *Hago* indica la certeza en relación con la situación que se expresa, mientras que *haga* muestra la incertidumbre en cuanto a la realización del evento. Es importante destacar que en español los ejemplos que hemos explicado emplean recursos de la morfología (i.e., morfemas flexivos) y léxicos para marcar los diferentes contenidos gramaticales (i.e., tiempo, modo, aspecto). En otras lenguas se pueden emplear otros recursos que pueden ser de naturaleza léxica (también presentes en el español como en el caso de los adverbios, *hoy, siempre, frecuentemente*, etc.). Sin embargo, la semántica no se ocupa de los mecanismos que se emplean sino de la significación con la cual se asocian.

La expresión del tiempo

Existen mecanismos que permiten a los hablantes asociar las diferentes situaciones expresadas en relación con el tiempo. Desde el punto de vista gramatical el español posee un sistema morfológico que varía según estemos expresando que una determinada situación ocurra en el pasado, el presente o el futuro. El contraste entre formas simples y compuestas también se relaciona con la expresión del tiempo (p. ej., *comí* versus *he comido*). Asimismo, hay otros elementos léxicos que pueden ser indicativos de tiempo como es el caso de los adverbios y de otras expresiones temporales (p. ej., *ayer, ahora, mañana, pasado mañana*, etc.). Sedano (2011, p. 195) argumenta que el tiempo gramatical en el discurso se define con relación a un eje temporal deíctico. El término **deíctico** quiere decir que la interpretación depende de un punto de referencia que coincide generalmente con el momento y el lugar en que el hablante emite un enunciado. La **deixis** permite al hablante establecer puntos de referencia temporal o espacial según la situación concreta del hablante. Ya hemos dicho que este punto de referencia al momento del habla (i.e., el "ahora" del hablante) se conoce con el nombre de origo. El esquema en la **ilustración 7.6** indica que el pasado, el presente y el futuro son puntos de referencia temporal que mantienen una relación directa con el origo, es decir, con el momento de emisión del enunciado.

Los tiempos que mantienen esta relación directa se caracterizan como **tiempos absolutos**. Observa los ejemplos en (25), (26) y (27).

(25)   Maribel <u>preparará</u> el almuerzo de los niños.

(26)   Maribel <u>prepara</u> el almuerzo de los niños.

(27)   Maribel <u>preparó</u> el almuerzo de los niños.

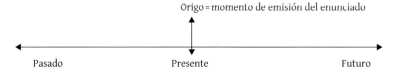

Ilustración 7.6 Representación de la línea temporal y de los tiempos que mantienen una relación directa con el origo según Sedano (2011, p. 195).

El ejemplo en (25) *preparará* hace referencia a un punto posterior al presente. Esta referencia temporal contrasta con (26) en donde se hace referencia a un punto que coincide con el origo y con (27) donde se alude a un punto anterior al presente. Recordemos que generalmente el presente se relaciona con el origo, es decir, el momento de la enunciación.

El complejo sistema temporal del español incluye también una serie de **tiempos relativos** los cuales se definen de esta forma por tener una relación indirecta con el origo.

(28)   Maribel <u>entró</u> a la casa cuando los niños <u>jugaban</u> cerca de la puerta.

La **ilustración 7.7** muestra que el punto de referencia temporal de *entró* es el origo, mientras que el punto de referencia para definir el significado de *jugaban* es *entró*. De esta manera en el ejemplo en (28) la forma verbal *entró* se considera un punto anterior al momento del habla, mientras que *jugaban* se considera una acción continua en el pasado de acuerdo con el punto de referencia que es la forma *entró*. Estas dos formas también suponen una diferencia aspectual de la cual discutiremos en la próxima sección.

El aspecto

El **aspecto** se considera una categoría no deíctica que hace referencia al principio, desarrollo o culminación de una situación o evento (Sedano 2011, p. 197). Comrie (1976, p. 3) define el aspecto "como las diferentes maneras de distinguir la estructura temporal interna de una situación". Esto quiere decir que mientras el tiempo como categoría se define de acuerdo con ciertos

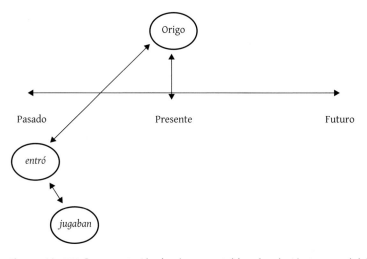

Ilustración 7.7 Representación de cómo se establece la relación temporal del tiempo absoluto *entró* y del tiempo relativo *jugaban*.

puntos de referencia temporal externos, el aspecto muestra la conformación temporal interna de un evento o situación. Observa los siguientes ejemplos.

(29) <u>Comenzó a salir</u> el sol a las 12 del día.

(30) <u>Está nevando</u> ahora en todo el país.

(31) Maribel <u>terminó</u> el informe para la oficina ayer.

En estos ejemplos se muestra diferencias aspectuales que indican el inicio de una situación (29), el desarrollo de una situación (30) y la culminación de un evento (31) tal como lo describe la forma o construcción verbal empleada. El aspecto en español puede ser expresado a través de morfemas flexivos como en el ejemplo en (31) en el cual la *-ó* de la forma *terminó* se relaciona con el significado de finalización del evento. En los ejemplos (29) y (30) las perífrasis verbales (i.e., las frases verbales) empleadas (i.e., *comenzar* + a + infinitivo; *estar* + gerundio) poseen la significación aspectual de inicio y desarrollo de la situación respectivamente.

Una de las diferencias aspectuales más importantes es la distinción entre el perfectivo y el imperfectivo (Sedano, 2011). El término **perfectivo** hace referencia a situaciones que han sido completadas, mientras que el imperfectivo indica situaciones en desarrollo, es decir, no culminadas. En el ejemplo en (28) se presenta una de las distinciones aspectuales básicas que resulta característica del español entre la forma perfectiva *entró* y la imperfectiva *jugaban*. El ejemplo en perfectivo presenta la situación como terminada, mientras que *jugaban* no indica cuando se completó la acción sino que ofrece una perspectiva que destaca el desarrollo de la misma desde el punto de vista de su estructura interna. Comrie (1976, p. 16) caracteriza la perfectividad como la percepción de una situación como un todo sin que se distingan las distintas fases que la componen. En contraste, la imperfectividad hace énfasis en la estructura interna de la situación. Observa los siguientes ejemplos en los que se hace una clasificación de las formas según carácter perfectivo o imperfectivo siguiendo lo propuesto por Comrie (1976, p. 25).

(32) Maribel <u>llegó</u> del trabajo a las 4 de la tarde.

(33) Luis <u>suele leer</u> el periódico todas las mañanas.

(34) Maribel <u>tiene</u> dos carros en el garaje.

(35) Pedro <u>está corriendo</u> en el parque ahora.

(36) Mariela <u>cocina</u> como una profesional.

Ya se ha mencionado la distinción mayor entre perfectivo e imperfectivo. Según esta clasificación el ejemplo en (32) sería perfectivo y el resto de los ejemplos serían imperfectivos. Sin embargo, de acuerdo con Comrie (1976), las formas imperfectivas se subclasifican a su vez habituales como en (33) y continuas como en los ejemplos (34), (35) y (36). La categoría **habitual** se define como aquella que se asocia con la ocurrencia extendida y repetida de una determinada situación por lo cual se considera una característica importante del período completo. El término **continuo** se entiende como una situación de carácter imperfectiva que no está determinada por la habitualidad. Es decir, perdura a lo largo de cierto tiempo sin ser habitual. Las formas continuas también se subdividen en progresivas como en (35) y no progresivas como en (34) y (36). De acuerdo con la propuesta de Comrie (1976), la forma del presente incluye una lectura progresiva. La diferencia fundamental es que **progresivo** presenta la situación en curso (i.e., mientras ocurre). De esta forma, la clasificación propuesta por Comrie (1976) se puede representar como se propone en la **ilustración 7.8.**

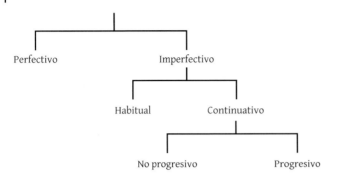

Ilustración 7.8 Clasificación de las oposiciones aspectuales según Comrie (1976, p. 25) tomada de Delgado-Díaz (2014) Origen: Comrie (1976, p. 25). Reproducido con el permiso de Cambridge University Press.

El aspecto léxico

En la sección anterior hemos definido algunos asuntos básicos sobre el aspecto sin tomar en cuenta la naturaleza de los elementos léxicos de manera específica. La noción de aspecto léxico toma en cuenta las diferenciaciones semánticas que se derivan de los rasgos particulares de las clases de verbos y de los predicados que pueden aparecer en cada caso con tales categorías. La *Nueva Gramática de la Lengua Española* (RAE, 2011) propone la siguiente clasificación de los verbos y sus predicados:

1) Actividades (p. ej., *caminar, cantar, jugar, trabajar, correr, saltar, bailar*)
2) Estados (p. ej., *saber, creer, querer, ser, estar, merecer algo, amar, haber, existir, gustar, lamentar*)
3) Realizaciones (p. ej., *cantar una canción, caminar 5 km, escribir un libro, construir un edificio, leer el periódico*)
4) Logros (p. ej., *despertarse, llegar, disparar, entrar, caerse, alcanzar la meta*)

Esta clasificación, originalmente derivada de los trabajos de Vendler (1967), se basa en la caracterización de los verbos y sus predicados según la duración, la delimitación y el dinamismo implícito en las situaciones que se designan. Observemos el **cuadro 7.2** en el que se ofrece una clasificación de las cuatro categorías.

La RAE (2011, p. 432) propone que la **duración** es una característica de aquellas situaciones que deben transcurrir o desarrollarse en un período de tiempo como en el caso de las actividades, las realizaciones y los estados. Los predicados que no poseen duración son aquellos que se refieren a eventos puntuales como es el caso de los logros (p. ej., *despertarse, llegar, disparar, entrar, caerse, alcanzar la meta, toser, ganar la carrera*, etc.). La **delimitación** se relaciona con la categoría conocida como **telicidad** la cual indica que una situación o evento posee un punto final (p. ej., *escribir una carta, leer el periódico, ganar la carrera, despertarse, llegar, disparar*). Este rasgo sirve para caracterizar las realizaciones y los logros. Los verbos **dinámicos** y sus

Cuadro 7.2 Clasificación de los verbos y sus predicados según la duración, la delimitación y el dinamismo implícito en las situaciones que se designan.

	Duración	Delimitación	Dinamismo
Actividades	+	−	+
Estados	+	−	−
Realizaciones	+	+	+
Logros	−	+	+

respectivos predicados se relacionan con una actividad física que requiere el uso de energía por parte de quien realiza la actividad (p. ej., *caminar, cantar, jugar, trabajar, correr, saltar, bailar,* etc.). En esta categoría se incluyen las actividades, las realizaciones y los logros. Sedano (2011, p. 269) argumenta que existe una relación entre los verbos dinámicos y las formas progresivas que se comprueba mediante la combinación que puede ocurrir en las perífrasis de *estar* + infinitivo (p. ej., *estoy caminando, estoy cantando, estoy jugando,* etc.) u otras perífrasis de significado progresivo (p. ej., *ir* + infinitivo: *iba caminando, iba cantando, iba jugando,* etc.). En contraste, los verbos estativos no pueden emplearse en este tipo de construcciones o por lo menos son muy poco frecuentes estos usos (p. ej., **estoy sabiendo, *estoy creyendo,* etc.). Es posible que se den algunos usos excepcionales, pero no constituyen la norma. Existen algunas pruebas adicionales para establecer diferencias entre algunas de estas categorías, las cuales se resumen en el **cuadro 7.2** (Clements, material de clase inédito basados en Van Valin & LaPolla, 1997).

El **cuadro 7.3** presenta algunos ejemplos de los tipos de pruebas que se pueden hacer con el objeto de diferenciar entre los predicados estativos y los no estativos. La suposición subyacente en la primera prueba es que los verbos estativos no se pueden emplear en construcciones con significado progresivo (p. ej., **Maribel está teniendo una moto*). El uso de un predicado estativo en una construcción progresiva se considera agramatical. La segunda prueba para distinguir entre predicados estativos y no estativos supone el uso de un modificador adverbial indicativo de propósito. En este caso la modificación adverbial con a propósito resulta en una lectura agramatical del predicado estativo (p. ej., **Mario sabe que hace calor a propósito*). La siguiente categoría de pruebas incluye la distinción entre predicados télicos y atélicos. En este caso un

Cuadro 7.3 Pruebas lingüísticas para la identificación de diferentes categorías según su aspecto léxico (adaptado de Clements, material de clase inédito).

I. Diferenciación entre predicados estativos versus no estativos: los verbos estativos no se pueden emplear en el progresivo o con un adverbio que indica propósito.

	No estativos	Estativos
a. Empleo del progresivo	Maribel está comiendo	*Maribel está teniendo una moto
	Maribel está saltando	*Maribel está sabiendo la tarea
b. El empleo de un adverbio que indica propósito	Iraida llega tarde a propósito	*Mario sabe que hace calor a propósito
	Iraida canta a propósito	*Gibran se siente alegre a propósito

II. Diferenciación entre predicados télicos y atélicos: la expresión en progresivo *Pedro está corriendo* implica *Pedro ha corrido* en el caso de los verbos atélicos.

Gaby está comiendo algo	*implica*	Gaby ha comido algo
Marcos está viendo la tele	*implica*	Marcos ha visto la tele
Pedro está llegando a Caracas	*no implica*	Pedro ha llegado a Caracas

III. Diferenciación entre predicados puntuales y no puntuales: los verbos puntuales no se pueden usar en esta construcción de tipo durativo.

Prueba con construcción de significado durativo (pasar cierto tiempo VERBO-ando)	Maribel pasa una hora comiendo	*Maribel pasa una hora entrando a la oficina
	Gibran pasa una hora corriendo en el parque	*Gibran pasa una hora llegando a la universidad

predicado puntual que incluye el verbo llegar como en *Pedro está llegando a Caracas* no puede implicar *Pedro ha llegado a Caracas* (pues el significado de *está llegando* quiere decir que no ha terminado de llegar). La tercera categoría incluye una prueba para distinguir entre predicados puntuales y no puntuales. De esta forma, en el ejemplo **Maribel pasa una hora entrando a la oficina* el empleo de la construcción (pasar cierta cantidad de tiempo VERBO-ando) produce una oración agramatical debido a que *entrar* es incompatible con la expresión modificadora *pasar una hora*. Con estas observaciones sobre el aspecto léxico culminamos esta breve sección y continuamos con una discusión acerca del modo en español.

El modo

Ya hemos adelantado al inicio de esta sección que el modo refiere a la actitud del hablante en relación con el contenido de lo que dice en un determinado enunciado. En la literatura sobre el tópico se distingue entre los términos modalidad y el modo verbal como algo más específico (p. ej., RAE, 2011; Sedano, 2011). De esta forma los aspectos relacionados con la actitud del hablante en un enunciado se consideran parte de la **modalidad** y generalmente se distinguen mediante diversos medios tales como usos adverbiales, verbos modales, etc. Para entender la diferencia entre modalidad y modo del verbo nos referiremos a la distinción entre dictum y modus. En un enunciado cualquiera se puede distinguir entre el contenido propiamente dicho, es decir, el **dictum** y la actitud del hablante hacia lo que dice, es decir, el **modus**. Observemos los siguientes ejemplos.

(37) *Estoy seguro de que Anna tiene una reacción alérgica en la piel.*

(38) *Quizá, Anna tenga una reacción alérgica en la piel.*

(39) *Probablemente, Anna tenga una reacción alérgica en la piel.*

El *dictum* de estos enunciados se podría expresar como "Anna tiene una reacción alérgica en la piel", mientras que la actitud del hablante se revela a través de los elementos subrayados los cuales reflejan el grado de certidumbre del hablante con respecto a lo que dice. En (37) se manifiesta certeza, mientras que en (38) y (39) se muestra duda. Las herramientas que permiten la expresión de la modalidad pueden ser variadas. Por ejemplo, la entonación, ciertos elementos léxicos, la morfología verbal, así como recursos sintácticos entre los que se incluyen el orden de palabras. Como la intención de esta sección es ofrecer un panorama introductorio al tema, no proporcionamos una revisión de todas las categorías de modalidad que existen, sino que nos enfocamos en las que han sido consideradas como más relevantes: la modalidad epistémica, la modalidad deóntica y el modo verbal.

La RAE (2011) clasifica la modalidad epistémica y deóntica como parte de la modalidad proposicional. La **modalidad epistémica** indica el grado de compromiso que adopta el hablante hacia lo que dice (p. ej., posibilidad, incertidumbre), mientras que la **modalidad deóntica** expresa obligación, responsabilidad o permiso. Observemos los ejemplos de (40) a (43) para ilustrar el concepto de la modalidad proposicional.

(40) Es posible que llueva durante toda la semana.

(41) No creo que pueda ir a clases el lunes.

(42) Tienes que terminar la tarea.

(43) Pueden abrir los libros ahora para revisar las respuestas.

Las oraciones en (40) y (41) expresan duda en relación con lo que se dice y se pueden considerar ejemplos de la modalidad epistémica por este motivo. El ejemplo en (42) indica obligación, mientras que la oración en (43) expresa permiso por lo cual se clasificarían como de modalidad deóntica. En español las perífrasis del tipo *tener que* + infinitivo así como *deber de* + infinitivo se asocian con la expresión de obligación y por lo tanto son parte de la modalidad deóntica. El español muestra usos modalizados de ciertas formas verbales como se muestra en (44) y (45).

(44) Luis no llegó a la hora. <u>Será</u> que tuvo un accidente.

(45) Luis no llegó a la hora. <u>Sería</u> que tuvo un accidente.

La interpretación de ambos ejemplos con el uso de las formas *será* y *sería* implica la probabilidad de que algún evento inesperado haya ocurrido sobre el cual el hablante no tiene certeza. El equivalente podría expresarse de la siguiente manera: "Probablemente Luis tuvo un accidente". Es decir que se trata de una situación que ocurre en el presente sobre la cual existe una incertidumbre.

El **modo verbal** es un término que se reserva para las distinciones específicas que aparecen codificadas en la morfología de las formas verbales en español (p. ej., *canto* versus *cante*, *hago* versus *haga*). La RAE (2011) señala la existencia de tres modos verbales en español: el indicativo, el subjuntivo y el imperativo. El **indicativo** es el modo verbal para comunicar certidumbre. Es decir, el hablante manifiesta una actitud que presenta las situaciones como algo real.

(46) Yo <u>canto</u> en el coro de la universidad.

(47) Yo <u>hago</u> ejercicios físicos todos los días.

El modo **subjuntivo** se relaciona con situaciones que se consideran irreales o hipotéticas. Sedano (2011, p. 201) describe este modo como el que se emplea para expresar "situaciones pensadas, deseadas o imaginadas". A pesar de que algunas formas subjuntivas pueden aparecer en cláusulas principales, éstas suelen aparecer en cláusulas subordinadas.

(48) Quizá, <u>cante</u> en el coro de la universidad.

(49) Es importante que <u>cantes</u> en el coro de la universidad.

(50) Busco a alguien que <u>sepa</u> cantar ritmos populares.

El ejemplo en (48) muestra el uso del subjuntivo en una cláusula independiente o principal, mientras que el resto de los ejemplos ilustran el uso del subjuntivo en cláusulas dependientes o subordinadas.

El modo imperativo es el que sirve para expresar una orden o mandato. La RAE (2011) señala que los enunciados en imperativo constituyen actos verbales con los que se solicita algo. El modo imperativo es descrito como defectivo, pues sólo posee formas en el presente y en la segunda persona. **Defectivo** quiere decir que no se puede conjugar en todas las formas posibles y por eso es un modo que posee paradigmas incompletos. Según la RAE, a pesar de que algunos autores han considerado el imperativo como una variante del subjuntivo en cláusulas independientes, el imperativo debe considerarse como un paradigma diferenciado. Observemos los siguientes ejemplos.

(51) <u>Sal</u> rápido de la casa.

(52) <u>Ten</u> paciencia.

(53) <u>Tenga</u> paciencia. (usted)

(54) <u>Venid</u> preparados. (vosotros en el norte de España)

(55) <u>Vengan</u> preparados. (<u>ustedes</u>)

De los ejemplos presentados, las formas *sal, ten*, y *venid* son exclusivas del modo imperativo, mientras que *tenga* y *vengan* son conjugaciones compartidas con el modo subjuntivo. Debido a que en Latinoamérica no se emplea *vosotros* el imperativo se expresa como se ilustra en el ejemplo en (55) la cual es una forma compartida con el subjuntivo. Con esta breve explicación del modo verbal concluimos esta sección en la que se ha ofrecido un resumen de los aspectos más importantes relacionados con la modalidad y el modo.

La deixis

Para entender el concepto de deixis resulta interesante y relevante establecer el siguiente contraste: cuando pensamos en el significado de una palabra como *libro* nos imaginamos un objeto compuesto de hojas de papel y forma rectangular que contiene información que puede ser leída. Adicionalmente, podemos hacernos una imagen mental del objeto concreto que existe en el mundo real. Sin embargo, cuando pensamos en el significado de palabras como *yo, allí, hoy*, etc., no podemos hacer referencia a elementos concretos puesto que la definición de cada una de estas palabras depende de ciertos puntos de referencia que son parte del evento discursivo en el que ocurren. La deixis precisamente se refiere a aquellas unidades lingüísticas que para ser interpretadas requieren que se tome en cuenta el contexto y la situación en la que se producen. Originalmente, el termino deixis proviene de la palabra griega que significa señalar o mostrar. La palabra **contexto** la empleamos para indicar el entorno discursivo y lingüístico, mientras que la **situación** es el entorno concreto donde ocurre el acto de habla. Imaginemos que estamos en una heladería y la persona que nos acompaña dice la siguiente oración:

(56)   Yo *quiero* ese helado.

Para poder interpretar adecuadamente el significado de esta oración necesitamos saber que "yo" refiere a la persona que nos acompaña quien habla con nosotros en la heladería. Adicionalmente, requerimos saber que "ese helado" indica la selección que nuestro acompañante ha hecho, la cual nos señala en la situación concreta (imaginemos que la selección es chocolate de todas las opciones disponibles). La recreación del contexto en el que ocurre el enunciado nos permite establecer una interpretación de acuerdo con ciertos puntos de referencia. En esta breve introducción a este tema distinguiremos tres tipos de deixis: 1) personal, 2) espacial y 3) temporal.

La **deixis personal** se relaciona con los términos que empleamos para establecer la relación que se da entre el hablante, el oyente y las personas o cosas a las que se hace referencia en la conversación. La referencia personal puede involucrar formas nominales que no son necesariamente pronombres, aunque lo más común es el uso de los pronombres en este tipo de deixis. De esta forma, *yo* y *nosotros* son indicativos del hablante y forman parte de la primera persona. *Tú, vos* (forma empleada en Centro América, Cono Sur, etc.), *usted, ustedes* y *vosotros* (en el norte de España) se emplean para referirnos a nuestros interlocutores u oyentes y *él, ella, ellas, ellos* se emplean para indicar la tercera persona. De esta forma, el significado de estas formas depende de la situación del individuo en el discurso si es el hablante o si es el oyente o si no es ni hablante ni oyente. Adicionalmente, en español el sistema pronominal tónico incluye distinciones entre singular y plural, femenino y masculino (p. ej., *ella* versus *él*) y aspectos de tipo social como la formalidad a través de la diferencia que se da entre *tú* y *vos* los cuales se emplean con amigos y personas de confianza versus *usted* el cual se usa con desconocidos y personas mayores.

La **deixis espacial** permite al hablante establecer una división del entorno que lo rodea. Se trata de un marco de referencia que emplea el hablante el cual se basa en el contexto discursivo. Por ejemplo, el uso de los adverbios *aquí, allí* y *allá* (véase los ejemplos (57),

(58), y (59)) sirve para ilustrar el significado relativo de cada adverbio según la posición del hablante.

(57) ¿Me puede mostrar la silla que está <u>aquí</u>?

(58) ¿Me puede mostrar la silla que está <u>allí</u>?

(59) ¿Me puede mostrar la silla que está <u>allá</u>?

El significado de estos términos depende de la cercanía del hablante con respecto al objeto al cual hace referencia. En este caso, la silla es el objeto del que se habla y el significado que se deriva del uso de *aquí* es que la silla está cerca del hablante. El uso de *allí* implica un punto intermedio y *allá* es una manera de decir que la silla está lejos del hablante. Otro ejemplo muy parecido que depende de la posición del hablante con respecto al objeto del que habla son los adjetivos demostrativos. El español codifica una diferencia de tres niveles entre cerca del hablante (ejemplo (60)), en una posición intermedia (ejemplo (61)) y lejos del hablante (ejemplo (62)).

(60) Me gusta <u>este</u> carro.

(61) Me gusta <u>ese</u> carro.

(62) Me gusta <u>aquel</u> carro.

El uso de *este* indica un punto cerca del hablante, *ese* un punto intermedio y *aquel* un punto lejos del hablante según la situación en la que se produce el acto de habla. Éstos son un par de ejemplos representativos de la deixis espacial. Obviamente, hay otros términos que sirven para hacer referencia al espacio de manera deíctica tales como *cerca, lejos, norte, sur, este, oeste, delante, detrás*, etc., cuyo significado es dependiente del contexto.

Hemos visto que el tiempo es una categoría deíctica que se define de acuerdo con el momento del habla como punto de referencia a lo que denominamos **deixis temporal**. Se ha establecido también que existen tiempos absolutos y relativos según su relación directa o indirecta con el origo. Adicionalmente, encontramos otras referencias temporales en términos tales como *ahora, hoy, mañana, más tarde, tarde, en la noche*, etc., que se definen de manera relativa de acuerdo con el momento en que se produce el enunciado.

(63) <u>Repasaré</u> para el examen <u>mañana</u>.

(64) <u>Ahora estoy escribiendo</u> la carta.

El significado de los elementos subrayados en (63) se puede interpretar como un punto posterior al origo, mientras que el significado de las expresiones subrayados en (64) indica un punto que coincide con el momento del habla. En resumen, la breve presentación de la deixis nos permite concluir que existen una serie de elementos lingüísticos en el discurso cuya interpretación depende del contexto en que se emplean. En particular hemos estudiado sobre tres tipos de deixis: personal, espacial y temporal.

Enfoque en la investigación: La alternancia entre *aquí* y *acá*

Sedano (1994) en su artículo, *Evaluación de dos hipótesis acerca de la alternancia de aquí y acá*, examina dos hipótesis sobre el uso de estas formas. La primera hipótesis propone que el empleo de *acá* debe relacionarse con el movimiento hacia una meta, mientras que *aquí* se debe relacionar con el resto de los contextos. La segunda hipótesis de delimitación propone que *acá* se refiere a un espacio no delimitado, mientras que *aquí* se refiere a un espacio delimitado. Los resultados revelan que cuando se toma en cuenta la hipótesis de movimiento *acá* se emplea con el significado de movimiento hacia una meta un 51% y *aquí* un 49%. De esta forma no parece posible que todos los casos de *acá* se expliquen mediante esta hipótesis ya que ésta predice que *acá* siempre implica movimiento hacia una meta (p. ej., ven *acá*). El análisis que la autora propone (para explicar de manera efectiva todos los casos de uso tanto de *aquí* como de *acá*) supone que se tome en cuenta el significado de la preposición y el significado del verbo. En este sentido la investigadora argumenta que el uso de las preposiciones *hasta* y *a* así como el verbo *llegar* podrían marcar delimitación, lo cual favorecería el uso de aquí (p. ej., llegar hasta *aquí*, llegar a *aquí*). Por el contrario, el uso de *hacia* o *para* se emplearían para indicar la falta de delimitación, lo que debería favorecer el uso de *acá* (p. ej., *ven para acá, vente hacia acá*). La autora concluye que la hipótesis de la delimitación explica de manera más adecuada la variación en las muestras orales analizadas.

Aplicación 7.C: www.wiley.com/go/diaz-campos

Los roles semánticos

Los roles semánticos representan otra área de la semántica de la oración relacionada con el papel de los entes involucrados en una cierta situación. Observemos el ejemplo en (65).

(65) <u>Maribel</u> caminó <u>por el parque</u>.

En el ejemplo en (65) podemos identificar dos entes: *Maribel* y *el parque*. *Maribel* es la persona que realiza la acción de caminar y *el parque* indica el lugar donde ocurre la acción. De esta forma, cada entidad desempeña un papel diferente en la oración que hemos colocado como ejemplo: agente y lugar (ubicación). Los **roles semánticos** representan la relación que se establece entre el verbo como núcleo del predicado y los argumentos que lo acompañan en una oración (el **cuadro 7.4**). En otros términos, los roles semánticos indican la forma como los referentes codificados en las frases que acompañan al verbo contribuyen al estado, acción o situación que se describe en la oración. Se puede decir que los roles semánticos son una manera de caracterizar la relación de significación que se establece entre el verbo y sus argumentos. Generalmente se distinguen los siguientes roles: agente, paciente, la persona que experimenta, causa, el que recibe, instrumento, lugar, fuente y tiempo.

Un aspecto que resulta crucial de distinguir es la diferencia que hay entre los roles semánticos y las funciones gramaticales (p. ej., sujeto, objeto directo, objeto indirecto, etc.). No debemos confundir, por ejemplo, la función de sujeto con el rol de agente, pues se trata de dos conceptos diferentes como se puede apreciar en el ejemplo (75a) y (75b).

(75) a. <u>María</u> escribe un libro.
      b. <u>Un libro</u> es escrito por María.

En el ejemplo en (75a) *María* tiene el rol semántico de agente y la función sintáctica de sujeto, mientras que en (75b) *un libro* tiene el rol semántico de paciente y la función sintáctica de sujeto. De esta forma, en la misma función sintáctica de sujeto pueden aparecer diferentes roles semánticos (p. ej., agente, paciente). Un aspecto que resulta importante de considerar es el hecho de que el tipo de verbo impone ciertas restricciones en cuanto a las funciones en las que puede aparecer un cierto rol semántico. Por ejemplo, en las construcciones que incluyen verbos del tipo "gustar" como en (76) la posición sintáctica de sujeto sólo puede ser ocupada

Cuadro 7.4 Definiciones y ejemplos de los diferentes roles semánticos.

Roles semánticos y definición	Ejemplos
Agente: se trata de una entidad capaz de iniciar una acción de manera intencionada.	***Policía*** asesinó a sujeto que robaba en Cotiza.
Paciente: se trata de la entidad que experimenta los efectos de una cierta acción.	*Luisa hirió <u>a Mario</u> con una pistola.*
La persona que experimenta (el que experimenta): en este caso se distingue el papel de aquellas entidades que experimentan una cierta sensación física o estado psicológico sobre el cual no tienen control.	*<u>Manuel</u> siente la presión durante la competencia.*
Causa: el rol de causa indica un evento o fuerza natural que ocasiona un cambio de estado.	*Balnearios destruidos dejó <u>el mar de fondo</u> en Vargas.*
La persona que recibe (él que recibe): describe a la persona que recibe el producto de una cierta acción.	*Mario regaló <u>a Sandra</u> un cachorro.*
Instrumento: la herramienta u objeto que sirve de medio para la ejecución de un cierto acto. Implica la existencia de un agente que emplea el instrumento.	*Pedro reparó la cerca con <u>un martillo</u>.*
Lugar: indica donde se encuentra un cierto ente o donde ocurre una determinada situación.	*Explosión de gas <u>en hotel del Caribe mexicano</u> deja seis muertos.*
Fuente: se refiere a un punto de origen o el lugar de origen de donde una cierta entidad se mueve ya sea literal o metafóricamente.	a. *El barco viene procedente <u>de Colombia</u>.* b. *Ese diseño viene <u>de un libro peruano</u>.*
Tiempo: indica el momento cuando ocurre una acción o estado.	*Rodríguez abandonará la embajada <u>en los próximos días</u>.*

por el rol semántico de paciente y el objeto indirecto tiene el rol semántico de la persona que experimenta.

(76) <u>El helado</u> de mango <u>le</u> gusta <u>a Pedro</u>.

En este caso el helado se considera el sujeto sintáctico y desde el punto de vista semántico es el paciente. *Le* y *a Pedro* son repeticiones del objeto indirecto y semánticamente tienen el papel de la persona que experimenta.

La referencialidad

Al comienzo del capítulo se ha empleado el concepto de referente. Recordemos que hemos dicho que el referente se relaciona con el mundo exterior que conceptualizamos a través del lenguaje. Es decir que las expresiones lingüísticas podrían aludir a entidades del mundo real. De hecho cuando empleamos ciertas expresiones en el contexto discursivo codificamos a través de ellas entidades con las cuales tenemos experiencia directa.

El término **referencialidad** lo empleamos para indicar la posibilidad que tiene una expresión lingüística de simbolizar a entidades del mundo real como en el caso de (77b) en el cual el hablante alude a una película concreta que ha visto. En contraste, en el ejemplo en (77a) *una buena película* no hace referencia a algo concreto en la realidad y por lo tanto se considera una expresión no referencial. En ese caso el hablante no tiene en mente una película concreta a la que haga referencia.

(77) a. ¿Me puedes recomendar <u>una buena película</u>?
       b. Ayer vi <u>una película excelente</u>.

Enfoque en la investigación: La asignación de roles semánticos en pacientes afásicos

Saffran, Schwarts, y Linebarger (1998) estudiaron la asignación de los roles semánticos en pacientes con y sin afasia (pérdida de la capacidad del habla debido a un problema fisiológico que involucra partes del cerebro relacionadas con el lenguaje) cuya lengua nativa era el inglés. El estudio se basa en la premisa de que la asignación de roles en inglés depende del orden de palabras (p. ej., *the robin ate the insect* "el pájaro se comió el insecto"). La tendencia de los hablantes al interpretar este ejemplo es asignar el rol de agente al primer referente (i.e., *the robin* "el pájaro") y el de paciente al segundo (i.e., *the insect* "el insecto"). De igual forma el estudio incluye restricciones semánticas y la combinación de factores sintácticos y semánticos. Específicamente, se examina la influencia del orden de palabras y la violación de restricciones semánticas. Por ejemplo, en las oraciones *the artist dislikes the painting* "al artista no le gusta la pintura" en contraste con *the robin ate the insect* "el pájaro se comió el insecto" el referente painting "pintura" no puede ser agente porque carece de animacidad, mientras que los referentes robin "pajaro" e insect "insecto" si pueden intercambiar roles. La comparación de participantes normales y con afasia se hace con el objetivo de entender el efecto de la interacción entre restricciones semánticas y sintácticas. El estudio incluyó 320 oraciones que fueron dividas en cuatro bloques según las restricciones semánticas y sintácticas implícitas, tal como se explica en los ejemplos anteriores. Los participantes fueron ocho voluntarios no afásicos y siete pacientes afásicos que demostraron tener problemas en la comprensión de oraciones reversibles y particularmente en oraciones complejas de tipo pasivo y oraciones subordinadas relativas. Los sujetos evaluaron las oraciones en términos de su aceptabilidad. Los hallazgos demuestran que para los sujetos sin afasia la aceptabilidad de una oración se ve afectada por el número de frases nominales que compiten en la asignación de roles semánticos (p. ej., agente, paciente). Cuando la competencia es mínima debido a que los referentes codificados por las frases nominales sólo pueden cumplir un rol particular el tiempo de reacción es menor. Por el contrario, los pacientes afásicos cometieron mayores errores en las oraciones en las que se manipuló la estructura sintáctica. De esta forma, el orden de palabra no canónico (objeto-verbo-sujeto) ocasionó mayores desaciertos en los juicios de aceptabilidad. Los autores argumentan que la información semántica contribuye a la asignación de los roles tanto en pacientes con afasia como en pacientes sin afasia. Sin embargo, este efecto se magnifica en los pacientes con afasia debido a su inhabilidad sintáctica.

 Aplicación 7.D: www.wiley.com/go/diaz-campos

3 Preguntas formales

Hemos hecho una revisión de los elementos básicos que se requieren conocer para estudiar el significado. Como parte de esa revisión panorámica prestamos atención al concepto de modalidad el cual hemos descrito como revelador de los aspectos relacionados con la actitud del hablante en un enunciado. En esta sección profundizamos un poco más con relación a la noción de modalidad siguiendo lo propuesto en las teorías formales de acuerdo con lo que explican Bosque y Gutiérrez Rexach (2009).

Bosque y Gutiérrez Rexach (2009, p. 659) explican que el fenómeno de la modalidad parece agrupar una serie de manifestaciones gramaticales heterogéneas entre las que se incluyen los modos del verbo, los verbos modales (p. ej., *deber, poder*, etc.), los adjetivos modales (p. ej., *posible, necesario, importante*, etc.), los adverbios y expresiones adverbiales. Bosque y Gutiérrez Rexach (2009) argumentan que debido a esta heterogeneidad resulta complejo determinar si la modalidad puede ser reducida a una propiedad particular que se pueda expresar de manera formal como parte de un solo fenómeno. En las caracterizaciones generales sobre el tema de la modalidad, según se plantea en el trabajo de Bosque y Gutiérrez Rexach (2009), la modalidad se ha descrito como la distinción entre *subjetivo* versus *objetivo*, *realis* versus *irrealis*, *transparente* versus *opaco*, etc. Bosque y Gutiérrez Rexach (2009) discuten que una manera de analizar la modalidad de acuerdo con lo planteado en estudios sobre la semántica filosófica y lingüística es considerar que existen ciertas proposiciones que se subordinan a entornos modales como se muestra a continuación:

(78)   a.   Maribel es abogada.
      b.   Claudia <u>cree</u> que Maribel es abogada.

Desde el punto de vista del significado, los entornos modales tienen un efecto en la interpretación de los elementos que modifican. Según la teoría formal estos entornos se caracterizan como **operadores** lo cual quiere decir que tales entornos indican algún tipo de función (la expresión del punto de vista del hablante). En el ejemplo concreto que se presenta en (78a) se requiere saber si la proposición se corresponde con la realidad, lo que en este caso se refiere a saber si es cierto que Maribel posee el atributo de ser abogada. La proposición en (78b) está modificada por el verbo modal "cree" lo cual afecta la interpretación de toda la expresión. En este caso resulta irrelevante saber si la expresión subordinada (i.e., Maribel es abogada) se corresponde con la realidad. La interpretación se basa en las creencias de Claudia acerca de la proposición subordinada. Bosque y Gutiérrez Rexach (2009) argumentan que la interpretación semántica depende de un mundo alternativo que en el ejemplo particular que hemos presentado se relaciona con "las creencias de Claudia". Esta formalización se realiza mediante el empleo de herramientas teóricas que se apoya en el estudio de la lógica. No entraremos en detalles sobre los particulares de este tipo de formalización, pero recomendamos De Swart (1998) para una introducción a los temas básicos.

En cuanto al tratamiento del modo en la teoría formal, Bosque y Gutiérrez Rexach (2009, p. 661) arguyen la necesidad de tomar en cuenta dos aspectos esenciales: 1) los entornos o construcciones en que aparece (problema sintáctico) y 2) los factores interpretativos que condicionan su aparición (problema semántico). Las descripciones generales del subjuntivo en las gramáticas generales clasifican los modos en paradigmas diferentes y se distinguen los tiempos en que se conjugan cada uno de los modos. De hecho, esta distinción parece captar la idea de que el modo tiene una jerarquía superior. Bosque y Gutiérrez Rexach (2009) señala que la importancia del modo también se ve reflejada en el hecho de que las gramáticas tradicionales emplean etiquetas tales como oraciones en subjuntivo y no verbos en subjuntivo, lo cual es revelador del efecto que tiene el modo en toda la oración. En la representación formal, siguiendo los modelos más recientes, Bosque y Gutiérrez Rexach (2009) afirman que el modo podría considerarse como una proyección funcional independiente asociada con la información flexiva que constituye un SINTAGMA MODAL que estaría por encima de la información temporal. Esto quiere decir que en la representación arbórea el modo tiene una posición superior al tiempo.

De acuerdo con el planteamiento de Bosque y Gutiérrez Rexach (2009), la respuesta a los dos aspectos esenciales (i.e., problema sintáctico y semántico) tendría una solución general basada en el hecho de que se trata de un núcleo sintáctico con especificaciones y propiedades específicas. De esta forma, un SINTAGMA MODAL sólo seleccionará especificaciones que sean compatibles con el tipo de propiedades que posee y a la vez será seleccionado por núcleos que requieran especificaciones de modo también compatibles. El SINTAGMA MODAL obedece a restricciones de carácter local que suponen el cotejo de rasgos. En este sentido habría verbos (predicados) que requieren el uso del subjuntivo como el caso de *desear*. Los autores explican que en un ejemplo como el que se presenta en (79) el subjuntivo es parte de una configuración local ya que *desear* selecciona el subjuntivo y rige al verbo *venir* en la oración dependiente.

(79)   Deseo que [venga / *viene]. (Bosque & Gutiérrez Rexach, 2009, p. 661)

Cabe destacar que el símbolo de asterisco (*) en (79) indica que la forma *viene* se considera no gramatical (agramatical) en ese entorno particular ya que el núcleo representado por el verbo *desear* requiere del uso del subjuntivo. El uso del subjuntivo en (79) se consideríá gramatical porque cumple con el requisito de *desear*. De manera específica Bosque y Gutiérrez Rexach (2009) explican que existe una relación estructural entre el núcleo representado por *desear* sobre el sintagma modal de *venir* (esta relación estructural se denomina **manda-C** en el lenguaje técnico). Esto quiere decir que *desear* impone restricciones de modo sobre *venir* por su posición jerárquica en la estructura sintáctica. Para que ocurra el uso del subjuntivo no debe haber elementos que intervengan e interrumpan las restricciones impuestas por el verbo. Bosque y Gutiérrez Rexach (2009) proponen otro ejemplo para explicar esta idea.

(80)   Desea que Pedro diga que [viene / *venga]. (Bosque & Gutiérrez Rexach, 2009, p. 661)

El núcleo representado por el verbo *desear* rige *decir* y requiere el uso del subjuntivo, pero no rige *venir* porque hay otro núcleo que interfiere (i.e., *decir*). En contraste, a pesar de que *desear* domina *venir* (manda-C a *venir*) no lo rige. *Venir* es regido por *decir* y no existe en este caso el requisito del subjuntivo el cual se considera no gramatical en ese entorno. En ambos ejemplos se revelan las restricciones de carácter local que gobiernan la selección modal.

Bosque y Gutiérrez Rexach (2009) ofrecen una clasificación general de los predicados según la modalidad que sigue de cerca las clasificaciones basadas en el significado que se han propuesto en otras fuentes. Los autores incluyen las siguientes categorías: 1) predicados no asertivos, 2) predicados no verídicos o no factuales, y 3) ciertos operadores (i.e., no específicos, la negación, estructuras condicionales y concesivas).

Predicados no asertivos

Los predicados no asertivos son aquellos que indican una valoración y sirven para hacer comentarios que revelan actitudes relativas a lo que se dice. Bosque y Gutiérrez Rexach (2009) describen estos predicados como proposicionalmente presupuestos sobre los cuales se expresa una actitud generalmente referida a una sensación o sentimiento. Esto quiere decir que no introducen una información nueva sino que expresan un comentario sobre algo ya conocido. Observemos los ejemplos en (81).

(81)   a.   Lamento que los compañeros no <u>estén</u> de acuerdo.
        b.   Es importante que nos <u>pongamos</u> de acuerdo.
        c.   Me alegra que se <u>haya materializado</u> finalmente el acuerdo.

En el caso de los ejemplos en (81) los predicados no asertivos están ejemplificados por las frases *que los compañeros no <u>estén</u> de acuerdo, que nos <u>pongamos</u> de acuerdo, que se <u>haya materializado</u> finalmente el acuerdo*. El hablante expresa su valoración de estos predicados mediante el uso de frases tales como *lamento, es importante* y *me alegra*. Se trata de predicados que indican el parecer del hablante.

Predicados no verídicos o no factuales

Siguiendo lo propuesto por Bosque y Gutiérrez Rexach (2009) los predicados no verídicos o no factuales son aquellos que expresan duda, incertidumbre, deseo, necesidad, etc. Se trata de predicados que se conciben como no necesariamente verdaderos o como eventos no realizados. Observemos los ejemplos en (82).

(82) a. Dudaba de que ella <u>supiera</u> cuál era el vacío que estaba debajo de aquellos poemas. (Sánchez-Ostiz, Miguel, 1995, *Un infierno en el jardín*)
     b. Quiero que la gente <u>sepa</u> que la película está ahí.
     c. ¡Te ordeno que lo <u>hagas</u>! (Morales, Alejandro.1979, *La verdad sin voz*)
     d. Ojalá que en la próxima reunión nos <u>presenten</u> esa información.
     e. Quizá <u>tenga</u> razón.

Los ejemplos que se presentan anteriormente muestras la expresión de duda (82a), deseo (82b), orden (82c) y expresiones adverbiales que se pueden consideran como operadores no factuales (i.e., Ojalá y Quizá).

Ciertos operadores

El término operador se emplea en este contexto para indicar ciertas estructuras regidas por el uso del subjuntivo entre las que se incluyen (1) los operadores de inespecificidad en las oraciones de relativo, (2) la negación y (3) estructuras condicionales y concesivas.

Los operadores de inespecificidad en las oraciones de relativo se refieren a contextos del tipo *busco una secretaria que sepa francés* versus *busco a una secretaria que sabe francés* (Bosque y Gutiérrez Rexach 2009, p. 664) en los que la interpretación del sintagma nominal *una secretaria* recibe una lectura diferente según la modalidad expresada en la oración de relativo (oración subordinada adjetiva). En *busco una secretaria que sepa francés* se trata de una secretaria no específica que tenga la cualidad de hablar francés, mientras que en *busco a una secretaria que sabe francés* se hace referencia a una secretaria particular que el hablante tiene en mente. El verbo *buscar* el cual tiene dominio sobre el sintagma nominal requiere, en su interpretación no específica, el uso del subjuntivo.

En el caso de la negación, Bosque y Gutiérrez Rexach (2009) explican que el uso del modo subjuntivo se considera un marcador del foco de la negación que indica el ámbito del operador en la oración. Observemos los siguientes ejemplos adaptados de Bosque y Gutiérrez Rexach (2009, p. 664).

(83) a. Luis no se marchó porque tenía que hacer algo urgente.
     b. Luis no se marchó porque tuviera que hacer algo urgente.

El planteamiento central del análisis de estas estructuras es que en (83b) el uso del subjuntivo nos indica que el foco de la negación se encuentra en la oración subordinada *porque tuviera que hacer algo urgente*. De esta forma, el significado de este ejemplo indica que la causa que se explica (i.e., *porque tuviera que hacer algo urgente*) no es el motivo por el cual Luis se marchó. En el ejemplo en (83a) el foco de la negación es el sintagma verbal *se marchó*, mientras que la oración subordinada queda fuera del ámbito de la negación. El significado de la oración se interpreta como "Luis se quedó por el motivo de que tenía que hacer algo urgente". Es decir el motivo (i.e., porque tenía que hacer algo urgente) es cierto.

El tercer caso relacionado con lo que denominan los investigadores ciertos operadores es el de las estructuras condicionales y concesivas. Estos contextos exigen el uso del subjuntivo como se puede observar en los ejemplos que se presentan a continuación.

(84) a. Si <u>hubieran tenido</u> un hijo, habría superado sus problemas.
     b. Si <u>hicieras</u> lo bueno, podrías levantar la cara.
     c. Por más que <u>me empeñe</u>, mucha gente va a seguir pensando que si hago una película es por mi apellido.

Los ejemplos en (84) ilustran una oración contrafactual (84a), una oración condicional hipotética (84b) y un ejemplo de oración concesiva (84c). Se trata de contextos en los que se presentan situaciones de evaluación alternativa.

En resumen, el planteamiento central, como lo exponen Bosque y Gutiérrez Rexach (2009), consiste en considerar la selección de la modalidad como una propiedad de ciertos predicados y de algunos operadores (p. ej., la negación) que es de carácter local según lo requieran los contenidos proposicionales. En la descripción de la perspectiva presentada hemos hecho una revisión de los entornos que los autores consideran más relevantes para la descripción de la modalidad en español.

Enfoque en la investigación: El subjuntivo y el metalenguaje de la semántica natural

El trabajo de Travis (2003) presenta un análisis del subjuntivo en español según los principios del metalenguaje de la semántica natural. El metalenguaje de la semántica natural es una metalengua (lenguaje que se usa para hablar de los propios aspectos de la lengua o para describirla (Manual de la lengua española, 2007)) que agrupa las definiciones que universalmente se pueden traducir sobre conceptos que son específicos a ciertas lenguas. Este metalenguaje y los patrones identificados se encuentran en todas la lenguas del mundo, lo cual implica que debe haber una traducción exacta para cada uno de los ítemes léxicos y para cada oración que forma parte del metalenguaje. El trabajo de Travis examina los contextos en los que el subjuntivo se emplea como parte del metalenguaje de la semántica natural —en específico, con el verbo *querer* empleado con sujetos no correferenciales (p. ej. *Yo quiero que Luis venga*), *tal vez* (p. ej. *Tal vez me vaya a la playa*), *no pensar* (p. ej. *No pienso que Luis venga*) y *no saber* (*No sé si Luis venga*). El análisis de Travis propone que uno de los aspectos del metalenguaje de la semántica natural del español debe tomar en cuenta el uso del subjuntivo en los contextos en los que se emplea *querer* con un sujeto no correferencial y la falta de conocimiento mediante el uso de *no saber*; el indicativo debería emplearse para la expresión de posibilidad y duda. Ella argumenta que su análisis demuestra que el subjuntivo tiene un significado específico en español lo cual no implica que no se pueda traducir a otras lenguas que emplean mecanismos sintácticos diferentes, como el inglés (p. ej., *yo quiero que vengas = I want you to come*). Finalmente, se argumenta en el artículo que el subjuntivo no añade ningún significado nuevo, sino que expresa de manera repetida un contenido que ya se encuentra en la oración de la que forma parte. Esto quiere decir que en una oración como "yo quiero que vengas" el uso subjuntivo no añade ningún significado nuevo a la oración, sino que forma parte de una estructura fija.

 Aplicación 7.E: www.wiley.com/go/diaz-campos

4 Preguntas empíricas

En esta sección de preguntas empíricas hemos seleccionado un ejemplo de investigación que se relaciona con la adquisición de las expresiones de movimiento en una segunda lengua con la idea de ilustrar como se analiza un problema lingüístico que involucra el significado. El estudio adopta un marco teórico tipológico cognoscitivo y provee datos sobre la adquisición del español como segunda lengua en un grupo de hablantes del danés como idioma nativo.

El propósito central de la investigación es analizar las hipótesis y propuestas de Slobin (1996) acerca de la influencia de las lenguas en la interpretación y expresión de mensajes verbalizados. Esta influencia de las lenguas se ha llamado en la investigación de Slobin (1996) *pensar para hablar* y se refiere al efecto de las lenguas en cuanto al aprendizaje de maneras específicas de pensar con el propósito de expresarse a través del habla. Cadierno (2004) extiende el estudio de esta idea general en hablantes de segunda lengua, un área que de acuerdo con la autora no ha sido ampliamente examinada.Específicamente se estudia la expresión de las relaciones espaciales que implican movimiento en hablantes de español como segunda lengua y cuyo idioma nativo es el danés, el cual es tipológicamente distinto del español. Cardierno (2004) explica que su investigación adopta un marco teórico cognoscitivo según el cual las funciones se consideran fundamentales para la explicación de las formas lingüísticas. El marco cognoscitivo hace hincapié en la lengua como un sistema de signos y en el papel de la conceptualización en la comunicación.

Cadierno (2004) explica que el estudio del significado en el marco cognoscitivo no sólo implica las propiedades particulares de la unidad lingüística o situación que se describe, sino también el punto de vista que adopta el hablante en el uso de la unidad lingüística y la situación que se describe. Es decir, el hablante es capaz de usar los recursos lingüísticos de una manera que le permite presentar el mensaje según su propia perspectiva. Aún más importante es el hecho de que la lengua particular que emplean los hablantes afecta la manera en que se presentan los eventos o situaciones que se describen. Esto quiere decir que los recursos lingüísticos disponibles en una cierta lengua influyen en la forma en cómo se presenta o se empaqueta la información lo cual se ha denominado *pensar para hablar*. De acuerdo con esta concepción las lenguas proveen una serie de alternativas que afectan la forma como presentamos la información. Este último asunto es precisamente el problema de investigación que se aborda en este trabajo.

La expresión de relaciones espaciales que implican movimiento ha sido objeto de investigación en un estudio sobre múltiples lenguas con el propósito de comprobar como las lenguas influyen en la manera en cómo se presenta la información. Cadierno (2004) explica que en estos estudios se ha definido la expresión de movimiento tomando en cuenta las siguientes características fundamentales de acuerdo con lo propuesto por Talmy (1985): 1) **Movimiento**: la presencia per se de movimiento; 2) **la entidad**: el objeto que se mueve; 3) **el punto de referencia**: el objeto que sirve de referencia para la entidad que se mueve; 4) **recorrido**: el recorrido que hace la entidad con respecto al punto de referencia; 5) **Manera**: la forma en que el movimiento tiene lugar; 6) **Causa**: la causa de su ocurrencia. Los ejemplos (85) y (86), adaptados de Cadierno (2004, p. 16), ilustran la caracterización que se ha explicado anteriormente.

(85)	*El lápiz* La entidad	*rodó* Movimiento Recorrido		*fuera de* Manera	*la mesa* El punto de referencia
(86)	*La servilleta* La entidad	*se fue* Movimiento Recorrido	*volando* Manera	*de*	*la mesa* El punto de referencia

Se argumenta en la investigación de Cadierno (2004) que se han descrito dos tipologías diferentes para la expresión de relaciones espaciales que implican movimiento. Por una parte, se encuentran las lenguas que emplean elementos satélites con relación al verbo para la expresión del recorrido (p. ej., en inglés la expresión *bounced down* "rebotó" incluye *bounced* que expresa el movimiento y el satélite *down* que indica el recorrido), mientras que el verbo principal contiene la información relacionada con el movimiento, la manera y la causa. Llamaremos a este grupo **lenguas de marco satelital** entre las cuales se incluye el chino y la familia indoeuropea con la excepción de las lenguas romances entre las cuales se incluye el español. El segundo grupo que llamaremos **lenguas de marco verbal** se caracteriza por el hecho de que el movimiento y el recorrido se expresa en el verbo principal, mientras que la manera y la causa se expresan a través de un adverbio o expresión adverbial (p. ej., observa el ejemplo (86)).

Sobre la base de estos supuestos básicos y de los resultados obtenidos en investigaciones previas en hablantes monolingües, Cadierno (2004) propone las siguientes preguntas de investigación: ¿En qué forma los aprendices de una segunda lengua adquieren las expresiones de movimiento en una lengua que es tipológicamente diferente de su lengua nativa? El estudio se basa en un grupo de estudiantes de español cuya lengua nativa es el danés. El danés se clasifica como una lengua de marco satelital, mientras que el español se considera una lengua de marco verbal. Cadierno plantea que una hipótesis inicial supondría que los patrones de *pensar para hablar* provendrán de la primera lengua mientras se producen cambios debido a la adquisición que suponen aprender las diferencias en cómo los componentes semánticos del movimiento se corresponden con las formas lingüísticas en español. Estas diferencias se pueden resumir de la siguiente manera: los aprendices deberán adquirir las diferentes correspondencias semánticas que se dan en español (i.e., el recorrido usualmente se codifica en el verbo y la manera que se expresa de modo separado en adverbios o frases adverbiales). De igual forma los estudiantes tendrán que adquirir otras diferencias entre las que se incluyen la elaboración relativamente menor en cuanto a la descripción del recorrido como el uso reducido de expresiones en las que se incluye el punto de referencia. La mayor elaboración en cuanto a las descripciones relativas a la ubicación o de aspectos estáticos y la menor elaboración en cuanto a la manera (p. ej., ausencia de expresiones adverbiales descriptivas del modo) son otras de las diferencias que resultan características del español. Los ejemplos en (87) y (88) ilustran las diferencias que se manifiestan en las expresiones de movimiento en danés y en español.

(87) *Han*   *gik*   *ud*
     La entidad   Movimiento   Recorrido

(88) *Él*   *salió*
     La entidad   Movimiento
                     Recorrido

Como se puede apreciar en el ejemplo (87) el danés muestra el patrón de las lenguas de marco satelital según el cual el recorrido se manifiesta a través de partículas verbales (i.e., ud). La expresión inglesa *he went out* muestra un patrón semejante en el que *he* representa la entidad, *went* el movimiento y *out* el recorrido. En contraste, el español expresa de manera agrupada el movimiento y el recorrido en el verbo.

Cadierno (2004) incluyó 32 participantes en su estudio, 16 aprendices de español como segunda lengua originarios de Dinamarca y 16 hablantes nativos de español. Los aprendices de español se pueden caracterizar en dos grupos: 8 estudiantes con alto nivel de español debido a haber vivido y estudiado en países de habla hispana y a experiencias previas en la escuela secundaria. Los 8 restantes tenían niveles de competencia intermedia debido a su experiencia previa reducida al contexto de la escuela secundaria. Los hablantes nativos eran estudiantes de intercambio procedentes de España sin ninguna experiencia con el danés. Siguiendo procedimientos semejantes a los propuestos por los trabajos previos (p. ej., Slobin, 1996, entre otros estudios del mismo autor), se empleó el texto conocido como *La historia de la rana* (Mayer, 1969) para que los hablantes contaran la historia a través de dibujos. Esta historia permitió obtener datos comparables y a la vez posee una variedad de situaciones que involucran la expresión de movimiento. Los aprendices produjeron las narrativas en español y en danés en ocasiones diferentes separadas por un intervalo de una semana. El grupo de hablantes nativos realizó la misma tarea de contar la historia a través de las ilustraciones una sola vez en español.

La investigadora explica que el estudio de los datos estuvo basado en cinco aspectos fundamentales que permitieron comparar los patrones encontrados de acuerdo con lo siguiente: 1) un cotejo de la extensión de los textos elaborados por los dos grupos de participantes (i.e., aprendices y nativos); 2) un análisis de los tipos y de los casos de expresiones de movimiento empleados en español y danés; 3) un análisis del grado de elaboración de la expresión del recorrido según el uso de formas satélite para indicar el recorrido y la inclusión u omisión de los puntos de referencia; 4) la consideración de si las expresiones de movimiento (en comparación de los dos idiomas incluyen la agrupación o solapamiento de eventos en una misma forma); y, por último, 5) se tomó en cuenta la atención relativa que se le dio a la codificación del movimiento (trayectorias) versus la ubicación (descripciones estáticas) en ambas lenguas.

Los hallazgos de la investigación de Cadierno (2004) en cuanto a la extensión de los textos elaborados por los dos grupos de participantes revelan que las narraciones de los hablantes nativos de español tendían a ser más largas que las que produjeron los aprendices tanto en español como en danés. El número de cláusulas promedio para los hablantes nativos de español fue de 64,6, mientras que los promedios para los aprendices fueron 44,2 para las narraciones en español y 50,4 en danés. Estas tendencias muestran ser significativas cuando se comparan los datos de los nativos con los no nativos. Sin embargo, en cuanto a la expresión de relaciones espaciales que implican movimiento no se identificaron diferencias significativas entre los hablantes nativos y los aprendices. Cadierno explica las diferencias de extensión se explican porque los hablantes nativos suelen incluir aspectos relacionados con los estados psicológicos de los personajes así como otras descripciones acerca de los personajes de la historia. Ambos aspectos no están directamente relacionados con el tema central de la investigación aunque son reveladores de diferencias culturales que afectan la presentación de la información.

En relación con el análisis de los tipos y de los casos de expresiones de movimiento empleados en español y danés, los resultados indican que el grupo de aprendices empleó 63 tipos de verbos en danés y 37 en español. En contraste los hablantes nativos emplearon 67 tipos de verbos en sus narrativas. El análisis estadístico de los datos muestra que hay diferencias significativas entre los tipos de verbos producidos por los aprendices en danés y español, así como entre los aprendices y los hablantes nativos. De esta forma los resultados apoyan la hipótesis según la cual los aprendices mostrarían un menor tipo de verbos que los hablantes nativos. Este patrón es esperable debido que estos aprendices todavía están en el proceso de adquisición de vocabulario y no muestran el mismo inventario que los nativos.

El siguiente aspecto del análisis incluye el grado de elaboración de la expresión del recorrido según el uso de formas satélites para indicar el recorrido y la inclusión u omisión de los puntos de referencia. La expectativa de la investigadora era encontrar mayor elaboración y complejidad en la expresión del recorrido del movimiento en danés y en las narraciones en español producidas por aprendices. Los hallazgos revelan que las narraciones en danés tenían una variedad mayor de verbos en los que se emplearon partículas satélites al verbo. De hecho de los 63 tipos verbales identificados, 43 fueron empleados acompañados de partículas satélites. Cadierno (2004) señala que no sólo se observó esta mayor variedad en las narraciones en danés, sino también en las narraciones en español en las cuales los aprendices emplearon formas tales como *abajo*, *(a)fuera*, *arriba*, *dentro* y *encima*, en combinaciones del tipo *caer* + *fuera/abajo* e *ir(se)* + *abajo/encima/hacia arriba*. La investigadora argumenta que estas combinaciones solamente se encontraron empleadas en los aprendices de nivel intermedio, lo cual parece indicar que se trata de un fenómeno de adquisición de acuerdo con el cual los aprendices proveen mayor información sobre el recorrido del movimiento que lo que se acostumbra en la lengua meta. Inclusive en casos en que las construcciones no se consideran redundantes, los hablantes nativos de español suelen omitir el recorrido como se muestra en la comparación entre (89) producida por los aprendices y (90) producida por los nativos de español. Se demuestra a través del ejemplo en (89) como los aprendices añaden información semántica mediante el uso de una partícula satélite debido a un proceso de transferencia de la primera lengua.

(89) *El perro*   *se cayó*   *afuera*   *de la ventana*
     La entidad   Movimiento   Recorrido   Punto de referencia

(90) *El perro*   *se cayó*   *de la ventana*
     La entidad   Movimiento   Punto de referencia
               Recorrido

En cuanto a la inclusión de los puntos de referencia la investigación revela lo siguiente: el promedio de cláusulas con puntos de referencia en las narraciones en danés fue de 81.7. Las narrativas producidas por los aprendices en español muestran un promedio de 67.1. En contraste, las narraciones producidas por los hablantes nativos de español muestran un promedio de cláusulas con puntos de referencia de 53.7. Las pruebas estadísticas indican que hay diferencias entre el grupo de daneses y los nativos del español así como entre las narrativas producidas por los aprendices en danés y español. Estos resultados corroboran lo que se ha reportado en investigaciones previas y nos indican que los aprendices suelen emplear adjuntos que incluyen el punto de referencia. Cadierno interpreta este resultado como el producto de una transferencia de la tipología semántica del danés que se refleja en el uso del español.

La consideración de si las expresiones de movimiento incluyen la agrupación o solapamiento de eventos en una misma forma fue otro de los factores considerados en el análisis. Es decir se observó si los participantes expresaban elementos relacionados con la ubicación tales como el recorrido, el punto de referencia, el medio o el objetivo agrupados en una sola cláusula o en cláusulas diferentes. Los hallazgos indican que el patrón predominante en las narrativas en danés fue la inclusión de dos elementos relacionados con la ubicación en dos cláusulas diferentes (p. ej., Så kaster denne hjort drengen ned i *en afgrund*. Begge falder på hovedet i *vandet* "el venado lanza al niño hacia el abismo. Ambos caen de cabeza en el agua"). El segundo patrón más usado en danés fue la agrupación de elementos en una sola cláusula. (p. ej., hjorten tager ham med/og sinider ham ud over *en afgrund ned i en brønd* "el venado lo agarra y lo lanza a un abismo hacia el lago). Los hablantes nativos de español no emplearon la agrupación, sino la expresión de elementos relacionados con la ubicación en dos cláusulas diferentes. Los aprendices cuando produjeron narrativas en español emplearon patrones semejantes a los hablantes nativos de español: la expresión de dos elementos de ubicación en dos cláusulas separadas. El análisis estadístico mostró diferencias significativas entre los patrones empleados en danés y español. Sin embargo, no se observaron diferencias significativas en las narrativas en español producidas por los aprendices y los hablantes nativos.

El último aspecto tomado en cuenta en el estudio de Cadierno (2004) tenía que ver con la atención relativa que se le dio a la codificación del movimiento (trayectorias) versus la ubicación (descripciones estáticas) en ambas lenguas. Los resultados indican que los aprendices emplearon predominantemente expresiones relativas a la trayectoria en las narraciones en danés. En contraste, los aprendices cambian de estrategia cuando producen las narrativas en español: nueve incluyen descripciones estáticas (p. ej., el perro se cayó de la ventana) y 7 incluyen descripciones de la trayectoria (el perro se cayó *fuera* de la ventana). En cuanto a los hablantes nativos de español se observa que la mitad emplean descripciones estáticas y la otra mitad descripciones de la trayectoria.

Los hallazgos descritos por Cadierno (2004) nos permiten observar el uso del marco cognoscitivo para la investigación de la expresión de los significados relativos al movimiento de acuerdo con la tipología propuesta sobre la existencia de lenguas de marco satelital y lenguas de marco verbal. En efecto los resultados de la investigación indican que los hablantes del danés transfieren ciertas estrategias en la expresión de movimiento en la segunda lengua (p. ej., el uso de partículas verbales satélites). Sin embargo, otras hipótesis (p. ej., la atención relativa que se le dio a la codificación del movimiento [trayectorias] versus la ubicación [descripciones estáticas] en ambas lenguas) no pudieron ser comprobadas, aunque se argumenta en el estudio la influencia de otros factores relacionados con el nivel de competencia de los hablantes y relacionados con la naturaleza de las estructuras mismas. Resulta importante destacar la importancia de los recursos lingüísticos disponibles en cada una de las lenguas y de cómo estos influencian la forma en la cual los hablantes deciden presentar la información.

Enfoque en la investigación: La adquisición de eventos de movimiento

Navarro y Nicoladis (2005) investigaron la descripción de los eventos de movimiento en narraciones de aprendices adultos de español como segunda lengua. De acuerdo con estos investigadores, la adquisición de una segunda lengua es más difícil si los elementos semánticos que se expresan en la oración son diferentes en la lengua meta. El inglés es una lengua que favorece la expresión de movimiento mediante el uso de verbos intransitivos que combinan el movimiento como tal así como la manera o causa (*The Pink Panther walked to the bridge, The Pink Panther ran to the bridge*) mientras que el trayecto se expresa con otras partículas que acompañan al verbo (*along, across, up, down*, etc.). En el español, por el contrario, se expresa el movimiento y la trayectoria de manera combinada mediante el uso de verbos junto con las preposiciones *a, para* y *de* (*La pantera saltó del puente*). Tomando como base estos patrones generales descritos para el inglés y el español, el objetivo de esta investigación era dar cuenta de cómo los aprendices de español como segunda lengua adquieren estos patrones de movimiento. Los participantes fueron 10 aprendices avanzados de español y 10 hablantes nativos de español. Estos vieron dos videos cortos de *la Pantera Rosada* (*The Pink Panther*). Para más detalles consulta Navarro and Nicoladis 2005, p. 104) y luego narraron lo sucedido a un hablante nativo. Los resultados de esta investigación demuestran que los aprendices muestran patrones semejantes a los hablantes nativos al emplear estructuras que destacan la trayectoria y la preferencia por el uso de verbos intransitivos. No obstante, hay algunas diferencias entre los aprendices y los hablantes nativos. Los aprendices produjeron más frases adverbiales luego de una frase simple de trayectoria para dar más información sobre el evento que los hablantes nativos (p. ej., *La Pantera Rosa corrió sola hasta la casa*). Por el contrario, los hablantes nativos utilizaron significativamente más frases de trayectoria simples que los aprendices (p. ej., *La Pantera Rosa fue sola*). Estos resultados demuestran que hay alguna influencia del inglés en las narrativas de los aprendices (la expresión de movimiento mediante el uso de verbos intransitivos que combinan el movimiento como tal así como la manera o causa). Sin embargo, los investigadores afirman que estos podrán adquirir completamente las estructuras de la segunda lengua.

 Aplicación 7.F: www.wiley.com/go/diaz-campos

Resumen

Este capítulo ofrece una perspectiva general sobre la semántica. En la primera parte hemos propuesto una definición general según la cual la **semántica** es la disciplina que estudia el significado de las palabras, de las oraciones y de los enunciados. También vimos que el estudio del significado implica un complejo de relaciones entre los procesos psicológicos implícitos, el lenguaje y los referentes. La semántica emplea las herramientas del análisis lingüístico para describir de manera sistemática los procesos de significación que podemos distinguir a nivel de la palabra, la oración y los enunciados. El capítulo también ofrece una explicación que coloca en contexto el lugar de los signos lingüísticos como parte de los recursos semióticos que empleamos en la comunicación. Por ese motivo se ofrece una explicación breve sobre las diferentes clases de señales (i.e., indicios, iconos, símbolos) y se explica la naturaleza de los signos lingüísticos como una categoría especial entre las que destaca su convencionalidad y arbitrariedad.

El significado involucra diferentes aspectos que deben tomarse en cuenta más allá del significado denotativo por lo cual se distinguió entre el **significado referencial** el cual indica los objetos reales o conceptos descritos por la lengua incluyendo acciones, estados y procesos mentales. En este caso se hace énfasis en la relación que se establece entre las expresiones lingüísticas y la referencia que estas hacen a objetos, personas, situaciones o estados en el mundo externo. El **significado social** el cual comunica información acerca de las circunstancias sociales y acerca del entorno del hablante. La interpretación de los enunciados depende de factores extralingüísticos que indican aspectos relacionados con el origen y la identidad lingüística del hablante. El **significado afectivo** nos permite interpretar como se siente el hablante o las emociones que éste manifiesta en sus enunciados. Este tipo de significado implica la relación que se establece entre las expresiones lingüísticas (p. ej., frases, oraciones, enunciados, etc.) y el estado mental que manifiesta el hablante mediante el lenguaje.

En las siguientes secciones se ofrece un panorama sobre los niveles del significado y hemos distinguido principalmente dos áreas fundamentales: la semántica léxica y la semántica de la oración. En este breve panorama hemos hecho una selección de fenómenos que se consideran representativos de cada nivel. En relación con la semántica léxica nos hemos concentrado en el estudio de la homonimia, la polisemia, la hiponimia, la metáfora, las relaciones de parte-todo, las relaciones de oposición, la sinonimia y los prototipos. En cuanto a los fenómenos que van más allá de la palabra, se ha ofrecido un perspectiva introductoria sobre el tiempo, el modo y el aspecto, la deixis, los roles semánticos y la referencialidad.

Las últimas secciones del capítulo están dedicadas a la descripción del estudio de dos aspectos de la semántica desde puntos de vista teóricos diferentes. En primer lugar, estudiamos el modo en español siguiendo las propuestas de las teorías formales más recientes. En la representación formal, Bosque y Gutiérrez Rexach (2009) afirman que el modo podría considerarse como una proyección funcional independiente asociada con la información flexiva que constituye un SINTAGMA MODAL que estaría por encima de la información temporal. De acuerdo con el planteamiento de Bosque y Gutiérrez Rexach (2009), la respuesta a los dos aspectos semánticos y sintácticos implícitos en el modo tendría una solución general basada en el hecho de que se trata de un núcleo sintáctico con especificaciones y propiedades específicas. De esta forma, un SINTAGMA MODAL solo seleccionará especificaciones que sean compatibles con el tipo de propiedades que posee y a la vez será seleccionado por núcleos que requieran especificaciones de modo también compatibles. En la última sección, dedicada a las preguntas empíricas, seleccionamos un ejemplo de investigación que se relaciona con la adquisición de las expresiones de movimiento en una segunda lengua con la idea de ilustrar como se analiza un problema lingüístico que involucra el significado. El estudio adopta un marco teórico tipológico cognoscitivo y provee datos sobre la adquisición del español como segunda lengua en un grupo de hablantes del danés como idioma nativo. Los resultados de la investigación indican que los hablantes del danés transfieren ciertas estrategias en la expresión de movimiento en la segunda lengua (p. ej., el uso de partículas verbales satélites). Sin embargo, otras hipótesis (p. ej., la atención relativa que se le dio a la codificación del movimiento (trayectorias) versus la ubicación (descripciones estáticas) en ambas lenguas) no pudieron ser comprobadas, aunque se argumenta en el estudio la influencia de otros factores relacionados con el nivel de competencia de los hablantes, así como aspectos relacionados con la naturaleza de las estructuras mismas. Se revela en este estudio que los hablantes parecen depender en las primeras etapas de las estrategias semánticas que se emplean en la primera lengua para la expresión del movimiento en la segunda lengua.

Lista de términos útiles (en orden de aparición)

Semántica
Significado intencional
Significado referencial
Significado lingüístico
Pensamiento
Símbolo
Referente
Procesos psicológicos
Lenguaje
Los índices
Los íconos
Semiótica
Signo lingüístico
Significante
Significado
Doble articulación
Morfemas
Significado social
Significado afectivo
Nivel de las palabras
Nivel de la oración
Enunciado
Pragmática
Lexicón
Semántica léxica
Lexema
Campo semántico
Homónimos
Homofonía
Homografía
Polisemia
Etimológico
Hiponimia
Hiperónimo
Hipónimos
Recursivamente
Metáfora
Ámbito fuente
Ámbito meta
Metonimia
Sinécdoque

Antonimia
Complementariedad
Antonimia gradual
Invertidos
Sinónimos
Prototipo
Categoría
Taxonomía
Ejemplar
Origo
Deíctico
Deixis
Tiempos absolutos
Tiempos relativos
Aspecto
Perfectivo
Habitual
Continuo
Progresivo
Duración (aspectual)
Delimitación
Telicidad
Dinámicos
Modalidad
Dictum
Modus
Modalidad epistémica
Modalidad deóntica
Modo (verbal)
Indicativo
Subjuntivo
Defectivo
Contexto
Situación
Deixis personal
Deixis espacial
Deixis temporal
Roles semánticos
Referencialidad
Operadores
Manda-c
Movimiento
Entidad
Punto de referencia
Recorrido
Manera
Causa
Lenguas de marco satelital
Lenguas de marco verbal

Ejercicios de práctica: www.wiley.com/go/diaz-campos
Ejercicios de comprensión
Ejercicios de aplicación
Mini-proyecto

Para leer más

Gutiérrez-Rexach, J. (2012). *Semantics: Critical concepts in linguistics*. London y New York: Routledge.

Gutiérrez-Rexach, J., & Silva-Villar, L. (2012). *Current issues in Spanish syntax and semantics: Empirical approaches to language typology*. New York: Mouton: de Gruyter.

Lyons, J. (1980). *Semántica*. Barcelona: Teide.

Riemer, N. (2010). *Introducing semantics*. Cambridge: Cambridge University Press.

Saeed, J. (2009). *Semantics*. Oxford: Wiley-Blackwell.

Referencias

Berlin, B., & Kay, P. (1984). *Basic color terms: Their universality and evolution*. Stanford, CA: CSLI Publications.

Berruto, G. (1979). *La semántica*. México: Nueva Imagen.

Bosque, I., & Gutiérrez-Rexach, J. (2009). *Fundamentos de sintaxis formal*. Madrid: Ediciones Acal.

Cadierno, T. (2004) Expressing motion events in a second language: A cognitive typological perspective. En M. Achard & S. Niemeier (Eds.), *Studies on language acquisition: Cognitive linguistics, second language acquisition, and foreign language teaching* (pp. 13–49). Berlin: Mouton de Gruyter.

Comrie, B. (1976). *Aspect*. Cambridge: Cambridge University Press.

Croft, W., & Cruse, A. (2004). *Cognitive linguistics*. Cambridge: Cambridge University Press.

De Saussure, F. (1945). *Curso de lingüística general*. Buenos Aires: Editorial Losada.

De Swart, H. (1998). *Introduction to natural language semantics*. Center for the study of Language and information. Stanford, CA: Stanford University Press.

Delgado-Díaz, G. (2014). Teoría versus uso: análisis sobre el pretérito y el imperfecto. *Boletín de filología*, *49*(1), 11–36.

Diccionario Manual de la Lengua Española Vox. (2007). Disponible en http://es.thefreedictionary.com/metalenguaje (consultado el 2 de septiembre de 2015).

Galarza, I. (2012). Selección modal en las cláusulas independientes introducidas por adverbios de modalidad epistémica en el español de Venezuela. Unpublished manuscript, Department of Spanish and Portuguese, Indiana University, Bloomington Indiana.

Gyori, G. (2002). Semantic change and cognition. *Cognitive Linguistics*, *13*(2), 123–166.

Langacker, R. W. (2008). *Cognitive grammar: A basic introduction*. New York: Oxford University Press.

Lyons, J. (1980). *Semántica*. Barcelona: Teide.

Mayer, M. (1969). *Frog, where are you?* New York: Dial Press.

Morales, A. (1979). *La verdad sin voz*. México D.F.: Joaquín Morales.

Navarro, S., & Nicoladis, E. (2005). Describing motion events in adult L2 Spanish narratives. En D. Eddington (Ed.), *Selected proceedings of the 6th conference on the acquisition of Spanish and Portuguese as first and second languages* (pp. 102–107). Somerville, MA: Cascadilla Proceedings Project.

Ogden, C., & Richard, I. A. (1949). *The meaning of meaning*. London: Routledge & Kegan Paul.

Real Academia Española (RAE). (2011). *Nueva gramática de la lengua española: Manual*. Madrid: Espasa.

Real Academia Española: Banco de datos (CREA) [en línea]. Corpus de referencia del español actual. Disponible en http://www.rae.es (consultado el 12 de agosto de 2015).

Riemer, N. (2010). *Introducing semantics*. Cambridge: Cambridge University Press.

Rosch, E. (1973). Natural categories. *Cognitive Psychology*, *4*, 328–350.

Rosch, E. (1978). Principles of categorization. En E. Rosch & B. B. Lloyd *Cognition and categorization* (pp. 27–48). Hillsdale, NJ: Erlbaum.

Rosch, E., & Mervis, C. (1975). Family resemblances: Studies in the internal structure of categories. *Cognitive Psychology*, *7*, 573–605.

Rosch, E., Mervis, C., Gray, W., Johnson, D., & Boyes-Braem, P. (1976). Basic objects in natural categories. *Cognitive Psychology*, *8*, 382–439.

Saeed, J. (2009). *Semantics*. Malden, MA: Wiley-Blackwell.

Saffran, E. M., Schwartz, M. F., & Linebarger, M. C. (1998). Semantic influences on thematic role assignment: Evidence from normals and aphasics. *Brain and Language*, *62*(2), 255–297.

Sánchez-Ostiz, M. (1995). *Un infierno en el jardín*. Barcelona: Anagrama.

Schwenter, S. (2011). Variationist approaches to Spanish morphosyntax: Internal and external factors. En Díaz-Campos, M. (Ed.), *Handbook of Hispanic sociolinguistics*. Oxford: Wiley-Blackwell.

Sedano, M. (1994). Evaluation of two hypotheses about the alternation between aquí and acá in a corpus of present-day Spanish. *Language Variation and Change*, *6*(2), 223–237.

Sedano, M. (2011). *Manual de gramática del español, con especial referencia al español de Venezuela*. Caracas: Consejo de Desarrollo Científico y Humanístico de la Universidad Central de Venezuela.

Slobin, D. (1996). From "thought and language" to "thinking for speaking". En J. Gumperz, J. John, & S. C. Levinson (Eds.), *Rethinking linguistic relativity* (pp. 70–96). Cambridge: Cambridge University Press.

Talmy, L. (1985). Lexicalization patterns: Semantic structure in lexical forms. En T. Shopen (Ed.), *Language typology and syntactic description. Vol. 3: Grammatical categories and the lexicon* (pp. 57–149). Cambridge: Cambridge University Press.

Travis, C. (2003). The semantics of the Spanish subjunctive: Its use in the natural semantic metalanguage. *Cognitive linguistics*, *14*(1), 47–70.

Van Valin, R., & LaPolla, R. (1997). Semantic representation 1: Verbs and arguments. En R. D. Van Valin & R. LaPolla (Eds.). *Syntax: Structure, Meaning, and Function*. Cambridge: Cambridge University Press.

Vendler, Z. (1967). Verb and times. *The Philosophical Review*, *66*(2), 143–160.

Capítulo 8

Pragmática: El uso en contexto

1   Introducción

En muchos de los capítulos anteriores estudiamos las unidades básicas de la lingüística, tales como los fonemas, los morfemas y las frases, para entender mejor la estructura y el uso del español en distintos contextos geográficos y sociales. Entendemos que cada forma, y cada palabra, conllevan información gramatical y semántica, y que estos elementos pueden combinarse para expresar significado. Además, para comunicarnos efectivamente, como nativos o como aprendices de segunda lengua, es necesario poder interpretar tanto la información lingüística como la información social que incluye cada enunciado. En este capítulo, nos dedicamos al estudio de **la pragmática**. Generalmente, se ha convenido que la pragmática se define como el estudio del uso del lenguaje en contexto. Esta definición subraya que la pragmática es el estudio del significado que no se deriva directamente de los elementos lingüísticos. De hecho, se ha dicho que la pragmática se ocupa de describir todo lo que no explica la semántica. El estudio de la pragmática incluye, por ejemplo, la información sobre las intenciones del hablante, la relación entre el hablante y el oyente, y la solidaridad entre hablantes. Para lograr una comunicación efectiva, un hablante tiene que ser capaz de interpretar esta información pragmática y debe reconocer los deseos de su interlocutor.

En este capítulo, seguiremos la estructura de los capítulos anteriores. Antes de introducir el concepto del enunciado, comenzamos con una discusión de las herramientas de análisis y exploramos las técnicas que los investigadores de pragmática usan para estudiar el significado del contexto discursivo. Más adelante, exploramos las preguntas teóricas que suelen presentarse. Por ejemplo, ¿cómo es que los humanos pueden interpretar significados que no se derivan directamente de los elementos lingüísticos? Además, veremos algunos ejemplos de las preguntas empíricas más importantes en el estudio de la pragmática. Estas preguntas se enfocan en hablantes nativos de diferentes regiones y en hablantes no nativos. De esta forma, se establecerán conexiones importantes con los capítulos anteriores sobre la variación sociolingüística y la adquisición de segundas lenguas. Para resumir, el capítulo se organiza de la siguiente manera:

Herramientas de análisis
- La interpretación
- Los actos de habla
- El análisis del discurso y las conversaciones
- La cortesía

Introducción y aplicaciones contextualizadas a la lingüística hispánica, First Edition. Manuel Díaz-Campos, Kimberly L. Geeslin, and Laura Gurzynski-Weiss.
© 2018 John Wiley & Sons, Inc. Published 2018 by John Wiley & Sons, Inc.

Preguntas formales
- Condiciones de adecuación
- La teoría de la implicatura
- El discurso
- La cortesía

Preguntas empíricas
- Las peticiones
- El desarrollo de peticiones por aprendices angloparlantes

La pragmática es el significado que se interpreta al considerar los elementos lingüísticos en un contexto de uso particular. Para ilustrar esta idea, empecemos con algunos ejemplos ((1)– (5)) de expresiones que tienen una interpretación en contexto que es diferente a su interpretación sin el uso de este contexto (significado puramente lingüístico).

(1) La ventana está abierta. Dices: *Hace frío, ¿no?*
(2) Tu compañera de cuarto hace el siguiente comentario sobre tu ropa: *Es…digamos, interesante.*
(3) Tu mamá te comenta: *Tu pelo está muy largo.*
(4) Llegas tarde al trabajo y el jefe te dice: *¿Sabes la hora?*
(5) Tu hermano menor te comenta: *¡Está súper rico el helado de Dairy Queen!*

El ejemplo en (1) puede estar sugiriendo al oyente que cierre la ventana. En (2) el hablante ofrece una evaluación cuasi-negativa de la ropa, y en (3) la mamá puede estar sugiriendo que te cortes el pelo. El jefe en (4) no quiere saber la hora, sino expresar que has llegado a una hora no apropiada (quizás tarde). Finalmente, en (5) el hermano no comenta simplemente sobre cuánto le gusta el helado de Dairy Queen, sino que quiere que se lo compres. Estos ejemplos evidencian que la evaluación de la fuerza pragmática, es decir, la identificación de la posible intención del hablante, requiere información que no se encuentra ni al nivel de la palabra ni al nivel de la frase. Por esta razón, en pragmática, las unidades de análisis tienen que ser diferentes. Frecuentemente en pragmática nos referimos al **enunciado** como unidad de análisis. Un enunciado es una unidad que no tiene una estructura lingüística fija; puede ser una sola palabra, como en el ejemplo (6), o tres o cuatro frases, como en el ejemplo (7).

(6) Vamos.
(7) ¡Ay! Mi coche no funciona así que no voy a poder usarlo para llegar al aeropuerto. Además mi vuelo sale a las 5 de la mañana y no encuentro un autobús de enlace que opere antes de esa hora. Me parece que tendré que pedirle a alguien que me lleve.

De esta manera, vemos que la pragmática es diferente de las otras áreas de la lingüística que hemos visto hasta ahora dado que no hay una unidad común entre los enunciados que pertenecen a la misma categoría. Además, notaremos que hay muchos mecanismos gramaticales, por ejemplo las formas de tratamiento, el uso de la modalidad, las palabras de cortesía, entre otras, que usamos para influir y modificar la interpretación del enunciado. El uso de estos mecanismos gramaticales es precisamente una parte importante de la pragmática misma.

Veremos en las secciones siguientes que, en vez de definir la unidad de análisis por su estructura lingüística, podemos enfocarnos en la intención del hablante y la interpretación deseada de cada enunciado. De hecho, una característica esencial de la pragmática es que investiga no sólo lo que expresamos con el lenguaje sino también lo que hacemos con el lenguaje. Es decir, es cierto que los enunciados de condiciones y características del estado actual de un referente pueden interpretarse directamente como declaraciones de hechos. Sin embargo, estos enunciados declarativos pueden cumplir otras funciones lingüísticas. Por ejemplo, se puede hacer pedidos, se puede expresar una disculpa y prometer algo con el lenguaje. De hecho, hay acciones que no se pueden cumplir sin el lenguaje, como apostar o condenar. Las oraciones que cumplen una acción se denominan **enunciados performativos**. Estos enunciados destacan la diferencia entre lo que significa un enunciado (la semántica) y lo que se puede hacer con el enunciado. El nombre que se le da a la acción de expresar cierto enunciado es **acto locutivo**. Por el contrario, el nombre que se le da a la intención del hablante es **fuerza ilocutiva**, por lo menos en los casos de una comunicación efectiva. Además de completar acciones mediante el uso del lenguaje y de expresar los deseos del hablante, el lenguaje puede influir al oyente. Por ejemplo, con el lenguaje, el hablante puede persuadir, entretener, o entristecer al oyente. El efecto que tiene el lenguaje en el oyente se llama efecto **perlocutivo**. Estas funciones lingüísticas se ejemplifican en (8) y (9), y se ve por esta discusión que la pragmática puede definirse también como el estudio de lo que se puede hacer con el uso del lenguaje.

(8) *Podrías mejorar la conclusión de tu ensayo final.*
Fuerza ilocutiva: El hablante puede estar recomendándole al oyente re-escribir o revisar la conclusión del ensayo.
Efecto perlocutivo: El oyente puede sentirse apreciado o avergonzado.

(9) *En el agua, las serpientes son tan rápidas que no se puede escapar de ellas.*
Fuerza ilocutiva: El hablante puede estar intentando asustar al oyente.
Efecto perlocutivo: El oyente puede sentir miedo.

Enfoque en la investigación: ¿Son menos directas las mujeres en el habla?

No se puede negar que hay diferencias en el habla según el género del hablante, pero ¿hasta qué punto juega un papel el género en la (falta de) franqueza en el habla? Un estudio realizado por Macaulay (2001) exploró esta pregunta con respecto al habla de entrevistas en la radio y la televisión.

Específicamente, la investigadora examinó peticiones de información hechas por dos entrevistadores y dos entrevistadoras (de Canadá y de EEUU). Se encontró que las mujeres sí empleaban más peticiones indirectas que los hombres en las entrevistas. Sin embargo, la naturaleza de las peticiones hechas por las mujeres era muy distinta. Mientras que los hombres usaron peticiones indirectas para expresar entendimiento emocional e intelectual, las mujeres las usaron para hacerles preguntas difíciles a los entrevistados, mantener la entrevista activa, o mantener el estatus social (p. 312).

 Aplicación 8.A: www.wiley.com/go/diaz-campos

2   Herramientas de análisis

De acuerdo con la discusión anterior, sabemos que la unidad de análisis es diferente en la pragmática que en otras áreas de la lingüística. Por ejemplo, se puede definir el concepto de fonema como la representación mental de los sonidos y, a su vez, se pueden identificar buscando pares mínimos (p. ej., peso-beso). Esto significa que se pueden comparar las diferentes realizaciones de un fonema en varios contextos. En el caso de la pragmática, no hay una estructura lingüística común; por eso, la identificación de la unidad de comparación también es parte del debate teórico dentro del campo. A pesar del desafío que nos presentan las diferencias estructurales entre expresiones, los investigadores de la pragmática tienen varias herramientas de análisis. Por lo general, la meta de esta sección del capítulo es nombrar los objetos de estudio de la pragmática para después poder entrar en la discusión de las preguntas teóricas y empíricas. Se notará que al nivel de la frase (o del enunciado) podemos explorar los enunciados ilocutivos. En el nivel del discurso, podemos analizar los mecanismos para la construcción de una conversación, y en un nivel aún más global, podemos hablar de los marcadores de la cortesía, los cuales pueden pertenecer al nivel morfológico o al nivel del discurso. En esta sección del capítulo, identificaremos las herramientas de análisis de la pragmática en estos tres niveles discursivos.

Para desarrollar un tratamiento de la interpretación basado en el contexto, es esencial distinguir entre clases de interpretaciones. Una distinción principal en la pragmática es la diferencia entre la interpretación directa e indirecta. La **interpretación directa** es la lectura básica y no difiere mucho de lo que se entiende sin contexto. El oyente reconoce el significado y el referente directamente, sin ningún significado adicional. Por ejemplo, *dame un chicle* no nos deja ninguna duda sobre las intenciones o los deseos del hablante. La interpretación directa nos lleva precisamente a la intención del hablante. Por el contrario, la **interpretación indirecta** requiere cierta inferencia adicional porque la lectura básica no es equivalente a las intenciones del hablante. El hablante tiene intenciones de hacer algo con el lenguaje, pero el oyente tiene que interpretar el enunciado según el contexto de la interacción. Para ilustrar esta idea, si el hablante dice *tengo mucho sueño*, la interpretación directa es un comentario sobre la condición actual del hablante, pero si el hablante produce este enunciado en un café cuando está en proceso de pedir una bebida, hay otras interpretaciones indirectas posibles. Por ejemplo, puede indicar el tamaño del café que quiere pedir o, en otro contexto de interacción, podría ser una disculpa por tomar demasiado café. En estas instancias, el trabajo del oyente es usar información del contexto de interacción para establecer una interpretación que corresponda a las circunstancias.

Dentro de la clase de expresiones indirectas, se pueden encontrar por lo menos dos tipos de interpretaciones. En primer lugar, se encuentran las **interpretaciones literales**. Estas interpretaciones requieren que se tome en cuenta el contexto pero el enunciado representa la realidad. El trabajo del oyente consiste simplemente en conectar la información del enunciado del hablante con el contexto. En el ejemplo anterior sobre el café, se puede interpretar que el hablante de verdad tiene sueño y que el trabajo del oyente es simplemente decidir qué relación tiene esta información con la situación. Por esta razón, se dice que es una interpretación indirecta pero literal. La **interpretación no literal** no es directa y tampoco representa la realidad. De hecho, una interpretación directa y literal no sería apropiada según el contexto. Esta clase de enunciado toma en cuenta la exageración, el sarcasmo, la ironía, las frases idiomáticas y las metáforas: todas tienen que interpretarse según el contexto o no tendrían sentido. Para ejemplificar este concepto, volviendo una vez más al ejemplo del café, un enunciado como *me encanta pagar por una taza de café medio llena* puede interpretarse como una queja de que no hay suficiente café en la taza o una petición, que le sirvan más café en la taza, pero no puede interpretarse como un comentario sobre lo que de verdad le gusta al hablante porque es una expresión irónica.

Enfoque en la investigación: La comunicación indirecta

Estrada Gallego (2011) propone que se emplea la comunicación indirecta para cumplir varias funciones dentro de un intercambio conversacional. De interés para nuestra discusión de la interpretación indirecta, se usa la comunicación indirecta como una estrategia comunicativa, en particular, para negociar la relación entre interlocutores en dominios cotidianos, como por ejemplo la crianza de los hijos. Consideremos las siguientes situaciones comunicativas:

> Un conductor al policía que le está dando una multa: *¿No podemos arreglarnos de otra manera?*
> Una madre a su hijo: *¿Todavía está sucio tu cuarto? ¿No quieres comer helado?*

En la primera vemos que el conductor, aunque no lo diga explícitamente, parece querer ofrecerle al policía algo a cambio de no recibir una multa. Es decir, por la comunicación indirecta se entendería la propuesta como un acto de soborno. En la segunda se entiende que la madre está (levemente) amenazando a su hijo por no haber limpiado el cuarto, aunque su manera de expresarlo es indirecta.

Aplicación 8.B: www.wiley.com/go/diaz-campos

Volviendo al tema general de identificar las herramientas para el análisis de la pragmática, se puede observar la importancia de distinguir entre las interpretaciones directas y las indirectas. Podemos notar que un modelo basado sólo en la semántica al nivel de la palabra o de la frase no puede explicar todos los usos del lenguaje. Por ejemplo, no se puede explicar la interpretación de enunciados ambiguos (que se distinguen en contextos de comunicación verdaderos), de enunciados basados en referencias al mundo actual, de usos no-literales del lenguaje, ni de usos indirectos del lenguaje para la comunicación. Sin embargo, después de identificar el tipo de interpretación (directa o indirecta), y a pesar de tener formas diferentes (una sola palabra o muchas frases para expresar la misma intención), los investigadores de la pragmática todavía ven la importancia de agrupar ciertos enunciados por su capacidad de representar la misma fuerza ilocutiva. La clasificación de enunciados según su fuerza ilocutiva se explorará a continuación.

Según muchas teorías tempranas de la pragmática, la unidad básica de análisis es el enunciado que se produce para alcanzar una meta comunicativa. A este enunciado se le da el nombre **acto de habla**. Los actos de habla se clasifican según la intención del hablante y no por su forma. Por ejemplo, una petición es un tipo de acto de habla. Sin embargo, las peticiones pueden tomar muchas formas. En (10), se ve que la misma petición de un bolígrafo puede tomar la forma de un mandato directo, una pregunta y una declaración. Lo que se mantiene constante es la intención del hablante.

(10) Dame un boli.
      ¿Tienes un boli?
      No tengo nada con que escribir.

Mucho del trabajo de investigación relacionado con los actos de habla trata la clasificación de estos enunciados. Ya mencionamos las peticiones pero también se pueden considerar las disculpas, las invitaciones, las negaciones, los cumplidos y muchos más como distintos actos de habla. Hay mucha discusión sobre la taxonomía de actos de habla, es decir, la lista de categorías posibles, y a veces, entre lingüistas, hay desacuerdo sobre cómo se puede identificar cada acto. Sin embargo, para nuestros propósitos, lo más importante es reconocer el rango de actos que existen y las múltiples formas que pueden tomar. El **cuadro 8.1** presentado a continuación nos da una idea de estas posibilidades.

Cuadro 8.1 Ejemplos de actos de habla.

Acto	Ejemplos
Agradecimiento	*Muchas gracias.* *Es lo máximo, ¿no?* *¡Qué bueno!*
Castigo	*No puedes ver la televisión por un mes.* *¿Quieres una semana de castigo o dos?* *Vete a tu cuarto.*
Cumplido	*Me gusta tu ensayo.* *¿Cómo es que escribes tan bien?* *¡Bien hecho!*
Disculpas	*Iba a empezar la tarea pero algo surgió.* *¡Sabía que me olvidaba de algo!* *Discúlpeme por no entregar la tarea.*
Invitación	*Tengo una entrada adicional para el concierto.* *¿Te gustaría ir al concierto conmigo?* *¡Ven al concierto esta noche!*
Negación de una invitación	*Ya tengo planes.* *¿No puedes invitar a otra persona?* *Perdón, no puedo ir contigo.*
Petición	*Necesito usar el coche ahora.* *¿Puedo usar el coche por un par de horas?* *Dame las llaves del coche.*
Promesa	*Terminaré el libro para el viernes.* *¿Qué tal si te devuelvo el libro el viernes?* *¡Trato hecho!*
Queja	*No me gusta salir cuando llueve.* *¿Más lluvia mientras camino, en serio?* *¡Que por favor pare de llover!*
Sugerencia / Consejo	*Recomiendo el pastel de chocolate.* *¿Pastel de chocolate para el postre?* *Pruebe el pastel de chocolate. ¡Es divino!*

Los ejemplos en el **cuadro 8.1** muestran que hay muchas clases de actos de habla y que todos pueden realizarse con múltiples estructuras sintácticas. Lo que el cuadro ilustra es que la unidad básica de la pragmática tiene que basarse en algo más allá de la estructura lingüística de la forma del enunciado. Además, se nota que hay un rango amplio de tipos de actos de habla, lo que destaca la cantidad de acciones que cumplimos con el uso de lenguaje. Es posible que el lector también haya notado que ciertos tipos de actos de habla parecen tener algo en común, y es cierto que muchos teóricos han tratado de agrupar los actos en clases naturales. Por ejemplo, el famoso lingüista John Searle (1976) presentó una taxonomía de clases de actos de habla con cinco categorías. Una categoría, los directivos, incorporaría los ejemplos de la sugerencia y la petición en el **cuadro 8.1**. La categoría denominada como actos expresivos incluiría la disculpa y el cumplido, por ejemplo. Cada teoría propone clasificaciones diferentes, a veces con más detalle y a veces con un cambio en la manera de clasificar los grupos de actos de habla. Sin embargo, lo importante es que, bajo estos acercamientos, se reconoce que el acto de habla es la unidad básica de análisis.

Enfoque en la investigación: Una taxonomía de actos de habla

En 1976, el famoso filósofo John Searle publicó un trabajo en el que se extendió la taxonomía de actos de habla propuesta por Austin (1962). La taxonomía originalmente propuesta por Austin incluía los siguientes cinco actos de habla: judicativos, ejercitativos, compromisorios, expositivos y comportativos. No obstante, Searle señaló algunas debilidades con la taxonomía de Austin, por las cuales decidió revisar la clasificación de actos de habla de la siguiente manera: representativos (o asertivos), directivos, compromisorios, expresivos y declarativos. Aquí proveemos algunos ejemplos de actos en cada categoría de la clasificación de Searle, luego se verán ejemplos de varios actos en cada categoría (en español).

Categoría	Ejemplos de actos de habla	Ejemplos en español
Representativo	jactarse, quejarse, concluir, deducir	*Mira, tengo más helado que tú. ¿Por qué tienes más helado que yo?*
Directivo	ordenar, solicitar, rogar, pedir/ suplicar, invitar, permitir, aconsejar, atrever, desafiar	*Deje de hablar. Te recomiendo leer más libros sobre el tema.*
Compromisorio	prometer	*Prometo no decir nada.*
Expresivo	agradecer, felicitar, disculparse, compadecer, deplorar/condenar, dar la bienvenida	*Gracias por ayudarme.* *Disculpa la tardanza.*
Declaración	declarar	*Declaro que todo el trabajo es mío.*

No sólo podemos agrupar a los varios actos de habla sino también analizar sus componentes internos. Los enunciados que se dan como ejemplos en el **cuadro 8.1** no representan el contexto entero de la interacción. Es preciso reconocer que cada acto de habla ocurre como parte de una interacción natural. Esto quiere decir que alrededor de la petición, por ejemplo, hay expresiones lingüísticas que también contribuyen a la fuerza ilocutiva. Dentro del mismo acto de habla, se pueden reconocer distintos componentes. En primer lugar, vemos los **precursores** que abren la interacción. Esta parte del enunciado puede incluir las formas de tratamiento y los mecanismos para llamar la atención. La unidad principal del acto se llama **el núcleo del acto de habla** y se define como la unidad mínima con la que se puede realizar el acto de habla. El núcleo del acto de habla se corresponde más o menos a los ejemplos en el **cuadro 8.1**, los cuales aparecen sin contexto discursivo y, en consecuencia, sin precursores que abren la interacción. El último componente, que en realidad puede estar compuesto por múltiples formas tanto antes como después del núcleo del acto de habla, se llama **elementos de apoyo**. Estos elementos son externos al acto mismo pero pueden modificar la fuerza del acto de habla. Pueden tener la función de hacer menos directo o más suave el acto o de hacerlo más fuerte y directo. Por lo tanto, se puede realizar un acto de habla con sólo el núcleo, pero en realidad estos actos se ven contextualizados en un discurso más elaborado y, por eso, reconocemos los otros componentes que funcionan para presentar y apoyar el acto de habla dentro de la interacción. Todos estos conceptos se ejemplifican en la siguiente conversación:

(En un pasillo de la universidad)
JULIANA: Hola, profesora. ¿Cómo le va?
PROFESORA: Muy bien, Juliana. ¿Y tú?

JULIANA: También, muy bien. De hecho … disculpe que la moleste, seguramente
             está al camino a clase, pero quería hacerle un pedido. ¿Podríamos
             reunirnos un momento esta semana? Quería hacerle algunas preguntas
             sobre el Modernismo que no me quedaron claras y el examen parcial es
             la semana próxima…
PROFESORA: Sí, claro. Ven a mis horas de oficina mañana por la mañana.

Enfoque en la investigación: Un análisis empírico de los cumplidos

Los cumplidos han recibido mucha atención empírica, tanto para hablantes nativos como para aprendices de español. Nelson y Hall (1999) presentan un análisis de un corpus de cumplidos con 240 casos obtenidos de 80 hablantes nativos español originarios de Puebla, México. Éstos investigadores examinaron los siguientes cuatro elementos de los cumplidos: (a) las características de adecuación (en inglés *felicitous*), (b) el tipo de enunciado (estructura sintáctica), (c) el género de los interlocutores y (d) el papel de la relación entre el que daba y el que recibía el cumplido. Se encontró que los cumplidos sobre la apariencia eran los más frecuentes. En cuanto a la estructura sintáctica, la mayoría de los cumplidos contenían adjetivos que incluían la fuerza ilocutiva del enunciado (p. ej., *¡Qué bonito vestido!*; p. 105). Las estructuras menos frecuentes se basaron en un sustantivo (p. ej., *Eres un ángel*; p. 108) o un verbo (p. ej., *Me gusta tu peinado*; p. 107). Además se encontró que las mujeres elogiaban la apariencia tanto a los hombres como a otras mujeres. Los hombres, sin embargo, elogiaban la apariencia mayormente a las mujeres.

Aplicación 8.C: www.wiley.com/go/diaz-campos

Mencionamos cuando presentamos el concepto del acto de habla que los teóricos tempranos vieron los actos como la unidad básica de la comunicación. De acuerdo con nuestra discusión, vimos la necesidad de ampliar tanto el inventario de los actos de habla con estudios que añaden más detalle, así como reconocer el importante papel que juegan los elementos alrededor del núcleo del acto de habla. El punto de vista más común es que no podemos considerar el acto como la unidad básica de la comunicación porque no toma en cuenta la importancia de la interacción comunicativa. Por este motivo, han surgido muchos tratamientos de los elementos discursivos para analizar la interacción de manera comprensiva. Sin embargo, antes de entrar en la discusión del discurso, es necesario reconocer que el acto de habla sigue siendo importante como unidad de análisis. Veremos más adelante en este capítulo que los actos de habla han servido a los investigadores de pragmática para comparar y contrastar el uso del español entre distintas regiones de habla española, entre distintos grupos sociales y también entre hablantes no nativos.

El análisis del discurso y las conversaciones

Los lingüistas que estudian el discurso se enfocan en unidades más grandes del lenguaje. Estas unidades son grupos de frases que están conectadas por el tema sistemáticamente. Podemos llamar a esta unidad de análisis **la conversación**. La definición de una conversación puede ser un intercambio entre dos o más personas que se organiza en secuencias estructuradas de habla. El objeto del estudio de las conversaciones es precisamente la organización de estas secuencias y los componentes que se pueden identificar. Por ejemplo, todo lo que dice un sólo hablante en una conversación se llama **un turno**. Cuando comienza a hablar la siguiente persona, comienza el siguiente turno. Cuando una persona comienza a hablar antes de que termine el hablante anterior, se denomina **una interrupción**. Un aspecto interesante de este

Cuadro 8.2 Ejemplos de inicios y cierres de conversaciones.

Parte de la conversación	Ejemplos del español (Bou-Franch, 2011; Coronel-Molina, 1998)
Inicio	*¿Qué tal?* *Hola, Juan* *Querido/a* (por e-mail o correo) *¿Aló?* (por teléfono)
Cierre	*Bueno, pues* *Un saludo* (por e-mail o correo) *Gracias por la llamada* (por teléfono)

fenómeno es que la cantidad de habla simultánea esperada (o aceptada) puede variar culturalmente, según el individuo y la situación. Asimismo, hay maneras aceptables y no tan aceptables de interrumpir. Veremos en las secciones que siguen que una pregunta teórica asociada con las conversaciones es saber cómo los hablantes establecen y obedecen las reglas de conversación. Además, hay muchos estudios empíricos sobre cómo se estructura la conversación de un contexto a otro.

Además de contener una secuencia de turnos, cada conversación tiene ciertas partes que se pueden identificar y usar como herramienta de análisis. Por ejemplo, cada conversación tiene un **inicio**. Este mecanismo señala que el hablante va a comenzar una interacción. Sirve para llamar la atención del otro interlocutor y muchas veces incluye una forma de tratamiento, las cuales se describirán en la próxima sección. El comienzo de la interacción puede señalar una conversación formal, casual o familiar, para dar algunos ejemplos. Esta información establece el tono de la interacción discursiva. No es sorprendente que también haya una parte en la que se concluye la conversación. Sabemos que no es apropiado simplemente dejar de hablar. De esta manera, podemos estudiar los mecanismos que se usan para concluir una conversación, es decir **los cierres**. En el **cuadro 8.2** listamos algunos ejemplos de inicios y cierres de conversaciones en español.

Además de la estructura de las conversaciones, se han estudiado mucho los elementos que se denominan **marcadores del discurso**. Estos marcadores tienen un estatus especial ya que indican algo en una conversación y no se interpretan literalmente. Los ejemplos que siguen ((11)–(13)) muestran su uso frecuente en la conversación.

(11) … no había nada de eso, no había verbenas, no había gaitas, no había nada, *o sea*, que la oportunidad de compartir era mínima.

(12) … jugábamos, montábamos bicicleta, dibujábamos calles en el piso, *este* … usábamos las hojas de los árboles …

(13) El romanticismo, tú ves Mozart, tú ves absolutamente todo y tú sientes, *pues*. (Ejemplos de *Corpus de Caracas*; Bentivoglio & Sedano, 1987)

Lo que se nota inmediatamente en estos ejemplos es que las palabras o las frases que marcan el discurso no conservan el significado semántico que expresan en otros contextos. En el contexto del discurso, marcan otros significados, tal como la continuación de un turno o el interés en lo que dice el otro participante en la conversación. Los marcadores no tienen contenido semántico per se, pero juegan un papel importante en la organización del discurso y la interacción efectiva.

 Aplicación 8.D: www.wiley.com/go/diaz-campos

La cortesía

En la introducción indicamos que la pragmática es el estudio del enunciado y la interpretación de información sobre la relación entre el hablante y el oyente. Por medio de varios mecanismos lingüísticos (y no lingüísticos) indicamos información sobre la relación de poder entre los hablantes, la amistad, la solidaridad, la familiaridad, etc. El estudio de estos mecanismos y su interpretación puede clasificarse como el estudio de **la cortesía**. La cortesía es práctica de manejar las relaciones sociales entre las personas para que todos se sientan cómodos con la interacción y que el hablante consiga lo que necesita mediante la interacción sin crear una relación negativa. Las expresiones de cortesía pueden verse en el nivel morfológico, sintáctico, léxico y discursivo. Por ejemplo, se puede seleccionar la forma del verbo, la estructura de la oración, el vocabulario y hasta la estructura de la interacción según el contexto social y la relación entre hablantes que se quiere establecer (p. ej., poder, solidaridad, amistad, etc.). Por esta razón, el estudio de la cortesía se beneficia de diversas ramas de la lingüística. En esta sección del capítulo, exploraremos dos mecanismos para indicar la cortesía y, posteriormente, usaremos estas herramientas de análisis para explorar preguntas teóricas y empíricas sobre el empleo de estos mecanismos de cortesía.

Uno de los mecanismos más importantes en el español para marcar la cortesía según la relación entre hablantes es el uso de las formas de tratamiento. Una **forma de tratamiento** consiste en una forma verbal, pronominal y/o léxica que se usa en situaciones de conversación para hacer referencia al interlocutor u otros participantes. A veces se realiza una forma de tratamiento en el nivel léxico (*señor/a*, *camarero/a*, *profesor/a*, etc.), pero en español hay, además de

Cuadro 8.3 Formas de tratamiento y sus características.

Forma	Morfología verbal asociada	Nivel de formalidad que indica	Extensión geográfica
Tú	Segunda persona singular	Familiar, miembros del mismo grupo social, contacto frecuente, solidaridad	En todo el mundo hispanohablante; en variación con *vos* en ciertas regiones; casi no existe en Costa Rica, Nicaragua, Honduras, El Salvador, Argentina, Uruguay y Paraguay
Vos	Hay variación regional: puede coexistir con la segunda persona singular o con su propia morfología única (p. ej., *vos hablás*)	Familiar, miembros del mismo grupo social, contacto frecuente, solidaridad	Centro América: en Costa Rica Nicaragua, Honduras, El Salvador. En Sudamérica: Argentina, Uruguay y Paraguay es la norma
Usted	Tercera persona singular	Formal, indica diferencia de poder o prestigio, autoridad o edad	En todo el mundo hispanohablante
Vosotros	Segunda persona plural	Familiar, miembros del mismo grupo social, contacto frecuente, solidaridad	España
Ustedes	Tercera persona plural	En España: formal, indica diferencia de poder o prestigio, autoridad o edad En América Latina: es la forma de tratamiento de la tercera plural por defecto sin distinguir formalidad	En todo el mundo hispanohablante

la selección de la forma léxica, la posibilidad de seleccionar la forma del pronombre y del verbo según la situación. En el español contemporáneo, hay por lo menos cinco opciones que se pueden emplear. La selección de estas formas se basa en los contenidos que indican la relación de formalidad y/o solidaridad entre el hablante y el oyente. Por ejemplo, en España y muchas regiones de América Latina, se puede seleccionar entre la forma *tú* para situaciones familiares y *usted* para situaciones más formales. Otra característica importante del sistema de tratamiento en el español es que no todas las formas están disponibles para todos los hispanohablantes. Algunas de las formas de tratamiento tienen límites en cuanto a su extensión geográfica. Por ejemplo, se usa la forma *vosotros* principalmente en España y la forma *vos* en algunas regiones de América Latina, como Argentina, Uruguay, Paraguay y en Centro América, en países tales como, Costa Rica, Nicaragua, Honduras y El Salvador. En el **cuadro 8.3**, listamos algunas de las formas de tratamiento con información sobre su uso.

Los detalles en el **cuadro 8.3** indican que las formas de tratamiento se ven influenciadas no sólo por la geografía sino por muchos factores sociales. Por ejemplo, la selección entre una forma "familiar", como *tú* o *vos*, y una forma "formal", como *usted*, refleja muchas características sociales del hablante y del oyente. Puede indicar una diferencia de sexo, edad, poder o prestigio, o puede reflejar simplemente una falta de familiaridad entre los hablantes. Incluso, esta distinción puede marcar la participación de un hablante en un contexto formal o un tema de conversación más serio. El rango de factores que influyen en la selección de las formas de tratamiento muestra que su uso no refleja una regla constante sin excepciones. Al contrario, es un mecanismo para indicar la cortesía, la cual es compleja y toma en cuenta muchos factores. En este sentido, el estudio de las formas de tratamiento cruza las fronteras entre la sociolingüística y la pragmática y es el objeto de muchas investigaciones empíricas.

Enfoque en la investigación: El uso de *vos* en el habla salvadoreña y hondureña

La distribución del uso de *vos* abarca varios países del mundo hispanohablante. Los países más notables del voseo, es decir, del uso de *vos*, incluyen Argentina, Chile, Paraguay, y Uruguay. Sin embargo, el voseo está presente en partes de países como El Salvador y Honduras, y se observa el uso de *vos* en el habla de salvadoreños y hondureños que viven en la región oeste de EEUU. Rivera-Mills (2011) hizo un estudio sobre el uso de *vos* de estos hablantes, específicamente para comentar la relación entre el mantenimiento de este pronombre y la identidad centroamericana. Ella realizó entrevistas sociolingüísticas a 85 salvadoreños y hondureños que vivían en EEUU. Durante la entrevista, les preguntó a los participantes sobre el uso de *vos* y sus actitudes sobre el voseo en variadas situaciones comunicativas. Los participantes también completaron un cuestionario sobre los mismos temas. Se encontró que el uso del voseo se reducía en los grupos generacionales más jóvenes de manera progresiva. Es decir, el voseo se usaba más en la primera generación y está en declive en las generaciones más jóvenes. Asimismo, los de la primera generación empleaban el voseo en un rango más amplio de dominios, mientras que los de segunda generación limitaban el uso del voseo a la casa. Otro hallazgo de interés es que se observó más inseguridad lingüística acerca del uso de voseo en la tercera generación en contraste con la primera generación. Finalmente, los de tercera generación demostraban falta de familiaridad con las formas verbales de *vos* pero aún así lo usan para llamar la atención de otros hablantes salvadoreños u hondureños. Por este motivo, Rivera-Mills postula que, para la tercera generación, *vos* sirve para marcar su identidad y mantener solidaridad con otros miembros de su grupo.

Aplicación 8.E: www.wiley.com/go/diaz-campos

Un segundo mecanismo para indicar la cortesía se relaciona, nuevamente, con los actos de habla. Los hablantes del español pueden usar recursos variados para hacer menos o más fuertes las expresiones que representan los núcleos de los actos de habla. El proceso de suavizar o hacer menos directo un acto de habla se llama **atenuación**. Proveemos los ejemplos del (14) al (16) en los cuales se puede observar el uso de la atenuación. Los hablantes nativos usan estos mecanismos de atenuación para manejar las relaciones personales. Por esta razón se considera como parte más general del estudio de la cortesía.

(14)   Podría considerar alquilar una casa en vez de un apartamento.

(15)   A: No me está funcionando Internet.
       B: ¿Por qué no reinicias la computadora?

(16)   A: ¿Qué tal si viajamos a Francia?
       B: Si Francia es más conveniente para nuestro itinerario, está bien. Pero me gustaría visitar Italia.

Como hemos visto, la falta de una estructura común al nivel de la frase ha motivado el estudio de las expresiones según su función como manera de cumplir con una meta comunicativa. Asimismo, se puede analizar el lenguaje según estas metas comunicativas y los mecanismos que se emplean para lograrlas. Este análisis se extiende al nivel del discurso y al nivel global de la cortesía. En la siguiente sección, exploraremos las preguntas teóricas que estas herramientas nos permiten contestar.

3   Preguntas formales

Las herramientas de análisis que vimos en la sección previa nos dieron una manera de estudiar los rasgos particulares de la comunicación, tanto como los actos de habla o los marcadores del discurso. Estas herramientas también nos permiten contestar preguntas más abstractas sobre las funciones del cerebro humano y su capacidad de usar el lenguaje. El área de la pragmática se puede considerar multidisciplinaria porque incluye las herramientas de otros campos tales como, la filosofía, la ciencia cognoscitiva, la lingüística y las teorías socioculturales para mencionar sólo algunas. Por consiguiente, las preguntas teóricas pueden provenir de diversas disciplinas. Sin embargo, una de las preguntas más importantes en muchas de estas tradiciones científicas es saber cómo los procesos cognoscitivos del cerebro humano nos permiten identificar e interpretar la intención del hablante. Por este motivo, empezamos la discusión teórica con una exploración de las teorías que se han propuesto para tratar este tema.

Recordemos que las versiones tempranas de las teorías de los actos de habla tenían la meta de entender la conexión entre el lenguaje, el significado y la acción. Esta acción puede ser una consecuencia del empleo del lenguaje en contextos específicos (p. ej., Cuando un juez emite el siguiente veredicto: *Lo condeno a cadena perpetua en la cárcel*) o puede tener la intención de hacer que suceda otra acción (p. ej., Cuando alguien te ruega algo: *Te ruego que me prestes dinero*). En todo caso, la pregunta principal es entender los mecanismos por los cuales los humanos pueden identificar la intención del hablante y rechazar los significados no apropiados según el contexto. Dicho de otra manera, queremos entender la comunicación efectiva, es decir, la interacción en la que el oyente reconoce la intención del hablante. La respuesta a la pregunta tiene que ver con la cognición porque el proceso de inferir la intención del hablante es un proceso mental de usar las pistas del contexto para rechazar la interpretación literal o directa, y llegar a reconocer el significado apropiado. Por lo tanto, las versiones tempranas de las teorías de los actos de habla no sólo proveyeron la taxonomía para la clasificación de los actos, sino que también nos ofrecieron una manera de explicar el éxito en la conversación en las instancias en que el oyente reconoce las intenciones del hablante. Para Austin (1962), el éxito tiene lugar bajo ciertas condiciones, conocidas como condiciones de **adecuación**. Las condiciones de adecuación son las condiciones que se debe satisfacer para que sea exitoso un acto de habla. Cuando se cumplen estas condiciones, el oyente puede interpretar correctamente el mensaje del hablante, aún en casos de lenguaje no literal. Por ejemplo, según Austin, hay cuatro condiciones de adecuación para que sea adecuada una petición:

1) Condición de contenido proposicional: el acto refiere a un acto en el futuro.
2) Condición de preparación: el hablante cree que el oyente puede cumplir el acto y que la acción no es algo que el oyente haría automáticamente sin que el hablante lo pida.
3) Condición de sinceridad: el hablante quiere de verdad que el oyente cumpla con el acto.
4) Condición esencial: el enunciado representa un intento del hablante de hacer que el oyente cumpla con el acto.

Ahora observemos un ejemplo de una petición adecuada (17) y otra inadecuada (18) según las condiciones de adecuación de Austin.

(17) Petición adecuada:
Ricardo está cenando en un restaurante con un par de amigos y justo se acabó el agua. Sucede que el camarero pasa así que Ricardo le pide al camarero: *¿Me puedes traer otro vaso de agua?*

(18) Petición inadecuada:
Susana sale de clase y al salir de edificio aprende que está lloviendo. No lleva paraguas. Le dice a una compañera de clase que está al lado: *¿Puedes hacer que deje de llover?*

En el caso de (17), vemos que el acto de pedir un vaso de agua cumple con todas las condiciones de una petición adecuada: refiere a un acto en el futuro, pedir un vaso de agua es un acto posible en el contexto de la interacción (i.e., para un camarero en un restaurante), al momento de pedir un vaso de agua no fue obvio que el camarero lo trajera sin la petición, el acto de traer un vaso de agua es algo que se quiere del camarero (también por el contexto, i.e., no tiene agua), y la petición de Ricardo se reconoce como un intento de conseguir un vaso de agua por medio del camarero. Al contrario, en (18), el acto de pedirle a un individuo que pare la lluvia viola la condición de preparación: Susana no cree que su compañera de clase pueda parar la lluvia. De hecho, muchas veces las bromas que toman la forma de una petición violan esta misma condición de preparación de Austin.

Una distinción importante para las teorías de la interpretación de los actos de habla es entre las expresiones convencionales y las expresiones sin convención. **Una expresión convencional** es una expresión que bajo ciertas condiciones se interpreta siempre como un acto de habla particular. Muchas veces, estas expresiones son frases idiomáticas estándares que todos los hablantes nativos reconocen por su capacidad de representar un acto de habla. Por ejemplo, al llegar tarde a una reunión con amigos es común decir *lamento llegar tarde*, lo cual cumple el acto de pedir disculpas. Otro ejemplo es *(muchas) gracias por...* que se emplea para realizar el acto de agradecer. Tanto los actos de habla realizados con expresiones convencionales como los actos en que no se emplean estas expresiones comparten características comunes que contribuyen a las teorías de la interpretación. Por ejemplo, en la frase *¿me puedes dar el bolígrafo?* el oyente interpreta (correctamente) que el hablante ha producido una petición. Algo interesante de estas expresiones es que funcionan precisamente porque el hablante ya sabe que el oyente tiene un bolígrafo y el oyente sabe que el hablante no tiene uno. Este conocimiento compartido entre hablantes se llama **presuposición**. La presuposición es una condición importante para la interpretación efectiva de un acto de habla porque mucho de lo que se comunica a través de los actos de habla se da por hecho.

Si seguimos con la idea de la interpretación de las intenciones del hablante basada en un sistema compartido de estrategias inferenciales, es importante explorar la teoría de la implicatura de Grice (1975). El término **implicatura** se refiere al significado adicional que expresa el hablante. Este significado es sensible al contexto y el oyente tiene que inferir la intención del hablante para interpretar correctamente la implicatura de la expresión. En (19), vemos una expresión convencional y la implicatura del hablante.

(19)   Dos amigas conversan sobre una película que acaban de ver.
       María: ¡Qué interesante el desenlace! ¿Qué te pareció?
       Elena: Pues, estuvo bien.

En este ejemplo, la expresión convencional es *¿Qué te pareció?* a lo cual Elena responde *Pues, estuvo bien*. La respuesta de Elena no contesta la pregunta de María; como veremos dentro de poco, Elena incumple una máxima de cantidad y nos hace inferir que no está de acuerdo con la evaluación de María (sobre el desenlace de la película). Por lo tanto, en este caso, la implicatura es que Elena no encontró interesante el desenlace de la película.

Aplicación 8.F: www.wiley.com/go/diaz-campos

Bajo el acercamiento teórico de la implicatura, un principio importante para entender el proceso de la interpretación es **el principio de la cooperación**. Este principio dice que es lógico pensar que el oyente quiere colaborar en la interacción y participar con la intención de ayudar en la construcción del significado. Por lo general, esto quiere decir que cada hablante intenta hacer una contribución útil y relacionada al propósito de la interacción y que lo hará en un momento apropiado en la conversación. Las reglas compartidas se llaman **máximas conversacionales** y especifican la manera en que uno debe participar en una conversación. Hay tres categorías de máximas: las de calidad, las de cantidad y las de relevancia. En cuanto a la calidad, la primera máxima dice que no se debe mentir. La segunda dice que no se debe decir algo sin evidencia. En cuanto a la cantidad, hay dos reglas más. Primero, se debe ser tan informativo como requiera la situación, y en segundo lugar, no se debe ser más informativo de lo que sea necesario. La última categoría de las máximas para la conversación es la de la relevancia y establece que se debe hacer una contribución pertinente a la interacción. Estas tres categorías de máximas se resumen en el **cuadro 8.4**, con un ejemplo que cumple con la condición y un ejemplo que no.

Según el **cuadro 8.4**, reconocemos que aunque es difícil describir las violaciones de estas máximas de la conversación en términos concretos mediante el empleo de las herramientas de otras áreas de la lingüística, se puede observar fácilmente el contraste entre las respuestas que obedecen a las reglas de la conversación y los ejemplos que no las obedecen. Además de las máximas de la conversación efectiva, hay algunas reglas sobre la manera en que se debe responder a un acto de habla. La regla general es que el interlocutor debe **ser perspicuo**. Esta frase quiere decir que se debe presentar el mensaje directamente y que sea fácil de entender. A esta regla general, se añaden detalles sobre la manera en que debe expresarse. Primero, se debe evitar la oscuridad de expresión. Si un hablante informa a otro de que recibió un llamado, *Te llamó Susana mientras no estabas* es claro y explícito, mientras que "Te llamó alguien", es vago. En segundo lugar, es necesario evitar la ambigüedad. Imagina que le preguntas a tu hermana qué opina del libro que acaba de terminar de leer y dice *¡Es tremendo!* No sabemos si es tremendamente bueno o tremendamente malo. La tercera regla es que se debe responder de forma breve. Finalmente, se debe responder de manera ordenada. Por ejemplo, *Terminé de bañarme y antes salí de casa* no es una expresión ordenada. En cuanto a la teoría

Cuadro 8.4 Máximas conversacionales de Grice.

Categorías de máximas	Ejemplo que cumple con las condiciones de la máxima	Ejemplo que no cumple con la condiciones de la máxima
Calidad	*Hay perros en el mundo.*	*No hay perros en el mundo.*
	La evidencia muestra que el Julián Gómez es el culpable del robo.	*Dicen por ahí que Julián Gómez es el ladrón.*
Cantidad	*Tengo libros de diferentes temas.*	*Tengo libros de diferentes temas. Los libros que tengo incluyen diversos tópicos. Entre estos tópicos se encuentran astronomía, física, filosofía, etc. Como ya he mencionado, tengo libros de diversos temas.*
	La fiesta será el próximo viernes a las 7pm en mi casa.	*La fiesta empieza en mi casa.*
	A: *¿A qué hora termina la clase?* B: *A las 2:15.*	A: *¿A qué hora termina la clase?* B: *Normalmente la profesora toma unos minutos para concluir la clase. La profesora hace sus comentarios finales a las 2:10. Por eso terminamos a las 2:15.*
Relevancia	A: *Me gustan los gatos, pero sé que prefieres más los perros.* B: *Sí, prefiero los perros pero puedo apreciar el cariño que ofrecen los gatos.*	A: *Me gustan los gatos, pero sé que prefieres los perros más.* B: *Te has dado cuenta de que hay menos espacio para estacionar el coche en el campus hoy en día.*

de la interpretación, la idea central es que si todos los hablantes en la misma interacción conversacional comparten este sistema de reglas, se pueden eliminar ciertas interpretaciones no posibles y nos ayuda llegar a la implicatura correcta.

Aplicación 8.G: www.wiley.com/go/diaz-campos

A través de la discusión de la teoría de los actos de habla y de la implicatura, hemos explorado la pregunta teórica de cómo es que el ser humano puede interpretar efectivamente los enunciados de los hablantes mediante el uso de la lógica racional. Las reglas de la conversación contribuyen a apoyar el proceso de inferir la interpretación correcta. Esto se debe a que el interlocutor participa de manera cooperativa en la conversación. Como consecuencia, las respuestas que parecen ser irrelevantes no lo son. Por ejemplo, si alguien nos pregunta sobre la política y contestamos que el clima está agradable, el interlocutor puede interpretar la respuesta como que no queremos hablar del tema. En otras palabras, en la situación anterior pareciera que se viola la máxima de relevancia. Sin embargo, la habilidad del interlocutor de interpretar la intención del hablante (la implicatura) permite que se entienda que el participante no quiere hablar de política. A veces las reglas están en conflicto, por ejemplo cuando uno no puede obedecer la regla de relevancia (de hacer una contribución pertinente a la interacción) porque no contesta la pregunta y, como consecuencia, la regla de calidad tiene mayor importancia. Por ejemplo, como respuesta a la pregunta sobre si dos compañeros de trabajo son pareja, *¿Laura y Ricardo están de novios?*, uno responde *Llegan y se van juntos de la oficina....* Asimismo, hay teorías más recientes de la interpretación del lenguaje en contexto. Wilson y Sperber (1991), por ejemplo, postulan que la relevancia es el único principio necesario porque domina toda la interpretación. A pesar de estos argumentos, se puede aceptar que la interpretación efectiva tiene que basarse en estrategias inferenciales y que estas estrategias forman la base del proceso cognoscitivo de la interpretación.

El discurso

En la sección de las herramientas de análisis notamos que hoy día hay ciertas ventajas de estudiar la conversación completa, en vez de limitarnos al nivel de la frase o del acto de habla. Con esta visión en mente, cambiamos el tema a las preguntas teóricas sobre la organización del discurso. En estos casos, pasamos de las preguntas sobre la interpretación a preguntas sobre la capacidad del ser humano para participar en una interacción comunicativa. Específicamente, queremos saber cómo es que sabemos cuál es el momento apropiado de hablar, cómo pasamos el turno a otro hablante y cómo es que construimos de forma colaborativa una conversación. El estudio del **discurso** se enfoca en las unidades del lenguaje, es decir, de múltiples frases conectadas por un sólo tema. La **conversación** se define como un intercambio verbal entre dos o más personas. Por lo tanto, el estudio de la conversación, o del discurso, involucra un sistema compartido de interacción entre personas que va más allá de las expresiones con el propósito de incorporar todos los aspectos de la interacción en lugar de limitarse a un sólo acto de habla. Con estas definiciones en mente, volvemos a la pregunta teórica principal sobre el discurso: ¿Cómo es que los seres humanos pueden construir mutuamente una interacción conversacional? Nos interesa conocer la naturaleza del sistema y las reglas en que se basa, así como también cómo es que llegamos a tener tal sistema. Aunque se podrían examinar muchos aspectos de la interacción, aquí nos centramos en dos: la organización de secuencias y los turnos conversacionales. En ambos casos, nuestra manera de manejar estos aspectos de la interacción representan un sistema compartido entre hablantes, y al entender el sistema, los lingüistas entienden mejor cómo funciona el cerebro humano.

Se puede considerar la construcción del discurso como una serie de expresiones (o turnos) que juntos crean un discurso organizado según las reglas de la interacción de un grupo particular. Como evidencia del sistema común que organiza la conversación entre hablantes, notamos que en muchos casos hay una respuesta o segundo elemento esperado de tal forma que la contribución que uno hace a la conversación no es completamente libre. Por ejemplo, si alguien dice *¿cómo estás?*, la respuesta esperada podría ser *muy bien, ¿y tú?* Claro, hay cierta libertad; uno puede contestar que ha sido un día difícil, puede agradecer el interés y puede ampliar un poco la descripción de su estado actual. Sin embargo, la expectativa es que el interlocutor comente su estado actual. En los casos en que un enunciado implica cierto tipo de respuesta, tal como en este ejemplo, las expresiones se denominan **par adyacente**. No sería del todo preciso decir que hay una sola respuesta posible, pero lo que sí se observa es que hay una clase de respuestas posibles. De esta forma, si uno no responde o si responde de manera no convencional, esta desviación es evidente para el hablante. Es decir, los dos interlocutores sabrán que la respuesta no se ajusta a las expectativas según el primer enunciado. En los ejemplos que siguen ((20)–(21)), vemos algunos pares con la respuesta esperada y algunos con una respuesta no esperada, es decir, una respuesta que no cumple las normas de la conversación.

(20) Ejemplos de pares adyacentes con una respuesta esperada
    A: Buenas tardes.
    B: Buenas.
    A: Perdón.
    B: No se preocupe, no pasa nada.

(21) Ejemplos de pares adyacentes con una respuesta no esperada
    A: ¿Sabes la hora?
    B: Es hora de que te compres un reloj.
    A: ¡Qué bonito tu vestido!
    B: Es mío. No puedes llevártelo.

   Siguiendo con el tema de los pares adyacentes, entre todas las respuestas esperadas según las normas de conversación, hay dos clases. Una respuesta preferida muestra coherencia con la primera parte de la secuencia. Por ejemplo, en un diálogo en que el hablante A dice *¿Quieres un cafecito?* y el hablante B contesta *Sí, muchas gracias*, se observa una respuesta afirmativa a un ofrecimiento. Para contrastar, una respuesta aceptable puede ser un desacuerdo o una negación al ofrecimiento del hablante. Estas expresiones son respuestas no esperadas. En los ejemplos (22) y (23) que se presentan a continuación, hay dos ejemplos en los cuales la primera parte de un par adyacente aparece con una respuesta esperada seguida por una respuesta no esperada. Es importante notar que en todo caso, los pares obedecen las normas de la conversación.

(22) A: *Te presento a Sofía.*
      Con una respuesta esperada:
      B: *Encantado, Sofía.*
      Con una respuesta no esperada:
      B: *No tengo tiempo. Me tengo que ir.*

(23) A: *Hasta luego, me tengo que ir. Voy tarde al trabajo.*
      Con una respuesta esperada:
      B: *Chau, nos vemos.*
      Con una respuesta no esperada:
      A: *No te vayas. Espera un poco, no pasa nada si llegas tarde.*

   Otro aspecto de la interacción conversacional es el concepto de turno. **Un turno** es, simplemente, una porción de la interacción producida por un hablante. Después del primer turno, comienza el siguiente, producido por otro hablante. A pesar de su definición bastante sencilla, la idea de que los humanos pueden construir una manera de conversar en que todos sabemos cuándo podemos hablar y cuándo tenemos que escuchar es bastante sofisticada. Es difícil imaginar la comunicación sin que haya un entendimiento entre los participantes de cuándo se puede hablar y cuándo no. De lo contrario, todo el mundo hablaría al mismo tiempo y la comunicación sería ineficiente. Tomando en cuenta la idea de turno, otro aspecto del estudio teórico de la capacidad del ser humano para crear interacciones conversacionales tiene que ver con las normas del turno. Muchos de los modelos de los turnos provienen del trabajo de Schegloff (p. ej., 1968, 2000, 2001) y reconocen como base que el hablante tiene el derecho (la responsabilidad) de indicarle al próximo hablante el momento en que este otro interlocutor puede empezar a hablar. Un concepto útil para identificar este momento se llama el lugar de transición relevante (*transitional-relevance place,* en inglés). Este concepto reconoce que un turno puede tomar distintas formas, tales como declaraciones, preguntas o elementos léxicos. Por lo tanto, precisamente como vimos con los actos de habla, este concepto reconoce que la estructura sintáctica puede variar de un turno a otro. Cuando el hablante llega al lugar de potencial transición, tiene tres opciones: puede seleccionar a otro interlocutor y pasarle el turno, puede continuar hablando o, en la ausencia de estas dos primeras opciones, otro interlocutor puede seleccionarse a sí mismo como el próximo hablante en la conversación e irrumpir. En (24), se presentan algunos de los mecanismos que se usan para indicar que le toca hablar al interlocutor.

(24) A: Quiero preguntarle al profesor por qué fue tan mala mi nota en la última tarea, pero no sé cómo hacerlo.
      A: **Bueno**, ¿por qué no le mandas un email pidiéndole una reunión para discutir el tema?
      B: **Pues** no sé.
      A: **O sea,** dale la oportunidad de revisar tu tarea y pensar sobre ella antes de reunirse contigo para discutir el asunto.

En los modelos teóricos más recientes, hemos visto ciertos avances también. Por ejemplo, se reconoce ahora que los momentos en que dos hablantes se comunican a la vez ocurren con bastante regularidad y que no necesariamente indican una dificultad en la interacción ni una violación de las normas de conversación. Al contrario, muchas veces al solaparse en la conversación se puede indicar que el interlocutor muestra interés en el tópico de conversación. La cantidad de solapamiento que se tolera puede depender del sexo, de la edad y de la comunidad de habla, pero de todos modos representa una parte esperada de la interacción verbal. En el ejemplo (25) a continuación, se ve un solapamiento entre turnos en varios momentos en la interacción (los solapamientos se indican con el símbolo [).

(25) A: ¿Qué tal el apartamento nuevo?
B: [Excelente
C: [Nos encanta
B: Sí, lo estamos pasando bien y estamos decorando juntos el espacio
C: Se ve muy lindo
A: ¿Hay algo más que necesitan?
B: [No creo
C: [Pues
B: Ay, perdón ¿qué necesitamos?
C: Sería genial si tuviéramos una caja de herramientas para arreglar algunas cosas por aquí y por allá. Por casualidad, ¿tendrás una que nos puedas prestar?
A: ¡Seguro!
B: [¡Mil gracias!
C: [¡Muchas gracias!

Enfoque en la investigación: Turnos de habla

Un interés del estudio de la pragmática que ha surgido desde sus inicios ha sido buscar maneras de explicar los aspectos similares y diferentes de los turnos de habla en distintas lenguas. Un estudio de este tipo fue realizado por Berry (1994), quien comparó las estrategias de los turnos de habla entre mujeres estadounidenses, por un lado, y mujeres hispanohablantes, por otro lado. Berry analizó conversaciones grabadas durante una cena. Todas las mujeres del estudio eran estudiantes de posgrado de la misma universidad y tenían entre 25 y 35 años de edad. Entre los resultados de esta investigación cabe resaltar los siguientes: Berry encontró que había más solapamiento en la conversación en español que en la conversación en inglés. Adicionalmente, los datos revelaron que el uso de comportamiento de recepción (denominado *backchanneling* en inglés) —o las respuestas verbales y no verbales del oyente de una interacción conversacional (p. ej., *mm hm, sí*, inclinación de cabeza o repetición de una palabra o frase)— tenía interpretaciones distintas según la lengua de conversación. Por ejemplo, el uso de comentarios cortos como *uh huh* indicaba interés para las oyentes angloparlantes, mientras que indicaba falta de interés para las hispanohablantes. Las hablantes hispanohablantes interpretaron comentarios más elaborados como interés en la conversación.

 Aplicación 8.H: www.wiley.com/go/diaz-campos

La cortesía

Como hemos visto en el nivel del enunciado y en el nivel del discurso, las preguntas teóricas principales sobre la cortesía en general tienen que ver con la creación de un sistema compartido de cortesía y la interpretación de actos lingüísticos y no lingüísticos que indican (o no indican) el deseo de manejar la interacción de forma positiva. De manera concreta, lo que queremos saber es cómo el ser humano maneja una interacción exitosa. Nos interesa la capacidad humana de manejar las interacciones y el sistema construido entre humanos para establecer las prácticas aceptables para las interacciones. En la discusión que sigue, veremos que una conversación exitosa no tan sólo se refiere al acto de conseguir lo que uno quiere sino que también involucra la capacidad de mantener los enlaces sociales al mismo tiempo. De igual forma, como somos lingüistas, lo que más nos interesa es el uso de recursos lingüísticos en este manejo de las interacciones.

Una perspectiva acerca del manejo de las interacciones es la idea de que los seres humanos usan la cortesía para manejar su imagen pública. Esta perspectiva se asocia con los teóricos Brown y Levinson (p. ej., 1987). A pesar de que existen otros puntos de vista y que se han hecho críticas sobre las propuestas de Brown y Levinson, este acercamiento representa una de las teorías más comunes y más frecuentemente aplicadas al estudio del español. Por consiguiente, empezamos nuestra discusión con una descripción de los mecanismos desarrollados para explicar esta visión de la imagen pública. A esta imagen pública se le da el nombre de "*face*" en la literatura dedicada al tema en inglés. En español emplearemos el término **imagen pública**. Esta imagen pública se divide en dos aspectos. **La imagen positiva** se refiere al deseo común de quedar bien según la opinión de otros. Lo esencial es que queremos que nuestros deseos se perciban de forma positiva. Por otro lado, se encuentra **la imagen negativa**, que es el deseo común de no modificar nuestros planes de acción por la imposición de otros. Es decir, que todos los seres humanos quieren seguir en su curso de acción individual sin interrupción. Según estos conceptos y su relación con los actos de habla es posible que en muchas situaciones se pueda afectar la imagen positiva o negativa del hablante y de los otros interlocutores. Este posible efecto se denomina **amenaza a la imagen** (positiva o negativa). En los casos de potencial amenaza a la imagen, o del hablante o del oyente, se pueden usar varios mecanismos de la cortesía para suavizar el efecto. En otras palabras, según el modelo teórico, la idea es que el ser humano será menos eficiente en ocasiones en las cuales existen motivos que fundamenten esa decisión. De esta manera, el concepto de mantener la imagen pública explica el uso de mecanismos para hacer menos directa la amenaza, a pesar de no ser la manera más eficiente de expresar el mensaje que refleja la intención del hablante. La idea general consiste en que es mejor para los seres humanos interactuar de una manera que limite las amenazas a la imagen.

En el modelo basado en la imagen pública, se observa que hay varias maneras de distinguir el efecto de cada acto de habla. El acto de habla puede representar una amenaza al hablante o al oyente. De la misma manera, es posible ver que el acto pueda amenazar la imagen positiva o la imagen negativa de ambos. De este modo, estos conceptos nos dan una manera de caracterizar el acto de habla y por consiguiente el tipo de cortesía que se necesita para una interacción exitosa. En el **cuadro 8.5** se presentan ejemplos de los actos de habla y su caracterización según los mecanismos de la imagen pública.

Además de examinar el sistema para el manejo de la interacción, las teorías de la cortesía tienen que explicar la cantidad y el tipo de recursos lingüísticos que se emplean en una interacción en particular. Las teorías deben dar cuenta de por qué a veces uno tiene que decir *por favor* y a veces no, por qué a veces podemos pedir algo directamente y en otras instancias tenemos que usar estrategias menos directas, por mencionar algunas situaciones ilustrativas. Vemos que en cada situación el hablante tiene que evaluar el contexto social y seleccionar entre estrategias apropiadas según los detalles particulares de la interacción. Para poder describir este proceso de evaluación, los teóricos sugieren tres rasgos que se pueden considerar en la selección de los mecanismos de la cortesía. Por consiguiente, existen tres maneras de describir y explicar el uso de los elementos lingüísticos de la cortesía en el

Cuadro 8.5 Actos de habla y su caracterización según los mecanismos de la imagen pública.

Acto	Imagen amenazada	Interlocutor amenazado	Ejemplos de los actos de habla	Explicación
Aconsejar	Negativa	Oyente	Un amigo a otro amigo: *Veo que fumas demasiado. No has terminado un cigarrillo y ya estás con el otro. Te recomiendo que dejes de fumar o te puede dar cáncer.*	La recomendación del amigo impone al deseo de hacer lo que quiere el oyente (el otro amigo), que es fumar cigarrillos.
Quejarse	Positiva	Oyente	Un estudiante a un profesor: *¿Por qué tiene que ser tan largo el ensayo final?*	La queja del estudiante impone al deseo del oyente (el profesor) de quedar bien según la opinión del estudiante.
Aceptar una oferta	Negativa	Hablante	Después de recibir una oferta de promoción sin aumento de pago, un empleado dice lo siguiente a su jefe: *Bien, lo acepto.*	El acto de aceptar impone al deseo de hacer lo que quiere el hablante (el empleado), que puede ser no aceptar la oferta.
Disculparse	Positiva	Hablante	Un desconocido que te choca en la calle: *¡Perdón! No me di cuenta y venía distraído.*	La disculpa del hablante (el desconocido) impone a su propio deseo quedar bien según la opinión de la persona con quien chocó en la calle.

habla de otros. Para resumir, estos acercamientos teóricos identifican las variables relevantes para determinar la severidad del acto amenazante. Estas variables son sensibles a la cultura y/o al grupo social.

La primera variable para determinar o evaluar la necesidad de emplear elementos de la cortesía al llevar a cabo un acto de habla es **la distancia social** entre el hablante y el oyente. La distancia social se refiere al grado de familiaridad entre los interlocutores y que depende también del grado de participación y/o asociación con un mismo grupo social. Por ejemplo, no hay mucha distancia social entre los miembros de una misma familia, entre compañeros de cuarto y entre empleados en el mismo negocio. Para contrastar, se observa mayor distancia social entre personas que son desconocidas, entre personas con grandes diferencias sociales de acuerdo con la edad o la clase social. La segunda variable que se podría usar para entender el empleo de los mecanismos de la cortesía es **el poder relativo**. Es decir, el poder de una persona relativo al poder del otra. Por ejemplo, un obrero no necesariamente tiene gran poder social pero si es líder de un grupo de trabajadores, tiene poder relativo a los otros empleados. El grado de diferencia de poder social, económico o político entre hablantes también afectará el manejo de la interacción. La tercera variable es **el grado de imposición** del acto de habla. El grado de imposición es la evaluación acerca de cuánto cuesta cumplir con el acto de habla, y este costo puede ser económico o puede reflejar el esfuerzo que se requiere de la persona para cumplir el deseo expresado por quien recibe el acto de habla. Tomando en cuenta estas tres variables, se puede imaginar que el uso de elementos de la cortesía es mayor en casos en los cuales se observa mayor distancia social, mayor diferencia de poder relativo y con imposiciones más grandes. Por el contrario, se esperarían menos usos de los elementos de cortesía cuando hay menos distancia social, igualdad de poder e imposiciones menores. Recordemos que muchas de las teorías de cortesía siguen las propuestas de Grice y otros autores que sostienen que el ser humano se rige por un sistema de comunicación eficiente. Por eso, se puede entender que la cortesía se usa de manera apropiada según la situación y no en todos los casos a pesar del valor de las tres variables mencionadas aquí. El uso de elementos lingüísticos para indicar la solidaridad con el oyente (p. ej., el uso de *nosotros* en *nosotros tenemos que preparar un informe delicado*) se llama **cortesía positiva**. El uso de la cortesía para indicar la intención de limitar la imposición o lamentar la imposición (*por si acaso tienes un momento libre ...*) se llama **cortesía negativa**. Estas dos estrategias pueden emplearse para manejar mejor la interacción social y limitar los efectos negativos de emplear un acto de habla amenazante.

Con los conceptos de la imagen pública y las maneras de describir el tipo y el grado de la amenaza o imposición, puede observarse que es posible describir el sistema que comparten los seres humanos para manejar las interacciones. Asimismo, se pueden estudiar las diferencias entre grupos (p. ej., aprendices vs. hablantes nativos, hablantes de regiones distintas, hablantes de lenguas distintas, etc.) y usar estos conceptos para caracterizar los puntos de distinción entre grupos. De hecho, una de las críticas de este acercamiento es que no necesariamente se aplica bien a todas las culturas del mundo. Por ejemplo, la importancia del individuo frente al grupo no es constante entre culturas. Adicionalmente, las clasificaciones de los actos que amenazan la imagen pueden diferir de un contexto social a otro. Tal vez el desafío mayor para este acercamiento (y probablemente para todos) sea que con datos de un número suficiente de hablantes de un grupo particular se llegue a la conclusión de que las generalizaciones se hacen más difíciles de sostener. Esta dificultad resulta de la variación al nivel individual. A pesar de esta crítica, los conceptos desarrollados aquí nos brindan una manera de describir el sistema compartido por los miembros de un grupo que se emplea para limitar los efectos negativos de la interacción.

Enfoque en la investigación: La atenuación en las peticiones

Según Searle (1969, 1979), se asocia la atenuación y el carácter indirecto con el deseo de ser cortés en el habla. El trabajo de Arellano (2000) representa un ejemplo de una investigación en la que se estudian las peticiones producidas por hispanohablantes. Por medio de una tarea que consistía en completar el discurso, el autor recolectó datos de 100 participantes mexicano-americanos (50 hombres, 50 mujeres) de California. Cada ítem de la tarea discursiva reflejaba uno de tres niveles de imposición (peticiones que no requerían sacrificio del oyente [p. ej., dar un vaso de agua], las que requerían sacrificio de algo no necesario para el oyente y las que podrían amenazar a la imagen pública negativa del oyente [p. ej., pedirle al oyente usar su nuevo coche]) y uno de tres niveles de autoridad (p. ej., profesor vs. esposo vs. hijo). Los participantes tenían que seleccionar la respuesta preferida (de 6 respuestas posibles). Los resultados demuestran que los participantes prefieren enunciados con palabras de atenuación (p. ej., *Deme un vaso de agua, por favor*; p. 331). La autoridad y la imposición también influyen en la respuesta seleccionada. Cuando el oyente ocupa un puesto de autoridad más alto, los enunciados seleccionados eran más indirectos y contenían palabras de atenuación (p. ej., *¿Me daría un momento de pensarlo, por favor?*). Asimismo, los enunciados seleccionados eran más directos cuando el nivel de imposición era más bajo (p. ej., *Deme un vaso de agua*; p. 331). Sin embargo, no hubo diferencia significativa entre los hombres y las mujeres en cuanto a los tipos de respuestas seleccionadas. De acuerdo con los hallazgos de este estudio, Arellano concluye que hay una relación entre la cortesía y la atenuación, además de una asociación entre la autoridad y la imposición con el uso frecuente de la atenuación.

 Aplicación 8.I: www.wiley.com/go/diaz-campos

4   Preguntas empíricas

A lo largo de este libro de texto hemos visto que las preguntas empíricas que quieren contestar los lingüistas siempre tienen que ver con el uso del lenguaje en contextos particulares. De esta manera, las preguntas formales sobre la pragmática se relacionan con el sistema de interpretación y producción que los seres humanos comparten, al mismo tiempo que las preguntas empíricas sobre la pragmática se enfocan en la realización del uso del lenguaje en contexto. Lo que queremos saber es cómo los hablantes del español realizan los actos de habla, cómo construyen una interacción de múltiples turnos y cómo usan recursos lingüísticos para mostrar la cortesía. Lo esencial es utilizar las herramientas de análisis para describir las tendencias de un hablante, de un grupo de hablantes o de los hispanohablantes de forma más general. De esta forma, estas descripciones pueden usarse para analizar un dialecto en particular, comparar este grupo con otros según diferentes regiones o características sociales y para estudiar el proceso de la adquisición del español como segunda lengua. Por lo tanto, en esta sección tenemos dos metas principales: 1) mostrar cómo es que se pueden aplicar las herramientas de análisis para describir un elemento de uso en contexto (es decir, algo pragmático) y 2) mostrar que estas descripciones nos sirven para comparar y contrastar entre grupos de hablantes. Efectivamente, estas comparaciones y descripciones nos indican las posibilidades y los límites del sistema de comunicación que poseemos y, por consiguiente, proveen evidencia importante para la discusión de asuntos teóricos.

Para ejemplificar estas metas, hemos seleccionado un sólo acto de habla, las peticiones, que ha sido estudiado desde muchas perspectivas. Empezamos primero con un estudio de un grupo de hablantes nativos y de allí, exploramos la comparación con otro grupo de hablantes nativos y, finalmente, con un grupo de aprendices del español como segunda lengua. De esta manera, el análisis demuestra también una contribución al estudio de la variación dialectal y al estudio de la adquisición de segundas lenguas, respectivamente. Es importante recordar que se podría hacer el mismo tipo de comparación con otros actos de habla, con el uso de algún recurso lingüístico para manifestar cortesía, con los turnos conversacionales o con cualquier otro elemento presentado en este capítulo. De este modo, nuestro enfoque indica un área donde hay estudios comparables (las peticiones). Sin embargo, es importante destacar que los estudios de la pragmática no deben limitarse y pueden incluir un rango de aspectos diversos.

La producción de peticiones por parte de hablantes nativos

Recordemos que hay varias herramientas para el análisis de las peticiones. El lenguaje puede ser directo o indirecto, se puede emplear el lenguaje convencionalizado o no y se pueden incorporar elementos preliminares y mitigación para modificar la forma de las peticiones según el interlocutor, el grado de la imposición, el contexto social, entre otros factores. Hay varios estudios que comparan diferentes lenguas con el español (p. ej., Blum-Kulka, 1989; Le Pair, 1996; Reiter, 2000). Por lo general, se dice que los hablantes nativos del español emplean estrategias más directas y que prefieren peticiones orientadas al oyente con poca atenuación, mientras que los hablantes del inglés prefieren peticiones orientadas al hablante con mayor disminución (Blum-Kulka, 1989). Sin embargo, como dijimos anteriormente, cualquier comparación entre grupos se basa en la descripción detallada de las estrategias empleadas por un grupo de hablantes para tener una base de comparación sólida. En esta sección, exploramos un estudio modelo de las peticiones producidas por un grupo de hablantes nativos del español.

Un estudio llevado a cabo por Le Pair (1996) nos da un ejemplo del análisis de las estrategias empleadas para producir peticiones. En su investigación, 36 hablantes nativos de Valencia, España, completaron una tarea discursiva. En este tipo de tarea, se propone una determinada situación y luego el participante responde como si fuera el oyente en la situación. Por ejemplo,

Le Pair (1996) les presentó a los participantes la siguiente situación: "Eres el nuevo empleado en la oficina de correos. A la hora del almuerzo, te das cuenta de que faltan todavía tres paquetes que tienes que preparar. Si tu jefa, Cristina Miranda, a quien has conocido hoy, te ayudara, podrías ir a comer con los demás" (p. 657). Después, seguía una pregunta, "¿Qué le dirías a tu jefa?", a la cual los participantes tenían que responder. Había 12 situaciones en total en esta tarea, diseñadas para manipular los factores de autoridad, la distancia social y el contexto. Le Pair encontró que los hablantes nativos de español emplearon mayormente estrategias indirectas en la tarea, específicamente, se emplearon con una frecuencia muy alta preguntas al oyente sobre la posibilidad, la capacidad o la disposición para llevar a cabo cierta acción. El uso de estrategias directas fue menos frecuente pero incluían declaraciones de deseo y estructuras con el uso de mandatos. Le Pair también señaló, que de acuerdo con la variación situacional en las peticiones producidas, los hablantes nativos utilizaron más estrategias indirectas en situaciones de mayor distancia social y más estrategias directas en las de menor distancia social.

Una comparación de peticiones producidas por parte de hablantes nativos de distintas regiones

Si bien el estudio de Le Pair (1996) nos provee una descripción útil de la realización del acto de las peticiones por parte de un grupo de hablantes nativos del español, la descripción de dos o más grupos nos permite explorar preguntas empíricas que se relacionan con diferentes variedades del español o diferentes lenguas desde un punto de vista social o histórico. Por ejemplo, una comparación de dos grupos sociales hace una contribución al estudio de la pragmática pero también al estudio de la variación social. Un estudio modelo en esta área es el que presenta Reiter (2002), quien hizo un análisis comparativo de peticiones convencionalmente indirectas producidas por dos grupos de hablantes nativos: un grupo de Uruguay y otro de España. El método de elicitación de datos era una simulación semi-dirigida, en la cual los informantes alternaban de acuerdo con el papel de hablante (solicitante) y oyente. Había algunos elementos parecidos en las peticiones de cada grupo. Por ejemplo, ambos grupos empleaban los precursores o elementos que abren la interacción. Sin embargo, los uruguayos demostraron un rango más amplio de precursores mientras que los españoles mayormente usaron saludos y marcadores de discurso que servían para atraer la atención del oyente. De igual forma, ambos grupos emplearon tasas similares de razones para justificar la petición (denominados "*grounders*", en inglés) y expresiones para evitar la posibilidad de rechazo por parte del oyente (en inglés, "*disarmers*"). Finalmente, en cuanto al núcleo del acto de habla, en primer lugar, las peticiones fueron orientadas hacia el oyente en ambas variedades estudiadas. Segundo, el rango de núcleos de acto de habla era similar entre ambos grupos, mayormente mediante el empleo del presente del indicativo y del condicional. Sin embargo, se observaron diferencias según el tipo de fórmula empleada: mientras los españoles preferían *te/le importa/ría + verbo*, los uruguayos preferían una expresión interrogativa negativa (p. ej., *Disculpe señor, ¿no me cambia de asiento?*; Reiter, 2002, p. 144). Lo que vemos en el estudio de Reiter, entre otros (p. ej., Placencia, 1994, 1998), es que las herramientas de análisis para los actos de habla nos permiten contestar preguntas empíricas sobre diferencias entre grupos sociales o dialectales.

El desarrollo de peticiones por parte de aprendices angloparlantes

Podemos extender nuestra discusión de la realización de peticiones a los aprendices de segunda lengua también. Volviendo al concepto de la competencia comunicativa, recordemos que la capacidad de comunicarse efectivamente no se limita al conocimiento gramatical sino que requiere adaptarse a la situación social y a las características del hablante y de los interlocutores. Dicho de una manera sencilla, utilizar un lenguaje con una gramática perfecta pero sin adaptación al contexto social no representa la comunicación propia de un hablante nativo. Asimismo, es importante recordar que el desafío del aprendiz no es simplemente producir un lenguaje adecuado. Resulta fundamental comprender e interpretar las expresiones de los otros hablantes también. Por lo tanto, los estudios sobre los aprendices tienen varios enfoques. Por ejemplo, se podría estudiar el grado de dificultad de adquirir cierto acto de habla, la capacidad del aprendiz de notar e integrar información contextual en la gramática de la segunda lengua, el papel de los factores relacionados al individuo, el papel de las estrategias de la primera lengua y la importancia de la frecuencia en la adquisición. Lo que se puede apreciar basados en esta lista es que las preguntas generales sobre la adquisición del español como segunda lengua no cambian de acuerdo con el campo de estudio. Al contrario, los estudios de pragmática también contribuyen a la disciplina en general y a nuestro entendimiento sobre la adquisición de lenguas adicionales.

Con la idea de contribuir simultáneamente al estudio de la adquisición de segundas lenguas y a la pragmática, exploremos algunos ejemplos de estudios en los que se observa la aplicación de las herramientas de análisis a grupos de aprendices del español como segunda lengua. Un primer ejemplo es el estudio de Pinto (2005). Este investigador examinó el desarrollo de peticiones por parte aprendices de español, usando un diseño con una muestra transversal compuesta. Por medio de una tarea discursiva, se elicitaron respuestas escritas a situaciones hipotéticas. Por ejemplo, los participantes leían una situación como la siguiente: "Vas a un café para tomar algo. El camarero te saluda y tú dices" (Pinto, 2005, p. 27). Posteriormente, los aprendices tenían que escribir lo que dirían en la situación descrita. Pinto analizó las producciones de 80 aprendices angloparlantes, de cuatro niveles de instrucción en una universidad estadounidense, en uno de los siguientes tipos de enunciados: declaraciones de deseo, expresiones de predicción, preguntas de disposición y preguntas de capacidad entre otros. Se encontró que los aprendices preferían estrategias orientadas al hablante, mientras que los nativos preferían estrategias orientadas al oyente. Por ejemplo, para la situación de pedir un café al camarero, los aprendices empleaban más declaraciones de deseo (p. ej., *Quiero un café*) que los nativos, quienes usaron más expresiones de predicción (p. ej., *¿Me das un café?*). Sin embargo, se observó que las declaraciones de deseo eran menos frecuentes en las producciones en inglés de los aprendices (también se dio una versión de la tarea en inglés). Pinto propuso que las respuestas españolas se debieron a la simplificación y a la transferencia (debido al nivel bajo de competencia lingüística en español de los aprendices). De hecho, la cantidad de este tipo de petición disminuyó según el nivel de proficiencia (p. ej., los estudiantes clasificados con una proficiencia de segundo nivel disminuyeron en su uso de este tipo de estructura). Sin embargo, el uso de declaraciones de deseo fue estable en los niveles tercero y cuarto. De igual forma, a diferencia de los aprendices, los nativos exhibieron mayor variedad de estrategias de petición. Aparte del uso de expresiones de predicción, se observó el uso de preguntas de disposición (p. ej., *¿Estaría dispuesto a darme un café?*) y preguntas de capacidad (p. ej., *¿Me puedes dar un café?*). Este estudio nos da una idea de cómo cambia la interlengua durante el proceso de adquisición y cómo las estrategias de los aprendices contrastan con las de los hablantes nativos.

En un estudio relacionado, Bataller (2010) examinó el desarrollo de las peticiones en el contexto de encuentros de servicio en el extranjero. Los aprendices eran angloparlantes que pasaron 4 meses en Valencia, España. En cuanto a la metodología, los aprendices participaron dos veces en un juego abierto de intercambio de papeles, al principio y al final del período de estudio en el extranjero. Bataller encontró que, en cuanto a la situación de pedir una bebida, los aprendices emplearon un rango diverso de estrategias directas e indirectas. Sin embargo, el uso de declaraciones de deseo (una estrategia directa) aumentó notablemente (de 45% a 70%), un cambio que no reflejó los patrones demostrados por los hablantes nativos (quienes usaron esta estrategia con poca frecuencia: 13%). De hecho, la estrategia directa más frecuente para los hablantes nativos era una interrogativa simple, algo que nunca ocurrió en las producciones de los aprendices. En cuanto a las estrategias indirectas, las preguntas de capacidad eran más frecuentes para los nativos (31%). Para los aprendices, lo más frecuente era pedir permiso (p. ej., *¿Puedo tener?* p. 168), pero la frecuencia de uso de este tipo de petición disminuyó notablemente hacia el final del período en el extranjero (35% → 6%). Nuevamente, los aprendices no demostraron un cambio hacia la norma nativa en cuanto a las estrategias indirectas, puesto que su uso de preguntas de capacidad era muy infrecuente tanto antes (3%) como después (3%) de haberse completado el programa de estudio en el extranjero.

Hemos visto por esta discusión que el estudio de la pragmática, es decir, el uso del lenguaje en contexto, se conecta con otros campos de estudio tal como la variación social, geográfica, temporal y la adquisición de segundas lenguas. La base de todos estos estudios consiste en proveer una descripción profunda de la manera de producir y/o interpretar el lenguaje en cierto contexto con cierta función. Las conexiones no se limitan a las preguntas empíricas. Al contrario, hay aportes teóricos importantes que surgen de los análisis empíricos. Por ejemplo, hemos visto muchos casos del lenguaje convencionalizado para cumplir ciertos actos de habla. Estas expresiones convencionalizadas son ejemplos excelentes de las construcciones mencionadas en la teoría basada en el uso. Se podría imaginar, por ejemplo, que las expresiones frecuentes se adquieren temprano y sin analizarse. Esta conexiones explican precisamente cómo es que los aprendices podrían emplear una expresión como *no hay de que preocuparse* sin entender los elementos individuales que se combinan para formar la expresión convencionalizada. Como en los capítulos anteriores, estas conexiones entre áreas de la lingüística destacan la idea de que la meta principal de los lingüistas, a pesar de su área de especialización, es entender el sistema lingüístico que los humanos poseen y la capacidad de usar el lenguaje en varios contextos.

Enfoque en la investigación: Los métodos de estudio de los actos de habla

En las investigaciones de la pragmática, dos métodos comunes de recolección de datos (en este caso, los actos de habla) son la tarea discursiva (de modo oral o escrito) y el juego de intercambio de papeles. Un interrogante que surge acerca de estas metodologías es el siguiente: ¿Por qué los lingüistas utilizan estos métodos y no observan los actos de habla en sus contextos naturales (p. ej., habla espontánea)? Félix-Brasdefer (2010) ofrece varias respuestas válidas a esta pregunta. Primeramente, es difícil controlar variables sociolingüísticas como la edad, el género y la etnicidad en los datos naturales. Adicionalmente, hay algunos actos de habla que ocurren con menor frecuencia en el habla natural. Por estas razones los lingüistas han desarrollado instrumentos como los mencionados anteriormente para estudiar de forma más precisa el uso de expresiones y actos de habla en contexto. De hecho, Félix-Brasdefer explica que cada tipo de instrumento tiene sus propios usos intencionados. Por ejemplo, las tareas discursivas examinan el conocimiento pragmático en lugar de investigar cómo lo utilizan en la interacción. Asimismo, las tareas discursivas no pueden captar todos los detalles de una interacción social para los participantes. Por otra parte, un juego de intercambio de papeles intenta elicitar cómo los hablantes utilizan su conocimiento pragmático en un contexto interactivo simulado de cara a cara. Por lo tanto, el tipo de metodología empleada en los estudios pragmáticos refleja una decisión cuidadosa no tan sólo sobre el tipo de acto de habla bajo estudio sino también sobre qué aspecto del conocimiento pragmático el lingüista intenta examinar.

 Aplicación 8.J: www.wiley.com/go/diaz-campos

Resumen

En este capítulo hemos estudiado el uso de lenguaje en contexto. Esta rama científica de la lingüística se llama la pragmática y tiene que ver con la interpretación del mensaje que quiere expresar un hablante. Este mensaje en algunas ocasiones va más allá de las palabras mismas y su interpretación literal. Estudiamos que el elemento básico del análisis pragmático no se limita necesariamente al nivel de la frase. Al contrario, el enunciado puede ser una sola palabra o una serie de frases las cuales se definen por su función comunicativa y no por su estructura sintáctica. Repasamos también el estudio de la estructura de una conversación y los elementos de la cortesía que se emplean en varios contextos comunicativos. A pesar de la distinción entre las unidades básicas de análisis, las preguntas teóricas y empíricas de la pragmática son semejantes a otros campos de estudio. Nuestra preocupación principal consiste en entender cómo es que la mente humana adquiere y almacena la información necesaria para poder interpretar de forma precisa las intenciones de otros hablantes. Asimismo, los estudios empíricos nos muestran los recursos lingüísticos que varios grupos sociales emplean para cumplir con estas funciones comunicativas. De esta forma, queda claro que las metas principales del estudio de la pragmática son relevantes al estudio de la lingüística en general.

Lista de términos útiles (en orden de aparición)

Pragmática
Enunciado
Enunciados performativos
Acto locutivo
Fuerza ilocutiva
Efecto perlocutivo
Interpretación directa
Interpretación indirecta
Interpretación literal
Interpretación no-literal
Acto de habla
Precursor
Núcleo del acto de habla
Elemento de apoyo
Conversación
Turno
Interrupción
Inicio
Cierre
Marcador del discurso
Cortesía
Forma de tratamiento
Atenuación
Condición de adecuación
Expresión convencional
Presuposición
Implicatura

Principio de la cooperación
Máximas conversacionales
Ser claro
Discurso
Conversación
Par adyacente
Imagen
Imagen positiva
Imagen negativa
Amenaza a la imagen
Distancia social
Poder relativo
Grado de imposición
Cortesía positiva
Cortesía negativa

Ejercicios de práctica: www.wiley.com/go/diaz-campos
Ejercicios de comprensión
Ejercicios de aplicación
Mini-proyecto

Para leer más

De los Heros, S., & Niño-Murcia, M. (2013). *Fundamentos y modelos del estudio pragmático y sociopragmático del español*. Washington, DC: Georgetown University Press.
Escandell-Vidal, M. V. (1996). *Introducción a la pragmática*. Barcelona: Ariel.
Félix-Brasdefer, J. C. (2008). *Politeness in Mexico and the United States: A contrastive study of the realization and perception of refusals*. Amsterdam: John Benjamins
Reiter, R. M., & Placencia, M. E. (Eds.). (2004). *Current trends in the pragmatics of Spanish*. Amsterdam: John Benjamins.
Travis, C. E. (2010). El estudio del significado: semántica y pragmática. En J. I. Hualde, A. Olarrea, A. M. Escobar, & C. E. Travis (Eds.), *Introducción a la lingüística hispánica* (2ª edición) (pp. 340–390). Cambridge: Cambridge University Press.

Referencias

Arellano, S. (2000). A hierarchy of requests in California Spanish: Are indirectness and mitigation polite? En A. Roca (Ed.), *Research on Spanish in the US: Linguistic issues and challenges* (pp. 319–332). Somerville, MA: Cascadilla Press.
Austin, J. L. (1962). *How to do things with words*. Cambridge, MA: Harvard University Press.
Bataller, R. (2010). Making a request for a service in Spanish: Pragmatic development in the study abroad setting. *Foreign Language Annals*, *43*(1), 160–175.
Bentivoglio, P., & Sedano, M. (1987). *Estudio sociolingüístico del habla de Caracas*. Caracas: Universidad Central de Venezuela.
Berry, A. (1994). Spanish and American turn-taking styles: A comparative study. *Pragmatic and Language Learning Monograph Series*, *5*, 180–190.

Blum-Kulka, S. (1989). Playing it safe: The role of conventionality in indirectness. En S. Blum-Kulka, J. House, & G. Kasper (Eds.), *Cross-cultural pragmatics: Requests and apologies* (pp. 37–70). New York: Ablex Publishing Corporation.

Bou-Franch, P. (2011). Openings and closings in Spanish email conversations. *Journal of Pragmatics*, *43*(6), 1772–1785.

Brown, P., & Levinson, S. C. (1987). *Politeness: Some universals in language usage.* Cambridge: Cambridge University Press.

Coronel-Molina, S. M. (1998). Openings and closings in telephone conversations between native Spanish speakers. *Working Papers in Educational Linguistics*, *14*(1), 49–68.

Estrada Gallego, F. (2011). Comunicación indirecta en situaciones de soborno y amenaza. *Sociedad y Economía*, *33*, 67–85.

Félix-Brasdefer, J. C. (2010). Data collection methods in speech act performance. En A. Martínez-Flor & E. Usó-Juan (Eds.), *Speech act performance: Theoretical, empirical and methodological issues* (pp. 41–56). Amsterdam: John Benjamins.

Grice, H. P. (1975). Logic and conversation. En P. Cole (Ed.), *Syntax and semantics, Vol. 3* (pp. 22–40). New York: Academic Press.

Le Pair, R. (1996). Spanish request strategies: A cross-cultural analysis from an intercultural perspective. *Language Sciences*, *18*(3), 651–670.

Macaulay, M. (2001). Tough talk: Indirectness and gender in requests for information. *Journal of Pragmatics*, *33*, 293–316.

Nelson, G., & Hall, C. (1999). Complimenting in Mexican Spanish: Developing grammatical and pragmatic competence. *Spanish Applied Linguistics*, *3*(1), 91–121.

Pinto, D. (2005). The acquisition of requests by second language learners of Spanish. *Spanish in Context*, *2*(1), 1–27.

Placencia, M. E. (1994). Pragmatics across varieties of Spanish. *Donaire*, *2*, 65–77.

Placencia, M. E. (1998). Pragmatic variation: Ecuadorian Spanish vs. Peninsular Spanish. *Spanish Applied Linguistics*, *2*(1), 71–106.

Reiter, R. M. (2000). *Linguistic politeness in Britain and Uruguay.* Amsterdam: John Benjamins.

Reiter, R. M. (2002). A contrastive study of conventional indirectness in Spanish: Evidence from Peninsular and Uruguayan Spanish. *Pragmatics*, *12*(2), 135–151.

Rivera-Mills, S. V. (2011). Use of voseo and Latino identity: An intergenerational study of Hondurans and Salvadorans in the western region of the US. En L. A. Ortiz-López (Ed.), *Selected proceedings of the 13th Hispanic Linguistics Symposium* (pp. 94–106). Somerville, MA: Cascadilla Proceedings Project.

Schegloff, E. A. (1968). Sequencing in conversational openings. *American Anthropologist, 70*, 1075–1095.

Schegloff, E. A. (2000). Overlapping talk and the organization of turn-taking for conversation. *Language in Society*, *29*(1), 1–63.

Schegloff, E. A. (2001). Accounts of conduct in interaction: Interruption, overlap, and turn-taking. En J. H. Turner (Ed.), *Handbook of sociological theory* (pp. 287–321). New York: Springer.

Searle, J. R. (1969). *Speech acts.* Cambridge: Cambridge University Press.

Searle, J. R. (1976). A classification of illocutionary acts. *Language in Society*, *5*(1), 1–23.

Searle, J. R. (1979). Indirect speech acts. En P. Cole & J. L. Morgan (Eds.), *Syntax and semantics, Vol. 3: Speech acts* (pp. 59–82). New York: Academic Press.

Wilson, D., & Sperber, D. (1991). Inference and implicature. En S. Davis (Ed.), *Pragmatics: A reader* (pp. 377–392). Oxford: Oxford University Press.

Capítulo 9

Estudios en el extranjero

1   Introducción

El enfoque principal de este capítulo es explorar la adquisición de lenguas adicionales en contextos de aprendizaje particulares. Estos contextos se denominan de distintas maneras (p. ej., el estudio en programas de inmersión, el estudio en el extranjero, el contexto natural, etc.). Sin embargo, lo que comparten en común todos estos tipos de programas es que se refieren a la experiencia de los aprendices no nativos que viven y participan en la vida académica y social de una región donde se habla la lengua meta. Específicamente, en este capítulo el término **estudio en el extranjero** se refiere a la estancia en un país hispanohablante durante la cual se le permite al aprendiz interactuar con hablantes nativos del español fuera del salón de clase. El estudio en el extranjero se contrasta con la experiencia de los aprendices fuera del ámbito hispanohablante donde la mayor parte del contacto con hablantes competentes en español ocurre dentro del contexto académico. Por lo tanto, el estudio en el extranjero se caracteriza por proveer mayor oportunidades del uso del lenguaje que se habla en el lugar de la estancia, un enfoque en la comunicación verdadera con fines específicos relacionados con la vivencia y la interacción social y la exposición a una variedad de hablantes y contextos sociales que es más amplia de lo que se encuentra en el salón de clase tradicional.

A pesar de las diferencias que se encuentran en el contexto del estudio en el extranjero, la conceptualización de la adquisición de lenguas adicionales no cambia profundamente. De igual forma, seguimos con el objetivo de entender y describir el sistema gramatical interno del aprendiz, es decir, el interlenguaje. Además, entendemos que la entrada es el elemento más importante para el desarrollo de lenguas adicionales y, por consiguiente, el estudio en el extranjero representa una oportunidad importante para que el aprendiz acceda a una tremenda cantidad de entrada personalizada y concebida en función de su dominio del español. Por ello, el contexto del estudio en el extranjero nos facilita estudiar tanto el desarrollo del conocimiento implícito como explícito. Para los que están interesados en el logro final del proceso de la adquisición de lenguas adicionales, el estudio en el extranjero también nos permite explorar el desarrollo más profundo de propiedades lingüísticas y sus correlaciones sociales. Recordemos que el **logro final** se define como la competencia a la que llega el aprendiz al finalizar el proceso de adquisición de un idioma. Para resumir, todo lo que aprendimos en el **capítulo 2** sigue siendo representativo de nuestro acercamiento a la investigación del desarrollo de lenguas adicionales tanto en el salón de clase tradicional como en los programas de estudio en el extranjero. Adicionalmente, todo el conocimiento lingüístico descrito a lo largo de este texto sirve como marco para el análisis del desarrollo del sistema lingüístico

Introducción y aplicaciones contextualizadas a la lingüística hispánica, First Edition. Manuel Díaz-Campos, Kimberly L. Geeslin, and Laura Gurzynski-Weiss.
© 2018 John Wiley & Sons, Inc. Published 2018 by John Wiley & Sons, Inc.

de los aprendices en este contexto particular de aprendizaje. El capítulo se organiza en las siguientes secciones:

Herramientas del análisis
- Herramientas para el estudio de las lenguas adicionales
- Herramientas para el estudio de los diferentes campos de la lingüística
- Herramientas relacionadas con los programas de estudio en el extranjero

Preguntas formales

Preguntas empíricas
- La adquisición de la fonología
- La adquisición de la morfosintaxis
- La adquisición de la semántica/el léxico
- La adquisición de la pragmática
- La adquisición de la variación sociolingüística

2 Herramientas del análisis

Como dijimos en la introducción, el estudio del desarrollo del español como lengua adicional en el contexto de los estudios en el extranjero requiere tanto de las herramientas de análisis del estudio de lenguas adicionales así como de las herramientas de análisis lingüístico que se aplican a cada área del sistema de una lengua. Como consecuencia, este capítulo nos da la oportunidad de repasar los puntos claves de cada capítulo anterior y al mismo tiempo ver su aplicación novedosa en un campo de estudio no tratado antes en el texto. Debido a que trataremos un conjunto de herramientas conocidas en un contexto nuevo, tendremos también la ocasión de explorar técnicas nuevas de colectar y analizar datos lingüísticos y sociales.

Herramientas para el estudio de las lenguas adicionales

En el **capítulo 2** hablamos de múltiples técnicas que se pueden emplear en el análisis de los datos lingüísticos producidos por aprendices del español como lengua adicional. Por ejemplo, vimos que muchas veces se toma un marco comparativo para observar el desarrollo del conocimiento lingüístico. Se puede comparar los aprendices de niveles distintos con el fin de ver cada nivel como representativo de un paso intermedio en la progresión desde la primera exposición a una lengua adicional hacia el desarrollo de la capacidad de comunicarse efectivamente en contextos de interacción y por modos de comunicación distintos. Esta comparación entre aprendices con niveles de competencia distintos se denomina una **muestra transversal**. En cambio, un **estudio longitudinal** investiga al mismo aprendiz o a un grupo de aprendices por más tiempo, mediante la obtención de datos varias veces con un espacio de tiempo entre cada medida con el propósito de comparar la producción o interpretación lingüística del mismo aprendiz a lo largo del tiempo. En el contexto de los estudios en el extranjero el método longitudinal puede ser recomendable dada la importancia del contexto particular y las características individuales del aprendiz.

Además de considerar el diseño del estudio mismo se pueden analizar los mismos datos lingüísticos con técnicas distintas. Estudiamos en el **capítulo 2** que es posible analizar errores para entender el tipo de faltas que hace un aprendiz así como los cambios que se observan entre los errores asociados con etapas diferentes del desarrollo lingüístico. El **análisis de errores** puede enfocarse en la cantidad de los mismos —para determinar si disminuyen con el tiempo así como el tipo de error. De igual forma, se puede observar si hay evidencia de que existan errores más sofisticados asociados con niveles de desarrollo más avanzados. Recordemos que la manera de marcar los errores depende del objetivo de los investigadores. Por ejemplo, se pueden identificar todos los usos de una forma y evaluar la precisión de estos usos (en **un análisis según la forma**, véase el **capítulo 2**). Sin embargo, también se puede hacer un **análisis de función** según el cual se identifican todos los casos en que un hablante emplea unidades lingüísticas en una cierta función y se determina la precisión de uso en estos contextos. Si pensamos en el caso del uso de la forma *lo* para marcar el objeto de un verbo, un análisis según la forma marcaría todos los usos de *lo* a pesar del contexto y el análisis de la función marcaría la precisión en todos los contextos de objeto directo (masculino singular). Ambas opciones son importantes y sirven para contestar preguntas de investigación distintas.

A lo largo del libro hemos hablado también sobre el **análisis basado en el uso**. La idea principal, tanto para los hablantes nativos como para los hablantes no nativos, es que la meta del lingüista es investigar cómo y cuándo se usan ciertas unidades lingüísticas sin preocuparnos por las reglas formales que nos dicen como "se deben usar" dichas unidades. Para los hablantes no nativos la implicación es que para entender el interlenguaje debemos describir las tendencias de uso del aprendiz en varias etapas del desarrollo. Estas descripciones dependen de herramientas de análisis que no evalúan la precisión pero todavía proveen una descripción de cómo y cuándo el aprendiz usa cierta forma. Una herramienta muy útil es el **análisis de la frecuencia del uso**. Sabemos, por ejemplo, que el uso de *estar* por angloparlantes que hablan el español como segunda lengua aumenta en frecuencia de acuerdo con el nivel de competencia. Sin embargo, hay otras formas que se usan con alta frecuencia desde las etapas de principiante. Por eso, se suele emplear también un **análisis de los predictores del uso**. Este tipo de análisis emplea un modelo estadístico que evalúa la importancia relativa de múltiples factores que predicen el uso. Estos factores pueden ser lingüísticos o sociales y todos juntos predicen la probabilidad de que el hablante produzca cierta forma. Si volvemos al ejemplo de *estar*, se podría evaluar la importancia de la presencia de un marco comparativo (factor lingüístico) y el contacto con hablantes nativos (factor social) en etapas distintas del desarrollo para describir la evolución del interlenguaje.

Además de los análisis de errores y de los análisis según el uso, estudiamos que las **medidas psicolingüísticas** (i.e., medidas de los procesos cognoscitivos como el tiempo de reacción) también pueden ser indicadores importantes del desarrollo. El tiempo que nos cuesta leer ciertas estructuras en comparación con otras y/o con otros hablantes puede darle al investigador información importante sobre el conocimiento del aprendiz y el desarrollo de una segunda lengua. Otro método útil es la medida del movimiento de los ojos que puede proveer pistas sobre los elementos difíciles de procesar y las estrategias más comunes de procesamiento. Recordemos que estas técnicas intentan medir lo no observable y representan una vía futura importante de investigación. Lo más importante en cuanto a este repaso de herramientas de análisis del lenguaje de los aprendices es que el desarrollo de una lengua adicional en el contexto de una estancia en el extranjero es simplemente un caso especial de la adquisición de lenguas adicionales. Es decir, todas las prácticas y las normas de investigación siguen siendo relevantes.

Enfoque en la investigación: El papel de la tarea en documentar el desarrollo en el extranjero

Es importante considerar la manera en que elicitamos y analizamos el lenguaje de los aprendices al estudiar el desarrollo. De hecho, hay una tradición larga de investigar cómo el lenguaje de los aprendices cambia o varía según el **tipo de tarea** que se emplea para recolectar y examinar los datos de la lengua. Un estudio reciente realizado por Linford (2016) demuestra la importancia de incorporar distintos tipos de tareas en la investigación de segundas lenguas. Los 22 estudiantes angloparlantes en su investigación pasaron un año académico en el extranjero —una mitad en la República Dominicana y la otra mitad en España. Todos los estudiantes participaron en una entrevista oral y completaron una tarea escrita antes y después de su estancia en el extranjero. Para la entrevista, los estudiantes respondían a preguntas y conversaban sobre varios temas relacionados al pasado, la familia, los amigos, la experiencia en el extranjero y los planes para el futuro. Para la tarea escrita, los estudiantes tenían que escoger entre un par de palabras o frases para completar un diálogo entre dos amigas. Las palabras o frases sólo diferían en el uso del pronombre de objeto (directo o indirecto), el tiempo verbal en el pasado (presente perfecto o pretérito) y la expresión del sujeto (nulo, p. ej., ∅ *hablo*, o explícito, p. ej., *yo hablo*). Linford encontró varias diferencias en el desarrollo según la tarea analizada. Por ejemplo, en cuanto al uso de los sujetos, todos los estudiantes (sin importar el grupo) demostraron una producción más alta del sujeto explícito en la tarea escrita que en la entrevista. Sin embargo, el grupo de aprendices que estudiaron en la República Dominicana demostró un aumento más notable en la producción de sujetos explícitos en la entrevista (primer período: 19% → segundo período: 35%) versus en la tarea escrita (primer período: 55% → segundo período: 60%). De manera parecida, los aprendices que estudiaron en España demostraron una reducción en la producción de sujetos explícitos en la entrevista (primer período: 20% → segundo período: 13%) pero no en la tarea escrita (52% en ambos períodos). Así de acuerdo con estudios previos, la investigación de Linford demuestra la importancia de analizar el lenguaje de los aprendices por medio de distintos tipos de tareas. Este estudio nos recuerda que no debemos generalizar resultados basados en un solo tipo de tarea.

Aplicación 9.A: www.wiley.com/go/diaz-campos

Además de las normas de investigación para la adquisición de las lenguas adicionales, hay que recordar que tenemos herramientas específicas para la investigación de cada área de la gramática también. La conversación sobre estos temas nos da nuevamente la oportunidad de repasar el contenido de los capítulos anteriores. Se pueden usar, por ejemplo, **medidas acústicas** (p. ej., la duración, la intensidad, etc.) para entender los rasgos que contribuyen a la producción de sonidos no nativos y su cambio durante la estancia en el extranjero. En el **capítulo 3** hablamos del tiempo de emisión de voz (VOT por su denominación en inglés), o la soltura de una consonante oclusiva antes del inicio del sonido vocálico siguiente. Un estudio posible en el extranjero sería medir la producción de /p t k/ ante vocales y observar el cambio del tiempo de emisión de voz de las consonantes oclusivas sordas de acuerdo con la exposición intensa a la lengua meta en un país hispanohablante (p. ej., Díaz-Campos & Lazar, 2003). También hablamos de los formantes que representan la energía de la vibración de aire en la cavidad oral. Empleando esta medida acústica, otro estudio posible sería medir los formantes de las vocales producidas por aprendices antes y después de estudiar en el extranjero. Del análisis de los formantes producidos por un grupo en el extranjero y otro grupo control, se podría examinar la relación entre el contexto de aprendizaje y las modificaciones potenciales del espacio vocálico de los aprendices.

En cuanto a la morfosintaxis, podríamos emplear las herramientas del **capítulo 5**. Por ejemplo, se podría emplear un análisis de la frecuencia de ciertas colocaciones (p. ej., *tú sabes*) en las pautas del uso de las formas de sujeto. Además, las herramientas que se emplean en un campo lingüístico pueden servir en el análisis de otro campo lingüístico. Si volvemos al ejemplo de la /d/ intervocálica, se podría identificar la clase léxica (p. ej., sustantivo como *helado* o participio pasado como *bailado*) como un factor predictivo y ver si influye o no en la realización de una variante debilitada o elidida (p. ej., *bailao*) o no (p. ej., *bailado*). Es decir, podemos emplear nuestro conocimiento de las categorías léxicas y la fonética articulatoria para estudiar mejor cómo se realizan las oclusivas sonoras como /d/. Según este ejemplo se aprecia que las herramientas de análisis que explicamos en los capítulos previos sirven para describir el interlenguaje y el desarrollo según distintos contextos de aprendizaje también.

Hemos visto que los conceptos básicos de la adquisición y del análisis lingüístico se aplican en el contexto del estudio en el extranjero. Sin embargo, hay también herramientas importantes que dependen del enfoque según el contexto de aprendizaje que estemos investigando. Sabemos que las **redes sociales** (estructuras sociales en las que se relaciona un individuo) son importantes para entender la variación sociolingüística pero en el caso del campo del estudio de los aprendices de una segunda lengua el contexto social no da información sobre la cantidad ni el tipo de entrada que recibe el aprendiz. Según los estudios sobre la influencia de las **características del individuo** (características propias de una persona: sexo, edad, motivación, entre otros) sabemos que no todos los aprendices experimentan el mismo éxito en el proceso de aprendizaje. Con estos acontecimientos en mente, los investigadores de la adquisición en el contexto de estudio en el extranjero desarrollan herramientas para entender mejor el papel de las características del individuo y sus interacciones interpersonales en el desarrollo. Generalmente, estas herramientas toman la forma de cuestionarios detallados en los que se solicita información que le permite al investigador crear un perfil de contacto. El **perfil de contacto lingüístico** es un cuestionario que se ha adaptado en los estudios de la adquisición de segundas lenguas para evaluar el nivel de contacto de los aprendices con la lengua y la cultura meta (Bialystok, 1978; Freed, Dewey, Segalowitz, & Halter, 2004; Seliger, 1977). Se recogen datos demográficos, la historia del aprendizaje de la segunda lengua, la cantidad y la cualidad del contacto con hablantes nativos y el uso de la lengua en la vida diaria. Los formatos y las preguntas mismas son variados. Algunos ejemplos de preguntas que frecuentemente se emplean en un perfil de contacto aparecen abajo.

1) Indica la situación que mejor describe tu situación de convivencia en España
   a) Con una familia anfitriona hispanohablante
   b) En un apartamento con hablante(s) nativo(s) del español
   c) En un apartamento con hablante(s) no nativo(s) del español
   d) Otro: _____
2) Indica el número promedio de horas por semana que hablaste en español con hablante(s) nativo(s) fuera del salón de clase
3) Indica el número promedio de horas por semana que leíste novelas en español fuera del salón de clase
4) Indica el número promedio de horas por semana que leíste revistas en español fuera del salón de clase
5) Indica el número promedio de horas por semana que leíste correos electrónicos o páginas de web en español fuera del salón de clase
6) Indica el número promedio de horas por semana que escuchaste la televisión o la radio en español fuera del salón de clase
7) Indica el número promedio de horas por semana que escuchaste películas o videos en español fuera del salón de clase
8) Indica el número promedio de horas por semana que escuchaste música en español fuera del salón de clase
9) Indica el número promedio de horas por semana que escribiste para completar tareas académicas en español fuera del salón de clase
10) Indica el número promedio de horas por semana que escribiste correos electrónicos en español fuera del salón de clase.

(Adapado de Hernández (2010))

Arriba se presentaron preguntas típicas tomadas del perfil de contacto lingüístico empleado por Hernández (2010) en su investigación de aprendices angloparlantes que estudiaron en España. Se puede observar en las preguntas que hay un intento por parte del investigador no sólo de examinar la variedad de experiencias cualitativas con la lengua meta experimentada por los aprendices sino también cuantificar tales experiencias. La hipótesis es que con más experiencia (cualitativa y cuantitativa) con la lengua meta habrá más desarrollo o mejora en algún componente lingüístico de la segunda lengua. De hecho, Hernández (2010) encontró que la cantidad de experiencia con la lengua y cultura meta predijo significativamente que habría mejora en las habilidades comunicativas de los aprendices en su estudio.

Además del uso del cuestionario, hay otros ejemplos de investigaciones que emplean las observaciones o las entrevistas para recolectar más información sobre las redes sociales y/o la profundidad de la exposición a la entrada para después determinar si hay una correspondencia entre la adquisición de cierta estructura y algún tipo de comportamiento o contacto social. Por ejemplo, Isabelli-García (2006) estudió la relación entre los patrones de contacto con los hablantes nativos y el desarrollo de la habilidad comunicativa de cuatro aprendices angloparlantes que estudiaron español en Buenos Aires. Por medio de un análisis de las entradas recogidas en un diario de actividades y de las redes sociales de cada aprendiz a lo largo de cinco meses, se encontró que la actitud de los aprendices hacia la experiencia en el extranjero y la cultura meta influyó en el deseo de establecer y mantener contacto con hablantes nativos, lo cual tuvo un efecto en sus habilidades comunicativas.

Muchas veces estudiamos a los aprendices de lenguas adicionales como un grupo homogéneo, tal vez sólo dividido por edad y/o nivel de competencia. No obstante, también podrían ser importantes otras diferencias relativas al individuo en la adquisición de segundas lenguas, tales como el género, el tipo de personalidad, la motivación, la aptitud y la intensidad de contacto con la cultura meta, entre otras. Hernández (2010) exploró el tipo de motivación y la interacción con la cultura como predictores del mejoramiento en el uso de la lengua adicional durante un semestre de estudio en el extranjero. Sobre la base de los resultados obtenidos de una entrevista y un perfil de contacto lingüístico, se encontró que las razones por las cuales los participantes estudian español consistían de motivos integrativos e instrumentales. La **motivación integrativa** se define primariamente como un interés por aprender la segunda lengua para poder interactuar con hablantes nativos. La **motivación instrumental**, en cambio, se define según el predominio de un objetivo pragmático que consiste en el uso de la lengua en situaciones concretas como, por ejemplo, en un futuro empleo. Los participantes con mayor motivación integrativa fueron aquellos que por más horas interactuaron con la cultura meta durante su estancia en España y que demostraron mayor mejoramiento en su competencia de habla entre la primera y la última entrevista. Este resultado demuestra la importancia de considerar las diferencias individuales, como el tipo de motivación, en la adquisición de las lenguas adicionales. Debido a estos estudios de las redes sociales y de las características individuales entendemos mejor la variación entre aprendices, no sólo en cuanto al éxito de la adquisición de la lengua meta, sino también en cuanto a la elección del uso de las estructuras variables asociadas con ciertos rasgos geográficos (p. ej., el sonido fricativo interdental sordo /θ/), un asunto que se discutirá más adelante en este capítulo.

Enfoque en la investigación: El papel de la competencia en el desarrollo durante el estudio en el extranjero

Un tema recurrente en la investigación del efecto que tiene la estancia en el extranjero en los aprendices es el posible papel que juega el nivel de competencia lingüística en el aprendizaje. No todos los estudiantes llegan al extranjero con el mismo nivel de habilidad o competencia en la lengua meta. De manera que es razonable especular que el impacto de una estancia en el extranjero puede ser diferente para un aprendiz principiante versus un aprendiz más avanzado. Ife, Boix y Meara (2000) examinaron el cambio en el conocimiento léxico de 36 aprendices británicos que estudiaron en España por uno o dos semestres académicos. En cuanto al conocimiento léxico, los investigadores encontraron que todos los aprendices mejoraron después de la estancia. Sin embargo, la mejora fue más notable, en general, en el caso de los aprendices con un nivel intermedio en comparación con los aprendices con un nivel avanzado. Asimismo, los aprendices de nivel intermedio mejoraron más en cuanto al conocimiento de palabras específicas (evaluado mediante una traducción simple; p. ej., *ave*="*bird*") mientras que los aprendices de nivel avanzado mejoraron más en cuanto a la organización del vocabulario (específicamente, la relación entre palabras; p. ej., identificar la palabra que no pertenece al grupo: *madera, ave, plumaje*).

 Aplicación 9.B: www.wiley.com/go/diaz-campos

3 Preguntas formales

En el **capítulo 2** vimos que, a pesar de la diversidad de perspectivas teóricas, hay dos preguntas centrales que motivan las investigaciones de la adquisición de una lengua adicional. La primera es ¿qué forma cognoscitiva toma el sistema lingüístico del aprendiz? Como no se puede observar directamente al sistema lingüístico dependemos de las inferencias que captamos mediante el análisis del lenguaje producido por los aprendices, así como los resultados obtenidos de las tareas experimentales y otros métodos discutidos anteriormente. Por ejemplo, la tendencia de usar *la* como pronombre para expresar la referencia de un ente [+humano], sin importar el rol sintáctico de objeto directo o indirecto, se considera como una evidencia que revela la estrategia según la cual se asocia una sola forma con un solo significado por parte del aprendiz. Otro ejemplo relevante para comentar es la influencia de la frecuencia léxica en el uso de las formas del sujeto verbal (p. ej., *yo canto* vs. *Ø canto*). En el caso de las formas del sujeto verbal se observa que la frecuencia con la que aparecen ciertos elementos juntos revelan el tipo de conexiones que los aprendices establecen como parte del proceso de adquisición. Por ejemplo, si en un dialecto al cual el aprendiz tiene exposición, las combinaciones como *tú sabes, yo creo*, entre otras, suelen aparecer como agrupaciones, tales colocaciones se producirán en el habla del aprendiz sin que se analice cada palabra individualmente. En cuanto a la adquisición en el contexto de una estancia en una región hispanohablante, esta pregunta formal no cambia (i.e., ¿qué forma cognoscitiva toma el sistema lingüístico del aprendiz?). No hay nadie que postule la existencia de un sistema lingüístico distinto por haberse desarrollado en un contexto natural y por consecuencia todos los estudios en este campo hacen una contribución general al estudio del sistema lingüístico mental.

La otra pregunta formal esencial en el estudio de la adquisición de segundas lenguas se relaciona con el desarrollo del sistema lingüístico. En este caso, la idea es entender cómo la forma del sistema lingüístico cambia con la experiencia y determinar mediante cuáles mecanismos. Por lo general, no hay razón para postular que los procesos de la adquisición del español sean diferentes según el contexto. Por ejemplo, resulta fácil postular que si la adquisición del subjuntivo empieza como una asociación entre ciertos elementos léxicos (p. ej., el verbo *querer*) y las formas irregulares del subjuntivo (p. ej., *quiero que seas, quiero que vengas*) entre aprendices angloparlantes en el salón de clase (p. ej., Collentine, 1997), la misma estrategia general de aprendizaje se usaría en otros contextos de aprendizaje. Además, sería sorprendente encontrar que la manera en que el sistema mental incorpora información nueva dependa del contexto de aprendizaje. Sin embargo, es posible que existan diferencias. Por ejemplo, el papel del conocimiento explícito puede ser diferente según el papel que tiene la información explícita de acuerdo con el contexto de aprendizaje como en el caso del salón de clase, en el cual la información explícita tiene un papel fundamental. Esta situación contrasta con otros contextos en los cuales la información explícita no está presente (p. ej., contextos naturales, estudio en el extranjero, entre otros). Estas preguntas las exploraremos a través de la revisión de investigaciones sobre la adquisición en contextos variados y las relacionaremos más adelante con prácticas pedagógicas en el campo.

Enfoque en la investigación: Patrones del desarrollo entre distintos contextos de aprendizaje

Hay bastante interés por el impacto que tiene un período de estancia en el extranjero en las habilidades lingüísticas de los aprendices no sólo para investigar la posible mejora de estas habilidades sino también para comparar los patrones del desarrollo del sistema lingüístico entre contextos distintos de aprendizaje. Recordemos que, en general, no hay razón para postular que los procesos de adquisición del español sean distintos según el contexto. Así que se plantearía la hipótesis según la cual la adquisición de una estructura lingüística seguiría los mismos pasos para los aprendices en el salón de clase en EEUU, y los aprendices que estudian en el extranjero.

Para proveer un ejemplo específico, en un estudio transversal de la adquisición del caso dativo (objeto indirecto) por parte de aprendices angloparlantes, comentaremos el estudio de Zyzik (2006). Esta investigadora encontró que los estudiantes empleaban una sobregeneralización extendida del pronombre *le(s)* en contextos acusativos. Adicionalmente, esta tendencia aumentó en la medida en que el nivel de competencia del aprendiz era mayor. Zyzik especuló que la experiencia previa en el extranjero (específicamente exposición a los dialectos leístas) podría influir en la explicación de tal aumento de *le(s)* en contextos acusativos. No obstante, este fenómeno también se observó entre aprendices sin experiencia en el extranjero. ¿Es posible que la exposición a dialectos leístas influya en el aumento de la tendencia de extender *le(s)* en contextos acusativos? Otro estudio realizado por Geeslin et al. (2010) ofrece alguna evidencia afirmativa sobre este aspecto. Particularmente entre la cuarta y la séptima semana de la estancia, los aprendices angloparlantes de su estudio aumentaron en la selección de *le(s)* en contextos acusativos en una tarea escrita. Al tomar en cuenta ambos estudios, Zyzik y Geeslin et al. demuestran que, a pesar del contexto de aprendizaje, la tendencia a sobregeneralizar *le(s)* en contextos acusativos es un rasgo o patrón importante del sistema lingüístico del aprendiz. Asimismo, los estudios demuestran que en el contexto del extranjero donde el fenómeno del leísmo es prevalente, esta tendencia aumenta entre aprendices que se encuentran en contacto con hablantes de ese dialecto.

 Aplicación 9.C: www.wiley.com/go/diaz-campos

4 Preguntas empíricas

El estudio en el extranjero presenta al aprendiz la oportunidad de cumplir funciones comunicativas que no son comunes en el salón de clase donde muchas veces el objetivo principal es el estudio del lenguaje mismo. Adicionalmente, la gama de "situaciones de interacción" es más amplia que la norma en los salones de clase. En el extranjero el aprendiz puede encontrarse en situaciones académicas y sociales, contextos formales e informales, interacciones íntimas y con desconocidos, etc. La consecuencia de esta diversidad es que el aprendiz está expuesto a una entrada más compleja en el sentido que refleja más variedad en la información social que conlleva. Además, el contacto con la lengua y, por consecuencia, la cantidad de entrada que recibe el aprendiz es sumamente diferente. Un aprendiz en un contexto donde se habla la lengua meta puede disfrutar en unas pocas semanas el equivalente de todas las horas de contacto en un semestre tradicional. Si volvemos a la meta principal de los estudios de la adquisición de lenguas adicionales, la de conocer la conformación del interlenguaje del aprendiz que estudia en el extranjero, aplicaríamos todas las herramientas que estudiamos en los capítulos anteriores al estudio de las características del sistema lingüístico del aprendiz. De esta manera, los aprendices en el extranjero presentan a los investigadores una oportunidad única de explorar las preguntas fundamentales que motivan el estudio de segundas lenguas. En las secciones que siguen del presente capítulo estudiaremos varios ejemplos sobre la adquisición en el contexto del estudio en el extranjero.

La fonología

El sistema de sonidos de una segunda lengua puede ser de sumamente difícil de adquirir y hay múltiples ejemplos de individuos que mantienen un acento no nativo aun después de muchos años de experiencia con la lengua meta. Estos desafíos ocurren en las siguientes áreas: sonidos particulares (p. ej., la /r/ múltiple), procesos fonológicos (p. ej., la reducción de /b d g/ en posición intervocálica), al nivel de la frase (p. ej., la entonación) y la fluidez en general. En muchos casos, las normas de producción no son estáticas sino que reflejan tendencias geográficas y usos estilísticos y sociolingüísticos. Concretamente, tomemos el ejemplo de la **entonación** (la curva melódica característica de un hablante) que se usa para marcar las **frases declarativas** (expresan una afirmación) frente a las **frases interrogativas** (expresan una pregunta) de varios tipos. Estos tipos de oraciones se ejemplifican en (1) y el contorno entonacional de los primeros dos tipos (1a) y (1b) se ven en la **ilustración 9.1**.

(1) a. Ejemplo de frase declarativa
    Está tomando una limonada.
   b. Ejemplo de frase interrogativa absoluta (sí-no)
    Buenas tardes, ¿tiene mermelada?
   c. Ejemplo de frase interrogativa *qu-* (*quién, qué, cuándo, dónde, por qué*)
    ¿Quién tiene la mermelada?

Según la literatura, cada tipo de oración se asocia con rasgos entonacionales particulares. En inglés se marca una frase interrogativa, en general, con un tono final que sube. Este patrón también se observa en algunas variedades del español, pero en otras se marcan las preguntas con un tono final que cae. Por eso es importante señalar que hay **variabilidad geográfica** (referida a las diferencias dialectales). Por ejemplo, en León, España, Henriksen et al. (2010) encontraron que las frases interrogativas pronominales (i.e., de tipo *qu-*) se asocian con un tono final creciente mientras las frases interrogativas absolutas (i.e., de tipo *sí* o *no*) se asocian con un tono final que cae. Además hay **variabilidad situacional** (según el interlocutor y el contexto concreto de la interacción): Henriksen (2009) encontró que cuatro de los seis participantes nativos (también de León, España) de su estudio produjeron frases interrogativas (de tipo *qu-*) con distintos contornos entonacionales en una tarea más espontánea (de identificación de una persona) versus en una tarea más controlada (de lectura).

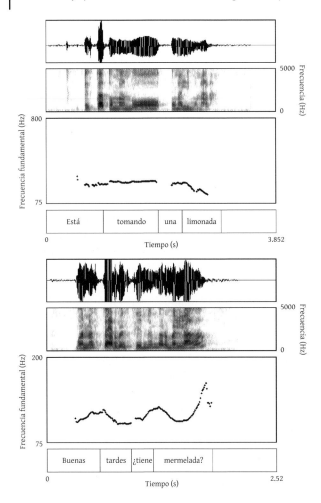

Ilustración 9.1 El contorno entonacional de una frase declarativa (parte superior) y una frase interrogativa absoluta (parte inferior) (Prieto & Roseano, 2013).

Enfoque en la investigación: El desarrollo del sistema entonativo en el extranjero

Un aspecto del sistema fonológico de los aprendices que se ha estudiado menos en el contexto del estudio en el extranjero es la entonación. Como se ha descrito anteriormente, existen patrones entonativos distintos entre el español y el inglés, así que hay interés en investigar si, después de una estancia en el extranjero, los aprendices adoptan los patrones entonativos que reflejan la variedad de español con la cual están en contacto durante el período de estudio. El estudio de Henriksen et al. (2010) examinó el cambio en los patrones entonativos de cinco aprendices angloparlantes que pasaron 7 semanas en León, España. Henriksen et al. investigaron la producción de enunciados declarativos, interrogativos absolutos e interrogativos pronominales —específicamente las estrategias entonativas y los tipos de contornos entonativos empleados. Los investigadores encontraron mucha variación individual, pero sus resultados ofrecieron varios ejemplos positivos del desarrollo. Por ejemplo, un aprendiz (Hablante 2) cambió su producción de frases declarativas para incluir un tono creciente prenuclear (i.e., que ocurre en una posición tónica de una palabra no final de la frase). El desarrollo de los enunciados interrogativos pronominales fue inconsistente, ya que cada aprendiz menifestó patrones distintos sin mucha modificación, en general, a lo largo de la estancia en el extranjero. Los investigadores especularon que el desarrollo de los enunciados interrogativos pronominales fue inconsistente porque había más variedad en la entrada según estas frases. Las investigaciones del desarrollo del sistema entonativo son muy importantes no sólo para entender mejor cómo los aprendices llegan a adquirir un componente menos estudiado de un sistema fonológico no nativo sino también para introducir nuevos campos de investigación sobre la naturaleza de la adquisición de un aspecto variable de una lengua adicional.

Aplicación 9.D: www.wiley.com/go/diaz-campos

Tomando la entonación como ejemplo, podemos apreciar que hay consideraciones importantes en cuanto al papel que tiene los estudios en el extranjero. Por ejemplo, hay que tener en cuenta información sobre la variedad meta. Además, hay que entender la naturaleza de la variación que puede existir de un contexto (p. ej., informal) a otro contexto. Finalmente, resulta relevante recordar que el desarrollo puede observarse mediante la investigación de los cambios en el habla del aprendiz. Se puede mostrar el uso de estrategias diferentes o modificadas (p. ej., el empleo de un patrón diferente para la formación de preguntas), se podría observar un cambio en cierto rasgo (p. ej., como el tono de la frontera, el tono que ocurre al final de una frase o enunciado) y se podría investigar una combinación de estos cambios. Sobre todo hay que tomar en cuenta que el desarrollo no siempre es lineal y tampoco es igual para todos los aprendices. Por eso, además de estudiar los cambios lingüísticos, hay que tomar en cuenta las características del contexto de estudio y del aprendiz mismo.

Volviendo al tema general de la fonología, el desarrollo del sistema fonológico implica cambios al nivel de los **segmentos** (i.e., sonidos o fonos), al igual que en los **procesos fonológicos** (un tipo de fenómeno que revela un comportamiento simétrico y que suele afectar a todos los miembros de una misma clase natural). Estos cambios pueden ser en la dirección de una norma general o pueden mostrar la influencia de una variedad regional meta. Uno de los ejemplos más estudiados, tanto en el contexto del extranjero como en casos de instrucción tradicional, es la adquisición del debilitamiento de los sonidos oclusivos sonoros (/b d g/) en posición intervocálica. En casos como el estudio de Zampini (1994) se demostró que estos sonidos son difíciles de adquirir para los aprendices. Por ejemplo, estas variantes solo existen en inglés en contextos muy informales y la distinción entre la variante oclusiva [d] y la aproximante [ð] tiene valor fonémico en inglés (p. ej., "then" *entonces* vs. "den" *sala de estar, guarida*). En el contexto del estudio en el extranjero, veremos que aún se mantienen los desafíos pero también se observan avances para algunos aprendices, especialmente aquellos con mayor contacto social o instrucción explícita. Díaz-Campos (2004, 2006) analizó la producción de /b d g/, entre otros fonos, por parte de estudiantes angloparlantes, mediante la comparación de un grupo en los Estados Unidos con instrucción tradicional en contraste con otro grupo que estudiaba en Alicante, España. Todos los estudiantes demostraron mayor precisión en una entrevista (vs. una tarea de lectura), pero los estudiantes con mayor experiencia formal en el estudio del español mostraron menor precisión con /b d g/. Este resultado se explicó mediante el argumento de las redes de contacto con hablantes nativos de algunos estudiantes en los Estados Unidos y de acuerdo con el número de años de aprendizaje formal de español en la escuela (7 años o más). Lord (2010), por otro lado, encontró que los aprendices angloparlantes que estudiaron en México durante un verano sí demostraron mejor producción de /b d g/ en posición intervocálica. Sin embargo, los aprendices que habían recibido instrucción explícita en la producción de estos segmentos antes de estudiar en el extranjero demostraron aun mayor mejora que los aprendices que sólo estudiaron en el extranjero (sin instrucción explícita previa). No todos los estudios sobre la adquisición de la producción de /b d g/ en posición intervocálica han reportado que exista un beneficio de la realización de un período de estudios en el extranjero (véase también Bongiovanni, Long, Solon y Willis, 2015, quienes no encontraron una mejora en la producción de los aprendices angloparlantes que pasaron 4 semanas en la República Dominicana), lo cual sugiere que estos fonos sí representan un desafío notable para los aprendices angloparlantes en particular.

Además de las producciones que se aplican a las normas pan-dialectales, como la realización aproximante de /b d g/, los aprendices en el extranjero tienen exposición a las normas regionales. Esta situación crea un desafío inmediato para el aprendiz porque tiene que poder percibir las variantes regionales con precisión para comprender el lenguaje al que está expuesto. Por ejemplo, el aprendiz en España tiene que aprender a percibir el segmento fricativo interdental sordo /θ/ y asociarlo con los grafemas *ci*, *ce* y *z* para entender el español que escucha. Los estudios de Lauren Schmidt investigan precisamente esta percepción y comprensión de las variantes regionales. Schmidt (2009) examinó la comprensión del español dominicano por parte de aprendices angloparlantes antes y después de un programa de estudio de 3 semanas. Los aprendices mejoraron con tan solo 3 semanas, pero también mostraron diferencias de una tarea a otra y entre segmentos distintos. Dos de los segmentos más difíciles eran la **elisión de /s/** (*los lunes* [lo.'lu.nes]) y la **lateralización** (*puerta* ['puel.ta]; véase el **capítulo 6**). Schmidt (2011) nos ofrece una visión más detallada de la percepción de /s/ y sus variantes aspiradas (o elididas), como en *pasta* ['pah.ta]. Por medio de una tarea de percepción en la cual los aprendices tenían que escuchar palabras inventadas y luego escoger la versión escrita correcta de lo que habían escuchado, Schmidt encontró que los aprendices de niveles más altos de competencia identificaron [h] como /s/ con mayor precisión que los aprendices de nivel más bajo. Relevante para nuestra discusión del estudio en el extranjero, los aprendices que habían estudiado en una región hispanohablante donde se realiza la aspiración demostraron mayor precisión en la identificación de [h] como /s/; de hecho, estos aprendices demostraron mayor precisión que los nativos hablantes de regiones hispanohablantes en las que no se aspira la /s/.

Hemos visto que la comprensión de las variantes regionales es de suma importancia pero podríamos preguntarnos si el aprendiz que vive por un tiempo en el extranjero también produce estas variantes. El caso más estudiado en el área del sistema de sonidos es el uso del sonido fricativo interdental sordo /θ/ asociado con el centro norte de España. Recordemos que este fono se produce en contextos donde ocurren los **grafemas** *ce*, *ci* y *z* y en la zona centro norte de España tiene carácter contrastivo con /s/ (véase el **capítulo 3** y **capítulo 6**), como en el par *casa* ['ka.sa] y *caza* ['ka.θa]. En otras regiones de España los dos fonos se encuentran en variación en vez de **distribución complementaria** (si los sonidos ocurren en contextos fonéticos diferentes, sin que haya coincidencia ninguna entre dichos contextos, se dice que los sonidos se encuentran en distribución complementaria). En un estudio de 130 aprendices angloparlantes del español con múltiples niveles de instrucción, Geeslin y Gudmestad (2008) encontraron muy poca evidencia de la producción del segmento fricativo interdental sordo, aun en el caso de estudiantes que pasaron un período de tiempo en España antes de los estudios formales en el extranjero. Sin embargo, las investigaciones que hacen un seguimiento de los aprendices durante su estancia en el extranjero presentan más detalle sobre la capacidad y la disposición personal de producir este fono. Por ejemplo, Knouse (2012) hizo un análisis de tareas orales (una entrevista estructurada y una tarea de lectura en voz alta) y encontró que casi la mitad de los aprendices que pasaron 6 semanas en Salamanca produjeron el sonido fricativo interdental sordo por lo menos una vez. Además, su análisis mostró que los aprendices solían usar /θ/ más frecuentemente en contextos donde se emplea el grafema *z* y que los aprendices en niveles de principiante o intermedio usaron este fono más que los estudiantes en niveles avanzados (los que seleccionaron el español como especialización académica). Estos resultados subrayan la importancia de los factores lingüísticos y sociales y, además, sugieren que con una competencia más avanzada hay menos cambio al enfrentarse con una nueva variedad de la lengua supuestamente por haberse desarrollado ya una identidad más estable en la segunda lengua. Otro estudio semejante es el de Ringer-Hilfinger (2012) que mostró que un grupo de estudiantes que pasó un semestre en Madrid tampoco produjo muchos ejemplos del sonido fricativo interdental sordo en una entrevista estructurada. Sin embargo, Ringer-Hilfinger también empleó una tarea de **técnica imitativa** para medir el conocimiento del mismo fono. Este tipo de tarea se usa comúnmente en el campo de la sociolingüística para evaluar las actitudes de los hablantes de una lengua —específicamente, un grupo de hablantes con la habilidad de ser completamente bidialectal produce el mismo estímulo en cada una de las variedades empleadas para ser evaluados por participantes en una investigación acerca de características sociales o geográficas. En el estudio de Ringer-Hilfinger, esta tarea mostró que los aprendices sí percibieron el fono pero no lo produjeron por su deseo de comunicarse con hablantes de otros dialectos del español distintos del centro norte de España. Por lo que se puede apreciar de la discusión anterior se observa que tanto la percepción como la producción se ven influidas por factores lingüísticos y que la producción de las variantes regionales tiene un componente importante de valor social.

Este conjunto de estudios nos muestra que la producción de las variantes regionales es posible y que los aprendices que optan por usar estas variantes muestran evidencia de poder producirlas en los contextos apropiados con la experiencia necesaria. Sin embargo, vemos también que la producción de variantes regionales no es obligatoria. Al contrario, hay aprendices que optan por usar otras variantes por cuestiones de identidad y experiencia personal. En todos los casos, vemos la interconexión de la adquisición de un sistema de sonidos con los rasgos del contexto de aprendizaje y las características del aprendiz, tanto inherentes como de experiencias y comportamientos personales.

Enfoque en la investigación: El uso del segmento fricativo interdental sordo y el fricativo uvular sordo por parte de aprendices en el extranjero

Como se ha mencionado anteriormente, uno de los fonos más estudiados en cuanto al desarrollo fonológico de aprendices de español como segunda lengua en el extranjero es el segmento fricativo interdental sordo [θ]. Un estudio reciente realizado por George (2014) investigó la producción variable del segmento fricativo interdental sordo y del fricativo uvular sordo [χ] por parte de 25 estudiantes angloparlantes a lo largo de un semestre de estudios en Toledo, España. La investigación se diferencia de otros estudios en cuanto a la inclusión del segmento fricativo uvular como variable y aún más importante es la contribución del estudio en cuanto a que provee evidencia empírica sobre las razones por las que posiblemente exista la variación en el uso de estos segmentos. El método de la investigación consistió en una serie de tres tareas, cada una administrada al principio, en la mitad y al final del semestre: una conversación espontánea con un hablante nativo, una lectura de un párrafo y una lectura de una lista de palabras. En cuanto al segmento fricativo interdental sordo, no se observó ninguna diferencia significativa en la producción desde la primera recolección de datos hasta la última, ni para los estudiantes con la mayor frecuencia de producción de la variante al principio del semestre ni para aquellos que lo produjeron con menor frecuencia. Sin embargo, para el segmento fricativo uvular sordo, los estudiantes que más produjeron esta variante en la primera recolección de datos fueron aquellos que mostraron un aumento casi significativo en el uso al final del semestre. En cambio, los estudiantes que apenas produjeron la variante no mostraron evidencia de cambio significativo en la última recolección. En todos los casos, se encontró un efecto significativo de la tarea, de manera que la mayor producción de ambos fonos se observó en las tareas más controladas (leer una lista de palabras y un pasaje) y la menor producción en la menos controlada (la conversación espontánea). Respecto a los factores extralingüísticos, a finales de la estancia en el extranjero, se encontró una correlación significativa entre el uso de [χ] y el nivel de competencia del aprendiz. Para el segmento [θ], hubo una correlación significativa entre el uso de este fono y haber viajado a España previamente y adicionalmente el hecho de que algunos sujetos habían tenido un instructor con acento del centro norte de la península.

Aplicación 9.E: www.wiley.com/go/diaz-campos

La morfosintaxis

Siguiendo la organización del libro, en esta sección exploramos los estudios de la adquisición de la morfosintaxis por parte de aprendices que viajan al extranjero. De manera semejante al caso de la fonología, las herramientas de análisis y los principios generales de la adquisición de lenguas adicionales se aplican al estudio en cualquier contexto. Entre los muchos estudios existentes, hay algunos diseños comunes en la mayoría de los estudios. Los dos más frecuentemente usados son la comparación entre un grupo en el extranjero y otro grupo comparable en casa (es decir, un contexto académico fuera de una región hispanohablante; p. ej., Collentine, 2004) y la medida del progreso en un contexto de estudio en el extranjero mediante la comparación de las capacidades al comienzo de la estancia y al final (p. ej., Geeslin et al. 2010). Ambos diseños proveen información importante sobre el desarrollo que puede ocurrir durante el tiempo de estudio en el extranjero. Así como existe una variedad de diseños en cuanto a las investigaciones, también se han examinado muchas estructuras lingüísticas. Por ejemplo, Ryan y Lafford (1992) analizaron el contraste entre *ser* y *estar* en entrevistas realizadas por parte de aprendices de español como segunda lengua en Granada, España. Una de las conclusiones más importantes de este estudio es que las **etapas de desarrollo** (los pasos por los cuales los aprendices atraviesan en el curso de la adquisición de una segunda lengua) se generalizan al contexto de estudio en el extranjero. De igual importancia, desde la perspectiva de las teorías según el uso, es que hubo un efecto de la **frecuencia léxica** (véase **capítulo 1** y **capítulo 6**). Los aprendices en Granada tuvieron que acostumbrarse a un horario nuevo y por esa necesidad práctica la entrada que recibieron contuvo muchos ejemplos de *estar* con los adjetivos *cerrado* y *abierto*. La consecuencia para la adquisición es que los aprendices mostraron mayor precisión con el contexto *estar* + adjetivo de condición que los aprendices en otros estudios en los Estados Unidos (p. ej., VanPatten, 1987).

Otra estructura que se ha estudiado en el caso de los aprendices de español como segunda lengua en el extranjero es el contraste entre el **modo** (véase el **capítulo 7**) subjuntivo y el indicativo. Como ya sabemos, esta estructura se adquiere tarde y por esta razón es una estructura informativa para el estudio del desarrollo de lenguas adicionales en el extranjero. Por ejemplo, el estudio de Isabelli y Nishida (2005) examina el desarrollo del uso del subjuntivo en la producción oral por parte de tres grupos de participantes: uno que estudió en Barcelona y dos grupos pertenecientes a dos niveles universitarios que no tuvieron la oportunidad de viajar al extranjero. Su análisis mostró la importancia de distinguir entre los diferentes contextos lingüísticos de uso del subjuntivo porque encontraron tendencias distintas de desarrollo de acuerdo con tales contextos. Hubo una mejora notable en el uso del subjuntivo en cláusulas adverbiales y un progreso estable en el caso de las cláusulas nominales. Sin embargo, no hubo ningún cambio en los contextos referidos a las cláusulas adjetivales. En comparación con el grupo que no estudió en el extranjero, los participantes que estudiaron en Barcelona mejoraron más en cuanto al uso del subjuntivo. No obstante, el grupo en clases tradicionales salió mejor en la precisión gramatical con otras estructuras. Además de mostrar el desarrollo desigual entre contextos diferentes de uso, el análisis mostró que el nivel al comienzo del estudio de los participantes individuales influyó en la magnitud del cambio. De manera que los que habían empezado con mayor taza de uso del subjuntivo mejoraron significativamente durante la estancia en Barcelona. Isabelli y Nishida encontraron que, a pesar de la mejora entre estudiantes que tuvieron la oportunidad de completar un programa en el extranjero, todavía se observaba una frecuencia de uso del subjuntivo en contextos esperados que solo alcanzó el 49 por ciento, lo cual indica la dificultad de adquirir el subjuntivo para los aprendices angloparlantes del español como lengua adicional.

Tomando en cuenta la dificultad de adquirir el subjuntivo, aun con experiencia extendida en el extranjero, algunas investigaciones se han enfocado en la posible influencia de la **intervención pedagógica** (tarea de enseñanza explícita). Es decir, se han preguntado si la instrucción explícita serviría para aumentar el uso del subjuntivo entre aprendices que participan en un programa en el extranjero. Por ejemplo, Isabelli (2007) analizó la producción oral de dos grupos de aprendices del español: un grupo que estudio en el extranjero y otro grupo cuyos participantes estaban completando los últimos años de estudios tradicionales en los Estados Unidos. Ambos grupos recibieron instrucción explícita sobre el uso del subjuntivo en contextos adverbiales, nominales y adjetivales y ambos grupos mostraron un efecto positivo debido a la instrucción explícita. La diferencia principal entre los dos grupos fue que el grupo en el extranjero no solo mejoró en la precisión del uso sino que produjo más estructuras complejas. Este resultado quiere decir que se vio un cambio en el uso de estructuras en contextos que posibilitan el subjuntivo. Otro estudio relacionado es el de Cheng y Mojica-Díaz (2006) donde investigaron la influencia de la instrucción enfocada desde el punto de vista discursivo. Los participantes en el estudio eran 9 angloparlantes que pasaron un verano en México y que recibieron instrucción formal durante el programa de estudio. Todos produjeron entrevistas estructuradas al comienzo del programa, después de 4 semanas y al final del programa (después de 9 semanas). Las investigadoras examinaron dos temas tratados en la entrevista y encontraron que para el primer tema, el de ofrecer una hipótesis sobre un tópico impersonal, los aprendices aumentaron en el uso del subjuntivo pero no modificaron su estilo discursivo en la dirección de los hablantes nativos. Sin embargo con el segundo tema, el de opinar sobre ciertas situaciones, se observó un aumento en el uso del subjuntivo y también modificaciones al nivel discursivo en la dirección que se observa en los hablantes nativos. Estos estudios nos muestran que la instrucción explícita, del subjuntivo mismo o de la estructura discursiva en la que aparece, puede aumentar las mejoras que se observan para ciertas estructuras durante el estudio en el extranjero.

Se han estudiado algunas estructuras morfosintácticas en el contexto de estudio en el extranjero desde varias perspectivas teóricas. Por ejemplo, Isabelli (2004) adoptó la **perspectiva generativa** (la cual propone la existencia de una gramática universal) para examinar el desarrollo del uso del sujeto nulo y las propiedades asociadas entre 31 aprendices durante una estancia de un año en España. Una de las propiedades, el uso de *que* en función de complemento (marcador de una clausula subordinada, p. ej,, *el libro que leí la semana pasada*) no se produjo en las tareas orales con suficiente frecuencia para mostrar mucho desarrollo. Por otro lado, las otras propiedades —el uso del **sujeto nulo** (p. ej., *Hablé con mi amigo* [sin el uso de yo]), la inversión sujeto-verbo (p. ej., *Habló la maestra con mi amigo*) y la falta de los pronombres pleonásticos explícitos (p. ej., "*It rained yesterday*" *Llovió ayer*)— sí mejoró durante el período del estudio. Mediante el uso del mismo marco teórico, Rothman e Iverson (2007) encontraron que 30 aprendices angloparlantes que estudiaron por 5 meses en España no demostraron ninguna mejoría en cuanto a las propiedades asociadas con el uso del sujeto nulo en español.

El uso del sujeto nulo por parte de aprendices angloparlantes igualmente ha sido examinado desde una **perspectiva variacionista** (la cual toma en cuenta un conjunto de factores lingüísticos y extralingüísticos para explicar los patrones de uso en muestras de habla). Por ejemplo,

Linford (2016) comparó el desarrollo de dos grupos de aprendices. Un grupo participó en un programa en la República Dominicana y el otro grupo estudió en España. Los análisis sociolingüísticos en estudios anteriores y el análisis de los hablantes nativos en el mismo estudio, los cuales representaban el dialecto meta de la región para Linford, tienden a mostrar que la frecuencia del uso de las formas explícitas y nulas del sujeto varían con la geografía pero los predictores del uso muestran cierta universalidad. En el caso de los aprendices, ambos grupos mostraron avances en la dirección de la norma regional. En una tarea de una entrevista oral en particular, los aprendices que estudiaron en España disminuyeron su uso de sujetos explícitos a lo largo del semestre académico en el extranjero, mientras que los aprendices que estudiaron en la República Dominicana aumentaron el uso de sujetos explícitos. Como vemos en los estudios descritos anteriormente, bajo el acercamiento generativista o bajo la perspectiva variacionistas, los aprendices a veces mejoran después de una estancia en el extranjero, pero este es no siempre el caso. Adicionalmente, se ha observado que los aprendices no mejoran con la misma rapidez y que se observan diferencias con cada estructura gramatical. La diferencia principal entre estos estudios es que el mejoramiento se evidencia en la forma de cambios en la frecuencia de uso y en cuanto a los predictores de uso los cuales se ajustan en la dirección de las normas nativas. Es decir que en los estudios de la adquisición de lenguas adicionales en general, se puede describir el desarrollo bajo una perspectiva basada en el uso sin necesidad de evaluar la precisión. Vale decir que hay avances recientes en la colaboración entre investigadores que trabajan bajo perspectivas diversas. Por ejemplo, el estudio del sujeto es un caso que ha abierto un diálogo bidireccional productivo (Quesada, 2015; Rothman & VanPatten, 2013).

El estudio de las formas del sujeto, además de presentar una alternativa importante para el diálogo entre perspectivas teóricas diferentes, representa una estructura donde la frecuencia del uso es un buen indicador de la variación geográfica. Hay otras estructuras variables que se han examinado en los estudios de la adquisición en el contexto del extranjero que representan la variación regional según diferencias en cuanto a la frecuencia y los predictores del uso. Por ejemplo, Geeslin, García-Amaya, Hasler-Barker, Henriksen y Killam (2012) investigaron el uso del presente perfecto por parte de aprendices angloparlantes que participaban en un programa intensivo de inmersión en León, España por un período de siete semanas. Los participantes del estudio eran 33 angloparlantes que completaron una tarea de preferencia donde indicaron la forma que consideraban apropiada, o el pretérito (p. ej., *bailó*) o el presente perfecto (p. ej., *ha bailado*) en contextos de acciones completadas. En el mismo instrumento, los investigadores manipularon el tiempo del evento, la telicidad (si el predicado tuvo un punto final claro o no) y la anterioridad (si el predicado tenía consecuencias en el presente). Al comparar las preferencias de los aprendices al comienzo del programa, en el medio del programa y al final, el análisis de la frecuencia de la elección del presente prefecto mostró que los aprendices en todo momento seleccionaron el presente perfecto más que los hablantes nativos. Éste es un resultado interesante porque los hablantes nativos en España se asocian con una frecuencia elevada de uso de estas formas. La implicación es que uno tiene que explicar los resultados de acuerdo con factores relacionados con el desarrollo (p. ej., el **sobreuso** de una forma) o con la primera lengua (p. ej., la **transferencia** de la forma paralela en inglés). Sin embargo, hay evidencia también de la influencia del contacto con hablantes nativos y la variedad regional. El análisis de los predictores de las preferencias muestra que la influencia del tiempo del evento logra tener importancia al final de la estancia. Las tendencias encontradas entre el uso del presente perfecto versus el pretérito son consistentes con la variedad regional. En resumen, el estudio del uso del presente perfecto subraya la importancia de considerar no solo la frecuencia de uso de una forma sino también los factores que explican el uso.

Hay muchos estudios sobre el francés y sobre el inglés en relación con la alternancia posible entre las formas perifrásticas (p. ej., *voy a hablar*) y las formas sintéticas (p. ej., *hablaré*) para indicar eventos en el futuro. Esta estructura también tiene relevancia para el desarrollo del español como lengua adicional en el contexto de los estudios en el extranjero. Kanwit y Solon (2013) compararon el desarrollo por parte de aprendices angloparlantes en dos programas semejantes (7 semanas de estudio así como el alojamiento en una casa de familia con muchas horas de contacto diarias) en dos sitios distintos: Valencia, España y Mérida, México. Se recolectaron muestras de 29 aprendices en España y 17 en México. Los aprendices completaron una tarea de preferencia al comienzo y al final de su estancia. Además, con el propósito de contextualizar los resultados dentro de la región particular del estudio, los investigadores indagaron sobre las preferencias de los participantes mediante el uso del mismo instrumento que se administró en un grupo de hablantes nativos en cada región. El análisis de la frecuencia mostró una preferencia más fuerte para las formas morfológicas en Valencia que en Mérida entre los hablantes nativos. Los aprendices en ambas regiones disminuyeron su uso del futuro morfológico y aumentaron su preferencia por la forma perifrástica durante su estancia en el extranjero. Sin embargo, ambos grupos de aprendices sobrepasaron las normas para el uso de la forma perifrástica al final del programa de estudio. Este resultado puede indicar el **desarrollo en forma de u** (es decir, el desarrollo que empieza con patrones parecidos al uso de los nativos y durante el proceso de la adquisición, disminuye la precisión, para luego equipararse con los niveles de precisión nativos nuevamente en etapas más tardías) y se podría postular que con más tiempo los aprendices lograrían acercarse a la norma nativa. En cuanto a los factores que predicen estas preferencias, entre los nativos de ambas regiones el tipo de la cláusula (subordinada o no) predijo la selección de la forma perifrástica versus la forma sintética. En cuanto al tiempo del evento se encontró que este factor era importante solo para los hablantes nativos en España (y no en México). Sin embargo, los dos grupos de aprendices muestran tendencias restringidas por el tiempo del evento. Este resultado indica que hay tendencias relacionadas al desarrollo que no dependen del contexto regional y que se aplican universalmente al proceso de la adquisición.

El pronombre de objeto directo también resulta una variable fructífera para estudiar la adquisición de la variación regional por parte de aprendices del español como lengua adicional durante un período de estudio en el extranjero. En ciertas regiones de España, por ejemplo en León y Salamanca, el objeto directo de un verbo referido a una entidad humana puede indicarse con el pronombre *le(s)* aunque en otras variedades del español, tal como la variedad que se habla en México, se indicaría con las formas *lo(s)* o *la(s)* según el género y número del referente. La tendencia de usar *le* para indicar el objeto directo es aún más fuerte con referentes masculinos que con referentes femeninos. Geeslin y colegas (2010) estudiaron las preferencias de 24 hablantes nativos en León, España y 33 aprendices del español como lengua adicional que participaban en un programa de estudio intensivo en León, España. Los aprendices completaron una tarea escrita de preferencia en tres períodos diferentes mientras estaban en España. En cuanto a la frecuencia del uso de *le* en contextos relativos a los pronombres de objeto directo, los aprendices mostraron inicialmente una frecuencia bastante alta. Posteriormente, se observó un descenso después de unas semanas en España y, finalmente, se documentó un ascenso en la última prueba de preferencia (59% - >41% - >47%). Según los autores, los cambios de frecuencia de elección de *le* muestran la transición de la tendencia universal de asociar la forma *le* con objetos referidos a entidades humanas (sean directos o indirectos) y hacia las normas regionales. Evidentemente, para mostrar hallazgos concretos sobre este particular, sería necesario documentar que solo los aprendices en regiones leístas asciende en su uso de *le* después de pasar por la etapa de asociación entre *le* y los objetos humanos (véase el estudio de Salgado-Robles, 2011, a continuación como ejemplo de evidencia de este tipo). En cuanto a los factores que predicen la selección de *le* en contextos de objeto directo, Geeslin y colegas (2010) también mostraron evidencia de la adquisición de las normas regionales nativas. Por ejemplo, en la tercera elicitación de datos las tendencias de elección de los aprendices se vieron influidas por los mismos factores que son relevantes para los hablantes nativos (p. ej., la telicidad y la animacidad del referente). Este resultado es importante porque muestra que la frecuencia registrada al final del período de estudio —aunque sea más baja que en la prueba tomada al inicio del programa y en comparación con los hablantes nativos— indica mayor nivel debido a que se puede explicar a partir de los mismos factores que son relevantes para los hablantes nativos.

Hemos visto que estudiar en el extranjero no es una alternativa automática para lograr una competencia nativa. Hay que adquirir las propiedades gramaticales que son obligatorias en la lengua meta, las propiedades variables de la misma y la capacidad para comunicarse en varios contextos y con hablantes diversos. Además, estudiamos que en ciertos casos los aprendices parecen acercarse a la **norma regional** (patrones de uso asociados con un dialecto particular) y en otros casos la variedad local no parece tener tanta influencia como las tendencias universales que caracterizan el proceso de adquisición. Para poder explorar las diferencias entre estructuras gramaticales y su relación con la adquisición en el contexto de un programa de estudios en el extranjero, algunos autores analizan el desarrollo de varios elementos del interlenguaje con el mismo grupo de aprendices. Ya estudiamos en este capítulo la investigación de Linford (2016) en la cual se examinó la adquisición de las formas del sujeto, el presente perfecto y el uso de *le(s)* en contextos acusativos por parte de aprendices angloparlantes que estudiaron o en la República Dominicana o en España. El estudio de Linford es importante porque demuestra que los patrones de desarrollo dependen no sólo del tipo de tarea que se analiza sino también de la estructura lingüística que se examina. Otro estudio semejante es el de Kanwit, Geeslin y Fafulas (2015). En esta investigación los participantes eran 46 angloparlantes, que participaron en dos programas diferentes de inmersión intensiva —uno en San Luis de Potosí, México y otro en Valencia, España. Los investigadores analizaron las preferencias de los aprendices al comienzo y al final (después de 7 semanas) en relación con el uso de tres estructuras variables: *ser* vs. *estar*, el presente de indicativo vs. *estar* + progresivo y el pretérito vs. el presente perfecto. En la comparación de las dos regiones estudiadas y los analices de las tres estructuras encontraron evidencia de tendencias comunes (p. ej., todos los aprendices aumentaron en el porcentaje de los contextos donde preferían el presente perfecto) y en cuanto a tendencias particulares según la región (p. ej., tanto en México como en España los aprendices mostraron mayor sensibilidad hacia los predictores que son relevantes para los hablantes nativos en la región estudiada después de participar en el programa). Además, algunas estructuras parecen adquirirse antes que otras (p. ej., los predictores relevantes para los aprendices ya mostraban tendencias parecidas a las de los nativos en cuanto al contraste entre *ser* y *estar* + adjetivos al comienzo del estudio. Sin embargo, los patrones se mantuvieron diferentes al final del estudio con respecto al empleo del presente progresivo). El estudio de Collentine (2004) nos lleva más allá de la morfosintaxis y compara el desarrollo de las capacidades gramaticales y léxicas. Collentine analizó conversaciones orales producidas por estudiantes que pasaron un semestre académico en Alicante, España en comparación con estudiantes que no tuvieron la oportunidad de estudiar en el extranjero. El análisis evaluó la precisión en el uso de cinco fenómenos gramaticales: el género y el número; la persona, el modo y el tiempo verbal. Además, el estudio incluyó una evaluación de la adquisición léxica basada en el número y la frecuencia de elementos léxicos únicos. Collentine llegó a la conclusión de que la precisión gramatical y léxica no muestra tanto beneficio del estudio en el extranjero como la capacidad de narrar y expresar ideas más fácilmente (p. 245). En conjunto, estos estudios acerca de la morfosintaxis nos recuerdan de la complejidad de la adquisición, los muchos procesos involucrados en el desarrollo del interlenguaje y las diferencias entre estructuras gramaticales, contextos de aprendizaje y de las diferencias individuales entre los aprendices.

Enfoque en la investigación: El desarrollo y las normas regionales

Salgado-Robles (2011) presenta resultados acerca del leísmo en el discurso oral y escrito de 40 aprendices de nivel intermedio-alto que estudiaron 5 meses en un programa en el extranjero —20 en Valladolid, España y 20 en Sevilla, España. Mediante el uso de un diseño longitudinal, Salgado-Robles encontró que los aprendices presentaron patrones en el uso de *le(s)* en contextos acusativos que concordaban con los patrones de los hablantes nativos según los lugares respectivos de estudio (i.e., Valladolid, España y Sevilla, España). Específicamente, el estudio documentó que en las muestras orales, los aprendices en Valladolid aumentaron en el uso de *le(s)* de 18% a 42%; siguiendo el patrón de los hablantes nativos de Valladolid quienes emplean le(s) en contextos acusativos en un 63%. En contraste, los aprendices que estudiaron en Sevilla disminuyeron en el uso *le(s)* en contextos acusativos (16% → 12%; los hablantes nativos de Sevilla emplean *le(s)* en contextos acusativos en un 11%). En cuanto a los factores lingüísticos que influían al uso de *le(s)* en contextos acusativos por parte de los aprendices en la producción oral, se encontraron como significativos los siguientes: el género del referente, el número plural del referente, la animacidad y la telicidad. Según la región, cada grupo de aprendices se acercó a la norma nativa local. Por ejemplo, a finales de la estancia en el extranjero, los aprendices en Valladolid produjeron *le(s)* aún más con referentes masculinos y plurales y con verbos de aspecto télico (i.e., con un punto final inherente); los aprendices en Sevilla, por otro lado, no demostraron un aumento notable en relación con estos mismos factores lingüísticos.

 Aplicación 9.F: www.wiley.com/go/diaz-campos

La pragmática

Una de las áreas de la competencia comunicativa que parece mejorar más debido a la experiencia de pasar un período de estudios en el extranjero es la pragmática. Recordemos que se ha convenido que la pragmática se define como el estudio del uso del lenguaje en contexto e incorpora el estudio de los **actos de habla** (p. ej., las peticiones y las disculpas) y de la **cortesía** (p. ej., formas de tratamiento). La pragmática constituye un componente del interlenguaje que representa la **competencia comunicativa** (habilidad para usar el lenguaje apropiado según la situación o el contexto) ya que estos aspectos del lenguaje pueden variar según el hablante, el oyente y el contexto social. En una serie de estudios Shively y Cohen (Cohen & Shively, 2007; Shively & Cohen, 2008) investigaron la adquisición de las peticiones y las disculpas entre 67 aprendices del español y 19 aprendices del francés que participaron en un programa de un semestre en el extranjero. Todos los participantes realizaron una tarea de completación discursiva en la cual los investigadores manipularon factores tales como el estatus social, la distancia social y el peso de la imposición (para las peticiones) o de la infracción (para las disculpas). Además de los factores lingüísticos y sociales manipulados en la tarea, compararon un grupo que recibió una información explícita con otro grupo que no recibió ninguna instrucción explícita sobre estos actos de habla. El análisis mostró que ambos grupos mejoraron durante la estancia en el extranjero y que al final del estudio no hubo una diferencia significativa entre los dos grupos. De esta forma, se puede concluir que en este caso la oportunidad de vivir en el extranjero es suficiente para desarrollar la competencia en ambos actos de habla. Un análisis detallado de las peticiones y las disculpas en español (Shively & Cohen, 2008) mostró que los aprendices modificaron sus estrategias pero continuaban con algunas tendencias no nativas aun después de pasar un semestre en el extranjero. Por ejemplo, mostraron el uso de estrategias según las cuales el núcleo del acto de habla y los elementos de apoyo eran diferentes de los empleados por los hablantes nativos en las mismas situaciones. Es decir, los nativos empleaban frases del tipo *¿Me **podría** dar una prórroga?* en la cual se observa una estrategia preparatoria

Cuadro 9.1 Estrategias directas e indirectas codificadas por Bataller (2010).

Estrategias directas	Estrategias indirectas
Derivado por el modo (Imperativo) *Dame el boli*	Pregunta de capacidad *¿Me podrías pasar el boli?*
Frase elíptica *El boli*	Pregunta de disposición *¿Te importaría pasarme el boli?*
Performativo explícito *Quiero que me des el boli*	Pregunta de permiso *¿Puedo tener el boli?*
Declaración de obligación *Tienes que darme el boli*	Pregunta de posibildad *¿Es posible tener ese boli?*
Declaración de deseo o necesidad *Quiero el boli*	Pista *Es que no tengo con que escribir*
Frase interrogativa simple *¿Me das el boli?*	

para hacer una pregunta junto con el verbo (i.e., *podría*) indicando una estrategia mitigadora mediante el uso del condicional o el imperfecto del subjuntivo. En contraste, los aprendices empleaban la misma estrategia, pero sin la estrategia de mitigación lo cual se evidencia en el uso del verbo en presente de indicativo (p. ej., **Puedo** *tener una prórroga?*). Otro estudio sobre la adquisición de las estrategias relacionadas con las peticiones en escenarios de encuentros de servicio es la investigación de Bataller (2010). Los participantes en el estudio eran 39 angloparlantes que cursaban clases de español durante 4 meses en Valencia, España que no habían estado en una región hispanohablante anteriormente y 32 hablantes nativos del español valenciano. Todos participaron en dos actividades en las que tenían que simular una situación. En el primer escenario, el participante tuvo que pedir una bebida en una cafetería y en el segundo escenario el informante tenía que cambiar unos zapatos que no le servían en una tienda sin que éste tuviera el recibo de compra. En la segunda tarea, la imposición juega un papel más importante y como consecuencia se esperaría el empleo de más estrategias de cortesía. El análisis dividió las estrategias entre directas e indirectas y bajo estas categorías se documentaron estrategias distintas. El **cuadro 9.1** ejemplifica esta codificación y provee algunos ejemplos de estas clasificaciones.

Los resultados del estudio de Bataller (2010) mostraron algunos cambios importantes en las estrategias empleadas por los aprendices. Por ejemplo, los aprendices aumentaron en el uso de las estrategias directas, de 61 por ciento a 87 por ciento del total de las estrategias producidas y bajaron en el uso de las estrategias indirectas, de un 35 por ciento de las peticiones producidas a un 6 por ciento. Sin embargo, los aprendices no mostraron la adquisición de la estrategia directa nativa de usar una interrogativa simple (p. ej., *¿Me pones un café?*). De esta forma, aun después de pasar un semestre en el extranjero mostraron diferencias importantes en relación con los nativos. Bataller notó que muchos de los participantes no pasaron mucho tiempo compartiendo con hablantes nativos y esta observación indica la importancia no solo de pasar tiempo en el extranjero sino de las tendencias típicas de interacción de los individuos en este tipo de contexto.

La pragmática no se limita al estudio de los actos de habla. Shively (2013) nos ofrece un ejemplo acerca del estudio del desarrollo de la capacidad de expresar el humor durante el período de estancia en el extranjero. Shively condujo un **estudio de caso**, es decir enfocado en un solo individuo, de tipo longitudinal. Analizó 3,5 horas de grabaciones de conversaciones naturales entre un estudiante y su familia anfitriona, así como entre el estudiante y una amiga nativo hablante que cursaba estudios en el mismo programa. En cada situación de humor que fue intentada, hubo 72 ejemplos exitosos y 13 en donde hubo un fracaso en el sentido de que el oyente no consideró el turno conversacional como gracioso. Los casos de humor eran de varios tipos (p. ej., bromear acerca de alguien ausente vs. juego de palabras) y servían funciones distintas (p. ej., entretener al interlocutor vs. rechazar un cumplido). Por lo general, el aprendiz mostró haber desarrollado las estrategias necesarias para indicar humor y a la vez una disminución de los fracasos en la expresión de humor con el paso del tiempo en el extranjero. La autora nota que esta progresión refleja el desarrollo de nuevos recursos lingüísticos pero también demuestra la fortaleza del papel de las amistades en relación con el uso de ciertas estrategias que resultan exitosas en la interacción constante entre los mismos hablantes.

Aunque han sido menos numerosos los estudios relacionados con la adquisición de la pragmática en comparación con los estudios de la fonética y de la morfosintaxis, podemos apreciar que este tipo de investigación nos ofrece información importante sobre el desarrollo del interlenguaje durante el período en que un estudiante completa un programa de estudio en el extranjero. Si recordamos la idea general y universal según la cual la entrada es el ingrediente central para la adquisición de una lengua adicional, podemos caracterizar la entrada en el extranjero como más abundante y variada por la inclusión de información contextual y social que a veces está ausente en el salón de clase. Por esta diferencia clave es fácil entender que los cambios que muestran los aprendices en la capacidad de comprender y producir el lenguaje en un contexto natural y auténtico se corresponden con las oportunidades de interactuar con hablantes nativos en situaciones y ambientes mucho más variados en el extranjero.

Factores adicionales

Recordemos por un momento las preguntas empíricas originales que nos planteábamos al inicio del capítulo (i.e., describir cómo se forma el interlenguaje y la progresión del proceso de desarrollo del interlenguaje). Es evidente por lo que hemos repasado en este capítulo que hay muchos ejemplos de elementos particulares de la gramática que se han estudiado. Se ha documentado que cada estructura gramatical presenta sus propias particularidades en cuanto al desarrollo y que algunas de ellas se ven más influidas por el contexto de aprendizaje según el lugar y el período de estancia en el extranjero en comparación con otras. Sin embargo, a pesar de la estructura particular que se estudie, hay ciertos factores pertinentes al aprendiz mismo que tienen un efecto en el desarrollo durante el estudio en el extranjero. Estos factores pueden estar relacionados con características inherentes del aprendiz mismo (p. ej., el sexo biológico), factores que dependen del comportamiento del aprendiz (p. ej., las horas de interacción con hablantes nativos), o factores que dependen del programa de estudio o del contexto del estudio mismo (p. ej., la oportunidad de vivir con una familiar anfitriona). En este capítulo ya hemos descrito ejemplos relacionados con la influencia de la instrucción explícita y de la motivación. Por ejemplo, Lord (2010) encontró un efecto positivo de la instrucción en el caso de la producción de /b d g/ en posición intervocálica e Isabelli (2007) y Cheng y Mojica-Díaz (2006) mostraron un efecto positivo de la instrucción en el desarrollo del subjuntivo. No obstante, la investigación de Cohen y Shively (2007) reveló que hubo menos efecto de la instrucción en el desarrollo de las peticiones y de las disculpas. Por otro lado, el estudio de Hernández (2010) presenta resultados en los que la motivación integrativa se asociaba con más horas de interacción con los hablantes nativos y mejoras de competencia en comparación con la motivación instrumental. En esta sección exploraremos algunos factores adicionales que no estudiamos anteriormente.

Un estudio que examina aspectos relacionados a las características del individuo es la investigación de Isabelli-García (2010). Esta autora analizó el desarrollo de la adquisición del género gramatical y de la concordancia entre los sustantivos y los adjetivos atributivos (p. ej., *hermana alta*) así como la concordancia que se observa en los adjetivos en función de atributo (p. ej., *ella es alta*). Los participantes eran dos grupos de angloparlantes que participaron en entrevistas orales estructuradas. Un grupo estudió en programa regular de español como segunda lengua en los Estados Unidos y el otro grupo participó en un programa de estudios en el extranjero de 4 meses en España. Adicionalmente, a la medida de precisión con respecto a la concordancia, Isabelli-García midió el nivel de ansiedad y las actitudes hacia la experiencia en el extranjero mediante el uso de cuestionario que contenía personales sobre este tema. Los resultados del análisis mostraron la importancia de distinguir entre aspectos distintos de la adquisición del género gramatical porque hubo diferencias según las características distintas de los sustantivos (p. ej., los que marcan el género explícitamente como en el caso del *libro* o la *novela* vs. los que no como en el caso de *lápiz*) a pesar de que no hubo diferencias significativas entre ambos grupos. La investigadora tampoco encontró una relación entre la ansiedad y la precisión. Sin embargo, los resultados indicaron que los que participaron en el programa en el extranjero disminuyeron en cuanto al nivel de ansiedad que manifestaron. Si comparamos estos resultados con los del subjuntivo o con los de los pronombres de objeto, los cuales parecen adquirirse de manera más tardía, se podría proponer que las diferencias entre los individuos se verían más claramente con esta u otra estructura gramatical con las mismas características en una investigación que analice estudiantes de niveles más bajos o principiantes.

Con el propósito de extender un poco más nuestra discusión sobre otros factores adicionales, examinaremos el estudio de Marqués-Pascual (2011) quien investigó el uso del sujeto nulo entre aprendices del español como segunda lengua en dos contextos de aprendizaje: un salón de clase tradicional y durante una estancia en el extranjero en Querétaro, México. Los aprendices en ambos contextos se dividieron en dos niveles de competencia lingüística. La muestra del estudio se basa en un análisis de las narraciones orales producidas por 40 aprendices y un grupo de 10 hablantes nativos de México que constituyeron el grupo control de la investigación. Los aspectos lingüísticos que se tomaron en cuenta en el análisis incluyen los casos de inversión del orden sujeto-verbo (p. ej., *come Juan a las diez*) con todos los verbos y particularmente con verbos inacusativos (p. ej., *Juan llegó*). La comparación entre el grupo que estudió en el extranjero y el grupo que estudió en el contexto tradicional mostró que todos mejoraron y que no hubo una diferencia significativa. Además, los resultados indicaron que hubo beneficios para ambos niveles de competencia (intermedio y avanzado). Sin embargo, el análisis reveló que la propiedad de la inversión sujeto-verbo, especialmente en el caso de los verbos inacusativos, se usó con mayor frecuencia entre los aprendices avanzados que estudiaron en el extranjero. Es decir que en el caso de las estructuras cuyo uso se asocia con cambios de significados sutiles (p. ej., *Juan llegó* vs. *Llegó Juan*), la oportunidad de estudiar en el extranjero junto con un nivel avanzado de competencia lingüística contribuye de manera fundamental en el proceso de la adquisición. Esto implica dos aspectos, el estudio en el extranjero y el nivel de competencia del estudiante, como la combinación ideal para facilitar el proceso de adquisición de lenguas adicionales.

Los ejemplos que hemos estudiando sobre las diferencias a nivel individual hasta ahora o son observables o pueden medirse mediante el uso de cuestionarios que piden información explícita sobre las preferencias y tendencias que describen la interacción de los aprendices con la lengua meta. Sin embargo, recordemos que hay propiedades inherentes que no se pueden observar directamente ni medir usando la autoevaluación. Se han hecho pocos estudios en los que se emplee herramientas psicolingüísticas para determinar aspectos de la cognición de los hablantes de lenguas adicionales. No obstante, un estudio reciente que ilustra cómo se puede realizar una investigación de este tipo es el que presentan Grey, Cox, Serafini y Sanz (2015). Estos autores diseñaron un estudio con la meta de entender mejor la relación entre la precisión gramatical y el desarrollo léxico por un lado y los indicadores de la rapidez del procesamiento por el otro. En cuanto al procesamiento, usaron tareas que medían la función de **la memoria activa** (i.e., la memoria a corto plazo que se usa para recuperar y/o recordar información de manera rápida) y la función de la memoria activa fonológica (i.e., que se usa para analizar y procesar sonidos relevantes al lenguaje humano). Específicamente, los investigadoras querían ver si los aprendices mejoraban en cuanto a la precisión gramatical y el desarrollo léxico durante un programa corto (de 5 semanas) de carácter intensivo en Barcelona y si el grado de la mejora que se encontró se relacionaba con la rapidez del procesamiento inherente del aprendiz. Los resultados de la investigación revelaron que los aprendices mejoraron, a pesar de haber participado en un programa relativamente corto. Como muchos de los estudios que ya hemos repasado en este capítulo, se demuestra que el desarrollo depende de la estructura gramatical estudiada. A pesar de que se evidencia en las investigaciones anteriores que no hubo cambios en cuanto al género gramatical por ejemplo, sí se han observado mejoras significativas con relación al orden de palabras y a la concordancia de número. Los hallazgos en cuanto a la tarea de decisión léxica del estudio de Grey et al. indicaron que los participantes respondieron empleando menos tiempo que al inicio del programa de estudio en el extranjero. En general, las diferencias en la capacidad de procesamiento según el individuo no mostraron relacionarse con el desarrollo. Es decir, los aprendices mejoraron a pesar de su capacidad inherente de procesamiento. Sin embargo, sí se encontró una relación significativa entre la capacidad de la memoria activa fonológica en la primera lengua (el inglés) y el tiempo de respuesta en la tarea de juicio gramatical. Como este estudio es uno de los primeros ejemplos que conecta la adquisición del español en un contexto de estudio en el extranjero con el procesamiento cognoscitivo, se evidencia la necesidad de seguir esta línea de investigación y además se revela la complejidad de las relaciones que se establecen entre la cognición y la adquisición.

Enfoque en la investigación: La influencia de la instrucción explícita en la adquisición de la pragmática

Shively (2011) examina los datos que provienen de las grabaciones de encuentros de servicio y las entradas de diarios personales de siete aprendices estadounidenses que participaron en un programa de estudios en el extranjero durante un semestre en Toledo, España. El estudio con un diseño longitudinal incluyó una intervención pedagógica que consistió en instrucción explícita sobre dos tipos de acto de habla, la disculpa y la petición. Mediante la comparación de los datos recolectados en tres períodos diferentes durante la estadía, se observó que los estudiantes a lo largo del semestre mejoraron en cuanto a la manera de iniciar la conversación y las formas empleadas durante las peticiones en los encuentros de servicio. Algunos, por ejemplo, aprendieron de una manera implícita que las preguntas *¿cómo estás?* o *¿qué tal?* no se consideran apropiadas en los encuentros de servicio en España donde se suele esperar un marco menos personal al inicio de la transacción (p. ej., *hola* o una pregunta directa). Igualmente, los aprendices lograron cambiar el uso inapropiado con la orientación hacia el hablante en las formas de la petición (p. ej., *¿puedo tener…?*) por un uso con la orientación hacia el oyente lo cual es más normativo entre los españoles (p. ej., *ponme* o *¿me puedes poner…?*). Se observaron también diferencias individuales en el desarrollo de las peticiones a lo largo del estudio. Por ejemplo, sólo dos estudiantes incorporaron peticiones elípticas (p. ej., *un café con leche*) a finales de la estancia en el extranjero e incluso una de esas dos estudiantes indicó de manera explícita que había aprendido a hacer este tipo de petición.

 Aplicación 9.G: www.wiley.com/go/diaz-campos

Resumen

El repaso de la literatura que hemos hecho nos permite concluir que de acuerdo con la mayor parte de las perspectivas teóricas, la entrada es el ingrediente central en la adquisición de segundas lenguas. El estudio en el extranjero presenta al aprendiz (y a los investigadores) un contexto de adquisición en el cual la entrada es más diversa, más abundante y accesible en comparación con el contexto tradicional que representa el salón de clase donde la lengua meta no es la lengua principal de la comunidad. A pesar de estas diferencias en cuanto a la entrada, la meta teórica principal sigue siendo la descripción del sistema interno lingüístico del aprendiz y de los mecanismos y los cambios involucrados en el proceso de desarrollo de este interlenguaje en todas las etapas de la adquisición. A lo largo del capítulo hemos visto que el análisis lingüístico (y sociolingüístico) sirve para expandir nuestro conocimiento del interlenguaje y de su desarrollo en el contexto de los programas de estudio en el extranjero. Para muchos, la cuestión del beneficio —o la falta del mismo— de la experiencia en el extranjero es el punto de partida para el estudio de la adquisición en estos contextos. De hecho, hay muchos estudios que optan por medir las habilidades globales y su mejoramiento después de una estancia en el extranjero (p. ej., Cubillos, Chieffo, & Fan, 2008; Llanes & Muñoz, 2009; Segalowitz et al., 2004). Sin embargo, hemos visto que nuestro enfoque en el análisis lingüístico nos permite no sólo medir los cambios en el interlenguaje durante y después de estudiar en el extranjero sino que también nos permite relacionar los resultados con las preguntas teóricas y empíricas más generales. De esta forma, mediante el empleo de las herramientas de análisis comunes a todos los campos de la lingüística, el estudio de la adquisición en un contexto particular puede contribuir en la interpretación de las investigaciones en las que se analiza los datos de aprendices en otros contextos u otros hablantes del español, incluso los hablantes nativos.

La aplicación de las herramientas del análisis lingüístico al estudio de la adquisición del español como lengua adicional durante un período de estudio en el extranjero nos ofrece información útil que contribuye a nuestro entendimiento en diferentes áreas de la lingüística, la influencia del contexto de aprendizaje así como de las diferencias individuales que caracterizan a los aprendices. Por ejemplo, en cuanto al desarrollo de sistemas de sonidos pudimos apreciar que no todos los fonos se desarrollan con la misma rapidez y que no todos los participantes se benefician de la misma forma del estudio en el extranjero. Este mismo resultado se aprecia en el caso de la morfosintaxis, donde las estructuras varían en cuanto a la rapidez de adquisición. Por ejemplo, el mismo contraste (p. ej., el modo indicativo vs. el subjuntivo) no se desarrolla igualmente en todos los contextos de uso. Estudiamos que la percepción de las variantes asociadas con una norma regional mejora con la exposición, a pesar de la región de estudio, pero la producción de estas variantes puede depender de muchos factores y su adquisición no ocurre de manera automática. Por ejemplo, la producción del segmento fricativo interdental sordo [θ] no es muy frecuente. Sin embargo, la adquisición del leísmo durante una estancia en el centro norte de España es más evidente entre los aprendices. Los factores internos al aprendiz, la identidad, la ansiedad, la motivación y la función de la memoria activa, para mencionar algunos ejemplos, muestran una influencia pero solamente en algunos contextos de uso para algunos aprendices y en la adquisición de algunas estructuras gramaticales. Finalmente, se presentaron ejemplos de investigaciones en áreas tales como la fonética, la morfosintaxis y la pragmática en los cuales se documentan hallazgos que varían en cuanto al papel de la instrucción explícita debido a que esta variable interacciona con la estructura gramatical, el nivel de los aprendices y el tipo de instrucción, entre otros factores. A pesar de esta complejidad y de los beneficios variados del estudio en el extranjero, se puede afirmar que este tipo de experiencias constituye una parte importante de la adquisición de la competencia comunicativa y que presenta un caso especial de adquisición que merece más atención de los investigadores en el futuro.

Lista de términos útiles (en orden de aparición)

Estudio en el extranjero
Logro final
Muestra transversal
Estudio longitudinal
Análisis de errores
Análisis según la forma
Análisis de función
Análisis basado en el uso
Análisis de la frecuencia del uso
Análisis de los predictores del uso
Medidas psicolingüísticas
Tipo de tarea
Medidas acústicas
Redes sociales
Características del individuo
Perfil de contacto lingüístico
Motivación integrativa
Motivación instrumental
Entonación
Frase declarativa
Frase interrogativa
Variabilidad geográfica
Variabilidad situacional
Segmento
Proceso fonológico
Elisión
Lateralización
Grafema
Distribución complementaria
Técnica imitativa
Etapas de desarrollo
Frecuencia léxica
Modo (verbal)
Intervención pedagógica
Perspectiva generativa
Sujeto nulo
Perspectiva variacionista
Sobreuso
Transferencia
Desarrollo en forma de u
Norma regional
Acto de habla
Cortesía
Competencia comunicativa

 Ejercicios de práctica: www.wiley.com/go/diaz-campos

Ejercicios de comprensión
Ejercicios de aplicación
Mini-proyecto

Para leer más

Geeslin, K. L., & Long, A. Y. (2014). The role of study abroad on the acquisition of sociolinguistic competence. En K. L. Geeslin & A. Y. Long (Eds.), *Sociolinguistics and second language acquisition: Learning to use language in context* (pp. 200–226). New York: Routledge.

Lafford, B. A. (2006). The effects of study abroad vs. classroom contexts on Spanish SLA: Old assumptions, new insights and future research directions. En C. A. Klee & T. L. Face (Eds.), *Selected proceedings of the 7th Conference on the Acquisition of Spanish and Portuguese as First and Second Languages* (pp. 1–25). Somerville, MA: Cascadilla Proceedings Project.

Lafford, B. A., & Ryan, J. M. (1995). The acquisition of lexical meaning in a study abroad context: The Spanish prepositions por and para. *Hispania*, *78*(3) 528–547.

Salgado-Robles, F. (2010). ¿Había muchas personas o habían muchas personas? Aquí siempre escucho habían: Adquisición de la variación sociolingüística por aprendientes de español en un contexto de inmersión de estudios en el extranjero. *Interlingüística*, *21*, 110–133.

Shively, R. L. (2013). Out-of-class interaction during study abroad: Service encounters in Spain. *Spanish in Context*, *10*(1), 53–91.

Referencias

Bataller, R. (2010). Making a request for a service in Spanish: Pragmatic development in the study abroad setting. *Foreign Language Annals*, *43*(1), 160–175.

Bialystok, E. (1978). A theoretical model of second language learning. *Language Learning*, *28*(1), 69–83.

Bongiovanni, S., Long, A. Y., Solon, M., & Willis, E. W. (2015). The effect of short-term study abroad on second language Spanish phonetic development. *Studies in Hispanic and Lusophone Linguistics*, *8*(2), 243–283.

Cheng, A. C., & Mojica-Díaz, C. C. (2006). The effects of formal instruction and study abroad on improving proficiency: The case of the Spanish subjunctive. *Applied Language Learning*, *16*(1), 17–36.

Cohen, A. D., & Shively, R. L. (2007). Acquisition of requests and apologies in Spanish and French: Impact of study abroad and strategy-building intervention. *Modern Language Journal*, *91*(2), 189–212.

Collentine, J. (1997). The effects of irregular stems on the detection of verbs in the subjunctive. *Spanish Applied Linguistics*, *1*, 3–23.

Collentine, J. (2004). The effects of learning contexts on morphosyntactic and lexical development. *Studies in Second Language Acquisition*, *26*(2), 227–248.

Cubillos, J. H., Chieffo, L., & Fan, C. (2008). The impact of short-term study abroad programs on L2 listening comprehension skills. *Foreign Language Annals*, *41*(1), 157–186.

Díaz-Campos, M. (2004). Context of learning in the acquisition of Spanish second language phonology. *Studies in Second Language Acquisition*, *26*(2), 249–273.

Díaz Campos, M. (2006). The effect of style in second language phonology: An analysis of segmental acquisition in study abroad and regular-classroom students. En C. A. Klee y T. L. Face (Eds.), *Selected proceedings of the 7th Conference on the Acquisition of Spanish and Portuguese as first and second languages* (pp. 27–39). Somerville, MA: Cascadilla Proceedings Project.

Díaz-Campos, M., & Lazar, N. (2003). Acoustic analysis of voiceless initial stops in the speech of study abroad and regular class students: Context of learning as a variable in Spanish second language acquisition. En P. Kempchinsky & C. E. Piñeros (Eds.), *Theory, practice, and acquisition: Papers from the 6th Hispanic Linguistics Symposium and the 5th Conference on the Acquisition of Spanish and Portuguese* (pp. 352–370). Somerville, MA: Cascadilla Press.

Freed, B. F., Dewey, D. P., Segalowitz, N., & Halter, R. (2004). The language contact profile. *Studies in Second Language Acquisition*, *26*(2), 349–356.

Geeslin, K. L., García-Amaya, L., Hasler-Barker, M., Henriksen, N., & Killam, J. (2010). The SLA of direct object pronouns in a study abroad immersion environment where use is variable. En C. Borgonovo et al. (Eds.), *Selected proceedings of the 12th Hispanic Linguistics Symposium* (pp. 246–259). Somerville, MA: Cascadilla Proceedings Project.

Geeslin, K. L., García-Amaya, L., Hasler-Barker, M., Henriksen, N. C., & Killam, J. (2012). The L2 acquisition of variable perfective past time reference in Spanish in an overseas immersion setting. En K. L. Geeslin & M. Díaz-Campos (Eds.), *Selected proceedings of the 14th Hispanic Linguistics Symposium* (pp. 197–213). Somerville, MA: Cascadilla Proceedings Project.

Geeslin, K. L., & Gudmestad, A. (2008). The acquisition of variation in second-language Spanish: An agenda for integrating studies of the L2 sound system. *Journal of Applied Linguistics*, *5*(2), 137–157.

George, A. (2014). Study abroad in central Spain: The development of regional phonological features. *Foreign Language Annals*, *47*(1), 97–114.

Grey, S., Cox, J. G., Serafini, E. J., & Sanz, C. (2015). The role of individual differences in the study abroad context: Cognitive capacity and language development during short-term intensive language exposure. *Modern Language Journal*, *99*(1), 137–157.

Henriksen, N. C. (2009). Wh-question intonation in Peninsular Spanish: Multiple contours and the effect of task type. *Journal of Portuguese Linguistics*, *8*(1), 47–74.

Henriksen, N. C. (2010). *Question intonation in Manchego Peninsular Spanish* (Tesis de doctorado inédita). Indiana University, Bloomington, IN.

Henriksen, N. C., Geeslin, K. L., & Willis, E. W. (2010). The development of L2 Spanish intonation during a study abroad immersion program in León, Spain: Global contours and final boundary movements. *Studies in Hispanic and Lusophone Linguistics*, *3*(1), 113–162.

Hernández, T. A. (2010). The relationship among motivation, interaction, and the development of second language oral proficiency in a study-abroad context. *Modern Language Journal*, *94*(4), 600–617.

Ife, A., Vives-Boix, G., & Meara, P. (2000). The impact of study abroad on the vocabulary development of different proficiency groups. *Spanish Applied Linguistics*, *4*(1), 55–84.

Isabelli, C. A. (2004). Study abroad for advanced foreign language majors: Optimal duration for developing complex structures. En H. Byrnes & H. Maxim (Eds.), *Advanced foreign language learning: A challenge to college programs* (pp. 114–130). Canada: Heinle.

Isabelli, C. A. (2007). Development of the Spanish subjunctive by advanced learners: Study abroad followed by at-home instruction. *Foreign Language Annals*, *40*(2), 330–341.

Isabelli, C. A., & Nishida, C. (2005). Development of the Spanish subjunctive in a nine-month study-abroad setting. En D. Eddington (Eds.), *Selected proceedings of the 6th Conference on the Acquisition of Spanish and Portuguese as First and Second Languages* (pp. 78–91). Somerville, MA: Cascadilla Proceedings Project.

Isabelli-García, C. (2006). Study abroad social networks, motivation and attitudes: Implications for second language acquisition. En M. A. DuFon & E. Churchill (Eds.), *Language learners in study abroad contexts* (pp. 231–258). Clevedon: Multilingual Matters.

Isabelli-García, C. (2010). Acquisition of Spanish gender agreement in two learning contexts: Study abroad and at home. *Foreign Language Annals*, *43*(2), 289–303.

Kanwit, M., Geeslin, K. L., & Fafulas, S. (2015). Study abroad and the SLA of variable structures: A look at the present perfect, the copula contrast, and the present progressive in Mexico and Spain. *Probus*, *27*(2), 307–348.

Kanwit, M., & Solon, M. (2013). Acquiring variation in future-time expression abroad in Valencia, Spain and Mérida, Mexico. En J. Cabrelli Amaro et al. (Eds.), *Selected proceedings of the 16th Hispanic Linguistics Symposium* (pp. 222–237). Somerville, MA: Cascadilla Proceedings Project.

Knouse, S. M. (2012). The acquisition of dialectal phonemes in a study abroad context: The case of the Castilian theta. *Foreign Language Annals, 45*(4), 512–542.

Linford, B. G. (2016). *The second-language development of dialect-specific morpho-syntactic variation in Spanish during study abroad* (Tesis de doctorado inédita). Indiana University, Bloomington, IN.

Llanes, A., & Muñoz, C. (2009). A short stay abroad: Does it make a difference? *System, 37*(3), 353–365.

Lord, G. (2010). The combined effects of immersion and instruction on second language pronunciation. *Foreign Language Annals, 43*(3), 488–503.

Marqués-Pascual, L. (2011). Study abroad, previous language experience, and Spanish L2 development. *Foreign Language Annals, 44*(3), 565–582.

Prieto, P., & Roseano, P. (2009–2013). *Atlas interactivo de la entonación del español.* Disponible en http://prosodia.upf.edu/atlasentonacion/ (consultado el 7 de junio de 2017).

Quesada, M. (2015). *The L2 acquisition of Spanish subjects: Multiple perspectives.* Berlin: Mouton Gruyter.

Ringer-Hilfinger, K. (2012). Learner acquisition of dialect variation in a study abroad context: The case of the Spanish [θ]. *Foreign Language Annals, 45*(3), 430–446.

Rothman, J., & Iverson, M. (2007). On parameter clustering and resetting the null-subject parameter in L2 Spanish: Implications and observations. *Hispania, 90*(2), 328–341.

Rothman, I., & VanPatten, B. (2013). On multiplicity and mutual exclusivity. En M. del Pilar García Mayo, M. J. Gutiérrez Mangado, & M. Martínez Adrian (Eds.), *Contemporary approaches to second language acquisition* (pp. 243–256). Amsterdam: Benjamins.

Ryan, J. M., & Lafford, B. A. (1992). Acquisition of lexical meaning in a study abroad environment: Ser and estar and the Granada experience. *Hispania, 75*(3), 714–722.

Salgado-Robles, F. (2011). *The acquisition of sociolinguistic variation by learners of Spanish in a study abroad context* (Tesis de doctorado inédita). University of Florida.

Schmidt, L. (2009). The effect of dialect familiarity via a study abroad experience on L2 comprehension of Spanish. En J. Collentine et al. (Eds.), *Selected proceedings of the 11th Hispanic Linguistics Symposium* (pp. 143–154). Somerville, MA: Cascadilla Proceedings Project.

Schmidt, L. B. (2011). *Acquisition of dialectal variation in a second language: L2 perception of aspiration of Spanish /s/* (Tesis de doctorado inédita). Indiana University.

Segalowitz, N., Freed, B., Collentine, J., Lafford, B., Lazar, N., & Díaz-Campos, M. (2004). A comparison of Spanish second language acquisition in two different learning contexts: Study abroad and the domestic classroom. *Frontiers: The Interdisciplinary Journal of Study Abroad, 10*, 1–18.

Seliger, H. W. (1977). Does practice make perfect? A study of interaction patterns and l2 competence. *Language Learning, 27*(2), 263–278.

Shively, R. L. (2011). L2 pragmatic development in study abroad: A longitudinal study of Spanish service encounters. *Journal of Pragmatics, 43*(6), 1818–1835.

Shively, R. L. (2013). Learning to be funny in Spanish during study abroad: L2 humor development. *Modern Language Journal, 97*(4), 930–946.

Shively, R. L., & Cohen, A. D. (2008). Development of Spanish requests and apologies during study abroad. *Íkala, Revista de Lenguaje y Cultura, 13*(20), 57–118.

VanPatten, B. (1987). Classroom learners' acquisition of ser and estar: Accounting for developmental patterns. En B. VanPatten, T. Dvorak, & J. Lee (Eds.), *Foreign language learning: A research perspective* (pp. 61–75). Cambridge, MA: Newbury House.

Zampini, M. L. (1994). The role of native language transfer and task formality in the acquisition of Spanish spirantization. *Hispania, 77*(3), 470–481.

Zyzik, E. (2006). Transitivity alternations and sequence learning: Insights from L2 Spanish production data. *Studies in Second Language Acquisition, 28*(3), 449–485.

Glosario

Término: definición [capítulo(s) en el que aparece]

Abstracción: conceptos o elementos que no son tangibles (no se pueden ver ni tocar) [1]

Acción de las cuerdas vocales: distinción articulatoria que depende de la vibración o la falta de vibración de las cuerdas vocales [3, 6]

Acción de los labios: rasgo que caracteriza las vocales como redondeadas (i.e., [u, o] o no redondeadas (i.e., [i, e, a]) [3]

Acento léxico: distinción en el grado de energía que se emplea en la producción de una sílaba. Esa energía, fonéticamente, se refleja en un mayor volumen que ayuda a distinguir entre sílabas tónicas versus átonas [3, 4]

Acento prosódico: énfasis que recibe en la pronunciación la sílaba tónica [3]

Acortamientos: creación de una versión corta de una palabra más larga para emplearla en contextos generalmente informales [5]

Acto de habla: unidad básica de análisis que se produce para alcanzar una meta comunicativa [8]

Acto locutivo: acción de expresar un enunciado [8]

Adaptación funcional: procesos de simplificación, regularización y la preferencia por las formas no marcadas en las variedades de contacto [6]

Adjetivos: palabras que sirven para modificar a los sustantivos [5]

Adjuntos: proyecciones no obligatorias, elementos adicionales que se pueden añadir al verbo [5]

Adverbios: categoría gramatical generalmente asociada con el verbo al cual modifica y sobre el cual provee información relacionada con el tiempo, el modo, o el lugar en el que se desarrolla un evento o situación [5]

Afijos: tipo de morfema que aparece antes o después sin que se haga la distinción entre prefijo o sufijo [5]

Africados: sonidos que combinan un período de oclusión seguido por un período de fricción en donde hay un cierre total del paso del aire y luego una soltura retardada que resulta en la cualidad de turbulencia del período de la fricción [3]

Alófonos: las distintas pronunciaciones de un mismo sonido que pueden variar según el contexto [4]

Alomorfos: manifestación de un morfema, por ejemplo, el morfema de plural tiene dos realizaciones -s, como en la palabra *perros,* y -es como en la palabra *paredes* [5]

Alternancia de códigos: consiste en el uso de dos lenguas o más en un mismo acto de habla [6]

Altura de la lengua: rasgo que caracteriza a las vocales según la altura de la lengua en altas [i, u], medias [e, o] y bajas [a] [3]

Introducción y aplicaciones contextualizadas a la lingüística hispánica, First Edition. Manuel Díaz-Campos, Kimberly L. Geeslin, and Laura Gurzynski-Weiss.

Ámbito fuente: ámbito que generalmente es más concreto y basado en la experiencia corporal [7]

Ámbito meta: ámbito abstracto y no necesariamente basado en la experiencia corporal [7]

Amenaza a la imagen: situaciones en las que se puede afectar la imagen positiva o negativa del hablante y de los otros interlocutores [8]

Análisis basado en el uso: se investiga cómo y cuándo se usan ciertas unidades lingüísticas sin preocuparnos por las reglas formales que nos dicen como "se deben usar" dichas unidades [9]

Análisis contrastivo: método de enseñanza en el que la preparación de materiales pedagógicos se basa en una comparación directa entre la primera y la segunda lengua [2]

Análisis de errores: estudio de los errores para buscar patrones comunes entre lenguas, contextos de aprendizaje, aprendices distintos, entre otros aspectos [2, 9]

Análisis de función: se identifican todos los casos en que un hablante emplea unidades lingüísticas en una cierta función y se determina la precisión de uso en estos contextos [9]

Análisis de los factores que predicen el uso: evalúa los factores lingüísticos, sociales e individuales entre otros para identificar cuáles son más relevantes en la descripción y la predicción del uso de una forma [2]

Análisis según la forma: se identifican todos los usos de una forma y se evalúa la precisión de estos usos [2, 9]

Anteriores: sonidos que se producen antes de la región palato-alveolar [3, 4]

Antonimia: indica una relación entre términos opuestos [7]

Antonimia gradual: palabras que indican los extremos de un ámbito que se puede considerar gradual (p. ej., *malo* y *bueno*; *caliente* y *frío*) [7]

Aparato fonador: está compuesto por los pulmones, la laringe (donde se encuentran las cuerdas vocales), la faringe, la cavidad oral y la cavidad nasal [3]

Apertura vocálica: cambio en la cualidad de las vocales que ocasiona la existencia de variantes que se producen con diferentes alturas tras la elisión de una /s/ final de palabra en comparación con los contextos donde no hay una /s/ [6]

Apódosis: oración principal de las cláusulas condicionales y concesivas [6]

Aproximantes: sonidos en los que los órganos de la articulación no entran en contacto y la apertura de ellos resulta mayor que en cualquier otra clase [3]

Arbitrariedad: falta de relación lógica entre los sonidos que forman las palabras y los conceptos que asociamos con éstas [1]

Argumentos: elementos obligatorios para que una oración tenga sentido completo [5]

Artículos: tipo de palabra que suele preceder al sustantivo y que lo determina de manera que se haga referencia a una entidad particular en cierto discurso [5]

Ascenso vocálico: fenómeno que consiste en un cambio en cuanto a la altura o cierre en la producción de las vocales [e] y [o] [6]

Asibilación: producción de la /r/ vibrante múltiple y de /ɾ/ final de sílaba con cualidades parecidas a las de los sonidos sibilantes [6]

Asimilación de sonoridad: la /s/ se puede pronunciar como [z] cuando está seguida por una consonante sonora como en el caso de "*mismo*" ['miz-mo], pero en el resto de los contextos se pronuncia como [s] como en el ejemplo de la palabra "*caspa*" ['kas-pa] [4]

Aspecto: categoría no deíctica que hace referencia al principio, desarrollo, o culminación de una situación o evento [7]

Ataque: una unidad compuesta por los segmentos que aparecen al inicio de la sílaba [3]

Atenuación: proceso de suavizar o hacer menos directo un acto de habla [8]

Atributo: constituyente sintáctico que acompaña a los verbos *ser, estar* y *parecer* y señala una característica propia sobre el sujeto [5]

Campo semántico: distingue aquellas relaciones que se establecen entre palabras que manifiestan cierta afinidad [7]

Candidatos: término referido a las variantes de pronunciación de un fonema [4]

Canto: tipo de vocalización que se caracteriza por notas más largas y complejas [1]

Características del individuo: rasgos propios de una persona [9]

Castellano: el término castellano se emplea en el contexto de este libro para referirse a la variedad que se habla en el centro norte de España. Esta región incluye los territorios originarios en los que se formó la lengua española. Sin embargo, hay que destacar que el nombre de castellano se emplea en todo el mundo hispanohablante sin el significado especial que se le atribuye en este libro por razones de exposición pedagógica [6]

Categoría: en el trabajo de Rosch et al. (1976, p. 383) se refiere a un determinado número de objetos que se consideran equivalentes [7]

Causa: el rol que indica un evento o fuerza natural que ocasiona un cambio de estado [7]

Ceceo: existencia de un solo fonema /θ/ interdental, fricativo, sordo para pronunciar lo que en la ortografía representamos mediante las letras "s", "c" y "z" [6]

Cierre: mecanismo que se usa para concluir una conversación [8]

Clases de palabras: categorización de acuerdo con la estructura interna de la palabra, su distribución y su función [5]

Clases de palabras léxicas: elementos que representan categorizaciones que indican asociaciones léxico-semánticas que refieren a elementos de nuestro entorno, ya sean estos concretos o abstractos [5]

Clases naturales: sonidos que comparten por lo menos un rasgo en común ya sea su punto de articulación, su modo de articulación o su sonoridad [4]

Coarticulación: proceso mediante el cual se observa solapamiento de gestos articulatorios. Generalmente entre segmentos que se encuentran adyacentes [4, 6]

Coda: una unidad compuesta por los segmentos que aparecen al final de la sílaba [3]

Colocación: grupo de elementos que ocurren juntos y que podemos predecir con su uso convencional [1]

Complementariedad: relaciones en las que la presencia de un término es la negación absoluta del otro. Pares de palabras como *aprobar* y *reprobar*, *vivo* y *muerto* se caracterizan por establecer este tipo de relación que se identifica como de complementariedad. Se establece una oposición binaria en la que *aprobar* implica *no reprobar* y *reprobar* implica *no aprobar*. Lo mismo ocurre con *vivo* versus *muerto*. *Vivo* implica no estar *muerto* y *muerto* implica no estar *vivo* [7]

Complemento: son proyecciones del núcleo de un sintagma según su significado [5]

Complemento agente: rol sintáctico que semánticamente se refiere al agente de la acción y se introduce mediante la preposición *por* después de *ser + participio* y suele aparecer después del verbo [5]

Complemento circunstancial: ampliación del contenido verbal que nos indica el lugar, el momento, el modo, la causa, el destino, la finalidad, el instrumento, la cantidad y con quién se realiza una acción o evento [5]

Complemento de régimen preposicional: función sintáctica característica de ciertos verbos que requieren la presencia de un complemento introducido por una preposición [5]

Complemento directo: la definición tradicional de complemento directo señala que se trata del objeto que recibe la acción del verbo. Según Sedano (2011, p. 367), el complemento directo es "el constituyente sobre el que recae directamente la acción del verbo". En otros términos, se puede caracterizar al objeto directo como un elemento que forma parte del verbo mismo en lugar de constituir una ampliación del sentido del verbo [5]

Complemento indirecto: persona o entidad a la cual se dirige la acción verbal. Por ejemplo, *Luis envió un paquete <u>a Gibran</u>, María Luisa entregó el nuevo libro <u>a sus estudiantes</u>* [5]

Composición: combinación de dos o más palabras para formar una nueva unidad [5]

Compuestos propios: forman un grupo tónico único que se representan como una palabra ortográfica (es decir se trata de una sola palabra con su acento léxico) [5]

Compuestos sintácticos: son locuciones de tipo nominal como el caso de *café con leche, caballito de batalla, ojo del huracán, mal de ojo*, etc. [5]

Compuestos sintagmáticos: se forman mediante palabras que mantienen su independencia en cuanto al acento léxico y en cuanto a su representación ortográfica [5]

Comunicación: transmisión de un mensaje de un ser vivo a otro mediante el uso de un sistema común para compartir cualquier tipo de información [1]

Concordancia: tipo de relación gramatical que se establece entre palabras que forman parte de una misma unidad lingüística (p. ej., un sintagma o una oración) y que comparten morfemas flexivos del mismo tipo (p. ej., género, número, persona, etc.) [5]

Concordancia (Restricción fonológica): restricción universal que requiere que dos segmentos compartan rasgos, lo cual se satisface mediante la violación de las restricciones de identidad (i.e., fidelidad) entre la representación subyacente y la representación superficial [4]

Condición de adecuación: condiciones que se deben satisfacer para que sea exitoso un acto de habla [8]

Conductismo: teoría que argumenta que el aprendizaje lingüístico se origina del estímulo ambiental que reciben los individuos [1]

Conjunciones: son conectores que generalmente unen elementos que se pueden considerar gramaticalmente equivalentes [5]

Conocimiento implícito: son las intuiciones que forman parte de lo que sabe un hablante acerca de su lengua nativa [2]

Concordancia: tipo de relación gramatical que se establece entre palabras que forman parte de una misma unidad lingüística (p. ej., un sintagma o una oración) y que comparten morfemas flexivos del mismo tipo (p. ej., género, número, persona, etc.) [4, 5, 6]

Concordancia (Restricción fonológica): restricción universal que requiere que dos segmentos compartan rasgos que se satisface mediante la violación de las restricciones de identidad (i.e., fidelidad) entre la representación subyacente y la representación superficial [4]

Condición de adecuación: condiciones que se deben satisfacer para que sea exitoso un acto de habla [8]

Conductismo: teoría que argumenta que el aprendizaje humano se origina del estímulo ambiental que reciben los individuos [1]

Conjunciones: son conectores que generalmente unen elementos que se pueden considerar gramaticalmente equivalentes [5, 6]

Conocimiento implícito: intuiciones que los hablantes tienen acerca de una lengua [2]

Conservación: tendencia en las lenguas del mundo de mantener una forma si ésta ocurre con una alta frecuencia mientras las formas no frecuentes tienden a sufrir procesos de variación y cambio lingüístico, las estructuras morfosintácticas menos frecuentes se ven sujetas al cambio a partir de patrones más comunes que son de alta frecuencia [1, 4]

Constituyente: elementos que son susceptibles en relación con los procesos gramaticales de sustitución por pronombres, desplazamientos, respuestas a preguntas, entre otros (Bosque & Gutiérrez-Rexach, 2009, p. 117) [5]

Contacto de lenguas: se da cuando dos o más lenguas se hablan en ámbitos geográficos y socialmente cercanos, ya sea porque se trate de localidades vecinas o de procesos inmigratorios que generan la presencia de grupos que hablan lenguas diferentes en una nueva región [6]

Contenido: concepto que asociamos con cada forma [1]

Contexto: indica el entorno discursivo y lingüístico [7]

Contexto de aprendizaje: ambiente en el que se aprende una lengua, p. ej. formal e informal [2]

Contextualidad: lenguaje que se emplea en contextos sociales particulares en donde el mensaje lingüístico se construye y se interpreta según el contexto social en que se produzca [1]

Continuo: situación de carácter imperfectiva que no está determinada por la habitualidad y que perdura a lo largo de cierto tiempo sin ser habitual [7]

Convergencia conceptual: casos en que los hablantes bilingües muestran una tendencia a unificar la expresión de ideas en las dos lenguas en lugar de usar las formas comúnmente diferentes que suelen favorecer los hablantes monolingües [6]

Conversación: intercambio entre dos o más personas que se organiza en secuencias estructuradas de habla [8]

Copulativas: se caracterizan por tener como núcleo verbal los verbos *ser, estar* y *parecer* que sirven como enlace entre un sujeto y su predicado nominal o atributo [5]

Coronales: sonido que se producen mediante el movimiento ascendente (hacia arriba) del predorso de la lengua (incluyendo el ápice) [4]

Cortesía: práctica de manejar las relaciones sociales entre las personas para que todos se sientan cómodos con la interacción y que el hablante consiga lo que necesita mediante la interacción sin crear una relación negativa [8]

Cortesía negativa: uso de la cortesía para indicar la intención de limitar la imposición o lamentar la imposición [8]

Cortesía positiva: uso de elementos lingüísticos para indicar la solidaridad con el oyente [8]

Creatividad: oraciones originales y nuevas que todos los hablantes de la misma lengua pueden interpretar [1]

Defectivo: se refiere a verbos que no se pueden conjugar en todas las formas posibles y por eso es un modo que posee paradigmas incompletos [7]

Deíctico: punto de referencia que coincide generalmente con el momento y el lugar en que el hablante emite un enunciado [7]

Deixis: establece puntos de referencia temporal o espacial según la situación concreta del hablante [7]

Deixis espacial: marco de referencia que emplea el hablante el cual se basa en el contexto discursivo [7]

Deixis personal: términos que empleamos para establecer la relación que se da entre el hablante, el oyente y las personas o cosas a las que se hace referencia en la conversación [7]

Deixis temporal: categoría deíctica que se define de acuerdo con el momento del habla como punto de referencia [7]

Delimitación: relación entre el hablante y su definición del espacio bajo cuestión [7]

Demostrativos: hacen alusión a la distancia que existe entre el hablante y la entidad de la que hace referencia [5]

(De)queísmo: se refiere al uso de la preposición *de* con verbos que no la requieren o a su omisión cuando un verbo la requiere (p. ej., Pienso *de* que vs. Pienso que; Me enteré Ø que vs. Me enteré de que) [6]

Derivación: consiste en el empleo de morfemas léxicos, a veces llamados morfemas derivativos, que pueden añadir nuevos significados e inclusive cambiar la categoría de la palabra [5]

Desarrollo en forma de u: desarrollo que empieza con patrones parecidos al uso de los nativos y durante el proceso de la adquisición, disminuye la precisión, para luego equipararse con los niveles de precisión nativos nuevamente en etapas más tardías [9]

Deslateralización o yeísmo: consiste en la ausencia del fonema lateral, palatal, sonoro /ʎ/. En los dialectos con esta característica los grafemas "ll" y "y" se pronuncian con el mismo sonido [ʝ] fricativo, palatal, sonoro [6]

Deslizada: elemento marginal de un núcleo complejo [3]

Desplazamiento: facultad de poder hablar de eventos y relaciones del pasado y futuro, reales e hipotéticas [1]

Desplazamiento de la lengua: las vocales se clasifican como anteriores (i.e., [i, e]); centrales (i.e., [a]) y posteriores (i.e., [u, o]) [3]

Dialecto: variedades de una misma lengua que se asocian con una región particular [6]

Dictum: contenido propiamente dicho [7]

Dinámicos: actividad física que requiere el uso de energía por parte de quien realiza la actividad [7]

Diptongación: implica el ascenso de la vocal (p. ej., [e] > [i] como en *real* ([ˈrjal]) y, a la vez, su re-silabeo, de manera que la secuencia de dos sílabas en la palabra [re-ˈal] se convierte en una palabra de una sola sílaba [ˈrjal] [6]

Diptongos: secuencias de vocales contiguas que se silabean juntas [3]

Discurso: unidades del lenguaje de múltiples frases conectadas por un sólo tema [8]

Distancia social: grado de familiaridad entre los interlocutores y que depende también del grado de participación y/o asociación con un mismo grupo social [8]

Distinción: existencia en el inventario fonológico de dos fonemas: (1) un fonema /s/ ápico-alveolar, fricativo, sordo que se emplea para pronunciar lo que ortográficamente se representa a través de la letra "s" y un fonema /θ/ interdental, fricativo, sordo que en la ortografía se representa con las letras "c" y "z" [6]

Distribución complementaria: si los sonidos ocurren en contextos fonéticos diferentes, sin que haya coincidencia ninguna entre dichos contextos, se dice que los sonidos se encuentran en distribución complementaria [4, 9]

Distribuido: describe la amplitud de la zona de contacto y se produce con una constricción amplia en la misma dirección de la salida del aire [4]

Doble articulación: capacidad de dividir los signos lingüísticos en dos niveles según sus constituyentes (p. ej., Los morfemas de la forma verbal *cantábamos*, {cant} {-á-} {-ba-} {-mos} y sonidos /k/ /a/ /n/ /t/ /a/ /b/ /a/ /m/ /o/ /s/) [1, 7]

Duración (fonética): se relaciona con las vibraciones que forman parte del sonido y representa el tiempo desde que se inicia la vibración hasta su final [3]

Duración (aspectual): característica de aquellas situaciones que deben transcurrir o desarrollarse en un período de tiempo como en el caso de las actividades, las realizaciones y los estados [7]

Edad de adquisición: período de tiempo en el que se inicia el proceso de adquisición de una lengua [2]

Efecto perlocutivo: efecto que tiene el lenguaje en el oyente [8]

Ejemplar: las representaciones cognoscitivas de las categorías que se basan en instancias específicas con las cuales tenemos experiencia [7]

Elemento de apoyo: estos elementos son externos al acto mismo pero pueden modificar la fuerza del acto de habla [8]

Elisión: se refiere a la omisión de un sonido [6]

Enfoque en el uso: estudio del idioma mediante los patrones lingüísticos que emplean los hablantes [1]

Enlaces: conjunto de formas con conexiones entre sí [1]

Entidad: el objeto que se mueve [7]

Entonación: diferencias de frecuencia que se observan en la curva entonativa [4, 9]

Entrada: lenguaje al que el aprendiz está expuesto [1, 2]

Enunciado: unidad que no tiene una estructura lingüística fija; puede ser una sola palabra o tres o cuatro frases [7, 8]

Enunciados performativos: oraciones que cumplen una acción [8]

Español bozal: se refiere a la variedad de español hablada por los africanos obligados a trabajar como esclavos en América [6]

Especificadores: proyectores que cuantifican al núcleo y sus complementos [5]

Espectrograma: representación de la energía sonora que nos permite ver tres dimensiones: el eje vertical se corresponde con la frecuencia y la intensidad, el eje horizontal se corresponde con la duración [3]

Espirantización: pronunciación de los fonemas /b, d, g/ en contextos intervocálicos o cuando están precedidos de consonante no nasal y en el caso de la /d/ de consonante que no sea lateral (p. ej., "esdrújula" [ez-ˈðɾu-hu-la]) [4]

Estado inicial: condición en la que los niños empiezan el proceso de la adquisición de su lengua nativa [2]

Estereotipo lingüístico: ocurre cuando la comunidad puede asociar un rasgo lingüístico con las características sociales de sus miembros [6]

Estilo: se refiere a las características individuales que manifiesta un hablante de acuerdo con el interlocutor, el tema de conversación y el contexto [6]

Estrategias de aprendizaje: establecimiento de patrones entre estructuras gramaticales y sus usos [1]

Estructura prosódica: la palabra prosódica, los pies, la sílaba y el segmento [3]

Estructuras variables: estructuras en las que dos o más formas son posibles [2]

Estudio con una muestra transversal: estudio en el cual la muestra está compuesta por aprendices de distintos niveles para comparar a los principiantes con los de niveles más avanzados y para descubrir la misma información sobre el proceso de llegar a la forma correcta [2, 9]

Estudio de caso: análisis enfocado en un solo individuo, de tipo longitudinal [9]

Estudio longitudinal: investiga al mismo aprendiz o a un grupo de aprendices por más tiempo, mediante la obtención de datos varias veces con un espacio de tiempo entre cada medida con el propósito de comparar la producción o interpretación lingüística del mismo aprendiz a lo largo del tiempo [2, 9]

Etapas de desarrollo: pasos por los cuales los aprendices atraviesan en la adquisición de una segunda lengua [2, 9]

Etimológico: criterio que tiene que ver con el origen histórico de los lexemas [7]

Evaluación (EVAL): mecanismo que permite la selección de la variante óptima según el ordenamiento de las restricciones universales propuestas [4]

Expresión convencional: expresión que bajo ciertas condiciones se interpreta siempre como un acto de habla particular [8]

Factores extra-lingüísticos: características del hablante como el sexo, la edad y la clase social, así como también características del oyente, del lugar de la interacción, del tema de la conversación y muchos otros factores interpersonales y situacionales [1]

Factores lingüísticos: características del idioma como por ejemplo el tiempo verbal [1]

Filólogos: profesionales de la lingüística quienes estudian la historia de lengua a través de textos escritos, se valen de técnicas comparativas para reconstruir de manera hipotética los usos propios del latín vulgar [6]

Flexión: consiste en añadir morfemas que indican relaciones estructurales entre las palabras [5]

Fonemas: representación mental de los sonidos. Son las unidades funcionales mínimas que contribuyen a generar contrastes semánticos [3, 4]

Fonética: rama de la lingüística que se encarga del estudio de tres aspectos: la articulación, las características físicas (i.e., acústicas) y la percepción auditiva de los sonidos [3, 4]

Fonética acústica: disciplina que se encarga del estudio de las propiedades físicas de los sonidos del habla [3]

Fonología: rama de la lingüística que estudia la forma en la cual los individuos representan mentalmente los sonidos y cómo éstos se organizan en dicha representación mental [4]

Forma: cualquier elemento del sistema lingüístico (sonidos, los morfemas, las palabras, etc.) que conlleva algún significado [2]

Forma de tratamiento: consiste en una forma verbal, pronominal y/o léxica que se usa en situaciones de conversación para hacer referencia al interlocutor u otros participantes [8]

Formantes: concentración de energía que refleja como el aire vibra en la cavidad oral [3]

Frase declarativa: oración que expresa una afirmación [9]

Frase interrogativa: oración que expresa una pregunta [9]

Frecuencia (fonética acústica): número de vibraciones por milisegundo cuando se produce el sonido [3]

Frecuencia de la muestra: frecuencia de una forma específica [1]

Frecuencia de tipo: unidades que comparten semejanzas de forma y contenido [1]

Frecuencia (de uso): número de instancias de cierto elemento en una muestra hablada o escrita que consiste en la cuantificación de todas las formas que se usan para cumplir con una función y su frecuencia relativa [1, 2]

Frecuencia léxica: número de instancias en las que aparece un ítem léxico [9]

Fricativos: se producen mediante el contacto parcial de los órganos de la articulación de tal manera que se observa una turbulencia en la salida del aire [3]

Fricativización o lenición: consiste en el cambio de modo de articulación de africado [tʃ] a fricativo [ʃ] [6]

Fuerza ilocutiva: expresa la intención del hablante [8]

Función: papel que cumple una forma o grupo de formas en el contexto de una oración [1, 2]

Función apelativa (conativa): uso del lenguaje para influir en la conducta de nuestros interlocutores o para que el oyente reaccione a nuestros pedidos [1]

Función conativa: véase función apelativa [1]

Función emotiva: uso del lenguaje para comunicar emociones, deseos y aspiraciones [1]

Función fática: uso del lenguaje para establecer una conexión con el oyente de manera amigable [1]

Función informativa: transmite mensajes nuevos que pueden ser verificables [1]

Función lúdica: uso del lenguaje para entretenernos o para hacer reír a otras personas [1]

Función metalingüística: capacidad de reflexionar sobre la lengua misma [1]

Función sintáctica: relaciones que establece una clase de palabras dentro de la oración [5]

Futuro morfológico: se expresa a través de las desinencias verbales como en *cant-a-ré* en el que la partícula *-ré* indica que se trata del futuro para la primera persona del singular [6]

Futuro perifrástico: se expresa a través de elementos léxicos y, en el caso particular del español, mediante la estructura *ir + a +* infinitivo [6]

Geminación: duplicación de consonantes debido a un proceso de coarticulación [3, 6]

Generador (GEN): mecanismo que permite generar las variantes posibles de una expresión lingüística [4]

Glosa: comentario explicativo o nota aclaratoria sobre un texto que resulta difícil de comprender [6]

Grado de imposición: evaluación acerca de cuánto cuesta cumplir con el acto de habla y este costo puede ser económico o puede reflejar el esfuerzo que requiere de la persona para cumplir el deseo expresado por quien recibe el acto de habla [8]

Grafema: representación de los sonidos en la escritura [4, 9]

Gramática basada en el uso: perspectiva teórica que analizan la gramática como un producto de la organización cognoscitiva de la experiencia lingüística (Bybee, 2010, p. 8) [4]

Gramática emergente: generalizaciones sobre la naturaleza del lenguaje basadas en evidencia directa de los patrones que existen en contextos de uso [1]

Gramaticalización: proceso mediante el cual una construcción pierde su significado original y desarrolla una nueva función según el contexto de uso [4, 6]

Habilidad cognoscitiva: la habilidad de procesar información con el propósito de entender el entorno que nos rodea como por ejemplo categorizar y hacer inferencias [1]

Habitual: categoría que se asocia con la ocurrencia extendida y repetida de una determinada situación por lo cual se considera una característica importante del período completo [7]

Hiatos: secuencias de vocales contiguas que se silabean de manera separada [3]

Hiperónimo: palabra general que incluye significados específicos [7]

Hiponimia: relación entre un término general y palabras subordinadas [7]

Hipónimos: términos específicos o subordinados [7]

Homofonía: hace referencia a que las palabras en cuestión se pronuncian de la misma manera [7]

Homografía: indica palabras que se escriben de la misma forma [7]

Homónimos: palabras que se pronuncian de la misma manera, pero que poseen significados diferentes [7]

Identidad: "la manera en que una persona entiende su relación con el mundo, construye esa relación a lo largo del tiempo y espacio y entiende las posibilidades para el futuro" (Norton, 2000, p. 5) [2]

Idiosincrática: característica de una sola persona [2]

Imagen: idea de que los seres humanos usan la cortesía para manejar su imagen pública [8]

Imagen negativa: deseo común de no modificar nuestros planes de acción por la imposición de otros [8]

Imagen positiva: deseo común de quedar bien según la opinión de otros [8]

Impersonales: son oraciones que se distinguen por el hecho de que no poseen una agente específico y, generalmente, el verbo aparece conjugado en la tercera persona singular [5]

Implicatura: significado adicional que expresa el hablante el cual se deduce del enunciado según los principios de cooperación que rigen la eficiencia de la interacción conversacional [8]

Indicativo: modo verbal para comunicar certidumbre [7]

Indoeuropeo: familia de lenguas habladas en la mayor parte de Europa y Asia meridional cuya antigüedad se calcula en unos 5,000 años aproximadamente [6]

Influencia interlingüística: influencia entre lenguas [2]

Inicio: señala que el hablante va a comenzar una interacción [8]

Instrucción explícita: instrucción formal que resulta en el conocimiento metalingüístico de la lengua [2]

Intensidad: fuerza con la cual se produce el sonido [3]

Interferencia: dificultades en la adquisición debido a las diferencias entre la lengua nativa y la segunda lengua [2]

Interlenguaje: sistema mental de la segunda lengua que refleja los procesos de adquisición [2]

Interpretación directa: lectura básica y no difiere mucho de lo que se entiende sin contexto en donde el oyente reconoce el significado y el referente directamente sin ningún significado adicional [8]

Interpretación indirecta: requiere de cierta inferencia adicional porque la lectura básica no es equivalente a las intenciones del hablante. El hablante tiene intenciones de expresar con el lenguaje algo que va más allá de la lectura básica, pero el oyente tiene que interpretar el enunciado según el contexto de la interacción [8]

Interpretación literal: interpretaciones que requieren que se tome en cuenta el contexto pero el enunciado representa la realidad [8]

Interpretación no-literal: interpretaciones que no son directas y tampoco representan la realidad [8]

Interrupción: ocurre cuando una persona comienza a hablar antes de que termine el hablante que está en uso del turno [8]

Intervención pedagógica: administración de una tarea de enseñanza explícita [9]

Intransitivas: las oraciones intransitivas poseen un verbo intransitivo el cual sólo requiere de manera obligatoria el argumento de sujeto y también poseen adjuntos representados por los complementos circunstanciales, los cuales pueden identificar el donde, el cuándo y la forma cómo ocurre un cierto evento [5]

Invertidos: describen el movimiento en direcciones opuestas [7]

Laísmo: uso del pronombre *la*, regularmente empleado en la función de objeto directo, para indicar un objeto indirecto el cual se corresponde normativamente con el pronombre *le* [6]

Lambdacismo: ocurre cuando se produce una /ɾ/ en lugar de una /l/ [6]

Laterales: son sonidos que se producen mediante una oclusión central acompañada por la salida del aire por los lados de la lengua [3]

Lateralización: cambio que consiste en la realización de la /r/ como /l/ [9]

Latín clásico: variedad formal típica de la escritura y del lenguaje literario [6]

Latín vulgar: lenguaje cotidiano que se hablaba en situaciones coloquiales [6]

Leísmo: fenómeno morfosintáctico que consiste en el uso de las formas de objeto indirecto *le* o *les* para expresar objetos directos [6]

Lengua: conjunto de unidades lingüísticas y de las reglas específicas que conforman la estructura de cualquier idioma como el español, el inglés, o cualquier otra lengua [6]

Lengua adicional (segunda lengua): lengua que se adquiere después de adquirir la primera [2]

Lengua criolla: una lengua criolla es el producto del desarrollo de un pidgin que ha adquirido hablantes nativos. La lengua criolla muestra tener un vocabulario más extenso, una gramática más elaborada y es una lengua que se emplea en contextos sociales más amplios [6]

Lengua nativa: idioma (o idiomas) que el niño aprende desde el nacimiento [2]

Lenguaje: manifestación específica del lenguaje. Se trata del vehículo empleado para la transmisión del mensaje, ya sea oral, escrito, o paralingüístico [1, 7]

Lenguas de marco satelital: lenguas en las que se emplean elementos satélites con relación al verbo para la expresión del recorrido, mientras que el verbo principal contiene la información relacionada con el movimiento, la manera y la causa [7]

Lenguas de marco verbal: lenguas que se caracterizan por el hecho de que el movimiento y el recorrido se expresan en el verbo principal, mientras que la manera y la causa se expresan a través de un adverbio o expresión adverbial [7]

Lexema: unidad lingüística que hace referencia al significado general de una palabra (significado léxico) [5, 7]

Lexicón: conjunto de palabras que forman parte del vocabulario de una lengua [7]

Lingüística cognoscitiva: es un campo que concibe el lenguaje como una parte más de los procesos cognoscitivos generales que permiten a los seres humanos procesar la información a partir de la percepción, la categorización y el conocimiento previo [4]

Llamada: alarma o aviso de peligro, información sobre la comida o conductas relacionadas con el movimiento de los miembros de la bandada [1]

Logro final: competencia a la que se llega al final del aprendizaje de un idioma [2, 9]

Loísmo: uso de la forma *lo* para indicar objeto indirecto [6]

Los íconos: signos no arbitrarios y manifiestan una semejanza natural o funcional con el referente [7]

Los índices: signos que muestran una relación motivada entre un hecho y el significado que le atribuimos [7]

Manda-c: relación estructural entre el núcleo representado sobre el sintagma modal [7]

Manera: la forma en que el movimiento tiene lugar [7]

Marcadez: se refiere a las estructuras que son complejas, menos naturales y poco frecuentes [4]

Marcador del discurso: partícula del discurso cuya interpretación no literal depende del contexto de uso [8]

Máximas conversacionales: reglas compartidas que especifican la manera en que uno debe participar en una conversación [8]

Maximización de los ataques: se prefiere tener una consonante en el ataque en lugar de en la posición de coda [3]

Medidas acústicas: miden las propiedades físicas (p. ej. la duración y la intensidad) de los sonidos del habla [9]

Medidas psicolingüísticas: maneras de evaluar u observar la actividad mental por medio de ciertos métodos empíricos [2, 9]

Metáfora: relación semántica sobre la base de la semejanza entre dos objetos que regularmente no asociamos de manera directa [7]

Metalingüístico: capacidad de reflexionar sobre la lengua misma [2]

Metonimia: figura retórica que establece un tipo de jerarquía como la que se da en expresiones tales como échame una mano, no tiene corazón y échales un ojo a los niños. En estos casos se emplea una parte concreta para expresar conceptos más amplios. Por ejemplo, una mano significa ayuda; corazón se refiere a no tener compasión, etc. [7]

Modalidad: aspectos relacionados con la actitud del hablante en un enunciado [7]

Modalidad deóntica: expresa obligación, responsabilidad, o permiso [7]

Modalidad epistémica: grado de compromiso que adopta el hablante hacia lo que dice [7]

Modo (verbal): actitud del hablante en la relación con la veracidad o confiabilidad de las aseveraciones que este hace. Hace distinciones específicas que aparecen codificadas en la morfología de las formas verbales en español y señala la existencia de tres modos verbales en español: el indicativo, el subjuntivo y el imperativo [5, 7]

Modo de articulación: se refiere a los cambios que sufre el aire en su paso por la cavidad oral o nasal (p. ej., obstrucción total u oclusión, fricción, etc.) [3, 6]

Modus: véase modo [7]

Morfema léxico o lexema: unidad lingüística que refiere al concepto general de la palabra que en este caso se trata de un lugar para vivir [5]

Morfemas: unidades lingüísticas mínimas que poseen significante y significado [5, 7]

Morfemas derivativos: morfemas que añaden nuevos significados al morfema léxico de una palabra [5]

Morfemas flexivos: morfemas que expresan relaciones estructurales y que indican conexiones entre elementos gramaticales como el caso del género, el número, el tiempo, el modo, aspecto, etc. [5]

Morfemas libres: elementos autónomos que se pueden emplear por si solos [5]

Morfemas ligados: morfemas que siempre forman parte de una palabra, no pueden aparecer autónomamente sino en combinación con un morfema [5]

Morfología: disciplina que se encarga del estudio de la estructura de las palabras [5]

Motivación integrativa: interés por aprender la segunda lengua para poder interactuar con hablantes nativos [9]

Motivación instrumental: interés por aprender la segunda lengua con un objetivo pragmático que consiste en el uso de la lengua en situaciones concretas como, por ejemplo, en un futuro empleo [9]

Movimiento: la presencia per se de movimiento [7]

Muestra transversal: véase estudio con una muestra transversal

Nasales: sonidos que se producen cuando el aire pulmonar pasa por la cavidad nasal [3]

Neutralización: consiste en la pérdida de la distinción de dos segmentos que generalmente se oponen como en el caso de *mar* versus *mal* cuando ambos se pronuncian como [mal] [6]

Nivel de la oración: implica la interacción entre el significado de las palabras y, a la vez, la relación que se establece entre las palabras que conforman la oración [7]

Nivel de las palabras: identifica el tipo de palabras (p. ej., palabras de contenido o funcionales) y revela, además del simple significado referencial, otros contenidos de carácter social y afectivo [7]

Núcleo: palabra más importante de un sintagma [5]

Núcleo (Centro): el núcleo silábico constituye la parte más importante de la sílaba compuesto por las vocales en español [3]

Núcleo del acto de habla: unidad mínima con la que se puede realizar el acto de habla [8]

Obstruyentes: conjunto de sonidos compuesto por los oclusivos, los fricativos y los africados los cuales se producen mediante cierta obstrucción del paso del aire [4]

Oclusivas: se producen mediante la obstrucción completa del paso del aire debido al contacto total entre los órganos de la articulación [3]

Onda sonora: representación de las vibraciones que se producen en nuestro aparato fonador [3]

Operadores: entornos que indican algún tipo de función (la expresión del punto de vista del hablante) [7]

Oración: unidad que consiste al menos de un sintagma nominal y de un sintagma verbal que expresan una idea completa [5]

Orden de adquisición: se refiere a la adquisición en forma secuencial de varios elementos gramaticales en un periodo de tiempo. En investigaciones previas se muestra evidencia de que la adquisición no se limita a la influencia de la primera lengua, sino que parece haber una influencia de los universales que se reflejan en este orden común de adquisición de varios elementos gramaticales a pesar de las diferencias en la primera lengua [2]

Origo: se refiere al momento del habla [7]

Palabra: elemento lingüístico que ocurre entre dos pausas [5]

Palabras agudas u oxítonas: palabras cuya sílaba tónica recae en la última sílaba [3]

Palabras esdrújulas o proparoxítonas: palabras que tienen la sílaba tónica en la antepenúltima sílaba [3]

Palabras gramaticales: noción que hace referencia a unidades que contienen información sobre la estructura de la lengua y sobre las relaciones que se establecen entre ciertos grupos de palabras [5]

Palabras llanas o paroxítonas: palabras que llevan la sílaba tónica en la penúltima sílaba [3]

Palatalización: cambio del punto articulatorio velar hacia la región post-alveolar [6]

Palenquero: lengua criolla que se habla en Palenque de San Basilio en la costa colombiana [6]

Papiamento: lengua criolla de base española con influencias del holandés que se habla en Aruba, Curazao y Bonaire [6]

Par adyacente: casos en los que un enunciado implica cierto tipo de respuesta [8]

Pares mínimos: dos palabras que tienen una conformación segmental idéntica con la excepción de un fonema [4]

Pensamiento: se refiere a las ideas que los hablantes quieren expresar [7]

Perfectivo: se refiere a situaciones que han sido completadas, mientras que el imperfectivo indica situaciones en desarrollo, es decir, no culminadas [7]

Perfil de contacto lingüístico: cuestionario que se ha adaptado en los estudios de la adquisición de segundas lenguas para evaluar el nivel de contacto de los aprendices con la lengua y la cultura meta [9]

Período crítico: período de la niñez durante el cual la adquisición de una lengua es óptima [2]

Perspectiva generativa: propone la existencia de una gramática universal, ver teoría generativa [9]

Perspectiva variacionista: perspectiva que toma en cuenta un conjunto de factores lingüísticos y extralingüísticos para explicar los patrones de uso en muestras de habla [9]

Peso económico: observación de los índices macroeconómicos de los países en los que se emplea el español como lengua oficial [6]

Pidgin: variedad de contacto con una función social limitada que se emplea entre hablantes de dos o más lenguas que mantienen una relación por intercambio comercial, esclavismo o procesos de inmigración. Desde el punto de vista de su estructura, los pidgins combinan elementos de las lenguas nativas de los hablantes y se consideran estructuralmente simples en su vocabulario, fonología, morfología y sintaxis [6]

Pobreza del estímulo: pobreza de la calidad de la información a que tiene acceso el niño para formular reglas gramaticales [1]

Poder relativo: poder de una persona relativo al poder del otro [8]

Polisemia: tipo de relación semántica que se basa en el uso de una misma palabra con diferentes sentidos [7]

Posesivos: establecen una relación de propiedad entre una entidad y un individuo [5]

Posteriores: sonidos que se producen mediante el alzamiento del postdorso de la lengua [4]

Posteriorización: uso de una variante glotal [h] o velar [x] para la pronunciación de la [r] alveolar, vibrante múltiple, sonora [6]

Posteriorzación de /p-b/ y /t-d/: cambio del punto de articulación de estos segmentos los cuales son producidos como velares (p. ej., pepsi [ˈpek-si], absoluto [ak-so-ˈlu-to]) [6]

Pragmática: disciplina que se encarga de cómo los factores contextuales afectan el significado [7, 8]

Precursor: parte del enunciado que abre la interacción y puede incluir las formas de tratamiento y los mecanismos para llamar la atención [8]

Prefijo: partícula que se adjunta antes de la base de la palabra y que añade un nuevo significado [3, 5]

Preposiciones: indican una relación de subordinación entre el término precedente (típicamente un sustantivo o sintagma nominal, aunque puede ser otra categoría) y el término siguiente, constituido por un sintagma preposicional el cual introduce otro sintagma nominal [5]

Presuposición: conocimiento compartido entre hablantes [8]

Prevaricación: uso del lenguaje para mentir [1]

Principio de la cooperación: principio que dice que es lógico pensar que el oyente quiere colaborar en la interacción y participar con la intención de ayudar en la construcción del significado [8]

Proceso fonológico: fenómeno que revela un comportamiento simétrico y que suele afectar a todos los miembros de una misma clase natural [9]

Procesos psicológicos: procesos inconscientes implícitos en el uso del lenguaje [7]

Progresivo: categoría que presenta la situación en curso (i.e., mientras ocurre) [7]

Prominencia: hipótesis en la cual los hablantes nativos de lenguas morfológicamente "ricas" (p. ej., el español) dependen más de los indicadores morfológicos mientras que los hablantes nativos de lenguas morfológicamente "pobres" (p. ej., el inglés) dependen de indicadores léxicos (de vocabulario) [2]

Prominencia (fonética): mayor energía con la cual se producen las sílabas tónicas [3]

Pronombres tónicos: morfemas gramaticales que no poseen una caracterización semántica específica [5]

Prototipo: miembro o miembros característicos de una categoría [7]

Proyección: expansión por la cual a partir de un elemento central o nuclear se pueden ir añadiendo modificadores y complementos [5]

Psicolingüística: estudio de la función cognoscitiva de la mente [2]

Punto de articulación: se refiere a los órganos que empleamos para producir los sonidos (p. ej., labios, dientes, alveolos, paladar, velo, etc.) [3, 6]

Punto de referencia: el objeto que sirve de referencia para la entidad que se mueve [7]

Rasgo distintivo: diferencias de modo, punto, o sonoridad entre dos o más fonemas [4]

Reconfiguración: reanálisis de las unidades lingüísticas de acuerdo con los contextos de uso y su frecuencia [1]

Recorrido: el recorrido que hace la entidad con respecto al punto de referencia [7]

Recursivamente: de manera repetida [7]

Recursividad: capacidad de añadir elementos extras usando los recursos lingüísticos disponibles sin límite. Esto quiere decir que se puede construir una oración sin fin simplemente mediante el uso de recursos como las conjunciones (p. ej. *y, o*) [1, 5]

Red de asociaciones: conjunto de relaciones formadas según la semejanza de forma y contenido entre las unidades lingüísticas en nuestra representación cognoscitiva [1]

Redes sociales: estructuras sociales en las que se relaciona un individuo [9]

Reducción (fonética): desgaste o pérdida total de características fonéticas y se corresponde con una mayor frecuencia de uso e implica que las formas de alta frecuencia sufren procesos de automatización, es decir, la articulación de las unidades en cuestión se convierten en rutinas que reflejan desgaste y, a la vez, altos grados de activación y fácil acceso cognoscitivo [1]

Reducción: proceso que sufren las palabras o agrupaciones de alta frecuencia en donde la repetición constante de una estructura tiene como consecuencia la reducción en términos de su forma y contenido [4]

Referencialidad: indica la posibilidad que tiene una expresión lingüística de simbolizar a entidades del mundo [7]

Referente: entidad concreta o abstracta que se relaciona con el mundo exterior que conceptualizamos a través del lenguaje [7]

Regla: mecanismos que señalan una relación entre dos o más elementos dentro del sistema lingüístico [1]

Regla descriptiva: describe el lenguaje tal como es y no como debe ser o como era antes. Esta regla nos dice cómo es el uso de una lengua e incluye usos informales, usos considerados "inaceptables" en contextos formales, usos que incluyen más de una lengua en contacto, etc. [1]

Reglas fonológica: mecanismo para describir generalizaciones sobre la relación que tienen los sonidos como parte de un sistema [4]

Regla gramatical: información sobre la combinación de elementos para formar oraciones y sobre lo que es posible en las lenguas del mundo [1]

Regla prescriptiva: formalización que describe la manera en que se debe construir una oración considerada como normativamente "correcta" en una lengua y se encuentran en los libros de texto y los libros de gramática y se asocian con el lenguaje escrito y formal [1]

Regularización: uso del paradigma verbal regular para la conjugación de las formas irregulares [1]

Representación subyacente: representación mental (de un sonido o estructura gramatical) que existe en la competencia lingüística del hablante [3, 4]

Representación superficial: pronunciación real de la palabra o unidad mayor [3, 4]

Resolución de hiatos: proceso mediante el cual dos vocales contiguas en hiato se reestructuran ya sea mediante el silabeo de las dos vocales en una sola sílaba o la omisión de una de las vocales [3, 6]

Roles semánticos: representan la relación que se establece entre el verbo como núcleo del predicado y los argumentos que lo acompañan en una oración [7]

Rotacismo: consiste en la pronunciación de una [ɾ] por una [l] como en [baɾ-kon] por [bal-kon]. Se trata de un proceso de neutralización de los fonemas /l/ lateral, alveolar, sonoro y /ɾ/ vibrante simple, alveolar, sonoro debido a que en ciertos contextos se pierde la distinción que existe entre estas dos unidades funcionales [6]

Segmento: unidad mínima que se puede identificar mediante criterios auditivos o acústicos y que coincide con los sonidos [4, 9]

Segunda lengua: véase lengua adicional [2]

Semántica: disciplina que estudia el significado de las palabras, de las oraciones y de los enunciados [2, 7]

Semántica léxica: se encarga del significado de las palabras, así como de las relaciones que éstas establecen [7]

Semiótica: disciplina que se encarga del estudio de los sistemas de signos naturales ya sean estos creados o artificiales [7]

Ser claro (perspicuo): consiste en presentar el mensaje directamente y en una manera que sea fácil de entender [8]

Ser focalizador: se refiere a estructuras del tipo *yo vivo es en Bloomington* y la función del verbo *ser* en estos casos es resaltar el constituyente que le sigue inmediatamente: en Bloomington [6]

Seseo: fenómeno que consiste en la existencia de un solo fonema /s/ pre-dorso-alveolar, fricativo, sordo para pronunciar lo que en la escritura representamos mediante las letras "s", "c" y "z" [6]

Siglas: uso de los sonidos iniciales de un conjunto de palabras para simplificar una expresión que incluye muchos términos [5]

Significado: conceptualización del contenido que asociamos con el significante [1, 7]

Significado afectivo: relación que se establece entre las expresiones lingüísticas (p. ej., frases, oraciones, enunciados, etc.) y el estado mental que manifiesta el hablante mediante el lenguaje [7]

Significado intencional: se refiere a los objetivos del hablante cuando produce un enunciado [7]

Significado lingüístico: se refiere al significado implícito en las palabras y oraciones [7]

Significado referencial: indica objetos reales o conceptos descritos por la lengua incluyendo acciones, estados y procesos mentales y la relación que se establece entre las expresiones lingüísticas y la referencia que éstas hacen a objetos, personas, situaciones, o estados en el mundo externo [7]

Significado social: comunica información acerca de las circunstancias sociales y acerca del entorno del hablante [7]

Significante: conjunto de sonidos que forman una palabra [1, 7]

Signo lingüístico: conjunto de significantes arbitrarios que nos permiten referirnos a un sinfín de significados. Están constituidos por dos elementos psicológicos: la imagen acústica y el concepto y se refiere al contenido que asociamos con la imagen acústica [1, 7]

Sílaba: unidad de pronunciación mayor que un sólo segmento (i.e., sonido) y menor que una palabra [3]

Símbolo: expresiones del lenguaje que selecciona el hablante para formular sus ideas [7]

Simplificación: reducción de la complejidad mediante ciertas omisiones o cambios lingüísticos, lo cual resulta en una estructura sencilla y a veces no nativa [2]

Sinécdoque: véase metonimia [7]

Sinónimos: palabras que tienen un significado semejante [7]

Sintagma: conjunto de palabras que se agrupan alrededor del núcleo y que en este caso hereda las propiedades sintácticas del núcleo [5]

Sistema: conjunto de reglas o prácticas que comparte un grupo en común [1]

Sistema innato: característica central del ser humano para la adquisición de lenguas tal como las aves nacen con alas y la capacidad de volar (Chomsky, 1965). Este mecanismo innato incluye información sobre la estructura lingüística, por ejemplo, donde se ubica cada elemento en una oración y también de las tendencias universales [1]

Sistematicidad: conjunto de regularidades que se manifiestan constantemente [1]

Situación: entorno concreto donde ocurre el acto de habla [7]

Sobreuso: empleo excesivo de una estructura o patrón que se refleja durante el aprendizaje de una lengua adicional [9]

Sociolingüística: disciplina que estudia las relaciones entre el uso del lenguaje y los factores sociales que condicionan su empleo [1, 6]

Sonidos bilabiales: sonidos que se articulan mediante el empleo de los labios [3]

Sonidos nasales: sonido en el que el aire pasa por la nariz [3]

Sonidos orales: sonido en el que el aire pasa por la cavidad oral [3]

Sonidos sonoros: se producen con vibración de las cuerdas vocales [3]

Sonidos sordos: se caracterizan por la ausencia de vibraciones de las cuerdas vocales [3]

Subjuntivo: modo verbal que se relaciona con situaciones que se consideran irreales o hipotéticas [7]

Sufijo: partícula que se adjunta después de la base de la palabra y que añade un nuevo significado [4, 5]

Sujeto: función sintáctica que generalmente la desempeña un sustantivo [5]

Sujeto nulo: ocurre cuando no hay un sujeto explícito en la oración [9]

Suprasegmental: fenómenos que afectan a más de un sonido los cuales tienen consecuencias fonológicas [4]

Sustantivos: clase de palabra que sirven para hacer referencia a las entidades en el discurso entre las que se incluyen personas, animales, o cosas [5]

Taxonomía: consiste en un sistema que permite establecer relaciones entre categorías según la inclusión por clase [7]

Técnica imitativa: evalúa la actitudes de los hablantes de una lengua. En esta técnica un grupo de hablantes completamente bidialectales produce el mismo estímulo en cada una de las variedades empleadas para ser evaluados por participantes en una investigación acerca de características sociales o geográficas [9]

Telicidad: indica que una situación o evento posee un punto final [7]

Tendencias tipológicas universales: propiedades más comunes que caracterizan a las lenguas del mundo sin excluir los casos excepcionales tal como es el caso de las perspectivas universalistas [1]

Teoría de ejemplares: teoría que sostiene que cada producción de las unidades lingüísticas es almacenada (guardada en la memoria) en asociación con otras unidades que comparten semejanzas en forma y contenido [4]

Teoría de la optimidad: teoría fonológica que explica la obtención de una forma superficial mediante el análisis de la forma subyacente sobre la base de restricciones universales jerarquizadas que son específicas a cada lengua (Nuñez-Cedeño, Colina, & Bradley, 2014) [4]

Teoría del bio-programa: conjunto de principios de la organización del lenguaje que están genéticamente determinados [6]

Teoría generativa: teoría propuesta por el lingüista norteamericano Noam Chomsky en la que se propone una perspectiva universal de la gramática que incluye la fonología, la sintaxis y la semántica [2, 4]

Teoría mono-genética: propone que los criollos hablados en el Caribe tienen un origen histórico común en un pidgin de base portuguesa que posteriormente se relexificó por influencia del español [6]

Tiempo: distinción relacionada con el marco en el que se lleva a cabo un determinado evento [5]

Tiempo de emisión de voz: período de soltura que se observa como una banda de energía aperiódica en los espectrogramas producto de la salida abrupta del aire luego de la oclusión [3, 6]

Tiempos absolutos: puntos de referencia temporal que mantienen una relación directa con el origo, es decir, con el momento de emisión del enunciado [7]

Tiempos relativos: tiempos que se caracterizan por tener una relación indirecta con el origo [7]

Tipo de tarea: instrumento que se usa para elicitar y analizar el lenguaje [9]

Tono: número de vibraciones constantes por milisegundos y distingue cualidades tales como agudo (mayor número de vibraciones por milisegundo) y grave (menor número de vibraciones por milisegundo) [3]

Transferencia: efecto de la lengua nativa en la adquisición de la segunda lengua [2, 9]

Transitivas: poseen un verbo que requiere por lo menos dos argumentos obligatorios: el sujeto y el objeto directo y se pueden sub-clasificar en activas o pasivas según el énfasis que haga el hablante en la forma como presenta el sujeto y objeto directo de la acción verbal [5]

Troqueos: tipo de pie bisilábico con el núcleo ubicado a la izquierda [3]

Turno: porción de la interacción producida por un hablante [8]

Unidades discretas: distinción que se puede hacer de elementos mínimos constitutivos, como por ejemplo el sonido y el morfema [1]

Unipersonales: son oraciones que refieren a un fenómeno de la naturaleza como *nevar, llover,* amanecer, *anochecer, atardecer,* etc. En estos casos no existe un ente animado que cumpla el papel de sujeto agente [5]

Universal implicacional: cierta característica lingüística ocurre (o tiende a ocurrir) con otra característica lingüística [1]

Universales lingüísticos: características que comparten todas las lenguas del mundo [1, 2]

Variable: fenómeno lingüístico que varía sistemáticamente [1]

Variable sociolingüística: consiste en un fenómeno de habla que manifiesta diferentes formas de pronunciación o estructura gramatical condicionadas por factores lingüísticos y extralingüísticos [6]

Variación: vacilación en el uso de dos o más formas que cumple una misma función [1]

Velarización: consiste en un cambio de punto de articulación según el cual la [n] alveolar se pronuncia como velar [ŋ] [6]

Verbos: constituye el núcleo del predicado y contienen una serie de morfemas flexivos relativos al tiempo, modo, aspecto, persona y número que indican relaciones gramaticales en la oración [5]

Verbos de régimen: poseen dos argumentos, el sujeto y el complemento de régimen [5]

Verbos del tipo gustar: poseen dos argumentos, el sujeto y el objeto indirecto en donde el objeto indirecto representa la persona que experimenta algo, mientras que el sujeto gramatical representa el objeto experimentado [5]

Verbos intransitivos: solo requieren de un argumento, el sujeto [5]

Verbos transitivos: requieren de dos argumentos, el sujeto y un objeto directo [5]

Vibrantes: se producen mediante la producción de oclusiones rápidas y sucesivas entre el ápice de la lengua y los alvéolos [3]

Vocal: sonido que se producen sin obstrucción o fricción de los órganos articulatorios. En la producción de estos sonidos la lengua nunca entra en contacto con ninguno de los órganos de la cavidad oral [3]

Vocalización: se produce cuando en lugar del segmento [ɾ] alveolar, vibrante simple, sonoro, o del segmento [l] alveolar, lateral, sonoro, se articula la vocal [i] como resultado del descenso de la lengua [6]

Voseo: el uso de *vos* consiste en el empleo de la forma pronominal *vos* para hacer referencia a la segunda persona del singular en contextos asociados generalmente con situaciones informales o familiares [6]

Zheísmo: uso de los sonidos [ʒ] (fricativo, posalveolar, sonoro) o [ʃ] (fricativo, posalveolar, sordo) en lugar del sonido [ʝ] (fricativo, palatal, sonoro) [6]

Índice de tópicos

Introducción y aplicaciones contextualizadas a la lingüística hispánica, First Edition. Manuel Díaz-Campos,
Kimberly L. Geeslin, and Laura Gurzynski-Weiss.
© 2018 John Wiley & Sons, Inc. Published 2018 by John Wiley & Sons, Inc.